LES

COLONIES FRANÇAISES

OUVRAGES DU MÊME AUTEUR :

De Franciæ commercio regnantibus Karolinis. 1 vol. in-8. Paris, Thorin. 1869.

Étude sur les rapports de l'Amérique et de l'ancien continent avant Christophe Colomb. 1 vol. in-8. Paris, Thorin. 1869.

La mer des Sargasses. 1 broch. in-8. Paris, Delagrave. 1873.

Eudoxe de Cyzique et le Périple de l'Afrique dans l'antiquité. 1 vol. in-8. Besançon, Dodivers. 1873.

Histoire de la Floride française. 1 vol. in-8. Paris, Didot. 1875.

Les Phéniciens en Amérique. 1 broch. in-8. Nancy, Crépin-Leblond. 1879.

Histoire ancienne des peuples de l'Orient. 1 vol. in-12. Paris, Lemerre. 1876.

Jean de Léry et la langue tupi. 1 broch. in-18. Paris, Maisonneuve. 1877.

Le Portulan inédit de la Bibliothèque de Dijon. 1 vol. in-4. Dijon, Jobard. 1876.

Résumé de l'histoire de Bourgogne. 1 vol. in-12. Paris, Delagrave. 1877.

La Fronde en Provence (*Revue historique*, 1876-1877). 1 vol. in-8.

Histoire du Brésil français au XVIe siècle. 1 vol. in-8. Paris, Maisonneuve. 1878.

La découverte du Brésil. 1 broch. in-8. Paris, Maisonneuve. 1878.

Thevet. Les singularitez de la France antarctique. Édition nouvelle, avec introduction, commentaires et notes. 1 vol. in-8. Paris, Maisonneuve. 1878.

Le capitaine Peyrot Monluc. 1 broch. in-8 (*Revue historique*, 1879).

Jean de Léry. Voyage au Brésil. Édition nouvelle avec introduction et notes. 2 vol. in-12. Paris, Lemerre, 1879.

LES
COLONIES FRANÇAISES

par

PAUL GAFFAREL

PROFESSEUR A LA FACULTÉ DES LETTRES DE DIJON

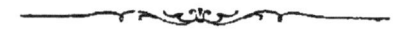

PARIS
LIBRAIRIE GERMER BAILLIÈRE ET Cie
108, BOULEVARD SAINT-GERMAIN, 108
Au coin de la rue Hautefeuille.
—
1880
Tous droits réservés.

A M. DE MAHY

Député de la Réunion, Questeur de la Chambre des Députés,

Zélé défenseur de la cause coloniale.

Hommage empressé.

Paul GAFFAREL.

LES
COLONIES FRANÇAISES

INTRODUCTION

LA COLONISATION FRANÇAISE

La colonisation commence avec l'histoire. Aussi loin que remontent les souvenirs ou les traditions de l'humanité, à peine les sociétés sont-elles constituées, qu'il s'en détache des rejetons. Grâce à cette incessante expansion, la terre s'est peuplée peu à peu. L'Asie centrale a dégarni ses plateaux pour animer les solitudes européennes ou les rivages de la Chine et des Indes. L'Europe, à son tour, a tiré de son sein les races diverses qui se partagent aujourd'hui l'Amérique, et voici que de nouveaux continents sont entamés, et que, lentement mais sûrement, les déserts australiens et les profondeurs mystérieuses de l'Afrique s'ouvrent à la dévorante activité de nombreux colons. C'est ainsi que l'homme prend possession de son domaine, qu'il dompte et assouplit la nature, qu'il propage la civilisation. Il n'est pas de plus noble spectacle dont il lui soit donné d'être à la fois le témoin et l'agent. Bacon l'écrivait avec une conviction émue, comme s'il pressentait que la grandeur future de son pays reposait sur la colonisation : « Parmi les œuvres anciennes et héroïques, brillent au premier rang les colonies. » *Coloniæ eminent inter antiqua et heroica opera.*

L'histoire de la colonisation est toujours une histoire intéressante : nous pouvons ajouter que l'histoire de la colonisation française est particulièrement intéressante [1]. Néanmoins telle est la force du préjugé ou plutôt de la routine nationale, que, dans notre pays, l'attention publique s'est toujours portée de préférence sur les affaires d'Europe. Même à l'époque où nos colonies furent très prospères, on n'étudia guère leur histoire. A peine connaissait-on leur origine, et on se souciait peu de leur développement. Nous connaissons dans leurs plus infimes détails les faits et gestes de tel ou tel grand seigneur, et nous ignorons presque le nom de Champlain, fondateur du Canada; d'André Brue, créateur du Sénégal; de Dupleix, qui fonda aux Indes un empire de trente-cinq millions de sujets. Nous ignorons même ce qui se passe de nos jours. Combien d'entre nous connaissent le nom des généraux qui ont conquis l'Algérie, de l'amiral qui donna à la France la Nouvelle-Calédonie, ou des audacieux explorateurs qui viennent de parcourir l'Indo-Chine, en faisant respecter et aimer notre pavillon, non point par des milliers, mais bien par des millions d'indigènes? Puisque nous sommes de tous les peuples de l'Europe celui qui s'élève avec le plus de véhémence contre les idées antiques et les institutions surannées, bien qu'en réalité il n'en soit aucun qui reste attaché plus obstinément à ces idées et à ces institutions, n'est-ce pas, dans la limite de nos forces, rendre service à notre pays que de laisser de côté, pour quelque temps, la vie de nos souverains, les victoires ou les défaites de nos généraux, les habiletés ou les maladresses de nos diplomates, et de nous attacher de préférence aux exploits de nos découvreurs, à la description des pays qui reconnaissent notre influence, à l'étude de leurs ressources et de leurs richesses?

L'étude historique et géographique des colonies françaises nous permettra encore de détruire quelques-uns de ces préjugés fortement enracinés, qui font le désespoir des économistes

---

1. Nous n'avons pas donné la bibliographie des ouvrages relatifs à l'histoire générale de la colonisation française. Cette énumération se trouve au Catalogue de la Bibliothèque nationale (t. VIII, p. 685-708). Nous devons pourtant une mention spéciale aux ouvrages suivants : J. Duval, *Les colonies françaises*. — A. Leroy-Beaulieu, *La colonisation chez les peuples modernes*. — Delarbre, *Les colonies françaises, leur organisation, leur administration*.

et des philosophes, et auxquels pourtant nous nous attachons en France avec toute la vivacité de notre ignorance. Combien de fois par exemple n'avons-nous pas entendu dire, ou n'avons-nous pas répété nous-mêmes : « La France n'a pas le génie colonisateur. » Nous pouvons, au contraire, affirmer que peu de peuples en Europe ont, plus que le peuple français, une aptitude aussi prononcée au labeur énergique et persévérant de la colonisation. Nous avons sans doute éprouvé de nombreux déboires aux colonies ; nous avons occupé bien des points que nous ne possédons plus aujourd'hui, et où nos successeurs ont fondé des établissements de premier ordre. Mais la responsabilité de ces désastres et de ces pertes ne doit pas retomber uniquement sur nos colons. Sans doute on peut leur reprocher leur goût exagéré pour les aventures ou leur trop grande facilité à adopter les mœurs et les idées des populations primitives ; mais les échecs que nous avons éprouvés, il faut les imputer encore aux fautes des gouvernements qui se sont succédé en France et surtout à l'ignorance de la nation et à son indifférence pour ces lointains succès. La meilleure preuve que nous avons le génie colonisateur, c'est qu'il existe en ce moment toute une nation, le Canada, qui nous doit son origine, qui parle encore notre langue, et qui resterait partie intégrante de la nation française sans la déplorable politique de Louis XV. Une autre preuve, c'est que celles de nos colonies où nous avons sérieusement et résolûment pratiqué la colonisation, Martinique, Guadeloupe, Réunion, sont enviées par les autres nations. Au Sénégal, depuis les quinze à vingt années qu'on s'en occupe d'une façon active, les progrès sont continus. De même en Cochinchine, de même et surtout en Algérie, car le nombre des immigrants augmente singulièrement dans cette France africaine. Aussi bien les étrangers nous rendent la justice que nous nous refusons à nous-mêmes. Voici en effet ce que nous lisons dans l'ouvrage du colonel Malleson, un Anglais qui vient de consacrer un intéressant ouvrage à l'histoire des Français en Inde, car ceci est un des traits de notre caractère que nous soyons réduits à chercher à l'étranger des renseignements sur notre histoire coloniale : « On admire beaucoup et on cite souvent l'Angleterre pour avoir résolu ce grand problème de gouverner à quatre mille lieues de distance, avec quelques centaines d'employés civils et quelques milliers d'employés militaires, ses immenses possessions de l'Inde. S'il y a quelque nouveauté, quelque hardiesse et quelque génie politique dans cette idée, il faut reconnaître que l'honneur en revient à Dupleix, et que l'Angleterre, qui en recueille aujourd'hui le profit et la gloire, n'a eu qu'à suivre les voies que le génie de la France lui avait ouvertes. » Il ne faudrait donc pas adopter les conclusions vraiment par trop faciles de ces prétendus sages, qui aiment à expliquer le présent par le passé et à prouver à un peuple qu'il ne pouvait pas réussir, puisqu'il n'a pas réussi. L'étude attentive des faits nous démontrera au contraire que, malgré l'insuccès final, la colonisation en France n'a pas été si inutile ou si malheureuse qu'on veut bien le dire.

Une autre opinion fausse, mais celle-là bien plus dangereuse et contre laquelle on ne saurait trop s'élever, c'est qu'il ne faut pas coloniser, parce que la colonisation est pernicieuse. Cette fois encore, nous n'hésiterons pas à le proclamer bien haut : au contraire, il faut coloniser, coloniser à tout prix, et la colonisation non-seulement n'est pas dangereuse, mais encore patriotique et de première nécessité.

Certains économistes prétendent, il est vrai, que la colonie la plus florissante est toujours une charge et souvent un danger pour la métropole. Ils rappellent avec amertume que les colons, devenus riches et puissants, grâce aux sacrifices répétés de la mère patrie, ne cherchent qu'à rompre violemment les liens qui les rattachaient à elle. Ils répètent volontiers le mot de Montesquieu : « Les princes ne doivent pas songer à peupler de grands pays par les colonies... L'effet ordinaire des colonies est d'affaiblir le pays d'où on les tire, sans peupler ceux où on les envoie. » L'opinion diamétralement opposée est la vraie. Les divers partis qui nous divisent, tout en s'étonnant de ce que la France n'exerce plus en Europe son influence d'autrefois, aiment à rejeter les uns sur les autres la responsabilité de notre décadence. Peut-être ont-ils tous également raison, car nous avons tous bien des fautes à nous reprocher; mais ce qu'aucun de ces partis ne semble soupçonner, c'est que cette décadence tient pour beaucoup à la ruine de notre empire colonial. Personne en effet ne peut contester que non-seulement nous n'occupons plus le premier rang parmi les peuples qui possèdent des colonies, mais encore que nous sommes presque les derniers parmi les peuples qui colonisent. Si nous ne considérons que les principaux éléments qui mesurent l'importance politique et économique, tels que l'étendue, et la population, nous ne venons qu'après l'Angleterre, la Hollande, l'Espagne et même le Portugal. On évalue en bloc la superficie de nos colonies à 60,000,000 d'hectares, habités par six millions de sujets. Or l'étendue territoriale des colonies anglaises paraît dépasser 2,000,000,000 d'hectares, la sixième partie du monde habitable, quarante fois plus que la France, et deux cent millions de sujets asiatiques, africains ou américains reconnaissent la suzeraineté anglaise, ce qui fait à peu près le sixième de la population totale du globe. En Hollande, les proportions relatives sont à peu près aussi considérables. En effet, ses trois millions d'habitants règnent sur 170,000 000 d'hectares et vingt millions d'âmes. L'Espagne a conservé de son ancienne souveraineté de splendides débris, qui lui assurent encore 30,000,000 d'hectares et sept millions de sujets. Le Portugal lui-même est proportionnellement mieux doué que la France, bien que son infériorité absolue ne lui assigne que le cinquième rang. Il possède en effet plus de 100,000,000 d'hectares et trois millions de sujets. De tous ces chiffres, il résulte que l'Angleterre compte sept colons pour un métropolitain, la Hollande cinq pour un, le Portugal à peu près un colon pour un métropolitain, l'Espagne un colon pour deux métropolitains, et la France seulement un colon pour six métropolitains. Il n'y a pas à se le dissimuler, notre infériorité est flagrante et elle s'accuse tous les jours davantage.

Or il devient évident que, dans la politique comme sur les

champs de bataille, si le nombre n'est pas le seul élément de puissance, il devient de plus en plus le principal; et il n'aura échappé à personne que l'équilibre de la population entre les peuples européens a été détruit au détriment de la France à partir du jour où la France a cessé de coloniser.

Une objection se présente : Est-il vrai de dire que la population d'un pays peut s'augmenter à la faveur d'une émigration considérable sortie de ce pays? Assurément, et nous allons essayer de le prouver. L'Angleterre a peuplé l'Amérique du Nord et l'Australie; elle a envoyé aux Indes et en Afrique des milliers d'émigrants, et néanmoins sa population a triplé depuis un siècle. La Russie s'étend silencieusement sur la moitié de l'Asie, de l'Oural au Pacifique, de l'océan Glacial au Plateau central, et le czar a maintenant plus de quatre-vingt millions de sujets, tandis que son grand-oncle Alexandre Ier n'en avait que quarante. L'Allemagne n'a pas de colonies directes, mais ses habitants émigrent facilement et en grand nombre aux Etats-Unis, à la Plata, en Orient, partout, jusqu'au Japon; pourtant, malgré cet exode continuel, la population de l'Allemagne double tous les quarante-trois ans, c'est-à-dire que nous sommes comme débordés par le flot toujours montant des populations voisines, et que si nous ne prenons pas des mesures énergiques, si en un mot nous ne nous efforçons pas de rétablir l'équilibre rompu à nos dépens, nous cessons de compter parmi les grandes nations. Il n'y a qu'un moyen de rétablir cet équibre : coloniser de nouveau.

Nous ne sommes plus une nation dans l'enfance : nos ennemis nous accusent même d'avoir atteint la vieillesse. Sans être aussi énergique dans nos appréciations, avouons au moins que nous avons atteint l'âge mûr. Or, dans les nations déjà mûres une des causes principales qui arrêtent le développement de la colonisation, c'est la crainte de voir un peuple trop nombreux encombrer un sol trop étroit. Mais, sous ce rapport, nous n'avons aucune crainte à concevoir. En France même, l'espace ne manque pas. En Sologne, dans la Brenne, dans les Landes, dans la région des Alpes et dans bien d'autres endroits, on se plaint du manque de bras. Nous ne sommes donc pas encombrés, loin de là ; et le serions-nous que nous avons à nos portes de gigantesques territoires qui n'attendent pour être fécondés que la présence des colons. L'Algérie par exemple, qui nourrissait au temps de la domination romaine de quinze à vingt millions d'habitants, n'en compte plus aujourd'hui que trois à peine. Nos colons présents et futurs peuvent donc se rassurer. L'espace ne leur manquera pas de sitôt.

Aussi bien ce n'est pas cette crainte chimérique qui arrête l'essor de la colonisation. C'est un mal plus grave encore, et nous demandons ici la permission de mettre à nu une de nos plaies sociales les plus aiguës et les plus dangereuses : Si nous ne colonisons plus, c'est surtout parce que le sentiment mal compris des intérêts de la famille diminue chaque jour la population et empêche par conséquent la colonisation. Il n'est malheureusement que trop vrai que nos familles n'augmentent plus, et que nous ne pouvons envoyer nos enfants hors de France, parce qu'ils sont à peine assez nombreux pour continuer et perpétuer la famille. Un philosophe anglais, dont les théories immorales ont eu un sinistre retentissement, Malthus, prétendait que les peuples heureux étaient ceux où le nombre des décès l'emportait sur celui des naissances, car, disait-il, les chances de richesses et le bien-être augmentaient incessamment pour les survivants. Il semble que la France, depuis quelques années, ait cherché à s'appliquer ces lugubres et désespérantes théories. Est-il besoin de citer l'exemple si connu du département du Calvados, dont la population diminue chaque année en raison inverse de la richesse qui augmente. S'il nous est permis d'apporter ici un argument personnel, n'avons-nous pas entendu des paysans de ce département se désoler comme d'un malheur de la naissance d'un nouveau-né, attendu qu'il faudrait partager l'héritage et diminuer la fortune? Au nom de la morale honteusement violée, au nom de l'intérêt bien entendu de la patrie, il nous faut protester contre ce honteux exemple. On a dit avec raison que les grandes familles prospéraient toujours : on le dira également des nations dont la population augmente incessamment. Sparte a péri par le manque d'hommes, écrivait Polybe, cet appréciateur si éminent des causes de la décadence de son pays. Gardons-nous de laisser dire, dans quelques siècles d'ici, que la France a également péri par le manque d'hommes !

Il faut donc encourager la colonisation par tous les moyens possibles. Recommencer tout de suite cette grande œuvre, semer autour de notre pays des Frances nouvelles, qui resteront unies à la métropole par la communauté du langage, des mœurs, des traditions et des intérêts ; dépenser au dehors l'exubérance de forces et la fièvre d'activité qui nous dévorent au dedans ; profiter de l'occasion inespérée que nous présente la fortune pour envoyer en Algérie, en Cochinchine ou au Sénégal les déshérités et les déclassés, c'est là peut-être la suprême ressource et la condition de notre régénération future. Plaise à Dieu que ceux de nos compatriotes auxquels les malheurs et les angoisses de l'heure présente n'ont pas encore enlevé tout espoir ouvrent enfin les yeux à l'évidence et, retournant le mot fatal : « *Périssent les colonies plutôt qu'un principe !* » s'écrient avec tous les vrais citoyens : « *Périssent toutes les utopies et tous les prétendus principes plutôt qu'une seule colonie !* »

Nous avons pourtant déjà perdu de belles et magnifiques colonies. C'est une histoire lamentable, que nous n'avons pas le courage d'entreprendre ici ; nous nous contenterons d'en exposer à grands traits les principaux épisodes, comme la préface indispensable à l'étude de nos colonies actuelles.

Passons rapidement sur les premiers siècles de notre histoire, non sans faire remarquer que nos ancêtres, les Gaulois, ont laissé dans le monde antique le renom d'une race à la fois turbulente et sociable, et qu'ils ont fondé presque autant de villes et de royaumes qu'ils en ont détruit. Les Francs et les Normands, qui, d'abord conquérants de la Gaule, finirent par se fondre avec les Gaulois et formèrent un peuple nouveau, ne passent pas non plus pour avoir été sédentaires. L'Angleterre, le Portugal, la Hongrie, Naples, Jérusalem, Antioche, Constantinople, Chypre et l'Egypte, vingt autres Etats, en obéissant à des princes français, devinrent autant de colonies françaises. Ce n'étaient pas, il est vrai, des colonies dans le sens moderne du mot, car l'esprit de colonisation ne ressemble pas à l'esprit de conquête. Il nous faut reporter nos premières véritables colonies à l'époque où nos pères renoncèrent à leur humeur guerroyante pour songer aux entreprises productives, et cette époque remonte à cinq siècles seulement, au règne de Charles V le Sage. L'Asie n'était encore accessible que par terre. L'Amérique et l'Océanie n'étaient pas découvertes. L'Afrique seule étendait ses côtes au sud et invitait aux lointaines pérégrinations par l'attrait de richesses mystérieuses plutôt désirées qu'entrevues. C'est par l'Afrique que commencèrent les véritables voyages de découverte, et c'est en Afrique que nos compatriotes les Normands fondèrent la première colonie française.

En 1364 et les années suivantes, quelques marchands de Dieppe et de Rouen parcoururent les côtes de Guinée et y fondèrent des comptoirs, nous dirions plutôt des loges, qui facilitèrent le trafic avec les indigènes ; mais les désastres qui signalèrent le règne de Charles VI, les guerres de revendication nationale soutenues par Charles VII, et les pénibles débats qui marquèrent le commencement du règne de Louis XI arrêtèrent ce premier essor de la colonisation. Quand recommencèrent les expéditions à la côte d'Afrique, les Normands y trouvèrent installés en maîtres les Portugais. Notre première domination sur les côtes africaines fut donc éphémère.

Avec le XVIe siècle s'ouvre une ère nouvelle dans l'histoire des découvertes maritimes. Colomb trouve à l'est un continent; Vasco de Gama trace vers l'Inde un chemin direct. Sur leurs traces s'élance toute une légion d'héroïques aventuriers, surtout espagnols et portugais. La France ne joue qu'un rôle effacé dans ces croisades d'un nouveau genre. Nos rois, occupés à de stériles guerres d'ambition, perdaient en Italie leur temps et leurs ressources et se souciaient peu des découvertes maritimes. Cette indifférence royale explique comment d'autres peuples, à cette époque, se partagent sans nous les territoires, les populations et les richesses. Nos marins et nos négociants n'avaient pourtant pas renoncé à tenir la mer ; mais, comme ils ne prenaient conseil que d'eux-mêmes et n'agissaient qu'en leur nom privé, ils ne se préoccupaient pas de conserver le souvenir de leurs expéditions. On sait pourtant que nos Basques pénétraient dans les mers septentrionales et jusque sur le banc de Terre-Neuve dès le commencement du siècle ; on a gardé le nom de Denis de Honfleur, qui reconnut la côte du Brésil en 1503, de Paulmier de Gonneville, qui, la même année, fut jeté par la tempête sur les rivages de l'Amérique du Sud. On connaît également les frères Parmentier, qui, en 1528, débarquent à Sumatra, visitent les Moluques, les Maldives, et montrent le pavillon français à Madagascar ; mais ce n'étaient là que des entreprises isolées et sans avenir. Enfin le roi François Ier, jaloux des prétentions exclusives des rois d'Espagne et de Portugal, après avoir demandé, non sans esprit, qu'on lui montrât l'article du testament d'Adam qui l'excluait d'Amérique, envoya à deux reprises un marin florentin, Giovanni Verazzano, explorer les régions boréales de l'Amérique et prendre possession de Terre-Neuve. Ce fut notre première colonie officielle. Quelques années plus tard, en 1535, un Malouin, Jacques Cartier, retournait à Terre-Neuve, remontait le Saint-Laurent jusqu'à l'endroit où s'élève aujourd'hui Montréal, et faisait partout reconnaître l'autorité de la France. Dès lors, le Canada — ainsi se nommait le pays — devint pour nos colons en Amérique un centre de ralliement. Par malheur, ce beau feu ne dura pas. Notre malheureuse patrie fut, pour de longues années, plongée dans toutes les horreurs de la guerre religieuse, et, jusqu'au règne réparateur de Henri IV, ses rivaux s'étendirent à leur aise au delà de l'Océan.

Un homme pourtant s'était rencontré, qui aurait voulu

diriger sur ces terres vierges l'exubérance brutale de forces qui débordait en France. L'amiral Gaspard de Coligny, vaste intelligence et noble cœur, essaya à diverses reprises de fonder en Amérique comme autant de Frances nouvelles, qui étendraient au loin l'influence de la patrie ; mais, si son génie conseillait ces expéditions, sa présence ne les animait pas. Elles échouèrent misérablement. Villegaignon au Brésil, Ribaut et Laudonnière en Floride, ne réussirent qu'à ajouter quelques pages glorieuses à notre histoire d'outre-mer, mais leurs efforts n'aboutirent qu'à de sanglantes catastrophes. En dehors de Terre-Neuve et du Canada, il n'y a dans tout le xvie siècle qu'un seul établissement français qui se maintienne. Encore est-il bien faible ! En 1560, deux simples négociants de Marseille, Thomas Lynch et Carlin Didier, fondent dans la régence d'Alger, pour l'extraction du corail, le Bastion du Roi, quelque temps après transféré à La Calle.

Le xviie siècle est l'époque de nos grands succès coloniaux. Nous n'avons plus à lutter désormais contre l'Espagne et le Portugal, qui ont achevé leurs conquêtes maritimes, mais contre l'Angleterre et la Hollande, déterminées à compenser leur longue inaction par une énergie et une obstination à toute épreuve. Deux grands rois, Henri IV et Louis XIV, et deux grands ministres, Richelieu et Colbert, tous les quatre pénétrés du vif sentiment de l'honneur et de l'intérêt national, se mettent résolument à la tête du mouvement colonial, et, grâce à leur féconde initiative, la France déborde de tous les côtés à la fois.

Sous Henri IV, La Ravardière et Rasily reconnaissent la Guyane et en prennent possession au nom de la France. De Mont et Poutrincourt font de l'Acadie (aujourd'hui Nouvelle-Ecosse) une annexe du Canada. En 1608, Champlain, reprenant la route ouverte par Cartier, remonte de nouveau le Saint-Laurent et fonde Québec. Aussitôt les colons affluent. Ce ne sont plus seulement des chasseurs ou des pêcheurs, mais de véritables colons, adonnés aux travaux de la terre. Des villes se fondent, des forêts sont remplacées par des champs fertiles, et le Canada devient réellement la Nouvelle-France.

Richelieu, continuateur de la pensée et des projets de Henri IV, ne ménagea à la Nouvelle-France ni les encouragements ni la protection royale. On trouve dans sa *Correspondance* les preuves répétées de son intelligent dévouement aux matières coloniales. Le Canada, grâce à lui, recule ses limites dans tous les sens, autour de la région des grands lacs, et sur le cours des fleuves. Les Indiens, attirés et séduits par la facilité de nos mœurs, acceptent avec plaisir notre souveraineté et deviennent nos plus fermes appuis. Belain d'Esnambuc, de 1625 à 1635, occupe dans les Antilles Saint-Christophe, la Martinique, la Guadeloupe et Marie-Galante. Quelques aventuriers débarquent à la Tortue et de là passent à Saint-Domingue, dont bientôt la moitié nous appartiendra. En 1635, Cayenne est fondée et devient la capitale d'une nouvelle colonie, la Guyane, qui porta d'abord le beau nom de *France équinoxiale*. Richelieu ne se contentait pas de disputer l'Amérique à l'Espagne; il cherchait aussi à l'extrême Orient, dans les mers indiennes, à arracher au Portugal sa suprématie. Depuis quelque temps, nos marins et nos négociants appréciaient l'heureure position de Madagascar. En 1643, Pronis en prend possession au nom de la France, et la grande île africaine, devenue la *France orientale*, est choisie pour être le foyer de rayonnement de l'influence française dans l'Orient asiatique.

Les premières années du règne de Louis XIV sont marquées, à cause des troubles incessants de la Fronde et des préoccupations extérieures, par un ralentissement dans notre extension coloniale. Si nous ne fondons pas de colonies nouvelles, toutes nos anciennes grandissent et étendent leur cercle d'action. Ainsi nos colons canadiens découvrent les sources du Mississipi et les montagnes Rocheuses. Aux Antilles, les Saintes, la Désirade, Grenade, Sainte-Lucie, Saint-Martin, Saint-Barthélemy, Sainte-Croix, la Dominique et Tabago deviennent possessions françaises. A Madagascar, Flacourt, le successeur de Pronis, annexe les Mascareignes et nomme Bourbon l'une d'entre elles. Enfin Colbert arrive au ministère, et, comme il comprenait l'importance économique des colonies, il applique toute sa vigueur de volonté à consolider et à augmenter celles que possédait déjà la France. Grâce à lui, sont constituées deux puissantes Compagnies, soutenues directement par la famille royale et par les plus grands seigneurs et les plus riches capitalistes de l'époque, la Compagnie des Indes orientales et la Compagnie des Indes occidentales, qui se partagent la France d'outre-mer. Aussitôt les colonies font d'immenses progrès. Ogeron de La Boire fonde à Saint-Domingue un établissement modèle. Nos Antilles passent à l'état de mines précieuses. Au Canada, l'île Saint-Jean et l'Acadie étendent le territoire de la Nouvelle-France. Deux intrépides découvreurs, Cavelier de la Salle et Yberville, explorent le cours entier du Mississipi et constituent, sous le nom de Louisiane, une nouvelle et immense province française. A l'exception des côtes de l'Atlantique comprises entre la mer et les Alleghanys, depuis la pointe de Floride jusqu'au cap Saint-Jean, nous étions alors les maîtres incontestés de toute l'Amérique septentrionale. Cette grandeur passée ne saurait nous inspirer trop de regrets. Quarante millions d'hommes vivent aujourd'hui dans cette région qui a été française et qui le serait encore sans nos fautes! Est-il donc vrai que la France n'ait pas le génie colonisateur? et quel est le peuple qui, en moins d'un siècle, a reconnu, défriché, peuplé et civilisé une aussi énorme étendue de terrain? Nos efforts ne se bornaient pas à l'Amérique. L'amiral d'Estrées s'emparait en Afrique d'Arguin, de Portendick et de Gorée, qu'il annexait au Sénégal. En Asie, nous prenions pied aux Indes par la création de comptoirs à Surate (1663), Ceylan et San-Tomé (1677), et par la fondation en 1683 de Pondichéry et Chandernagor. Notre position coloniale était alors unique. Dans toutes les parties du monde, nous possédions ou des positions stratégiques ou de véritables provinces, peuplées et exploitées par des Français. Alors on était sûr de faire rapidement fortune, et tous ceux qui se sentaient au cœur de l'énergie et de la décision n'hésitaient pas à faire leur tour hors de France. Aussi quelle perspective indéfinie de puissance et quelles sources inépuisables de richesses! Mais, en fait de progrès colonial comme de tout autre, ne pas avancer, c'est reculer. Toute stagnation présage la décadence, et cette décadence n'arriva que trop promptement. Nous n'avons pas ici à en rechercher les causes. Il nous suffira de constater le fait dans sa douloureuse réalité et de déplorer les conséquences de la ruine de notre empire.

Avec le XVIIIe siècle commencent les désastres. Louis XIV, engagé dans l'impolitique succession d'Espagne, est forcé, par le traité d'Utrecht, de céder aux Anglais Terre-Neuve et l'Acadie, ces deux avant-postes du Canada, et Saint Christophe, la plus ancienne de nos colonies sous la zone torride. Il achète par ces dommages certains des avantages bien aléatoires (1713). Son successeur, Louis XV, est plus malheureux encore, mais aussi plus coupable, car il ne se rendit même pas compte de l'étendue de ses pertes, et ses contemporains l'aveuglèrent également sur les conséquences de ce désastre national. Après les guerres que nous soutînmes contre l'Angleterre, il nous fallut signer le honteux traité de Paris en 1763 et renoncer à tout espoir d'être désormais puissance prépondérante au delà des mers. Par ce traité, nous cédions aux Anglais tout le Canada et aux Espagnols la Louisiane, c'est-à-dire que nous abandonnions la Nouvelle-France tout entière. Nous renoncions encore à la Grenade, à Saint-Vincent, à la Dominique et à Tabago, dans les Antilles; au Sénégal, sauf Gorée, en Afrique; à l'Hindoustan, en Asie. La monarchie perdait ainsi par sa faiblesse, par ses erreurs et par ses vices, la meilleure part des territoires acquis en deux siècles de labeurs incessants et de conquêtes prodigieuses. Le traité de 1763 est pour la France une honte et un désastre. Nous n'avons pas encore réussi à nous relever de ce coup terrible, dont nous subissons encore les conséquences.

La guerre d'indépendance d'Amérique, qui marqua les premières années du règne de Louis XVI, releva sans doute notre honneur militaire, mais notre gloire fut stérile. De tous nos sacrifices, nous n'emportâmes en effet comme unique compensation que la restitution du Sénégal et de Tabago.

Dès lors nous n'avons plus à enregistrer, jusqu'en 1815, que des revers. En 1783, Saint-Domingue proclame son indépendance, et une expédition coûteuse ne réussit pas à nous rendre cette reine des Antilles. En 1800, la Louisiane nous est restituée ; mais le premier Consul la vend trois ans plus tard aux États-Unis pour une somme dérisoire. L'Égypte, Corfou et Malte, qui nous avaient quelque temps appartenu, nous échappent bientôt. Aux traités de 1815, nous perdons l'île de France dans l'océan Indien, Tabago et Sainte-Lucie dans les Antilles. Ces pertes cruelles n'ont pas encore été réparées.

Heureusement pour la France, une ère nouvelle commence pour nos colonies avec le XIXe siècle. Il semble que nos divers gouvernements aient renoué la tradition du XVIIe siècle et essayé de reconstituer notre empire colonial. La Restauration fait reconnaître nos droits sur Madagascar et colonise sérieusement le Sénégal. L'armée du dernier Bourbon prend Alger en 1830 et, par ce brillant succès, prépare la conquête du pays. Cette conquête fut l'œuvre principale de la dynastie d'Orléans. Notre bonne fortune nous a donné l'occasion inespérée de réparer toutes nos pertes, et de fonder à quarante-huit heures de la France une France africaine, qui, tôt ou tard, prolongera le territoire national, et nous consolera de pertes récentes, dont le souvenir ne s'éteindra pas de sitôt. A cette grande conquête, la dynastie d'Orléans ajouta quelques petites acquisitions, le Gabon, Assinie, Grand-Bassam sur la côte occidentale d'Afrique, Nossi-Bé et Mayotte près de Madagascar, les Marquises et Tahiti en Océanie, mais elle commit la faute de se laisser devancer par les Anglais à la Nouvelle-Zélande.

Le second Empire a occupé la Nouvelle-Calédonie en 1853, les îles Tuamotu en 1859, achevé la conquête de l'Algérie par la soumission de la Kabylie en 1854, singulièrement agrandi le Sénégal de 1855 à 1870, acheté sans l'occuper Obock au sud-ouest du détroit de Bal-el-Mandeb ; enfin nos soldats et nos marins, après plusieurs années de lutte, ont occupé six des provinces de la Cochinchine, soumis le Cambodge à notre protectorat, et rétabli l'influence française dans l'extrême Orient.

La troisième République vient de soumettre l'Annam à notre protectorat, de racheter Saint-Barthélemy à la Suède.

Depuis 1815, nous assistons donc à une véritable renaissance coloniale. Quelles que soient nos opinions politiques, nos sympathies et nos antipathies, il nous faudra rendre justice à tous les gouvernements qui ont eu le bon sens de distraire une partie des ressources de la France pour cette œuvre honorable et utile de la colonisation. Des hommes et de l'argent que nous avons dépensés depuis 1815 en guerres insensées ou en entreprises maladroites, que reste-t-il? Que l'on calcule au contraire le peu qu'on a dépensé pour les colonies, et que les résultats soient comparés! Ce rapide examen nous convaincra que ceux-là seuls ont sérieusement travaillé à la grandeur, à la puissance extérieure et à la richesse de la patrie qui ont ouvert à son industrie et à son commerce de nouveaux débouchés, qui lui ont donné la faculté de se retremper et de se régénérer par le travail, qui en un mot ont fondé de nouvelles colonies.

Nos colonies actuelles sont aujourd'hui : en Afrique, Sénégal, comptoirs de Guinée, Réunion, annexes de Madagascar, Obock et Algérie; en Asie, établissements indiens et Cochinchine; en Océanie, Tahiti, Tuamotu, Marquises et Nouvelle-Calédonie; en Amérique, Saint-Pierre et Miquelon, Martinique, Guadeloupe et Guyane. Ce sont ces colonies, à l'exception de l'Algérie, dont nous allons résumer l'histoire, présenter la description et énumérer les richesses.

PREMIÈRE PARTIE

L'AFRIQUE FRANÇAISE

CHAPITRE PREMIER

LE SÉNÉGAL

BIBLIOGRAPHIE

Jannequin de Rochefort. *Voyage de Libye au royaume de Senega.* 1643.
J.-B. Gaby. *Relation de la Nigritie avec la découverte de la rivière de Sénéga.* 1689.
Lemaire. *Voyage aux Canaries, Sénégal, Gambie.* 1695.
J.-B. Labat. *Nouvelle relation de l'Afrique occidentale* (Sénégal). 1778.
Des Marchais. *Voyage en Guinée, isles voisines et à Cayenne.* 1730.
Adanson. *Histoire naturelle du Sénégal.* 1757.
Abbé Demanet. *Nouvelle histoire de l'Afrique française.* 1777.
Frossard. *La cause des esclaves nègres et des habitants de la Guinée.*
Labarthe. *Voyage au Sénégal.* 1802.
Durand. *Voyage au Sénégal*, an X (1802).
Mollien. *Voyage dans l'intérieur de l'Afrique fait aux sources du Sénégal et de la Gambie en* 1818-1820.
Walckenaer. *Collection des relations de voyage par terre et par mer en différentes parties de l'Afrique, depuis l'an 1400 jusqu'à nos jours.* 1831.
A. Tardieu. *Sénégambie et Guinée.* 1847.
Barthélemy. *Notice historique sur les établissements français des côtes occidentales de l'Afrique.* 1848.
Paunet. *Relation d'un voyage du Sénégal à Mogador* (Revue coloniale, 1850).
Abbé Boilat. *Esquisses sénégalaises.* 1853.
Faidherbe. *Les Berbères et les Arabes des bords du Sénégal* (Société de géographie, 1854).
Marchal. *Voyage au Sénégal.* 1854.
Carrère et Holle. *De la Sénégambie française.* 1855.
Faidherbe. *Populations noires des bassins du Sénégal et du haut Niger* (Société de géographie, 1856).
Verneuil. *Mes aventures au Sénégal.* 1858.
Faidherbe. *Considérations sur les populations de l'Afrique septentrionale* (Nouvelles annales des voyages, septembre 1859).

FAIDHERBE. *Renseignements géographiques sur la partie du Sahara comprise entre l'Oued-Noun et le Soudan* (Nouvelles annales des voyages, août 1859).
MAGE. *Voyage au Tagaut* (Revue algérienne et coloniale, 1876).
FULCRAND. *La baie d'Arguin* (Revue maritime et coloniale, octobre 1860).
LAMBERT. *Voyage dans le Fouta-Djalon en* 1860 (Tour du monde, 1861).
VINCENT. *Voyage d'exploration de l'Adrar dans le Sahara occidental* (Société de géographie, janvier 1861).
BOURREL. *Voyage dans le pays des Maures Braknas* (Revue maritime et coloniale, 1861).
AZAM. *Notice sur le Oualo* (Revue maritime et coloniale, 1861).
BRAOUEZEC. *Exploration du cours d'eau de Bounoun, marigot du Sénégal* (Annales maritimes et commerciales, octobre 1862).
MAVIDAL. *Le Sénégal. Son état présent et son avenir* (Revue de l'Orient, juillet-octobre 1862).
BRAOUEZEC. *Hydrographie du Sénégal et relations avec les populations riveraines* (Annales maritimes et commerciales, 1862).
FAIDHERBE. *L'avenir du Sahara et du Soudan* (Revue maritime et coloniale, 1863).
VALLON. *La Côte occidentale d'Afrique* (Revue maritime et coloniale, 1863).
MAGE. *Les rivières de Sina et de Saloum* (Revue maritime et coloniale, avril 1863).
X. *Opérations militaires pendant les années 1862-64* (Annales maritimes et coloniales, octobre 1864).
AUBE. *Le fleuve du Sénégal* (Annales maritimes et coloniales, octobre 1864).
RICARD. *Le Sénégal, étude intime.* 1865.
PINET-LAPRADE. *Notices sur les Sérères* (Revue maritime et coloniale, mars-avril 1865).
FAIDHERBE. *Notice sur la langue sérère.* 1865.
X. *Culture du cotonnier au Sénégal* (Revue maritime et coloniale, février 1865).
THALY. *Étude sur les habitants du haut Sénégal* (Archives de médecine navale, novembre 1866, mars et mai 1867).
MAGE. *Note sur le voyage de MM. Mage et Quentin au pays de Ségou* (Société de géographie, 1866).
BRAOUEZEC. *Note sur la rivière Maneah et les rivières de Soumbouyah* (Société de géographie, mars 1867).
MAGE. *Relation d'un voyage d'exploration au Soudan 1863-1866* (Revue maritime et coloniale, 1866-1867).
MAGE. *Voyage dans le Soudan occidental, 1863-1866* (Tour du Monde, 1868).
DE KERHALLET. *Instructions nautiques sur la côte occidentale d'Afrique.* 1868.
HANRIGOT. *Quinze mois en Sénégambie* (Annales des voyages, janvier 1869).
DOURNEAUX-DUPERRÉ. *La Sénégambie française* (Société de géographie, juillet 1871).
BERENGER-FÉRAUD. *Description topographique de l'île de Gorée* (Revue maritime et coloniale, mars 1873).
BERLIOUX. *André Brue.* 1874.
FAIDHERBE. *Essai sur la langue poul.* 1874.
BERENGER-FÉRAUD. *Étude sur les populations de la Cazamance* (Revue d'anthropologie. 1874).
BÉRENGER-FÉRAUD. *Le Sénégal de 1817 à 1874* (Revue maritime et coloniale, janvier 1875).
BOZIUS. *Recherches sur le climat du Sénégal.* 1874.
BERENGER-FÉRAUD. *Étude sur les Ouolofs.* 1875.
FONCIN. *Le Sénégal* (Explorateur, 1875).

Faidherbe. *Grammaire et vocabulaire de la langue poul.* 1875.
X. *Résumé comparatif du commerce et de la navigation du Sénégal et de ses dépendances en 1871 et 1872* (Revue maritime et coloniale, juillet 1875).
X. *Sénégal et dépendances. Tableau de la mission* (Missions catholiques, 1875).
Hann. *Klima von Senegambien* (Zeitschrift des œsterreichichen Gesellschaft für Meteorologie (1875).
Hertz. *La Gambie et la Cazamance* (Explorateur, 1876).
Fleuriot de Langle. *Croisière à la côte d'Afrique* (Tour du monde, 1876).
Muiront d'Arcenant. *Notice sur le Sénégal* (Société de géographie, 1877).
Tissandier. *Le climat du Sénégal* (Nature, 1876).
Delaire. *Le Sénégal et le chemin de fer du Soudan* (Explorateur, 1877).
Delaire. *Le Sénégal et le chemin de fer du Soudan* (Explorateur, novembre 1877).
Devergié. *Notes sur la côte occidentale d'Afrique* (Revue maritime et coloniale, 1877).
Hubler. *Le Caoutchouc au rio Nunez* (Société de géographie de Bordeaux, 1878).
Bonnet. *La Cazamance* (Société de géographie de Bordeaux, 1878).
A. Marche. *Trois voyages dans l'Afrique occidentale.* 1879.

I. — Géographie historique.

Le Sénégal est la première en date de nos possessions d'outremer, et il a pris depuis quelques années une telle importance, que la nécessité s'impose à tous ceux de nos compatriotes qui s'intéressent à la prospérité de leur patrie, de connaître et son histoire, et ses ressources, et son avenir probable.

On appelle Sénégal, ou Sénégambie, la région située sur la limite du désert et des terres fertiles, au point précis où s'arrête la race blanche et où commencent à se montrer les nègres. Au nord, sables brûlants; au sud, pays fertile, mais malsain; à l'est, massif montagneux qui n'a pas encore de nom; à l'ouest, l'Atlantique. De grands fleuves, parmi lesquels on distingue le Sénégal, la Gambie et le Rio Grande, parcourent et fertilisent la région. Ce sont des voies toutes tracées pour le commerce de l'Afrique intérieure. Les voyageurs européens connaissent depuis longtemps les avantages de cette position. Ils ont rivalisé entre eux pour attirer à leurs comptoirs les indigènes du littoral ou les caravanes de l'intérieur. On ne saurait dire avec précision à quelle époque a été fondé le premier poste français du Sénégal, mais il est certain que cette fondation est antérieure au XVIIe siècle, et probable que ce sont des

Normands de Rouen qui, chassés des côtes de Guinée par la jalousie portugaise et la coupable indifférence du gouvernement, se formèrent en compagnie, vers 1582, et concentrèrent leurs efforts sur un établissement qu'ils fondèrent à l'embouchure du Sénégal, d'abord dans une petite île nommée Bocos, puis dans une autre île qui prit le nom de Saint-Louis. Ces marchands portèrent sur les rives du Sénégal leur expérience des affaires et leur caractère loyal et sympathique. La première date certaine de l'histoire du Sénégal français est celle de 1626, époque à laquelle fut nommé directeur de la compagnie Thomas Lombart. De 1626 à 1664, nouveau silence. On possède pourtant deux relations sur cette période, celle de Jannequin Rochefort, et celle des capucins rouennais Alexis et Bernardin de Renouard; mais elles ne présentent qu'un intérêt médiocre. En 1664, la petite colonie fut donnée, moyennant indemnité, à la Compagnie des Indes occidentales, que venait de fonder Colbert. Bien qu'on ignore la nature précise et l'importance du commerce fait par les Normands dans ce pays, il semble néanmoins que leurs affaires prospéraient, car ils abandonnèrent leurs exploitations fort à contre-cœur, et seulement quand ils y furent contraints. Dès lors commence l'histoire officielle du Sénégal.

On peut diviser cette histoire en trois périodes distinctes. La première, la plus longue, mais la moins remplie, s'étend de 1664 à 1815. Le Sénégal n'est alors qu'un comptoir d'échange. Dans la seconde période, de 1815 à 1854, on essaya mal à propos d'y établir une colonie agricole. De 1854 à nos jours, dans la troisième période, le Sénégal subit une nouvelle transformation et devient comme un foyer d'influence d'où rayonnent au loin, dans toutes les directions, notre civilisation et notre prépondérance.

Le Sénégal fut d'abord administré par des compagnies dont les opérations étaient purement commerciales. De 1664 à 1758, sept de ces compagnies se succédèrent; mais aucune d'elles ne réussit. Nous n'insisterons pas sur cette lamentable énumération de fautes et d'imprudences, de faillites et de banqueroutes. Un seul de nos gouverneurs fait exception. Par la largeur de ses vues et la fertile ingéniosité de ses plans, André Brue était tout à fait à la hauteur de ses fonctions. Si nous étions plus attentifs aux découvertes géographiques de nos compatriotes, il occuperait une place éminente dans notre histoire coloniale, car il a donné à nos possessions sénégaliennes des limites qui n'ont pas encore été dépassées, et il a dirigé des explorations sur des contrées qu'on n'a pas encore toutes revues depuis l'époque où il vivait. De 1694 à 1724, il administra le Sénégal à divers titres, et, pendant cette longue carrière, malgré la mauvaise volonté ou les absurdes instructions des diverses compagnies dont il fut l'agent, il ne cessa de se conduire d'après un plan bien arrêté, et il aurait certainement réussi, si on lui avait permis de l'exécuter. A lui seul remontent les premiers projets de colonisation sérieuse du Sénégal, projets dont les hésitations et la faiblesse des gouvernements ou le malheur des temps firent ajourner pendant près d'un siècle la réalisation.

En 1758, pendant la déplorable guerre de Sept Ans, les Anglais nous enlevèrent une première fois le Sénégal. Ils furent obligés de nous le rendre en 1783, lors de la guerre d'indépendance des Etats-Unis d'Amérique ; mais ils nous le reprirent une seconde fois pendant les guerres du premier Empire, pour nous le rendre définitivement en 1817. La *Méduse*, cette frégate de sinistre mémoire, portait les fonctionnaires et les soldats chargés de la recevoir de la main des Anglais, quand elle périt dans un naufrage tristement fameux, symbole néfaste de l'avenir réservé à notre établissement sur la terre sénégalaise.

De 1817 à 1854, en effet, trente-sept gouverneurs généraux ou intérimaires se succédèrent au Sénégal, sans y apporter de changements marquants. En dépit de ses riches productions et de sa réelle fécondité, le Sénégal semblait une terre maudite. Aucun colon ne venait s'y installer à demeure. Les rares Européens qui l'habitaient, entassés sur un îlot malsain, sans verdure, sans arbres et presque sans eau potable, n'y venaient que pour s'enrichir et retourner au plus vite en France. Quant aux fonctionnaires, ils se croyaient en disgrâce quand on les envoyait au Sénégal; ils n'aspiraient qu'au moment de le quitter. Il est vrai que la position de nos administrateurs n'avait alors rien d'attrayant. A l'exception de Saint-Louis près de l'embouchure du fleuve, de Bakel dans le haut Sénégal, de Senoudébou dans la Falémé, et de Gorée sur la côte, nous n'étions nulle part les maîtres. Aucun terrain ne nous appartenait en droit et d'une manière définitive. Même à Saint-Louis, nous étions censés sur le territoire du roitelet de Sor. Comme nous ne nous étions encore révélés aux indigènes que comme des marchands, ils nous traitaient en marchands. Les Maures nous méprisaient, et les nègres, qui nous croyaient anthropophages, nous détestaient. Les uns et les autres ne perdaient aucune occasion de nous témoigner leur dédain ou leur haine. Le plus singulier, c'est que pas un de nos gouvernements ne protesta contre ces humiliations pour ainsi dire quotidiennes. Sous forme de cadeaux, la France payait de véritables tributs à ces misérables souverains, et ce n'étaient pas seulement les rois sénégalais, mais encore des personnages secondaires et jusqu'à des esclaves, qui vivaient ainsi à nos dépens. Ces tributs avaient cessé d'être de notre part de simples complaisances. Ils étaient bel et bien consentis à perpétuité, avec toutes les formes les plus solennelles, et sanctionnés par des lois spéciales. Si, du moins, ces rois africains, qui exploitaient notre faiblesse, avaient eu pour eux le prestige de la force; mais ils ressemblaient étrangement à ces pasteurs des peuples dont parle Homère, qui ne dédaignaient pas de se servir à eux-mêmes de cuisiniers et de maîtres d'hôtel. Quant à leurs compagnes, on ne pouvait, il est vrai, les comparer à la Nausicaa, lavant elle-même à la rivière le linge sale de sa famille, et cela par la meilleure des raisons, — elles possèdent fort peu de linge, — mais elles remplissaient des offices analogues et n'avaient pas plus de majesté. Ces grotesques tyranneaux s'étaient arrogé le droit de permettre ou de défendre aux négociants français d'entrer en relations commerciales avec leurs sujets. Nous avions beau redoubler à leur égard de complaisances et de douceur, ils se permettaient encore contre nous des vols et des violences de toute nature. Non-seulement les Européens n'avaient pas le droit de remonter le Sénégal, mais les habitants de Saint-Louis, qui seuls jouissaient de ce privilège, ne pouvaient s'arrêter devant le moindre village sans payer auparavant ce qu'on appelait la *coutume*. Avant même de savoir si l'on ferait ou non des affaires, il fallait s'exécuter et payer la *coutume*. Malheur à qui tentait de se dérober à cet humiliant usage! On saisissait à bord des navires portant notre pavillon les marchandises qui ne provenaient pas directement des escales autorisées, et qui, par conséquent, n'avaient pas payé la coutume. Le roi des Maures Trarzas, le plus puissant des monarques sénégalais, avait fini par tarifer comme il suit ses prétendus droits aux escales de son territoire : deux pièces d'une cotonnade bleue, nommée *guinée*, par mille kilogrammes de marchandises achetées, et deux autres pièces pour la même quantité de marchandises portées à Saint-Louis. Outre les droits, les coutumes lui réservaient deux pièces de guinée pour son repas, deux autres pièces pour sa *bagatelle*, c'est-à-dire pour son plaisir, une pièce et demie pour la bagatelle de la reine, une demi-pièce pour la bagatelle du ministre. En outre, l'acheteur européen devait chaque soir envoyer au ministre un plat de riz, sous peine d'une amende de deux francs cinquante centimes par plat. En cas de refus, on fermait la *traite*, c'est-à-dire que les relations commerciales étaient brusquement interrompues.

En résumé, vexations de tout genre, outrages quotidiens, menaces d'expulsion, telle fut, jusqu'en 1854, la situation de la France au Sénégal. Le rôle ne convenait ni à notre dignité ni à nos intérêts; aussi quelques fonctionnaires demandaient-ils à se soustraire aux exactions de ces roitelets et conseillaient-ils au gouvernement une politique plus conforme à son honneur et à ses traditions. Tout à coup, un nouveau danger menaça la colonie et ne nous laissa plus d'autre alternative que de plier bagage ou de repousser la force par la force.

A l'heure actuelle s'opère dans le mahométisme une sorte de renaissance. Il semble que la foi des croyants se ranime et que leur ancienne ardeur se réveille. Des missionnaires, que l'on croit partis de Bokhara ou de Samarkand, parcourent en tous sens l'Afrique, qui jusqu'alors était restée à peu près fermée à leurs prédications. Leur parole brûlante, l'austérité de leur vie et plus encore la conformité de leurs préceptes avec les instincts et les nécessités des races africaines, produisent sur ces peuples encore enfants la plus vive impression. Les Africains se convertissent en masse au mahométisme. De proche en proche, les missionnaires musulmans font des prosélytes. Ils sont déjà parvenus à l'Atlantique, et la majeure partie des tribus sénégalaises a rompu avec leur grossier fétichisme et embrassé, avec toute l'ardeur qui caractérise les néophytes, leur religion nouvelle. Or, entre chrétiens et musulmans, il n'y a pas de conciliation possible. Depuis le jour où se heurtèrent pour la première fois les deux croyances, et quel que soit l'endroit où se rencontrèrent les disciples du Christ et ceux de Mahomet, aux rives du Jourdain ou à celles du Chéliff, dans les plaines du Danube ou sur les sierras espagnoles, une lutte inexpiable s'est engagée entre les deux croyances. C'est un duel à mort. Il faut que les uns ou les autres cèdent ou soient anéantis. Lorsque les tribus sénégalaises se furent converties au mahométisme, elles continuèrent cette tradition déjà plusieurs fois séculaire, et cherchèrent à jeter à la mer les colons français, non pas seulement à cause de leur nationalité, mais bien plus encore à cause de leur religion. Dès 1826, les chefs maures, récemment convertis, de la rive droite du Sénégal, essayèrent de surprendre Saint-Louis. Ils renouvelèrent leur tentative en 1830, 1832 et 1843. Sans doute, ils échouèrent constamment; mais, s'ils ne réussirent pas à nous enlever les postes occupés par nous, au moins firent-ils plier sous leur joug les populations noires, trop éloignées de notre main protectrice. Bientôt toute la vallée du Sénégal fut le théâtre de scènes odieuses. Sous prétexte de croyances religieuses, les ambitieux et les bandits de tout genre se partagèrent le pays conquis et le découpèrent en véritables fiefs. La France tolérait ces désordres, mais cette indifférence passait aux yeux des indigènes pour de la faiblesse, et nos gouverneurs, qui se rendaient compte de la situation, prévoyaient déjà le jour prochain de notre expulsion définitive.

En 1854, le danger devint sérieux. Un marabout sénégalais, qui revenait d'un pèlerinage à la Mecque et à Médine, d'où il rapportait le titre vénéré de Al-Hadji, « le pèlerin, » voulut jouer dans son pays natal le rôle fructueux de successeur illuminé de Mahomet. Il avait entendu parler d'Abd-el-Kader et de la longue résistance qu'il nous opposa en Algérie. Il espéra que, dans la riche vallée du Niger, à Ségou et à Tombouctou, il parviendrait, en jouant le même rôle, à se créer un véritable empire. Aussi n'hésita-t-il pas à proclamer sa mission divine, et, après s'être assuré le concours de ses amis, se mit-il en campagne, prêchant la guerre sainte contre les infidèles chrétiens, et aussi contre les populations encore adonnées au fétichisme. Comme il promettait à ses soldats les biens de ce monde et, s'ils venaient à succomber dans la lutte, les délices du paradis musulman, il eut bientôt réuni les fanatiques et les bandits de l'Afrique occidentale. Tous les déclassés, dont les dernières guerres avaient singulièrement augmenté le nombre, grossirent ses bandes. La terrible horde se jeta d'abord sur les Malinkès du Bambouk. On nomme ainsi la riche et fertile région qui s'étend entre le Sénégal et le plus important de ses affluents, la Falémé. Pas une chaumière ne resta debout. Tout fut rasé ou brûlé, et la population détruite ou emmenée en captivité. Al-Hadji avait divisé son armée en trois corps : le premier, remontant le Sénégal, le second, la Falémé, et le troisième, au milieu du pays, entre les deux fleuves, de manière que pas une case, pas un être vivant ne pût leur échapper. Quelques années plus tard, en 1859, un de nos officiers les plus distingués, M. Pascal, parcourait le Bambouk et retrouvait encore les traces de ces dévastations systématiques. Du Bambouk, Al-Hadji passa dans la vallée du Niger. Il voulait s'emparer de Ségou, le centre de la résistance fétichiste. Repoussé de ce côté, le prophète se rejeta au nord-est, sur le Kaarta, dont il fit un désert. Il traita de même le Kassou. Après ces exploits trop faciles, mais qui lui avaient fait une sinistre réputation, il menaça directement nos postes et vint mettre le siège devant le petit fort de Médine, récemment construit par l'homme qui fut le véritable créateur de notre puissance au Sénégal. Sous les murs de ce fortin allait se briser sa puissance !

Le général Faidherbe a rendu à son pays, dans la funeste guerre de 1870, de réels services. Si pourtant la postérité conserve le nom du commandant de l'armée du Nord, ce sera surtout parce qu'il a donné à la France un véritable empire en Afrique. Faidherbe s'était pris d'affection pour le Sénégal. Il résolut de consacrer à sa rénovation sa vive intelligence et son énergique activité. Nommé gouverneur en 1854, et comprenant que tolérer la continuation d'un pareil état de choses et laisser se prolonger la domination et les ravages de Al-Hadji, c'était renoncer à tirer le Sénégal de l'état de torpeur où il languissait depuis deux siècles, il se décida à substituer peu à peu l'influence française à la domination indigène, en passant brusquement de la défensive à l'offensive et en montrant aux Africains que la France était résolue à faire respecter son pavillon. Il voulait en un mot fonder notre prépondérance politique et militaire sur les deux rives du fleuve. Il consacra douze ans à cette tâche ardue et eut la gloire de la mener à bonne fin.

Il fallait en premier lieu cantonner sur la rive droite du Sénégal trois grandes tribus de Maures nomades, *Braknas*, *Trarzas* et *Douaiches*, et empêcher leurs incessantes razzias sur la rive gauche. Trois années de luttes assurèrent ce résultat, le plus durable peut-être qui ait été obtenu. Il fallait ensuite imposer nos volontés aux différents Etats nègres échelonnés le long du fleuve et sur la côte. L'annexion du *Oualo* et de divers territoires aux environs de Saint-Louis, la construction des postes de *Matam* et *Médine*, l'occupation de *Rufisque*, *Soal* et *Kaolack*, et la conquête du *Diander* réalisèrent cette seconde partie du programme. Une suite non interrompue d'opérations de guerre, de traités et de missions politiques étendit nos possessions, affermit notre influence et consolida le cercle de nos relations commerciales. Peu à peu, à l'écho de ces lointains succès, se modifia l'opinion publique. On commença à se rendre compte en haut lieu de l'importance des résultats acquis; on ne marchanda plus au gouverneur les renforts et les subsides qu'il réclamait. Pourtant il lui manquait encore le prestige d'une éclatante victoire. Al-Hadji le lui fournit fort à propos en venant mettre le siège devant Médine.

Ce fort avait été fondé par Faidherbe dans une admirable position, à une lieue en aval de la grande cataracte du Félou. C'était à la fois un poste de défense et un poste d'observation. A l'abri de nos canons, plusieurs milliers de malheureux Africains, échappés aux massacres du prophète, avaient bâti un village et un *tata*, sorte de citadelle en pierre et en terre. Le commandant de Médine, Paul Holl, prévoyant l'orage qui allait fondre sur lui, avait relié le fort au tata par un double terrassement. Il s'était assuré du concours des indigènes, qui avaient réclamé sa protection, et le chef de ces derniers, un certain Sambala, lui avait promis de mourir à ses côtés plutôt que de se rendre. La garnison régulière se composait de 64 personnes dont 11 Européens seulement, mais elle était brave et résolue. Le 19 avril 1857 paraissait l'avant-garde d'Al-Hadji. Le marabout avait confié les échelles d'assaut aux plus fanatiques de sa troupe et ne leur avait épargné ni les encouragements ni les promesses. C'était pour lui une partie décisive. Vainqueur des chrétiens, il pouvait tout attendre de l'avenir ; vaincu au contraire, la croyance à son apostolat était sinon détruite, au moins fort ébranlée. Aussi était-il résolu aux derniers sacrifices pour s'emparer de Médine. Le lendemain 20 avril, 20,000 musulmans se ruaient à la fois contre le fort de Médine et le tata de Sambala. Contrairement à l'habitude africaine, ils s'avançaient silencieusement et en masses profondes. Le prophète ne leur avait-il pas annoncé que les canons des blancs ne partiraient pas ! Pendant plusieurs heures, le feu de nos soldats ouvrit de larges trouées dans leurs rangs ; mais ils ne reculaient pas. Ils bravaient la mort le sourire aux lèvres. L'attaque, commencée au point du jour, ne se termina que vers les onze heures, et encore les Al-Hadjistes cédèrent plutôt à la fatigue qu'au découragement.

Pendant le combat, Al-Hadji, entouré de ses femmes, était resté en vue du fort, attendant sa prise pour y faire son entrée solennelle. On raconte qu'il pleura de rage, quand ses soldats l'entraînèrent avec lui dans leur retraite. Telle était sa fureur, qu'il essaya de renouveler l'assaut de la place, bien que convaincu de l'inutilité d'une attaque de vive force. Deux fois repoussé avec des pertes énormes, il se décida enfin à convertir le siège en blocus, espérant que la famine ou le manque de munitions auraient bientôt raison des défenseurs de la place. Cette tactique était la meilleure. Notre commandant, qui en connaissait tous les dangers, avait expédié des courriers à tous les postes ; il avait également écrit pour demander des approvisionnements, mais aucun secours ne lui était annoncé. Les assiégeants avaient resserré leurs lignes d'investissement et coupaient toute communication avec le dehors. Dès la fin de mai, les vivres étaient rares à Médine, et la nombreuse population du tata commençait à souffrir de la faim. M. Holl mit en commun toutes les subsistances et réduisit tout 'le monde à la ration. Les arachides constituaient la principale ressource ; mais, comme le bois manquait, au lieu de les brûler, il fallait se résigner à les manger pilées et mouillées. Depuis longtemps, le vin et l'eau-de-vie avaient disparu, la farine et le biscuit étaient avariés. Chaque jour, les assiégeants se rapprochaient des murs et s'efforçaient par leurs promesses et leurs menaces de décourager les intrépides défenseurs du fort. Ils cherchaient aussi à semer la division et la défiance, en promettant la vie sauve à tous, sauf à Paul Holl, aux Européens et à Sambala. Ce n'étaient pas de vaines menaces. On connaissait, pour l'avoir éprouvée, la férocité des Al-Hadjistes, et, pour peu que les renforts espérés tardassent davantage, Médine succomberait fatalement.

La poudre manqua bientôt. On s'en procura de fort mauvaise en vidant un certain nombre d'obus. Les soldats étaient pour la plupart réduits à un seul coup. Les volontaires et Sambala lui-même venaient fréquemment demander des munitions à M. Holl, et le commandant se contentait de leur répondre : « J'ai là, dans ce magasin, beaucoup de poudre; mais n'avons-nous pas tué assez d'ennemis? L'air en est empesté. Attendez le jour du combat, et n'ayez peur ; la délivrance approche. » Cependant, à part lui, notre commandant reconnaissait que le fort, dépourvu de vivres et de munitions, ne tiendrait plus longtemps. Déjà ses hommes ne pouvaient plus supporter les gardes et les veilles, et près de 6,000 Africains, entassés dans le tata, mouraient de faim et de misère. Déterminé à ne pas capituler, Holl fit part de sa résolution au sergent Desplat, et tous deux convinrent de mettre le feu aux dernières munitions, quand ils verraient l'ennemi pénétrer dans la place.

Le 18 juillet, il n'y avait plus à Médine de vivres que pour quelques heures, et quels vivres! lorsque de sourdes détonations retentirent au loin. La petite garnison courut aux murs, tout enfiévrée d'espoir. Bientôt on croit voir des costumes européens. Plus de doute. Ce sont les libérateurs. C'étaient eux en effet, et Faidherbe à leur tête. Le général, à la première nouvelle de l'investissement, avait donné ordre au vapeur le *Guet-dnar* de porter à Médine des renforts et des munitions ; mais les eaux du fleuve étaient basses, et le navire ne pouvait avancer. Faidherbe réunit alors deux à trois cents hommes, quitte Saint-Louis sur le *Basilic*, rallie, en passant, le *Guet-dnar* et court à Médine. Par bonheur, les eaux avaient monté, et les paquebots passèrent. C'était un acte singulièrement hardi que de se heurter ainsi avec une poignée d'hommes contre toute une armée, que les calculs les plus modérés portaient au moins à 25,000 hommes. En aval de Médine, face à face, sur les deux rives du fleuve, se dressent deux gigantesques rochers, les Kippes, qui semblent comme une écluse, dans l'ouverture béante de laquelle le fleuve se précipite avec rapidité. Al-Hadji avait fait occuper ces roches par un corps nombreux, dont les feux plongeants arrêteraient tout navire en marche. Tenter de forcer ces deux redoutes naturelles était bien dangereux. Faidherbe imagina de débarquer tout son monde sur la rive droite et d'attaquer le Kippe de cette rive. Les Al-Hadjistes, qui ne s'attendaient pas à cette attaque audacieuse, s'enfuirent en désordre. Aussitôt le général installe un obusier, dont les coups bien dirigés vont frapper le Kippe de la rive gauche et en chassent l'ennemi.

Au même moment, le *Basilic* forçait le passage et, à la vue de nos soldats, Holl et Sambala ordonnaient une sortie générale. « De la poudre ! De la poudre ! réclame le chef nègre. Il y a longtemps que je n'en ai plus, réplique le commandant de Médine. — Et ce magasin qui en était plein ? — Qu'aurais-tu fait si je t'avais avoué ma pénurie ? — Les blancs sont habiles ; tu as bien fait. Je te remercie. » Quelques instants après, les assiégeants, pris entre les baïonnettes des assiégés et les balles de l'armée libératrice, se débandaient dans toutes les directions, et Faidherbe, pénétrant dans le fort, s'assurait par lui-même de ce qu'il avait fallu d'énergie aux défenseurs de la place pour résister 95 jours, du 19 avril au 18 juillet, à un ennemi si déterminé. Le prestige d'Al-Hadji était à tout jamais détruit. Celui de la France, au contraire, ne cessa pas de grandir. Ce siège et cette résistance héroïque avaient fondé la puissance de la France dans ces lointains parages.

Ce n'est pas tout que de vaincre. Il faut encore consolider, c'est-à-dire négocier des alliances. Le 20 mai 1858, un de nos adversaires les plus résolus, Mohammed-el-Habib, signait un traité par lequel il reconnaissait notre double autorité de souverains et de protecteurs. Le 10 juin, Mohammed-Sidi, roi des Braknas, suivait son exemple. En même temps, notre influence se consolidait dans le Bambouk par la construction du fort de *Kéniéba*. L'année 1859 fut signalée par la création du comptoir de *Saldé*, dans le Fouta, et par l'annexion du *Dimar*. Les rois du *Baol*, du *Sine* et du *Saloum*, en vertu d'anciens traités, reconnurent la suzeraineté de la France sur le littoral compris entre le cap Vert et la rivière de Saloum. Nous nous établîmes à *Rufisque, Portudal, Joal, Kaolak* ; enfin le *Toro* et le *Damga* s'ajoutèrent à nos possessions. C'est ainsi que la politique à la fois ferme et prudente de Faidherbe dompta, sur tous les points, les ennemis de la colonie et rétablit partout nos relations interrompues.

Au commencement de 1860, cette pacification universelle fut l'occasion de plusieurs missions vers les chefs voisins, qui produisirent les meilleurs résultats tant pour consolider notre influence que pour étendre nos connaissances géographiques. Nous devons une mention particulière à celles de MM. Mage, Vincent, Bourrel et Lambert dans les diverses régions occupées par les Maures, et surtout au dramatique voyage de MM. Mage et Quentin vers notre ancien ennemi, Al-Hadji, qui, plus heureux dans l'Afrique centrale qu'au Sénégal, venait de fonder un grand empire dans la vallée du Niger. Le général Faidherbe aurait voulu, par leur entremise, relier les deux fleuves par des postes fortifiés, afin d'attirer vers Saint-Louis le commerce de l'Afrique intérieure. Cette mission rencontra plus d'un obstacle. Il ne fut pas donné à M. Mage de contracter l'alliance projetée ; au moins son voyage dans ces contrées inexplorées augmenta-t-il singulièrement la somme des connaissances géographiques. Il l'a raconté lui-même, et nous ne pouvons que renvoyer les amateurs de récits à la fois pittoresques et dramatiques à cette relation insérée d'abord dans le *Tour du Monde* et publiée plus tard par la maison Hachette.

En 1861, un traité nous céda toute la côte entre Saint-Louis et Gorée sur une profondeur de trois lieues. Les habitants du *Cayor* avaient trouvé dans notre voisinage immédiat des avantages et des dangers. Leurs chefs, qui s'exagéraient leur puissance, voulurent nous empêcher de mettre en communication Saint-Louis et Gorée et nous obligèrent à recourir à une intervention armée. A la suite de plusieurs expéditions, conduites par MM. Faidherbe et Jauréguiberry en 1861 et 1862, le Cayor tout entier fut annexé.

En même temps que notre autorité s'affirmait ainsi avec une puissance qui frappait Maures et nègres d'une terreur salutaire, à Saint-Louis même d'autres mesures destinées à compléter cette œuvre de transformation se succédaient, à la grande satisfaction des colons. Une banque, un journal, une imprimerie étaient fondés ; un pont sur pilotis mettait en communication Saint-Louis et Guetdnar, et un autre pont, de 680 mètres de longueur, reliait l'île à la rive gauche du fleuve. Faidherbe consacra douze années de sa vie à cette œuvre multiple. Il s'y était dévoué de tout cœur. Rappelé en France par les nécessités du service, il put se vanter d'avoir plus fait pour le Sénégal, en dix ou douze années, que tous ses prédécesseurs réunis.

La tâche de ses successeurs était facile. Ils n'avaient qu'à se conformer à cette politique à la fois ferme et prudente. Ils n'avaient surtout qu'à aimer le Sénégal. Peut-être n'ont-ils pas tous aussi bien réussi que Faidherbe. D'ailleurs les circonstances furent plus difficiles. Au moment où la métropole se débattait contre l'invasion étrangère, la colonie ne pouvait que se suffire à elle-même. L'impulsion donnée avait été pourtant si vigoureuse, que les progrès continuèrent. Plusieurs reconnaissances heureuses, entreprises par MM. Penaud, Protet et Pinet-Laprade, valurent à la France la vallée de la *Casamance*, où *Sedhiou* devint le centre d'un commerce important (1863). En 1866, les vallées du *Rio Nunez* et du *Rio Pongo* acceptèrent notre protectorat. Les grandes explorations ont, il est vrai, cessé depuis le voyage de Mage et Quentin ; mais les jalons posés par eux, les traités conclus avec les souverains du Soudan subsistent encore et permettront de reprendre l'œuvre des découvertes, le jour où l'administration lancera résolument des négociants ou des soldats sur la route du Niger. Aussi bien nos alliés nous sont restés fidèles. Sambala vit encore, et récemment nous lisions dans tous les journaux qu'il nous avait aidés à réduire un de nos ennemis les plus acharnés, Sambouricié, et était entré en triomphe dans sa ville, prise d'assaut.

En résumé notre colonie du Sénégal est en pleine voie de progrès. On doit pourtant reconnaître à nos possessions sur la côte occidentale d'Afrique un grave défaut d'unité. Il nous manque la vallée de la Gambie, où les Anglais, de leur côté, ne sont guère à l'aise dans un étroit territoire enclavé entre le Sénégal et la Çasamance. Aussi aurions-nous vu avec plaisir le succès des négociations récemment ouvertes pour échanger ces comptoirs anglais contre notre colonie du Gabon. Cette acquisition aurait peut-être ouvert à nos colonies des voies nouvelles de prospérité; mais les négociations n'ont pas abouti. Nous ne pouvons que le regretter.

II. — Géographie physique.

Notre colonie du Sénégal n'a pas de limites fixes, sauf à l'ouest, où l'Atlantique lui sert de frontière naturelle. A l'est se dresse un massif montagneux qui n'a pas encore de nom, mais que Jomard proposait d'appeler les *Alpes africaines*. Nous sommes arrivés au pied de ce massif; nous l'avons même franchi; mais, comme nous ne sommes pas encore les maîtres incontestés de la région qui le sépare de l'Océan, nous sommes forcés de dire que notre colonie aura sans doute un jour pour limite, dans la direction de l'est, ces Alpes africaines. Au nord s'étendent les sables brûlants et les populations maures, au sud les forêts équatoriales et les populations nègres; mais où commence et où finit notre domination, nul encore ne peut le déterminer avec précision. Le noyau central de la colonie a été Saint-Louis, à l'embouchure du Sénégal : elle s'étend aujourd'hui, au nord, dans la direction du Maroc, jusqu'au cap Blanc; à l'est, au delà de Médine dans le haut cours du fleuve; au sud enfin, par postes intermittents, jusqu'à l'embouchure de la Mellacorée. Seulement le territoire compris entre ces points extrêmes, Saint-Louis et Médine, le cap Blanc et la Mellacorée, ne nous appartient pas tout entier ; nous y avons seulement échelonné des postes, centres futurs de colonisation. Voici les principaux, le long du fleuve : *Merinaghen, Richard Toll, Dagana, Podor, Saldé, Matam, Bakel, Médine, Senoudébou* et *Keniéba*. Une zone littorale de deux lieues de large a été acquise de *Gandiole* à *Dakar*, en face de Gorée. A partir de ce point jusqu'à la rivière de Saloum, cette zone s'élargit jusqu'à une profondeur de six lieues, avec les postes de *Rufisque* et *Portudual*. Plus loin, il n'y a que des comptoirs épars en territoire indigène, dont les plus importants sont ceux de *Carabane* et *Sedhiou*, dans la vallée de la Casamance. Telle est notre colonie actuelle, c'est-à-dire qu'il est impossible de fixer ses limites et d'évaluer sa superficie.

Même incertitude pour la géographie physique proprement dite. Bien que traversé à diverses reprises par nos officiers et nos négociants, le massif montagneux d'où sort le Sénégal n'est encore connu que par endroits. Deux des contreforts qui se détachent de la chaîne ont été plus souvent visités : le premier, le *Tamba-Oura*, sépare le Sénégal du premier de ses affluents, la *Falémé*. C'est un système de montagnes à crête continue, qui paraît avoir été coupée dans sa longueur par un plan vertical, et dont la partie antérieure s'est éboulée. La pente du talus ainsi formé étant au moins dans le rapport de trois de hauteur sur deux de base, la montagne est généralement inaccessible. Il existe en France un système analogue, le massif de la Grande-Chartreuse, qui, depuis le mont Granier, près de Chambéry, jusqu'au Casque de Néron, près de Grenoble, affecte également la forme d'un talus presque vertical. Un seul défilé traverse le Tamba-Oura. On le nomme le *Kourondaba* ou Porte des roches. Ses flancs ressemblent à des murailles construites de main d'homme ; les étages supérieurs surplombent les premiers, et les blocs qui se sont détachés encombrent le fond de la gorge et la rendent peu praticable. Le second contrefort est celui des monts *Tongue*, qui sépare la Falémé de la Gambie.

Le plus important des fleuves qui descendent de ce massif est le *Sénégal*. Ce n'est pas seulement son nom qu'il donne à la colonie, mais aussi la vie et la fortune. Depuis sa source jusqu'à son embouchure, dans un cours de plus de 1,600 kilomètres, il détermine en grande partie « les caractères physiques et même les conditions sociales du pays qu'il traverse. C'est lui en effet qui forme la grande ligne de séparation entre les deux races principales d'indigènes, les Maures sur la rive droite, les noirs sur la rive gauche. Pour les Européens, il est la seule voie de transport de leurs marchandises, qui courraient de graves risques à circuler par terre. Dans cette admirable alliance des forces de la nature et des besoins de l'homme, tout vient du fleuve ou s'y rattache : le sol, la culture, le commerce, les mœurs, la misère et la richesse, la paix et la guerre. Cette harmonie doit toujours être présente à l'esprit de quiconque veut comprendre l'histoire du Sénégal. Elle seule en donne le clef. » (Duval, *Colonies françaises*, p. 29.) Deux fortes rivières, le *Bafing* et le *Bakoy*, se réunissent à *Bafoulabé* pour former le Sénégal. Le fleuve coule d'abord du sud au nord dans une région montagneuse et descend par plusieurs cataractes, dont les plus célèbres sont celles de Gouïna et du Félou. A *Gouïna*, sur une largeur de plus de 400 mètres, le fleuve s'échappe tout à coup du terrain qui manque à la masse de ses eaux, et la nappe tombe en bouillonnant à 50 mètres de profondeur. « Pendant les hautes eaux la chute a une largeur double, et sa hauteur, sur la rive gauche, atteint soixante mètres. En effet, sur cette rive, de larges tablettes, d'un grès très-fin, d'un mètre d'épaisseur, s'avancent sur l'abîme en formant un plan horizontal élevé de 10 mètres au-dessus du niveau supérieur de l'eau. Comme rien ne les soutient, il semble qu'en s'y aventurant on s'expose à rouler avec elles dans le gouffre du bassin inférieur. » (*Tour du monde*, 1861, p. 47.) Aux abords de la cataracte se trouvent des trous, en forme d'entonnoirs, dans lesquels l'eau s'engouffre en tourbillonnant. On pourrait les comparer aux *yeux* de la Valserine, non loin de Bellegarde, dans le département de l'Ain. La cascade de Gouïna demande à ne pas être examinée en détail, car son aspect est régulier, et, d'un seul regard, on peut en embrasser l'ensemble. La cascade du *Félou*, au contraire, est remarquable par ses bizarres découpures et ses singuliers appendices. On dirait une série de pyramides coniques, terminées par des calottes sphériques dont la base est baignée par les eaux. Après cette seconde chute, le Sénégal change brusquement de direction et va du sud-est au nord-ouest jusqu'à la mer, à travers un pays de plaines. A Saldé, un des bras du fleuve, le *Doué*, forme une longue île de 150 kilomètres de longueur, l'*île à Morfil* ou des *Eléphants*. Dans la partie inférieure de son cours, il se partage en plusieurs bras qu'on désigne sous le nom particulier de *marigots*. Arrivé tout près de la mer, il est arrêté par une digue étroite de sable, coule alors vers le sud, se divise en deux larges bras, au milieu desquels est Saint-Louis, et finit, au-dessus de cette ville, en formant une barre mobile qui gêne beaucoup la navigation.

Le passage de cette barre est un jeu pour les bateaux à vapeur; mais, de janvier à mars, il est d'une extrême difficulté pour tous les navires à voiles, et parfois des bâtiments séjournent plusieurs mois sans pouvoir pénétrer dans le fleuve. Des allèges viennent alors les décharger et leur apporter des marchandises de retour. Il existe à Saint-Louis une corporation de pilotes, ou plutôt de piroguiers chargés de ce service. Chaque matin, ils vont sonder la barre, armés de longues gaffes avec lesquelles ils interrogent le terrain. Si la barre est belle, les pirogues sont lancées à l'eau; quand elle est mauvaise et qu'il faut rentrer à tout prix, les piroguiers ont besoin de toute leur audace et aussi de beaucoup de présence d'esprit. Ils savent le moment précis où ils pourront confier leur esquif à une lame. Une fois engagés dans le brisant, ils font volte-face et attendent, au bas du plan incliné formé par la vague, qu'une nouvelle chance se produise. Ils font, en se déplaçant sans cesse, contre-poids à la lame, et parviennent ainsi à se maintenir en équilibre.

Le matelot du fleuve, qui porte le nom particulier de *laptot*, est un type aussi curieux que le piroguier de la barre. Jamais il ne s'aventure sur la mer. Il préfère les eaux tranquilles. C'est un rameur infatigable : il s'aide de la voile quand le vent est favorable, ou marche à la cordelle quand les berges du fleuve le lui permettent. La navigation du Sénégal n'est pas en effet toujours facile. Comme presque tous les fleuves qui prennent leurs sources dans le voisinage de l'équateur, il est sujet à des crues périodiques. La crue a lieu de juillet à novembre. Elle se fait avec une étonnante rapidité. En quelques semaines, les endroits qui n'étaient plus navigables offrent jusqu'à 8 et 10 mètres de fond. Comme il y a peu de courants et que le lit du fleuve a une pente à peine sensible, le trop-plein des eaux se déverse dans les plaines environnantes, qu'il transforme en lacs immenses. De décembre à juin, les eaux ne cessent de baisser. Le fleuve est pourtant navigable encore jusqu'à 200 kilomètres de son embouchure. Nos ingénieurs cherchent à améliorer son cours en faisant sauter des rochers qui l'obstruent, ou en brisant la force de certains remous; mais il reste encore bien à faire avant que le Sénégal ressemble à nos fleuves européens, si corrects, si réguliers, même dans leurs fureurs.

Le Sénégal reçoit plusieurs affluents. Voici les principaux : à droite, le *Baoulé* ou Baoulima, grossi du *Kokoro*. Le Baoulé pourrait être regardé comme le vrai fleuve; mais les géographes l'ont traité avec la même injustice que la Saône à l'égard du Rhône, ou le Missouri à l'égard du Mississipi. Le Baoulé est la future artère de notre commerce avec l'Afrique intérieure; c'est par cette vallée que passera un jour ou l'autre le canal ou la voie ferrée qui reliera directement le Sénégal au Niger, Saint-Louis à Tombouctou. Sur la même rive, nous signalerons le grand lac *Cayor*, relié au fleuve par la marigot de *Sokam*. Il se remplit à l'époque des crues, et, pendant la saison sèche, rend au Sénégal, comme jadis le lac Mœris au Nil, le superflu de ses eaux. Sur la rive opposée, le Sénégal est grossi de la *Falémé*, qui vient du Fouta-Djalon, et arrose une contrée fertile. C'est là que s'établiront tôt ou tard des colonies agricoles, heureuses de rencontrer un sol fécond et le plus admirable des climats : humidité tempérée par le soleil. Sur la même rive, le grand lac *Panié-Foul*, relié au fleuve par le marigot de la *Tawé*, semble correspondre au lac Cayor. Aussi bien tout n'est-il pas admirablement combiné et avec des proportions harmoniques? Suivons la courbe gracieuse du fleuve : la Falémé et le Baoulé le rejoignent symétriquement, et les deux lacs Cayor et Panié-Foul forment à l'est de Saint-Louis comme deux mers intérieures, qui prolongent l'Océan. On dirait un chêne de la forêt qui s'épanouit librement à l'air et dresse fièrement au ciel ses bras noueux et ses rameaux entrelacés.

Les autres fleuves qui arrosent notre colonie sont moins importants. Nous citerons parmi eux la *Gambie*, la *Casamance*, qui n'est qu'une dérivation de la Gambie, avec laquelle elle communique, croit-on, par le marigot de *Songrodon*. Elle présente à son embouchure un vaste estuaire et les difficultés d'une barre. En entrant dans le fleuve, on se croirait dans une vaste baie; mais peu à peu les rives se forment, et on distingue le cours du fleuve. La rive est parfois coupée par l'entrée de grands marigots, qui permettent d'aller trafiquer assez loin dans l'intérieur du pays. La Casamance est peu profonde; il faut suivre, sans s'en écarter, les passes et les chenaux indiqués simplement par quelques branches plantées de loin en loin, et ne s'avancer que la sonde à la main; aussi les bateaux envasent-ils souvent. Viennent ensuite le *Rio Cacheo*, le *Rio Geba* et le *Rio Grande*, qui appartiennent au Portugal, le *Rio Nunez*, véritable golfe ou plutôt fiord, qui reçoit à dix lieues dans les terres la *Siquilenta* et sert de collecteur aux eaux qui s'écoulent du Fouta-Djalon; le *Rio Pongo*, qui longtemps a servi de centre au commerce des marchands d'esclaves, car six entrées ou baies leur permettaient de se soustraire aux recherches des vaisseaux ; enfin la *Mellacorée*, cours d'eau important, sur les rives duquel le commerce des arachides est très développé. A la suite de guerres intestines, les naturels viennent de se donner volontairement à la France. C'est la plus récente et la plus lointaine de nos possessions sénégalaises. A l'exception du Sénégal, l'hydrographie de ces fleuves est encore imparfaite. Les pilotes y sont inhabiles et les naufrages fréquents.

La côte peut se diviser en deux grandes sections. Du cap Blanc au cap Vert, elle forme, du nord-est au sud-ouest, un arc de cercle rentrant, et du cap Vert à l'embouchure de la Mellacorée elle est au contraire inclinée du nord-ouest au sud-est. Dans la première section, la côte, presque droite, bordée dans toute son étendue par une chaîne de dunes, et au large par un grand banc de sable, le banc d'*Arguin*, ne présente que deux ports, *Portendick* et *Saint-Louis*. L'aspect en est monotone. Quelques arbustes rabougris la couvrent d'une végétation, que la poussière du désert rend grisâtre. A partir du cap Vert, et déjà même depuis Saint-Louis, a cessé la chaîne des dunes. La côte, pourtant, n'est pas encore très rocheuse. Elle est bordée par des palétuviers sur les branches desquels se développe tout un monde de zoophytes. Bientôt les collines apparaissent : elles sont de formation volcanique, et les laves éparses sur toute cette étendue de terrain prouvent que ce coin de terre a été bouleversé par les feux souterrains. Les pentes des collines sont tapissées de baobabs gigantesques, qui ne revêtent que pendant l'été leur magnifique verdure. On arrive à *Gorée*, rocher aride dominant une rade superbe, où les navires trouvent pendant huit mois de l'année, de novembre à juillet, une mer toujours calme. Non loin de Gorée grandissent *Dakar* et *Rufisque*. Plus au sud, et toujours en suivant la côte, de nombreux fleuves forment à leurs estuaires des baies magnifiques, qui seront certainement utilisées un jour ou l'autre.

Le climat du Sénégal passe pour très mauvais et mérite sa réputation, bien qu'elle soit exagérée. On distingue deux saisons dans le pays : la saison sèche et la saison pluvieuse. La première commence en octobre pour se terminer en juin. Les brises de terre et de mer alternent alors sur les côtes; mais en janvier jusqu'à la fin de mars commence à souffler un vent de terre sec et brûlant, qui prend le nom d'*harmattan*. Ce vent est si violent que les oiseaux de terre sont fréquemment poussés au large et cherchent un refuge sur les mâts des navires qui ne sont pas trop éloignés. Une poussière rougeâtre couvre les voiles et le gréement des navires qui longent le rivage. A terre, les écorces des arbres se fendillent, et la sève coule. C'est pourtant la saison la plus favorable aux Européens, qui peuvent, au moins une partie de la journée, affronter sans danger les rayons du soleil, surtout dans le bas fleuve, où se font sentir les brises de mer saines et fortifiantes. Vers juillet commence la saison des pluies et des orages ou *tornades*. Ces tornades ne durent pas longtemps, trois heures à peine, mais elles se renouvellent tous les jours. C'est la saison funeste aux Européens et même aux indigènes. Tout le pays qui, pendant sept mois, a été brûlé par un soleil torride, est alors inondé. Quoique la température moyenne soit moins élevée que dans la saison sèche (33° au lieu de 40°), l'Européen en souffre, car la chaleur est humide, l'air lourd et le soleil pénétrant. Alors apparaissent les fièvres, les accès pernicieux, les maladies de la bile et du foie, surtout dans la haute région du fleuve. Les colons qui ne quittent pas le littoral en sont, à moins d'imprudences, généralement exempts. Le Sénégal n'est donc pas, comme on l'a trop souvent écrit, la patrie de la fièvre. Il nous faut renoncer au préjugé d'après lequel les Européens qui débarquent sur ses rives se condamnent aux souffrances quotidiennes d'une température torride ou aux dangers d'une insolation. Ce n'est certes pas un Eden, mais ce n'est pas non plus une terre maudite.

III. — Géographie économique.

Le Sénégal n'a longtemps été entre nos mains qu'une pépinière d'esclaves. Sans doute nos négociants y récoltaient aussi de la gomme, de la poudre d'or, des épices et des bois précieux; mais ce qu'ils recherchaient avant tout, c'était de la marchandise noire, de la *graine noire*, comme ils disaient. Il est vraiment étrange que, pendant plusieurs siècles, aucun scrupule ne les ait retenus, ni eux, ni les divers gouvernements qui se sont succédé en France. Est-ce que l'habitude finit par émousser tout sentiment, ou bien la nature humaine est-elle ainsi faite qu'elle n'accepte le progrès qu'à son corps défendant? Toujours est-il que ce honteux marché de chair humaine était exercé au grand jour et sans le moindre scrupule. C'est surtout au siècle dernier, alors que la culture des plantes industrielles en Amérique, coton, canne à sucre, café, etc., prit une si grande extension, que le nombre des esclaves africains augmenta. On a calculé que deux cent mille nègres étaient chaque année transportés au nouveau monde. L'Afrique devenait une fabrique d'hommes. Les excès de ce commerce homicide amenèrent une prompte réaction. L'Angleterre eut la gloire d'attacher son nom à cette réforme. Elle avait pourtant pris sa part à ce hideux trafic. Ses négriers s'étaient même signalés entre tous par leur âpreté au gain et leur sanguinaire activité; mais enfin ce furent des hommes d'État anglais qui protestèrent les premiers contre la traite des nègres. Ils réussirent même, au congrès de Vienne en 1815, à arracher aux parties contractantes l'expression énergique de leur répulsion, et, dès lors, ils ne renoncèrent plus à cette croisade antiesclavagiste. Dès 1815, ils établirent une croisière permanente sur la côte d'Afrique. En 1838, ils allèrent plus loin encore, et, résolument, supprimèrent l'esclavage dans leurs colonies. Les unes après les autres, les puissances européennes les ont imitées. Il ne reste aujourd'hui en arrière que le Portugal et l'Espagne. La France a supprimé la traite en 1848. Cette suppression a réagi d'une manière heureuse sur les populations indigènes et changé les conditions du commerce au Sénégal. Les négociants en effet ne se sont plus contentés de transporter aux comptoirs sénégalais les marchandises dont les esclaves faisaient le solde; ils ont demandé à la région qu'ils visitaient ses productions particulières et lui ont apporté en échange ce qui lui manquait. A nous d'étudier ces diverses productions.

Pendant longtemps, la *gomme* fut la principale, on pourrait même dire la seule production du Sénégal. On nomme ainsi la substance mucilagineuse que transsude le tronc des acacias sénégalais, et qui rend de si grands services à l'art médical pour ses propriétés spéciales, à l'industrie pour l'apprêt des étoffes et des vernis. C'est au xviiie siècle seulement que les Hollandais révélèrent à l'Europe cette gomme comme un produit similaire de la gomme d'Arabie ou d'Egypte. Ils la nommèrent d'abord gomme de l'Inde, parce qu'elle formait un article pour ceux de leurs navires qui venaient de l'Inde. Elle ne tarda pas à compter parmi les objets d'exportation de la côte. Sa production est pourtant restée à peu près stationnaire [1]. Cette production augmenterait si les forêts, où l'on récolte la gomme, étaient exploitées régulièrement; mais ce sont les Maures, ou plutôt les esclaves des Maures, qui sont chargés de la récolte. Or, comme les acacias qui la fournissent sont embarrassés de lianes ou hérissés d'épines, ces esclaves considèrent cette récolte comme une corvée : d'ailleurs cette corvée n'amène ni habitudes régulières de travail ni même effort d'intelligence. Un simple bâton recourbé en croc suffit pour détacher la gomme, et la récolte appartient à qui la ramasse. Les Maures se contentent de nous vendre la quantité, en retour de laquelle ils reçoivent des étoffes, des ustensiles ou des armes. Les acacias qui produisent la gomme croissent tous dans le voisinage du Sahara. Quand souffle l'harmattan, qui s'est échauffé au contact des sables du désert, ses

---

1. Voici à cet égard quelques chiffres significatifs :

Année		
1828	1,491,809 kilogrammes.	
— 1830	2,044,578	—
— 1835	1,464,878	—
— 1840	3,100,377	—
— 1845	3,656,493	—
— 1850	1,319,007	—
— 1859	4,610,506	—
— 1865	2,692,151	—
.. 1871	3,161,906	—

effluves brûlants contractent et fendent l'écorce des arbres, et en font couler, sous forme de larmes, la gomme, qui bientôt se coagule au grand air; en sorte que la récolte est toujours en rapport avec la durée ou la violence du vent. Il y a, comme dirait Leibnitz, harmonie préétablie entre l'harmattan et la gomme. Il est la cause, elle est l'effet; mais une récolte qui repose sur la durée plus ou moins prolongée du vent est singulièrement aléatoire, et, dans de semblables conditions, on ne fondera jamais une colonie agricole qui ait quelque chance de succès. De plus, le commerce de la gomme a longtemps été comme un monopole entre les mains des Maures, qui l'avaient limité à certaines escales et à certaines saisons, et devenaient de plus en plus exigeants. Ils avaient fini par croire qu'on mangeait de la gomme en France, et que cette précieuse denrée était indispensable à notre subsistance. De là des vexations de tout genre et peu d'empressement de la part de nos négociants. L'avenir du Sénégal n'est donc pas dans la production de la gomme.

Il en est autrement d'une plante dont on connaissait à peine le nom il y a une quarantaine d'années, et dont personne ne soupçonnait les précieuses propriétés, l'*arachide*, dont la culture, tout en procurant le bien-être des habitants, les accoutume à un travail régulier, les fixe au sol, les initie à la propriété et à la culture, et assure au commerce et à l'industrie un article important. L'arachide croît spontanément dans tout le Sénégal. C'est une herbe annuelle, rameuse et poilue. Ses fleurs sont petites, jaunes et géminées. Le fruit se recourbe vers la terre, s'y enfonce et accomplit sa maturation à plusieurs pouces au-dessous de la surface. Les graines ont la grosseur d'une noisette et une saveur assez agréable, surtout après avoir été torréfiées. L'arachide produit une huile grasse, qu'on prétend d'aussi bonne qualité que l'huile d'olive et qui se conserve longtemps sans rancir. Ce n'est pas le seul usage de ce précieux arbuste. Son amande sert aussi de nourriture aux bestiaux; on prétend même qu'elle remplacerait le cacao pour la fabrication du chocolat. Sa tige enfin sert de fourrage aux bestiaux, quand elle est fraîche, et de combustible ou d'engrais quand elle est desséchée. Les soins les plus simples suffisent à sa culture. En trois ou quatre mois, la plante est semée et récoltée. Tous les terrains lui conviennent, surtout les plus secs. Ce sont autant d'admirables conditions pour faire passer de l'indolence et du vagabondage à la vie agricole des populations que rebuterait une plus longue durée de soins. En effet, les Sénégalais se sont adonnés avec empressement à une culture aussi avantageuse. L'arachide commence à être fort recherchée en France, surtout dans le Midi. L'huile que la graine contient, dans une proportion de 33 0/0, trouve son emploi dans la savonnerie, le graissage des laines et l'éclairage. Elle sert même comme huile comestible, pure ou mélangée à l'huile d'olive.

Il est au Sénégal une autre plante oléagineuse qui semble également appelée à un bel avenir commercial. On la nomme le *béraff*. C'est la graine de deux melons d'eau ou pastèques, le *cucurmis melo* et le *cucurbita miroor*, que les indigènes consomment crus, mais dont ils gardent la graine, pour la vendre. Cette graine, moins encombrante que l'arachide, donne, assure-t-on, une huile meilleure encore, à la fois utile à l'alimentation et à la saponification. En 1855, la production locale du béraff débutait par 3 tonneaux; on en a compté 200 en 1857, 800 en 1858, aujourd'hui plus de 30,000, et ce chiffre ne peut qu'augmenter. Le Sénégal semble d'ailleurs la terre promise des graines oléagineuses : non-seulement toutes celles qu'on récolte en France y croissent pour ainsi dire spontanément, mais on y rencontre encore des produits spéciaux, le *pignon d'Inde*, le *pourgueire*, la *noix de touloucana*, la *noix de palme*, et le modeste mais utile *ricin*.

Le *coton* et l'*indigo* méritent une mention spéciale. Le cotonnier pousse dans toute la vallée du Sénégal. Les femmes en ramassent la quantité nécessaire à chaque famille, la cardent et la filent. Un tisserand indigène en fait des tissus qu'il teint ensuite. Les échantillons de tissus sénégalais introduits en France n'ont pas été appréciés avec faveur par les manufacturiers. Il est vrai de dire que la négligence des habitants dans le triage de la graine ou le classement des brins dépassait toute mesure. Depuis quelques années, on a fait à Dakar des plantations modèles qui promettent de meilleurs résultats. Quant à l'indigofère, il croît, ainsi que le cotonnier, spontanément et partout. Il se passe de soins, résiste à tous les fléaux, et peut donner jusqu'à trois récoltes par an. Les noirs en obtiennent des teintures du plus bel éclat. Il pourra faire concurrence à l'indigo du Bengale, pour peu qu'on améliore la fabrication de la pâte.

Nous ne parlerons que pour mémoire du froment, du mil et du riz, qui servent à l'alimentation générale; mais nous devons une mention spéciale au maïs; au tabac, dont on cultive deux espèces, l'une à priser, l'autre à fumer; à quatre ou cinq espèces de soies végétales; à une multitude de légumes et de fruits, dont plusieurs rappellent aux Européens les jardins de la patrie. Une plante nouvelle, un moment populaire en France, le *sorgho à sucre*, a fait récemment son apparition au Sénégal et y a très-bien réussi. Il ne faudrait pourtant pas exagérer cette tendance à l'introduction de produits nouveaux, car les particuliers gaspillent souvent en tentatives stériles leur temps et leur argent. Mieux vaut s'en tenir aux productions indigènes, qui certes ne manquent ni de variété ni d'abondance.

Pour achever cette énumération des produits végétaux du Sénégal, il nous reste à dire quelques mots des forêts. Elles sont nombreuses, et abondent en essences variées, dont quelques-unes précieuses. Voici le nom des principales : le *gonatier* (acacia Adansonii) et le *cailcedra* (klaya Senegalensis), qui servent aux constructions navales et à l'ébenisterie ; le *detarr*, le *vene*, le *n'dimb*, et le *solum*, dont on emploie l'écorce pour la teinture, etc.

Des végétaux passons aux minéraux. Les richesses minérales du Sénégal sont encore mal connues et à peine exploitées. Gorée reçoit de la Casamance environ 800 barriques de coquilles destinées à la fabrication de la chaux et qui sont directement consommées par la colonie. Sur la lagune de Gandiole, au sud de Saint-Louis, on exploite le sel, denrée précieuse, qui dans l'intérieur vaut presque son pesant d'or. Des Maures Douaiches ont apporté à Saint-Louis des échantillons de ce qu'ils appelaient des pierres noires et qui étaient du charbon; mais on n'a fait aucune fouille, et par conséquent on ne connaît pas la richesse du gisement. Les noirs de la Falémé ont encore apporté des échantillons de terre contenant du mercure à l'état natif. Le fer est abondant. On le rencontre presque partout à fleur de terre. M. Mage raconte que l'armée d'Ahmadou, à la suite de laquelle il était entraîné, ayant manqué de balles, quelques soldats ramassèrent des échantillons de fer qu'ils trouvèrent au ras du sol et fabriquèrent en une nuit plusieurs milliers de projectiles. Les procédés d'exploitation sont encore bien rudimentaires, et, comme le fer ne manque pas en Europe, les indigènes seuls le récoltent pour leurs besoins locaux.

Restent les métaux précieux, et l'or en première ligne. On connaît depuis longtemps l'or sénégalais. Dès le xive siècle, nos Normands trouvaient dans leurs comptoirs de la côte de la poudre d'or. Les Portugais qui les remplacèrent ne négligèrent pas ces trésors, que grossissaient leurs convoitises. Ils pénétrèrent même dans le pays producteur, le Bambouk, dans le bassin supérieur du Sénégal; mais ils disparurent après une occupation de peu de durée, car ils ne surent résister ni au climat, ni aux indigènes, ni à leurs propres dissensions. Les Français leur succédèrent de nouveau. André Brue allait à la recherche de l'or, quand il s'enfonça dans le pays en 1698 et y fonda le fort de Saint-Joseph ou de *Galam*, le premier de nos établissements dans le haut Sénégal. Seize ans plus tard, en 1714, il fondait sur la Falémé le fort *Saint-Pierre* et envoyait à Paris de nombreux échantillons d'or. Ce fut le dernier de nos gouverneurs qui s'occupa sérieusement des mines du Bambouk. Ses successeurs laissèrent dépérir nos établissements. Peu à peu, on les oublia. On finit même par croire que cette Californie africaine n'avait jamais existé que dans l'imagination de certains voyageurs. En 1843, deux Français, MM. Huart et Raffenel, résolurent d'éclaircir à tout prix ce mystère irritant. Ils arrivèrent non sans peine à *Sansandig*, sur la Falémé, et se trouvèrent au seuil de la région aurifère, là où la récolte de l'or se fait par le simple lavage des sables. Quelques jours de marche les conduisirent à *Kenieba*, où ils furent reçus avec empressement et initiés à tous les détails d'une exploitation primitive. Ces mines sont situées dans un terrain d'alluvion, où les indigènes creusent des puits d'une profondeur de 7 à 40 mètres, aboutissant à une galerie horizontale qui se prolonge rarement au delà de 50 mètres. Le minerai, extrait par gros fragments, est jeté dans des calebasses pleines d'eau, où des femmes l'écrasent en le pétrissant et le lavent à plusieurs reprises. Le résidu est transporté dans une valve de coquille, où il subit de nouveaux lavages. Il est ensuite réduit en poudre avec de petits cailloux. La poudre sèche au soleil; on souffle dessus, et il ne reste que l'or, obtenu en paillettes ou en molécules. Le précieux métal est alors gardé dans des cornes de gazelle, jusqu'à ce qu'on en ait ramassé une quantité suffisante pour le fondre dans un creuset. Ces procédés primitifs laissent perdre une énorme quantité de métal. D'ailleurs les terres lavées constituent la minime partie de celles qu'on pourrait exploiter. Enfin les puits et galeries sont rudimentaires et souvent détruits par des infiltrations. Parfois, surtout aux flancs des montagnes, de superstitieuses terreurs écartent toute recherche. Notons encore, comme dernier trait de mœurs, que ce sont les femmes qui exploitent les mines; les hommes ne sont admis qu'à extraire le minerai ou à faire sentinelle à main armée.

La présence des gisements aurifères est donc constatée, mais l'exploitation n'a pas été améliorée. En 1852 le commandant Rey, en 1856 M. Flizes reconnurent de nouveau le pays. En 1858, le gouverneur en personne alla construire un fort à Keniéba et fit commencer les travaux; mais, soit mauvaise direction, soit recherches infructueuses, l'entreprise n'a pas réussi. Les mines du Bambouk sont pourtant fort riches et ne forment, sans doute, qu'une veine détachée des Alpes africaines. Ce vaste massif récèle probablement dans ses flancs un vaste champ d'or, à en juger par la quantité que les indigènes fournissent depuis quatre siècles aux Européens, sans autre manipulation que de grossiers lavages. Le dernier mot n'est donc peut-être pas encore dit sur les placers sénégalais.

Sel, fer, charbon et or, ce sont jusqu'à présent les seuls produits minéraux qu'on ait découverts au Sénégal. Terminons cette revue des ressouces sénégalaises par l'étude de la faune.

Les moutons du Sénégal ne sont utiles que comme viande de boucherie : leur laine ne peut servir, attendu que, par un effet bien connu des pays chauds, ils n'ont qu'un poil soyeux et court. Les bœufs au contraire sont fort recherchés. On les nomme *bœufs à bosse*, à cause de la tumeur graisseuse qu'ils ont sur le garrot, et *bœufs porteurs*, à cause de leur aptitude à porter de lourdes charges avec un pas égal à celui du cheval.

Ils sont fort appréciés dans nos Antilles, surtout à la Guadeloupe, à cause de leur douceur, de leur sobriété, de leur résistance à la fatigue et de leur puissance de travail. Les fins et abondants pâturages qui couvrent surtout la rive gauche du Sénégal permettent de les multiplier à l'infini. Le bas prix de la viande, qui varie de 60 à 80 centimes le kilogramme, témoigne d'une grande facilité d'éducation et promet des bénéfices à tout spéculateur qui découvrira des débouchés. D'ailleurs, pour un peuple qui naît à la civilisation, rien ne convient autant que l'élève du bétail. Les chevaux du Sénégal sont de bonne race, mais peu nombreux encore. Ils résistent avec peine aux ardeurs énervantes du climat.

Les animaux féroces sont assez rares, et ils n'attaquent l'homme que sous l'influence de la faim. Le plus redoutable est le *lion*. Il n'a pas de crinière. Il aime à suivre les troupes d'antilopes, dont il fait sa principale pâture, mais ne dédaigne pas le menu gibier, surtout les pintades. Il sait très-bien observer les passes tracées dans les herbes par ces oiseaux, qui volent rarement, et d'un coup de patte en abat des files. Le lion est souvent en compagnie de deux autres animaux, avec lesquels il a pour ainsi dire contracté alliance. On raconte en effet que le *marabout*, cette grue africaine, dont la queue orne parfois la tête de nos élégantes, forme société avec le lion sénégalais. Il l'avertit du danger par ses cris aigus, et le lion, pour le remercier, lui abandonne les débris de ses repas. Le *chacal* suit également le lion, auquel il sert de pourvoyeur. Parmi les autres carnassiers, on cite encore la *panthère*, le *chat-tigre*, le *lynx*, l'*hyène* et la *genette*. L'hyène n'est pas à craindre pour l'homme, mais elle est tellement vorace qu'il faut recouvrir de pierre et d'épines les tombeaux, afin de protéger les restes qui y sont renfermés. Quant aux genettes, elles sont grosses comme de petits chiens et sont fort recherchées à cause de leurs poches remplies de venin. Les plus connus des herbivores sont les *éléphants*. Ils sont activement pourchassés, à cause de leurs défenses, et sont devenus farouches et redoutables. L'*hippopotame* se rencontre en bandes assez nombreuses. Ses dents sont recherchées pour la fabrication des dentiers artificiels. Il faut encore mentionner la *girafe*, l'*antilope*, le *cobalt*, le *sanglier*, l'*agouti* et le *lièvre*. Trois espèces de singes habitent la région : le singe gris à ventre blanc dans le bas fleuve, le *golago* ou singe de nuit près de Podor et de Saldé et le *cynocéphale* à poil roux, dont le museau et le cri ressemblent à ceux du chien. Les cynocéphales sont intelligents et s'apprivoisent assez vite. On les prend en leur présentant un appât dans une calebasse. Ils y passent la main et ne peuvent plus la retirer.

Au nombre des échassiers se place au premier rang l'*autruche*, dont le riche plumage est un objet de convoitise pour les nègres. Chassée à outrance, l'autruche devient rare. Le gouvernement devra sans doute intervenir, comme l'ont fait les Anglais au Cap, afin d'empêcher la disparition de l'espèce. Viennent ensuite, parmi les gallinacés, l'outarde, la poule de Pharaon, la pintade, la perdrix, la caille, la gelinotte, etc. ; parmi les palmipèdes, l'innombrable tribu des canards; parmi les passereaux, des espèces aussi jolies que variées, qui depuis peu sont expédiées en Europe en assez grande quantité.

Les reptiles sont peu nombreux : un seul est dangereux, le *trigonocéphale*. Nous devons une mention spéciale au crocodile ou plutôt au *caïman*, qui infecte les eaux sénégalaises. Il est insensible à la balle ronde, mais la balle conique pénètre assez aisément sa carapace. Les nègres sont très-friands de sa chair, qui répugne au contraire aux Européens, à cause de son odeur musquée. L'instinct de cet animal est très développé. A peine a-t-il noyé sa proie, qu'il la cache dans des creux sous l'eau et invite ses congénères à la partager. Les noirs sont parfois enlevés par eux. La tradition est qu'il faut enfoncer les doigts dans les yeux du caïman pour lui faire lâcher prise.

Le poisson, qui pendant l'hivernage abandonne les côtes du Sénégal, y pullule quand arrive la saison sèche. La morue s'y rencontre fréquemment, surtout au banc d'Arguin. Il est même singulier que personne encore n'ait songé à tirer parti de ces richesses. Des Portugais avaient autrefois, paraît-il, fondé des pêcheries, dont il reste des vestiges. Rien ne serait plus facile que de les imiter sur ces côtes sénégalaises, où les coups de vent sont rares et où la chaleur, dans cette saison, est tempérée par les brises du nord. Même en admettant, et rien n'est moins prouvé, l'insuffisance de la morue pour alimenter ces pêcheries, beaucoup d'autres variétés de poissons pourraient être salées et marinées, et un nombre encore plus considérable convertis en engrais.

Telles sont les principales productions du Sénégal. Variées, abondantes et riches, elles ne peuvent qu'augmenter lorsque des mains intelligentes les auront mises en valeur. L'agriculture surtout semble appelée à une grande prospérité, et cela sans trop d'efforts ni de sacrifices. Attirer les indigènes, les inviter à cultiver des plantes dont la vente est assurée, secouer leur indolence et provoquer leur émulation par quelques encouragements honorifiques ou pécuniaires, c'est la méthode la plus sûre. Quant aux colons européens, il n'est besoin que de les protéger. Ils se tourneront, et d'ailleurs se sont déjà tournés vers les travaux agricoles, du jour où ils y ont trouvé honneur et profit. Ceci nous conduit, après avoir étudié le sol et les productions du sol, à étudier les populations qui l'habitent, et l'avenir réservé à notre colonie.

IV. — Géographie politique.

Trois races vivent à côté les unes des autres au Sénégal : les *Noirs*, les *Maures* et les *Européens*. Les premiers sont établis de toute antiquité dans la région qu'ils occupent; les seconds sont installés en Afrique seulement depuis les conquêtes arabes, c'est-à-dire depuis le vIII^e siècle environ de l'ère chrétienne; les derniers, qui ne furent d'abord conduits au Sénégal que par les intérêts de leur commerce et n'y résidèrent pas à poste fixe, commencent depuis peu à cultiver la terre et à y fonder des industries : en un mot, ils s'habituent à le considérer comme une seconde patrie.

Race noire. — Il est peu de problème aussi ardu, aussi compliqué, aussi dangereux que celui de l'origine des espèces. Sans essayer de le discuter ici, il nous suffira de rappeler que la race noire, aussi haut que remontent les souvenirs historiques, paraît installée en Afrique. Elle serait donc autochtone. La majeure partie des tribus sénégalaises appartient à cette race. Leurs formes sont pures et élégantes, et les proportions de leur corps vraiment admirables. Bien que leur taille soit svelte et dégagée, le volume de la tête est généralement trop petit pour la masse du corps : il est vrai que quelques tribus la grossissent en laissant pousser leurs cheveux crépus ; elle est attachée à un cou flexible et bien planté dans les épaules ; les reins sont cambrés, la cuisse arrondie, et le genou petit. Ce sont en un mot de beaux hommes, et le type serait presque parfait s'il n'était déparé par une jambe sèche et un pied plat. Leur peau est d'un noir de jais avec des reflets brillants qui dénotent la finesse du derme.

Les tribus sont divivées en une multitude de groupes qui peuvent être ramenés à cinq variétés principales : *Yolofs, Sérères, Sarakolès, Mandingues* et *Peuls*. Les Peuls méritent une mention spéciale. A une époque qui n'est pas encore déterminée, mais que l'on fixe approximativement au XIIe siècle de notre ère, s'abattirent dans la vallée du Sénégal des hommes au teint rougeâtre, qui se rapprochaient du type sémitique par leur nez droit, leur front proéminent et surtout par l'énergie de leur intelligence. On les nommait Fellatahs, Foulas, Fouls et Peuls. Ils échappent, à vrai dire, à toute classification. D'après certains savants, ces Peuls viendraient de l'Abyssinie ; d'après certains autres, de la Malaisie. Si l'on n'étudiait que les traits du visage, ils se rapprocheraient, malgré leurs cheveux laineux, plutôt des Hindous et des Arabes que des Africains. Au début, ils se présentèrent comme conquérants, mais s'allièrent aux vaincus, et, de ce croisement, est résulté un type mixte, les *Toucouleurs*, ou hommes de deux couleurs (Twocolours), désignation exotique empruntée à l'anglais. Comme les Toucouleurs ont certainement du sang noir dans les veines, nous les rangerons provisoirement, tout en faisant nos réserves sur leur origine, parmi les tribus nègres. Ce qui augmente encore la difficulté de ce problème ethnographique, c'est que ces noms de race ne correspondent nullement aux désignations politiques des tribus et des principautés nègres. De même qu'en France on peut rester Provençal tout en habitant Paris, ou Parisien en habitant Marseille, ainsi les Sénégalais, qu'ils soient Yolofs, Sérères, Mandingues, Sarakolès ou Peuls, se retrouvent dans le pays entier.

Ceci nous amène à indiquer les principales divisions politiques des pays compris sur la rive gauche du Sénégal, abstraction faite des variétés de race. Le long de l'Océan, entre le Sénégal et la Gambie, s'étendent le *Oualo*, le *Cayor* et le *Baol*, principautés soumises à la France et en partie administrées directement par elle. En remontant le Sénégal dans le vaste rectangle compris entre ce fleuve, la Falémé, la Gambie et la mer, nous trouvons le *Fouta-Djolof* et le *Bondon*. La fertile plaine à laquelle servent de limites la Falamé et le Sénégal se nomme le *Bambouck*; quant à la région parcourue par la Gambie et les autres fleuves jusqu'à la Mellacorée, on la désigne sous le nom de *Fouta-Djalon*.

Bien que depuis plusieurs siècles en contact avec les Européens, tous ces nègres ont conservé leurs mœurs, leurs coutumes et leurs dialectes. Orgueilleux, fourbes et paresseux, l'idéal de l'existence est pour eux de manger et de dormir. Insouciants de l'avenir, ils vivent au jour le jour. Rien ne les arrache à leur indolence, ni les encouragements, ni les menaces, ni même l'appât d'une forte rémunération. Quoique attachés à leur pays, ils n'en connaissent pas l'histoire. Aussi bien ils ignorent jusqu'à leur âge. Dans cette société primitive, la femme occupe un rang secondaire. La polygamie existe, et le divorce est permis. L'esclavage est également en honneur : seulement on distingue les captifs de case, qui sont bien traités et font presque partie de la famille, et les captifs ordinaires, pris à la guerre et soumis parfois à des traitements rigoureux. Les nègres vivent dans des cases grossièrement construites, basses, mal aérées, et qui ne tardent pas à exhaler des odeurs méphitiques. En dehors des nattes sur lesquelles ils couchent, d'un misérable coffre où ils ramassent leurs vêtements, et de quelques calebasses qui servent à tous les usages, la case est nue. Les villages n'offrent aucune symétrie, les cases étant construites tout près les unes des autres et séparées seulement par de petites ruelles étroites et malpropres. Les costumes sont primitifs : un pantalon ou *toubé*, dont la ceinture est à coulisse et qui descend à peu près jusqu'au genou ; un *boubou*, sorte de grande chemise qui va jusqu'aux chevilles et laisse les bras nus. Chez les femmes, le toubé est remplacé par le *pagne*, morceau d'étoffe dont elles s'entourent et qui reste fixé à la ceinture. Tous ces indigènes sont en général sains et bien conformés. Exempts des maladies qui sévissent parfois si durement sur les Européens, ils en ont d'autres qui leur sont pour ainsi dire spéciales : la cécité partielle ou totale, le ver de Guinée, l'éléphantiasis, etc. La médecine leur est d'ailleurs inconnue. En résumé, ces tribus sénégalaises nous subissent plutôt qu'elles ne nous acceptent. Elles ne sont cependant pas réfractaires à la civilisation. On dirait plutôt qu'elles n'ont pas atteint leur développement intellectuel, et sont encore dans la période de l'enfance.

Race maure. — Les Maures sont campés sur la rive droite du Sénégal. Ils sont formés par un mélange des tribus arabes et berbères, qui, poussées en Afrique par les grandes migrations du VIIe et du XIe siècle, franchirent la barrière, réputée à tort infranchissable, du Sahara, et envahirent les vastes solitudes qui se prolongent jusqu'au Sénégal. Ces Maures ont la tête bien développée, le front bombé, les yeux à fleur de tête, le nez aquilin, la bouche large, les lèvres minces, les dents fortes et acérées, le menton prononcé et le cou dégagé. Ils portent fièrement la tête et marchent en général le crâne nu. Les femmes ont une grande délicatesse de formes et les attaches fines et gracieuses. Le modelé des pieds et des mains ne laisse rien à désirer. Par malheur, les grâces naturelles disparaissent sous les couches d'un embonpoint aussi précoce qu'excessif. Leur costume est le même que celui des noirs. Seulement, comme ils ne lavent jamais leurs vêtements et ne connaissent pas l'usage des bains, ils exhalent des senteurs peu aromatiques. En marche ou en guerre, ils relèvent leurs *boubous* et vont jambes et pieds nus. Plus rusés et plus intelligents que les noirs, ils poussent à l'extrême leurs défauts et regardent pourtant ces derniers comme leur étant de beaucoup inférieurs. Nomades et pasteurs, ils vivent sous la tente et se déplacent avec facilité. Leur nourriture diffère peu de celle des noirs, sauf qu'ils consomment plus de lait et de viande. Ils supportent aisément la faim et la soif. Ils ont quelques petites industries, dont ils vendent les produits aux Européens. Leurs mœurs sont efféminées et dépravées. Les maladies vénériennes sont répandues parmi eux. Comme les noirs, ils ignorent la médecine et n'usent que des remèdes et des invocations de leurs marabouts.

Les Maures se divisent en trois grandes tribus, réparties en une multitude de fractions commandées par des cheiks. Ces cheiks obéissent à un cheik suprême que les Européens qualifient un peu légèrement de roi. La plus importante de ces tribus mauresques est celle des *Trarzas*, qui occupe le bas du fleuve, au voisinage immédiat de Saint-Louis. Les Trarzas s'appellent encore *Abencerarzas*, et quelques étymologistes prétendent reconnaître en eux les descendants des Abencérages de poétique mémoire. La seconde tribu est celle des *Braknas*, dans la région moyenne du fleuve, et la troisième celle des *Douaïches*, dans la région supérieure. Chez ces derniers se rencontrent les débris de la tribu *Zénaga*, qui a donné son nom au fleuve. Entre les Maures et les nègres, bien que déjà séparés par le fleuve, la haine est profonde et l'hostilité pour ainsi dire perpétuelle. Les nègres, qui avaient pour eux le droit de premier occupant et la supériorité du nombre, ont longtemps relégué les Maures dans le désert. Ils ne les toléraient qu'en leur imposant de lourds tributs; mais la race sémitique est entreprenante et surtout persévérante. Elle attend tout du temps et de l'occasion. Fidèles à cet esprit d'expansion qui jadis conduisit leurs ancêtres depuis la Mecque jusqu'à Tours et jusqu'en Chine, les Maures ont fini par s'avancer de proche en proche et par franchir le fleuve. Dès lors, enhardis par le succès, ils commencèrent contre les nègres une véritable guerre d'extermination, que nous avons eu trop longtemps l'imprudence de permettre et presque d'encourager N'avons-nous pas, en Algérie, commis une faute semblable en protégeant les Arabes, envahisseurs et conquérants, aux dépens des Kabyles, qui constituent le fond de la population indigène? Cette impolitique faiblesse nous a aliéné les nègres, qui nous détestaient, sans nous attacher les Maures, qui nous méprisaient. Nous avons fini par mieux comprendre nos intérêts. Le Sénégal est redevenu la limite des deux races, et les Maures refoulés et contenus par nos soldats, respectent aujourd'hui les nègres, qui, de leur côté, nous savent gré de notre intervention.

Race blanche. — Quelle est donc au Sénégal la situation des Européens vis-à-vis des autres tribus? Quels sont au juste les territoires occupés par nous? Les premiers Européens qui abordèrent au Sénégal ne cherchèrent d'abord qu'à exploiter des comptoirs, qu'ils croyaient fertiles. Si, par hasard, l'un d'entre eux s'enfonçait dans l'intérieur du pays et y résidait quelques années, ce colon improvisé ne songeait qu'à revenir au plus vite au pays natal. En 1817, sous la Restauration, on essaya de créer une colonie agricole dans le Oualo, mais cette tentative avorta misérablement. Ce n'est que depuis peu, une vingtaine d'années au plus, que des colons sérieux se sont décidés à tenter de nouveau la fortune du Sénégal. Ils ont réussi au delà de toute prévision. Aussi un véritable courant d'émigration est-il maintenant établi dans la direction du Sénégal. Ce courant est surtout alimenté par Bordeaux. Désormais, nous n'aurons plus dans cette fertile région seulement des fonctionnaires et des soldats, mais bien de véritables cultivateurs et des propriétaires, des industriels même, en un mot toutes les forces vives de la civilisation, qui jusqu'alors avaient fait défaut. Bientôt naîtront, ou plutôt déjà sont nés des Franco-Sénégalais, qui s'attacheront à leur pays natal par ces mêmes liens qui nous unissent à la patrie. Dès lors, par droit de conquête et d'assimilation, se développera une nouvelle race plus intelligente et mieux douée que les précédentes, qui, fatalement, les absorbera ou les dominera. Il est donc nécessaire d'indiquer dès à présent les points principaux occupés par nos compatriotes et qui sont appelés à devenir d'importantes cités dans un avenir plus ou moins éloigné.

Saint-Louis est la capitale officielle du Sénégal et la plus ancienne ville fondée par les Français dans ces parages. Elle est bâtie sur une île formée par les alluvions du fleuve. Rien d'étonnant si nos compatriotes s'installèrent dans une île de préférence au continent. C'est une vieille habitude commerciale. Les Phéniciens, par exemple, ne s'aventuraient jamais dans une contrée nouvelle sans s'installer au préalable dans une île voisine de la côte, car une île est de facile défense. Les Européens se conformèrent à cet usage, assurément sans se douter qu'ils continuaient une tradition antique. Depuis 1667, époque de sa fondation, Saint-Louis est resté comme la clef de voûte de nos établissements à la côte occidentale d'Afrique. L'ancien fort, qui est situé dans l'île du même nom et qui est aujourd'hui converti en casernes et en magasins, servit de noyau à la ville. Bien que l'édilité ait fait depuis quelques années de grands progrès à Saint-Louis, que l'île ait été bordée de quais en brique, et que le niveau des rues ait été relevé afin de les mettre au-dessus de la crue du fleuve, il reste encore beaucoup à faire pour que la ville ressemble à une capitale. A l'exception de la cathédrale, qui n'a pas mauvaise apparence, et du couvent des dames de Saint-Joseph, aucun édifice n'est vraiment digne de ce nom, à commencer par le palais du gouverneur, qui réclame d'urgentes réparations. On a récemment construit le long des quais de vastes docks remplis de marchandises. Les navires de commerce mouillés en face de ces magasins ont ainsi toute facilité pour exécuter leur chargement et déchargement. Deux ponts font communiquer Saint-Louis avec les territoires voisins : celui de Guetdnar, qui est fixe, et le grand pont, qui est mobile, ce qui permet aux bâtiments de pénétrer dans le fleuve. Saint-Louis a beaucoup grandi dans ces dernières années et compte aujourd'hui de 18 à 20,000 âmes.

En remontant le fleuve, les principaux points occupés par nos troupes et dans lesquels a commencé la colonisation française sont *Richard Toll*, ou le jardin de Richard, établissement fondé par le jardinier Richard pour servir de jardin d'acclimatation, mais dont on détruisit, en 1840, les plantations, sous prétexte qu'elles pouvaient servir de retraite à l'ennemi. Quelques Français y ont essayé des plantations cotonnières, et tout fait espérer qu'elles réussiront. *Dagana* vient ensuite. Ce poste, qui commande le Oualo et le Fouta, est le grand marché des Maures Trarzas. Les Maures Braknas fréquentent *Podor*. Une petite ville s'est fondée non loin de ce point stratégique qui commande l'île à Morfil. Les promenades et les maisons à terrasse de Podor démontrent que la civilisation pénètre peu à peu dans le fleuve. Un pont a même été jeté pour faciliter l'entrée de la ville aux caravanes maures.

Voici que nous entrons en pleine barbarie. Nos colons deviennent rares. Loin de nos soldats, Maures et nègres s'entretuent à loisir. Ce ne sont pas les deux garnisons de *Matam* et de *Bakel* qui suffisent à entretenir l'ordre ; mais l'exemple de la civilisation est contagieux, et bientôt sans doute luiront des jours meilleurs pour ces pauvres Sénégalais, exposés depuis tant de siècles aux horreurs d'un brigandage interminable. Mentionnons encore dans le haut pays *Médine*, illustré par son héroïque défense, et *Kenieba*, dans le Bambouk, en pleine région aurifère. Lorsque des communications régulières seront établies entre le Sénégal et le Niger, lorsqu'une exploitation intelligente aura su tirer parti des richesses souterraines du Bambouk,

Médine et Kenieba deviendront l'une et l'autre de grandes cités, Médine parce que c'est le point intermédiaire entre Saint-Louis d'un côté et de l'autre Ségou et Tombouctou, les deux capitales du Soudan, Kenieba parce qu'elle est au centre d'une région fertile, populeuse, que l'industrie métallurgique et les travaux agricoles enrichiront bien vite.

En revenant sur la côte et en descendant le rivage du nord au sud, non loin du cap Vert, se trouve dans une grande rade, qu'elle protège contre les vents du nord et de l'ouest, une île célèbre dans l'histoire militaire de la France, *Gorée*, qu'on a parfois appelée, mais bien à tort, le Gibraltar africain ; car ce Gibraltar ne commande qu'à un beau golfe et nullement à une mer intérieure. Une jolie ville a été bâtie dans cette île sous la protection des canons de la citadelle, mais elle ne progresse que lentement, d'abord par manque d'espace, et surtout à cause de la fondation de deux autres cités en face d'elle, sur le continent, dont les progrès au contraire n'ont jamais été interrompus. Ce sont les deux villes de *Rufisque* et de *Dakar*. Dakar n'a été fondée qu'en 1859. Deux jetées artificielles, défendues par de fortes batteries qui croisent leurs feux avec la citadelle de Gorée, défendent l'entrée de la rade. De nombreux phares et des balises permettent d'y entrer à toute heure, avantage inappréciable sur une côte encore mal connue. Aussi les Messageries nationales ont-elles choisi Dakar comme escale. La marine de l'Etat y a construit un petit arsenal pour l'entretien et la réparation de ses vaisseaux. Dakar a pris une grande importance. C'est une véritable ville européenne. Rufisque est restée plus africaine ; c'est là que se tiennent chaque semaine de grands marchés d'approvisionnements très-fréquentés par les indigènes.

En suivant la côte dans la même direction, nous signalerons *Portudal* et *Joal*, fréquentés autrefois par les négriers, qui y faisaient trop facilement d'excellents marchés. *Kaolack* dans le Saloum, *Carabane* et *Sedhiou* à l'embouchure et dans la vallée de la Casamance, *Pongo* et *Mellacorée* ne sont encore que des embryons de ville. Il avait été question de les donner à l'Angleterre, qui nous aurait rétrocédé ses comptoirs de Guinée, enclavés au milieu de nos établissements ; mais l'échange projeté ne s'est pas effectué.

La seule ville à mentionner sur la côte, au nord de Saint-Louis, est *Portendick*. Ce petit port prendra de l'importance si le banc d'Arguin devient un second banc de Terre-Neuve.

En résumé, des trois races qui habitent le Sénégal, la première et la plus nombreuse, la race noire, occupe la région comprise entre la rive gauche du Sénégal, la Mellacorée et l'Atlantique; la seconde, la race des Maures, occupe la région comprise entre la rive droite du Sénégal, le Sahara et l'Océan; la troisième, la race blanche, est campée le long du Sénégal et sur le rivage de la mer, spécialement à l'embouchure des fleuves et aux environs du cap Vert.

Il est difficile, pour ne pas dire impossible, de fixer le chiffre de la population, car en pays musulman, les femmes vivent à l'écart et ne peuvent être comptées qu'approximativement. Quant au reste du pays, il est encore trop peu civilisé, les voies de communication et les moyens d'information sont encore trop imparfaits, pour qu'on se risque à donner un chiffre précis. D'après les évaluations officielles de 1874, la population immédiatement soumise à la France serait de 216,533 âmes ; mais nous doutons très fort de l'authenticité de ce chiffre. Quant aux indigènes qui commercent avec nous ou reconnaissent notre influence et sont tout disposés à convertir cette vassalité en sujétion, ils doivent atteindre le chiffre de deux millions.

Au point de vue administratif, et sans tenir compte de la différence des races, le gouvernement a divisé le Sénégal en trois arrondissements : 1° celui de Saint-Louis, avec les quatre cercles de Saint-Louis, Podor, Dagana et Mérinaghen ; 2° celui de Gorée, avec les quatre cercles de Gorée, Mébidgem, Kaolack et Sedhiou ; 3° celui de Bakel, avec les quatre cercles de Bakel, Médine, Matam et Saldé. Ce sont là les germes futurs de trois beaux départements.

Nous connaissons les trois races qui vivent côte à côte au Sénégal. Essayons, sans nous targuer du don de prophétie, de deviner les destinées et l'avenir qui leur sont réservés.

Nous avons à lutter dans notre colonie contre trois ennemis dangereux, et, tant que nous n'aurons pas triomphé d'eux, nous n'aurons pas le droit de crier victoire ; mais la lutte est engagée, et tout nous porte à croire qu'elle se terminera à notre avantage. Ces trois ennemis sont : 1° l'ignorance des populations africaines ; 2° le fanatisme musulman ; 3° les fautes administratives. Quelques mots d'explication sont ici nécessaires.

L'ignorance des Sénégalais est fabuleuse. Nègres ou Maures sont de véritables enfants disposés à croire aux absurdités les plus révoltantes, pourvu qu'elles leur soient débitées avec autorité. Or c'est sur l'éducation de la jeunesse, au Sénégal comme partout ailleurs, que repose l'avenir d'un pays. On a dit depuis longtemps, non sans raison, que le meilleur des instruments de la civilisation était l'instituteur. L'instruction publique, par malheur, est à peine organisée dans notre colonie. Quatre écoles primaires de garçons, dirigées par des congréganistes, à Saint-Louis, Gorée, Dakar et Joal, une seule école laïque à Saint-Louis, deux écoles de filles dirigées par les Dames de Saint-Joseph à Saint-Louis et à Gorée ; rien pour l'instruction secondaire ; moins que rien pour l'instruction supérieure : telle est la déplorable situation de l'enseignement au Sénégal. L'instruction ne figure que pour une centaine de mille francs au budget local, et n'est inscrite pour aucune somme au budget de l'Etat. Aussi nos ennemis ne manquent-ils pas d'exploiter contre nous cette indifférence. Instruisons donc, créons des écoles, répandons à flots la lumière. Le jour où tous les nègres de nos établissements sauront le français, ils deviendront les propagateurs inconscients de nos idées et de notre civilisation. Puisque l'ignorance s'oppose partout à nos efforts et à nos progrès, détruisons l'ignorance. De telles victoires ne coûtent de larmes à personne, et, plus sûrement que la conquête brutale, elles affermiront la sécurité de notre colonie.

Notre second ennemi, plus redoutable encore, est le fanatisme religieux. Deux religions se partagent les peuples du Sénégal : le fétichisme, pratiqué par la majorité des nègres, et le mahométisme, pratiqué par tous les Maures et la minorité des Nègres. Le fétichisme est une adoration des forces de la nature, un mélange abject de pratiques obscènes et de superstitions dégradantes. Les Nègres croient, il est vrai, à un principe créateur, mais qui ne se manifeste aux hommes que par des démons, bons ou méchants, méchants surtout, dont il faut détourner la colère. Ces divinités intermédiaires se nomment les fétiches. On les adore sous des formes humaines ou animales, et leurs prêtres exploitent à leur gré la crédulité niaise des Sénégalais. Ils cumulent les fonctions de médecin avec celles de prêtre, et leur ministère est requis dans toutes les grandes actions de la vie. Parfois même, ils interviennent dans les querelles de ménage, et alors se passent des scènes étranges où la ventriloquie et autres subterfuges du même ordre paraissent jouer un rôle important. A côté des féticheurs, il ne faudrait pas oublier les féticheuses, qui rappellent nos sorcières du moyen âge, car on les maltraite fort et on les redoute davantage. Les Sénégalais, bien que fort attachés à leurs fétiches, les vendent parfois aux Européens, car ils sont persuadés que leurs divinités n'éprouvent à notre égard que du mépris ou de l'indifférence.

Le mahométisme, avec ses principes politiques et son énergie active, est bien autrement dangereux que le fétichisme, que du reste il absorbe rapidement. Il suffit aux missionnaires musulmans de se présenter pour obtenir des conversions étonnantes. D'ailleurs ils savent s'imposer par le fer et le feu tout aussi bien que par la persuasion morale ou la prédication. Or, étant donnés d'un côté le fanatisme musulman et de l'autre la ferveur qui de tout temps a caractérisé les néophytes, il n'est pas étonnant que les musulmans sénégalais soient nos ennemis les plus déclarés. Disciples du Christ ou sectateurs de Mahomet se sont toujours fait la guerre. Ces deux religions constituent deux antinomies historiques. Ce sont deux civilisations qui s'excluent, deux morales qui se repoussent. Il est vrai que certains économistes, et parmi eux l'éminent Jules Duval, ont prétendu que les Musulmans du Sénégal étaient nos meilleurs amis, et que nous devions encourager leurs progrès : cette opinion paraît aussi erronée que dangereuse. Pour rester les maîtres du Sénégal, nos auxiliaires les plus utiles, en même temps que les instituteurs, seront les missionnaires. On a remarqué que les Nègres adonnés au fétichisme se convertissaient facilement au christianisme et devenaient par le fait nos partisans, tandis que jamais un Nègre converti au mahométisme ou un musulman d'ancienne date ne se convertissaient, et restaient par conséquent nos ennemis. Dès lors il n'y a pas d'hésitation possible. A la prédication musulmane opposons la prédication chrétienne, aux marabouts les missionnaires. C'est la condition de notre succès final.

Nous n'avons pas mission de discuter ici les mérites respectifs des deux religions rivales ; mais le christianisme est tellement supérieur et comme doctrine, et comme enseignement, et comme morale, au Mahométisme, qu'il nous faut encourager par tous les moyens — nous parlons des moyens que ne réprouve pas la conscience — la propagation de notre culte, ne serait-ce qu'au point de vue purement humain de la civilisation. En effet, partout où les disciples du Prophète ont répandu ses doctrines, l'humanité semble avoir reculé ; que sont aujourd'hui devenues les riches plaines de la Syrie, de l'Asie Mineure, les fertiles vallées du Nil ou de l'Euphrate, la Macédoine ou la Tunisie ? Le mahométisme, c'est l'immobilité, et, en politique, qui n'avance pas recule. Il est vrai que les temps sont passés de l'intolérance et de la persécution ; aussi nos missionnaires devront-ils recourir uniquement à la persuasion. Ils le font déjà ; et, si nous en croyons quelques renseignements qui paraissent authentiques, les progrès du christianisme sont sérieux et continus. Du jour où les populations sénégalaises comprendront notre langue et pratiqueront notre religion, le Sénégal sera réellement une nouvelle France.

Nous avons à lutter encore contre un troisième ennemi, plus dangereux que l'ignorance ou que le fanatisme, et cet ennemi, c'est nous-mêmes, ce sont nos fautes administratives, et surtout le changement perpétuel des gouverneurs. La plupart d'entre eux ne passent qu'une année ou deux dans la colonie. Ils arrivent sans en avoir préalablement étudié les affaires ; ils repartent au moment où ils commencent à les connaître. Comme l'écrivait, en 1844, l'amiral Bouët, qui était lui-même gouverneur, « les gouverneurs se succèdent habituellement de deux ans en deux ans. C'est précisément à l'époque où ils commencent à s'identifier avec les affaires et les chefs du pays qu'ils abandonnent la colonie, laissant leurs successeurs à la merci de tous ceux qui savent tirer parti de leur ignorance des localités. » Il n'y a guère eu qu'une exception à cette continuité d'un mal déjà ancien : le général Faidherbe a administré le Sénégal pendant dix années, et il a, pour ainsi dire, ressuscité notre colonie. Sans doute, il faut tenir compte des rigueurs du climat et ne pas oublier que, presque tous les gouverneurs appartenant à la marine de l'Etat, ce poste constituait dans leur carrière une étape, qui devait être courte pour ne pas dégénérer en disgrâce. Nous connaissons le mal : ne serait-il pas facile d'appliquer le remède ? Ou bien nommer des gouverneurs civils qui prendraient racine dans le pays, ou bien donner aux gouverneurs militaires la faculté d'avancer sur place et de recevoir, sans quitter leur poste, la récompense de leurs services.

Parmi les plus graves fautes que nous ayons commises au Sénégal, nous signalerons également la conduite maladroite de nos négociants. Uniquement préoccupés de leurs intérêts actuels, ils ont trop souvent gêné l'action du pouvoir central par des alliances intempestives avec les Maures et leur profond dédain des Nègres. De plus, ils se sont opposés avec une énergie regrettable à l'abolition de l'esclavage, ce qui leur aliéna les populations indigènes. Heureusement pour l'avenir de la colonie, on a pris deux mesures d'une grande portée : la liberté du commerce a été proclamée, et l'esclavage aboli. Du jour où les négociants ont compris qu'ils ne pouvaient plus compter que sur eux-mêmes, et qu'ils ont eu à lutter contre la concurrence étrangère, ils se sont déterminés à de sérieux efforts pour maintenir leur vieille supériorité.

Telles étaient, telles sont encore en partie les causes qui arrêtent le développement du Sénégal. Mais signaler le mal, n'est-ce pas en triompher à demi ? et n'avons-nous pas le droit d'espérer que les progrès multiples que nous avons déjà signalés s'accentueront davantage ? Que si, en effet, nous résumons cette étude, nous arriverons à la conclusion formelle qu'au triple point de vue politique, agricole et commercial, la France sénégalaise est en bonne voie.

Au point de vue politique, nous commençons à acquérir les sympathies des indigènes, et surtout des Nègres. Déjà, plusieurs provinces se sont volontairement annexées, l'Oualo, le Dimar, le Rio Nunez et la Mellacorée. Ce sont de beaux pays, l'Oualo surtout, qui devient un centre d'activité commerciale et sera quelque jour le principal marché d'approvisionnement de Saint-Louis. Le Cayor, qui nous fut si longtemps hostile, semble avoir renoncé à ses haines. La culture et le commerce de l'arachide ont contribué à cet apaisement. Derrière l'Oualo et le Cayor, le Fouta-Djolof et le Fouta-Djalon promettent beaucoup. En remontant le Sénégal vers le Bambouck, des perspectives indéfinies s'ouvrent à l'activité européenne. Le bassin entier du fleuve est soumis à notre action immédiate. Dans celui du Niger pénètre notre influence. Peu à peu, nous nous acheminons vers l'Afrique centrale. Déjà même nous avons au Sénégal mieux que des alliés : nous avons des amis. Les Maures eux-mêmes, si réfractaires à notre civilisation, se rapprochent peu à peu. Bien que nous ne puissions attendre de ces populations fanatiques de bien solides alliances, toujours est-il que des villes s'élèvent sous la protection de nos canons, que nos comptoirs sont approvisionnés par leurs caravanes, et que nos intérêts immédiats sont sauvegardés.

Au point de vue agricole, mêmes espérances de progrès. L'introduction de la culture des plantes oléagineuses a été pour le Sénégal un coup de fortune. Les indigènes ont tout de suite apprécié les avantages d'un travail qui les enrichissait sûrement et sans fatigue. La culture maraîchère a également progressé, surtout autour de nos établissements. Une Société d'agriculture a été fondée en 1874, à Saint-Louis, et son créateur et président, M. Albert Merle, terminait son discours d'installation en affirmant qu'on obtiendrait par l'agriculture la régénération du pays. Il avait certes raison, et ses espérances semblent fondées. A notre exemple et d'après nos conseils, les roitelets indigènes, au lieu de s'exterminer réciproquement, s'occupent de faire cultiver leurs immenses propriétés. La population s'accroît, la sécurité grandit, et peu à peu le Sénégal se transforme.

Que dire du commerce? C'est surtout par le commerce que notre colonie est pleine d'avenir. Grâce à nos forts et à nos canonnières à vapeur qui remontent et surveillent les cours d'eau, les négociants n'ont désormais plus rien à craindre. Aussi les chiffres d'importation et d'exportation grandissent-ils chaque année d'après une progression continue. Dans la période décennale 1826-1836, le commerce du Sénégal n'était que de 7 millions de francs. De 1836 à 1846, il était parvenu à 14 millions, de 1846 à 1856 à 20 millions ; de 1856 à 1859, après la proclamation de la liberté du commerce, il s'éleva brusquement de 20 à 33 millions. La progression a été plus lente depuis; mais il dépasse aujourd'hui 40 millions. Ce n'est pas tout : nos négociants songent à s'enfoncer dans l'Afrique centrale. Ils voudraient faire du Soudan comme un Hindoustan africain. Il ne faudrait certes pas exagérer l'analogie, ni surtout oublier que l'Hindoustan, avec ses richesses et sa population de deux cents millions d'âmes pliées à la servitude depuis des siècles, est bien supérieur au Soudan, à peine peuplé, et par des populations qui n'ont ni l'habitude du commerce ni la mollesse indienne. Lorsque pourtant nous arriverons à Ségou, à Tombouctou, et que de là nous nous répandrons dans ces contrées vierges, qui nous ménagent sans doute plus d'une surprise, ne sera-ce pas comme le couronnement de notre mission colonisatrice au Sénégal? Ainsi se trouveraient réunies dans cette colonie, trop longtemps méconnue, toutes les causes de prospérité : sol fertile, facilité des échanges, territoire considérable et susceptible d'une grande extension, populations nombreuses et qui s'attacheront à nous par la reconnaissance aussi bien que par l'intérêt. Peut-être n'est-il pas dans le domaine colonial de la France, à l'exception de l'Algérie et de la Cochinchine, une province dont l'avenir autorise de plus brillantes prophéties.

CHAPITRE II

LES ÉTABLISSEMENTS FRANÇAIS DE LA GUINÉE

BIBLIOGRAPHIE

I. Comptoirs de Guinée.

Estancelin. *Recherches sur les voyages et découvertes des navigateurs normands.* 1832.
Vitet. *Histoire de Dieppe.* 1838.
Santarem. *Recherches sur la priorité de la découverte des pays situés sur la côte occidentale d'Afrique.* 1842.
D'Avezac. *Notice des découvertes faites au moyen âge dans l'océan Atlantique.* 1845.
Desnouy. *Les établissements français de la côte d'Or* (Revue maritime et coloniale, 1863).
Gellé. *Le royaume de Porto-Novo* (Revue maritime et coloniale, 1864).
X... *Renseignements sur le commerce et les intérêts français entre la côte d'Or et le Congo* (Revue maritime et coloniale, juillet 1867).
X... *Note sur les objets de pacotille propres aux échanges de la côte d'Or* (Revue maritime et coloniale, août 1868).
Winwood Read. *La côte d'Or* (Société de géographie, mai 1869).
Besnard. *Campagne du Curieux à la côte occidentale d'Afrique* (Revue maritime et coloniale, janvier, mars 1873).
Gaffarel. *Les Normands au Sénégal et en Guinée au xive siècle* (Explorateur, avril 1875).
Bouche (abbé). *Les établissements anglais de la côte d'Or et nos entreprises en Afrique* (Explorateur, 1876).
Gravier. *Recherches sur les navigations européennes faites au moyen âge aux côtes occidentales d'Afrique.* 1878.
Musy. *La côte d'Or* (Explorateur, janvier 1878).
Ménager (abbé). *La Guinée* (Société de géographie, août 1878).
Foncin. *Les comptoirs de la Guinée septentrionale* (Société de géographie de Bordeaux, décembre 1878).
Cardonnet. *Notes manuscrites*, 1879.

II. Le Gabon.

BOWDICH. *Mission from Cape Coast Castle to the Ashantee.* 1819.
DELAPORTE. *Vocabulaire de la langue Pongoua* (Mémoires de la Société ethnologique, 1845).
MÉQUET. *Excursion dans le haut de la rivière du Gabon* (Revue coloniale, 1846).
PIGEARD. *Exploration hydrographique du Gabon* (Revue coloniale, 1847).
BOUET-WILLAUMEZ. *Commerce et traite des noirs aux côtes occidentales d'Afrique.* 1848.
RICARD. *Notes sur le Gabon* (Revue coloniale, 1855).
VIGNON. *Le comptoir français du Gabon* (Nouvelles annales des voyages, 1856).
DU CHAILLU. *Explorations and adventures in Equatorial Africa.* 1861.
BRAOUEZEC. *Notes sur les peuplades riveraines du Gabon* (Revue maritime et coloniale, octobre 1861).
TOUCHARD. *Notice sur le Gabon* (Revue maritime et coloniale, oct. 1861).
SERVAL. *Description de la rivière Rhamboë et de ses affluents* (Revue maritime et coloniale, 1861).
PETERMANN. *Die Gabun-Länder in äquatorialen Africa in Iahre* 1862 (Mittheilungen, 1862).
GRIFFON DU BELLAY. *Le Gabon* (Tour du monde, 1865).
ROULLET. *La rivière Como au Gabon et les populations riveraines* (Nouvelles annales des voyages, décembre 1866).
ROULLET. *Les Pahouins, leur origine, leurs mœurs, leurs coutumes* (Nouvelles annales des voyages, août 1867).
FLEURIOT DE LANGLE. *Aperçu historique sur les reconnaissances faites par les officiers de la marine française au Gabon et dans les pays voisins, de 1843 à 1868* (Nouvelles annales des voyages, septembre 1868).
BARBEDOR. *La faune et la flore du Gabon* (Société de géographie, juillet 1862).
AYMÈS. *Résumé du voyage d'exploration de l'Ogoué* (Société de géographie, mai 1869).
AYMÈS. *Recherches géographiques et ethnographiques sur le bassin du Gabon* (Revue maritime et coloniale, 1870).
DE KERTANGUY. *La carte du Gabon* (Société de géographie, mai 1869).
FLEURIOT DE LANGLE. *Note sur le Gabon* (Société de géographie, 1862).
LE BERRE. *Grammaire de la langue Pongouée,* 1873.
FLEURIOT DE LANGLE. *Croisières à la côte d'Afrique* (Tour du monde, 1873).
COMPIÈGNE. *Voyage dans l'Afrique équatoriale* (Correspondant, 1874).
HEDDE. *Notes sur les populations du Gabon et de l'Ogoway* (Société de géographie, 1874).
ESCANDE. *Notre établissement du Gabon en 1874* (Revue maritime et coloniale, 1875).
P. B. *Question de la Gambie* (Explorateur, 1876).
FOUREST. *Le Gabon et l'Ogoué* (Exploration, 1872).
MARCHE. *Voyages dans l'Afrique occidentale,* 1879.

La Guinée est un immense versant dont le sommet s'appuie, au nord, à la chaîne encore mal connue des monts Kong, et la base, au sud, est formée par l'océan Atlantique. Il est à peu près impossible de déterminer ses autres limites. C'est à la république de Liberia que les cartographes la font, d'ordinaire, commencer, et ils la terminent au sud de l'embouchure du Gabon. La Guinée est divisée en deux régions distinctes : la première part du littoral ; elle est formée par des lagunes et des marécages qui constituent, à certains endroits plus déprimés, de véritables lacs. C'est un pays humide et malsain, même pour les indigènes, mais très-fertile et riche en produits de tout genre. La seconde région s'élève par gradins successifs jusqu'aux monts Kong. Elle est saine et fertile, mais à peu près inconnue, car les habitants du littoral s'opposent aux voyages des Européens. Quelques grands fleuves, l'*Assinie*, le *Volta*, le *Lagos*, le *Niger*, le *Calabar*, le *Gabon* et l'*Ogowaï*, parcourent cette seconde région, et viennent se jeter dans le golfe de Guinée.

La première région, celle du littoral, la seule que fréquentent les Européens, est sujette à de brusques variations de température, qu'on nomme des *tornades*, sans doute pour exprimer le retour du vent à son point de départ après avoir parcouru un certain horizon. Les tornades sont tantôt accompagnées, tantôt suivies de pluies torrentielles. Elles éclatent d'ordinaire en mai et en octobre. En décembre souffle le vent du Sénégal, l'*harmattan*. Il est chargé de brume et de sable fin, qu'il a sans doute recueilli en passant sur le Sahara. Pour les indigènes c'est l'hiver. Saine pour les blancs, cette saison l'est moins pour les noirs.

Sur presque toute la côte existe une barre variant de force et d'intensité avec la hauteur et la disposition des bancs que la mer rencontre. C'est là un sérieux obstacle au commerce. Les nègres, habitués à se jouer des vagues sur leurs légères pirogues, franchissent cette barre avec aisance ; mais les navires européens sont souvent arrêtés par ses capricieuses volutes. Le littoral porte différents noms, la *côte d'Ivoire ou des Dents*, la *côte d'Or*, la *côte de Benin*, la *côte de Calabar* et le *Gabon*. Plusieurs nations européennes y ont fondé des établissements. L'Angleterre possède les plus importants. La France y a quelques comptoirs et une colonie destinée à un certain avenir. Ces comptoirs sont situés sur la côte des Dents et la côte des Esclaves ; la colonie est celle du Gabon : nous les étudierons successivement.

I. — Comptoirs de Guinée.

Si l'on en croit de respectables traditions, la France est la première des nations européennes qui ait déployé son pavillon dans ces parages, et cela dès le xive siècle. En 1339, d'après le témoignage concordant de trois chroniqueurs dieppois, Asseline, Croisé et Guibert, témoignage confirmé par des auteurs dont on ne soupçonne pas la partialité en faveur des Normands, Abreu de Galindo, Barros, et l'Arabe Ibn Khaldoun, trois navires dieppois auraient visité la Guinée et seraient rentrés en France chargés d'or et de marchandises précieuses. En 1364, les Dieppois équipèrent deux autres navires, du port d'environ cent tonneaux chacun, qui firent voile vers les Canaries, arrivèrent au cap Vert et mouillèrent à Rio Fresca, dans la baie qui porte encore le nom de baie de France. Les noirs du littoral, auxquels les blancs étaient restés jusqu'alors inconnus, accouraient pour les voir, mais ne voulaient pas entrer dans les vaisseaux. Lorsqu'enfin ils s'aperçurent que nos compatriotes ne demandaient qu'à ouvrir avec eux des relations amicales et leur montraient quantité d'objets inconnus qu'ils semblaient disposés à échanger, peu à peu ils renoncèrent à leur défiance et apportèrent de l'ivoire, de l'ambre gris et du poivre, qu'ils troquèrent contre les bagatelles dieppoises dont la vue les avait tentés. Les Dieppois, qui désiraient pousser plus avant, leur firent comprendre par signes qu'ils reviendraient l'année suivante, et les engagèrent à amasser pour leur retour d'autres productions indigènes. Ils découvrirent ensuite le *cap Vert*, auquel ils donnèrent ce nom, à cause de l'éternelle verdure qui l'ombrage, et arrivèrent à *Boulombel* ou *Sierra-Leone*, comme le nommèrent depuis les Portugais. Ils s'arrêtèrent ensuite à l'embouchure d'un fleuve, auprès duquel ils trouvèrent un village d'indigènes, qu'ils nommèrent le *Petit-Dieppe*, à cause de la ressemblance du port et du village situé entre deux coteaux avec le *Dieppe* français. Ils achevèrent d'y charger leur navire d'ivoire et de poivre, et, à la fin de mai 1365, après six mois de voyage, ils étaient de retour à Dieppe avec une riche et précieuse cargaison.

Les profits du voyage et l'espoir de les augmenter encore excitèrent l'émulation des Normands. En septembre 1365, quelques marchands de Rouen s'associèrent avec ceux de Dieppe et, au lieu de deux vaisseaux, en firent partir quatre. Les deux premiers avaient mission d'explorer les côtes depuis le cap Vert jusqu'au Petit-Dieppe et d'y charger des marchandises. Les deux autres devaient pousser plus avant et découvrir de nouveaux pays à explorer. De la sorte, ils assuraient le présent et ménageaient l'avenir. En commerçants prudents et avisés, ils n'oubliaient pas les intérêts du moment et songeaient à augmenter leurs bénéfices en étendant leurs relations. Ce second voyage fut également heureux. Au bout de sept mois, les deux premiers navires étaient de retour à Dieppe avec beaucoup de cuirs, de poivre et d'ivoire. Des deux autres navires chargés d'explorer de nouveaux pays, le premier s'arrêta sur la côte qu'on nomme aujourd'hui *côte du Poivre* et dans un village appelé *Grand-Sestre*, auquel les matelots donnèrent le nom de *Paris*. Ce navire ramassa si vite une telle quantité de cette précieuse denrée, qu'il ne voulut pas s'exposer à compromettre une aussi riche cargaison en poursuivant son voyage, et revint à Dieppe. Le quatrième navire longea la *côte des Dents* et arriva à celle de *l'Or*. L'or était en poudre. Les indigènes en ramassent encore de nos jours dans les cours d'eau qui descendent des monts Khong.

La nouvelle de ces découvertes, la facilité des échanges, la certitude de s'enrichir à peu de frais excitèrent les Dieppois. En peu de temps, de véritables comptoirs, des *loges*, comme nous dirions aujourd'hui, s'élevèrent sur toute la côte de Guinée. Les indigènes, attirés vers nos compatriotes par la facilité de leurs mœurs, par leur entrain sympathique, par leur absence de morgue, apportaient en abondance à ces loges l'ivoire, la poudre d'or, le poivre, les plumes d'autruche, les peaux de bêtes féroces, que les Normands vendaient en France à des prix exorbitants. Peu à peu, des relations régulières s'établissaient. Les indigènes apprenaient même notre langue et accueillaient avec empressement tous ceux de nos compatriotes qui n'hésitaient pas à s'enfoncer dans l'intérieur du pays.

En 1380, quelques armateurs de Dieppe et de Rouen, voyant que la concurrence diminuait leurs profits, résolurent un nouveau voyage d'exploration. Ils voulaient s'avancer au sud de la côte d'Or et entrer en relations avec des indigènes qui passaient pour moins traitables que les précédents. Comme ils avaient déjà pour eux l'expérience de voyages antérieurs, et qu'ils avaient remarqué que les pluies, qui tombent en Afrique du mois de juin à celui d'août, rendaient le séjour de la côte dangereux à cette époque, ils ne firent partir qu'en novembre leur navire. En décembre, ce navire, qui portait le beau nom de la *Notre-Dame-de-Bon-Voyage*, était déjà sur la côte d'Or : neuf mois après, il était de retour à Dieppe, chargé de poudre d'or. La voie était ouverte. Il ne restait qu'à s'y engager résolument.

Le 28 septembre 1381, trois navires partaient de Dieppe pour le nouveau comptoir de *la Mine*. On a conservé leurs noms : *la Vierge, le Saint-Nicolas* et *l'Espérance*. *La Vierge* s'arrêta à la Mine ; *le Saint-Nicolas* s'avança plus au sud jusqu'au cap Corse, et *l'Espérance* ouvrit des loges à Fantin, Sabou, Cormentin et Akara. En juillet 1382, les trois navires étaient de retour en France, et les capitaines vantèrent tellement à leurs armateurs les richesses du pays et la douceur de ses habitants, que ceux-ci résolurent d'y fonder une véritable colonie et d'en faire le centre de leurs opérations commerciales.

En 1383, trois vaisseaux partirent donc pour la Mine. Ils portaient des matériaux de construction, des instruments de travail et des semences. Ces trois vaisseaux s'acquittèrent heureusement de leur mission, et quand ils revinrent en France, dix mois après, plus richement chargés qu'ils ne l'avaient encore été, ils laissaient derrière eux une partie de leurs équipages. Ce fut le premier établissement de nos compatriotes sur ce continent, où, depuis, l'influence française n'a cessé et ne cessera pas, espérons-le, de grandir. La colonie de la Mine prit tout de suite de grandes proportions. De nombreux vaisseaux s'y rendirent ; il fallut bâtir pour les nouveaux arrivants une église et un fort.

Cette prospérité ne fut pas de longue durée. Les terribles guerres des Armagnacs et des Bourguignons désolèrent notre pays, et les Anglais profitèrent de nos discordes pour envahir nos provinces. Bientôt la France n'eut pas assez de ses propres ressources pour repousser l'envahisseur. Elle dut subir pendant plusieurs années la honte de l'occupation étrangère ; aussi toutes les entreprises extérieures furent-elles abandonnées. L'heure était mal choisie pour fonder une France africaine, alors que notre patrie était foulée par l'étranger, que la Normandie devenait un des principaux théâtres de la guerre, et que les Anglais, maîtres de Rouen, de Dieppe, de Honfleur et des autres ports, arrêtaient tout commerce. Nos armateurs normands essayèrent bien quelque temps de soutenir ces lointains comptoirs; mais ce fut peine perdue. Dès 1413, la Mine était abandonnée. Toutes nos autres loges l'étaient déjà depuis quelques années. Peu à peu, on renonça aux voyages sur les côtes d'Afrique. Le souvenir même de ces aventureuses expéditions se perdit, surtout lorsqu'une autre nation, le Portugal, substitua son influence à la nôtre sur les tribus indigènes, et, plus jalouse de ses droits que nous ne l'avons jamais été des nôtres, non-seulement chassa nos négociants des marchés dont ils avaient longtemps été les maîtres, mais encore nous enleva, par devant l'histoire et la postérité, la gloire légitime de l'avoir précédée dans ces régions. En effet, ce n'est pas un des côtés les moins extraordinaires de notre caractère national que cette incroyable indifférence pour l'histoire de nos établissements d'outre-mer. Que, pour une raison ou pour l'autre, nous renoncions à telle ou telle colonie, on le comprendrait à la rigueur; mais que le souvenir de cette colonie disparaisse entièrement, que le nom même des premiers explorateurs soit tout à fait inconnu, voilà ce qui devient inexplicable.

Tel fut pourtant le sort de nos premiers établissements africains. Lorsque, dans ces dernières années, quelques Français bien inspirés, MM. Estancelin, Vitet, d'Avezac, revendiquèrent pour les navigateurs normands l'honneur de ces voyages, en France on resta presque indifférent à leur généreuse tentative, mais elle provoqua en Portugal comme une explosion de haine. Un savant portugais, M. Santarem, lança même contre eux un gros volume intitulé : *Recherches sur la priorité de la découverte des pays situés sur la côte occidentale d'Afrique au delà du cap Bojador*. Comme ce livre eut un certain retentissement, il nous faut examiner ici les principales objections qu'il soulève.

Remarquons tout d'abord que le titre de l'ouvrage est mal choisi. MM. Estancelin et Vitet n'ont jamais prétendu que les Français avaient précédé les Portugais sur toutes les côtes d'Afrique et réclamaient, par conséquent, la priorité des découvertes; ils ont seulement avancé que quelques Français, dans les dernières années du xive et au commencement du xve siècle, avaient reconnu les côtes occidentales d'Afrique, y avaient noué des relations avec les indigènes et fondé une colonie à la Mine. C'en était déjà trop pour M. de Santarem, qui dénonça ces allégations comme fausses et mensongères. Il essaya de démontrer que les voyages des Normands aux côtes d'Afrique étaient invraisemblables. « Charles V, dit-il, avait si peu les moyens d'envoyer à la découverte des navires dieppois, qu'il était obligé d'emprunter des vaisseaux au roi de Castille pour soutenir la guerre contre les Anglais. Il n'est donc pas probable que ses sujets aient pu disposer tranquillement de leurs navires et envoyer des expéditions régulières à travers l'Atlantique pour découvrir la Guinée et y fonder des comptoirs. » Il est vrai que nous n'avions pas alors de flotte de guerre et que Charles V fut obligé de recourir aux vaisseaux de son allié le roi de Castille; mais les navires marchands ne manquaient pas, ils n'ont jamais manqué dans notre pays. Les Normands se signalaient entre tous par leur ardeur commerciale et n'avaient pas besoin de l'autorisation du roi pour entreprendre leurs courses lointaines. Il n'existait alors ni ministre de la marine, ni ministre du commerce. La royauté se débattait péniblement contre l'ennemi intérieur, la féodalité, et contre l'ennemi extérieur, l'Anglais. Aussi laissait-elle toute liberté aux négociants qui se risquaient sur les mers, et ces négociants profitaient d'une tolérance commandée par la nécessité.

M. de Santarem parle encore de la difficulté d'aller de Dieppe en Guinée. Les atterrages d'Afrique sont, en effet, redoutables, et le vent d'ouest jette impitoyablement à la côte tout navire qui n'a pas pris ses précautions. Il est certain que les naufrages devaient être fréquents avec des vaisseaux aussi mal agencés que ceux du xive siècle; mais les Dieppois passaient pour les meilleurs marins de l'époque; leur hardiesse était proverbiale. D'ailleurs les Vénitiens, les Génois, les Portugais eux-mêmes accomplissaient des voyages tout aussi dangereux, et jamais personne ne s'est avisé de les contester. Pourquoi donc refuser aux seuls Normands ce qu'on accorde aux autres peuples navigateurs? Ne voyons-nous pas aujourd'hui des Malais parcourir avec leurs pirogues les îles de leur archipel? Les Tahitiens s'aventurent parfois jusqu'aux Sandwich, et certes le Pacifique est autrement dangereux que l'Atlantique. Les Dieppois du xvᵉ siècle pouvaient donc naviguer aux côtes de Guinée, sans qu'il soit besoin de crier au miracle.

Arrivons à la grande objection de M. de Santarem. Le premier écrivain qui se soit hasardé à parler des voyageurs normands en Afrique au xivᵉ siècle vivait au xviiᵉ siècle; il se nommait *Villaut de Bellefond*. Il avait voyagé aux côtes de Guinée; à son retour, ayant observé de nombreuses traces et des souvenirs de l'occupation française, il s'avisa de compulser les journaux de bord et autres documents alors réunis au greffe de l'Amirauté, à Dieppe, et composa, en 1669, un ouvrage intitulé : *Relation des côtes d'Afrique appelées Guinée.* Dans cet ouvrage, dédié à Colbert, il protestait contre l'injuste oubli dans lequel étaient tombées les navigations antérieures, et concluait en suppliant le ministre de restaurer l'antique domination de la France dans ces parages. Les écrivains postérieurs n'ont guère fait que copier Bellefond. Comme Bellefond ne copiait personne et qu'il vivait au xviiᵉ siècle, M. de Santarem concluait qu'il ne méritait aucune créance. Il est vrai que, de 1413 à 1669, jamais écrivain français n'a parlé des voyageurs dieppois, ou du moins, si quelque Français a composé sur ce sujet un livre ou une relation, cet ouvrage est jusqu'à présent resté inconnu. Mais ce silence n'infirme pas les relations de nos compatriotes. Au xᵉ siècle, Les Northmans de Scandinavie passèrent en Islande, en Groënland et en Amérique. Ils y fondèrent, dans deux pays qu'ils nommèrent *Vinland* et *Markland*, de véritables colonies, à tel point qu'on y prêcha la croisade et que les papes y envoyèrent des légats. On avait pourtant oublié ces voyages lorsqu'en 1830 le savant danois Karl Rafn retrouva dans les Sagas islandaises le souvenir de ces lointaines expéditions. Il composa aussitôt son fameux ouvrage, *Antiquitates Americanæ*, et personne aujourd'hui ne met seulement en doute que les Scandinaves aient découvert l'Amérique et s'y soient établis au xᵉ siècle de notre ère. Chez nous, on avait oublié nos colonies africaines du xivᵉ siècle. Mais un curieux s'avise de compulser des documents laissés dédaigneusement de côté. Il les analyse, y découvre des faits intéressants, et les publie. En résulte-t-il que ces documents soient controuvés? Nullement. On les avait seulement perdus de vue; néanmoins Villaut de Bellefond ne les a pas inventés pour les besoins de sa cause.

M. de Santarem peut, il est vrai, faire preuve d'érudition, en énumérant les écrivains qui, du xve au xviie siècle, auraient pu parler des voyages dieppois aux côtes d'Afrique et pourtant ont gardé le silence. Mais cette liste interminable, il aurait pu l'allonger encore sans rien prouver contre l'authenticité des expéditions dieppoises, d'autant plus que certains de ses arguments sont étranges. « Au sujet du silence des écrivains français du xive siècle, écrit-il, nous citerons le plus fameux des historiens de cette nation, c'est-à-dire Froissart, lequel, outre sa qualité de contemporain, s'est encore occupé de l'histoire de presque tous les peuples de l'Europe de 1326 à 1400. Son récit embrasse donc l'époque de ces prétendues découvertes des marins dieppois et des établissements, que Villaut affirme y avoir été fondés. Est-il croyable que ce chroniqueur passât sous silence les découvertes faites par ses compatriotes, si réellement elles eussent existé? » Mais Froissart s'est toujours médiocrement soucié de ce que faisaient les petites gens. C'est l'historien des batailles, des beaux coups d'épée, des tournois et des fêtes. Il enregistrera avec le soin le plus minutieux et dans tous ses détails les faits et gestes de tel ou tel principicule qui l'aura hébergé, mais il ne dira rien des grands évènements qui intéressent le peuple. Que lui importaient les voyages des Dieppois, les heureuses explorations de la *Notre-Dame-de-Bon-Voyage?* Sans doute il n'en a rien dit; mais a-t-il tout raconté dans sa chronique? Il en est de même de tous les autres écrivains français ou portugais qui auraient pu parler de ces voyages et ne les ont pas racontés. Le silence des Français a son excuse en ceci que, même les intéressés, c'est-à-dire les Normands, en avaient perdu le souvenir. Quant au silence des Portguais, il était trop dans leur intérêt pour qu'il n'ait pas sa raison d'être.

M. de Santarem ne se contente pas des écrivains. Il passe en revue les cartographes et démontre, sans beaucoup de peine, que, sur toutes les cartes contemporaines et sur toutes les cartes postérieures, rien n'indique la présence des Dieppois sur la côte d'Afrique à la fin du xive siècle. Ne constatons-nous pas chaque jour, en plein xixe siècle, sur des atlas tout à fait contemporains, des omissions regrettables ou des erreurs monstrueuses ? Pourtant les communications sont faciles, la publicité étendue et les découvertes vulgarisées. Si donc, même de nos jours, des écrivains laborieux et des cartographes éminents commettent de pareilles fautes, à plus forte raison doit-on les excuser chez les écrivains et les dessinateurs des XIV⁰ et XV⁰ siècles, privés de tout secours, sans renseignements précis, et réduits à enregistrer pêle-mêle traditions erronées et documents authentiques. Leur silence n'a rien d'étonnant, surtout quand on se rappelle la prudence proverbiale des Dieppois, qui, semblables aux Phéniciens de l'antiquité, gardaient avec un soin jaloux le secret de leurs explorations, afin de prévenir toute concurrence commerciale.

M. de Santarem insiste sur une de ces cartes. C'est une mappemonde fort curieuse insérée dans un précieux manuscrit des *Chroniques de Saint-Denis*, conservé à la bibliothèque Sainte-Geneviève. Cette mappemonde fut dessinée de 1364 à 1380, car elle porte le seing du roi de France qui régnait à cette époque (Charles V). Elle présente l'état des connaissances géographiques en France sous ce règne. « Si donc, ajoute M. de Santarem, les prétendues expéditions des Dieppois avaient eu lieu entre 1364 et 1380, cet immense progrès aurait été consigné dans un document contemporain. Or les seuls noms pour l'Afrique, de l'orient à l'occident, sont ceux d'Égypte, Thébaïde, Éthiopie, etc. Nul indice de la côte occidentale d'Afrique. » Rien n'est plus vrai ; mais n'oublions pas que les connaissances se répandaient alors fort lentement, que les Dieppois gardaient un silence systématique, enfin que d'autres pays étaient découverts, tels que les Açores, le Groënland et l'Islande, qui ne figurent pas non plus sur la mappemonde manuscrite des *Chroniques de Saint-Denis*.

Mais à quoi bon nous attacher à ces objections ? Cherchons sur le sol de l'Afrique, cherchons à Dieppe même des preuves encore existantes des voyages et du séjour de nos compatriotes. Ces preuves abondent, en dépit de l'érudition portugaise. Nous lisons dans une *Description des côtes de Guinée*, par le médecin hollandais Dapper (Amsterdam, 1686) : « Il y a quelques années que les Hollandais, relevant une batterie qu'on appelle la *batterie des Français*, parce que, selon l'opinion des gens du pays, les Français en ont été les maîtres avant les Portugais, on trouva gravés sur une pierre les deux premiers chiffres du nombre 1300, mais il fut impossible de distinguer les deux autres. » Le même écrivain rapporte que, visitant la forteresse d'El-Mina, il vit les Hollandais célébrer l'office divin dans une église sur laquelle on apercevait les armes de France à peine effacées. Donc au XVIIe siècle subsistaient encore sur le sol africain des preuves irrécusables du séjour de nos compatriotes.

Une preuve meilleure encore, c'est que les indigènes avaient retenu une foule de mots français, qu'ils répétaient à tous les Européens, car ils s'obstinaient d'abord à ne voir en eux que des compatriotes de nos Dieppois. Villaut de Bellefond a cité plusieurs de ces noms. Le plus curieux est celui de *malaguette*, vieux mot du moyen âge qui signifie poivre. « Le peu de langage qu'on peut entendre est français, écrivait-il. Ils n'appellent pas ce poivre *sestos* à la portugaise, ni *grain* à la hollandaise, mais *malaguette*, et lorsqu'un navire aborde, s'ils en ont, après le salut, ils crient : *Malaguette tout plein !* qui est le peu de langage qu'ils ont retenu de nous. »

Une troisième preuve est la facilité avec laquelle les indigènes acceptèrent notre domination quand de nouveau, au XVIe et au XVIIe siècle, le pavillon français reparut sur leurs côtes. Opprimés et maltraités par les Portugais et les Hollandais, ils s'étaient pieusement transmis la tradition de nos ancêtres du XIVe et du XVe siècle ; or, comme ils avaient établi entre eux et leurs successeurs une comparaison qui n'était pas à l'avantage de ces derniers, dès que parut de nouveau le drapeau fleurdelisé, ils se jetèrent dans nos bras et renouèrent la chaîne longtemps interrompue des traditions et des souvenirs.

En France, plus encore qu'en Afrique, nous retrouverons la trace des navigateurs du XIVe siècle. On aura déjà remarqué que les Normands rapportaient beaucoup d'ivoire des côtes d'Afrique. Or, à partir de cette époque, la ville de Dieppe, où tout justement abordaient ces navires chargés d'ivoire, eut comme le monopole de la fabrication des objets en ivoire. Encore aujourd'hui, de toutes les villes de France, elle en fabrique le plus. Sans doute on connaissait l'ivoire en Europe, et même on travaillait cette précieuse denrée avant le XVIe siècle. Homère, Platon, Strabon, Pline et d'autres écrivains parlent de l'ivoire, et ce n'était certainement pas sur les côtes de Guinée que les négociants allaient le chercher. On le tirait alors de la côte orientale d'Afrique, de Zanzibar ou de l'Ajan. Au moyen âge, les Arabes qui faisaient ce commerce par la voie de l'Egypte le répandaient ensuite dans tout le bassin de la Méditerranée. Mais, à la fin du xive siècle, cette exploitation prit subitement une grande extension, et, du jour au lendemain, Dieppe devint le centre de la fabrication des objets en ivoire. La raison en est simple : cet ivoire, les marins dieppois allaient le chercher sur les côtes occidentales du continent africain, le rapportaient à Dieppe, et les artistes de cette ville augmentaient sa valeur en le convertissant en cornes ciselées, en trompes, en bracelets, en crucifix ou chapelets. La tradition s'est perpétuée; encore aujourd'hui, les ivoiriers dieppois exécutent les travaux les plus délicats.

Il est fâcheux que les relations authentiques de ces voyages aient disparu. Tous les documents, tous les journaux de bord, qui, d'après un vieil usage, étaient déposés dans les archives de l'Amirauté, à Dieppe, ont été brûlés lors du bombardement de cette ville par les Anglais en 1694. Mais, chaque jour, grâce à l'activité ingénieuse de nos savants, surtout de nos savants provinciaux, l'histoire se modifie et les erreurs se dissipent. Peut-être un manuscrit jusqu'alors oublié surgira-t-il de quelque greffe de campagne, de quelque armoire municipale ou de quelque sacristie, où il dort depuis des siècles.

De tout ceci il résulte, malgré les démentis de M. de Santarem, que nos compatriotes les Dieppois ont réellement découvert et en partie colonisé les côtes de Guinée au xive siècle, mais que les guerres malheureuses où fut engagée la France interrompirent ce fructueux commerce et forcèrent les navigateurs à renoncer pour longtemps à de lointains voyages. Nous avions donc le droit, et nous dirons volontiers que le devoir nous était imposé de rendre justice à ces explorateurs méconnus et à ces héros oubliés.

C'est seulement au xviie et au xviiie siècle que recommencèrent les expéditions à la côte de Guinée, mais les marins normands n'en eurent plus le monopole, et aucun établissement permanent ne fut fondé. Le principal commerce était celui de la traite des noirs. Il procura d'énormes bénéfices à plusieurs de nos négociants, mais ne fit pas aimer le nom de la France dans ces parages. Au XIXe siècle, lorsqu'enfin fut défendu ce honteux trafic, le gouvernement français fut un des premiers à s'opposer à sa continuation, et, pour mieux surveiller les foyers de l'esclavage, il prit la résolution d'occuper quelques points sur la côte de Guinée. Il espérait que ces comptoirs fortifiés deviendraient peu à peu des stations commerciales, et qu'au marchandage de l'homme se substitueraient des relations plus régulières et plus morales. Ces prévisions ne furent qu'à demi réalisées. La traite a disparu ; mais le commerce n'a pas grandi. Nous devons néanmoins mentionner cette honorable tentative pour restaurer en Guinée les vieilles traditions de la marine dieppoise.

En 1842, la France acheta aux indigènes de la côte des Dents divers territoires où elle fonda des postes : *Assinie*, sur le bord de la mer, à l'embouchure du fleuve du même nom, occupant l'emplacement d'un fort que la Compagnie des Indes orientales avait bâti en 1700 ; *Grand-Bassam*, encore sur la côte, à l'ouest d'Assinie, et *Dabou*, dans l'intérieur. Le pays était riche et fertile. Les nègres vivaient en bonne intelligence avec nos matelots et nos négociants. Il eût peut-être été facile de remonter le fleuve Assinie, de traverser les monts Kong et de pénétrer dans la vallée du Niger. On pouvait encore essayer de reconnaître la région à peu près inconnue qui s'étend entre l'Assinie et le haut Sénégal. Grand-Bassam commençait à devenir le grand marché d'huile de palme de la région, et Assinie celui de la poudre d'or. Il eût été aisé de fixer ce commerce important dans nos deux comptoirs. Il paraît que les nécessités budgétaires nous ont forcé à renoncer à tous ces beaux projets. En 1872, Assinie, Grand-Bassam et Dabou ont été abandonnés, sous réserve expresse de nos droits. Dabou n'existe plus. Grand-Bassam a été livré, en janvier 1874, à la maison Verdier, de La Rochelle, et Assinie, avec son fort et ses vieux canons, à la maison Swanzy de Londres. C'est là pour la France une situation humiliante, dont il faut sortir au plus vite, si nous voulons maintenir notre prestige parmi ces mobiles et impressionnables populations de Guinée.

A la côte des Esclaves nous avons été plus heureux. L'initiative personnelle a triomphé, quand le gouvernement échouait.

Quelques négociants français, et surtout les maisons Régis aîné, Cyprien Fabre et Daumas-Lartigue, de Marseille, ont en effet fondé sur le littoral de véritables principautés. Par des traités en forme avec les chefs indigènes, ces habiles négociants se sont assuré la propriété indéfinie de leurs immeubles et le droit de faire le commerce dans le pays en payant des coutumes fixées à quatre ou cinq pour cent de la valeur des marchandises. Bien que ces factoreries n'aient pas encore d'existence officielle, ce sont de vrais colonies françaises. En 1864, le royaume de *Porto Novo* a reconnu notre protectorat, et, en 1876, il a recouru à nos bons offices. Ce royaume se compose de la presqu'île de Lagos et de quelques plaines qui s'étendent du lac Denham à la rivière Addo. Il se divise en trois provinces, *Porto-Novo*, *Procrah* et *Weynieh*. Les principaux centres de population sont Porto-Novo, Agerah et Procrah. Les principaux articles d'importation sont le rhum, le genièvre, le tabac, la poudre et les armes; le principal commerce d'exportation est celui de l'huile et des amandes de palme. Les indigènes, les Djeddis, sont doux et pacifiques. Ils paraissent attachés à la France. Le roi de *Dahomey* nous a cédé *Kotonou* en 1868. *Wydah*, le principal des ports de la côte, est défendu par un fort et par une garnison aux ordres de la maison Régis. A *Porto-Seguro, Petit-Poppo, Agoué, Abanenquem, Grand-Poppo*, petites républiques indépendantes du pays des *Minas;* à *Abomey*, capitale du Dahomey, et à *Godomey* nos factoreries non-seulement se soutiennent, mais encore sont florissantes. Les Anglais convoitent ce pays. Ils auraient voulu s'en emparer dès 1870; mais les indigènes ont résisté, car ils leur préfèrent les Français. En 1875 ils ont renouvelé leurs tentatives. Grâce à la patriotique énergie et à l'habileté du représentant de la maison Régis, M. le capitaine Cardonnet, ils échouèrent piteusement, mais le danger persiste, et la persévérance anglaise triomphera peut-être de notre indifférence. Le pays, malgré son triste nom, côte des Esclaves, est riche et fertile. On y rencontre le baobab, le fromager, le citronnier, l'oranger, le cocotier, le coton, l'arachide, etc. La campagne est riante, sillonnée par de nombreux ruisseaux. A travers les bosquets de bananiers et d'arbustes, on aperçoit des cases nombreuses. Si l'on s'avance dans l'intérieur du pays, on trouve sur les flancs des montagnes des forêts admirables, dont il serait facile d'exploiter les produits. Les métaux ne manquent pas. Les indigènes sont relativement doux et polis, mais fourbes. Ils comprennent les avantages de la civilisation. Ils achètent avec avidité nos produits. Peut-être avons-nous en ce moment entre les mains l'occasion de fonder un grand établissement. Ce ne sera jamais une colonie européenne, mais un foyer d'influence, à l'exemple du Sénégal, d'où peut rayonner au loin et pénétrer notre domination, même jusque dans l'Afrique centrale. Bien souvent, dans le cours de notre histoire nationale, se sont présentées de semblables occasions; nous les avons presque toujours laissées s'échapper. L'expérience du passé nous apprendra-t-elle à ménager l'avenir ? Nous le souhaitons, sans trop oser l'espérer.

II. — Le Gabon.

Le seul établissement français important de la côte de Guinée est, à l'heure actuelle, le *Gabon*, ou M'*pongo*. On nomme ainsi l'estuaire d'un grand fleuve africain qui se trouve situé juste sous l'Equateur et se jette dans le golfe de Guinée. Les Portugais nous ont précédés dans ces parages. Au milieu du siècle dernier, alléchés par l'espoir de trouver quelques mines d'or, ils y bâtirent un fortin, dans l'île de *Coniquet*, et ouvrirent avec les tribus voisines de fructueuses relations. A défaut de l'or, qu'ils ne rencontrèrent pas, ils firent la traite des esclaves avec un tel succès et si peu de scrupules, que leur nom, encore aujourd'hui, est détesté dans toute la région. Sauf ces communications irrégulières avec les Portugais, le Gabon semble avoir eu peu de relations avec les Européens. C'est en 1841 seulement que le lieutenant de vaisseau, plus tard amiral, Bouet-Villaumez, fut envoyé dans ces parages pour y tenter la fondation d'un établissement destiné à réprimer la traite. On s'occupait beaucoup en Europe de l'abolition de l'esclavage. L'Angleterre avait pris résolument l'initiative et la direction de la croisade anti-esclavagiste, et la France s'était associée de grand cœur à ce généreux mouvement. Or le meilleur moyen de réprimer la traite était d'établir une croisière d'observation aux foyers mêmes de ce honteux commerce, c'est-à-dire sur la côte africaine, depuis le Sénégal jusqu'au Congo. Rigoureuse observatrice des traités, la France entretint en effet une escadre de vingt-six navires qui battaient incessamment la mer et fouillaient une à une les baies et les rivières. Comme ces navires étaient petits, d'un faible tirant d'eau et d'une capacité médiocre, leur approvisionnement était vite épuisé. Ce fut pour assurer ces approvisionnements, et aussi pour donner à nos navires une rade sûre, où ils pouvaient se réparer, que le gouvernement de Louis-Philippe chargea le lieutenant Bouet-Villaumez de négocier avec les chefs du pays l'acquisition d'une partie de leur territoire, à l'estuaire du Gabon.

La négociation fut habilement menée, et deux ans plus tard, le 18 juin 1843, le capitaine de corvette de Montléon prenait officiellement possession de la baie du Gabon et de la région baignée par ses nombreux affluents. Pour que la francisation fût plus complète, il débaptisait les points les plus remarquables, et échangeait les appellations indigènes contre les noms de la famille d'Orléans, qui régnait alors. En 1844, un nouveau traité avec les chefs les plus importants des deux rives du Gabon nous confirmait dans la possession du territoire. En 1849, quelques esclaves enlevés à un négrier et rendus à la liberté fondaient le village de *Libreville*, sur le plateau où étaient les magasins de la station. En 1862, un troisième traité conclu avec le roi et les principaux chefs du cap Lopez augmentait considérablement le territoire soumis à notre influence. De plus, de nombreuses explorations étaient dirigées à l'intérieur du pays, et, peu à peu, notre domination était acceptée par les tribus du voisinage. Tels sont les principaux faits qui ont marqué l'histoire de notre établissement gabonnais jusqu'aux négociations de 1875, entamées avec l'Angleterre, et qui ont failli aboutir à l'échange de ce territoire contre les possessions anglaises enclavées dans notre colonie du Sénégal. Ces négociation n'ont pas abouti, et c'est ainsi que le drapeau français flotte encore à l'estuaire du Gabon.

Cet estuaire forme une rade magnifique, qui peut offrir un abri sûr à une flotte considérable. Il est naturellement divisé en deux bassins, auxquels on a donné le nom de bassin intérieur et de bassin extérieur. La profondeur de l'eau dans le premier bassin est de 5 à 8 mètres, et dans le second de 8 à 25 mètres, c'est-à-dire que les plus gros navires peuvent y pénétrer. Malheureusement, la navigation dans ce bassin extérieur et dans les passes qui y conduisent exige la plus grande prudence, à cause des nombreuses roches à fleur d'eau qui s'élèvent brusquement sur des fonds unis, où rien n'annonce leur voisinage. La séparation de ces deux bassins est indiquée par deux îles, l'île *Coniquet*, surmontée d'une hauteur qui sert à se diriger dans les passes d'entrée, et l'île marécageuse des *Perroquets*. De nombreuses collines entourent ces deux bassins. Les monts *Bouet* et *Baudin*, sur la rive droite, dominent toutes ces ondulations de terrain, qui se dirigent en pente douce vers la mer, et s'abaissent pour livrer passage aux cours d'eau qui se jettent dans l'estuaire. La plus considérable de ces rivières est la *Como;* assez large à son embouchure, elle ne tarde pas à se rétrécir, et, à partir du point où elle reçoit le *Bogoë*, elle n'est plus accessible qu'aux petites goëlettes. La marée s'y fait sentir jusqu'à 70 milles de l'embouchure. A l'entrée de la Como, on observe quelques îles, dont la plus importante est celle de *Mingué Mingué*, qui sert de point de relâche aux traitants noirs. Citons encore la rivière *Rhamboé*, qui se jette dans l'estuaire du Gabon près de l'île *Mingué Pongoé* et forme à son embouchure un bassin de plusieurs milles de longueur sur un mille de largeur.

En dehors du Gabon, mais soumis également à notre influence, se rend à la mer par plusieurs embouchures un des principaux fleuves de l'Afrique, l'*Ogowaï*. Il est encore à peu près inconnu. Deux de nos compatriotes, le marquis de Compiègne, arraché récemment par une catastrophe imprévue à son pays qu'il honorait et à la science dont il augmentait le domaine, et M. Marche, l'ont exploré en partie et ont raconté des merveilles sur la fertilité de la région qu'il parcourt. C'est encore par l'Ogowaï que M. Marche et deux nouveaux pionniers, MM. Ballay et Savorgnan de Brazza, viennent de s'avancer assez profondément dans l'intérieur des terres. Ce fleuve, dont les communications avec le Congo sont très-faciles, est destiné à devenir une des principales artères du commerce avec l'Afrique centrale.

Une large baie où se jettent plusieurs rivières, un grand fleuve qui contourne cette baie et se jette sur la mer par plusieurs embouchures comprenant dans leur écartement le cap *Lopez*, si connu des négriers, tel est le pays qui dépend de la France. Bien que la possession de ces rivières et de la région qu'elles arrosent nous soit assurée par des traités, notre établissement y est plutôt nominal qu'effectif. La seule partie réellement occupée et vraiment importante est la baie elle-même. Dans cette rade profonde et sûre circule constamment quelque navire de la division. Un petit nombre de vaisseaux anglais ou américains, trop rarement français, parcourent cette immense nappe d'eau, mais sans réussir à l'animer. Ce n'est pas que le Gabon soit triste par lui-même. La nature au contraire y déploie sa magnificence. Les îlots de Coniquet et des Perroquets semblent surgir de l'eau comme des bouquets de verdure. Partout croît une abondante végétation qui descend jusqu'au rivage. Les arbres et cette verdure donnent à la baie un aspect qui séduirait, s'il était plus vivant ; mais ce n'est qu'un tableau de nature morte richement encadré.

Ce qui frappe les Européens plus encore que l'absence de mouvement, c'est la langueur énervante du climat. La région gabonnaise, coupée par l'équateur, correspond à peu près exactement à celle des grands lacs d'où sort le Nil. De même que cette région, aujourd'hui si célèbre, c'est un pays de chaleurs et de pluies, surtout de pluies. Elles commencent vers le 15 septembre, avec une régularité presque mathématique. Fines d'abord et peu abondantes, elles durent jusqu'aux premiers jours de janvier. Elles cessent alors pendant six semaines environ : c'est la période connue sous le nom de petite saison sèche, fort humide, lourde à supporter et féconde en maladies graves. Après ce temps d'arrêt, la pluie recommence, tombant par torrents et accompagnée d'interminables et magnifiques orages, qui exercent sur la santé les plus déplorables effets. Trois mois de sécheresse absolue viennent enfin pomper jusqu'à la dernière goutte cette cataracte annuelle.

Quant à la chaleur, elle n'est pas excessive, mais constante. La moyenne habituelle est de 28 degrés ; mais l'humidité et surtout la tension électrique de l'air rendent cette température insupportable aux Européens. Le climat du Gabon est donc foncièrement mauvais, puisqu'il est débilitant. Ce caractère se retrouve dans les maladies locales, fièvres pernicieuses, et surtout anémies avec leur cortège de lassitudes sans cause, de douleurs sans lésions et de débilités sans remèdes. Un pareil pays séduira peut-être le voyageur ou le naturaliste ; mais l'Européen qui n'y est pas retenu par de sérieuses obligations se contentera d'y camper. Il ne s'y établira jamais.

Ce n'est pas que les richesses naturelles manquent au Gabon. Les animaux domestiques ne sont pas nombreux, mais fort beaux. Les bœufs de provenance étrangère y vivent difficilement, mais les sujets nés dans le pays atteignent des dimensions extraordinaires et sont d'une qualité supérieure. Les moutons sont rares, et leur laine est peu abondante, mais très-fine, ainsi qu'il arrive toujours dans les pays chauds. On peut aussi élever des chevaux, mais ils exigent de grands soins. La volaille est commune ; les porcs s'élèvent facilement, mais on en restreint le nombre, à cause des dégâts qu'ils commettent dans les plantations. Quant aux animaux non domestiques, il faut aller les chercher dans les forêts de l'intérieur. L'antilope s'y rencontre rarement. Sur les coteaux élevés du fond de la baie, on trouve parfois un buffle sauvage et un sanglier à front blanc. Comme animaux féroces ou dangereux, nous ne citerons que la panthère, l'éléphant, les serpents et le *gorille*. La panthère n'est pas très commune. Elle suit parfois les gens qui traversent les forêts, rôde autour d'eux, mais n'ose pas les attaquer. L'éléphant est plus redoutable. Comme les sauvages de l'intérieur lui ont déclaré une guerre d'extermination afin de s'emparer de ses défenses, l'éléphant gabonnais est devenu féroce. Il rend le mal pour le mal, attaque l'homme au besoin et ne se laisse jamais approcher. On ne le prend que par ruse. Quant aux serpents, ils sont très communs et tous venimeux, à l'exception du grand boa Python, que sa taille suffit d'ailleurs à rendre redoutable. Ils viennent rôder autour des cases pour attaquer quelques volailles, et ils poursuivent les rats jusque sur la toiture. Le plus remarquable de ces serpents est l'*Echidna Gabonica*, grosse vipère, à courtes cornes, qui atteint parfois deux mètres de longueur et dont les écailles de couleurs variées forment de grands losanges d'une régularité singulière et vraiment élégante. Reste le *gorille*. C'est un singe de taille gigantesque et d'une force extraordinaire. L'attention publique fut vivement éveillée, il y a quelques années, par les récits de chasse de M. Bellonie du Chaillu, qui prétendait avoir couru de sérieux dangers dans ses campagnes contre l'animal qu'il appelait l'homme des bois ; mais ce n'était qu'une exagération de chasseur. Le gorille est néanmoins redoutable. Il se laisse approcher à bonne portée, fort heureusement pour le chasseur, qui serait perdu s'il ne le tuait pas sur le coup. La vie paraît d'ailleurs s'échapper facilement de ce corps monstrueux. La capacité de sa poitrine donne à sa voix un développement effrayant. Le vagissement du petit gorille ressemble, à s'y méprendre, à celui d'un enfant irrité, et, n'était son corps velu, on le prendrait à première vue pour un petit négrillon. Jamais on n'a pu réussir à l'élever. Quant à l'animal adulte, il est impossible de le prendre vivant.

Les lacs fangeux de la région servent d'asile aux *caïmans* et *crocodiles*. Sur les hauts fonds du fleuve, on trouve encore l'*hippopotame*, dont l'ivoire est un objet de commerce, et le *lamantin*, dont la chair est savoureuse.

Si le Gabon n'est pas très riche en animaux féroces, il ne l'est que trop en insectes, et surtout en *fourmis*, qui sont la perte et le fléau de la région. On en rencontre plus de vingt espèces différentes. Les unes vivent au milieu des colons et rendent quelques services en échange de leurs incessantes déprédations. De même que les chiens errants de Constantinople ou que les vautours urubus de Cayenne, elles débarrassent de toute immondice la maison qu'elles ont adoptée. Elles ne sont qu'incommodes. D'autres sont dangereuses, la fourmi blonde par exemple, qui élit domicile sur certains arbres et, à la moindre agression, défend courageusement sa demeure. Les fourmis rousses ont des mœurs singulières. Quand elles défilent en colonnes serrées, une partie s'entasse sur deux rangées, les pattes si bien enchevêtrées les unes dans les autres que, du bout d'un bâton, on en soulève de véritables pelotes. Entre ces deux murailles vivantes, les travailleuses font leur ouvrage, surveillées par des mâles à grosse tête chargés de régler le défilé et de veiller à la sûreté de la colonne ; mais ils ont peu à faire, car les nègres, auxquels la chaussure est inconnue, n'ont garde de les fouler aux pieds. Quand une de leurs colonnes envahit une case, il faut l'abandonner au plus vite, car elle ne quitte la place qu'après un nettoyage complet. Ces fourmis ont des ennemis pourtant, et qui ne sont pas moins dangereux, les *termites*. Entre termites et fourmis rousses, c'est une guerre à mort, fort heureusement pour les villages gabonnais, car, si elles se liguaient, en quelques jours un village aurait disparu.

Au milieu d'une nature vigoureuse et puissante, sur un sol fertile et facile à cultiver, les Gabonnais n'ont su se créer que des ressources insuffisantes pour eux-mêmes et nulles pour les étrangers. La *banane* et le *manioc* forment comme le fond de leur alimentation. Le bananier surtout est pour le pays une ressource immense. On en compte jusqu'à dix-neuf variétés. Quelques-unes portent des fruits énormes; mais aucune n'a le goût fin et délicat de la petite banane, connue dans nos Antilles sous le nom de figue banane. Quant au manioc, il présente sur celui d'Amérique l'inappréciable avantage de ne pas être toxique. On lui fait subir une macération préalable qui lui donne un goût aigre très apprécié des indigènes. Les condiments ne manquent pas à cette cuisine élémentaire. Il n'est peut-être pas de pays qui soit plus riche en produits oléagineux inexploités. Deux arbres de la famille des sapotacées, le *Djavé* et le *Noungou*, fournissent, le premier une huile à moitié concrète, l'autre une graisse très ferme et d'une parfaite blancheur. Un arbre très élevé, le *M'poga*, produit une huile, excellente, mais d'une extraction difficile, à cause de la dureté du fruit qui la contient. Une légumineuse arborescente, l'*Owala*, donne une gousse énorme dont les graines sont oléagineuses et comestibles. Si l'on joint à cette liste le palmier à huile, qui n'est pas très commun, l'*Ochoco*, qui donne 61 0/0 de graisse fusible à 70° centigrades, le *Ditra*, dont la graisse, analogue au beurre de cacao, est précieuse pour la savonnerie fine, et surtout l'arachide, dont les indigènes se soucient peu, parce qu'elle exige un certain travail, nous verrons combien ce pays est riche en matières grasses végétales, et quelles ressources les indigènes y trouveraient s'ils voulaient se donner la peine non de cultiver, mais seulement de multiplier et de grouper les espèces utiles.

Nous citerons encore, parmi les condiments de haut goût que produit le Gabon, le *Maketa* ou gingembre doré, le *Yanguebere*, l'*Enoné* et plusieurs autres plantes connues sous le nom de *malaguette* ou poivre de Guinée, qui jadis étaient fort employées en France dans les préparations pharmaceutiques ou culinaires. On trouve encore deux muscadiers et le vanillier. Les Gabonnais estiment beaucoup l'*Ibogá*, excitant général, qui pourrait remplacer le café et dont ils se servent dans leurs longues excursions en pirogue pour combattre le sommeil et la fatigue. La noix de *Gourou* est également fort recherchée. Son goût âpre et sucré imprègne fortement les papilles de la langue et les rend momentanément insensibles aux saveurs les plus désagréables, même à l'eau saumâtre.

Toutes ces substances ne coûtent aucun travail aux Gabonnais et leur sont fournies par les forêts au milieu desquelles sont situées leurs cultures. Ces forêts constituent la principale richesse du pays. Plantureuses et luxuriantes, elles occupent d'énormes espaces et ne cessent de grandir, ainsi qu'il arrive dans toutes les régions inondées de soleil et de pluie. La nomenclature, même abrégée, de ces richesses, serait interminable. Parmi les principales essences qu'on exploite, nous citerons le *Bombax*, le *Fromager géant*, le *Tulipier de Virginie* aux belles fleurs d'un rouge éclatant, l'*Osami*, si remarquable par ses grappes de fleurs blanches et cotonneuses, le *Combo*, l'*Oréré*, l'*Oginagina* ou arbre à gomme-gutte, l'*Okoumé* ou bois à chandelle, arbre gigantesque qui sécrète une résine abondante et dans le tronc duquel se creusent les plus grandes pirogues, et des figuiers à caoutchouc presque inexploités. Le commerce du caoutchouc a cependant pris dans ces dernières années une certaine extension; mais les traitants coupent les lianes à l'aventure, les saignent sans merci, et, pour achever de ruiner l'avenir, déconsidèrent leurs produits par de fâcheuses adultérations. Dans les forêts, on trouve encore le *Santal* et l'*Ebène*, le premier employé particulièrement pour la teinture, et le second pour l'ébénisterie.

Le règne minéral est jusqu'à présent fort mal représenté. Il est vrai que le pays n'est pas encore bien connu, et surtout qu'il n'a pas été l'objet d'études spéciales; mais on n'a pas encore constaté la présence de métaux précieux, pas même celle du fer et de la houille.

Attirées par ces richesses, plusieurs maisons de commerce se sont, dans ces derniers temps, établies au Gabon. On cite parmi elles la maison Dubarry, du Havre, la maison anglaise Halton et Cookson, dont les petits vapeurs se sont avancés très loin sur les cours d'eau et qui a fondé une factorerie à 160 milles dans l'intérieur du pays, à *Adanlinanlago*, et la maison allemande Wurmer, de Hambourg. Le commerce de ces maisons est alimenté par un nombre considérable de traitants noirs, qui s'enfoncent plus ou moins loin dans l'intérieur et reviennent, à des époques fixes, rapporter les produits africains en échange des marchandises européennes, sur lesquelles on leur fait une remise. Le mouvement commercial du Gabon s'élève déjà à plus de deux millions par an.

Après les productions, les habitants. En laissant de côté les Européens, dont le nombre est encore fort restreint et qui se composent en général de fonctionnaires et de marins fort désireux d'abréger leur séjour, ou bien de quelques commerçants répartis sur les bords de la baie, dans les villages de Glass et de Libreville, la population indigène se divise en quatre groupes, parlant des langues différentes : les *Mpongwei* ou Gabonnais proprement dits, établis sur les bords de la mer et à l'entrée des rivières, les *Boulous*, les *Bakalais* et les *Pahouins*. Ces quatre races ne sont pas originaires du pays. Elles viennent de l'intérieur. Poussées par une force irrésistible, elles se rapprochent de la côte, sans doute pour commercer plus facilement avec les Européens. Les Gabonnais sont déjà serrés de très près par les Boulous, les Boulous par les Bakalais, et les Bakalais à leur tour par les Pahouins. Ces derniers n'ont fait leur apparition que depuis quelques années. Ils refoulent les trois populations qui les séparent encore de la mer, et se rapprochent rapidement de notre territoire, dont ils formeront bientôt la nation la plus importante.

La plus connue est la première de ces quatre races, celle avec laquelle nous nous trouvons en contact quotidien, les Mpongwei ou Gabonnais. Ce sont de fort beaux hommes, d'ordinaire grands et bien proportionnés. Leurs yeux sont expressifs, leur nez peu ou point épaté, leur bouche médiocrement fendue. Leur couleur est plutôt bronzée que noire. La plupart d'entre eux rasent une partie de leur chevelure, en figurant des dessins variés. Les femmes sont généralement petites : elles ont les extrémités fines et délicates; la main surtout est parfois très élégante. Aussi bien, leur beauté est renommée fort au loin dans l'intérieur. Elles donnent le ton à l'élégance africaine. On copie leurs modes, surtout leurs coiffures, en les exagérant, ainsi qu'il arrive d'ordinaire. Hommes et femmes ont la poitrine nue. Les femmes la couvrent parfois de colliers de verroterie, dont les couleurs sont assorties avec goût. A ces colliers sont suspendus de petits fétiches plus ou moins précieux. Elles portent encore d'énormes boucles d'oreille, qu'on leur fabrique en Europe sur un modèle invariable, des bracelets de cuivre, et des bagues dont elles ornent leurs doigts et même leurs orteils. Aux jours de grande cérémonie, elles attachent autour de leurs jambes des anneaux de cuivre qui, de loin, ressemblent à des bottes métalliques. Depuis peu, les modes européennes ont fait invasion : on voit circuler des jupons, mais peu de chemises. Les hommes commencent à se coiffer de chapeaux à haute forme. Ils portent des chemises de couleur, de gigantesques cravates et d'interminables redingotes noires; mais ils n'ont pas encore adopté les pantalons, qu'ils remplacent par un morceau d'étoffe bariolée, dont ils se ceignent les reins.

Il est fort difficile de se rendre compte de leur religion, d'abord parce qu'ils sont sur ce point peu communicatifs, et surtout parce qu'ils seraient fort embarrassés de définir leurs croyances. Nos missionnaires ont cru démêler chez eux l'idée d'un Dieu unique, *Aniambié;* mais Aniambié n'est sans doute qu'un grand fétiche plus puissant que les autres, car les Gabonnais sont avant tout fétichistes, c'est-à-dire qu'ils vivent comme dans une atmosphère de génies malfaisants, toujours prêts à leur jouer de vilains tours, s'ils ne parviennent pas à apaiser leur fureur. C'est une religion de terreurs et d'épouvantes. Les Gabonnais ont peur des démons et des morts, peur surtout des magiciens. Comme l'écrivait le marquis de Compiègne, « une foule de choses chez eux sont *roondo*, c'est-à-dire fétiches. Telle île est roondo: si vous y mettez le pied, vous serez puni par les esprits qui la protègent ; tel oiseau est roondo : si vous le tuez, tous les malheurs fondront sur vous. Chaque famille a une viande qui est roondo pour elle : si un de ses membres venait à en manger, il serait puni de mort instantanée. Aussi, pour se préserver des maux de toute sorte que peut faire tomber sur ces gens-là une telle collection de divinités malfaisantes, ils se couvrent le corps de talismans et de gris-gris de toute sorte et ont sans cesse recours aux féticheurs, qui se livrent à l'étude de la magie et acquièrent une immense influence. » Ce sont les féticheurs par exemple qui vendent les talismans, ornements en griffes de panthères que les femmes portent au cou, cervelles de léopard calcinées que le guerrier cachera sous son pagne pour se donner du cœur au moment du combat, et surtout cendres produites par la calcination des os d'un Européen. Ce sont encore les féticheurs qui rendent la justice, qui lèvent les impôts et qui guérissent les maladies. Aussi leur influence est-elle souveraine. Ce sont les véritables rois du pays.

Au Gabon, en effet, il n'y a pas de chef unique auquel obéissent tous les indigènes; chaque village est gouverné par un chef qui prend avec impudence le titre de roi, mais qui n'est le plus souvent qu'un simple négociant, dont la principale occupation consiste à vendre le plus cher qu'il peut les produits de ses domaines, à mendier sans vergogne du tabac et du rhum aux Européens qui viennent le visiter, et parfois à spéculer sur les charmes de ses femmes. Il n'y en a vraiment que deux ou trois importants; ils exercent sur les autres une sorte de souveraineté morale. Le plus connu d'entre eux était le roi Denis, vieillard presque centenaire, qui comprit le premier les immenses avantages que son pays pourrait retirer du séjour des blancs. Il prit une part importante aux négociations qui amenèrent la cession du Gabon et, depuis, se montra constamment notre allié; mais, affaibli par l'âge, il vit chaque jour les restes de son prestige s'enfuir avec ses forces. Les rois gabonnais ne sont pas héréditaires. Ils sont élus par leurs concitoyens, et non sans quelque émotion populaire; mais, comme ces élections se font sous la surveillance de nos officiers, les rixes ne sont jamais bien sérieuses. Un curieux usage consiste à faire payer au futur roi, par des injures et des coups, l'obéissance qu'on lui devra le lendemain. Il est vrai que cette obéissance est bien restreinte, aujourd'hui surtout que notre présence exclut toute possibilité de querelle intestine. A vrai dire, les rois gabonnais ne sont que des instruments entre nos mains. Ils ne dirigent que la police et le règlement des petites discussions intérieures.

Si l'autorité des rois est étroitement limitée, il n'en est pas de même de l'autorité du chef de famille : elle est absolue et souveraine, surtout sur les femmes. Il est vrai de dire que leur condition est peu enviable. La polygamie règne au Gabon. Quatorze ou quinze femmes sont parfois entassées dans une même case autour d'un maître unique. Le mariage est une véritable affaire de commerce, un marché parfois très long à négocier. Les habitants du même village ne se marieront jamais entre eux, à cause des liens de parenté très rapprochés qui les unissent déjà, et aussi parce qu'un beau-père est un précieux correspondant, quand il demeure au loin. Aussi les femmes sont-elles traitées avec un souverain mépris. Ce sont de véritables esclaves : à elles incombent les travaux de la maison ou des cultures, pendant que le mari fume ou dort. Vient-il à sortir, il renfermera celles qui ne l'accompagnent pas, et ces recluses ne chercheront pas à s'échapper, car, élevées dans cette vie de sujétion, elles en trouvent les rigueurs toutes naturelles. Malgré leur triste condition, elles ont pourtant dans la société gabonnaise une grande importance. La femme est en effet un capital que le mari exploite de son mieux. C'est elle qu'il donnera en nantissement des marchandises en dépôt, elle qu'il engagera comme garantie de sa parole pour conclure une affaire à long terme, etc. Pour en finir avec les ménages gabonnais, disons que ces femmes sont d'une paresse, d'une ivrognerie et d'une inconduite dont rien ne peut donner l'idée, et que, si quelque chose dans l'ordre moral peut être au-dessous d'un Gabonnais, c'est une Gabonnaise.

Les Gabonnais sont d'une vanité grotesque. Jamais citoyen romain interrogé sur sa nationalité n'a répondu : *Ego sum civis Romanus*, avec autant d'emphase que le Gabonnais ne prononce : *Son mi are Mpongwé* : Je suis Mpongwé ! Ont-ils réussi à amasser quelque argent, ils achètent un trousseau de clefs qu'ils pendent à leur ceinture pour faire croire qu'ils ont beaucoup de coffres. Leurs affaires prospèrent-elles, ils achètent une quantité de coffres, qu'ils étalent bien en vue, comme s'ils possédaient beaucoup de marchandises. Devenir ce qu'ils nomment un *grand monde* est leur suprême ambition, et malheur à celui d'entre eux qui réussit ! Il est aussitôt en butte à la jalousie et à la haine de ses camarades. Après la vanité, leur passion dominante est le commerce, et, comme ils ont à peu près absorbé le monopole du trafic avec l'intérieur, ils réalisent d'assez gros bénéfices. Jadis ils étaient tous courtiers. Ils avaient alors fait élever à la porte de leurs cases des enseignes rédigées par quelque matelot facétieux qui avait gravement inscrit : « N..., grand fripon et gros imbécile. » — « N..., courtier voleur et ivrogne ! » etc. Aujourd'hui que les blancs commencent à pénétrer dans l'intérieur, de courtiers ils sont devenus traitants. Attachés à quelque factorerie européenne, ils reçoivent des marchandises, qu'ils revendent le plus cher possible. On leur fait parfois des crédits assez considérables, dont ils ne peuvent abuser, car, leur famille restant au Gabon, le créancier a en elle un excellent otage. Selon la loi et les usages du pays, quand le mari ne paye pas, la femme reste en prison jusqu'à extinction de la dette.

Ainsi qu'il arrive à toutes les races primitives, qui fondent et disparaissent au contact des Européens, le nombre des Gabonnais diminue régulièrement. Cette diminution frappe d'étonnement la plupart de nos officiers qui revoient le Gabon à quelques années d'intervalle. Les causes qu'on a invoquées pour expliquer en d'autres pays cette dépopulation paraissent ici insuffisantes. Point de guerres désastreuses, pas de maladies épidémiques, pas de misères réelles. Reste l'abus de l'alcool et une débauche sans frein. Heureusement, un sang nouveau paraît devoir rajeunir un jour ce sang appauvri, et la race pahouine comblera sans doute les vides qui se font autour de nous.

Entre les Gabonnais qui sont en décadence et les Pahouins dont le nombre et l'importance augmentent, deux autres races ménagent la transition et empêchent les premiers d'être subitement absorbés ou détruits par les seconds : ce sont les Boulous et les Bakalais.

Les Boulous, bien que fort méprisés par les Gabonnais, qui ne frayent pas volontiers avec eux et avec lesquels ils ne se mésallient que par spéculation, sont habitués à une vie rude et sauvage. Ils sont fort laids. Ce sont des nomades déterminés, car l'exiguïté de leur mobilier et le peu d'importance de leurs cultures rendent leurs déplacements faciles et peu coûteux. Leurs cases sont petites, mal bâties, malpropres. Ils n'ont d'autres ressources que celles qu'ils trouvent dans les bois. Il est vrai que leurs goûts sont peu délicats. N'ont-ils pas imaginé de faire bouillir à pleine marmite un gros termite à tête noire, au corps bleuâtre et mou, dont l'aspect rappelle la tique du chien, et d'en distiller une huile, avec laquelle ils assaisonnent leurs aliments? Leur vie solitaire, à l'ombre des grandes forêts, a jeté sur eux une sorte de prestige mystérieux. Ils sont un peu médecins et tout à fait sorciers. La forêt n'a plus de secrets pour eux : ils y trouvent des médicaments ou des poisons.

Les Bakalais vivent sur le bord des rivières, dans les plantations de palétuviers et d'enimbas. L'*enimba* est un grand palmier dont le fruit sec et huileux est d'une médiocre ressource pour l'indigène, mais qui lui fournit des planches toutes faites pour construire sa maison et des tuiles pour la couvrir. Ces planches sont les branches mêmes de l'enimba, et ces tuiles les folioles, qu'on n'a plus qu'à disposer les unes à côté des autres. La race des Bakalais est peu nombreuse : « Avant-garde arrêtée dans sa marche d'une grande tribu, qui habite sur les bords de l'Ogowaï, elle rétrograde aujourd'hui sous la pression des Pahouins, qui s'infiltrent au milieu d'elle. Ce n'est pas une perte. Les Bakalais, qui semblent participer des Boulous par la laideur, paraissent avoir aussi leurs défauts. Ils ont les mêmes goûts nomades et aussi peu de respect pour la propriété d'autrui ; mais ils sont plus industrieux, car ils fabriquent des tissus en fibre végétale d'une bonne confection, plus solides et plus durables assurément, et pourtant moins prisés que la plupart des cotonnades européennes, dont ils font leurs pagnes. Ils ont aussi, plus que leurs voisins, le sentiment de la musique, et font plusieurs instruments qui tiennent, les uns de la harpe, les autres de la guitare. » (G. du Bellay, p. 303.)

Arrivons à ces mystérieux Pahouins, entre les mains desquels repose aujourd'hui la destruction ou la régénération de notre colonie.

D'où viennent les Pahouins? On l'ignore. Pourquoi ont-ils quitté en masse leur pays natal, et quelle force inconnue les pousse sans cesse vers l'est? Ce problème est encore à résoudre. Il y a environ trente ans, leurs avant-gardes sont arrivées près de notre frontière, et, depuis ce temps, les tribus se sont rapidement succédé, balayant tout sur leur passage, chassant les indigènes terrifiés, qui ne songent même pas à leur disputer la possession du sol, et avançant en masses serrées. Les Pahouins sont des cannibales; non seulement ils mangent leurs ennemis tués et pris dans le combat, mais encore leurs propres morts. Il est vrai qu'ils ne mangent pas dans un village les morts de ce village, mais ils vont les vendre à côté, et c'est à ce simple ménagement que se bornent leurs scrupules. Pourtant, à mesure que les Pahouins se rapprochent de nous et arrivent à jouir d'un certain bien-être, les cas de cannibalisme sont moins fréquents et surtout mieux cachés.

Les Pahouins forment une belle race. Les enfants sont vifs, espiègles, intelligents; leur tête est allongée, leur front proéminent, leurs yeux grands et doux. Vers quinze à seize ans, le type s'accentue, les pommettes deviennent saillantes, et les tempes se creusent. Les femmes ont la tête allongée et le front bombé, mais elles sont loin d'être maigres. Leur coquetterie ne recule devant aucun ridicule, pas même devant celui de l'imitation des Gabonnaises. Comme elles, elles couvrent leur poitrine de colliers et leurs jambes d'anneaux de cuivre ou de fer poli. Les jeunes mères s'enlaidissent à plaisir en se barbouillant d'une décoction de bois rouge. Elles n'ont d'autre vêtement que l'*ito*, morceau d'écorce rouge qui se passe sous la ceinture et dont l'extrémité s'étale en éventail au milieu du dos. Cette écorce est de figuier. Cet arbre, qui, d'après la tradition, forma le vêtement de nos premiers pères, habille encore aujourd'hui des gens presque aussi voisins qu'eux de l'état de nature.

Les armes des Pahouins sont singulières. Habiles forgerons, ils fabriquent des sagayes, des couteaux de combat à pointe aiguë, enfin une arme bizarre, qui rappelle le profil d'une tête d'oiseau emmanchée sur un cou fortement cambré. Un coup de pointe appliqué sur la tempe fait une blessure mortelle, et la partie courbe sert ensuite à décapiter. Toutes ces lames sont d'un bon travail, très-supérieures à la plupart des sabres ou couteaux que le commerce fournit habituellement aux tribus africaines. Elles sont en outre ornées de dessins et de ciselures. L'arme la plus dangereuse des Pahouins est une arbalète, avec laquelle ils lancent de petites flèches empoisonnées. Le poison est extrait d'une plante grimpante, l'*inée* ou l'*onaye*, qui, par bonheur, est fort rare autour de nos établissements.

Peuple guerrier, les Pahouins ont des danses d'un effet saisissant. Deux d'entre eux s'avancent l'un vers l'autre, armés de toutes pièces et la tête couronnée d'une large aigrette en plumes. Quand ils se livrent à leurs passes d'armes, les narines dilatées, l'œil étincelant, la bouche entr'ouverte et meublée de dents acérées, on comprend qu'on est en présence d'une population vraiment énergique.

Leur organisation ressemble à celle des tribus voisines. Comme chez les Germains, c'est un système de composition qui est la base de leur code criminel. Le sang ne se paye pas par le sang, mais par une amende. La polygamie est moins effrénée chez eux que chez les Gabonnais, les mariages moins précoces et les mœurs moins relâchées. Leur religion paraît être un fétichisme modéré. La chasse est leur principale ressource et leur plaisir favori ; ils sont pourtant très-habiles à défricher une forêt et à obtenir sur l'emplacement défriché une plantation de bananiers assez productive.

Telle est cette race pahouine, la plus intéressante du Gabon et bientôt la plus importante, car elle s'avance à grands pas vers nos comptoirs. Il est certain que ce peuple est doué d'une vitalité puissante, qu'il ne connaît pas l'esclavage, et que la fécondité de ses femmes est extraordinaire. Quelques-uns de nos officiers de marine, qui les ont étudiés sur place, les voient avec plaisir se substituer aux Gabonnais, race usée, gangrénée de vices, incapable d'un labeur sérieux. D'autres, au contraire, n'éprouvent pour les Pahouins qu'une médiocre sympathie. S'ils sont habituellement doux et hospitaliers, ils ont aussi un caractère ombrageux et versatile. Ils ont commencé par dévaliser les noirs, ils attaquent aujourd'hui même les blancs, et nos commandants du Gabon ont été obligés de diriger contre eux plusieurs petites expéditions. Si jamais ils deviennent nos sujets immédiats, ce serait des sujets remuants et difficiles à manier.

Le peu de ressources que présentent les Gabonnais et les défiances qu'inspirent les Pahouins ont failli entraîner, il y a quelques années, l'abandon de notre colonie. A la fin de 1873, l'évacuation était décidée en principe ; elle était même annoncée par les journaux, et les officiers de la station en avaient reçu l'avis officieux. Cette détermination était peut-être précipitée; car, ne serait-ce qu'au point de vue militaire, la baie du Gabon offre un port spacieux et magnifique ; et, à un autre point de vue, c'est par le Gabon que les négociants pénétreront au cœur de l'Afrique ; mais il est une question de justice et d'humanité qui prime toutes les autres. En prenant possession du Gabon, nous avons contracté des engagements vis-à-vis des indigènes : aussitôt les Français partis, les Gabonnais seraient exterminés par les Pahouins. De plus, nous avons appelé des missionnaires et des étrangers : notre devoir est de les protéger. Aussi bien, le gouvernement l'a compris, et l'évacuation a été différée.

Il a été également question d'un échange de territoires avec l'Angleterre. Nous lui donnerions le Gabon, et elle nous céderait ses établissements de Gambie. En effet, les deux pays gagneraient l'un et l'autre, la France à augmenter ses possessions du Sénégal par l'annexion de la Gambie anglaise, et l'Angleterre à augmenter ses établissements de Guinée par l'annexion du Gabon ; mais il paraît que l'opinion publique s'est émue en Angleterre contre cet échange, qu'on trouvait désavantageux pour les intérêts britanniques. La transaction proposée n'a pas eu lieu, et le Gabon nous est resté.

Il est probable qu'il nous restera longtemps encore, et, pour notre part, nous l'espérons de tout cœur. S'il en était autrement, c'est nous qui du moins aurons eu le mérite de l'initier à la civilisation ; et qui sait, dans quelques siècles d'ici, si les descendants des Gabonnais actuels ne s'en souviendront pas avec reconnaissance ?

CHAPITRE III

LA RÉUNION

BIBLIOGRAPHIE

X... *Les voyages faits par le sieur du Bois aux isles Dauphine ou Madagascar et Bourbon ou Mascarenne ès années 1669-1672, 1674.*
DEMANET (abbé). *Nouvelle histoire de l'Afrique française,* 1767.
THOMAS. *Essai de statistique de l'île Bourbon.* 1828.
DEJEAN DE LA BATIE. *Notice sur l'île Bourbon.* 1847.
CHARLIER. *Madagascar, Bourbon et Maurice* (Collection de l'*Univers pittoresque*, 1848).
J. MAURAN (abbé). *Impressions dans un voyage de Paris à Bourbon.* 1850.
IMHAUS. *Ile de la Réunion* (*Revue coloniale,* 1858).
SIMONIN. *Voyage à l'île de la Réunion* (*Tour du monde,* 1861).
MAILLARD. *Notes sur l'île de la Réunion.* 1862.
AZEMA. *Histoire de l'île Bourbon depuis 1643 jusqu'au 20 décembre 1848.* 1862.
MAILLARD. *Notes sur l'île de la Réunion.* 1862.
X... *Notice statistique sur l'île de la Réunion* (*Revue maritime et coloniale,* 1863).
ROUSSIN. *Album de l'île de la Réunion.* 1867-1869.
DU PEYRAT. *Situation de l'agriculture à l'île de la Réunion en 1868* (*Revue maritime et coloniale,* 1870).
DE FONTPERTUIS. *L'île de la Réunion, son passé et sa situation actuelle* (*Economiste français,* 15 nov. 1872).
BERQUIN. *Catastrophe de l'île de la Réunion* (*Explorateur,* n° 50).
VELAIN. *L'île de la Réunion* (*Explorateur,* n° 52).
CAPITANIE. *Une excursion au volcan de l'île de la Réunion* (*Explorateur,* n° 54).
AVRAINVILLE. *Statistique agricole et commerciale de la Réunion en 1871 et 1872* (*Revue maritime et coloniale,* avril 1875).
VON DRASCHE. *Die Vulcane des Insel Reunion.* 1875.
VELAIN. *Une excursion au volcan de la Réunion* (*La Nature,* 24 juin 1876).
VON DRASCHE. *Die Insel Reunion im Indischen Océan.* 1877.
BIONNE. *La Réunion* (*Exploration,* avril 1879).

La Réunion s'est longtemps appelée *Bourbon.* Un caprice politique a changé ce nom glorieux, consacré par deux siècles de légitime occupation, en celui de la Réunion, qui ne signifie rien. Néanmoins, comme il ne nous appartient pas de discuter un fait accompli, nous conserverons, tout en faisant nos réserves sur cette dénomination officielle, le nom de *la Réunion*.

La Réunion est la seule de nos anciennes colonies que nous ayons conservée dans l'océan Indien, la seule dont la population, malgré l'indifférence coupable de la métropole, ait démontré l'aptitude de notre race au labeur énergique et patient de la colonisation. Cette île est située à 140 kilomètres au sud de Maurice, à 560 à l'est de Madagascar, à 3,000 du cap de Bonne-Espérance et à 16,250 de Brest. Elle fait partie de l'archipel des Mascareignes, ainsi nommé du Portugais Mascarenhas, qui le découvrit en 1505. L'amiral portugais en prit possession au nom de son maître Jean IV, mais n'y forma aucun établissement. Le drapeau de la France y fut pour la première fois arboré par le capitaine Gobert, de Dieppe, en 1638; mais ce fut en 1643 seulement que Pronis, agent de la Compagnie des Indes à Madagascar, en prit possession au nom du roi Louis XIII, et en 1646 que ce même Pronis y déporta douze de ses soldats révoltés. A ces condamnés se joignirent bientôt des pirates qui leur ressemblaient étrangement par les mœurs et les habitudes; mais les uns et les autres renoncèrent promptement à leur vie de brigandage et firent souche d'honnêtes gens.

En 1649, Flacourt, le successeur de Pronis à Madagascar, renouvela la prise de possession. L'île perdit alors son nom de Mascarenhas et prit celui de Bourbon. Flacourt, en habile courtisan, écrivait dans ses mémoires qu'il « n'avait trouvé aucun nom qui pût mieux cadrer à la bonté et à la fertilité de l'île, et qui lui appartînt mieux que celui-là ». Il y envoya quatre génisses et un taureau, qui se multiplièrent rapidement. L'endroit où il débarqua conserve le nom de la Possession. C'est un joli village entre Saint-Denis et Saint-Paul, les deux principales villes.

La population de la naissante colonie s'augmenta en 1664 d'une vingtaine d'ouvriers envoyés par Colbert et d'un convoi de jeunes orphelines. Ce sont eux qui formèrent les premières familles dont le nom s'est conservé dans les archives du pays, et dont les descendants existent encore. Dix ans plus tard, en

1674, la petite colonie fut augmentée par les Français échappés aux massacres de Fort-Dauphin à Madagascar. Dès lors, on songea à tirer sérieusement parti de Bourbon. La révocation de l'édit de Nantes y conduisit quelques protestants, d'abord réfugiés en Hollande, puis au cap de Bonne-Espérance. Ainsi que tous les proscrits pour cause de religion, ces nouveaux venus s'attachèrent à leur patrie d'adoption avec toute la vivacité de leurs déceptions, toute l'ardeur de leurs regrets, et y apportèrent une activité à la fois morale et industrieuse. Ce dernier renfort augmenta et épura la population de Bourbon. Ce fut l'âge d'or de la colonie. Les protestants opérèrent ce miracle. A leur contact, à l'exemple de leurs vertus, les déportés et les pirates s'amendèrent. Si l'on en croit de touchantes traditions, en ce temps, la plupart des maisons demeuraient ouvertes, car on ne voulait connaître aucun moyen de les fermer. Quelques habitants déposaient leur argent ou leurs objets les plus précieux dans une écaille de tortue suspendue au-dessus de leur porte. De cette époque date sans doute le proverbe créole : « On peut faire le tour de l'île sans une piastre dans sa poche! » tant l'hospitalité des premiers colons s'exerçait avec une prodigalité affectueuse vis-à-vis de tous les étrangers qui passaient devant leurs cases !

En ajoutant à ces éléments primitifs les agents des diverses Compagnies qui se succédèrent à Bourbon, et quelques officiers de terre et de mer qui s'y fixèrent après y avoir servi; en tenant compte de quelques étrangers, chercheurs d'aventures, qui, trouvant la place bonne, l'occupèrent, nous saurons comment se forma la population créole, qui, bien que d'origine blanche et vivant sous la zone torride, s'acclimata rapidement et complètement. Pendant tout le XVIIIe siècle, cette vitalité féconde continua. Le genre de vie des insulaires contribuait à l'augmenter. Ils s'occupaient principalement d'agriculture et de commerce. En 1735, Bourbon fut réuni à l'île de France sous un même gouverneur, le fameux La Bourdonnais. En 1764, la colonie passa sous la domination directe de la couronne, moyennant une indemnité annuelle de 1,200,000 livres. Elle continua de prospérer, surtout sous l'administration de Poivre (1767) et d'Honoré de Crémont. Vinrent les guerres de la Révolution et de l'Empire. Les créoles de la Réunion, qui s'étaient

GAFFAREL.

déjà signalés dans les guerres de l'Inde sous l'ancienne monarchie, défendirent leur île contre les escadres anglaises sous le gouvernement de la République, quand elle s'appela pour la première fois la Réunion, et sous l'Empire quand elle avait pris le nom de *Bonaparte*. Le général Decaen, gouverneur des établissements français de l'extrême Orient, se signala par sa bravoure, mais il ne put sauver ce dernier fleuron de notre couronne coloniale. Il avait fixé sa résidence à l'île de France, et avait donné le commandement de Bourbon à un de ses lieutenants, le général des Bruslys. En prescrivant à ce dernier de dissoudre les assemblées élues de la colonie, et de supprimer les milices locales, il désorganisa, sans les remplacer par rien, les éléments de défense préparés par les colons. Abandonnés par la métropole, privés de leurs ressources locales, sans renforts et même sans nouvelles depuis plusieurs années, attaqués par des forces supérieures, les créoles furent obligés de capituler en 1810 et devinrent Anglais. En 1814, Bourbon fut rendue à la France. De nouveau menacée pendant les Cent jours, elle n'hésita pas à se mettre en défense. Le rétablissement de la paix générale la préserva d'une seconde invasion.

De ce moment date une ère nouvelle pour la colonie. Seule et dernière possession de la France dans l'océan Indien, Bourbon semble avoir conscience de son importance politique et commerciale. Ses habitants redoublent de travail. Ils étendent et améliorent leurs cultures; ils perfectionnent leurs ponts et chaussées; ils domptent la mer, qui les étreint et les assiège. L'émancipation des nègres en 1848 les a surpris en pleine réorganisation, mais ils n'ont pas perdu courage, et voici que la Réunion, toutes proportions gardées, est la plus vivace et la plus productive de nos colonies. Est-il donc vrai que nous soyons incapables de coloniser, puisqu'une poignée de Français, à quatre mille lieues de la métropole, a réussi à fonder une France nouvelle?

Voyons-les donc à l'œuvre, ces frères d'outre-mer. Descendons dans leur île; suivons-les dans leurs cultures et dans leurs usines.

Le trait saillant de la géographie physique de la Réunion, c'est le contraste des éléments. Ici un sol généreux et prodigue ; là une mer dangereuse et inhospitalière. Séduction du continent, menaces de l'Océan, c'est là toute l'île de la Réunion.

L'île de la Réunion n'est pas grande. Elle n'a comme superficie que 251,160 hectares, à peine le tiers d'un département français. Elle affecte généralement la forme elliptique et s'allonge du nord-est au sud-est. Sa longueur de la *Pointe des Galets* à celle d'*Ango* est de 72 kilomètres, et sa largeur de *Saint-Pierre* à *Sainte-Suzanne* de 51 kilomètres. Ses côtes ont un développement de 207 kilomètres. Elle est coupée en deux du nord-est au sud-est par une chaîne de montagnes qui la divise en deux versants. Cette chaîne paraît s'exhausser autour de deux centres principaux, que marquent d'un côté le *Piton des Neiges*, qui élève à 3,069 mètres sa blanche pointe, de l'autre le *Piton de Fournaise*, qui atteint une altitude de 2,625 mètres. Les deux groupes de montagnes de l'île sont réunis par un plateau appelé la *plaine des Cafres* : il est élevé de 1,600 mètres au-dessus du niveau de la mer. La nature du sol atteste que l'île entière est le produit des éruptions de deux foyers occupant les deux points qu'on vient de signaler, mais dont le plus considérable, le piton des Neiges, est depuis longtemps éteint, tandis que l'autre, le piton de Fournaise, brûle encore. L'île se trouve partagée par cette double chaîne en deux versants : le premier, celui du nord-nord-est, que l'on dénomme la *partie du vent*, c'est-à-dire qui reçoit directement le vent du large ; le second, celui du sud-sud-ouest, que l'on dénomme la *partie sous le vent*, c'est-à-dire qui est plus ou moins abritée par les montagnes contre ce même vent. Le premier de ces versants incline au soleil d'orient ses flancs toujours battus par les vents alizés ; le second, celui sous le vent, redresse ses pentes au couchant dans une atmosphère plus calme. D'un côté, c'est l'Asie avec ses chaudes et enivrantes séductions, de l'autre l'Afrique avec sa verdoyante parure et ses effluves embrasés. Cette diversité harmonique réunit deux mondes en un seul et exerce une sensible influence non-seulement sur les cultures, mais même sur le caractère et les idées des habitants.

Deux volcans surgissent donc un jour du sein de l'Océan et projettent avec violence les masses de laves qu'ils entraînent au dehors. Peu à peu, la distance qui les séparait se rapproche ; bientôt elle n'existe plus, et, comme le travail souterrain de la nature n'est pas interrompu, le sol continue à s'exhausser, des rivages se forment, et l'île s'étend au large. Aussi bien la base volcanique du sol tantôt se découvre en masses noires et compactes, tantôt apparaît en rocs rugueux, disséminés çà et là, mais le plus souvent est cachée par les alluvions entraînées des montagnes par les pluies et enrichies d'humus par les détritus végétaux. Quoique les feux souterrains aient singulièrement diminué d'intensité, et que l'un des deux volcans ait cessé depuis plusieurs siècles d'être dangereux, partout on retrouve les traces de la force ignée. Ici, des sources thermales qui jaillissent (à 872 mètres d'altitude, la source de *Salazie*, qui contient de l'acide carbonique ; celle de *Mafat*, à 682 mètres, sulfureuse et ferrugineuse ; celle de *Bras-Rouge*, dont la température s'élève jusqu'à 48° ; celle de *Cilaos*, alcaline acidule et ferrugineuse) ; là, des champs de lave, et, à l'extrémité orientale de l'île, le piton de Fournaise, sombre cratère, qui, de temps à autre, allume ses incendies sur l'horizon. Par bonheur, ses éruptions ne sont jamais accompagnées de tremblements de terre, ce qui indique le facile dégagement des gaz et peut-être aussi l'apaisement du foyer comburant. Les éruptions n'étant plus dangereuses n'ont que l'attrait d'une illumination grandiose. Le volcan semble les annoncer par un bruit sourd et continu. Bientôt une lave enflammée déborde du cratère et tombe dans la plaine, où elle continue de brûler ; par bonheur, le fleuve de feu se dirige toujours du côté de la mer, c'est-à-dire vers le seul côté où une issue lui soit ouverte. De temps à autre, il s'arrête, parce que la lave se refroidit ; mais de nouveaux flots de bitume ou de métal arrivent pour l'alimenter, et il continue sa marche avec un bruit assourdissant. Quand il arrive sur la côte, on entend comme le frissonnement de l'eau froide qu'on laisse tomber sur du fer rougi : c'est la lave qui tombe dans l'Océan en cascades étincelantes.

Les éruptions de Fournaise sont parfois signalées par un singulier symptôme. Elles remplissent l'air d'une poussière jaune et brillante : ce sont des parcelles de verre filé en menus fragments, qu'on prendrait pour de la poudre d'or, et dont on se débarrasse à grand'peine. Cette poussière équivoque couvre l'île entière et se répand très au loin sur la mer. Elle se dégage sans murmure, sans émission de lave au dehors et presque sans fumée. Au pied du volcan actuel et autour de ses différents cratères s'étend le *Grand-Pays-Brûlé*, région stérile, hérissée de coulées de lave refroidie ou liquide.

La Réunion continue donc à être le théâtre de phénomènes volcaniques, mais qui ne présentent plus aucun danger pour la sécurité de ses habitants. Pourtant, le 26 novembre 1875, un grand malheur a frappé notre colonie. Une partie du piton des Neiges et du gros Morne s'est écroulée dans le cirque de Salazie, ensevelissant sous ses débris le village du Grand-Sable, situé sur les bords du torrent des Fleurs-Jaunes. Plus de 150 hectares ont été ainsi recouverts par des milliers de mètres cubes de rochers et de terres, qui forment, dans tout cet espace, comme un manteau d'une épaisseur de 40 à 60 mètres. Près de cent victimes ont été ensevelies sous ces débris, sans qu'il soit possible de songer à retrouver leurs cadavres. Dans cette catastrophe, un terrain en pente reposant sur une couche d'argiles et de rochers lisses, glissa et fut poussé à plus de deux kilomètres de distance avec une effrayante rapidité. Les arbres, les moissons, les constructions restèrent debout. Les animaux furent préservés, et le propriétaire qui se trouvait assis devant sa maison ne ressentit que l'émotion de ce formidable voyage qui lui valut de n'être pas broyé, comme ses voisins, sous les décombres de la montagne. Au premier moment, on a cru que le piton des Neiges reprenait son activité. On s'est imaginé que cet accident provenait de secousses volcaniques et peut-être d'un tremblement de terre; mais on n'a ressenti nulle part, même en des points assez rapprochés du théâtre de la catastrophe, de trépidation du sol. Ni feu, ni fumée, ni détonation n'ont précédé ou suivi ce gigantesque bouleversement. La raison en est simple. Ce n'est qu'un éboulement, conséquence trop naturelle de la désagrégation des rochers volcaniques de ces montagnes sous l'influence des agents atmosphériques. En 1869, un immense incendie avait déjà déboisé ces montagnes. Les racines, qui retenaient la terre, pourrirent avec le temps et devinrent comme autant de canaux par lesquels s'infiltrèrent les eaux pluviales. Donc n'accusons pas de cette catastrophe l'action des feux souterrains, et affirmons sans crainte que les volcans de la Réunion ont cessé d'être dangereux.

Ces volcans sont au contraire pour les habitants de l'île l'occasion de profits inespérés. On connaît la fertilité des terrains formés par des matières volcaniques. Les flancs du Vésuve et de l'Etna par exemple sont réputés pour l'abondance et la qualité supérieures de leurs produits. En France, il n'existe peut-être pas de canton plus riche et plus admirablement disposé pour l'agriculture que la plaine de la Limagne, en Auvergne, toute bordée de volcans éteints. Il en est de même à la Réunion, d'autant plus que toutes ces matières volcaniques fermentent au soleil des tropiques avec une prodigieuse énergie. Le territoire est baigné par une multitude de ruisseaux et de rivières, qui coulent des montagnes, comme d'un bassin où l'eau déborde : la rivière de *Saint-Denis*, celles des *Galets*, de *Saint-Étienne*, d'*Abord*, des *Marsouins*, des *Roches*, du *Mât*, de *Sainte-Suzanne*, des *Pluies*, etc. Ces cours d'eau se rendent impétueusement du centre à la circonférence. Aucun d'eux n'est navigable. Mais leur nombre, l'abondance de leurs eaux, et la rapidité de leur course, qui permet de les utiliser et comme force motrice et comme moyen d'irrigation, contribuent à augmenter la fertilité du sol. L'intérieur de l'île renferme en outre un certain nombre d'étangs, dont les principaux sont le *Grand-Étang* et l'étang de *Cilaos*. Sur la côte, on en remarque quatre autres, qui, dans la saison des pluies, communiquent avec la mer, l'*étang de Saint-Paul*, qui, lorsque les eaux se retirent, donne du natron très-pur, et les *étangs Salé*, *du Gol* et *du Champ Borne*. De l'eau, du soleil, un terrain volcanique, certes on ne trouve pas souvent réunies de telles conditions de fécondité.

Essayerons-nous d'avoir une idée sensible de la Réunion? Qu'on se figure l'immense ellipse décrite par l'île. Les rivages forment comme une première zone qui s'élève insensiblement en amphithéâtre et dont les gradins sont séparés par des coupures. Les unes forment de sauvages escarpements ; les autres s'élargissent en vallées. C'est là que sont bâties les villes et groupés les villages ; c'est là que les usines et surtout les sucreries sont en pleine activité. Au-dessus de cette première zone commence le royaume de la canne à sucre, qui se déploie sur une largeur d'environ 6 kilomètres. C'est la ceinture verdoyante de l'île, qui recèle dans ses flancs d'incalculables trésors. Une troisième zone est celle des cultures tropicales : c'est là que grandissent les forêts, qui font de l'île, vue de la mer, comme une corbeille de fleurs et de fruits aux senteurs pénétrantes. A mesure que grandissent les montagnes commence la quatrième zone, celle des cultures européennes : c'est la région des plateaux. Vient ensuite la cinquième, et la plus considérable comme superficie, la zone des montagnes : tantôt pitons aigus ou mornes neigeux, réservoirs intarissables des fleuves de l'île, pics des hauts Saint-Gilles, de la Grande-Montée, de la Ravine-Blanche, des Treize-Cantons, du Nez-de-Bœuf, d'Ango, et, dominant tous les autres, les pitons des Neiges et de Fournaise, ce dernier avec sa gigantesque coulée de lave du Grand-Brûlé ; tantôt ce sont des cirques énormes formés par l'affaissement des assises inférieures du sol, rongées par les feux souterrains. Les deux principaux sont ceux de Cilaos et de Salazie. L'île de la Réunion, avec ses cinq zones, ne ressemble-t-elle pas à une colossale pyramide émergeant du sein de l'Océan, les pieds baignés par la vague bleue, les flancs entourés de verdoyantes cultures, et la tête parfois couronnée de neiges et de feux?

Par un concours de bienfaits rares dans les régions chaudes, ce pays si pittoresque était en même temps un des plus salubres du globe. Air pur, ciel magnifique, eaux abondantes, fraîches brises, tout s'est réuni pour faire de cette île un séjour enchanté. On ne s'y croirait pas sous la zone torride. La température moyenne est de 24° ; la température maxima est de 36° et la minima de 12° au-dessus de zéro. Les premiers explorateurs furent émerveillés de trouver réunies dans cette île une chaleur modérée et des pluies rafraîchissantes. Ils remarquèrent que les plaies s'y guérissaient promptement, que les fièvres et les maladies endémiques y étaient inconnues. Aussi la population s'y établit-elle dans des conditions exceptionnelles de salubrité. Bourbon devint une véritable terre promise. C'est, encore aujourd'hui, une des stations les plus saines qu'on puisse recommander. On y trouve jusqu'à des eaux thermales dont les propriétés reconstituantes sont bien rares. Aussi les navigateurs de toutes les nations peuvent-ils y déposer et y déposent-ils leurs malades. Nulle part il n'existe de *sanitarium* aussi bien disposé. Malheureusement, depuis quelques années, on a signalé d'assez nombreux cas de fièvres intermittentes. On ne sait s'il faut les attribuer à l'introduction des travailleurs hindous, ou plutôt au déboisement exagéré des montagnes et à la corruption des eaux potables. Il est probable que ces inconvénients disparaîtront bientôt, dès qu'on en connaîtra la cause certaine. A ces avantages, il faut ajouter l'absence de tout animal dangereux ou même incommode.

Telle est la terre. Mais voici le contraste, l'Océan, qui, furieux, indomptable, étreint de ses lames la base de l'île et semble vouloir l'arracher à ses fondements. Aucun port, aucune baie. Pour tout mouillage, des rades foraines, fatiguées par une mer houleuse, et pendant six mois de l'année, de novembre à avril, des tempêtes presque quotidiennes, des ras de marée et des cyclones. Les ras de marée durent vingt-quatre heures, soulevant la masse liquide, la déroulant en nappes immenses qui se brisent sur le rivage. Quant aux cyclones, ils sont effrayants. Celui de mars 1879 restera tristement célèbre. Ce sont des ouragans circulaires, qui semblent rayonner autour d'un foyer commun, et dont les mouvements vibratoires se communiquent du centre à la circonférence. On dirait d'un bâton qu'on enfonce dans l'eau, en le faisant tournoyer. Les cyclones, à la Réunion, surviennent presque à l'improviste. Ils brisent et engloutissent les navires et parfois étendent leurs fureurs dans toute l'île. Les arbres sont alors déracinés et les herbes comme fauchées par le vent. Les toits sont emportés. On a même vu des pierres, préparées pour des constructions, que le tourbillon transportait à une certaine distance. Au lendemain d'une telle journée, l'eau des sources et des fontaines, même dans l'intérieur de l'île, est légèrement saumâtre, comme si les flots salés avaient été balayés à travers les airs jusqu'à ces réservoirs éloignés, ou poussés par une pente et une force inconnue dans des caveaux souterrains. Aussi, pendant six mois de l'année, tout le monde est-il sur ses gardes, tant à bord des vaisseaux, qui entourent l'île, que sur le rivage. On étudie le vent, on a l'œil fixé sur le baromètre, et, au premier signe précurseur de l'orage, dès que tonne le canon d'alarme, chaque capitaine lève l'ancre pour échapper au naufrage. Si parfois il voulait rester au rivage et jouer dans un imprudent défi la vie de ses hommes et la fortune de ses armateurs, un boulet sauveur le forcerait à fuir. C'est là le côté faible. Autant la terre attire à la Réunion, autant l'Océan repousse. On dirait un antagonisme des éléments ; mais l'homme prend racine partout : aussi, malgré les périls de la mer, de nombreux émigrants n'ont-ils pas hésité à se fixer sur cette terre hospitalière, qui promettait à leurs peines une juste récompense. Leur société s'y est consolidée en grandissant, et, poursuivant sa propre fortune, elle a aidé celle de la France.

Nous connaissons le sol. Etudions maintenant les productions : la principale est celle de la canne à sucre.

Il n'en a pas toujours été ainsi. Au siècle passé, ce furent le *café*, directement importé de Moka, et les *épices*, que l'intendant Poivre était allé chercher au péril de sa vie dans les Indes hollandaises, qui firent la fortune de la colonie. Les ouragans de 1806, 1807 et 1829 détruisirent successivement tous les grands arbres de l'île, et surtout ceux qui servaient d'abri aux caféiers. La culture changea, et la canne importée dès 1711 par Pierre Parat, fut cultivée en grand à Bourbon. Elle y a pris un essor prodigieux, car elle résiste aux ouragans et pousse sur le flanc des montagnes comme sur les rivages de la mer. Pour elle, on a le tort de tout négliger. La Réunion peut d'un jour à l'autre mourir de faim, mais les colons s'en préoccupent peu. La culture de la canne a pris une extension exagérée surtout après l'émancipation des esclaves noirs. Les colons ont modifié leur outillage et étendu leurs défrichements. 42,894 hectares, en 1872, étaient consacrés à la canne. Dès 1873, on en comptait 43,672. Il est à présumer néanmoins que les autres cultures ne seront pas délaissées et que l'on ne tardera pas à y revenir sérieusement. C'est au mois de juin que la précieuse graminée arrive à maturité. Alors commence la coupe. Ce sont les vendanges de l'île. La canne, coupée au pied, débarrassée de ses feuilles, est portée au moulin, où, pressée entre de gros cylindres de fonte, elle donne un jus aqueux et sucré, le *vesou*. La partie ligneuse, ou *bagasse*, est mise de côté, séchée, et sert à alimenter les chaudières. Le vesou tombe dans de vastes bassins de cuivre, ou défécateurs. On le purifie, on l'écume, on le décante, et il prend alors le nom de *sirop*. Ce sirop descend dans des chaudières étagées, les *batteries*, où il se concentre au degré voulu, et passe enfin, pour être cristallisé, dans d'énormes chaudières en cuivre rouge, où l'on produit le vide. Dans une dernière opération, le *turbinage*, on décolore et on dessèche les cristaux par des toupies métalliques mues à la vapeur. Rien de curieux comme l'aspect d'une sucrerie, au moment du grand travail de la *roulaison*. Chauffeurs qui jettent la bagasse sous les chaudières, écumeurs, décanteurs : c'est une mêlée étourdissante. Le bruit des cylindres, la ronde des turbines, les sifflements de la vapeur, le hennissement des chevaux et les chants des ouvriers qui reviennent de la plantation, tout se mêle et se confond. Pendant ce temps, les immenses cheminées de l'usine vomissent des torrents de fumée, et le directeur, le *sucrier*, comme on le nomme, escompte en espérance les produits de sa récolte.

Le *café* ne vient plus qu'en seconde ligne. En 1872, 3,890 hectares lui étaient consacrés; le chiffre s'est élevé l'année suivante à 4,163. Le café de la Réunion est fort réputé. On ne lui connaît que celui de Moka de supérieur en qualité. A la dernière exposition universelle, il a obtenu un grand prix et un certain nombre de médailles d'or et d'argent. Le *tabac* était cultivé en 1872 sur 693 hectares et en 1873 sur 702. Ce sont les trois grandes productions de l'île; mais il nous faut encore citer le *cacao*, l'*arrowroot*, racine qui fournit un potage excellent, la *vanille*, de fort bonne qualité et dont la culture est des plus lucratives, le coton, le maïs, le manioc, les patates, les épices, introduites par l'intendant Poivre (muscades, clous de girofle, cannelle, rocou), enfin toutes les plantes potagères d'Europe et tous les fruits de l'Inde et de l'Amérique.

A peine débarqué à Saint-Denis, on peut se livrer à une véritable étude de botanique coloniale. La canne à sucre dresse sa svelte tige surmontée d'une aigrette violette. Le bananier aux grappes pendantes, l'arbre à pain, le *papayer*, colonne végétale, qui porte pour chapiteau une couronne de melons verts, le cocotier élancé, le *vacao* dont on tresse les feuilles en nattes ou en paniers, se mêlent au *letchi* chinois, au bananier, au figuier indien, au *goyavier*, à l'*avocatier* et au *jac-*

quier. Çà et là, les *tamariniers* et les *filaos*, ces pins du tropique, marient leur sombre feuillage au vert éclatant des caféiers et de toute la tribu des orangers. Partout des fleurs odorantes, roses, grenades, aloès, lianes, tous ces végétaux font des abords de Saint-Denis un séjour enchanteur. Il en est de même pour le reste de l'île. Le pays presque tout entier a été défriché ou amendé par de puissants engrais. Aussi bien, en 1873, la valeur des propriétés agricoles était évaluée à 158,787,095 francs et la valeur annuelle des produits à 13,830,822 francs. Ce sont là des chiffres éloquents, qui nous font d'autant plus regretter que nos autres colonies n'aient pas atteint le même développement que la Réunion.

La population de la Réunion est fort mélangée. Elle s'est formée, on peut le dire, d'éléments de toute provenance. Européens nés dans le pays ou ailleurs; petits créoles ou petits blancs, Hindous, Chinois, Malais, Africains, Malgaches. Nous les étudierons successivement.

La première de ces races, en date, en importance et en puissance, est la *race européenne* proprement dite. Elle se compose de tous les descendants des anciens colons, des nouveaux émigrants et des fonctionnaires. Elle constitue en quelque sorte la classe dirigeante de l'île. Pendant longtemps elle seule a eu entre les mains la propriété, la richesse et la direction politique. Cependant, par une bizarrerie ethnographique qui ne manque pas de piquant, la plupart de ces Européens ont dans les veines un sang bien mélangé, et, s'ils passent pour blancs, c'est en vertu d'une convention acceptée par les mœurs. Sauf de très-rares exceptions, en effet, les premiers colons de la Réunion s'unirent tous à des femmes de Madagascar, qu'ils avaient emmenées avec eux ou qu'ils firent venir de la grande île. En dépit des recrues européennes qui se mêlèrent à la population primitive et l'épurèrent par l'alliance d'un sang étranger, la trace indélébile de leur origine subsiste encore dans les générations actuelles. Certains signes héréditaires trahissent la filiation madécasse, quelque chose d'inappréciable dans la forme de l'œil, et surtout la couleur de la peau, qui, sans être blanche ou basanée, laisse néanmoins reconnaître un mélange de sang européen et de sang madécasse. L'histoire de ces origines est si connue dans l'océan Indien, que certains colons de Maurice ou de Pondichéry, très-fiers de la pureté de leur race, nomment blanc de Bourbon tous les objets de lingerie ou d'habillement d'un blanc douteux. Heureusement, à Bourbon, par un accord tacite, on renonça de bonne heure à tenir compte de ces alliances madécasses. C'est la liberté, plutôt que la nuance de la peau, qui fut le signe auquel se reconnurent les maîtres.

On donne le nom de *petits créoles* ou *petits blancs* aux descendants de quelques colons ou d'anciens affranchis, qu'un goût de solitude et d'indépendance conduisit dans les hauts de l'île, ainsi qu'on parle à la Réunion. Ils vivent, solitaires et insouciants, d'un peu de jardinage et des produits de la chasse. Ils s'emploient volontiers, au temps de la récolte, à couper des cannes, et, dans l'intervalle, s'adonnent, moyennant une part, à ce qu'on appelle les cultures *vivrières*. Ce sont du reste de bons citoyens. Dans les guerres de la Révolution et du premier Empire, ils formaient l'équipage de ces fameux corsaires qui firent tant de mal au commerce anglais, et, à l'heure actuelle, bon nombre d'entre eux figurent avec honneur dans notre armée régulière. L'ambition des petits blancs serait, paraît-il, de tenter une descente à Madagascar, qu'ils considèrent comme appartenant de droit à la France. Leurs vœux seront peut-être satisfaits un jour ou l'autre.

Après les Européens et les petits blancs, nous trouvons les *Noirs*. Ils sont installés à la Réunion depuis les premiers jours de la colonisation. Les premiers immigrants commirent la grave faute de précipiter la mise en culture du sol en appelant à leurs côtés de nombreux esclaves achetés ou arrachés à la côte d'Afrique. Impatients de bénéfices, ils introduisirent à la Réunion un si grand nombre d'esclaves que leur nombre, au commencement du xviii° siècle, dépassait de quatre fois celui des maîtres (64,000 contre 16,000). Sous ce beau ciel, et dans un pays où l'on ne peut invoquer comme une excuse la difficulté du travail pour les blancs, mieux eût valu que fût constituée peu à peu une jeune société, qui se serait développée lentement, mais sûrement. Ces nouveaux flots d'arrivants de race différente avaient établi deux classes trop distinctes dans la population : d'un côté les maîtres blancs, de l'autre les noirs esclaves. Il est vrai que la facilité de l'existence et la bienveillance des mœurs adoucirent à la Réunion les rigueurs de l'esclavage. De plus, comme tous ces esclaves noirs, bien que nés en Afrique, étaient d'origine diverse, les uns Cafres ou Abyssins, les autres de Zanzibar, ceux-ci du Zambèze et ceux-là de l'Orange, la variété des types et des origines maintint une sécurité favorable aux rapports des blancs et des nègres. Jamais n'éclata de guerre servile. Lors de la première Révolution, on redoutait une explosion et des représailles, mais les créoles eurent la sagesse de faire des concessions, et les esclaves le bon sens de les accepter, en sorte que l'accord entre la race dominante et la race dominée ne fut pas encore troublé. Les blancs se montrèrent reconnaissants. Dès 1834, l'Assemblée coloniale proposait au gouvernement diverses mesures en faveur des esclaves ; aussi, en 1848, lorsque fut proclamée l'abolition définitive de la servitude, comme le terrain était préparé, la colonie passa de l'esclavage à la liberté sans la moindre secousse. Il n'y eut même pas à regretter une faillite. Afin de ménager la transition, les affranchis consentirent à servir deux ans encore leurs anciens maîtres, moyennant salaire librement débattu : au bout de ces deux ans, ils recouvraient la plénitude de leurs droits. Pendant ce temps, patrons et ouvriers se prépareraient. En effet, après les deux années d'épreuves, quoique les nouveaux citoyens se soient donné le plaisir ou de changer de patrons, ou de se faire patrons à leur tour, ou de se livrer au commerce, l'équilibre s'est presque aussitôt rétabli. Comme les Noirs ont été les premiers à reconnaître la nécessité du travail, bon nombre d'entre eux reprirent leurs anciennes occupations ou se livrèrent aux petites industries à leur portée. En général, ils s'habituèrent à leur dignité de citoyens ; et les créoles ont accepté sans arrière-pensée ce nouvel état de choses. L'instruction primaire, largement distribuée aux enfants de couleur, a singulièrement contribué à amener cet apaisement dans les esprits. Les Noirs apprennent avec avidité. Les écoles sont très-fréquentées, même par des hommes faits. Avec le niveau intellectuel s'élève peu à peu le niveau moral. La famille, dont les esclaves faisaient jadis si peu de cas, s'est constituée rapidement, et a pour conséquence immédiate la propriété. Avec la famille croissent les besoins ; avec l'aisance, l'ambition. Aussi, sous cette triple influence de l'enseignement, de la famille et de la propriété, de remarquables progrès se sont-ils accomplis dans ces dernières années.

Le préjugé de la couleur règne à la Réunion infiniment moins que dans les autres colonies. On a vu, il est vrai, certain journal réactionnaire reprocher aux Frères de la Doctrine chrétienne d'exciter outre mesure la pensée dans le cerveau des jeunes nègres. On a même entendu un gouverneur, visitant certains districts éloignés, s'étonner de trouver dans les écoles des enfants noirs portant casquettes, cravates et souliers, et s'en plaindre comme d'une atteinte aux vieilles traditions de l'île. Les temps sont bien changés. On n'accuse plus aujourd'hui les Frères de la Doctrine chrétienne d'être trop libéraux, et un gouverneur qui s'aviserait d'une pareille algarade ne serait plus accueilli que par des sifflets. La fusion n'est peut-être pas encore opérée, mais au moins les droits de chacun sont reconnus, et ils aboutissent à des égards mutuels. L'égalité se constate déjà au théâtre, dans les promenades, même dans le duel, offert et accepté de blanc à nègre. Elle pénètre dans les mœurs surtout par l'éducation. Ainsi les jeunes négresses, jadis exclues des pensionnats, quelles que fussent la fortune ou la position de leurs pères, y sont admises aujourd'hui. Depuis plus de cinquante ans on voit au lycée et dans les autres écoles des enfants de toutes couleurs. En résumé, l'émancipation des esclaves n'a donné à la Réunion que des résultats satisfaisants.

En 1848, pour parer à la désertion, qu'ils croyaient imminente, de leurs usines, quelques propriétaires s'avisèrent de faire venir à la Réunion des travailleurs hindous. Ils y étaient encouragés par l'exemple de l'île Maurice, où les engagés hindous, substitués aux esclaves nègres, avaient provoqué un grand essor de prospérité. Nos colons tirèrent parti de nos établissements de Pondichéry et de Karikal, et, dès 1851, obtinrent l'autorisation d'engager quelques milliers de travailleurs ou *coolies*. Le gouvernement anglais avait d'abord interdit l'émigration des coolies nés sur son territoire, mais il renonça bientôt à cette impolitique prohibition, et aujourd'hui près de 1500 travailleurs hindous émigrent chaque année à la Réunion. Ce sont de bons ouvriers, lents et flegmatiques, mais doux et obéissants. Ils sont, par malheur, d'une immoralité scandaleuse. Aussi bien les convois ne comptent qu'une femme pour neuf hommes. Ce régime cache de graves désordres ; en sorte que l'immigration hindoue peut enrichir la Réunion, mais elle l'inquiète et la scandalise.

On songea également à la *Chine*. Les Chinois ont une aptitude particulière au labeur agricole. De plus, la Chine est une pépinière humaine pour ainsi dire inépuisable. Les résultats ont été fort médiocres, soit qu'on ait mal choisi les individus, pris au hasard dans les *barracons* du Pacifique, soit que les Chinois perdent, sur un autre sol, leurs qualités natives. Aussi renonça-t-on vite à l'immigration chinoise. On trouve cependant des Chinois à la Réunion, mais ils ont déserté les plantations et s'occupent des commerces de détail, surtout de l'épicerie.

A défaut des Chinois, les colons se sont adressés aux *Malais*. Ils espéraient que des engagés malais, habitués à des cultures analogues, s'acclimateraient facilement à la Réunion et leur rendraient des services : mais la Malaisie est éloignée ; le gouvernement hollandais surveille avec soin ses intérêts ; enfin les Malais gagnent si facilement leur vie dans leur propre pays, qu'ils ne songent pas à le quitter.

Aussi bien les colons de la Réunion, s'ils se sont adressés successivement à tous ces Asiatiques, Hindous, Chinois ou Malais, n'ont jamais caché leurs préférences pour la *race africaine*, plus vaillante au labeur, plus facile à acclimater, plus morale et moins chère. C'est surtout à la côte d'Afrique qu'ils ont cherché des travailleurs. De coupables abus ont été commis. Sous prétexte de recruter des engagés volontaires, certains capitaines ont commis des actes de piraterie. La reine des Howas à Madagascar a fini par défendre à ses sujets toute émigration. Le sultan de Zanzibar, bien que désireux d'écouler sa marchandise noire, a dû régulariser le trafic auquel il devait sa fortune. La France enfin finit par adopter des mesures de rigueur et interdit tout recrutement sur la côte africaine. Ce fut pour la colonie une rude épreuve à supporter, car le nombre des bras diminua tout à coup, et le prix de la main-d'œuvre augmenta subitement. On est depuis revenu sur cette défense trop radicale, et les engagements à la côte d'Afrique sont de nouveau permis, mais à condition d'une grande surveillance.

Le meilleur moyen d'assurer aux propriétaires de la Réunion les ouvriers dont ils ont besoin serait encore de s'adresser aux petits blancs et aux nègres. Les uns et les autres sont citoyens, habitués depuis plusieurs générations au climat de l'île et intéressés à sa prospérité. Quelques concessions les attireraient bien vite. Si par aventure quelque guerre de race éclatait dans l'île, sa prospérité serait pour longtemps compromise. Si au contraire on arrêtait l'immigration étrangère, si l'on se contentait des ouvriers déjà installés dans l'île, en ménageant leur amour-propre et en garantissant leurs intérêts, on fonderait du jour au lendemain une société homogène, et la production coloniale serait assurée pour de longues années. Se conformera-t-on à ces sages principes d'économie politique, ou suivra-t-on les vieux errements? C'est ce que l'avenir nous apprendra.

Au point de vue administratif, la Réunion jouit de privilèges particuliers. Elle est régie par des lois et non par des décrets. De plus, elle est représentée à la Chambre des députés; un conseil général et des conseils municipaux, dont les membres sont élus par le suffrage universel, règlent les affaires locales. Le conseil général possède une grande liberté d'action : il vote le budget, il répartit les impôts, il a tous les pouvoirs nécessaires pour développer les ressources de la colonie, comme aussi pour diminuer ses dépenses. Pour les rapports commerciaux et les intérêts intérieurs, il peut faire ce qui lui semblera le plus avantageux. A vrai dire, la Réunion est un département français, dont le préfet s'appelle gouverneur et concentre entre ses mains des attributions un peu plus étendues. Peut-être serait-il temps de renoncer à cette fiction légale et de déclarer purement et simplement que la Réunion est un département français, administré comme tous nos autres départements.

Le chef-lieu de la colonie est *Saint-Denis,* au nord de l'île. C'est une jolie ville, bien percée et bien bâtie. Elle est dépourvue de port, ce qui ne lui permet pas de devenir aussi importante pour le commerce et l'industrie que pour l'administration. La population, qui n'était en 1837 que de 12,000 âmes, s'élève aujourd'hui à 42,140. Saint-Denis est aussi le chef-lieu de l'arrondissement du Vent, qui compte encore cinq communes et deux districts : *Sainte-Marie* (7,500 h.), *Sainte-Suzanne*, *Saint-André* (15,000 h.), *Saint-Benoît* (20,000 h.), *Sainte-Rose;* le district de *Salazie* et le district de la plaine des *Palmistes*.

Saint-Pierre (32,400 h.) est le chef-lieu de l'arrondissement Sous-le-Vent. On y exécute en ce moment de remarquables travaux pour la construction d'un port artificiel ; un autre port sera creusé à la *Pointe des Galets*. Les autres communes sont *Saint-Paul* (27,000 h.), *Saint-Leu* (10,500 h.), *Saint-Louis*, *Saint-Joseph* et *Saint-Philippe*. Une belle route, pourvue de travaux d'art remarquables, relie toutes ces villes entre elles et fait le tour de l'île. Un chemin de fer est également à l'étude.

La population totale de l'île, qui atteignait en 1872 le chiffre de 185,179 habitants, a légèrement baissé en 1873. Elle n'était plus alors que de 183,529 habitants. En résumé, la Réunion est une des plus florissantes et des plus françaises de nos colonies. Son exemple ne peut que servir d'encouragement et démontrer une fois de plus aux détracteurs systématiques de la colonisation que nous ne sommes pas incapables de créer des Frances nouvelles au delà des mers.

CHAPITRE IV

MADAGASCAR ET SES DÉPENDANCES

BIBLIOGRAPHIE

Morisot. *Relation du voyage fait à Madagascar, îles adjacentes et côtes d'Afrique par F. Cauche de Rouen.* 1651.
Flacourt. *Histoire de la grande isle de Madagascar.* 1658.
Souchu de Rennefort. *Relation du premier voyage de la Compagnie des Indes orientales en l'isle de Madagascar ou Dauphine.* 1668.
Carpeau du Saussaye. *Voyage de Madagascar.* 1722.
De Barry. *Lettre contenant l'état actuel des mœurs, usages, commerce des habitants de l'île Malgache.* 1764.
Rochon (abbé). *Voyage à Madagascar et aux Indes orientales.* 1791.
Leguevel de Lacombe. *Voyage à Madagascar et aux îles Comores.* 1823-1830.
X... *Précis sur les établissements français formés à Madagascar.* 1836.
Jehenne. *Renseignements nautiques sur Nossi-bé, Nossi-Mitsiou et Mayotte* (Annales maritimes et coloniales, mars 1842).
Page. *Une station dans l'océan Indien* (Revue des Deux-Mondes, 1849).
Barbié du Bocage. *Madagascar, possession française depuis* 1642. 1859.
H. Chauvot. *Madagascar et la France.* 1863.
X... *Madagascar et ses deux premiers évêques.* 1864.
Gevrey. *Essai sur les Comores.* 1870.
Jouan. *Notes sur les archipels des Comores et des Séchelles.* 1870.
Borius. *Étude sur le climat et la constitution médicale de Sainte-Marie de Madagascar.* 1870.
Doublet. *Quelques notes sur Nossi-bé.* 1870.
Von Jedina. *L'île de Nossi-bé* (Revue géographique internationale, décembre 1877).
Capitaine. *Nossi-bé et ses dépendances* (Explorateur, mars 1878).
Capitaine. *L'île Mayotte* (Explorateur, septembre 1878).

I. — L'île de Madagascar.

Madagascar a été entrevue par les anciens et en partie peuplée par les Arabes. Les Portugais la découvrirent au commencement du XVIe siècle, mais ne s'y établirent pas. Les trésors de l'Inde excitaient alors leurs convoitises, et l'ambition de leurs princes et de leurs marchands se portait uniquement vers les rivages enchantés de l'Asie méridionale. Les Français, au contraire, qui eurent comme le pressentiment des ressources et de l'avenir de Madagascar, en prirent officiellement possession vers le milieu du xvii⁰ siècle, y bâtirent des postes fortifiés et y ébauchèrent quelques cultures. Il est vrai que ces premiers germes ne furent jamais fécondés, et que notre occupation de Madagascar fut plus souvent nominative que réelle; mais aucun des gouvernements qui se sont succédé dans notre pays n'a négligé d'affirmer ces droits. Aucune puissance européenne ne les a jamais contestés, et les petites îles que nous possédons encore sur les rivages, ainsi que les divers points de la côte que nous avons successivement occupés, sont comme autant de pierres d'attente pour une colonisation future. Il importe donc d'esquisser à grands traits l'histoire de nos établissements.

On ne connaît que par tradition les voyages isolés que firent à Madagascar, dès la fin du xvi⁰ siècle, plusieurs capitaines français. C'est seulement en 1642 qu'un certain Rigault ou Ricault obtint de Richelieu le privilège exclusif, pour lui et ses associés, d'expédier des navires à Madagascar et aux îles adjacentes. Pronis fut expédié par Rigault avec douze Français, qui devaient former le noyau de la nouvelle colonie. Après quelques hésitations, il s'établit dans la presqu'île de Tholongav, où il bâtit le fort Dauphin. Ce nom resta à la presqu'île, et Fort-Dauphin devint comme la capitale de nos établissements dans la grande île africaine.

Les fautes de Pronis, son union impolitique avec la fille d'un chef indigène, sa déloyauté auprès de ces mêmes indigènes, qu'il vendait comme esclaves, tout, jusqu'à sa qualité de huguenot, empêcha les progrès de la petite colonie. Son successeur, Flacourt, ne fut pas plus heureux ; mais on connaît mieux son administration, car il nous a laissé la relation de son séjour à Madagascar. Grâce à lui, nous savons que les Français créèrent de nouveaux postes à Sainte-Luce, à Antongil, à Sainte-Marie, à Ténériffe, à la baie de Saint-Augustin, et même sur l'île Mascarênhas, qui reçut alors le nom de Bourbon. Pour marquer de leur vrai nom ces comptoirs, Flacourt appela Madagascar la *France orientale*. Pendant sept années, il présida à son développement et crut à son avenir. Il s'était pris d'amour pour ce ciel limpide et clément, et croyait à la perpétuité de l'occupation française. Au milieu d'aventures plus monotones, détachons de son livre un épisode qui mérite d'être distingué. Il s'agit de la retraite héroïque d'une poignée de Français à travers une multitude d'ennemis acharnés. Treize soldats, commandés par le sergent Laroche et accompagnés de douze nègres et d'une négresse esclaves, tombèrent au milieu de 6,000 Madécasses, qui les entourèrent en poussant des cris et se disposèrent à les massacrer. Français et nègres se mirent alors à genoux, répondirent par des cantiques aux hurlements des barbares, se demandèrent pardon de leurs torts réciproques, puis, encouragés à la défense, ouvrirent le feu. Pendant cinq heures, ils battirent en retraite et se servirent si à propos de leurs armes que tous leurs coups portaient. Les uns chargeaient les fusils pendant que les autres tiraient. Les nègres jetaient des pierres aux ennemis, ou leur renvoyaient leurs propres javelots. La négresse elle-même remplissait de pierres son tablier et le portait à ses compagnons. Vers le soir, comme la poudre commençait à manquer, ils se retirèrent sur une petite colline pour y passer la nuit. Le chef des nègres leur expédia un parlementaire avec des vivres, que nos Français acceptèrent, mais sans écouter ses propositions. Ils lui déclarèrent qu'ils étaient disposés à vendre chèrement leur vie, et que le combat allait recommencer si les nègres ne se retiraient pas. Le chef barbare, étonné de tant de courage, donne alors aux siens l'ordre de laisser la voie libre et vient en personne s'excuser. « Vous ne ressemblez pas, leur dit-il, aux étrangers que nous avons connus, et j'admire d'autant plus votre courage que vous êtes tous bien jeunes, puisque deux d'entre vous portent seuls de la barbe. Vous n'êtes pas des hommes, mais des lions. » Cette poignée de braves rentra enfin au fort Dauphin, où l'on commençait à désespérer de les revoir.

Sous les successeurs de Flacourt, l'influence française ne cessa de grandir à Madagascar. Peu à peu, nos relations avec les indigènes devinrent plus sûres. Chacun de nos postes était comme un refuge, d'où rayonnait au loin notre influence. Colbert, qui voulait faire de la grande île africaine le centre de nos possessions orientales, ne cessait d'encourager les colons et les fonctionnaires qu'il y envoyait. Il accordait même aux gouverneurs le titre de vice-roi ; mais ses choix ne furent pas toujours heureux. En 1670, un certain Delahaye, qui ne connaissait ni le pays ni ses habitants, commit tant de maladresses à Madagascar, que les insulaires exaspérés se soulevèrent contre sa tyrannie, se ruèrent sur nos établissements et massacrèrent nos malheureux compatriotes. Delahaye abandonna traîtreusement le fort Dauphin et passa à Surate avec ses troupes. C'était un véritable désastre, et, par malheur, la France était alors engagée dans une série de guerres impolitiques qui lui ôtèrent toute liberté d'action au delà des mers. En effet, pendant tout le reste du règne de Louis XIV, aucune expédition nouvelle ne fut envoyée à Madagascar : il est vrai que nulle puissance européenne ne chercha à infirmer ou à menacer nos droits sur la grande île africaine.

Sous le règne de Louis XV, et malgré l'abandon dans lequel tombèrent les affaires coloniales, les droits de la France furent soigneusement réservés et même revendiqués par une série d'actes et de décrets. On reprit même les projets de colonisation. En 1768, sous le ministère du duc de Praslin, un officier distingué, M. de Mandane, prit, au nom du roi, le commandement de Fort-Dauphin. Ses instructions lui prescrivaient de renouer et d'entretenir constamment des relations amicales avec les insulaires. Ce plan échoua par l'insuffisance des ressources allouées à son exécution. Il échoua surtout parce que le gouvernement, au lieu de concentrer ses ressources à Fort-Dauphin, eut le tort d'en distraire la majeure partie pour tenter un nouvel établissement à la baie d'Antongil, et d'en confier la direction à un homme qui fut sans doute un héros dans la lutte de la liberté polonaise contre la Russie, mais qui n'était qu'un vulgaire aventurier. Il se nommait Beniowsky. A peine débarqué, il fit une guerre atroce à ces peuplades demi-barbares et ne réussit à conquérir que de nouvelles haines au nom français.

Malgré l'insuccès de cette double tentative, nos droits étaient encore intacts, et, lorsque commença la Révolution française, aucune prescription, aucune contestation ne les avait compromis. En vertu des principes généralement admis du droit des gens, **Madagascar** était si bien possession française qu'aucun établissement européen n'avait été fondé près des nôtres pour diviser les sympathies des indigènes. Jamais cette île n'avait été le prétexte d'une difficulté diplomatique. Les droits de la France étaient tellement reconnus qu'en 1815, lors des traités de Paris et de Vienne, un des articles des traités ayant cédé à l'Angleterre l'île de France et ses dépendances, sir Robert Farquhar, gouverneur de l'île de France devenue anglaise, expliqua le mot *dépendances* en prétendant que nos comptoirs madécasses se trouvaient implicitement compris dans la cession. Après une laborieuse négociation, le gouvernement anglais reconnut ses torts et nous restitua Madagascar.

Aussitôt notre drapeau reparut à Fort-Dauphin, à Sainte-Luce, à Tamatave, dans la baie d'Antongil et le pays de Ténériffe. Un grand nombre de chefs reconnurent notre autorité; mais il s'en rencontra un qui la repoussa obstinément, secondé qu'il fut par sir Farquhar, qui n'avait pu oublier sa déconvenue de 1815 et voulait à tout prix remplacer à Madagascar l'influence française par l'influence anglaise. Ce fut le chef des Howas, Radama, qui prétendit assujettir à ses lois tous les insulaires et expulser les Français. Entre lui et nos commandants s'engagèrent des conflits et des luttes qui se prolongèrent quelques années, mais sans infliger aucun désaveu à notre souveraineté. La plus connue des expéditions tentées par la France à cette époque est celle de Foulpointe, en 1829. Radama venait de mourir. Sa veuve, Ranavalo, toujours conseillée par les Anglais, continuait son œuvre et achevait la conquête de l'île. Le roi Charles X, excité par son ministre de la marine, Hyde de Neuville, résolut d'arrêter les progrès menaçants de Ranavalo et confia au capitaine Gourbeyre la mission de reprendre sur les Howas nos établissements, de les agrandir et de les conserver. Les débuts de l'expédition furent heureux. En juillet 1829, nos soldats débarquèrent dans la presqu'île de Tintingue et la fortifièrent, grâce au concours d'un grand nombre de Madécasses, qui fuyaient la tyrannie des Howas. De toutes parts arrivaient de nombreuses familles d'émigrants, qui recouraient à la protection de notre drapeau. Les uns s'installèrent dans les deux villages improvisés à Tintingue; les autres se répandirent dans les bois voisins ou sur le littoral de la baie. Aux protestations de Ranavalo, le commandant Gourbeyre répondit par la prise de Tamatave et du fort Larrée. Tout donc s'annonçait parfaitement; mais l'imprévoyance des chefs de l'expédition, le gaspillage des ressources, la prompte démoralisation des esprits et des courages ne permirent pas de neutraliser les désastreux effets d'une insalubrité inévitable. La famine éclata, et elle fut terrible : non-seulement les Français en souffrirent, mais plus encore les indigènes, qui avaient embrassé notre cause, car ils n'osaient s'écarter de nos établissements pour quêter leur nourriture. « On ne rencontrait plus sur les chemins, écrit un témoin oculaire, dans les villages et à l'intérieur même du fort, que des spectres ambulants. Beaucoup de cadavres, trouvés dans les bois et dans les cases, obligèrent de prendre des mesures contre l'infection. Les malheureux chefs malgaches cherchèrent à vendre, ou plutôt à donner leurs esclaves, pour avoir de quoi satisfaire l'impérieux besoin de la faim qui les minait. Ils cédaient des hommes et des femmes dans la force de l'âge pour un sac ou deux de riz. On avait la douleur de voir des enfants arracher aux chiens et se disputer entre eux les os que l'on jetait. Les casernes étaient encombrées de ces malheureux, avec qui nos soldats voulaient bien partager leurs aliments. » On reconnut enfin la nécessité de céder aux circonstances, et l'évacuation fut décidée. Tous nos forts furent minés, les magasins et les chantiers brûlés, et les débris de l'expédition s'embarquèrent sans avoir été inquiétés par les Howas; mais tous les insulaires qui s'étaient compromis par leurs sympathies françaises furent abandonnés et payèrent de la vie le crime d'avoir été nos partisans. La dernière expédition que la France ait tentée sur le sol dévorant de Madagascar se terminait dans la honte et le sang!

Malgré nos insuccès répétés, malgré les tentatives avortées de Pronis, Flacourt, Delahaye, Mandane, Beniowsky et Gourbeyre, nos droits sur la grande île africaine n'ont jamais été constestés. Le gouvernement de Juillet, quoique forcé d'ordonner l'évacuation de Tintingue, réserva notre possession légitime; les établissements de la France à Madagascar, bien qu'inoccupés, ne cessèrent pas de figurer dans la liste officielle de nos colonies. A diverses reprises, nos ministres ont renouvelé les antiques déclarations, et d'aucun pays d'Europe n'est jamais survenue la moindre protestation. Ce n'est pas devant une réclamation diplomatique, mais, hélas! devant l'hésitation des Chambres et l'indifférence du pays qu'échoua, en 1847, le projet d'une expédition que devait commander le général Duvivier. La république de 1848 transmit au second Empire cet héritage colonial. L'empereur Napoléon III, lié par des promesses antérieures, ou plutôt mal renseigné sur l'historique de cette affaire, ou bien encore cédant à des vues philanthropiques, commit l'insigne maladresse de renoncer aux droits séculaires de la France sur Madagascar. Il reconnut au roi des Howas le titre de roi de Madagascar, contre lequel avaient protesté tous les gouvernements antérieurs. Il signa même avec lui un traité de paix et de commerce. Peu à peu, silencieusement et sans explication, la dénomination officielle d'établissements français à Madagascar disparut des documents, des cartes et des rapports, et fit place à celle de « Mayotte et dépendances. » Ce fut un malheur et une faute, mais non pas une faute irréparable !

D'autres temps sont venus. L'empereur des Français et le roi de Madagascar ont disparu. Une politique nouvelle s'est introduite. Nous avons repris, avec notre liberté d'action, la plénitude de nos droits. En vertu des nombreux postes par nous construits et longtemps occupés, en vertu de traités solennels contractés à diverses reprises avec les princes indigènes, en vertu des sympathies de la plupart des Madécasses pour la France, et surtout en vertu de la paisible jouissance des droits que nous assurent depuis plus de deux cents ans nos entreprises, nos négociations et le consentement universel des puissances européennes, Madagascar est à nous et doit rester à nous. C'est la France orientale, gardons-lui ce beau nom, qui tôt ou tard sera en effet une France nouvelle et le siége d'une puissante colonie.

La possession de cette belle et splendide colonie serait pour nous comme le prélude d'une renaissance maritime et commerciale. Madagascar est dans une admirable situation. Elle surveille les côtes orientales d'Afrique et commande l'océan Indien. 350 lieues du sud au nord, 100 à 120 de l'est à l'ouest, c'est-à-dire 7 millions d'hectares de plus que la France, une population de 4 millions d'âmes qui pourrait être décuplée, un sol fertile, des productions variées, des côtes sûres et bien dessinées, ne sont-ce pas autant d'avantages sérieux qui assureraient à cette île de magnifiques destinées, si elle était réellement occupée par la France? Avec les navires à vapeur, et depuis le percement de l'isthme de Suez, Madagascar a pris une grande importance économique. De tous côtés défendue par la mer, commandant le passage d'Europe en Asie par Suez et par le Cap, elle présente une admirable position militaire, et pourrait, en cas de guerre, abriter nos escadres. En temps de paix, Madagascar deviendrait vite le plus important des débouchés pour nos produits naturels ou fabriqués. De grands marchés et des comptoirs s'établiraient sur le littoral, rivaux de ceux de l'Hindoustan et de la Malaisie. Mise en valeur même sur une petite partie de son étendue, Madagascar remplacerait avec avantage nos colonies perdues. D'ailleurs, à l'exception des contrées encore inconnues de l'Afrique centrale ou des régions mystérieuses des deux pôles, il n'y a plus sur le globe d'autre terre vacante à occuper. Des ruines d'un passé glorieux et des irrésolutions de l'heure actuelle pourrait jaillir un avenir prospère ! En attendant cet avenir, arrachons-nous à ces rêves, qui deviendront peut-être, un jour ou l'autre, des réalités, et voyons quels sont aujourd'hui les humbles débris de notre puissance; étudions, en un mot, les modestes possessions de la France autour de la grande île, qui ne nous appartient encore qu'en droit et non en fait.

Nous n'occupons plus à l'heure actuelle un seul point du territoire madécasse ; mais autour de l'île, sur la côte orientale et au nord-ouest, nous possédons encore quelques petites îles, importantes par leur position stratégique, et qui sont comme les pierres d'attente de notre domination future. Ces îles forment trois groupes; elles se nomment : Sainte-Marie, Mayotte et Nossi-bé.

II. — Sainte-Marie de Madagascar.

Sainte-Marie est encore appelée par les indigènes *Nossi-Ibrahim*. Elle forme à elle seule une colonie indépendante dont le commandant réunit tous les pouvoirs et dépend directement du ministre de la marine. Elle est située sur le flanc oriental de Madagascar, et séparée par un canal large de 5 kilomètres dans sa partie la plus étroite et de 8 dans sa partie la plus large. Au sud, Sainte-Marie est traversée par un bras de mer et divisée ainsi en deux îles. La plus petite a 8 kilomètres de tour. Réunies, elles ont 48 kilomètres de long sur 8 à 12 de large. Leur superficie est de 90,975 hectares. Le sol est généralement mauvais. Une zone intérieure, d'une contenance de 20,000 hectares environ, est assez bonne et seule cultivée. L'île est constituée par un ensemble de monticules formant quatre chaînes principales, dont deux basaltiques et deux sablonneuses. On peut les cultiver dans presque toute leur hauteur, qui varie entre 50 et 60 mètres. De ces quatre chaînes sortent de nombreux ruisseaux formés par des sources abondantes et de bonne qualité. Le plus important de ces petits fleuves débouche directement au port de Sainte-Marie, formé par un enfoncement dans les terres de 2 kilomètres de profondeur sur une largeur de 1 kilomètre, et accessible aux plus grands bâtiments. L'entrée de la baie est défendue par l'île *Madame*, qui porte quelques fortifications ainsi que les bâtiments du personnel civil et militaire.

Le climat de Sainte-Marie est humide et malsain. Dès 1722, Carpeau de Saussay en parlait en termes peu flatteurs : « Nous appelons l'île Sainte-Marie le cimetière des Français, parce qu'il n'y va aucun navire qui n'y laisse bon nombre de personnes, pour peu de séjour qu'il y fasse. » Les écarts de température sont considérables dans les mois les plus chauds, car le thermomètre, de 37° 1/2 pendant le jour, descend à 20° pendant la nuit. La saison pluvieuse dure six mois, de mars à août ; mais la saison sèche n'est pas exempte de pluies. Aussi Sainte-Marie est-elle un des points du globe où les pluies sont les plus abondantes. Les côtes orientales de l'île sont fréquemment assaillies par des ras de marée, mais le canal qui les sépare de l'île n'en éprouve pas l'atteinte. En résumé, c'est là un triste séjour, et, sans les nécessités politiques, on ne comprendrait pas pourquoi la France s'est décidée à prendre officiellement possession, en 1821, de ce poste sans grand avenir.

Nous avons une première fois occupé Sainte-Marie, en 1750. La reine Béti avait cédé l'île à la Compagnie des Indes, qui y fonda un établissement, bientôt abandonné. Un simple soldat de la Compagnie des Indes, Labigorne, le fonda de nouveau, et, cette fois, il demeura en bonne voie de prospérité jusqu'en 1810, époque à laquelle la prise de la Réunion arrêta cet essor. Après le traité de 1814, comme la perte de l'île de France nous enlevait tout abri par delà le cap de Bonne-Espérance, Sainte-Marie fut choisie en 1818, à raison de sa situation et de la beauté de sa rade, comme siège d'un établissement maritime. Ici se place, dans l'histoire de notre petite colonie, un curieux épisode, qui nous prouvera une fois de plus la singulière aptitude de la race française au labeur énergique de la colonisation. Un jeune Marseillais, élève de l'ancienne Ecole normale, Fortuné Albrand, avait quitté la France en 1815 pour organiser à Bourbon une maison d'éducation publique. Trompant non pas sa vocation, mais ses projets, il devint en peu de temps, grâce à sa singulière aptitude à parler et à écrire tous les idiomes de l'Orient, le principal négociateur commercial et politique de l'océan Indien. Chargé à plusieurs reprises de missions délicates, il s'en acquitta toujours à son honneur : à Madagascar, il rendit de véritables services, car il fit craindre et respecter le nom français par ces peuples barbares, que frappait d'admiration son éloquence à s'exprimer dans leur langue. C'est lui qui réussit à faire comprendre au gouvernement la nécessité de s'établir à Sainte-Marie, et qui, joignant l'exemple au conseil, devint le premier colon de l'île. Un établissement à Sainte-Marie ne pouvait en effet avoir quelque chance de durée qu'autant qu'une colonie agricole, fondée tout auprès, lui fournirait les ressources indispensables tout en contribuant à assainir le territoire. Sans se préoccuper du caractère défiant et vindicatif des indigènes, et de la malheureuse issue des tentatives faites à diverses reprises depuis cent cinquante ans, Albrand se mit résolument à la besogne. En trois années, il défricha un terrain immense, bâtit une habitation commode et salubre, et créa un excellent noyau de colonie. Les rapides progrès et la marche régulière de cet établissement décidèrent la France à fonder à Sainte-Marie l'abri militaire qu'elle projetait depuis longtemps. Albrand vit arriver avec bonheur les soldats et les officiers qui allaient consolider son œuvre; mais il n'eut pas la satisfaction d'assister au succès définitif de ses travaux, car il mourut au mois de décembre 1826.

Depuis cette époque, et malgré les hostilités des chefs madécasses, qu'inquiète notre voisinage, l'autorité de la France a été maintenue à Sainte-Marie. Cette colonie n'est pas sans utilité pour nous. Plusieurs milliers d'émigrés, qui fuient la tyrannie des Howas, sont venus demander à notre drapeau la protection qui leur manquait au pays natal. Aussi notre présence à Sainte-Marie peut-elle devenir, d'un instant à l'autre, une revendication de nos droits sur Madagascar. De plus, nos navires non seulement y trouvent les aménagements et les secours qui leur sont nécessaires dans cette mer battue par les tempêtes, mais encore les bois, dont la majeure partie de l'île est couverte, approvisionnent les chantiers de réparation, et la présence de nos colons a développé ses richesses naturelles. La culture locale commence à être active. Si les insulaires ne cultivent encore que les fruits ou légumes nécessaires à leur subsistance, quelques établissements ont été fondés par des colons français et consacrés au café, au giroflier et à la canne à sucre. Peut-être que Sainte-Marie dédommagera prochainement de leurs efforts les courageux pionniers qui ont osé les tenter.

III. — Mayotte.

La seconde des îles que nous possédons dans les parages de Madagascar est *Mayotte* ou plutôt *Mahoré*, comme l'appellent ses propres habitants. Elle fait partie du groupe des Comores, au milieu du canal de Mozambique, entre la pointe nord-ouest de Madagascar et le continent africain. Découverte en 1527, par le Portugais Ribero, visitée pour la première fois en 1599, par le Hollandais Davis, elle fut délaissée pour ainsi dire par les navigateurs. L'Anglais Hamilton écrivait, en 1720, qu'elle était si peu fréquentée qu'on ne connaissait pas le caractère de ses habitants. Mayotte était donc une véritable terre inconnue avant l'exploration du navire français la *Prévoyante*, commandée par le lieutenant de vaisseau Jehenne, en 1840. Elle avait jusqu'alors figuré sur toutes les cartes comme dépourvue de bons mouillages. En effet, cette île est presque entièrement entourée d'un réseau de récifs et de brisants redoutables, et les seuls Européens qui la visitaient étaient des négriers espagnols ou portugais, qui avaient tout intérêt à cacher leurs repaires. Après avoir contourné la chaîne des récifs, l'équipage de la *Prévoyante* se trouva, comme par enchantement, au milieu d'une rade immense, très-sûre et de facile défense. Cette muraille de récifs, qui semble au premier abord inaccessible, présente en plusieurs points des ouvertures, qui, bien qu'étroites, permettent le passage aux plus grands bâtiments.

La découverte, au milieu d'une mer inhospitalière, d'une station navale si bien aménagée était une heureuse fortune. Le lieutenant Jehenne entra tout de suite en négociations avec le maître de Mayotte pour lui acheter au nom de la France ses droits de souveraineté. Ce maître se nommait Andrian Souli. C'était une sorte de condottieri, d'origine royale, qui, après maintes aventures plus que suspectes, avait fini par se tailler cette principauté dans l'archipel des Comores. Les diverses péripéties de son existence lui avaient enseigné la philosophie pratique. Il avait été trop souvent réduit à la plus piteuse des conditions pour ne pas accepter avec empressement les propositions de M. Jehenne, qui lui offrait, en échange d'une souveraineté fort aléatoire, une rente annuelle de 5,000 francs, et l'éducation au lycée de la Réunion de deux de ses enfants. Andrian Souli signa le 25 avril 1841 cette convention, que ratifia quelques mois plus tard le roi Louis-Philippe, et, le 13 juin 1843, la France prenait officiellement possession de sa nouvelle colonie. Depuis, elle n'a pas cessé de nous appartenir, et, de part et d'autre, les engagements pris ont été exécutés avec fidélité.

La superficie de Mayotte, sans y comprendre celle des îles *Pamanzi, Zambourou, Dzaoudzi* et quelques autres îlots qui en dépendent, est de 18,500 hectares. Son sol est d'origine volcanique. Il est formé d'une épaisse couche de terre végétale, très-fertile, qui, par endroits, atteint une profondeur de 15 mètres. Mayotte est traversée dans toute sa longueur par une chaîne de montagnes, dont les sommets paraissent atteindre 600 mètres. L'irrégularité de ses formes provient du développement inégal des contreforts de la chaîne, qui divergent des points culminants en s'abaissant vers la mer. Mayotte n'a pas de rivières, mais une foule de ruisseaux dont l'eau est excellente et dont quelques-uns sont assez puissants pour faire mouvoir des machines. Sur les côtes bordées de récifs, mais au travers desquels il est facile de pénétrer, on distingue trois rades principales : celle qui est formée par Mayotte et les deux îlots de Pamanzi et Dzaoudzi, celle de *Longoni*, celle de *Boeni*.

Mayotte a deux saisons : pluies et sécheresse. La température moyenne est de 27°,20, et jamais le thermomètre ne s'élève à plus de 34 degrés. Par malheur, les fièvres intermittentes et pernicieuses s'y rencontrent sous toutes les formes. Elles sont causées par le grand nombre des marécages disséminés dans l'île. Aussi les colons européens ne s'y acclimatent encore qu'avec peine. Son sol fournit, dans les parties cultivables, les différentes productions coloniales. Les régions sud et sud-ouest sont remplies de cocotiers et de bananiers qui poussent sans soin. Les fruits abondent à l'état sauvage. La canne à sucre, le coton, le café et le tabac croissent spontanément. On recueille encore dans l'île de la cire, du miel, de la gomme copal, une espèce de résine blanche et parfumée, et diverses espèces de bois propres à l'ébénisterie et aux constructions navales. La principale culture est celle de la canne à sucre. Telle est l'épaisseur de la couche d'humus qu'elle n'a pas besoin, pour se renouveler, de recevoir des cultures différentes. La canne peut occuper le même terrain pendant huit à dix ans. Aussi Mayotte commence-t-elle à être classée parmi les colonies productives de la France. En 1852, l'exportation n'était que de 100,000 fr. et l'importation de 242,464; en 1862, nous trouvons 540,000 et 1,300,000; en 1874, 587,985 et 1,400,675. La culture du café n'a pas également réussi. Les jeunes plants poussent trop vite. A la troisième année, ils sont déjà couverts de fleurs et de fruits, et, au moment de la récolte, ne présentent plus que des enveloppes coriaces et sans baies.

Malgré ces richesses agricoles et la facilité des approvisionnements, Mayotte n'est pas encore devenue une grande colonie. La population lui fait défaut. Mayotte, en effet, ne compte encore que 9 à 10,000 habitants, sans parler des fonctionnaires et de quelques centaines d'engagés volontaires appartenant aux diverses races de la côte orientale d'Afrique. Le fonds de la population est formé par des Arabes, qui régnaient jadis dans ces parages, et par des *Sakalaves*, qui proviennent des émigrations de Madagascar. Les uns et les autres sont d'un caractère doux. Ils se sont habitués tout de suite à notre domination, et nos relations avec eux sont toujours restées faciles.

IV. — Nossi-Bé.

La dernière des îles françaises autour de Madagascar se nomme *Nossi-bé*. Elle est située dans les eaux de la grande île, sur la côte nord-ouest, et tire de ce voisinage sa principale importance. Elle affecte la forme d'un quadrilatère irrégulier et présente une superficie de 19,500 hectares. Vue du large, elle présente l'apect d'un épais massif de verdure, dominé par des montagnes en forme de cônes tronqués qui décèlent une origine volcanique. Trois groupes distincts composent le système orographique de Nossi-bé : le *Tané-Lanak*, le *Navekh* et le *Loucoubé*. Trois cours d'eau principaux découlent de ces montagnes, le *Djabala*, l'*Andrian* et l'*Ankaranheni*. Outre ces cours d'eau, une foule de ruisseaux et de torrents sillonnent les ravins sans nombre dont l'île est déchirée. Toute l'année, l'eau de ces rivières ou ruisseaux est potable.

Quelques îlots environnent Nossi-bé. Les principaux sont *Nossi-Cumba*, *Nossi-Mitsiou* et *Nossi-Sakatia*. Nossi-Cumba est séparée de Nossi-bé par un canal de 2,600 mètres : c'est un pâté de montagnes, dont un des sommets atteint la hauteur de 622 mètres. Nossi-Sakatia est séparée de Nossi-bé par un canal de 1,000 mètres. Cette dernière île est inhabitée, à cause de ses vastes marécages, dont les miasmes ont opposé un obstacle insurmontable à la colonisation.

Le sol de Nossi-bé et de ses annexes est de la plus grande richesse. La canne à sucre, le riz, le manioc, le café, l'indigo, la patate y viennent parfaitement, sans exiger beaucoup de soins. La canne à sucre, d'abord cultivée exclusivement par les Européens, a fini par tenter les indigènes, qui aujourd'hui la cultivent aussi et contribuent à l'alimentation des dix-huit sucreries de la colonie. Il ne faudrait que quelques travaux d'assainissement pour transformer ce coin de terre en une féconde oasis. Nossi-bé et ses annexes jouissent d'excellents mouillages qui se prolongent jusque dans les baies de Madagascar. La plus importante de ces baies, celle de *Passandava*, abriterait des flottes entières.

Jadis, cet archipel dépendait des roitelets de la côte nord-ouest de Madagascar. A la suite des guerres malheureuses soutenues par les Sakalaves contre les Howas, sa population s'accrut sensiblement. Plusieurs milliers d'indigènes émigrèrent avec leur reine Tsioumeick ; mais, craignant un retour offensif des Howas, ils profitèrent de la présence d'un navire de guerre français, le *Colibri*, pour se mettre sous la protection de notre gouvernement (1840). Un traité fut conclu en 1841 entre la reine Tsioumeick et le capitaine Passot, traité par lequel la reine cédait à la France tous ses droits de souveraineté. Après quelques années employées en travaux d'installation, l'île fut attaquée en 1849 par un grand nombre de pirates et d'insulaires de Madagascar. Les agresseurs furent repoussés, mais on reconnut la nécessité de travaux de fortification, qui furent aussitôt entrepris. Depuis cette époque, indigènes et colons ont pu se livrer en toute sécurité à leurs travaux, sans perdre de vue la grande île, objet de leurs regrets et de leurs espérances.

Les Howas, en effet, qui ont établi leur domination à Madagascar depuis quelques années, ne forment pas à beaucoup près la majorité de la population. Du jour où la France voudra sérieusement reprendre possession de ses anciens établissements, elle trouvera de nombreux auxiliaires dans les tribus madécasses opprimées par les Howas. Sainte-Marie, Mayotte, Nossi-bé et ses dépendances n'ont qu'une importance minime; mais ces colonies permettent aux insulaires de la grande île de compter sur nous pour une revendication prochaine. Il est incontestable que nous resterons dans les termes de la légalité en réclamant Tamatave, Foulpointe, Fort-Dauphin et les autres ports où notre pavillon a flotté si longtemps et du consentement de tous. Les conséquences de cette intervention sont incalculables : abolition du joug détesté des Howas, accès désormais facile au commerce de toutes les nations sous la protection de la France, initiation à la civilisation, prodigieuse extension de notre influence et renaissance politique.

Quand nous entourerons l'Afrique au nord par l'Algérie, à l'ouest par le Sénégal, au sud-est par Madagascar, qui sait les destinées à nous réservées? Les anciens disaient déjà que l'Afrique est le pays de l'inconnu : *In Africa semper aliquid novum.* L'influence qui nous échappe en Europe, nous la retrouverions peut-être en Afrique ! Après avoir initié l'Europe à la liberté politique, nous aurions l'heureuse chance d'initier l'Afrique à la liberté sociale et de répandre sur elle tous les bienfaits de la civilisation. C'est un beau rêve, sans doute; mais parfois se réalisent les rêves !

CHAPITRE V

OBOCK

BIBLIOGRAPHIE

H. LAMBERT. *Journal de voyage* (*Tour du monde*, 1862).
DENIS DE RIVOIRE. *La baie d'Adulis et ses environs* (Société de géographie, 1868).
DENIS DE RIVOIRE. *L'Abyssinie pittoresque et commerçante* (*Explorateur*, 1877).
HERTZ. *Les avances du roi Min-Hilick II aux entreprises de la civilisation moderne* (*Explorateur*, 1877).
GOLTDAMMER ET CAPITAINE. *Obock* (*Explorateur*, 25 août 1878).
LOUIS LANDE. *Un voyageur français dans l'Ethiopie méridionale* (*Revue des Deux-Mondes*, janvier 1879).

Obock n'est pas encore, mais deviendra bientôt une colonie française. Cette ville ne nous appartient que nominalement; mais elle est si bien située, que, si les circonstances la favorisent, elle pourra devenir comme l'embryon d'une France nouvelle.

L'isthme de Suez était en voie de formation. Les Anglais, inquiets et jaloux, s'opposaient sourdement à ce gigantesque travail, qui devait renouveler les conditions économiques du commerce universel. Ils venaient de s'emparer de Périm (1857) et y construisaient un nouveau Gibraltar, afin de dominer la mer Rouge. Il n'était que temps pour la France d'intervenir [1].

---

[1]. Vers 1860, lors de la mission du commandant Russel, la baie d'*Adulis* et l'île de *Dessé*, qui en défend l'entrée, avaient été déjà achetées au roi Negousié. Cette acquisition ne fut pas ratifiée à Paris, et ce fut un malheur, car nous serions entrés en relations directes avec les Abyssins, et notre influence se serait promptement établie dans cette région, si bien située sur son frais plateau, d'où elle domine les deux Orients, et regarde à la fois les Indes et l'Afrique.

Nous avions alors à Aden pour agent consulaire un homme énergique, très au courant des menées anglaises et fort capable de les déjouer. M. Henri Lambert résolut, avec l'autorisation du gouvernement, d'acheter un territoire au débouché de la mer Rouge, afin d'y créer un port, qui deviendrait à la fois une position stratégique et un centre commercial. Son choix fut heureux. Il se détermina pour *Obock*, dans le golfe d'Aden ou plutôt de *Tadjoura*, au sud du détroit de Bab-el-Mandeb. C'était un village inconnu et si peu fréquenté, que les indigènes lui avouèrent naïvement que jamais, avant lui, un Européen ne les avait visités; aussi le considéraient-ils comme un être surnaturel. Les femmes et les enfants fuyaient à son approche; mais ils les apprivoisa bien vite et, par sa bonté et sa générosité, leur apprit à chérir le nom de la France.

Obock appartenait à un roitelet des Somâlis, Abou-Becker, sultan de *Zeilah*. Les Anglais [1], qui se doutaient des projets de Lambert, avaient écrit à cet arrière-cousin du Prophète de ne pas lui accorder sa protection, ce qui, dans un pays si mal gouverné, était une sorte de provocation à l'assassinat. Lambert, prévenu à temps, n'eut pas de peine à démontrer au sultan que, si les Anglais prenaient tant de précautions et agissaient si déloyalement à son endroit, c'est qu'ils redoutaient l'influence française, et, par conséquent, que lui, sultan de Zeilah, avait tout intérêt à devenir notre allié. Cette argumentation spécieuse convainquit Abou-Becker, qui vendit à notre agent pour une somme insignifiante, une cinquantaine de mille francs, la ville et le territoire d'Obock.

Lambert n'eut pas la satisfaction de prendre possession de la nouvelle colonie que son habile diplomatie venait d'acquérir à la France. Le 4 juin 1859, il tombait victime d'un guet-apens, et ses assassins, d'obscurs Arabes, excités par un ennemi d'Abou-Becker, jetaient son cadavre à la mer. Ce fut seulement en juin 1863 que MM. Goldtammer et Capitaine plantèrent à Obock le drapeau français. L'année suivante, l'aviso de la marine impériale le *Surcouf*, commandé par M. Salmon, exécu-

---

1. Les Anglais d'Aden ont déjà essayé de pénétrer dans ces régions inexplorées pour ouvrir à leur commerce des voies fécondes. La morgue britannique s'aliéna vite l'esprit des habitants, et le capitaine Burton dut fuir à la nage la colère du peuple de Berbera, que son arrogance avait ameuté contre lui.

tait avec le plus grand soin l'hydrographie du port et relevait la côte voisine. Il semblait que la France allait fonder dans ces parages un grand établissement. De cruels désastres et de graves préoccupations ont, depuis, détourné notre attention. Le moment viendra, peut-être n'est-il pas éloigné, de tirer parti des avantages de tous genres que présente cette position.

Il serait en effet très-facile de créer à Obock un port très sûr, abrité par de hautes falaises contre les vents du nord et de l'ouest. Deux mouillages distincts semblent disposés pour abriter des flottes entières. Ils sont protégés par des bancs de corail, et ont une profondeur moyenne de 10 à 30 mètres. Ils communiquent entre eux et avec la haute mer; on pourrait donc y pénétrer par tous les temps. Le mouillage du nord est préférable. On le rendrait excellent en construisant, contre les vents du sud-ouest, deux jetées de 800 mètres chacune, dont il serait facile de trouver à portée les matériaux. Obock possède en outre deux avantages inappréciables, de l'eau potable et du charbon. Les puits et les torrents sont nombreux, et il serait facile de détourner jusque dans le port la rivière *Anazo*. Quant au charbon, on le trouve dans le voisinage, à fleur de terre, très-abondant, et de qualité supérieure. Or à Aden, le port le plus fréquenté de la région, l'eau potable, récoltée à grand'peine dans des citernes, se vend très-cher et est détestable, et le charbon y est transporté à grands frais d'Angleterre. Il est évident que les navires de toutes nations viendraient de préférence à Obock pour y renouveler avec une économie considérable leurs provisions d'eau et de charbon.

Obock occupe en outre une position stratégique de premier ordre. Entre Toulon et Saïgon, la seule ville française est Pondichéry, c'est-à-dire que nos navires sont forcés de relâcher dans des ports anglais, et que, en cas de guerres maritimes, nos communications seraient facilement interrompues. Que si au contraire nous possédions à Obock à la fois un dépôt de charbon, un port de ravitaillement et de refuge, et un arsenal, établissements qu'il serait facile de fonder, nous aurions ajouté un anneau à cette chaîne de stations navales que doit posséder toute puissance maritime.

Nos négociants trouveront également dans cette région l'occasion de contracter des marchés lucratifs. Obock peut en effet devenir le débouché des produits de l'Abyssinie, du Somal, du Choa [1] et de tous ces pays encore vierges, qui n'attendent pour être fécondés que la présence des Européens. On demande déjà sur la côte nos pièces de cotonnade bleue, qu'on nomme *guinées*, nos velours et nos soies, nos verroteries, nos articles de Paris et nos parfumeries. Ces marchandises sont aujourd'hui apportées en Abyssinie par des caravanes et vendues très-cher. Tous les habitants de cette partie de l'Afrique accourront à Obock, dès qu'ils sauront qu'on y trouve à peu de frais les objets qu'ils recherchent, et, en échange des produits de notre industrie, ils apporteront leurs métaux, leurs bois précieux, caoutchoucs, cafés, cotons, indigos, tabacs, lins, cannes, encens, koussôs, coloquintes, etc. Les chevaux abyssins, si vantés pour leur légèreté, les bœufs et les buffles, les éléphants et les autruches, les perles, nacres, écailles, coraux, en un mot toutes les richesses végétales et animales de la contrée seront dirigées vers Obock, qui de la sorte deviendra le point de départ des caravanes pour l'intérieur de l'Afrique et le principal marché d'exportation des denrées africaines.

Si donc nous avons la sagesse de dépenser enfin notre activité dans ces utiles entreprises, il est certain que notre récente acquisition est appelée à un grand avenir. Obock peut devenir un des grands ports de l'océan Indien. Puissent nos souhaits de prospérité se réaliser quelque jour!

1. Un hardi Français, M. Arnoux, grand ami de l'empereur abyssin Minylick, vient de signer un traité par lequel, sous les auspices de Minylick, il ouvrira une route partant d'Obock pour l'Afrique centrale et fondera une colonie française au Choa. S'il faut en croire quelques indiscrétions, le gouvernement français aurait accueilli ce projet et serait à la veille de prendre possession définitive d'Obock. Voir *Revue des Deux-Mondes*, 15 janvier 1879.

DEUXIÈME PARTIE

L'AMÉRIQUE FRANÇAISE

CHAPITRE PREMIER

LA GUYANE FRANÇAISE

BIBLIOGRAPHIE

M. Ternaux-Compans, à la suite de sa *Notice historique de la Guyane française* (1843), et M. Victor de Nouvion, dans ses *Extraits des auteurs et voyageurs qui ont écrit sur la Guyane* (1844), ont dressé le catalogue des ouvrages à consulter sur notre colonie. Le premier énumère 166 auteurs, et le second 240. Nous ne pouvons que renvoyer à la lecture de ces précieux catalogues. Nous nous contenterons d'indiquer ici les principales publications de ces dernières années sur la Guyane française.

Vidal. *Voyage d'exploration dans le haut Maroni* (Revue maritime et coloniale, 1862).

Couy. *Renseignements sur la navigation des côtes et des rivières à la Guyane.* 1865.

Bouyer. *Voyage dans la Guyane française* (Tour du monde, 1866).

Bouyer. *La Guyane française. Notes et souvenirs d'un voyage exécuté en 1862-1863.* 1867.

Brett. *The indian tribes of Guyana*, 1868.

Sagot. *Exploitation des forêts à la Guyane française* (Revue maritime et coloniale, août 1868).

Delteil. *Notice sur la Guyane française.* 1870.

Delteil. *Voyage chez les Indiens de la Guyane française.* 1870.

Saint-Quentin. *Introduction à l'histoire de Cayenne.* 1872.

Barveaux. *L'or à la Guyane française* (Revue maritime et coloniale, 1873).

Sagot. *Agriculture de la Guyane française.* 1874.

Mourié. *La Guyane française.* 1874.

De La Bouglise. *Les placers de la Guyane française* (Journal officiel, juin 1874).

Loubère. *Situation économique de la Guyane française en 1874.* 1875.

Moreau. *La Guyane française* (Explorateur, 1875).

CHABAUD-ARNAULT. *La Guyane française et la province de Para* (Revue maritime et coloniale, 1876).
AVRAINVILLE. *Statistique agricole et commerciale de la Guyane française en 1872-1873* (Revue maritime et coloniale, 1876).
X... *Les coolies de la Guyane* (Revue scientifique, juillet 1877).
H. BIONNE. *La Guyane française* (Explorateur, mars 1878).
CREVAUX. *Voyage en Guyane en 1877* (Société de géographie, nov. 1878).

La Guyane est une vaste contrée de l'Amérique équinoxiale, comprise entre l'Atlantique à l'est, l'Orénoque au nord, le Rio-Negro à l'ouest et l'Amazone au sud. Quatre nations se partagent aujourd'hui ce territoire : le Brésil revendique le pays compris entre l'Amazone et l'Oyapock ; les possessions françaises s'étendent de l'Oyapock au Maroni, la Hollande du Maroni au Corentin, et l'Angleterre du Corentin à l'Orénoque. Les quatre Guyanes appartenaient jadis à la France et portaient alors le beau nom de *France équinoxiale*. Le Brésil, la Hollande et l'Angleterre ont profité des désastres de nos guerres maritimes et des fautes de nos gouvernements pour réduire au moins des deux tiers notre ancienne colonie, et elles se sont taillé leur part dans les provinces les mieux disposées pour le commerce et la colonisation. De ces quatre Guyanes, nous n'étudierons que la Guyane française actuelle, c'est-à-dire la Guyane comprise entre le Maroni au nord, l'Atlantique à l'est, l'Oyapock au sud, et sans limites précises à l'ouest.

I. — Histoire de la Guyane française.

Christophe Colomb passe pour avoir le premier pris connaissance du pays, lorsque, à son troisième voyage au nouveau monde, le 1er août 1498, il aborda le continent près du delta de l'Orénoque ; mais il faut attribuer le véritable honneur de la découverte à Vincent-Ianez Pinçon, un des compagnons de Colomb, qui, sur la foi de vagues indications, ou peut-être guidé simplement par son instinct nautique, toucha le continent américain, le 20 janvier 1500, vers le cap Saint-Augustin. Pinçon entra tout de suite en relations avec les indigènes et longea la côte dans la direction du sud. Il arriva sans s'en douter à un point où il trouva l'eau de la mer si douce qu'il en remplit ses futailles. Surpris de ce phénomène, il s'approche alors de terre et mouille à l'entrée d'un fleuve dont l'embouchure avait plus de trente lieues de large; mais les courants et la marée le forcèrent à s'enfuir en toute hâte, non sans avoir éprouvé de graves avaries. Ce fleuve était l'Amazone, qui en effet modifie à une grande distance l'amertume de l'Océan, et est soumis à un dangereux phénomène de marée, connu sous le nom de *prororoca*.

Après Pinçon, les voyages se multiplient, et même les explorateurs n'hésitent pas à s'enfoncer dans l'intérieur des terres, sur la foi d'une tradition singulière, d'après laquelle existait au centre du continent une ville, dont la richesse dépassait toute imagination. Le souverain de cette ville était des pieds à la tête revêtu de paillettes d'or, et chaque soir il renouvelait ce vêtement riche, mais incommode, en se plongeant dans un bain. On le nommait l'homme doré, *El Dorado*, et par suite ses domaines prirent le nom d'Eldorado. Cette légende eut cours pendant tout le XVIe et le XVIIe siècle. De nombreux aventuriers, de toutes les nations, s'égarèrent à la recherche de ce prince métallique et de sa fantastique cité. Mais le charme n'a pas encore été rompu, et la ville de l'or n'a pas été retrouvée. En 1720, un de nos gouverneurs de la Guyane, M. d'Orvilliers, envoyait encore une expédition à la recherche de l'Eldorado, et peut-être se rencontrerait-il, même de nos jours, des croyants à cette chimère.

Aussi bien un trésor existait et existe encore à la Guyane. C'est même un trésor inépuisable, l'agriculture. Dans cette terre féconde poussent à l'envi les productions de toutes les zones. Baumes, essences, bois précieux, fruits et céréales, ce sont là les trésors d'un Eldorado réel, que tous peuvent conquérir par le travail; mais bien des siècles se sont écoulés avant qu'on ait compris cette vérité économique, et la Guyane a longtemps été la terre classique des déceptions et des mésaventures, des désastres même.

En effet, depuis le commencement du XVIIe siècle, époque à laquelle quelques Français, qui abordèrent en Guyane, y plantèrent le drapeau national, toutes les ébauches de colonisation tentées par l'État ou par des particuliers ont misérablement échoué. Les rigueurs de la déportation et des bagnes ont encore augmenté le sinistre renom de la Guyane, qui reste, à l'heure actuelle, la plus discréditée et la moins peuplée de nos colonies. Elle coûte plus encore qu'elle ne rapporte, et, par un contraste qui n'est pas en notre honneur, ses voisines, les Guyanes hollandaise et anglaise, sont en pleine prospérité, et cela dans des conditions équivalentes. Peut-être trouverons-nous la cause de ces insuccès continus, en résumant à grands traits l'histoire de nos établissements en Guyane.

En 1604, un gentilhomme poitevin, La Ravardière, fut chargé par Henri IV d'examiner s'il était possible d'établir une colonie à la Guyane. Il se rendit en Amérique, examina sérieusement la question et donna une réponse affirmative. En 1626, 1633 et 1643, trois compagnies échouèrent les unes après les autres. Celle de 1643 était dirigée par une sorte de fou furieux, nommé Poncet de Brétigny, qui traitait ses hommes avec une brutalité révoltante. Non seulement il les punissait pour la faute la plus légère, mais encore pour des fautes qui n'en étaient pas. Ainsi, pour des rêves de mauvais augure, il marquait ses victimes au milieu du front ou sur la paume de la main avec une estampe de fer rougi où s'entrelaçaient ses initiales. Les indigènes, qu'il maltraitait également, firent cause commune avec les Français, et Poncet de Brétigny fut massacré. Nous n'aurions pas mentionné cet énergumène, s'il n'avait été le fondateur de la future capitale du pays, de Cayenne.

Une nouvelle compagnie, celle des Douze Seigneurs, se forma en 1652. Ses propres dissensions et les attaques des indigènes l'anéantirent promptement. Les Hollandais profitèrent de ce quadruple échec pour s'emparer une première fois de Cayenne et de la Guyane; mais le grand roi et le grand ministre qui se trouvaient alors à la tête des affaires, Louis XIV et Colbert, s'intéressaient aux questions coloniales. Les Hollandais furent expulsés, et une cinquième compagnie, celle des Indes occidentales, se forma en 1664. Elle réussit aussi peu que les précédentes. Colbert résolut alors d'administrer directement, et aussitôt s'établit un ordre relatif. Quelques villages furent bâtis; on traita les indigènes avec plus de douceur, et l'agriculture fut encouragée. Pendant un siècle, de 1674 à 1763, la colonie se soutint, non pas précisément brillante et productive, mais honorable. En 1763, une sinistre aventure appela de nouveau l'attention sur la Guyane et lui donna décidément une lugubre réputation. C'est le déplorable épisode, célèbre dans notre histoire coloniale sous le nom d'expédition du Kourou.

Après la guerre de Sept-Ans et le honteux traité de Versailles, la France avait perdu le Canada et les Indes. Impatient de regagner dans un continent ce qu'il perdait dans les deux autres, le premier ministre Choiseul résolut de coloniser largement la Guyane. Il demanda au roi, pour lui et pour son cousin Praslin, la concession de territoires compris entre le Kourou et le Maroni, territoires qui seraient convertis en fiefs héréditaires pour les membres de sa famille, car il voulait non seulement organiser une exploitation modèle, mais aussi renouveler, dans sa pureté idéale, la féodalité, qui commençait à disparaître en Europe. L'affaire fut vigoureusement lancée. Des prospectus mirifiques, distribués avec abondance, promirent au public monts et merveilles. Gentilshommes ruinés et cadets de famille, paysans et pacotilleurs, quelques milliers d'aventuriers furent bientôt rassemblés. On sollicitait les engagements presque comme une faveur, et les capitaux étaient offerts. Tout semblait annoncer des jours prospères à la nouvelle colonie, soutenue par la faveur publique et directement protégée par le ministère. Par malheur, la conduite de l'expédition fut partagée entre deux chefs jaloux l'un de l'autre, le chevalier Turgot, frère du futur ministre, et l'intendant de Chanvalon. Le premier était incapable, et le second d'une probité douteuse. Ils ne purent s'entendre, et leur rivalité ruina la colonie.

A partir de novembre 1763 et jusqu'au milieu de l'année suivante, les convois se succédèrent rapidement. Les émigrants débarquaient sur une langue sablonneuse et des îlots à peine déblayés à l'embouchure du Kourou. Rien n'avait été préparé pour les recevoir. Sous l'ombrage des arbres toujours verts de la Guyane, des myriades d'insectes troublaient leur repos, et des rochers qui formaient la charpente des îles ne coulait aucun ruisseau pour apaiser leur soif. De plus, comme les convois arrivèrent coup sur coup, et que les approvisionnements amenés d'Europe se corrompaient par l'effet de la traversée et sous l'influence du climat, la confusion arriva bientôt à son comble, et la famine devint menaçante. En juillet 1764, treize à quatorze mille émigrants étaient entassés sur les plages du Kourou, sans abris, sans outils, sans vêtements et presque sans vivres. Ces malheureuses victimes de l'incurie administrative étaient pour la plupart originaires de Lorraine et d'Alsace. Transportés dans un pays si différent du leur, entassés dans des locaux malsains, brûlés par un soleil torride, attaqués par ces mille ennemis invisibles qui pullulent sous la chaleur humide des tropiques, souffrant de la faim et de la soif, ils étaient dévorés par la fièvre, qui conduit du désespoir à l'hallucination et bientôt à la mort !

Pendant ce temps, et comme pour faire contraste à la sombre tragédie dont les lugubres péripéties se déroulaient en Guyane, l'intendant Chanvalon montait un théâtre et y faisait jouer des bergerades. Il ordonnait d'étaler dans des boutiques, symétriquement disposées de manière à former galerie, les marchandises d'Europe. Ces marchandises avaient été envoyées au hasard de la métropole. Elles ne répondaient nullement aux besoins de la colonie. Ainsi, ne s'était-on pas avisé, dans un pays où jamais on n'a vu de neige ou de glace, d'ouvrir une boutique de patins ! Insoucieux et sceptiques, les émigrants parcouraient ces galeries improvisées. On se serait cru au Palais-Royal, écrivait un témoin oculaire. La journée se terminait comme à Paris par le bal et l'opéra, le jeu et l'intrigue. On vivait sans souci du lendemain ; mais toute cette féerie devait bientôt se dissiper, et le réveil fut terrible. La récolte manqua : les provisions de France avaient été imprudemment gaspillées. La faim et le désespoir s'abattirent sur la colonie. Treize mille personnes moururent dans des souffrances atroces. On voyait des mères jeter leurs enfants du haut des rochers du Kourou et se précipiter ensuite dans la rivière. En 1765, il ne restait plus que 918 colons, qui, malades, amaigris, moribonds, s'apprêtaient à fuir une terre détestée.

En France, quand on apprit cette affreuse nouvelle, la consternation fut générale. Le Parlement crut devoir évoquer l'affaire. Il en résulta un interminable procès qui fut étouffé plutôt que discuté. Pour excuser leurs maladresses et leurs fautes, les accusés s'appliquèrent à décrier le climat équinoxial, et, comme on feignit d'accepter cette excuse, peu à peu s'enracina dans les esprits le préjugé de l'insalubrité du pays. La partie éclairée du public savait pourtant à quoi s'en tenir sur l'affaire du Kourou; car les projets pour la régénération de la Guyane ne furent jamais plus nombreux que depuis cette catastrophe jusqu'à la Révolution. Il est vrai que toutes les tentatives nouvelles avortèrent : celles de Bessner en 1767 et 1781, celle de Villebois en 1788. Il semblait vraiment que la Guyane fût la terre natale des déceptions et des insuccès retentissants.

Pendant la Révolution, la Guyane eut encore son heure de sinistre célébrité. Cayenne servit de lieu de déportation à ceux qu'épargnait la guillotine, mais que proscrivaient nos fureurs intestines. Jacobins et royalistes y furent tour à tour envoyés. C'est là que mourut Collot d'Herbois. Il était à son lit de mort, et brûlé par la fièvre. Il se plaignait à son médecin de l'abondante sueur qui le couvrait. « Je le crois bien, répondit ce dernier; vous suez le crime! » Les victimes du 18 fructidor furent les plus malheureuses : deux directeurs, Carnot et Barthélemy, 53 députés et 516 royalistes, avaient été condamnés. Ils furent conduits sur les rives du Sinnamary, et, en moins de quelques mois, les deux tiers d'entre eux avaient succombé au chagrin, aux privations et aux maladies; huit d'entre eux, parmi lesquels Pichegru et Barthélemy, parvinrent à s'échapper, en se jetant dans une pirogue, où pendant sept jours et sept nuits, sans boussole et presque sans vivres, ils luttèrent contre les dangers d'une mer orageuse. La catastroppe du Sinnamary acheva de discréditer la Guyane. Les royalistes se trouvèrent intéressés à soutenir que leurs adversaires les avaient condamnés à aspirer un air empoisonné, et la mort d'un grand nombre d'exilés donna quelque vraisemblance à cette accusation. Bien que le pays et le climat ne fussent que pour peu de chose dans ce désastre, l'opinion publique fut douloureusement émue. Elle associa le nom du Sinnamary à celui du Kourou, et dès lors la Guyane passa pour une terre maudite.

En 1800, les Conseils nommèrent gouverneur général un homme énergique, Victor Hugues, qui réussit à établir l'ordre dans la colonie et fit exécuter divers travaux d'utilité publique; mais en 1809, lorsque les Anglais et les Portugais réunis attaquèrent la Guyane, il ne déploya pas son énergie habituelle et capitula en stipulant seulement que la colonie serait remise non aux troupes britanniques, mais à leurs alliés. Les Portugais laissèrent en vigueur nos lois et traitèrent la colonie avec ménagement. Les traités de 1815 nous rendirent la Guyane, mais les Portugais en éludèrent la remise pendan deux ans, sous divers prétextes, et ne l'effectuèrent qu'en novembre 1817.

Un des nouveaux gouverneurs, le baron de Laussat, homme actif et entreprenant, s'efforça de réparer le temps perdu. Il fit réparer les routes et les chemins, ouvrir des fossés et des canaux, et réorganiser les chantiers. La Guyane commençait à prospérer, quand un ancien sous-préfet, M. Catineau-Laroche, proposa au gouvernement de peupler la partie sous le vent de Cayenne avec des cultivateurs français. Ce projet fut accueilli avec empressement ; une commission fut nommée, et un brick, mis à la disposition des explorateurs par M. de Laussat, les conduisit dans le bassin de la Mana, où ils jetèrent des fondements d'une ville qu'ils appelèrent la Nouvelle-Angoulême. C'est en 1823 seulement que les colons arrivèrent de France ; mais, au bout de quelques mois, malgré leur courage et leurs efforts, ils ressentirent les cruelles atteintes des fièvres intermittentes et pernicieuses. Il fallut évacuer la Nouvelle-Angoulême et se replier sur le poste d'entrepôt qu'on avait établi à l'embouchure du fleuve. Au moins cet établissement ne disparut-il pas, comme celui du Kourou, en laissant une traînée sinistre de honte et de sang.

L'histoire de la Guyane française n'a été jusqu'à présent qu'une sombre énumération de fautes et de malheurs, sans doute parce que le gouvernement français ne peut se déshabituer de ces expériences de colonisation artificielle et arbitraire qui ne conduisent qu'à des désastres. Tantôt c'est un plan de colonie militaire qui prévaut, tantôt c'en est un de colonie agricole. Aujourd'hui, on recherche à la Guyane les bois de construction ; demain, on songera à dessécher les marais et à ouvrir les forêts ; mais bientôt on se rebute et on envoie un nouveau gouverneur avec des projets nouveaux. Ces fluctuations entretiennent les misères de la colonie et donnent beau jeu à ses adversaires.

En 1831 commença pour la Guyane une période nouvelle. Nous n'avions alors qu'un millier de blancs créoles, 4 à

5,000 hommes de couleur et 12,000 nègres chargés de mettre en valeur un territoire de 18,000 lieues carrées. Le 8 décembre 1851, un décret présidentiel ordonna que tout individu en rupture de ban ou affilié à une société secrète pourrait être transporté soit à Cayenne, soit en Algérie. Le 31 mai 1852, sous prétexte d'une révolte dans le pénitencier de Lambessa, les déportés de l'Algérie furent dirigés sur la Guyane, mais avec une telle précipitation que beaucoup d'entre eux périrent de misère, et tous n'étaient pas des forçats! Depuis, ces hécatombes humaines ont diminué; mais le problème de la transportation et des établissements pénitentiaires n'est pas encore résolu.

A vrai dire, dès les premiers jours de notre installation à la Guyane, le hasard a tout conduit. Il conduit encore tout! Nous n'avons pas mission de rechercher les causes de cette incurie séculaire : au moins nous convaincrons-nous, en étudiant la géographie physique et les ressources économiques du pays, de la possibilité de créer à la Guyane, un établissement durable et bientôt sans doute prospère.

II. — Géographie physique.

Une objection se présente tout d'abord à l'esprit : Le climat de la Guyane ne s'oppose-t-il pas à toute tentative de colonisation européenne? — La Guyane est, il est vrai, située en pleine zone torride, presque sous l'équateur; mais les chaleurs ne sont pas aussi accablantes qu'on le croirait au premier abord. Le thermomètre ne s'élève jamais au-dessus de 32°. Il est vrai qu'il ne s'abaisse pas au-dessous de 18°, et c'est cette continuité dans la température qui fatigue plus que l'excès de chaleur. Le climat de la Guyane ressemble donc à tous les climats tropicaux, et, s'il exige de la part des nouveaux venus quelques précautions spéciales, là s'arrête sa rigueur. Par malheur, les conditions climatériques dépendent non seulement de la position géographique, mais aussi des influences locales inhérentes à la nature du sol : or il y a en Guyane surabondance d'humidité. Les vapeurs de l'Atlantique se heurtent au massif de montagnes qui forme le centre du pays, s'y condensent dans les forêts épaisses qui couvrent ce massif, et coulent de toutes parts en sources et en rivières. On a calculé que la masse des eaux qui tombent chaque hiver en Guyane couvrirait le pays d'une nappe liquide de 4 à 5 mètres de hauteur, si par bonheur elles ne trouvaient une issue dans de nombreux canaux ou fleuves, qui portent ce trop-plein à la mer. Tant que ces eaux s'écoulent régulièrement, la salubrité générale n'est pas compromise; mais, quand elles s'arrêtent et se corrompent dans de vastes marécages, elles forment de véritables foyers d'infection, dont l'influence délétère se fait sentir au loin. C'est ainsi qu'en Guyane certaines localités sont inhabitables sans que la cause du mal soit immédiate. Mais de l'insalubrité indéniable de certains cantons il serait injuste de conclure à l'insalubrité absolue et universelle du pays. En France, n'avons-nous pas en Sologne, en Corse, et ailleurs, des régions malsaines? En Italie les marais Pontins, en Autriche la Puzta hongroise, en Roumanie la Doborutscha, en Russie le Pripet sont également de véritables laboratoires de maladies et de mort. Pourtant jamais personne ne s'est avisé de soutenir que la France entière, que l'Italie, l'Autriche, la Roumanie ou la Russie étaient inhabitables. En Guyane, comme partout ailleurs, il y a des cantons insalubres et d'autres qui ne le sont pas. Il s'agit de borner la colonisation à ces derniers points et de n'attaquer les autres que partiellement et avec une extrême réserve. On peut donc vivre à la Guyane comme ailleurs. D'après les observations faites sur la garnison française, la mortalité annuelle ne dépasse pas 2,53 0/0, et cette statistique est très-favorable. Aussi bien on voit en Guyane des vieillards dans toutes les classes de la société. La Guyane ne mérite donc pas sa réputation. Que l'Européen de son côté aide la nature par l'hygiène, la sobriété et la régularité, et peu à peu ses organes s'assoupliront aux exigences locales. Le climat n'est donc pas un obstacle à la colonisation.

L'absence de bons ports est un obstacle plus sérieux. Qu'on se figure une côte presque droite, qui ne se découpe jamais en une de ces échancrures profondes, si recherchées des navigateurs. Vers le continent, deux ou trois lieues de terrains fangeux et noyés; vers la mer, des bancs de vase qui se prolongent au large et communiquent à l'Océan une teinte jaunâtre. Sur la ligne de séparation entre les eaux de la mer et le continent se dresse une forêt de palétuviers. On appelle ainsi de grands arbres de haute futaie, attachés au sol par d'énormes et profondes racines, et baignés à chaque marée par 3 ou 4 mètres d'eau, suivant le niveau du terrain, en sorte qu'on aperçoit pendant le flot d'immenses forêts au milieu de la mer. A intervalles inégaux, cette épaisse bordure de palétuviers s'ouvre pour laisser passer quelque fleuve, dont les bouches sont obstruées presque toutes par des bancs de sable ou fermées par des barres. A vrai dire, le seul port, et ce n'est qu'un mouillage peu sûr, est celui de Cayenne. On y arrive avec peine. En cas de mauvais temps, les grands navires sont obligés de s'arrêter en pleine mer, aux îles du Salut. Les navires d'un plus faible tonnage sont réduits à s'avancer en sondant le terrain, qui varie constamment, à cause des bancs de vase apportés par les fleuves de Guyane. En tout temps, par suite de la rencontre des lames de l'Atlantique avec le limon bourbeux des rivières, s'opèrent des ressacs tumultueux qui se traduisent en ras de marée. La Guyane n'est donc pas d'un abord facile, et le port de Cayenne est insuffisant pour toute cette étendue de côtes. C'est là un inconvénient sérieux et réel, que nous sommes les premiers à reconnaître.

Un autre inconvénient, plus grave encore, est l'isolement géographique de la Guyane. Rien n'aboutit à ce pays, et il ne conduit à rien. L'examen de la carte semblerait pourtant indiquer qu'au delà de la zone littorale s'étendent à l'infini des champs immenses ouverts à la colonisation. Par malheur, les fleuves de la Guyane, qui seraient en quelque sorte les voies naturelles vers ces solitudes inexplorées, sont brusquement interrompus à quinze ou vingt lieues de leur embouchure par des rochers qui arrêtent toute navigation intérieure. Au delà s'étendent à l'infini des forêts immenses et inextricables que ne traverse aucun sentier. La course la plus lointaine entreprise dans ce labyrinthe de troncs et de lianes le fut par les jésuites Bechamel et Grillet, qui, en 1674, pénétrèrent à 80 lieues dans l'intérieur. De nos jours, le docteur Crevaux s'est enfoncé plus loin encore, mais cette reconnaissance géographique n'a pas encore eu de résultats pratiques, en sorte que, sur d'énormes espaces, les géographes sont encore forcés d'inscrire la fatale légende de *terra incognita*. Rappelons toutefois que les dangers que courent les explorateurs dans ces forêts n'existent peut-être pas. L'homme a toujours aimé à peupler de monstres et d'épouvantails les régions qu'il ne connaissait point. L'Atlantique avant Colomb n'était-il pas le séjour des monstres marins? Avant Speke, Livingstone ou Stanley, que ne racontait-on pas de l'intérieur de l'Afrique? A mesure que le mystère se dissipe, les dangers disparaissent et la nature seule révèle sa magnificence. Peut-être en sera-t-il de même pour la Guyane dans ses plus impénétrables profondeurs. Quoi qu'il en soit, à l'heure actuelle, la Guyane n'est qu'une étroite lisière de terrain marécageux, d'un accès difficile, et rigoureusement limitée par des forêts inexploitées. Aussi n'a-t-elle pas vu s'élever sur ses rivages une des ces cités maritimes telles que Marseille ou Carthage, New-York ou Calcutta, qui enrichissent toute une contrée. Ce n'est pas une de ces terres bénies où l'homme n'a qu'à paraître pour prospérer. Les inconvénients que nous venons de signaler, climat, absence de bons ports, isolement géographique, ne doivent cependant pas nous aveugler sur les avantages qu'elle présente.

Le premier de tous, et il est immense, est celui de posséder un système hydrographique admirablement combiné. Des fleuves et des canaux sillonnent le pays dans tous les sens, et forment ainsi, sans frais et sans encombrement, un réseau de chemins naturels aussi développé que celui de nos routes de terre ou de fer. Sur un littoral de 125 lieues de longueur, du Maroni à l'Oyapock, on compte en effet vingt-deux fleuves, parallèles entre eux, dont les nombreux affluents se croisent et s'entre-croisent. Au delà de ce premier groupe des fleuves littoraux, un réseau secondaire des affluents de l'Orénoque au nord et de l'Amazone au sud s'alimente par les pluies tropicales et les neiges des Cordillères. Comme les montagnes qui séparent ces affluents des fleuves littoraux sont peu élevées, il est fort aisé d'établir des communications entre les deux versants. A l'époque des grandes pluies, il arrive même que ces divers cours d'eau se mêlent entre eux. Peu de contrées sont donc aussi bien partagées comme abondance et distribution des eaux, et cette facilité des communications intérieures présente les conditions les plus favorables pour la création de cultures florissantes. Il est vrai que ces fleuves sont resserrés entre de nombreux rochers et coupés par des rapides. De plus, ils se transforment en véritables torrents, à cause de la grande quantité de pluie qu'ils reçoivent, et, comme ces eaux ne trouvent pas toujours d'écoulement, elles forment des lacs ou des marais, d'où se dégagent des effluves délétères ; mais, dès que l'homme aura rectifié et amélioré le cours de ces fleuves, tous ces inconvénients disparaîtront. Le plus septentrional des fleuves guyanais, celui qui sert de limite aux deux Guyanes hollandaise et française, est le *Maroni*. Quoique son entrée soit obstruée par des bancs de sable, ces bancs n'empêchent pas les navires d'un fort tonnage d'entrer dans le fleuve et de le remonter une quinzaine de lieues, jusqu'au saut San-Hermina. En septembre 1861, une commission hollandaise explora le cours entier de ce fleuve et de ses deux grands affluents, le *Tapanahoni* et l'*Awa*, dont la réunion forme le Maroni proprement dit. Les explorateurs reconnurent la communication qui existe d'un côté entre ce fleuve et l'*Oyapock*, et de l'autre avec le *Yari*, affluent de l'Amazone. L'entrée du Maroni et la partie supérieure de son cours offrent donc à la navigation de grandes facilités. C'est le plus important des fleuves guyanais par le volume de ses eaux et l'étendue de son bassin.

Vient en seconde ligne, et en descendant la côte du nord au sud, la *Mana*. Ce fleuve peut recevoir les grands bâtiments jusqu'à 16 kilomètres de son embouchure, et les petits jusqu'à 60. Au delà commencent les bancs de roche, que les pirogues seules peuvent franchir.

A la Mana succèdent le *Sinnamary* et le *Kourou*, sur les rives desquels périrent, en 1798 et en 1763, tant de victimes de nos fureurs politiques ou de notre imprévoyance administrative. Le cinquième et le plus connu des fleuves guyanais a donné son nom à la capitale du pays : c'est le *Cayenne*, qui doit son importance à la rade formée à son embouchure par la grande île sur laquelle est bâtie Cayenne.

Le dernier fleuve qui mérite une mention spéciale est l'*Oyapock*. Il sert de frontière provisoire entre la France et le Brésil. Depuis le traité d'Utrecht, en 1713, la question des limites n'a pas encore été réglée entre les deux pays. Ce traité assignait pour limite méridionale à notre colonie la rivière reconnue par Vincent Pinçon dans son voyage de découverte. Or les Portugais prétendent que cette rivière est l'Oyapock et les

Français l'Arouari. La question a son importance, car le territoire contesté comprend des vallées fertiles et des terres vierges. Mais les diplomates connaissent le prix du temps, et bien des notes et des protocoles, bien des livres même ont déjà été échangés, sans que le procès ait été jugé définitivement. Peut-être sera-t-il brutalement tranché quelque jour par le canon, cette *ultima ratio regum et nationum*.

Nous ne parlerons que pour mémoire des affluents de l'Orénoque et de l'Amazone, qui traversent un pays encore presque inconnu, ainsi que des lacs *Mepecucu*, *Macari* et *Mapa*, dont on n'a pas utilisé les eaux. Un de ces fleuves, le *Yari*, affluent de la rive gauche de l'Amazone, a été récemment reconnu par le docteur Crevaux. Il serait, paraît-il, fort aisé de joindre ses eaux à celles du Maroni, et de créer ainsi la canalisation intérieure de la Guyane. Cette rapide énumération démontrera qu'il est difficile de trouver un système hydrographique mieux combiné, et, sous ce rapport, aucune de nos colonies n'est plus favorisée.

Il en est de même pour la distribution des terres. On distingue à la Guyane les hautes terres, les basses terres et les savanes. Les hautes terres sont à peu près stériles; les savanes sont encore presque inexplorées; les basses terres sont seules fertiles, et d'une fertilité qui permet à la Guyane de lutter avec les pays les plus favorisés. Les savanes occupent à peu près le tiers du sol. Ce sont d'immenses pâturages naturels, assez semblables aux steppes russes ou plutôt aux pampas argentines, qui s'étendent entre la mer et les montagnes. Elles se déploient en terrains découverts, légèrement ondulés. On les rencontre surtout entre le Maroni et le Kourou et sur le territoire contesté entre l'Oyapock et l'Arouari. La surface de ces plaines offre une pente générale fort douce vers la mer, ce qui permet aux eaux d'y vaguer. Sous ce trop-plein d'irrigation, plusieurs de ces savanes se convertissent alors en marécages qu'on nomme des *pripris*, et, quand à leur tour les marécages se dessèchent, en prairies qu'on nomme des *pinotières*, à cause de l'abondance des palmiers pinots. Or les savanes, pripris ou pinotières semblent être préparées par la nature pour l'élève et la production du bétail. Ce sera sans doute leur destination quand elles seront conquises par la civilisation.

Le second tiers est occupé par les hautes terres, ou prolongement du massif montagneux jusque sur le rivage de la mer. Elles se détachent en collines, en buttes et en mornes isolés. Suivant leur point d'attache, on les distingue en terres hautes des montagnes et terres hautes de la plaine. Les unes et les autres sont couvertes d'une abondante végétation, qui a longtemps, et fort à tort, fait croire à leur fertilité. Ce ne sont pas en effet les éléments constituants du sol qui créaient cette fertilité, mais uniquement les détritus séculaires des plantes et des animaux. Les premiers colons, séduits par les apparences, s'attaquèrent d'abord aux terres hautes ; mais ils eurent le tort de remplacer les arbres à racines traçantes qu'ils avaien rencontrés par des arbres à racines pivotantes, qui ne trouvèrent dans le sol qu'une épaisseur insuffisante. Les pluies achevèrent le travail des hommes. A une couche superficielle d'humus succéda rapidement un sous-sol argileux, puis un noyau granitique. Les hautes terres perdirent leur parure verdoyante, et les colons durent les abandonner, en sorte que le défrichement des forêts, qui partout ailleurs amène la richesse, fut pour les hautes terres guyanaises une cause immédiate d'épuisement et de stérilité.

Restent heureusement les basses terres, qui occupent le dernier tiers du territoire, et qui, exploitées convenablement, assureraient à la Guyane des revenus inépuisables. Les basses terres, qui s'étendent du littoral aux premières cataractes des fleuves, se composent en premier lieu d'alluvions formées par les débris de montagnes et les détritus des végétaux entraînés par les pluies et chassés à la mer par les fleuves. Cette zone littorale est couverte d'épaisses forêts de mangliers et de palétuviers. Les vagues de l'Océan réunissent incessamment ces alluvions en bancs de vase molle, les solidifient, les fixent au continent et les élèvent peu à peu au-dessus des eaux. En second lieu, les basses terres proprement dites, anciennes alluvions délaissées par les eaux, mais noyées de temps à autre par les pluies hivernales ou le débordement des fleuves. Ces basses terres sont partagées par des ondulations sans importance en une multitude de petits bassins. L'intendant Malouet, un des hommes qui ont le mieux compris les intérêts de la Guyane, comparait ces bassins à un plat d'œufs au miroir.

Le jardinier Guisan employait une comparaison de même ordre, quand il écrivait « qu'en coupant par le milieu des poires de toutes grandeurs et figures, les unes dans leur largeur, les autres en travers, et qu'en les posant sur leur coupe, en les disposant sur un plan incliné vers la mer, on se formerait en petit une idée exacte de la plupart des cantons de la Guyane française, dans toute la partie qui borde la mer, jusqu'à douze ou quinze lieues dans les terres. »

Toutes les basses terres sont d'une fertilité extraordinaire, car elles se prêtent à une succession presque indéfinie de cultures. Il est vrai qu'il faut se précautionner contre la surabondance des eaux par de nombreux travaux d'art; mais les résultats obtenus compensent et au delà cette première appropriation. De l'eau à volonté, une température constamment chaude, que faut-il de plus à l'agriculteur pour qu'il réussisse au delà de ses désirs? Pourtant les efforts de la colonisation ont été longtemps détournés des basses terres par une injuste défaveur. Des colons hollandais, préparés par l'éducation du pays natal aux travaux hydrauliques, introduisirent ce genre de culture aux environs de Cayenne. L'intendant Malouet sut les y fixer par de sages concessions, et dès lors la culture s'est concentrée dans les basses terres, au grand profit de tous les colons qui ont bien voulu s'y appliquer sérieusement.

Savanes réservées au bétail, hautes terres aux forêts, basses terres aux cultures industrielles, telle est la triple division que la nature impose aux colons guyanais. Notre colonie présente donc une admirable variété, et une administration prévoyante, secondée par des colons laborieux, réussirait promptement à faire de la Guyane le modèle des colonies agricoles. Nous nous en convaincrons en énumérant les ressources économiques et les productions diverses de la contrée.

III. — Géographie économique.

Nous commencerons par le règne animal. Les animaux nuisibles sont nombreux et fort redoutables. Le *jaguar* dans les forêts et le *caïman* dans les cours d'eau sont les plus dangereux. Tout récemment, au pénitencier de Casfésoca, île minuscule à peine élevée de quelques centimètres au-dessus des eaux, et qui a fourni juste assez d'espace pour bâtir une maison, vingt transportés et leur surveillant, attaqués par deux énormes caïmans, n'eurent que le temps de se réfugier dans la maison, où ils subirent un siège en règle. Quant au jaguar, une fois qu'il a goûté de la chair humaine, cette chair a pour lui tant d'attraits qu'il méprise dorénavant tout autre gibier. On a remarqué qu'entre deux hommes de couleur différente, un blanc et un nègre, le jaguar préférait le nègre; mais cette circonstance n'est atténuante que pour nos compatriotes. Parfois ces animaux poussent l'audace jusqu'à venir dans les rues de Cayenne, et l'un d'entre eux fut récemment tué par le soldat de garde à la porte de la prison.

Par bonheur, caïmans et jaguars sont assez rares. Ce ne sont pas des ennemis dont le contact quotidien deviendrait réellement dangereux. Il n'en est pas de même pour les *serpents*. La Guyane en possède toutes les variétés, depuis le boa constrictor, qui avale un bœuf, jusqu'à l'imperceptible corail, dont la morsure amène la mort en quelques minutes. Le serpent est partout, dans l'herbe ou sous la pierre, caché dans les meubles, blotti dans les vêtements. Tous, il est vrai, ne sont pas venimeux, mais il est difficile de les reconnaître au premier abord, et, en ce cas, mieux vaut suivre le conseil de l'Ecriture, et leur écraser la tête quand on les rencontre. Le *serpent à sonnettes*, le *corail*, le *liane*, le *perroquet*, le *trage* et l'*aye-aye* sont les plus dangereux. Les indigènes possèdent, paraît-il, d'infaillibles spécifiques contre leurs piqûres. Ils enseignent même une science occulte, qu'ils nomment le lavage contre les serpents. C'est une sorte d'inoculation qui se fait aux deux chevilles et aux deux poignets. On boit en même temps un dégoûtant breuvage, qui donne la fièvre pour plusieurs jours.

Après les serpents, le premier rang parmi les animaux nuisibles appartient aux insectes, et surtout aux *moustiques*. Leur présence dans certaines localités les rend inhabitables; aussi la moustiquaire est-elle un meuble indispensable, qu'on rencontre dans les plus humbles ménages. Nos anciens planteurs condamnaient parfois ceux de leurs esclaves dont ils étaient mécontents à un affreux supplice : ils les exposaient, après les avoir enchaînés, aux piqûres des moustiques. La plupart des patients devenaient fous; quelques-uns mouraient de rage. Il y a des moustiques de diverses espèces. Les plus petits se nomment *maringouins*, les plus grands *maques*. Ces derniers font jaillir le sang à chaque coup de leur lancette.

Depuis peu, un nouvel ennemi s'est acclimaté à la Guyane : c'est la *mouche hominivore*. Inoffensive en apparence, elle n'a ni dard ni venin ; en réalité, la dent d'un jaguar est moins redoutable. Cette mouche s'introduit dans le nez ou les oreilles de l'homme endormi et y dépose ses larves. Aussitôt se déclare une méningo-céphalite qui emporte le malade au bout de quelques jours d'intolérables souffrances. Il n'existe pas encore de remède contre ces mouches, car elles ont résisté à la vertu corrosive des agents chimiques les plus énergiques.

Mentionnons encore le *scorpion*, qui atteint presque la taille d'une écrevisse et dont la blessure, sans causer la mort, entraîne de graves désordres. La *scolopendre* ou mille-pattes est extrêmement commune. Sa piqûre, par bonheur, est peu dangereuse et n'occasionne qu'une douleur passagère, qui peut se guérir par une simple lotion ammoniacale. Il en est de même d'un myriapode très commun, non moins répulsif à la vue, la *yule* de Cayenne.

Que dire des araignées, et spécialement de l'*araignée-crabe*, le géant de l'espèce ? Le capitaine Bouvier en a vu une qui mesurait, les pattes étendues, près de huit pouces de diamètre. « Son corps est composé de deux parties distinctes, écrit-il, également couvertes de poils, d'où partent cinq paires de pattes à quatre articulations. Le tout est velu, noirâtre, semblable à une réunion de chenilles. Chaque jambe est armée d'une griffe jaune et crochue. De la tête sortent deux pinces recourbées en dedans comme celles d'un crabe et qui lui servent à déchirer sa proie. » Cette monstrueuse araignée ne se contente pas des insectes. Elle s'attaque à l'oiseau-mouche et au colibri. Sa morsure cause la fièvre, et le seul contact de ses poils brûle comme de l'ortie.

Nous citerons encore parmi les animaux nuisibles les *fourmis*, les *vampires* et les *gymnotes*. Les fourmis guyanaises se rassemblent en noirs bataillons, et ravagent tout sur leur passage. Il faut leur céder la place. L'eau ne les arrête pas. La poudre seule a la vertu de préserver de leur agression. On les nomme fourmis de feu, à cause de la brûlure que cause leur venin. Le vampire est moins dangereux, mais tout aussi désagréable. C'est une sorte de chauve-souris, d'un brun sombre, un peu plus clair sous le ventre. Le vampire suce le sang des bestiaux ou des hommes endormis. Pendant la succion, il ne cesse d'agiter les ailes, dont le mouvement rafraîchit et endort la douleur. Quant à la gymnote, c'est une anguille électrique, qui hante les ruisseaux et les marais de notre colonie. L'eau transmet le choc, et le fluide que la gymnote dirige à volonté lui sert à la fois de défense et d'attaque. Quand on passe à portée des anguilles électriques, on peut être frappé, renversé, et se noyer avant d'avoir repris ses sens.

La Guyane est donc riche en animaux malfaisants de tout genre ; mais il ne nous faudrait pas oublier les espèces vraiment utiles, qui ne manquent pas. En premier lieu, le bétail. Les savanes guyanaises semblent la terre promise du bétail. Des milliers ou plutôt des millions de bêtes à cornes pourraient y vivre et s'y multiplier indéfiniment, mais on n'en prend aucun soin. Le peu qu'on en élève autour de fermes spéciales, nommées *hattes* ou *ménageries*, se réduit à quelques milliers de bœufs ou de vaches dispersés sans soin et sans secours. Comme ces animaux n'ont ni hangars pour s'abriter, ni fourrage pendant la saison sèche, tous ceux qui échappent aux intempéries ou à la famine retournent promptement à l'état sauvage. Aussi, dans un pays qui devrait fournir de bétail et de fourrage toutes les contrées voisines, on est obligé de faire venir des bœufs du Sénégal pour alimenter les colons, et du fourrage de France pour nourrir les chevaux de la garnison. Il y a quelques années, les chevaux de la gendarmerie n'étaient-ils pas encore nourris avec du foin expédié de Bordeaux et revenant à 32 francs les 100 kilogrammes ?

Ainsi donc, peu ou point de bétail. Les autres animaux domestiques, volailles, vers à soie, abeilles, sont nombreux et de bonne qualité.

On trouve encore dans les bois le *tapir* ou *maïpouri*, qui a la grosseur d'un veau et le museau en forme de trompe, la biche blanche et rouge, les porcs sauvages, l'*agouti*, le chevreuil, le *tatou à écailles*, etc., tous animaux qui peuvent servir à l'alimentation.

Les animaux particuliers à la Guyane appartiennent presque

tous au genre des singes. Ce sont : le *ouistiti*, le *tamarin*, le *sapajou*, le *singe roux ou hurleur*, etc. Les oiseaux et les insectes présentent une inépuisable variété. On trouve, en effet, à Cayenne et sur tout le littoral, les nombreuses tribus des passereaux, parmi lesquels on distingue les *papes*, les *évêques*, les *cardinaux* à robe étincelante, et surtout les *oiseaux-mouches* et les *colibris*, dont les plumes changent de nuances selon les jours et les positions. Mentionnons encore parmi les oiseaux utiles à la colonie les *ibis à aigrettes*, qui font une guerre acharnée aux insectes, et surtout les *urubus*, vautours noirs d'un aspect dégoûtant, qui sont les récureurs patentés de la voie publique. Il faut les voir dans les rues de Cayenne procéder majestueusement à leurs fonctions municipales, qui consistent à débarrasser les rues publiques des immondices qui les obstruent. Assurés qu'ils sont de l'impunité, car il est défendu de les molester, ils ne se dérangent pas, même pour les chiens, qui voudraient partager leurs repas. Les nègres les respectent tout particulièrement, car ils prétendent n'avoir jamais trouvé ni nids, ni œufs, ni petits d'urubus, et affirment que des cadavres des vieux urubus naissent spontanément, comme les phénix de la légende antique, d'autres urubus adultes et déjà vigoureux.

Quant aux insectes, il est impossible de les énumérer dans une revue aussi rapide. La Guyane les produit tous. C'est le paradis des entomologistes. *Fulgores porte-croix* et *fulgores porte-lanterne, arlequins,* dont le nom indique l'habit, *mouches-éléphant, actéons, papillons* et *mouches à feu,* toutes les variétés de l'immense famille des coléoptères s'y rencontrent. Formes étranges, couleurs brillantes, tout est réuni pour séduire les regards et captiver l'attention.

En résumé, le règne animal est richement représenté à la Guyane, mais par malheur les espèces nuisibles l'emportent sur les espèces utiles. Espérons que la proportion sera renversée un jour ou l'autre, quand l'œuvre de la colonisation sera sérieusement entreprise.

Du règne animal, passons au règne végétal. Tout d'abord, les cultures alimentaires. Le *manioc*, en Guyane comme dans toute l'Amérique du Sud, est la principale ressource pour l'alimentation de l'homme. On en compte six espèces ; la rouge est la plus estimée ; ses tiges sont hautes de près de deux mètres et grosses comme le bras. On arrache le manioc après un an de culture : on le râpe, et avec cette farine on fait la cassave, qui est une galette, et le tapioca, dont l'usage est général en Europe. Avec cette plante, on pourrait presque se passer de riz et de froment, ainsi que de presque tous les fruits ou racines qui servent à nourrir l'espèce humaine. Sa présence à la Guyane est donc un bienfait pour la colonisation.

La culture du *riz* a pris également une grande importance dans ces dernières années. Grâce aux nombreux cours d'eau, qui traversent le pays en tous sens, il n'a pas été difficile d'installer des rizières naturelles, dont les productions sont généralement fort estimées.

Après le manioc et le riz, et en ne citant que pour mémoire les légumes et les fruits, qui ressemblent à tous ceux des pays tropicaux, nous arrivons aux cultures industrielles. En vertu du monstrueux égoïsme de la métropole, qui a entendu ne faire des colonies qu'un simple débouché d'articles manufacturés, on a longtemps préféré ces cultures aux cultures alimentaires, c'est-à-dire qu'on a recherché le superflu avant d'être assuré du nécessaire. Ces réserves une fois faites, énumérons les principales de ces cultures industrielles. On peut en compter jusqu'à six : *cannes à sucre, rocou, cotonnier, café, cacao, épices*. L'introduction de la canne à sucre remonte aux premiers âges de la colonie. Cultivée d'abord dans les hautes terres, elle a trouvé de meilleures conditions dans les basses terres. Comme le capital nécessaire à l'installation d'une sucrerie est considérable, et que les capitaux et le crédit ont toujours manqué à la Guyane, le nombre de ces établissements est fort restreint. En 1726, on en comptait vingt; en 1837, seulement quarante-quatre, et ce fut l'apogée. Il n'en reste plus aujourd'hui qu'une quinzaine, et ils végètent. Telle usine de la Réunion produit à elle seule autant et plus que toutes les sucreries guyanaises.

Le rocouyer, qui croît spontanément à Cayenne, est devenu le rival heureux de la canne à sucre. Les indigènes extrayaient de son fruit une pâte tinctoriale rouge, dont les vertus trouvèrent en Europe un prompt débouché. En 1863, 985 hectares étaient plantés en rocouyers.

Le coton, plus encore que le rocouyer, a été l'objet des prédilections administratives. Quand les pays producteurs étaient encore peu nombreux et que la concurrence des États-Unis n'écrasait pas les autres marchés, le coton guyanais était fort recherché. On espéra un moment que cette faveur reprendrait, lorsque la guerre de sécession ferma les ports américains. Mais ce fut peine perdue. Le coton n'a pas réussi, soit que les espèces qu'on voulait acclimater fussent mauvaises, soit que les cultivateurs n'aient pas donné de soins assez minutieux.

Le café, importé de Surinam en 1716, croît à merveille dans les terres hautes. Les colons lui préfèrent néanmoins le cacaoyer, qui forme dans l'intérieur du pays de véritables bois, entre en plein rapport à sept ou huit ans, et dure une quarantaine d'années.

Les arbres à épices ont joui d'une faveur inégale. Le muscadier, le cannellier et le poivrier ont successivement décliné, et ne sont plus cultivés aujourd'hui que par exception. Reste le giroflier : le Lyonnais Poivre, intendant des îles de France et de Bourbon, passe pour avoir dérobé aux Hollandais ce précieux arbuste. Les premières plantations furent faites au milieu des montagnes incultes de la Gabrielle. On voulait en effet le soustraire aux recherches des Hollandais. Peu à peu, le giroflier s'acclimata en Guyane. Sur la fin de l'Empire et dans les premières années de la Restauration, il rapporta des sommes importantes à ceux qui le cultivaient. La beauté et la vigueur de ces arbres indiquent suffisamment qu'il ne faudrait que des bras pour que la Guyane fournît de clous de girofle tous les marchés européens. Le cannellier, introduit à la Guyane en 1772, rivaliserait facilement avec le giroflier. C'est un arbre fort vivace. Toutes les terres et toutes les expositions lui conviennent ; et pourtant il n'est pas considéré à Cayenne comme article d'exportation. On s'explique peu cette injuste défaveur. Les racines du cannellier produisent par la distillation un camphre excellent. Les vieux troncs fournissent des nœuds résineux, qui ont l'odeur du bois de rose et peuvent être employés avantageusement par l'ébéniste. Les feuilles donnent une essence estimée des parfumeurs. L'eau distillée des fleurs ranime les esprits, et la décoction des fruits donne une cire très recherchée. Ces avantages permettent d'espérer que bientôt le cannellier sera cultivé autrement que par exception. Nous devons une mention spéciale aux matières oléagineuses, dont les principales sont le *ricin*, le *patarwa*, le *sésame*, et surtout les *carapas*. Dans le district de Cachipour, les carapas, tombés à terre à l'époque de la maturation, forment, sur une étendue de plusieurs kilomètres, une couche épaisse d'un décimètre. Cette huile peut servir au graissage des machines et à la fabrication des savons.

En résumé, la Guyane ne réalise pas à l'heure actuelle l'idéal d'une colonie agricole. Heureusement, il lui reste une source, encore mal exploitée, mais qui paraît inépuisable, de richesses : ce sont ses forêts. Sur ce sol largement chauffé par le soleil et fortement détrempé poussent et se développent tous les arbres de la création. Les côtes et les rivières où monte l'eau salée sont couvertes de palétuviers. A peu de distance du littoral paraissent les nombreuses variétés de palmiers : cocotier, chou-palmiste, dattier, paripou et maripa, qui donnent une alimentation végétale, et bache, qui produit de gros vers, que les nègres font frire ou bouillir. Après la zone des palétuviers et celle des palmiers commencent les forêts proprement dites, qui s'étendent jusque dans les profondeurs encore inconnues du continent. La Guyane n'est à vrai dire qu'une immense forêt, qui présente quelques éclaircies cultivées; mais l'exploitation de ces trésors est malaisée, car les routes font défaut, ce qui entraîne la cherté des transports et des ravitaillements; de plus, les essences sont confondues, au lieu d'être groupées par espèces et par genres : en sorte que, pour abattre un arbre, il faut également détruire ceux qui l'entourent. Enfin l'État, au lieu d'encourager les bûcherons, a cru devoir limiter leurs permis à trois ans ou cinq ans. Aussi les capitalistes ne se hasardent-ils pas à créer des chantiers, auxquels ils devraient trop vite renoncer. Malgré ces imperfections et ces entraves, les forêts de la Guyane sont tellement riches que tous ceux de nos colons qui ont sérieusement voulu les exploiter y ont trouvé plus que leur compte.

Il est difficile d'énumérer tous les bois précieux que produit la Guyane. En 1866, le ministère de la marine en a publié un catalogue fort complet. En 1872, un colon, M. Chaton, dans une brochure intitulée *l'Avenir de la Guyane*, compte quatorze essences de première qualité, et quarante-quatre de seconde pour la charpente et la construction. Quelques-uns de ces arbres sont d'une dureté qui les recommande pour les traverses de chemins de fer ou les constructions maritimes. On commence à les entasser à fond de cale des navires, où ils forment un lest excellent. Parmi les essences les plus répandues, on peut citer l'angélique, le bois de fer, l'*ébène*, le *gaïac*, le *sassafras*, l'*acajou* et toutes les variétés du *cèdre*.

Sans parler des grandes ressources que les forêts guyanaises présentent à nos ports, elles produisent, en outre, des bois dont les couleurs vives et variées offrent les nuances les plus recherchées. Ces bois, au nombre de dix ou douze (*ébène, boco, satiné rouge, satiné jamet, maria congo, moucheté*, etc.), sont connus sous le nom générique de bois de couleur. Ce sont les transportés qui les ont fait connaître et apprécier. Aussi bien on a pu admirer, à nos diverses Expositions, les échantillons de ces bois, dont les teintes parcouraient la gamme presque entière des couleurs. Ils conviennent aux travaux les plus délicats d'ébénisterie, de tabletterie et de menuiserie.

A l'industrie forestière se rattachent quelques autres industries, qui pourront prendre un grand développement : *résines, gommes, aromates*, etc. La sève de *balata* rivalise déjà avec le caoutchouc et la gutta-percha, dont elle a les propriétés combinées. Le *quinquina*, trouvé par La Condamine sur la rive droite de l'Amazone, dans des forêts qui ressemblent à celles de la Guyane, existe probablement dans ces dernières, où l'on récolte déjà la *salsepareille* et l'huile de carapa.

Il nous reste à énumérer les produits du règne minéral. Jusqu'à présent, le plus précieux de tous les métaux, l'*or*, a seul été sérieusement recherché à la Guyane. Les profondeurs inconnues et mystérieuses de l'intérieur recèlent peut-être des trésors. En 1700, le marquis de Férolle avait rapporté en France deux quintaux de minerai d'argent, qu'il avait trouvé à 80 lieues de Cayenne. Il en fit faire l'essai à Paris et constata qu'ils rendaient 40 0/0. Cette découverte resta stérile. Personne ne s'aventura sur les traces de l'audacieux explorateur. On ne retrouvera sans doute cette mine d'argent que lorsque le pays sera peuplé. On sait aussi qu'il existe à la Guyane des mines abondantes de fer, et il faut espérer qu'on rencontrera, à mesure qu'on pénétrera dans l'intérieur des terres, la topaze et le diamant. En 1798, un certain Jacquemin écrivait qu'il avait ramassé des calcédoines dans l'Oyapock et le Maroni, et du grenat dans le Sinnamary. Mais toutes ces mines sont encore inexploitées et, d'ici à longtemps, resteront stériles. Un seul métal fait exception : l'or. Attachons-nous donc à l'or, et étudions les placers guyanais.

Depuis longtemps, les tribus indiennes croyaient à l'existence des mines d'or. Cette croyance avait même revêtu la forme mythique de l'Eldorado, et à plusieurs reprises des aventuriers partirent à la recherche de ces mines. Parmi les tentatives infructueuses faites dans ce but, il faut citer celles des Jésuites Grillet et Béchamel, qui pénètrent fort avant dans l'intérieur, mais sans rien trouver. Ces insuccès répétés découragèrent les Français; mais les indigènes faisaient de temps en temps quelques échanges de pépites avec les établissements de la côte. De plus, deux savants illustres, Buffon et Humboldt affirmaient l'existence de l'or en Guyane, attendu qu'il en existait tout à l'entour dans des contrées identiques comme constitution géologique. Malgré les apports des Indiens, et les prévisions de Buffon et Humboldt, l'or n'avait pas encore été rencontré par un colon, lorsque, en 1819, un Indien portugais, nommé Paoline, qui avait vécu longtemps au Brésil et y avait appris la manière de récolter la poudre d'or, prétendit qu'il avait trouvé des parcelles d'or dans le haut Approuague, et s'offrit à conduire les Français à un gisement du précieux métal. Il communiqua sa conviction et son ardeur au commandant du quartier, Félix Couy, qui vint à son aide. Quelques mois plus tard, le premier placer de la colonie était fondé. Paoline mourut à l'hôpital, soigné aux frais de la ville de Cayenne, et Félix Couy périt assassiné. Telle fut la triste fin des deux inventeurs de la future fortune de la colonie. A partir de cette époque, les entreprises de mines se multiplièrent. On constata sur plusieurs points la présence de l'or; mais presque toutes les entreprises particulières échouèrent. En 1855 fut constituée, au capital de vingt millions, la Compagnie de l'Approuague. De 1857 à 1860, les quatre placers d'Aicoupaïe, Madeleine, Chicdagona et Connamaré produisirent 179,209 grammes; mais l'activité du début se ralentit bien vite, et la Compagnie fut bientôt obligée de laisser son œuvre inachevée. Les placers de la Compagnie d'Approuague, après avoir appartenu à un financier parisien, ont été récemment concédés à une seconde Compagnie, celle du Mataroni, qui a résolument repris les travaux abandonnés. Sur les terrains délaissés, on récolte jusqu'à 70,000 francs d'or par mois, et cette somme sera prochainement augmentée par l'introduction de travailleurs hindous. La production n'était en 1863 que de 132 kilogrammes : elle s'est élevée en 1872 à 726 kilogrammes, sans parler de l'or non déclaré et passé en fraude, qu'on évalue au quart. Du Maroni à l'Oyapock, toutes les rivières roulent de l'or. Ce sont comme les artères par lesquelles, tout en recherchant les gisements aurifères, l'homme s'avance au cœur du pays.

On affirme que les placers guyanais seraient mortels aux pionniers européens et multiplieraient les catastrophes qui ont discrédité la colonie. Il est vrai que les ouvriers de race blanche supportent mal le travail sous ce brûlant climat ; mais on peut toujours les utiliser comme surveillants. Le gros des ateliers se compose d'émigrants hindous, engagés pour une période déterminée. Ils sont intelligents et dociles, et ces qualités compensent la vigueur qui leur fait défaut. « Au lendemain d'un désastre national, écrit avec raison l'ingénieur en chef du Mataroni, M. de La Bouglise, alors que le souvenir est encore vivant de l'énorme indemnité de guerre qu'un impitoyable ennemi nous a imposée, enlevant à notre pays une partie de sa réserve métallique, pour emplir des caisses d'autant plus avides qu'elles étaient plus pauvres, n'est-il pas consolant de penser qu'il existe au delà des mers une terre française qui porte dans son flanc l'or dont on fait les milliards ? »

Ce qui augmente pour nous l'importance de cette question aurifère, c'est que l'histoire démontre que, partout où les métaux précieux ont été librement exploités, s'est rapidement développée une société agricole. Dans l'antiquité, les régions explorées par les Phéniciens et les Carthaginois furent initiées à la civilisation par ces ancêtres de nos chercheurs d'or. La Californie et l'Australie n'étaient, il y a une vingtaine d'années, que des régions stériles. Dès qu'on y signala la présence de l'or, des nuées d'immigrants se ruèrent vers ces régions favorisées. A peine les nécessités de l'alimentation eurent-elles amené d'autres travaux que ceux des mines qu'on comprit que les véritables trésors étaient non pas trouvés par le mineur, mais créés par l'agriculteur ; voici que la Californie et l'Australie sont devenues des centres de production de premier ordre. A la richesse minière, toujours aléatoire, a succédé la richesse agricole, toujours sûre et solide. N'en sera-t-il pas de même pour la Guyane, et n'avons-nous pas le droit d'affirmer que les placers aurifères annoncent une ère de progrès et d'amélioration dans une région jusqu'alors bien éprouvée?

IV. — Géographie politique.

Après le sol et les productions du sol, étudions les hommes qui y trouvent leur subsistance.

Trois races diverses occupent la Guyane. La première est la race rouge ou indigène, établie depuis les temps les plus reculés dans le pays et qui s'y est maintenue malgré les invasions et les attaques étrangères. La seconde, la race noire, et la troisième, la race blanche, sont au contraire nouvellement installées dans la région et ne l'occupent encore qu'en partie.

Il est impossible d'écrire l'histoire des Indiens : il n'y a ni mémoires ni traditions qui éclairent sur les peuplades qui habitaient le pays avant l'arrivée des Européens. Il est vrai que leurs mœurs n'ont pas changé et que nous les voyons aujourd'hui ce qu'elles étaient autrefois. En quel nombre se présentèrent ces Indiens, pour défendre leur territoire contre les envahisseurs étrangers? Quels combats leur livrèrent-ils? Autant de questions qui resteront insolubles, car on ne possède aucun document authentique, et, même à l'heure actuelle, on manque de renseignements précis. Voici pourtant les données approximatives les plus sérieuses.

Les Indiens de la Guyane se divisent en Indiens du littoral et Indiens de l'intérieur. Les premiers portent le nom de *Galibis*, et les seconds d'*Émerillons*, *Approuagues*, *Arouacas* et *Rocouyennes*. Les Galibis ont avec nos colons des relations assez suivies ; les autres n'entrent en rapport avec nous que tout à fait par hasard et nous sont à peu près complètement inconnus. Il n'est même pas possible de fixer leur nombre.

Le médecin Leblond, qui visitait la Guyane vers la fin du dernier siècle, écrivait que ces peuplades de l'intérieur occupaient 32 villages, et que leur nombre s'élevait à 4,000 personnes. A la même époque, un utopiste allemand, Bessner, qui voulait fonder en Guyane un État modèle, affirmait qu'il était possible de réunir au moins 100,000 Indiens, mais il a pris sans doute pour des réalités les chimères de son esprit. L'intendant Malouet croyait qu'on ne rencontrerait pas plus de 20,000 Indiens entre l'Amazone et l'Orénoque. A vrai dire, nous ne sommes pas plus avancés qu'au siècle dernier. Mieux vaut avouer notre ignorance et constater que nous ne connaissons pas le chiffre et à peine le nom des tribus indiennes de l'intérieur qui sont censées dépendre de notre colonie.

Nous serons plus affirmatifs au sujet des Indiens Galibis. Ils habitent les côtes, surtout à l'embouchure des fleuves. On en compte à peu près 7,000, tous soumis à la France; mais cette reconnaissance de notre autorité ne se manifeste guère qu'au moment où ils élisent un capitaine chef de tribu, dont le grade est soumis à la confirmation du gouverneur.

Les Galibis, en effet, sont encore des nomades. Se jugent-ils lésés dans l'exercice de ce qu'ils appellent leur liberté? femmes, enfants, bagages, ils embarquent tout dans une pirogue et vont construire ailleurs leur cabane. Parfois même, ils déménagent par pur caprice. Il est vrai de dire que leurs frais d'installation sont médiocres, la plupart d'entre eux ayant pour demeures des *ajoupas*, toits de feuilles soutenus par des piquets fourchus, ou des *carbets*, cabanes supportées par des piquets de quatre mètres de haut. On y monte par des poteaux entaillés en forme d'échelle. Élevés ainsi en l'air, ils sont logés plus sainement et ne craignent ni les insectes dangereux ni les bêtes féroces. Leur mobilier consiste en quelques hamacs, des instruments aratoires, des bancs de bois et des pots vernissés. Nos missionnaires ont réussi à en faire des êtres doux et sociables; mais ils n'ont ni intelligence, ni énergie, et jamais ils ne s'élèveront au-dessus de la satisfaction de leurs besoins matériels.

Il y a bientôt un siècle, c'était la mode parmi les philosophes et les économistes de vanter l'état de nature. Malouet, dans ses *Mémoires*, d'ailleurs intéressants, consacre plusieurs pages à vanter leurs vertus, et présente presque leur genre de vie comme un idéal à poursuivre. Cette admiration rétrospective nous fait sourire aujourd'hui. Aussi bien, pour nous convaincre de leur infériorité réelle, nous n'avons qu'à suivre ces Galibis dans leurs actes religieux, dans leur famille, dans leur gouvernement et dans leur vie de tous les jours.

Leur religion est le manichéisme, ou du moins la croyance à l'existence de deux principes, le bon et le mauvais. Ils cherchent à apaiser l'un et à se rendre l'autre favorable. En cas de malheur ou d'accident, ils s'inclinent sans mot dire. Leur seule philosophie est la résignation. A en juger par le respect avec lequel ils traitent les morts, ils paraissent disposés à croire à une autre vie ; mais comme ils n'ont ni annales, ni traditions, ni corps de doctrine, ils ne s'expliquent jamais sur cette croyance. On a maintes fois essayé de les convertir au christianisme, mais il y a tels dogmes qui leur répugnent. Malouet raconte qu'un Jésuite essaya de les sermonner en sa présence. Ils l'écoutèrent avec respect tant qu'il leur parla de Dieu et de ses attributs, mais éclatèrent de rire quand le Révérend voulut leur persuader qu'ils seraient punis éternellement s'ils mouraient sans baptême. Aussi les pratiques de leur religion sont-elles à peu près nulles. Pourtant ils ont grande confiance en leurs sorciers ou *piayes*, qui exploitent en grand leur crédulité, en se faisant passer à la fois comme prêtres et comme médecins. Les piayes débitent leurs prières et leurs drogues d'un air si convaincu, et leurs clients ont une foi si robuste, que leurs prescriptions, si puériles ou repoussantes qu'elles soient, sont toujours exécutées à la lettre. Tant que les piayes ne s'adresseront qu'aux propriétés inoffensives des plantes ou de l'atmosphère, tant qu'ils ordonneront par exemple, pour faire passer le mal de tête, d'apposer sur le front le goulot d'une bouteille remplie d'eau aux trois quarts, avec trois grains de maïs, et de la tenir sur le front jusqu'à ce que l'eau entre en ébullition, on pourra se contenter de sourire : mais leur science toxicologique est parfois effrayante, et, sur ce point, ils en remontreraient à tous les La Pommeraye de l'univers. Tels prêtres, telle religion. Ils sont réfractaires à tous progrès ; elle ne répond à aucune des nobles aspirations du cœur humain. Ce n'est donc point chez les Galibis qu'il faut chercher le modèle de toutes les vertus.

Que dire de la constitution de la famille ? L'homme est tout, la femme moins que rien. A lui le repos, à elle toutes les fatigues, tous les travaux rebutants, les lourdes charges, les semailles, les récoltes, la préparation des aliments ou des vêtements. Quand, sur le soir, le maître du logis daigne y rentrer, les femmes s'empressent autour de lui et se mettent en devoir d'extraire de ses jambes les insectes parasites qui pourraient s'y être logés. Comme elles sont plus que légèrement vêtues, n'ont-elles pas imaginé de se percer la lèvre inférieure et de placer dans cet étui d'un nouveau genre les épingles et les aiguilles dont elles se servent pour cette opération délicate? Ces infortunées n'ont d'ailleurs rien de bien séduisant. Elles font consister toute leur coquetterie en colliers, en bracelets, et surtout en jarretières, bandes d'étoffes serrées au-dessus de la cheville et du genou et qui font outrageusement ressortir le mollet.

Une coutume étrange, pratiquée chez les Galibis, nous prouvera encore combien étaient peu fondés les éloges qu'on leur décernait jadis. A peine la femme a-t-elle donné naissance au fruit de ses entrailles, qu'elle se lève et donne à son enfant tous les soins dont il a besoin. Quant au père, il se met tout de suite au lit et y passe une dizaine de jours à geindre et à se faire soigner. Il reçoit visites sur visites, et répond à tous ceux qui s'informent de sa santé qu'il est bien malade, car il vient d'avoir un enfant. Cet usage, aussi grotesque qu'odieux, est encore pratiqué par nombre de tribus américaines. Si même on en croit le témoignage de Strabon, les Corses de son temps ne manquaient pas de s'y conformer, et même, pendant tout le moyen âge, sur les deux versants des Pyrénées, les Basques gardaient également le lit. C'est ce qu'on appelle encore, dans tout le pays, faire la *couvade*.

Les Galibis n'ont donc ni famille ni religion. Nous ajouterons volontiers qu'ils n'ont pas de gouvernement. Bien qu'ils reconnaissent des chefs de tribus, ils ne leur laissent exercer qu'une suprématie d'honneur. Dans leur farouche amour de l'indépendance, ils ne se plaisent qu'au milieu des forêts. On n'en voit jamais à Cayenne servir comme domestiques ou se livrer à quelque travail salarié. Leur vie est misérable, car ils n'ont pour subsister que des racines, des fruits sauvages, et les produits de leur chasse ou de leur pêche. Leurs procédés agricoles sont plus que rudimentaires. Une fois qu'ils ont planté le manioc, ils abandonnent le champ à la garde de Dieu et ne reparaissent plus que pour la récolte. Ils réservent leur activité et leur adresse pour la chasse et la pêche. Ils manient aussi bien la lance que la flèche. Quand ils se servent de flèches ordinaires, ils lancent leurs projectiles au moyen de l'arc. Quand ce sont des flèches empoisonnées, ils se servent de sarbacanes de six à sept pieds de longueur. Ces flèches ont une vertu foudroyante. Un animal de petite taille meurt en moins d'une minute et sans douleur apparente. L'homme et les animaux de grosse taille résistent davantage, mais ce n'est qu'une question de temps.

En résumé, les Galibis sont, jusqu'à présent, restés sauvages. Au contact de la civilisation, ils languissent et meurent. Si l'on parvenait à éveiller en eux quelques notions justes, ils viendraient peut-être à nous, et ce serait un précieux appoint pour une colonisation future ; mais l'histoire est là pour prouver que les races inférieures ont toujours été ou absorbées ou détruites par les races supérieures, et dès lors il est facile de prévoir l'avenir des Galibis. Il en sera d'eux sans doute comme des Polynésiens et Australiens. De jour en jour, leur nombre diminue, et, bientôt peut-être, ils n'existeront plus qu'à l'état de curiosité ethnographique ou même de souvenir historique.

La race noire, au contraire, bien que d'origine étrangère et acclimatée depuis peu à la Guyane, est déjà plus nombreuse et réservée à de tout autres destinées que la race rouge. C'est au XVIIe siècle, quand nos premiers colons s'établirent à poste fixe dans le pays, qu'ils firent venir d'Afrique des nègres, habitués déjà à un ciel torride et capables de supporter le travail et les fatigues de la vie agricole. En 1848, la proclamation de l'abolition de l'esclavage produisit une vive fermentation. On craignit un instant de voir se renouveler les scènes sauvages et les atroces représailles dont l'île de Saint-Domingue avait été le sinistre théâtre en 1793. Les nouveaux affranchis, dans l'ivresse de leur libération, n'avaient eu rien de plus pressé que d'abandonner tous les travaux. Comme les colons voulurent alors leur imposer de force une collaboration qu'ils auraient dû obtenir par la seule persuasion, les anciens esclaves se détachèrent de plus en plus du travail. Le danger était imminent, car déjà les champs étaient en friche, et la famine menaçait. Le gouvernement fut forcé d'intervenir. On imagina un système bâtard, dit de l'association pour les bénéfices entre le travailleur nègre et le propriétaire blanc; mais on en reconnut bien vite tous les inconvénients, et à l'association fut substitué le salariat pur et simple. Rien de mieux en équité; mais certains propriétaires, qui n'avaient pu se résigner à la perte de leurs prétendus droits et dont l'influence était grande dans les conseils du gouvernement, firent décréter contre les affranchis une série de mesures vexatoires. Ainsi, pour les empêcher de bâtir des cases et des villages loin des habitations, on leur refusa toute concession de territoire, et cela dans un pays où le sol cultivé est à peu près sans valeur. Pour leur interdire l'acquisition des petites propriétés, on imagina un impôt énorme sur les mutations immobilières. On leur a défendu de quitter leur résidence sans un passeport. On a même supprimé les écoles ouvertes dans les campagnes pour leurs enfants. Ces mesures déplorables indiquent les tendances, hostiles à l'émancipation de la race noire, qui prévalaient alors au sein de l'administration.

Enfin est venue l'heure tardive de la justice. La génération qui n'avait accepté qu'à contre-cœur l'émancipation de 1848 commence à disparaître. Les passions s'apaisent, l'équilibre se rétablit. Le préjugé de la couleur disparaît même peu à peu, non pas que la fusion entre blancs et nègres puisse être considérée comme un fait accompli, car les maîtres n'ont pas oublié, et les serviteurs se souviennent encore; mais de grands progrès se sont accomplis. Nègres et blancs vivent en bonne intelligence. Il est vrai que les blancs ont leurs nourrices, leurs sœurs et frères de lait, et leurs maîtresses dans la race noire. Des liens de famille fort embrouillés se sont établis. Voici déjà que blanches et négresses portent le même costume, robe d'indienne montante, sans ceinture, appelée *gaule*, pièce d'étoffe nommée *camiza* qui entoure les reins, et, en guise de coiffure, le madras à couleurs voyantes coquettement posé sur l'oreille. Plus encore que la similitude des costumes, l'habitude émousse les préjugés irritants et détruit les anciennes lignes de démarcation. Il est probable que l'influence et la fortune sont réservées en Guyane à la race métisse, issue à la fois des blancs et des nègres, héritière par son origine des qualités et des aptitudes des deux races, intelligente et active comme le sont toujours les sangs mêlés.

En dehors des anciens esclaves nègres, aujourd'hui travailleurs libres et bientôt citoyens actifs, il nous faut encore mentionner un certain nombre de tribus nègres, qui mènent dans les grands bois du Maroni la vie que leurs ancêtres menaient jadis dans les forêts équatoriales. Ce sont les descendants d'esclaves évadés, de nègres *marrons*, comme on les appelait, de la Guyane hollandaise. On les désigne sous le nom générique de nègres *Boshs* ou *Bonis*. Leur nombre n'a jamais été bien connu, et de grandes inégalités se produisent dans leur appréciation. Les uns les évaluent à 25,000, et les autres donnent un chiffre bien inférieur. D'après le dernier recensement, ils étaient 17,000. C'est une sorte de fédération obéissant à un chef suprême et électif, le *grand Man*. Chaque village est commandé par un capitaine. Les affaires correctionnelles sont de sa juridiction. Les causes plus graves sont déférées à un jury des capitaines présidé par le grand Man. Les villages boshs ressemblent aux villages africains. Les nègres se construisent des huttes closes et dérobent leur intimité à tous les regards. On ne voit chez eux aucun signe de travail, d'industrie et de relations utiles. Ils ne travaillent que pour vivre et passent le reste du temps à danser et à boire. Ils vivent si bien à l'état de nature, et sont tellement revenus à la superstition de leurs ancêtres, que, lorsque meurt un des leurs, les autres passent la nuit à pousser des cris sauvages, afin d'empêcher les mauvais esprits de venir enlever leur compagnon. En 1862, le grand Man est venu à Cayenne. Ce sont nos costumes qui l'ont le plus vivement frappé. Il a fallu céder à son caprice et lui donner un uniforme, qu'il porte dans les grandes occasions avec une majesté bouffonne. Comme ses ministres ont, eux aussi, réclamé pour eux cette parodie grotesque, nos officiers ont renouvelé pour eux l'éternelle plaisanterie des boîtes de conserves distribuées en guise d'ornement. Le ministre des affaires étrangères ou tel autre haut dignitaire bosh porte avec gravité sur son couvre-chef ou son cœur une plaque en cuivre doré où on lit : « Bœuf à la mode de Ville-en-Bois à Nantes, ou sardines à l'huile de La Rochelle. »

Quant à la race dominante ou blanche, on distingue les

créoles, les *fonctionnaires* et les *transportés*. Les créoles ne sont que 2,000 environ. C'est bien peu ! Il est vrai que ces colons sont en général fort aisés, grands propriétaires, industriels ou négociants. Ils ont entre les mains toute la fortune de la colonie; mais il est profondément regrettable que leur nombre n'augmente pas. Pendant qu'à Surinam, dans la Guyane hollandaise, la population double tous les 25 ans, et à Georgetown, dans la Guyane anglaise, tous les 33 ans, à Cayenne elle reste sensiblement stationnaire. Constatons le fait sans en rechercher les causes, et déplorons-en les conséquences. Il est vrai que rien en Guyane n'attire les colons. L'administration semble avoir pris à tâche de les décourager en les astreignant à mille minuties. Elle ne réclame d'eux que l'obéissance passive et fait tout pour arrêter l'essor de la libre initiative. Pendant de longues années, les Guyanais n'ont même pas eu la permission de gérer eux-mêmes les affaires de leurs communes, car tous les pouvoirs étaient concentrés entre les mains de quatorze commissaires-ordonnateurs, plus absolus dans leurs districts que les pachas du Kurdistan ou d'Erzeroum. Il y a mieux : par un privilège sans précédent, le gouverneur avait le droit de régler à son gré la nature et l'assiette de l'impôt. L'un d'entre eux ne s'avisa-t-il pas, pour simplifier la surveillance, de décréter que tous les colons seraient installés près de Cayenne en groupes compacts ! Certes, ce n'est pas ainsi que colonisent les Anglais. Ils ouvrent le pays tout entier aux hardies explorations et aux libres entreprises. Aussi quelle rapide transformation ! on dirait un coup de baguette magique. Ici régnait la solitude : un pionnier s'établit avec sa famille dans cette solitude, et, quelques années après, la région tout entière est conquise à la civilisation. La liberté seule accomplit ces merveilles. Les Anglais ont aujourd'hui 220 millions de colons. Les Américains n'étaient en 1776 que 3 millions : ils dépassent aujourd'hui 40 millions. Nous qui possédons la Guyane depuis bientôt trois siècles, nous n'avons pu encore y acclimater que 2,000 de nos compatriotes. Ces chiffres se passent de tout commentaire !

Les événements de 1870 ont en partie fait rentrer notre colonie dans le droit commun; mais il semble que certains de nos législateurs se soient repentis de leur sagesse, car l'Assemblée nationale, avant de se séparer, a enlevé à la Guyane française la première et la plus importante de ses libertés, le droit d'être directement représentée à la Chambre issue du suffrage universel. Heureusement notre colonie vient de recouvrer, pour la seconde fois, l'exercice de ce droit imprescriptible.

A défaut de représentation directe, la Guyane serait, à tout le moins, administrée dans les formes. Ne compte-t-elle pas en effet, pour une population de 2,000 blancs, près de 1,800 fonctionnaires ou soldats? Il est vrai que ces fonctionnaires ne sont que des oiseaux de passage, qui n'aspirent qu'au moment du retour. Ils considèrent leur séjour en Guyane comme une disgrâce ou comme un temps d'épreuve nécessaire à leur avancement; mais ce renouvellement perpétuel des fonctionnaires est un danger pour la colonie. Ceux qui sont animés de bonnes intentions partent au moment où ils commencent à acquérir l'expérience des affaires. Les autres, fatigués et découragés à l'avance, abandonnent à des subalternes les soins étrangers à la politique. Aussi l'esprit de routine triomphe-t-il toujours de l'esprit de progrès, et les pessimistes ont beau jeu de s'écrier que la Guyane est condamnée.

Frappé de ces inconvénients : stagnation de la population blanche, et antipathie ou tout au moins indifférence des fonctionnaires, le gouvernement français a cru trouver dans ces dernières années un moyen infaillible de régénérer la colonie. A l'exemple des Anglais, qui transportèrent en Australie leurs *convicts* ou condamnés, il espéra qu'il attacherait au sol les condamnés transportés en Guyane et les moraliserait par le travail en leur ouvrant des perspectives indéfinies de réhabilitation et même de libération.

Diverses lois réglèrent l'envoi et les conditions de séjour des transportés. Le premier établissement, créé par décret du 8 décembre 1851, reçut deux espèces de transportés. Les premiers étaient des condamnés politiques, suspects ou délinquants incriminés d'insurrection, de participation aux sociétés secrètes, de rupture de ban de surveillance, etc. La plupart d'entre eux ou bien expièrent leurs erreurs par la mort, ou bien furent graciés. Il n'y a plus aujourd'hui de transportés politiques à la Guyane. La seconde classe de transportés, la seule qu'on continue à envoyer dans les pénitenciers, se recrute : 1° parmi les condamnés aux travaux publics; 2° parmi les forçats des anciens bagnes de Brest, Rochefort et Toulon; 3° parmi les condamnés coloniaux d'origine asiatique ou africaine; 4° parmi les étrangers expulsés qui ne peuvent être rapatriés. Tout individu subissant la transportation, à quelque titre que ce soit, est soumis à la juridiction et à la discipline militaires, ainsi qu'à l'obligation du travail. Seulement les condamnés des deux sexes qui, après avoir subi deux ans de peine, se sont rendus dignes d'indulgence par leur bonne conduite, obtiennent l'autorisation de travailler à leur compte, de contracter mariage et d'avoir une concession de terrains. C'est là que commence la véritable réforme pénitentiaire, celle qui repose sur la famille et la propriété.

Le nombre des pénitenciers a varié. On les distingue en pénitenciers insulaires, littoraux et continentaux. Les pénitenciers insulaires sont les trois *îles du Salut*, où débarquent tous les transportés, que l'on dirige ensuite, suivant leurs aptitudes, sur divers points du territoire, et l'îlot la *Mère*, qui sert de résidence aux vieillards, aux infirmes et aux convalescents de toute catégorie. On a compté jusqu'à six pénitenciers littoraux : *Cayenne, Bourda, Baduel, Mont-Joly*, le *Kourou* et le *Maroni*. A Cayenne, trois navires de guerre hors de service, la *Chimère*, le *Grondeur* et la *Proserpine*, recevaient autrefois les condamnés; mais ils sont aujourd'hui internés dans une vaste caserne dominant la mer et exposée aux vents alizés. Bourda, Baduel et Mont-Joly présentaient des inconvénients à cause de leur proximité de la ville, et on les a supprimés. Le Kourou et le Maroni sont en pleine prospérité. Quant aux pénitenciers continentaux, ainsi nommés parce qu'on a essayé de les établir dans l'intérieur du pays, on en compta quatre : la *Montagne-d'Argent, Saint-Georges, Saint-Augustin* et *Sainte-Marie-de-Lacomté*. Mais leur emplacement avait été mal choisi. L'intoxication paludéenne et la fièvre jaune forcèrent l'administration à les évacuer. Il ne subsiste, en réalité, que les quatre pénitenciers insulaires et les trois littoraux de Cayenne, du Kourou et du Maroni. En 1873, on comptait dans ces établissements 4,477 transportés et environ 3,000 libérés.

Les espérances de l'administration sont jusqu'à présent peu

fondées. Notre Botany-Bay n'a, en effet, que médiocrement réussi ; mais une œuvre de cette importance ne se fonde pas du jour au lendemain. Certains publicistes, plus mal intentionnés que véridiques, ont prétendu que l'administration, en écoulant les condamnés à la Guyane, avait cherché à s'en débarrasser honnêtement. La mortalité est pourtant au niveau de celle de la France, et l'état sanitaire s'améliore de jour en jour. C'est donc ailleurs qu'il faut chercher les causes de cet insuccès relatif.

Aussi bien, est-il vrai que les pénitenciers de la Guyane aient si mal réussi? Est-il vrai que la présence de nombreux transportés ne suffira pas pour donner à cette colonie la prospérité, que lui promettent en vain depuis trois siècles l'étendue et la fécondité de ses domaines? Si pourtant nous visitons le principal des établissements pénitentiaires du Maroni, *Saint-Laurent*, nous y trouverons tous les éléments d'une société constituée. Au provisoire a déjà succédé le définitif. Les cabanes ont fait place aux maisons. Quelques transportés sont devenus propriétaires. S'ils ont des capitaux en France, ils peuvent les utiliser. S'ils ont une famille, ils peuvent la faire venir. S'ils n'en ont pas, ils s'en créent une, et, quoique la plupart de ces épouses improvisées aient subi leur condamnation pour crime d'infanticide, il n'y a pas de meilleures mères qu'elles. Qu'adviendra-t-il de ces unions? N'en déplaise aux partisans de l'hérédité, ne voit-on pas sur les fumiers les plus immondes pousser les fleurs les plus pures? Jusqu'à présent, les enfants issus de ces mariages n'ont rien laissé à désirer sous le rapport de la constitution physique. Espérons qu'il en sera de même pour leurs dispositions morales. La question a son importance, car ces enfants sont les citoyens de demain. Saint-Laurent a déjà 2,000 âmes de population, presque autant que le reste de la Guyane. Qui sait si, dans un siècle d'ici, à la place de cet humble village, ne s'élèvera pas l'une de ces cités splendides, comme on en voit sortir de terre en Australie et aux États-Unis? Sans nous laisser prendre follement à toutes les chimères, espérons donc que la Guyane, grâce aux transportés, et surtout grâce à leurs descendants, verra luire enfin des jours meilleurs. Elle ne sera jamais un paradis terrestre, et on ne déplorera jamais trop que nos divers gouvernements aient attaché plus de prix à ce coin de terre qu'à la riante vallée du Mississipi ou aux plaines fécondes de l'Hindoustan ; mais au moins les émigrants ne s'en détourneront plus comme d'une terre maudite. Aussi bien la Guyane doit être gardée par nous en vue de l'influence française dans l'avenir. Située à l'entrée du riche bassin formé par l'Orénoque et l'Amazone, elle donne accès dans cette magnifique région qui sera certainement dotée, un jour ou l'autre, de grands centres de population. Comme l'écrivait l'illustre auteur du *Cosmos*, « l'imperfection des institutions politiques a pu, pendant des siècles, convertir en déserts des lieux sur lesquels le commerce du monde devrait se trouver concentré, mais le temps approche où ces entraves cesseront. La civilisation va se porter irrésistiblement dans ces contrées, dont la nature elle-même annonce les grandes destinées par la configuration du sol et l'embranchement prodigieux des fleuves qui la parcourent. » Puisse la prophétie de Humboldt devenir une réalité ! Puisse notre Guyane mériter bientôt le nom, qu'elle portait jadis, de *France équinoxiale !*

CHAPITRE II

LES ANTILLES FRANÇAISES

BIBLIOGRAPHIE

J. Bouton. *Relation de l'établissement des Français depuis l'an 1635 en l'île de la Martinique.* 1640.
Mathias. *Relation de l'établissement d'une colonie française dans la Guadeloupe.* 1652.
R. P. Dutertre. *Histoire générale des îles de Saint-Christophe, la Guadeloupe, la Martinique et autres dans l'Amérique.* 1654.
Rochefort. *Histoire naturelle et morale des Antilles.* 1658.
P. Labat. *Nouveau voyage aux îles de l'Amérique.* 1722.
Pierre Régis Dessalles. *Annales du conseil souverain de la Martinique.*
Moreau de Jonnès. *Tableau du climat des Antilles.* 1817.
Moreau de Jonnès. *Histoire physique des Antilles françaises.* 1822.
F. Renouard. *Statistique de la Martinique.* 1822.
Boyer Peyreleau. *Les Antilles françaises, particulièrement la Guadeloupe depuis sa découverte jusqu'au 1er janvier 1823.* 1823.
A. Halliday. *The West Indies.* 1837.
Sidney Daney. *Histoire de la Martinique depuis la colonisation jusqu'à 1815.* 1846.
Granier de Cassagnac. *Voyage aux Antilles.* 1847.
Dessalles. *Histoire générale des Antilles.* 1847.
Ch. Sainte-Claire Deville. *Voyage géologique aux Antilles.* 1847.
Elias Regnault. *Histoire des Antilles* (*Univers pitt.*, 1849).
Lacour. *Histoire de la Guadeloupe.* 1858.
Moreau de Jonnès. *Aventures de guerre*, 1858.
Ph. de Kerhallet. *Manuel de la navigation dans la mer des Antilles.* 1862.
Margry. *Belain d'Esnambuc et les Normands aux Antilles.* 1863.
X... *L'agriculture et le commerce à la Guadeloupe et à la Martinique* (*Explorateur*, 1876).
Capitaine. *Marie-Galante* (*Explorateur*, 1877).
Capitaine. *La Désirade et les Saintes* (*Explorateur*, 1877).
Capitaine. *Saint-Martin et Saint-Barthélemy* (*Explorateur*, 1877).
Bionne. *La Martinique* (*Explorateur*, 1877).

Bionne. *La Guadeloupe (Explorateur*, 1877).
Cardon. *La Martinique*. 1877.
Meignan. *Les Antilles*. 1878.
Godin. *Cession de Saint-Barthélemy à la France (Revue géographique internationale*, 1878).
Bourgeois. Notes manuscrites. Il est de notre devoir de signaler ici les recherches faites à notre intention, pour la rédaction de ce chapitre sur les Antilles, par notre élève et ami M. Bourgeois, étudiant de la Faculté des lettres de Dijon.

Nous avons possédé aux Antilles une véritable France américaine : *Tabago*, *Sainte-Lucie*, la *Grenade*, les *Grenadilles*, la *Martinique*, la *Dominique*, la *Guadeloupe* et ses dépendances, *Antigoa*, *Montserrat*, *Saint-Christophe*, *Sainte-Croix*, *Saint-Martin*, *Saint-Barthélemy*, etc., c'est-à-dire presque toutes les petites Antilles nous ont appartenu. La *Tortue* fut terre française. La plus belle moitié de *Saint-Domingue* a longtemps constitué le plus beau fleuron de notre couronne coloniale. Nous dominions dans la mer des Antilles, et les négociants de nos grands ports de l'Océan, Bordeaux, Nantes, Lorient, bâtissaient de gigantesques fortunes en dirigeant leurs vaisseaux vers nos possessions américaines. Cette prospérité n'a eu qu'un temps. De notre empire aux Antilles, il ne reste aujourd'hui que d'impuissants débris. Sachons du moins les conserver, et que les leçons du passé soient pour nous la garantie de l'avenir!

I. — Géographie historique.

La France ne s'est installée que tardivement dans le magnifique archipel des Antilles, qui forme, sur une longueur de 3,000 kilomètres, une véritable chaîne de montagnes, percée de tous côtés par les courants marins, et joue dans l'économie générale du continent américain le même rôle que les îles malaises par rapport à l'Asie. C'est seulement en 1625 que Belain, sieur d'Esnambuc, « capitaine du roy dans les mers du ponant », arrivait à l'île Saint-Christophe, en même temps qu'un vaisseau anglais. Cette île, ce *cayo*, comme la nommaient les Espagnols, avait été dédaignée par eux, parce qu'elle ne produisait pas d'or et était stérile. Esnambuc n'avait pas l'embarras du choix. Après avoir exploré l'intérieur du pays et remarqué que l'air était sain, le sol facile à cultiver, et les côtes accessibles aux navires, il résolut de s'établir sur cette terre inconnue, qui allait devenir le berceau de notre puissance aux Indes occidentales. Il s'allie aux Anglais, qui par une singulière coïncidence occupaient en même temps une autre portion du territoire ; il extermine les Caraïbes indigènes, qui l'avaient traîtreusement attaqué ; il assure la paix de l'île, favorise la culture du tabac, qui devait faire sa principale richesse, et revient en France, dès 1626, avec un précieux chargement.

Richelieu était alors premier ministre. Il cherchait à relever notre marine et comprenait que la voie la plus sûre et la plus rapide était la fondation de nombreuses colonies. Il eut le tort de croire que l'exploitation de ces domaines d'outre-mer devait être réservée à une Compagnie privilégiée et que le commerce colonial devait être érigé en monopole. Lorsque Belain d'Esnambuc lui demanda l'autorisation de créer une Compagnie, dont il serait le directeur, non seulement le cardinal loua son zèle et autorisa la création de cette Compagnie, mais encore il s'intéressa directement à son succès et devint un de ses principaux actionnaires. Esnambuc, de retour à Saint-Christophe, s'y maintint, malgré les attaques des Espagnols et les convoitises des Anglais, malgré les hostilités incessantes des Caraïbes, malgré l'indifférence de la métropole. « Il réunissait en lui tous les pouvoirs, écrit un des historiens de la colonie, et les employait avec tant de sagesse que chacun se soumettait avec joie à ce qu'il ordonnait. Les colons vivaient dans une si parfaite union les uns avec les autres qu'on n'avait pas besoin de notaires, de procureurs ni de sergents. » En quelques années, Saint-Chistophe forma l'un des plus beaux établissements du nouveau monde : une ville aux rues larges, aux places spacieuses, s'éleva comme par enchantement. Des missionnaires, appelés par Esnambuc, réussirent à convertir les Caraïbes, et la civilisation transforma rapidement cette île, qui n'était jadis qu'un écueil dangereux, habité par de féroces indigènes.

D'autres terres voisines appelaient l'attention et la sollicitude du brave Esnambuc. Il projetait l'occupation et la colonisation d'îles prochaines, dont la même mer baignait les rivages inhospitaliers, fermés encore au commerce. Supplanté et devancé à la Guadeloupe par un de ses lieutenants, Liénard de L'Olive, auquel il avait fait part de ses desseins, il fut plus heureux à la Martinique, dont il prit possession le 15 septembre 1635. Il n'avait avec lui qu'une centaine d'hommes, mais braves et bien acclimatés, pourvus de tout ce qui est nécessaire pour bâtir des maisons et commencer des cultures. Il descendit avec eux sur la côte occidentale de l'île, dans l'endroit nommé le Carbet, à 2 kilomètres environ de l'emplacement où s'éleva plus tard la ville de Saint-Pierre. Deux mois plus tard, le 17 novembre, il abordait à la Dominique et y plantait l'étendard fleurdelisé. « C'était un homme d'esprit et de jugement, écrit un contemporain, fort entendu à faire de nouvelles peuplades et établir des colonies. » S'il avait vécu davantage, il aurait certainement continué son œuvre de conquête et d'assimilation, mais il mourut en décembre 1636, à Saint-Christophe, à peine âgé de cinquante-deux ans.

Son œuvre lui survécut. Ses neveux et successeurs, du Parquet, du Pont, du Halde, Poincy, héritiers de sa puissance et de ses talents, continuèrent dignement sa mission et complétèrent ses travaux. Saint-Christophe, la Martinique et la Dominique devinrent des établissements modèles. Les indigènes furent réduits à l'impuissance, et, quand ils ne voulurent pas se fondre avec les colons européens, on les refoula dans l'intérieur des îles, où ils disparurent lentement. Les négociants européens, attirés par les riches productions du sol, arrivèrent en foule, et la Compagnie, encouragée par le succès, autorisa de nouvelles acquisitions. En août 1640, Poincy s'emparait de l'île de la Tortue, d'où il menaçait Saint-Domingue, en mars 1548, de Saint-Martin, qu'il forçait les Hollandais à partager avec lui, et de Saint-Barthélemy. Du Parquet s'établissait à la Grenade, où il avait été appelé par les Caraïbes, aux Grenadilles et à Sainte-Lucie. Les unes après les autres, toutes les petites Antilles tombaient entre nos mains, et nous étions à la veille de nous emparer de l'archipel entier.

En effet, les possesseurs de la Guadeloupe, après avoir beaucoup souffert, dans les premières années de l'occupation, des attaques des Caraïbes et de l'abandon de la Compagnie, avaient enfin surmonté les premières difficultés de l'occupation. Houël, un des gouverneurs de l'île, s'était installé pour la première fois en 1648, et quatre ans plus tard, d'une façon définitive, dans l'archipel des Saintes. Malgré la résistance acharnée des Caraïbes, il s'établissait également à Marie-Galante (8 novembre 1648). Peu à peu, le domaine colonial de la France s'arrondissait, et notre marine jouait un rôle prépondérant dans la mer des Antilles et même dans le golfe du Mexique.

Cette prospérité ne fut pas de longue durée. Les troubles qui marquèrent la minorité de Louis XIV exercèrent une déplorable influence sur nos naissantes colonies. Mazarin, le successeur de Richelieu, ne se préoccupait d'ailleurs que médiocrement des questions maritimes. Livrée à elle-même, abandonnée à ses propres ressources, la Compagnie des îles d'Amérique ne commit plus que des fautes. Au lieu de veiller à la bonne administration des Antilles, elle ne sut que les exploiter; au lieu de maintenir à leur poste les gouverneurs qui s'étaient signalés par leur énergie, elle les remplaça par des fonctionnaires incapables; au lieu d'encourager l'émigration, elle l'entrava par des règlements intempestifs; au lieu de favoriser l'esprit d'entreprise, elle l'arrêta. Ce n'était pas de nouvelles acquisitions qu'elle réclamait, mais des dividendes. La décadence fut prompte. Ces florissantes colonies ne furent bientôt plus que l'ombre d'elles-mêmes, et nos rivaux en matière commerciale, Anglais, Hollandais ou Espagnols, n'attendaient plus qu'une occasion favorable pour se jeter sur ces établissements, dont ils convoitaient la possession.

Ce fut à ce moment (1649) que la Compagnie, pour éviter sa ruine totale, usa de la faculté qu'elle avait de vendre les îles françaises de l'Amérique, comme étant sa pleine propriété. Le 4 septembre 1649, Boisseret achetait 73,000 livres la Guadeloupe, Marie-Galante, la Désirade, et les Saintes. En 1650, du Parquet payait 60,000 livres la Martinique, Sainte-Lucie, la Grenade et les Grenadines. En 1651, Poincy acquérait, moyennant 40,000 écus, Saint-Christophe, Saint-Barthélemy, Sainte-Croix et la Tortue, et les léguait à l'ordre de Malte, qui devait les posséder comme fief de la couronne et n'en donner le gouvernement qu'à des Français.

Aussi longtemps que les Antilles appartinrent à des particuliers, elles furent aussi bien administrées que peuvent l'être des propriétés privées et recouvrèrent en partie leur prospérité d'autrefois. Il est vrai que la métropole semblait les avoir oubliées. C'étaient les Hollandais et les Anglais qui accaparaient alors le commerce des Antilles. C'étaient eux qui s'intéressaient directement à leurs progrès, qui même les enrichissaient, puisqu'ils acclimatèrent dans l'une d'entre elles, la Guadeloupe, la plante qui devait faire sa fortune, la canne à sucre. Pendant cette période d'émancipation relative, nos Antilles eurent pourtant à supporter les fléaux qui, depuis, ne leur ont pas été épargnés : incendies, tremblements de terre, ras de marée, révoltes des indigènes, qu'il fallut expulser de la Martinique et reléguer à Saint-Vincent et à la Dominique (1660). Nos colons eurent de plus à repousser les convoitises déjà allumées des Anglais, auxquels Cromwell venait de révéler leur future grandeur en dirigeant vers les entreprises maritimes leur activité fiévreuse, mais ils étaient sur leurs gardes, et, en 1554, lorsque l'amiral William Penn se présenta devant nos îles à la tête d'une escadre imposante, la fière attitude de nos gouverneurs lui enleva toute idée de démonstration hostile.

En résumé, depuis la dissolution de la première Compagnie des Indes occidentales, nos Antilles, bien que délaissées par la métropole, se suffirent à elles-mêmes, et leurs propriétaires ne purent que se féliciter de leur acquisition. Lorsque Colbert, qui avait repris tous les plans « de ce grand cardinal de Richelieu », et voulait sérieusement relever la marine et reconstituer notre domaine colonial, eut créé, en 1665, une nouvelle Compagnie des Indes occidentales, son premier soin fut de racheter les Antilles; mais, dans l'intervalle, elles avaient singulièrement augmenté de valeur. La Guadeloupe et ses dépendances étaient revendues 125,000 francs, la Martinique 120,000, et Grenade 100,000.

Il peut sembler étrange que Colbert n'ait pas profité de l'expérience, et, au lieu d'accorder la liberté du commerce aux colonies, ait simplement fondé une nouvelle Compagnie, c'est-à-dire perpétué les abus, l'esprit de privilège et de mercantilisme; mais, bien qu'il la devançât sur bien des points, il était, en matière économique, l'homme de son époque. Il ne concevait le commerce d'outre-mer qu'entouré de prétendues garanties, et ne considérait les colonies que comme des pays de production et de rapport, taillables et exploitables à merci. Ces erreurs et ces préjugés expliquent la triste énumération des fautes et des déceptions qui constituent l'histoire de nos Antilles françaises.

La nouvelle Compagnie retomba dans les mêmes errements, Elle ne demandait aux colons que de riches cargaisons, et, tout en leur défendant de cultiver pour leur alimentation quotidienne, les laissait volontiers mourir de faim. De plus, elle leur imposait d'absurdes règlements, celui par exemple de ne se servir que des objets manufacturés en France, et, comme elle interdisait dans les îles la circulation du numéraire, elle fixait à un taux arbitraire les payements en nature. Ainsi une aune de toile se vendait 60 livres de tabac, et un baril de lard 750 livres. De plus, la Compagnie, craignant qu'un gouverneur, qui résiderait longtemps dans les îles, y acquît trop d'influence et fût tenté de s'y tailler comme une principauté indépendante, prit la déplorable habitude de les changer à peu près tous les trois ans. Aussi les gouverneurs n'acceptaient-ils ces postes qu'à leur corps défendant, et, au lieu de s'intéresser aux progrès de la colonie, ne cherchaient qu'à s'enrichir au plus vite. Enfin les directeurs poussaient la rapacité jusqu'à négliger toute précaution militaire. Sous prétexte qu'ils n'étaient que d'humbles négociants et se souciaient peu de conquêtes territoriales, ils chargeaient volontiers les colons de leur propre défense, en sorte que la sécurité des Antilles françaises dépendait d'un coup de main ou d'une attaque heureuse.

Par bonheur, et cette résistance prouvera aux détracteurs de notre politique coloniale le ressort incroyable et la réelle aptitude de notre race au labeur énergique de la colonisation, nos colons des Antilles non seulement ne se laissèrent pas décourager, mais encore prirent l'offensive et se rendirent redoutables. « Mieux vaut avoir affaire à deux diables qu'à un seul habitant français, » disaient les Anglais, qui avaient eu à se plaindre de leur redoutable activité. En 1664, lors de la guerre qui éclata entre l'Angleterre et la Hollande, Louis XIV, forcé par des traités antérieurs de se déclarer pour la Hollande, aurait bien voulu ménager sa marine renaissante. Les Anglais crurent le moment venu de s'emparer de nos Antilles, qu'ils supposaient sans défense ; mais ils furent chassés de Saint-Christophe, repoussés de la Martinique, de la Guadeloupe et des Saintes, et perdirent Antigoa et Montserrat. Des renforts leur furent envoyés ; mais ils ne réussirent pas à bloquer Saint-Christophe, et leur quatre tentatives sur la Martinique échouèrent piteusement. Ces succès inespérés auraient dû prouver au gouvernement français la nécessité d'une intervention énergique aux Antilles. L'occasion semblait propice pour réparer les fautes antérieures et fonder dans ces parages une France américaine ; mais il paraît que ni Louis XIV, ni même son ministre, ne se rendaient un compte bien exact de la situation, car à la paix de Bréda, qui termina la guerre en 1667, ils restituèrent toutes leurs conquêtes coloniales sans recevoir aucune compensation.

Au moins Colbert essaya-t-il, par une série de bonnes mesures, d'atténuer le mauvais effet produit sur les colons par cette maladroite politique. Ainsi il transféra le gouvernement de Saint-Christophe, île partagée avec les Anglais, à la Martinique, plus vaste et occupant une position stratégique plus importante. Il permit, par l'édit de 1669, le commerce d'outremer à la noblesse ; et, pour mieux assurer le recrutement des travailleurs, accorda une prime de dix livres par chaque tête de nègre introduite dans la colonie.

Lorsqu'éclata la guerre de Hollande (1672), le premier soin de Colbert fut de recommander à nos colons de continuer à bien traiter les Hollandais établis dans les îles, leur présence ne pouvant qu'être utile au commerce. C'était un acte de sage modération ; il fut bien moins inspiré quand il ordonna à nos gouverneurs de garder strictement la défensive. Les Hollandais au contraire envoyèrent des forces sérieuses dans la mer des Antilles. Ruyter, à la tête d'une forte escadre, descendit à la Tortue et à Marie-Galante, et menaça la Martinique, mais échoua devant Fort-Royal, grâce au dévouement d'un capitaine marchand, Icard, qui coula son vaisseau pour empêcher la flotte d'entrer dans le port, à la résistance héroïque d'une frégate commandée par le marquis d'Amblimont, et au courage des milices coloniales. Excités par le succès et forts de la présence de nos flottes, que Colbert, mieux éclairé sur nos véritables intérêts, venait d'envoyer aux Antilles, nos colons reprirent l'offensive. Guidés par d'Estrées et Blenac, ils poursuivirent les Hollandais jusqu'à Tabago et Curaçao, et, sans une blessure qui arrêta Blenac, auraient pris la Trinité. Cette fois encore, la paix les arrêta, et ils furent sacrifiés à la métropole, car le traité de Nimègue (1678) ne contenait aucune stipulation en leur faveur, et ordonnait au contraire la restitution de nos éphémères conquêtes.

Pendant la guerre, Colbert avait enfin reconnu l'insuffisance et les inconvénients de la Compagnie. Les abus étaient devenus intolérables, à tel point que, dans des barriques de prétendu lard salé envoyées pour l'approvisionnement des colonies, on trouvait des pieds de chevaux encore tout ferrés ! Etait-il possible, quand la Compagnie poussait à ce point l'amour du lucre, d'empêcher les colons de se livrer à la contrebande ? De plus, on continuait à interdire le numéraire ; le gouverneur et tous les fonctionnaires étaient payés en livres de sucre ou de tabac ! Colbert se décida à révoquer le privilège de la Compagnie. Il commença par donner à tous les particuliers qui les demandèrent des permissions spéciales pour entreprendre le commerce avec les îles, et opposa aux plaintes de la Compagnie des principes que notre siècle ne désavouerait pas. « Le commerce étant un pur effet de la volonté des hommes, il faut le laisser libre... Les directeurs désirent conserver le commerce tout entier entre leurs mains, parce qu'ils ne pensent pas au bien général de l'Etat et des îles ; mais pour vous (le gouverneur de Baas) et pour moi, qui devons nous élever au-dessus de cet intérêt pour aller au bien général, nous devons toujours appuyer la liberté entière du commerce. » La Compagnie n'essaya pas une résistance inutile. Elle réclama elle-même sa dissolution en 1672. Le roi paya ses dettes, 3,523,000 livres, lui remboursa son capital, 1,297,185 livres, et réunit les îles au domaine de la couronne. Dès lors, ce fut un gouverneur royal, assisté d'un intendant, qui concentra tous les pouvoirs entre ses mains.

Cette réorganisation administrative fut favorable aux Antilles. Nos colons y gagnèrent un gouvernement régulier. Sans doute, quelques abus se perpétuèrent ; mais au moins furent-ils assurés de ne plus mourir de faim et, en cas de guerre, d'être énergiquement soutenus. On continua encore à les exploiter ; mais ils purent tirer parti des merveilleuses richesses du sol. L'interdiction de tout commerce avec les pays étrangers accrut leur activité en les forçant à se suffire à eux-mêmes et développa le commerce de la métropole, en lui réservant sans concurrence les marchés coloniaux. Sur les conseils de Colbert, les créoles ne se contentèrent plus de la canne à sucre. Ils varièrent les cultures, et tentèrent celles du lin, du chanvre, du poivre, des autres épices, et même l'éducation des vers à soie. Colbert veillait en même temps à l'accroissement de la population et envoyait aux Antilles de nombreux émigrants. Il s'occupait surtout d'assurer le recrutement des travailleurs. On avait eu d'abord recours, pour activer la colonisation, aux engagements volontaires. L'engagé, venu aux colonies aux frais du créole, lui devait trois années de travail, après lesquelles on lui faisait une concession de terrain : mais les engagés européens ne s'acclimataient qu'avec peine, et, par suite, étaient peu propres aux travaux coloniaux ; d'ailleurs ils n'arrivaient qu'en nombre insuffisant. Il fallut recourir à la traite des nègres, qu'autorisaient les préjugés de l'époque. Nos colons s'en trouvèrent si bien qu'ils en abusèrent, car en 1770, rien qu'à la Martinique, on comptait une population esclave de 20,000 têtes. Quoiqu'il semble, d'après tous les témoignages, que l'esclavage dans nos possessions ait toujours été fort doux, il fallait régulariser la position. Telle fut la pensée qui inspira le *Code noir* ou Code colonial (1685). C'est une œuvre très humaine pour l'époque. L'esclave y trouvait de nombreuses garanties contre un maître cruel ; le maître, d'autre part, y trouvait des moyens d'action contre les esclaves rebelles ou paresseux. On y constate une singulière préoccupation d'empêcher la fusion des deux races. Ne pouvant empêcher les rapprochements charnels, il interdit tout rapprochement légal. Certains auteurs font remonter à ces dispositions la cause principale du peu de sympathie qui existe encore à l'heure actuelle entre les deux races : mais n'est-ce pas exagérer singulièrement l'influence de cette législation spéciale ?

Deux guerres signalèrent les dernières années du règne de Louis XIV : celle de la Ligue d'Augsbourg et celle de la Succession d'Espagne. Elles eurent leur contre-coup aux Antilles, car les Anglais n'attendaient qu'un prétexte pour se jeter sur nos colonies. Cette fois encore, ils ne triomphèrent pas de l'énergique résistance des créoles. Repoussés à la Martinique et à la

Guadeloupe, ils furent même un instant chassés de Saint-Christophe et ne réussirent qu'à Marie-Galante ; mais, sur mer, ils avaient la supériorité et interceptaient rigoureusement toutes les communications. Aussi la misère était-elle grande dans nos Antilles. Le gouvernement dut exempter les colons de tout impôt, et même, à l'entrée en France des denrées coloniales, accorder des primes d'importation. La paix de Ryswick mit un terme à ces misères, en rétablissant le *statu quo ante bellum ;* mais ce ne fut qu'un armistice, et bientôt éclata la dernière guerre du règne. Elle fut encore marquée aux Antilles par une alternative de revers et de succès qui épuisaient nos colons et ruinaient leur commerce. Saint-Christophe nous fut de nouveau enlevée. Nous nous vengeâmes par l'occupation de Monserrat, de Tabago et de Saint-Eustache. L'amiral anglais Codrington, qui tenait à faire oublier l'échec subi devant la Guadeloupe par son père quelques années auparavant, tenta une descente dans l'île ; mais il fut repoussé avec perte et ne réussit à se maintenir qu'à Marie-Galante. La paix d'Utrecht nous rendit toutes nos possessions et nous valut Tabago (1713).

Dans ces deux dernières guerres, les Antilles avaient appris à se passer des secours de la métropole. C'était pour elles une utile leçon, car, pendant tout le XVIIIe siècle, le gouvernement allait de plus en plus les abandonner à leurs propres ressources. En temps de paix, il ne songeait à intervenir qu'en les accablant d'ordonnances et de règlements, dont quelques-uns étaient désastreux, comme celui qui interdisait de trop étendre la culture de la canne, de peur d'épuiser le sol. En temps de guerre, ou bien il ne leur envoyait aucun renfort, ou bien il poussait l'imprudence jusqu'à demander des hommes à nos Antilles pour les envoyer dans d'autres directions.

Telle était pourtant l'énergique vitalité de nos possessions américaines, que, malgré l'indifférence et les fautes de la métropole, le XVIIIe siècle fut pour elles l'époque de la plus grande prospérité. Chassés des marchés de l'Amérique du Nord, que nous avions perdus, nos négociants concentraient leur activité dans les Antilles. Saint-Domingue atteignit alors un degré inouï de richesse. Nos autres possessions rivalisaient avec elle. Surexcités par la concurrence, nos planteurs redoublaient d'efforts, et, malgré les perfectionnements de l'outillage et l'augmentation incessante du nombre des esclaves, suffisaient avec peine [aux demandes réitérées de nos négociants. La culture du café était introduite à la Martinique par des Clieux en 1721 et décuplait les richesses de la colonie. Dès 1726, un inventaire constatait que l'île possédait deux cents caféiers assez vigoureux pour produire des fruits, deux mille plants moins avancés, et une infinité d'autres dont les graines commençaient à sortir de terre. Saint-Domingue ne tardait pas à rivaliser avec la Martinique. Pendant cette période de paix, notre domination se consolidait aux Antilles. Les Caraïbes de Saint-Vincent se mettaient sous notre protection. Sainte-Croix était vendue au Danemark pour 138,000 livres, mais avec stipulation de paix perpétuelle. Toutes nos autres possessions étaient en pleine voie d'amélioration et de progrès. La population augmentait ; de somptueuses habitations s'élevaient, et les créoles venaient gaiement dépenser en France leur fortune facilement acquise.

Cette renaissance commerciale et cette extension de notre domaine d'outre-mer excitèrent la jalousie et les convoitises de l'Angleterre. Sous prétexe de maintenir l'équilibre européen, elle nous déclara la guerre à deux reprises, et dirigea tous ses efforts contre nos colonies, pendant que Louis XV et ses ministres s'engageaient avec témérité dans une série de campagnes impolitiques, tantôt contre l'Autriche et tantôt contre la Prusse. Dans la première de ces guerres, celle de la Succession d'Autriche (1741-1748), nos colons des Antilles réussirent à repousser toutes les attaques de leurs ennemis héréditaires. Ils lancèrent même contre eux de hardis corsaires qui capturèrent un nombre immense de vaisseaux anglais ; mais ils négligèrent, pour des profits passagers, les cultures qui les enrichissaient, et, comme les Anglais reprirent bientôt le dessus, tous les travaux se trouvèrent comme suspendus. Par bonheur, la paix d'Aix-la-Chapelle fut signée, qui nous confirma dans la possession de nos Antilles et fit renaître les espérances des colons. Ils furent moins heureux dans la seconde de ces guerres, celle de Sept ans (1756-1764), car ils ne reçurent aucun renfort, tandis que les Anglais dirigèrent contre eux des forces accablantes. Grâce à l'inaction de Bompar et de Beauharnais, la Guadeloupe tomba la première au pou-

voir de nos ennemis; puis ce fut le tour de la Dominique, de
la Martinique et de toutes nos autres Antilles. Nos colonies
d'Amérique étaient perdues. La paix désastreuse de Paris (1763)
nous rendit, il est vrai, la Martinique, et la Guadeloupe avec
ses dépendances; mais la Dominique, d'où l'on peut surveiller
également les deux îles et qui intercepte leurs communications
en temps de guerre, restait au pouvoir des Anglais, qui s'empressèrent de la fortifier. Nous recouvrions encore Sainte-Lucie
et Saint-Martin; mais cette longue guerre avait ruiné les colons
en brisant leurs relations commerciales. La plupart des plantations étaient abandonnées; les travailleurs noirs n'avaient pas
été renouvelés; bref la décadence commençait, et elle ne devait
plus s'arrêter.

La guerre d'indépendance des États-Unis d'Amérique fut
pourtant une revanche pour nous. Nous perdîmes, il est vrai,
la bataille des Saintes; mais les Anglais ne purent cette fois
s'emparer d'aucune de nos colonies. Ils furent chassés au contraire de Tabago, Saint-Christophe, Nevis et Montserrat, et se
virent forcés, à la paix de Versailles (1783), de nous confirmer
dans la restitution de Tabago.

Mieux éclairé sur ses véritables intérêts, le gouvernement
français commençait à comprendre l'utilité des colonies en
temps de guerre. Il paraissait résolu à les utiliser aux premières hostilités. Il avait également reconnu la nécessité, pour
encourager les colons dans leurs sentiments patriotiques, de
leur faire quelques concessions politiques. On venait d'instituer
des assemblées coloniales, investies de pouvoirs assez étendus,
et jouissant du privilège de prendre certaines mesures d'intérêt local et même de rendre des décrets, sauf approbation du
gouverneur. Le roi Louis XVI s'intéressait tout particulièrement à la prospérité de nos établissements d'outre-mer. Il
semblait qu'une ère nouvelle de prospérité allait s'ouvrir pour
elles; mais la Révolution éclata, et nos malheureux colons
eurent à subir le contre-coup des événements funestes qui
désolaient la métropole.

La Convention, généreuse et libérale dans ses aspirations,
mais imprudente par sa précipitation, ne sut pas choisir son
heure, et rendit coup sur coup une série de décrets qui com-
promirent pour longtemps l'avenir de nos Antilles. La plus

intempestive de ces mesures fut la déclaration d'indépendance des nègres. Excités par des meneurs, affolés par l'exercice de leurs nouveaux droits, les anciens esclaves ne surent jouir de la liberté que pour venger par l'incendie et le massacre la servitude, dont ils n'avaient pourtant jamais beaucoup souffert. Saint-Domingue, dans ces convulsions intestines, fut à jamais perdue pour nous. Quant à nos autres possessions, les Anglais profitèrent des malheurs des créoles et surtout des embarras de la France, qui défendait alors son existence nationale, pour assouvir leurs séculaires convoitises. L'archipel des Saintes, que l'on commençait à fortifier, tomba le premier entre leurs mains (1794), et ils s'empressèrent de détruire les travaux ébauchés. La Guadeloupe, la Martinique, Marie-Galante, la Désirade et Saint-Martin furent ensuite occupées par eux, et ils travaillaient à y asservir leur domination, lorsqu'un audacieux corsaire releva notre fortune. Victor Hugues, de Marseille, avait eu une orageuse jeunesse. Lors de la Révolution, il se signala par l'ardeur de son zèle et fut désigné par Jean-Bon Saint-André pour aller aux Antilles françaises retenir dans le devoir ceux de nos colons qui, fatigués des excès révolutionnaires, manifestaient l'intention de se rendre aux Anglais. En arrivant en vue de la Guadeloupe, Hugues aperçut le pavillon anglais qui flottait sur les forts, et une barque détachée du rivage lui apprit que les Antilles françaises venaient de capituler et que leurs nouveaux maîtres étaient disposés à repousser par la force toute tentative de descente. Hugues n'avait sous ses ordres que quelques centaines d'hommes, mais en eux revivait l'ardeur des anciens flibustiers. Au lieu d'attendre des renforts, Hugues résolut de profiter de l'enthousiasme de sa petite armée et donna le signal de l'attaque immédiate. Les Anglais, qui ne s'attendaient pas à cet acte de hardiesse, n'avaient envoyé sur la plage que quelques compagnies. Elles furent dispersées, et Hugues, profitant de ce premier succès, prit d'assaut le fort Fleur-d'Épée, qui dominait la Basse-Terre. Les Anglais, revenus de leur stupeur, concentrèrent alors leurs forces. Les planteurs, qui avaient à redouter les vengeances françaises, se joignirent à eux, et tous ensemble marchèrent contre Hugues. Le sol de l'île, très accidenté, coupé de gorges et de défilés, permit heureusement à nos aventuriers de tenir la campagne malgré leur infériorité numérique. Ils furent constamment heureux dans les combats presque quotidiens qu'ils livrèrent, reprirent la Pointe-à-Pitre et forcèrent les deux généraux anglais Graham et Prescott à capituler avec leurs troupes et à évacuer la Guadeloupe. Ce succès éclatant valut à Victor Hugues une grande réputation. Rejoint par tous ceux qui espéraient, sous un pareil chef, trouver argent et bataille, il improvisa une petite flotte, et ses corsaires firent au commerce anglais dans les mers du Mexique un tort irréparable. Les négociants des Antilles, alléchés par l'esprit du butin, lui proposèrent d'équiper des navires afin de participer aux chances de la piraterie. Hugues leur donna cette autorisation, et la Guadeloupe devint bientôt comme un nid de corsaires. Hugues ne songeait pas seulement à sa fortune, mais encore à son pays. Dès qu'il se vit à la tête de forces suffisantes, il entreprit la conquête de celles de nos Antilles que détenaient encore les Anglais. La Désirade, les Saintes, Marie-Galante, Sainte-Lucie, Saint-Martin et Saint-Eustache tombèrent de nouveau entre ses mains. Il est vrai que, pour obtenir en si peu de temps et avec des ressources aussi bornées de tels résultats, il avait parfois outrepassé ses instructions et ses droits. Il avait surtout exigé de ses subordonnés une obéissance passive, et quelques-uns d'entre eux croyaient avoir à se plaindre de lui. Ils le dénoncèrent en France. Le Directoire n'écouta pas ces accusations et déclara au contraire que Victor Hugues avait bien mérité de la patrie.

Ce fut le dernier Français qui dans les Antilles soutint haut et ferme le drapeau national. L'histoire de nos colonies n'est désormais qu'une sinistre énumération de fautes et de défaites. Les Anglais, un instant arrêtés par la paix d'Amiens, reprennent les unes après les autres nos misérables possessions, réduites à l'impuissance et abandonnées par la métropole. La Martinique résiste pourtant jusqu'en 1809 et la Guadeloupe jusqu'en 1810. Toutes les autres îles étaient depuis longtemps en leur pouvoir. A la fin du premier Empire, nous ne possédions plus un pouce de terrain dans ces mers, où jadis nous avions joué un rôle si brillant.

Les traités de 1815 constatèrent, en la sanctionnant, cette déplorable décadence. La France ne gardait plus de son antique domaine que la Martinique, la Guadeloupe et ses dépendances et la moitié de Saint-Martin.

Depuis 1815 jusqu'à nos jours, notre puissance coloniale est restée stationnaire aux Antilles, à moins qu'on ne veuille tenir compte de la rétrocession par la Suède, en 1877, de l'île de Saint-Barthélemy, que nous lui avions vendue en 1784. Les seuls changements à enregistrer sont d'un ordre purement économique ou politique.

Aux Antilles, comme dans la plupart de nos autres colonies, nous avons été les victimes de nos imprudences et de nos maladresses. Nous avons travaillé surtout pour les Anglais, qui ont récolté les fruits de nos premiers travaux. Que la leçon ne soit pas perdue, et, puisqu'il nous reste encore quelques débris de notre empire colonial, étudions leurs ressources, afin d'en tirer le meilleur parti possible.

II. — Géographie physique.

Les Antilles françaises appartiennent à la chaîne des *Petites Antilles*, que l'on nomme aussi *archipel des Caraïbes*, à cause de leurs anciens habitants, et que l'on divise en îles *du Vent*, qui reçoivent les premiers coups des vents alizés soufflant de l'est à l'ouest, et les îles *Sous-le-Vent*, qui ne reçoivent qu'ensuite ces mêmes alizés.

La plus septentrionale de nos possessions actuelles est *Saint-Martin*, non loin du groupe des îles *Vierges*, par 65° 34' de longitude ouest et 18° 4' de latitude nord.

A quatre lieues au sud-est, par 65° 62' de longitude ouest et 17° 58' de latitude nord, se trouve *Saint-Barthélemy*, notre récente acquisition. Ces deux postes sont séparés et coupés du groupe de la Guadeloupe par les îles anglaises de Barboude, Saint-Christophe, Antigoa, Nevis et Montserrat.

Viennent ensuite la *Guadeloupe* et ses dépendances (15° 57' et 16° 31' de latitude nord et 63° 32' et 64° 9' de longitude ouest) ; *la Désirade*, à 9 kilomètres ouest de la Guadeloupe (16° 20' de latitude nord et 63° 22' de longitude ouest) ; *Marie-Galante* et *les Saintes*, à 12 kilomètres au sud de la même île (15° 54' de latitude nord, 64° 1' de longitude ouest).

La Martinique, séparée de la Guadeloupe par l'île anglaise de la Dominique, est notre dernière possession. Elle est située par 14° 25′ et 14° 52′ 47″ de latitude nord et 63° 6′ 19″ et 63° 31′ 34″ de longitude ouest à 100 kilomètres au sud de la Guadeloupe. De tous côtés, des postes anglais l'enserrent et la surveillent, la Dominique au nord, Sainte-Lucie et Saint-Vincent au sud.

Telle est la répartition des îles françaises dans l'archipel. Elles forment comme trois groupes distincts : au nord Saint-Martin et Saint-Barthélemy, au centre la Guadeloupe et ses dépendances, au sud la Martinique.

L'île *Saint-Martin*, avec son annexe de *Tintamarre*, est de formation calcaire. Bien que, des contreforts boisés de la chaîne principale, qui forme comme le noyau de l'île, descendent à la mer de nombreux ruisselets, Saint-Martin ne possède pas de cours d'eau digne de ce nom, et, en été, les habitants sont réduits à l'eau saumâtre de leurs citernes. Les côtes de l'île présentent une particularité. Elles sont garnies par un rempart de lagunes qui forment une série d'étangs salins. Sur la côte française, les principaux de ces étangs se nomment : le lac *Simson*, au fond de la baie du *Marigot*; l'étang *Salin*, et le lac de la *Grande-Case*, au fond de l'anse de ce nom. 5177 hectares appartiennent à la France. Les Hollandais sont installés dans l'autre partie.

Saint-Barthélemy est également de formation calcaire. C'est un sommet montagneux émergé. Elle dresse plusieurs pitons, et les îlots sans importance qui l'entourent (*Goat, Frégate, Toc Vers, la Fourche, les Deux Boulangers, le Grenadier, Surgatoa*) appartiennent sans doute au même système. On n'y trouve aucun cours d'eau, pas même une source; aussi les insulaires sont-ils réduits à l'eau de citerne. Les côtes sont très-accidentées et fort découpées. Elles forment au nord la vaste baie de *Saint-Jean* et à l'ouest l'excellent port de *Carénage*, auquel les Suédois avaient donné le nom de *Gustavia*. « C'est un havre, écrivait au dernier siècle le Père Dutertre, qui pénètre de plus d'un quart de lieue dans la terre par une entrée large de cinquante pas; il en a plus de trois cents de longueur en quelques endroits, et aux plus étroits deux cents. Il est accessible en toutes saisons, même pour les plus grands navires. »

La *Guadeloupe*, nommée *Karukera* par les Caraïbes, fut découverte le 4 novembre 1493 par Christophe Colomb, qui la nomma ainsi à cause de la ressemblance de la coupe de ses montagnes avec celle de la Sierra Guadalupa en Espagne. La Guadeloupe est, à vrai dire, la réunion de deux îles de formation géologique toute différente : celle de l'est, ou *Grande-Terre*, plate, sans la moindre élévation de terrain, est de formation calcaire; celle de l'ouest, ou *Basse-Terre*, très-montagneuse, est de formation volcanique. La Grande-Terre, dont l'étendue (56,000 hectares) contredit la dénomination, se compose d'une superposition d'assises calcaires, remplies de coquillages et douées d'une exubérante fertilité. Elle reçoit peu de pluies et manque d'eau potable. Elle affecte la forme d'un triangle dont les trois pointes sont : au nord la pointe du *Nord*, au sud-est la pointe *des Châteaux*, et au nord-ouest la *Pointe-à-Pitre*. La Basse-Terre ou Guadeloupe proprement dite est séparée de l'île précédente par un bras de mer nommé *Rivière-Salée*. Elle est traversée du nord au sud, de la pointe *Allègre* à la pointe du *Vieux-Fort*, par une chaîne volcanique qui détache à l'est et à l'ouest de nombreux contreforts. Cette chaîne, qui va toujours en s'élevant du nord au sud, se couronne encore des fumées de la *Soufrière*, immense solfatare toujours en activité (1484 mètres). Les autres cimes sont la montagne *Sans-Toucher* (1480), la *Bouillante* (1120), les *Mamelles* (778) et la *Couronne* (800). Comme les vallées formées par les contreforts ne sont pas bien profondes, les côtes sont peu découpées, et l'île affecte une forme ovale presque régulière, sans anse ou sans promontoire dignes d'être signalés. A la Basse-Terre appartiennent les pluies fréquentes, les forêts, les fraîches savanes, les cours d'eau abondants, trop abondants même, puisqu'on compte cinquante ruisseaux et dix-sept rivières, qui souvent débordent et ravagent les cultures. La plus importante de ces rivières est la *Goyave*, qui prend sa source dans le Sans-Toucher et semble par ses apports avoir augmenté la superficie de l'île dans la direction du nord; mais son embouchure est obstruée par des bancs de sable et des récifs, qui en rendent l'accès difficile. Nous citerons encore la *rivière de l'Oiseau*, le *Lamentin*, la *rivière Duplessis* et la *Rivière-Salée*, qui n'est pas navigable pour les navires d'un fort tonnage. Il est facile de prévoir que, dans une île volcanique, les sources thermales ne feront pas défaut.

On en trouve en effet de deux sortes, ferrugineuses et sulfureuses. Les deux îles offrent quelques mouillages pour les vaisseaux. A la Basse-Terre, l'*anse à la Barque*, la baie *Deshayes* et le *Marigot* peuvent recevoir jusqu'aux navires de guerre. A la Grande-Terre, le mouillage de la *Pointe-à-Pitre* est excellent et ouvert à tous les vaisseaux. Le port du *Moule* n'est pas moins bon, mais l'accès en est dangereux. Aussi bien on a cherché à prévenir ces dangers par un système très bien combiné de phares. Le plus considérable, dont la portée est de quinze milles marins, a été bâti sur l'*îlot de Bas*, nommé la Petite-Terre. Quatre autres ont été construits sur les côtes, aux endroits difficiles : celui de *Basse-Terre*, celui de l'îlot *Mouron* à Pointe-à-Pitre, celui du *Moule* et celui de l'îlot à *Gozier*, un peu au sud-est de la Pointe-à-Pitre.

La première des dépendances de la Guadeloupe est *Marie-Galante*. Cette île fut ainsi nommée de l'un des vaisseaux de Christophe Colomb, qui la découvrit à son second voyage. Elle est située directement au sud de la Grande-Terre. Sa superficie est de 150 kilomètres carrés. Bordée de falaises et de brisants, dépourvue de ports, elle est d'un accès difficile. Elle est couverte de hauteurs boisées. Sa forme est ovale.

A 12 kilomètres à l'est de la Grande-Terre s'étend la *Désirade*, ou *Deseada*, ou *Désirée*, ainsi nommée par Colomb, parce que, lors de son second voyage, ce fut la première terre qu'il découvrit. La Désirade ne compte que 15 kilomètres de longueur et 8 de largeur. De loin, on dirait un gigantesque navire. Abaissée dans sa partie nord, elle se relève au sud. Elle n'a ni port ni rades. Ses côtes sont semées de récifs abrupts, et la mer y forme de dangereux tourbillons. Si la Désirade est peu fertile et inhospitalière, du moins son climat est-il parfaitement sain, et elle doit à cet avantage le privilège de servir d'hôpital à nos colons des Antilles.

Le groupe des *Saintes* est la dernière des dépendances de la Guadeloupe. Il s'étend à 9 kilomètres au sud de la Basse-Terre, sur une longueur de huit kilomètres et une largeur de quatre. Les Saintes ne sont, à vrai dire, qu'un chaos de rochers; mais ils ont, depuis un siècle, acquis une grande importance stratégique, à tel point qu'on les a nommés le Gibraltar de la mer des Antilles. En mettant à part les récifs, le groupe de Saintes se compose de cinq îles : la *Terre d'en haut*, la *Terre d'en bas*, l'*île à Tabut*, le *Grand-Ilot* et la *Loche*. La Terre d'en haut, la moins petite et la moins aride, est la plus importante du groupe. Très irrégulière dans sa forme, elle possède de nombreuses anses et des caps, plus une rade assez vaste, commandée par l'île à Tabut; entre les deux îles est la *passe des Vaisseaux*, qui se prolonge entre la Terre d'en haut et la Terre d'en bas, puis entre celle-ci et la Loche. Entre la Terre d'en haut d'une part, et de l'autre la Terre d'en bas et le Grand-Ilot, s'ouvre la *passe du Sud;* entre la Loche et le Grand-Ilot se trouve la *passe des Dames*. Tous ces détroits sont fort resserrés et parsemés de rochers et d'écueils. Quelques batteries suffisent pour les défendre, et, en cas de besoin, nos flottes y trouveraient, derrière les forts récemment construits, un asile inexpugnable.

La *Martinique*, ainsi nommée par Christophe Colomb, qui la découvrit en 1493, le jour de la Saint-Martin, est longue de 70 kilomètres et large de 30. Sa circonférence est de 320 kilomètres. Elle compte 98,782 hectares de superficie. Du nord au sud de l'île se dressent cinq ou six monts principaux, distribués en groupes rapprochés, mais indépendants. Les uns culminent en pitons aigus, les autres s'étalent en crêtes étroites. Ce sont d'anciens volcans, au pied desquels se dressent encore une multitude de mornes, débris de volcans secondaires. Toutes ces montagnes ont été déchirées et disloquées par des tremblements de terre, qui ont hérissé de précipices et de crevasses la surface de l'île. Le centre de soulèvement paraît avoir été dans la partie supérieure de l'île, un peu plus haut que le *piton du Carbet* (1207 m.). De là rayonnent dans toutes les directions divers contreforts : au nord celui qui s'épanouit en poussant le sommet dénudé de la *montagne Pelée* (1350 m.), à l'est les contreforts du *morne Jacob*, du *morne Palmiste*, au sud celui du piton du Carbet, qui se ramifie autour de Fort-de-France, celui du *morne des Olives*, et enfin le *morne de la Plaine*, qui sert d'épine dorsale à tout le reste de l'île, se continue par le *morne Vertpré*, les *Roches-Cariées*, le *morne Gamelle*, le *piton du Vauclain*, et se termine vers les anses d'*Arlet* avec le morne *Constant* et le *morne du Diamant*.

La partie supérieure de la Martinique, déterminée au nord par le *cap Saint-Martin* et la pointe du *Macouba*, à l'est et à l'ouest par les baies *de la Trinité* et *Saint-Pierre*, affecte une forme régulière. On ne saurait y chercher ici un mouillage sûr ni un port bien fermé. Il n'en est pas de même de la partie inférieure, bizarrement découpée, flanquée de presqu'îles qui augmentent l'étendue des côtes, bordée de récifs et d'îlots qui rendent périlleuses les approches de l'île, mais font aussi sa sécurité. Les principales presqu'îles sont celles de *Caravelle*, du *Vauclain*, de *Sainte-Anne* et des *Trois-Ilets*. Elles sont déterminées par les pointes ou caps *Caracoli*, *Savane*, la *Rose*, la *Prairie*, *Vauclain*, *Enfer*, *Ferré*, des *Lézards*, des *Salines*, du *Diamant* et *Salomon*. Quant aux rades, dont quelques-unes pénètrent profondément dans l'intérieur de l'île, nous citerons le *havre de la Trinité*, la *baie du Galion*, la *baie Robert*, le *cul-de-sac Frégate*, la *passe du Marin*, l'*anse du Diamant*, et enfin la rade la plus sûre des Antilles, celle de *Fort-de-France* avec ses deux pointes des *Nègres* et du *Bout*.

Au-dessus d'un sol chaud et poreux, atteignant par étages successifs une grande altitude, l'atmosphère, saturée d'humidité, se résout en vapeurs abondantes et en pluies torrentielles. On a calculé que la quantité annuelle de pluie dépassait une moyenne de deux mètres. Aussi l'eau bondit en cascades et court à la mer après avoir formé des torrents également précieux pour l'irrigation des campagnes et la force motrice des usines. On en compte jusqu'à 75, variant comme longueur entre 4 et 28 kilomètres. Au vent de l'île, c'est-à-dire à l'est, coulent le *Lorrain*, le *Galion*, la *Capote* et son affluent la *Falaise*, les rivières de *Macouba*, de la *Grande-Anse* et de *Sainte-Marie*. Sous le vent de l'île, c'est-à-dire à l'ouest, nous trouvons la *Rivière-Salée*, la *Lézarde* et le *Brésil,* qui se jettent dans la baie de Fort-de-France, le *Pilote*, la rivière *Monsieur* et la rivière *Madame*, celle de *Saint-Pierre* et la *Grande-Rivière*. Deux d'entre elles sont navigables, la Rivière-Salée et le Pilote. Les eaux thermales et minérales sont également fort abondantes. Les plus réputées se trouvent aux bains *Didier*, *Absalon* et *Ballyza*.

La constitution géologique des Antilles françaises varie suivant les groupes. Saint-Martin et Saint-Barthelémy sont calcaires, la Guadeloupe et la Martinique volcaniques. Les premières sont comme étagées en plateaux ondulés ; les ports y sont d'accès difficile, car ils sont défendus au large par des lignes de brisants.

La terre y est altérée. A peine de maigres ruisseaux suffisent-ils à humecter leurs lits. Pas d'eau, et partout pas de végétation; points de forêts surtout ; la nudité presque absolue. Sauf la disette de boisson, cette sécheresse ne saurait être qu'avantageuse aux hommes. Elle leur réussit d'autant mieux qu'elle est plus nuisible aux cultures. A la Martinique et à la Guadeloupe, le spectacle change. Aux humbles plateaux dénudés succèdent de hautes cimes, couronnées de vastes forêts et séparées les unes des autres par de sombres et profondes vallées. Si parfois la roche reparaît au sommet d'un cône isolé, d'un *piton*, pour employer l'expression consacrée, elle est coiffée d'un panache de fumée, qui révèle l'origine plutonienne de l'île. Au-dessus de ces fondations de granit, de porphyre ou de basalte se sont superposées de nouvelles couches plus favorables à la culture. La terre y est forte, grasse, argileuse et très-arrosée. Aussi bien, comment l'eau manquerait-elle à ces îles? Les orages y sont fréquents. En avril et en mai, des grains bienfaisants, attirés par les cimes des montagnes, s'y condensent pour tomber presque tous les jours et à la même heure, vers midi, sur les îles, et rafraîchir la terre altérée par le soleil. A ces ondées salutaires succèdent jusqu'à la fin d'octobre des pluies continuelles et torrentielles. Aussi le sol est-il comme saturé d'humidité.

A côté du mal, le remède : c'est le ciel des Antilles, un des plus beaux et des plus purs qu'il soit donné à l'homme d'admirer. Celui d'Italie même, dit-on, ne peut en donner qu'une idée imparfaite. D'octobre à avril, à peine passe-t-il un nuage au ciel, et la température ne s'abaisse jamais au-dessous de vingt degrés. C'est dans cette moitié de l'année qu'il faut venir d'Europe aux Antilles, afin d'être acclimaté avant les chaleurs malsaines, qui règnent d'avril à octobre. Ce qui contribue encore à tempérer la chaleur et à la rendre supportable, c'est un régime de vents admirablement ménagé. La brise de mer qui souffle le jour et la brise de terre qui souffle la nuit adoucissent tour à tour les excès du climat. Quant aux vents proprement dits, ils règnent successivement avec une merveilleuse régularité : on les nomme les *alizés*. De novembre à avril, les alizés viennent de l'hémisphère boréal en passant du nord à l'est. De mai à octobre, ils viennent de l'hémisphère austral en passant de l'est au sud et à l'ouest. Le vent d'ouest est le plus rare, et celui d'est le plus fréquent. L'alizé d'est a valu aux côtes orientales des Antilles le nom de côtes du vent, tandis que les côtes occidentales sont dites sous le vent.

N'allons pourtant pas croire que tout soit pour le mieux dans nos colonies. Lorsque les alizés se déchaînent en ouragans, ils ravagent les habitations, détruisent les plantations, arrachent les arbres et ruinent les îles pour de longues années. Ils sont surtout redoutables quand ils sont accompagnés de ras de marée. Ce phénomène est d'autant plus singulier que, dans la mer des Antilles, la marée est peu sensible, quarante à cinquante centimètres en moyenne, un mètre au plus au moment de l'équinoxe. Les ras de marée n'exercent leurs fureurs que sous l'influence des vents du sud et de l'ouest, et seulement dans la période qui s'étend du 10 juillet au 21 octobre. A peine sont-ils annoncés, que les navires n'ont que le temps de fuir au large, d'abord pour éviter le premier coup du flot, qui s'avance comme une muraille liquide avec une vitesse vertigineuse, puis les assauts répétés d'une mer affolée. Heureusement, les signes précurseurs du fléau ne manquent pas : la nuit se répand peu à peu à l'horizon, une épaisse calotte de nuages semble vouloir étouffer la terre, l'air manque, la chaleur redouble, les animaux eux-mêmes semblent prévoir la catastrophe, et les oiseaux s'enfuient en rasant la terre. Bientôt le canon de la rade annonce le danger, et tous les navires coupent leurs amarres et gagnent le large. Parfois à l'ouragan et au ras de marée se joint un troisième fléau : le sol des îles affirme sa nature volcanique et s'agite sous la pression des vapeurs souterraines. Les tremblements de terre sont assez fréquents, et quelquefois désastreux. En 1718, tous les cacaoyers de la Martinique furent détruits. En 1776, les cannes à sucre et les arbres à coton furent déracinés. En 1843, le 8 février, une épouvantable secousse bouleversa la Guadeloupe. La terre ondula comme une plaine liquide, et toute l'île fut ébranlée. Pendant les soixante et dix secondes que dura la secousse, la Pointe-à-Pitre fut détruite de fond en comble. Il ne resta debout que quelques pans de mur et la façade d'une église, avec son horloge arrêtée à dix heures trente-cinq minutes, moment de la catastrophe. La cime de la Soufrière se détacha en roulant au milieu des torrents de fumée. Dans les campagnes, des eaux brûlantes jaillirent des profondeurs du sol, de vastes forêts glissèrent sur les flancs des collines et laissèrent à nu le roc, sur lequel elles étaient plantées ; les rivières changèrent de cours. Dans les villes, l'incendie s'empara des décombres, alimenté par des jets de flammes qui s'échappaient des crevasses, et acheva l'œuvre de destruction. Plus de cinq mille personnes étaient mortes, écrasées ou brûlées ; quatre-vingts millions en bâtiments ou en marchandises avaient été détruits. En 1859, une catastrophe analogue, bien que moins violente, renversait Fort-de-France, à la Martinique. Les feux souterrains ne sont donc pas encore éteints, et, de temps à autre, trop souvent, se manifeste leur redoutable activité.

III. — Géographie économique.

Malgré les dangers qui les menacent, malgré les effroyables catastrophes qui les bouleversent, mais dont elles se sont toujours relevées, nos Antilles françaises sont encore florissantes. Il suffit, pour s'en convaincre, de passer en revue leurs principales productions. On a remarqué que l'humidité, qui est le trait caractéristique du climat des Antilles, avait pour résultat de tout détendre, de tout amollir, les hommes comme les animaux, les animaux comme les plantes : c'est ainsi que les plantes européennes y sont bientôt privées de la faculté de production, que nos bois les plus durs y pourrissent ; rien de plus vrai ; mais nos colonies fournissent d'autres bois, d'autres plantes et d'autres animaux capables de les remplacer avantageusement.

Il n'y aurait rien à dire du règne minéral, puisqu'on n'a encore découvert dans nos îles américaines ni une mine ni une carrière qui valût la peine d'être exploitée, si la nature et les siècles n'avaient pris le soin d'accumuler au centre de la Guadeloupe sinon un trésor, du moins une source intarissable de richesses. De la gigantesque solfatare qui domine l'île se sont échappés de tout temps des flots d'un *soufre* excessivement fin, qui s'est déposé dans les grottes, dans les vallons, dans toutes les anfractuosités. L'exploitation en serait facile. Il suffirait de se baisser, de ramasser et d'expédier. La France cesserait par là d'être tributaire de l'Italie pour le soufre. Un colon avait demandé l'autorisation d'entreprendre cette exploitation : on la lui a refusée. Ne croirait-on pas que c'est la Compagnie des îles d'Amérique qui gouverne encore les Antilles?

Nous signalerons encore, pour mémoire, les *salines* de Saint-Martin.

Le règne végétal aux Antilles est admirablement représenté, surtout dans les forêts. Ce qui étonne le nouveau débarqué, c'est la fécondité et la variété des plantes. Pas une place ne reste libre. Un arbre tombe-t-il de vieillesse, aussitôt des pousses nouvelles se développent avec une incroyable activité, et l'arbre mort semble renaître et sortir de sa propre dépouille. Entrelacés dans les replis des mêmes lianes vivent côte à côte les arbres les plus utiles et les plantes les plus vénéneuses. Le fruit rouge du caféier s'unit à la pomme du terrible mancenillier. Le cacaoyer est comme enlacé par les mille vrilles de la liane puante. Pourtant les arbres utiles prédominent. On rencontre en effet le *palmiste* au bourgeon terminal, si apprécié sous le nom de chou, l'*arbre à pain*, le *fromagier*, le *savonnier*, le *cocotier*, le *sagoutier*, dont les fruits s'étalent en grappes gracieuses, le *flamboyant* au feuillage rouge, et l'*arbre des voyageurs*, ainsi nommé parce qu'une simple incision fournit un jet abondant d'eau fraîche. Les *manguiers* et les *palétuviers* entrelacent leurs racines le long des côtes et dans les terrains inondés. Le *bois de fer*, l'*acajou*, le *gaïac*, le *sandal*, le *campêche*, le *myrte*, l'*acacia* et le *bambou* fournissent à tous les besoins de la charpente et de l'ébénisterie. Citons encore le *caoutchouc*, dont le tronc atteint parfois deux mètres de circonférence, le *cannellier*, le *patchouli*, et les diverses fougères arborescentes, dont quelques-unes atteignent des proportions gigantesques. Parmi les fruits des différents arbres, ceux qui servent à l'alimentation sont la *sapotille*, le *coco*, la *mangue*, la *pomme d'acajou*, le *tamarin*, la *calebasse*, la *pomme cannelle*, l'*orange*, l'*abricot*, l'*avocat*, la *goyave*, la *papaye*, le *corossol*, la *grenadille*, l'*ananas* et la *vanille*.

Ce n'est pas seulement dans les forêts que l'homme trouve des aliments tout préparés par la nature. Il cultive lui-même diverses productions indigènes ou exotiques. Les principales sont le *gingembre*, le *manioc*, les *patates*, les *ignames*, les *bananes*, le *maïs*, le *piment*, et les épices importées au XVIIIe siècle, *girofle, muscade, poivre, cannelle*, etc. De toutes les importations européennes, celles qui ont le mieux réussi sont les plantes potagères : aussi trouve-t-on aux Antilles toutes les variétés de légumes ou de racines alimentaires. L'herbe de Guinée, sorte de grand millet, sert de fourrage aux chevaux, toujours au vert. Parmi les plantes médicinales, nous citerons la *casse*, le *copahu*, le *ricin* et l'*ipécacuanha*.

Les cultures qui font la richesse et alimentent en partie le commerce de nos Antilles sont celles de la *canne à sucre*, du *café*, de l'*indigo*, du *cacao* et du *coton*. La canne à sucre, introduite par les Hollandais, a longtemps assuré à nos colons de magnifiques bénéfices ; mais les conditions économiques se sont modifiées dans ces dernières années, et nos colons ont peut-être le tort de s'entêter à cette culture. En effet, malgré la liberté commerciale qui leur a enfin été accordée, ils seront toujours vaincus sur les marchés de la métropole par les sucres de betterave, et il est même à craindre pour eux que la concurrence leur ferme les marchés des Etats-Unis, leur dernier débouché. Ils auraient alors à supporter une crise effroyable. La canne donne quelquefois deux récoltes par an, car aux Antilles la végétation ne s'arrête jamais; la première récolte a lieu de février à juin ; la deuxième, moins abondante, d'octobre à novembre. Dépouillée de son panache, qui sert de nourriture aux bestiaux, la canne est débitée en tronçons. On réserve les nœuds, qu'on replante isolément pour la récolte suivante. Dans nos Antilles, il faut labourer et replanter tous les ans ; dans d'autres contrées plus favorisées, on ne le fait que tous les trois ans. Les débris de la canne servent d'engrais aux plantations ou parfois de combustible. De la canne, on tire différents produits : le sucre, que, jusqu'en 1863, nos colons n'avaient pas le droit de raffiner, les sirops, les mélasses, le tafia et le rhum. Le sucre constitue à lui seul les cinq sixièmes de la récolte. En 1863, 38,000 hectares étaient consacrés à la culture de la canne. On en comptait 40,370 en 1875.

La culture la plus en honneur après celle de la canne est celle du café. Le café de la Martinique a une réputation universelle. En 1863, 2400 hectares étaient plantés en caféiers. On en comptait 4115 en 1875. La culture du cacao a passé par de singulières alternatives. Introduit en 1650 aux Antilles par le juif

Dacosta, le cacao fut d'abord la principale richesse des colons qui n'avaient pas de capitaux suffisants pour entreprendre des plantations de cannes. L'ouragan de 1718 détruisit tous les cacaoyers; il fallut songer à remplacer ce produit, désormais perdu. Vers 1830, on songea à en planter de nouveaux. Ils ont parfaitement réussi. En 1863, 800 hectares étaient consacrés à cette culture, et en 1875 1063. Cet arbustre est peut-être appelé à un grand avenir économique. Le coton et le tabac sont déjà singulièrement distancés, puisqu'on ne compte (1875) que 823 hectares plantés en coton et 38 en tabac. En résumé, sur près de 270,000 hectares, il n'y en a encore que 70,000 mis en culture. Le reste est à peu près improductif. Ce sont des forêts inexploitées, des savanes et des friches. L'agriculture a encore bien des progrès à réaliser dans nos Antilles. Il est certain que nos colons n'ont tiré qu'un médiocre parti des ressources que la nature avait placées sous leur main. Les forêts par exemple sont encore vierges, et à peine sillonnées par quelques sentiers. On se croirait encore, surtout à la Martinique, au temps où les Caraïbes disputaient la possession de leur île aux compagnons d'Esnambuc.

Ce sont peut-être les hôtes de ces forêts qui en ont défendu et en défendent encore les approches. Elles sont en effet hantées, surtout celles de la Martinique, par une incroyable variété de serpents. Le plus terrible de tous est le *trigonocéphale tête de lance*, dont la morsure suffit à étourdir à l'instant, puis à tuer en quelques minutes l'homme le plus vigoureux. On a vainement essayé de le détruire. Tant qu'il aura un refuge impénétrable dans la forêt vierge, il s'y reproduira en toute sécurité. D'ailleurs les colons, malgré la peur qu'il leur inspire, ne désirent pas le voir disparaître, car c'est le terrible ennemi du rat, qui dévore les plantations de cannes. La Guadeloupe est plus heureuse. Par un singulier hasard, elle ne possède pas un seul serpent. Il est vrai qu'on y rencontre en abondance, ainsi que dans nos autres Antilles, d'énormes *araignées venimeuses*, des *scolopendres*, et des *guêpes* dont la piqûre est dangereuse. Quant aux *moustiques*, *maringouins* et à l'innombrable légion des insatiables *diptères*, elle se gorge de sang humain. Enfin les fourmis et les termites ravagent les plantations et les maisons.

Il est temps de passer aux animaux utiles ou agréables, pour ne point présenter nos Antilles sous des couleurs trop noires. La plupart d'entre eux ont été importés d'Europe. Quelques-uns y ont parfaitement réussi, le porc par exemple. Les autres au contraire y dégénèrent; ainsi les essais de magnaneries tentés à diverses reprises ont toujours échoué. Quant aux animaux indigènes, ils sont peu nombreux. Nous citerons, parmi les mammifères, les *agoutis* et les *sarigues*; parmi les oiseaux, des perroquets de toute couleur, qui peuplent les bois de leur plumage et de leur babil; parmi les insectes, l'abeille, qui compose un miel délicieux.

Telles sont les principales productions de nos Antilles. Leur récolte ou leur mise en œuvre produit un mouvement commercial de 55 millions pour la Martinique et de 47 millions pour la Guadeloupe et ses dépendances. Vu la différence des époques, ce mouvement est fort inférieur à celui de 1790, époque à laquelle la Martinique faisait 44 millions d'affaires et la Guadeloupe 62. Néanmoins la métropole n'a pas à se plaindre de ces colonies, qui, malgré d'injustes attaques, constituent pour elle une source de revenus. Ainsi la Martinique, qui coûte à la France 3 millions par an, fait rentrer dans les caisses de l'Etat 13 millions de douanes, sans tenir compte des bénéfices que retirent les particuliers. Quant à la Guadeloupe, qui impose à la France les mêmes dépenses, elle ne fait rentrer que 9 millions de douanes; mais n'est-ce pas encore un excédant considérable de recettes ?

Pourtant le régime économique de nos Antilles, a presque toujours, été déplorable. Depuis la création de la Compagnie des îles, nos colonies américaines n'ont pas réussi à se débarrasser des mille entraves d'une protection qui dégénérait trop souvent en tyrannie. Les colons n'ont cessé de protester et de réclamer contre les tarifs qui les accablaient. La métropole n'a jamais consenti à les écouter, que lorsqu'une catastrophe imprévue menaçait de tarir les sources de leur prospérité. C'est seulement en 1861 que triompha la bonne cause, et qu'au régime de la protection fut substitué celui de la liberté commerciale. Encore ce progrès fut-il théorique, car il n'existait pas en réalité. Les droits étant les mêmes pour la métropole que pour les colonies, les produits étrangers, inutiles en France, mais indispensables aux colonies, étaient fortement taxés, et, de la sorte, le commerce des colonies avec l'étranger demeurait illusoire. Le résultat immédiat de cette erreur économique fut de diminuer d'un huitième les importations coloniales. On reconnut heureusement la faute commise, et, dès 1866, les conseils coloniaux furent investis du privilège de fixer eux-mêmes le tarif des douanes. Ils le firent en connaissance de cause, et dès lors nos colonies purent librement commercer avec l'étranger. Sans doute, les importations françaises diminuèrent à cause de la concurrence étrangère, mais beaucoup moins qu'on ne l'aurait cru, et les importations doublèrent d'une année à l'autre. Or, comme le gouvernement, en accordant ce privilège à nos colons des Antilles, leur avait imposé certaines dépenses qui lui incombaient auparavant, comme de plus il avait réalisé de notables économies par la suppression de la prime accordée aux sucres coloniaux, aux cafés, aux cacaos et aux vanilles, cette sage mesure a satisfait tout le monde : la métropole, qui y a trouvé son avantage, et les colons, auxquels la liberté du commerce a donné comme une vitalité nouvelle.

Il nous faudra pourtant reconnaître que nos Antilles n'ont pas atteint le degré de prospérité auquel elles auraient le droit de prétendre. On peut s'en rendre compte en les comparant aux colonies anglaises ou même espagnoles qui les entourent. La faute doit en être imputée aux maladresses et aux hésitations de la métropole, mais aussi aux exigences et peut-être aux secrets désirs des habitants français des Antilles. Nous nous en convaincrons en étudiant la situation politique de ces habitants.

IV. — Géographie politique.

Les anciens insulaires, les *Caraïbes*, ont complètement disparu dans les Antilles. Ils ont été exterminés par les colons européens, ou lentement absorbés par eux, en vertu de la loi de concurrence vitale, qui veut que les races inférieures soient anéanties par les races supérieures. Nous ne les citons ici que pour mémoire. Nous ne comptons pas non plus les engagés *chinois* ou *hindous*, fort peu nombreux encore, et qui, d'ailleurs, n'ont qu'une médiocre importance, puisqu'ils ne jouissent pas des droits et prérogatives du citoyen.

Deux races seulement sont en présence, les *blancs* et les *noirs*, et, entre eux, les *gens de couleur* de toute nuance. Les gens de couleur, que nous désignons en Europe sous le nom général de *mulâtres*, se subdivisent en une infinité de catégories. Le vrai mulâtre est l'enfant d'un blanc et d'une négresse ; la mulâtresse et le noir produisent le *capre ;* la capresse et le nègre, le *griffe ;* au contraire, la mulâtresse et le blanc produisent le *mestif;* la mestive et le blanc, le *quarteron*, qu'il est fort difficile de distinguer du blanc. En règle générale, l'enfant se rapproche toujours davantage du type le plus foncé, c'est-à-dire que, livrée à elle-même, et ne se renouvelant pas par des unions avec d'autres races, une population qui a dans les veines ne serait-ce que quelques gouttes de sang noir redeviendra forcément noire au bout de quelques générations. Ceci n'est pas un fait avancé à loisir : on en a fait l'expérience.

Ainsi s'explique, jusqu'à un certain point, la répugnance qu'éprouvent pour les nègres nos blancs des Antilles. Ils redoutent d'être absorbés quelque jour par eux. Cette répugnance fut en quelque sorte patronnée par le *Code noir ;* mais elle est plutôt morale que matérielle, car les deux races continuent à s'unir fréquemment. Presque tous les mulâtres sont des enfants naturels ou descendent d'enfants naturels. C'est encore ce qui explique pourquoi les familles blanches hésitent tellement à recevoir les mulâtres, non pas dans leur intérieur, car ils sont au contraire tout à fait les bienvenus, mais dans leur famille. A la Martinique, sur 400 naissances il y en a à peine une de légitime. A vrai dire, en dehors de quelques privilégiés de la couleur, la famille légale n'existe pas dans nos Antilles.

Cette question des gens de couleur est fort grave pour nos colonies, où elle a remplacé celle de l'esclavage. L'esclavage fut en effet aboli en 1848. La mesure fut peut-être trop précipitée, dans l'intérêt des colons comme dans celui des esclaves eux-mêmes, dont un grand nombre sont retournés à la vie quasi sauvage ; mais c'était une crise à traverser, et elle est aujourd'hui terminée. Les colonies n'ont pas péri, et le principe a été sauvé. Restent les gens de couleur qui ont succédé aux nègres dans les antipathies que leur vouait la race blanche ; mais ils sont autrement dangereux, car ils sont bien plus intelligents et plus ambitieux. Presque tous les écrivains qui ont agité cette question ou bien sont des blancs, ou bien n'ont étudié les gens de couleur qu'à travers les préjugés des blancs : aussi leur sont-ils en général peu favorables. L'un d'entre eux, M. Meignan, ne prétend-il pas que tous les mulâtres sont séparatistes et ne cherchent qu'une occasion favorable pour proclamer leur indépendance ? Il les accuse d'être paresseux et d'avoir conservé tous les défauts de la race nègre. Il donne même le conseil fort peu humain de s'en débarrasser, en les forçant à retourner à leur origine nègre, puis à la vie sauvage, où ils ne tarderont pas à disparaître. Ne vaudrait-il pas mieux, en favorisant les libertés locales ou plutôt en abolissant les lois d'exception, qui continuent le régime normal de nos colonies, satisfaire en partie ces tendances autonomistes, dont on a fort exagéré l'importance ?

Une autre question fort grave, qui s'impose à l'examen attentif de nos hommes d'Etat, est la question du travail. Les bras manquent aux Antilles. Les nègres, depuis qu'ils sont libres, ne travaillent plus qu'à leur fantaisie. Les esclaves ont été remplacés par des engagés libres, tirés de l'Afrique, de l'Hindoustan et de la Chine. Il paraîtrait, et c'est vraisemblable, que ces engagés sont traités beaucoup plus durement que l'étaient jadis les esclaves ; mais, puisque le Code noir a réglementé autrefois la condition des esclaves, une série de mesures législatives pourrait tout aussi efficacement protéger les engagés. Aussi bien des travailleurs blancs vaudraient bien mieux que tous ces travailleurs exotiques. Les spécialistes sont unanimes à cet égard. Mais les ouvriers blancs, les *petits blancs*, comme on les appelait jadis, ne sont pas assez nombreux aux Antilles. Certains écrivains ont prétendu que le blanc ne pouvait pas supporter le travail aux Antilles ; d'autres, au contraire, ont affirmé qu'il lui suffisait, pour s'acclimater, de débarquer dans la bonne saison, c'est-à-dire d'octobre à avril. Nous pensons comme eux que le travailleur blanc s'acclimaterait facilement aux Antilles. D'ailleurs les premiers émigrants, au XVIIe siècle, n'ont-ils pas commencé par défricher le sol ? Ils en ont si bien et si vite pris possession que leurs descendants directs l'occupent encore à l'heure actuelle. Cet important problème de l'immigration européenne pourrait donc être résolu dans un sens favorable à nos Antilles. Ne semble-t-il pas facile de détourner vers nos îles américaines le flot des Basques, colons excellents, qui émigrent au Brésil ou à la Plata? Ce serait du reste le meilleur moyen de détruire chez les gens de couleur leurs tendances séparatistes, si toutefois ces sentiments antipatriotiques existent chez eux.

La population de nos Antilles françaises se répartit ainsi (1876) : à la Martinique, 161,991 habitants, sur lesquels les fonctionnaires et les employés avec leurs familles comptent environ pour un millier, les soldats et marins pour 3,500, les créoles pour 10,000, les nègres et gens de couleur pour 130,000, les nègres immigrants d'Afrique pour 8,000, les coolies hindous pour 10,000 et les Chinois pour 1,500. La population de la Guadeloupe était en 1876 de 175,516 habitants, parmi lesquels les diverses races figurent dans la même proportion qu'à la Martinique. Aux Saintes, on compte 1,500 habitants, 1,800 à la Désirade, 13,000 à Marie-Galante, 3,200 à Saint-Martin, et 9,000 à Saint-Barthélemy.

Cette population est distribuée dans les différentes habitations agricoles, ou groupée dans les villages, bourgs et villes. Voici les principales de ces villes : à Saint-Martin, le *Marigot;* à Saint-Barthélemy, *Gustavia;* à la Guadeloupe, *Pointe-à-Pitre* (20,000 h.), une des plus belles villes des Antilles avant le tremblement de terre de 1843, le *Moule* (10,000 h.), le *Lamentin,* la *Basse-Terre* (10,000 h.), qui est le chef-lieu du gouvernement, la résidence du gouverneur, le siège d'une cour d'appel et d'un évêché, et *Capesterre* (7,300 h.) ; à Marie-Galante, nous signalerons le *Grand-Bourg* (7,000 h.) et *Saint-Louis;* à la Martinique, *Fort-de-France,* jadis Fort-Royal (15,000 h.), capitale du gouvernement. Son port est le mieux abrité de tous ceux des Antilles. Il sert de relâche aux paquebots transatlantiques. En cas de guerre maritime, Fort-de-France serait un point statégique de première importance, entre les deux Amériques, et en tête de l'isthme de Panama, dont le chemin de fer et le canal bientôt percé seront les grandes artères commerciales, que les croiseurs auront à surveiller pendant la guerre. *Saint-*

Pierre (26,000 h.) n'a qu'une rade foraine, inhospitalière pendant l'hivernage ; pourtant elle a accaparé presque tout le commerce de la colonie. Les autres villes sont : *Macouba*, la *Trinité*, le *Lamentin* (12,000 h.), les *Trois-Ilets*, les *Anses-d'Arlet* (3,350 h.) et le *Marin* (4,100 h.).

Au point de vue administratif, nos Antilles sont divisées en deux gouvernements : celui de la Martinique et celui de la Guadeloupe, qui comprend toutes nos autres possessions. Le *gouvernement de la Martinique* se divise en deux arrondissements : *Fort-de-France* (5 cantons, 14 communes) et *Saint-Pierre* (4 cantons, 11 communes). Le *gouvernement de la Guadeloupe* se divise en trois arrondissements : *Basse-Terre* (4 cantons, 14 communes et, en plus, Saint-Barthélemy), *Pointe-à-Pitre* (5 cantons, 15 communes) et *Marie-Galante* (1 canton, 3 communes). Chacun des deux gouverneurs est assisté d'un conseil général auquel le sénatus-consulte de 1866 accorde d'assez grandes libertés; le mode de recrutement n'est pas le même qu'en France, car le gouverneur décide le nombre des conseillers à nommer par canton, proportionnellement au nombre des habitants. Les conseils municipaux, dont les attributions sont à peu près les mêmes que dans la métropole, sont présidés par des maires et des adjoints choisis dans leur sein par les gouverneurs.

Le suffrage universel a été établi ; mais il paraît que peu de citoyens s'acquittent de leurs devoirs électoraux. Les noirs s'en abstiennent par ignorance ou par méfiance, les blancs par rancune ou dédain, en sorte que les gens de couleur occupent peu à peu toutes les positions politiques, y compris les deux sièges de députés et les deux sièges de sénateurs aux assemblées de Versailles.

Tous les services administratifs sont représentés aux colonies. Pour ce qui est du régime financier, le budget colonial subvient à certaines dépenses, mais la métropole y contribue pour sa bonne part. Les relations régulières sont assurées par un service mensuel de paquebots; un autre service, également mensuel, a son siège en Angleterre. Enfin, par un décret de février 1879, les colonies font dorénavant partie de l'Union postale.

Il nous reste à exposer brièvement les réformes que réclament les gens compétents en cette matière. Ce sera la conclusion naturelle et nécessaire de cette étude.

On s'accorde à regarder comme désastreuse la mesure qui consiste à rappeler le gouverneur et tous les fonctionnaires, dès qu'ils ont appris à connaître les intérêts de la colonie. Il est vrai que souvent ce sont eux qui sollicitent leur rappel ou leur changement. Il faudrait, pour les maintenir à leur poste, leur assurer de grands avantages. Les Anglais ou les Hollandais ne procèdent pas autrement, et ils s'en trouvent bien.

Dans le même ordre d'idées, peut-être serait-il opportun d'augmenter les libertés coloniales, ce que nos voisins d'outre-Manche nomment le self-government. Ce serait le meilleur moyen de prévenir toute arrière-pensée séparatiste.

Pour combattre ces tendances, il faudrait encore augmenter l'instruction. L'État ne possède aux Antilles d'autres établissements d'instruction que des séminaires. Les écoles primaires sont tenues uniquement par des congréganistes. Il n'existe aucun collège, aucun lycée, aucune école tenue par des laïques. Il ne serait que temps de porter remède à cette déplorable insuffisance.

Diminuer les taxes imposées par la métropole sur les produits coloniaux serait une excellente mesure, car ces taxes sont un obstacle à la consommation. En Angleterre, où l'impôt sur le sucre est presque nul, on en consomme annuellement 28 kilogrammes par tête; en France, où cet impôt est énorme, on ne consomme que 7 kilogrammes par tête.

Étudier soigneusement la question du travail libre et des engagements; favoriser l'émigration des Français aux Antilles; créer de nombreuses écoles d'agriculture, comme la Guadeloupe en possède déjà une; créer un réseau de routes et de chemins de fer économiques facilitant l'exploitation des richesses de l'intérieur, qui demeurent inactives et dont l'exploitation ne peut être que démesurément augmentée par l'ouverture du canal de Panama; enfin, à propos de la réalisation de cette gigantesque entreprise, organiser à Fort-de-France un arsenal maritime appelé à jouer un grand rôle : telles sont les principales réformes réclamées par l'opinion publique aux Antilles et qui, espérons-le, seront exécutées les unes après les autres.

Aux Antilles en effet, comme partout ailleurs, nos excellents alliés les Anglais et nos voisins les Allemands nous épient et cherchent à profiter de nos fautes. Les Anglais surtout, qui déjà sont presque les maîtres à Suez, voudront également dominer à Panama. Or, en matière coloniale, n'est-ce pas être en retard que de ne pas prendre l'avance?

CHAPITRE III

SAINT-PIERRE ET MIQUELON

BIBLIOGRAPHIE

J. Duval. *Les colonies françaises*, excellent article, auquel nous avons beaucoup emprunté.
Gobineau (comte de). *Voyage à Terre-Neuve* (*Tour du monde*, 1863).
X... *Renseignements économiques sur Saint-Pierre et Miquelon* (*Revue maritime et coloniale*, 1876).
Annuaire des îles Saint-Pierre et Miquelon. 1877.
Capitaine. *Saint-Pierre et Miquelon* (*Exploration*, janvier 1878).
E. Chevalier. *La morue et sa pêche* (*Exploration*, septembre 1878).

Nous ne possédons plus dans l'Amérique du Nord que deux îlots sans importance; mais ce sont les derniers vestiges d'une imposante et souvent glorieuse domination. Si petites qu'elles soient, les îles de *Saint-Pierre* et *Miquelon* méritent donc un pieux hommage de patriotisme ; « elles se recommandent en outre comme points d'appui nécessaires de nos grandes pêches, qui sont elles-mêmes les écoles pratiques de notre navigation. »

Les Français débarquèrent de bonne heure dans l'Amérique du Nord. Si même l'on en croit de respectables traditions, ils auraient, bien avant Christophe Colomb, entrevu la côte américaine. A nos pêcheurs basques et bretons reviendrait cet honneur. Dès le moyen âge, ils furent en effet les premiers et longtemps les seuls à poursuivre les baleines, qui fréquentaient alors le golfe de Gascogne. A la suite de ces monstres blessés, ils n'hésitaient pas à se lancer dans l'Océan, et c'est ainsi qu'ils furent conduits, presque sans s'en douter, sur la côte du nouveau continent. Des historiens leur accordent même l'honneur, qu'ils revendiquent vivement, d'avoir les premiers abordé à Terre-Neuve, au Labrador, au golfe de Saint-Laurent et en Acadie. Comme cette découverte ne reçut aucune publicité et ne profita ni à la science ni à la navigation, nous ne la mentionnons qu'à titre de curiosité historique. C'est seulement au XVIe siècle, sous le règne de François Ier, que commencent avec Jacques Cartier et Roberval les navigations connues et la prise de possession officielle. Nous n'avons pas à faire ici l'histoire de la colonie qui porta le nom glorieux de Nouvelle-France, non pas que le sujet manque d'intérêt, bien au contraire ; mais cet admirable pays ne nous appartient plus, et nous nous sommes imposé la règle de ne nous occuper que des colonies actuelles. Qu'il nous suffise de rappeler que nous avons possédé en Amérique toute la région qui s'étend de la frontière actuelle des États-Unis jusqu'au pôle, et de l'Atlantique au Pacifique. L'Angleterre a été notre héritière. En 1713, au traité d'Utrecht, elle nous arracha l'Acadie et Terre-Neuve. En 1763, après la déplorable guerre de Sept-Ans, elle nous enleva le Canada proprement dit et toutes ses dépendances, à l'exception des îlots de Saint-Pierre et Miquelon, au sud de Terre-Neuve, dernier asile des vaincus qui voudraient rester fidèles au drapeau national. Ces îlots, pris par les Anglais lors de la guerre d'indépendance des États-Unis, rendus en 1783 par la paix de Versailles, repris au début de la Révolution et gardés jusqu'à la fin de l'Empire, furent enfin restitués à la France par les traités de 1815. Nous les avons conservés depuis.

Saint-Pierre a sept kilomètres et demi dans sa plus grande largeur. Sa superficie est de 2,600 hectares. Le sol est presque entièrement granitique, inculte et stérile. Pas de rivières, mais de simples ruisseaux. Hérissée de montagnes abruptes, qu'on ne peut escalader sans danger et dans le creux desquelles se trouvent quelques étangs poissonneux, cette île présente, vue du large, l'aspect d'une masse noire, bordée de hautes falaises et battue par une mer furieuse. Les côtes ont escarpées et, pour ainsi dire, inabordables. De Saint-Pierre dépendent les cinq îlots du *Grand-Colombier*, de l'*île Verte*, de l'*île aux Chiens*, de l'*île aux Vainqueurs* et de l'*île aux Pigeons*. Miquelon, autrefois divisée en deux par un canal, que les envasements de la mer ont comblé depuis 1783, présente une plus grande étendue de territoire, 18,423 hectares. Le sol est également granitique et les côtes dangereuses. Ces deux îles peuvent être considérées comme improductives. L'hiver prolongé et rigoureux qui y règne ne permet pas aux cultures de s'y développer. Saint-Pierre n'a que des broussailles épaisses et rampantes ; ses arbres les plus élevés ne dépassent pas trois mètres. Miquelon possède quelques plaines et des pâturages propres au bétail ; mais ses landes sont stériles. Dans ces îles, l'âpreté du climat est causée par les vents et les courants polaires plutôt que par la position géographique. Saint-Pierre et Miquelon sont en effet sous la même latitude que la Normandie et la Picardie ; mais nos deux provinces doivent la douceur de leur température au Gulf-Stream, dont les dernières ondulations viennent mourir sur leurs côtes, tandis que nos colonies américaines reçoivent constamment et directement les assauts du froid boréal. Certes l'homme aurait à tout jamais fui ces lieux désolés, et nos îlots de Saint-Pierre et de Miquelon ne seraient que des rochers anonymes, si l'on n'avait découvert dans leur voisinage une véritable mine précieuse, d'autant plus précieuse qu'elle se renouvelle incessamment : c'est le *grand banc de Terre-Neuve*.

D'ordinaire, un banc est une étendue de sable plus ou moins couverte d'eau ; mais le banc de Terre-Neuve est tout à fait sous-marin. A des profondeurs considérables, mais qui pourtant ne dépassent guère 160 mètres, existent des alluvions vaseuses, archipel invisible qui ne se révèle au navigateur que par la teinte plus claire, l'agitation et la fraîcheur des eaux. On les nomme les bancs de Terre-Neuve. On en compte trois principaux, le *Grand-Banc*, le *Banc-à-Vert* et les *Banqueaux*, et deux secondaires, le *Banc-Jacquet* et le *Bonnet-Flamand*. Le Grand-Banc atteint une longueur de 500 kilomètres sur 360 de large ; sa profondeur moyenne est de 30 à 45 mètres. Il est comme coupé en deux par un vaste sillon nommé *la Fosse*. Tous ces bancs, qui sans doute sont des alluvions vaseuses formées par le Gulf-Stream, servent d'asile ou plutôt de patrie à d'innombrables légions de poissons. C'est là que foisonne surtout la morue, soit qu'elle y dépose son frai, soit qu'elle s'y rende après l'avoir confié aux algues du rivage. « Aux dernières semaines d'avril, elle abandonne ses stations inconnues d'hiver et vient chercher sa nourriture sur le Grand-Banc. On y assiste, pendant tout l'été, à une fermentation tumultueuse de vie animale, qui se prolonge en traînées mouvantes le long des îles voisines et du continent, jusqu'à ce que, de nouveau, l'hiver les refoule dans le fond des mers ou dans les régions polaires et équatoriales jusqu'au printemps prochain. »

Pendant des milliers d'années, les hommes ignorèrent ces évolutions périodiques. Ce furent nos Basques qui, poursuivant la baleine, trouvèrent par hasard le banc de Terre-Neuve et furent les premiers à remarquer l'abondance extraordinaire des morues. Dès lors les expéditions se succédèrent. Quand on apprit que ces eaux possédaient et reproduisaient une richesse toujours nouvelle, les peuples s'y rendirent à l'envi. Deux surtout, les Anglais et les Français, se signalèrent par leur ardeur. Sur les grèves encore désertes de Terre-Neuve, ils étalèrent et séchèrent les trésors de la mer. Les épaisses forêts qui garnissaient alors l'intérieur de l'île leur fournirent le bois nécessaire aux vaisseaux, aux habitations et au chauffage. Dès lors, à travers toutes les vicissitudes politiques, cette île et ses dépendances n'ont pas cessé d'être le principal marché producteur de cet aliment humble, mais utile. Sans doute on trouve ailleurs de la morue, au large de l'Islande par exemple, sur le banc d'Arguin près de notre Sénégal, sur les côtes d'Écosse et de Norwège, autour des Féroë et des Shetland, et même sur le Dogger Bank, à égale distance de l'Angleterre, du Danemark et de la Hollande ; mais Terre-Neuve a conservé sa supériorité, probablement parce que, nulle part ailleurs, le poisson n'est pêché, préparé et expédié au loin par une flotte commerciale aussi nombreuse.

Laissons de côté tous ceux des pêcheurs de Terre-Neuve qui ne sont pas d'origine française, et suivons nos compatriotes depuis leurs ports de départ jusqu'au banc et aux îles qui nous appartiennent encore.

La grande pêche est une industrie spéciale qui s'implanta de bonne heure dans une vingtaine de nos ports de l'Océan. Ce ne sont pas les plus considérables par leur mouvement commercial : ainsi Bordeaux, Nantes et Le Havre n'y prennent qu'une petite part. On dirait que ces grandes cités maritimes, dans leur fierté, abandonnent à leurs sœurs plus modestes ces professions plus utiles que brillantes. Quant aux ports de la Méditerranée, aucun d'eux, à l'exception de Cette et quelquefois de Marseille, n'envoie de navires aux bancs de Terre-Neuve. Parmi nos riverains de l'Océan qui s'adonnent à cette pêche, le premier rang a longtemps appartenu aux Basques. Ils ne connaissaient pas de rivaux. Ce fut à leur école que s'instruisirent les Anglais et les Hollandais. Jusqu'au XVIIe siècle dura leur supériorité. Saint-Jean-de-Luz était alors une florissante cité, dont les négociants et les armateurs étaient connus par la hardiesse et le bonheur constant de leurs opérations. La mer, en un jour de fureur, c'était en 1675, brisa les rochers qui défendaient l'entrée du port et assaillit la ville. La décadence commença et ne s'arrêta plus. Malgré les efforts de Vauban et les travaux de Napoléon Ier, la mer a continué son œuvre d'envahissement et de destruction. Le port se combla, la ville fut ruinée, et les habitants se dispersèrent. Bayonne a recueilli en partie l'héritage de Saint-Jean-de-Luz, mais les beaux jours de splendeur ont disparu. Néanmoins le goût des Basques pour la mer et la grande pêche a persisté. Ce sont toujours d'intrépides marins; entreprenants, sobres, obéissants, ils se laissent peut-être trop facilement décourager. La morue est pour eux une cause de fortune inépuisable. A tel de leurs villages elle rapporte chaque année plusieurs centaines de mille francs; mais l'argent reste peu dans le pays. Il paraîtrait que les Basquaises aiment le plaisir et la toilette, et, parfois, dissipent par avance dans leurs profusions le gain de leurs maris.

Les Bretons viennent après les Basques. Actifs et résolus, très soumis dans le service, de sang-froid dans le danger, ils ont toujours été de bons marins : malheureusement ils ne sont pas sobres, et l'influence pernicieuse de l'alcool leur enlève en partie leurs qualités natives. Une douzaine de ports bretons, Saint-Brieuc, Paimpol, Binic, surtout Saint-Malo et Saint-Servan, s'occupent activement de la grande pêche. Le nom de plusieurs ports, baies et îlots, sur les côtes de la grande île, témoigne encore des explorations des navigateurs bretons.

La Normandie compte aussi sur la Manche divers ports qui

expédient à Terre-Neuve, Dieppe, Fécamp, et surtout Granville. Les Normands sont de solides matelots, à toute épreuve au moment du danger, mais nullement sobres, fort enclins à se plaindre, et difficiles à manier quand ils sont à terre. Ce sont leurs ancêtres qui s'aventurèrent les premiers dans les voyages au long cours et prirent une part si active à la colonisation du Canada.

Tous ces marins, quelles que soient leurs qualités, sont encore dépassés par les Flamands, race unique au monde, et qui serait parfaite, si l'abus des liqueurs ne compromettait trop souvent leur subordination. Nous ne les citons ici que pour mémoire, attendu que Gravelines et Dunkerque, les deux principaux ports de la région flamande, dirigent leurs navires surtout vers l'Islande.

Hors de France, toute une population, française également, s'adonne aussi à la grande pêche. Ce sont les habitants de Saint-Pierre et Miquelon. Issus de familles originaires du pays Basque, de Bretagne et de Normandie, leurs ancêtres s'étaient établis en Acadie. Ils furent abandonnés par Louis XIV et par son successeur, et brutalement chassés de leurs foyers par l'Angleterre. Le poète américain Longfellow a chanté leur exode dans son touchant poème d'*Evangelina*. En 1764, ils se réfugièrent à Saint-Pierre et Miquelon. Comme ces îles tombèrent à deux reprises entre les mains des Anglais, plutôt que de céder ils revinrent en France. Réintégrés en 1815, et protégés directement par la Restauration, ils commencent à croire à leur installation définitive, mais ils trahissent encore quelque inquiétude sur la permanence de leur séjour par leur goût tout spécial pour les maisons de bois et les campements provisoires.

Cette énergique et vaillante population est aujourd'hui dans l'aisance. Les Acadiens de Saint-Pierre et Miquelon sont, comme jadis leurs ancêtres, simples, honnêtes, hospitaliers, durs au travail et courageux. Ils s'aventurent sur les bancs avec des bateaux à peine pontés, et même des chaloupes. Bien que l'air des îles soit pur, la population n'augmente que lentement. Elle était, en 1871, de 4,750 âmes. En 1874, elle ne comptait encore que 4,846 âmes. Cette lenteur dans l'accroissement tient sans doute au grand nombre des accidents de mer, qui frappent surtout les hommes, et aux fatigues d'un métier qui épuise vite les constitutions les plus robustes.

Maintenant que nous connaissons les riverains de l'Océan qui prennent part à la grande pêche, voyons-les à l'œuvre, et suivons-les dans leurs campagnes. Cette expression n'est que trop juste, car ces campagnes sont souvent meurtrières.

Un armateur s'est-il décidé à expédier un navire aux bancs, il confie d'ordinaire au capitaine qu'il a choisi le soin de recruter son équipage. Ce dernier réunit, autant que faire se peut, des hommes du même pays, ou du moins de la même province. Les contrats d'engagement, fixés par des règles séculaires, stipulent toujours, outre la nourriture, un minimum de salaire qui est payé avant l'embarquement et une part éventuelle dans les produits de la pêche. Ces avances varient en moyenne de 100 à 200 francs. La part de pêche est fixée à un cinquième pour l'équipage, et se répartit en autant de lots qu'il y a d'hommes. On estime, en général, que le lot de chaque matelot varie entre 800 et 1200 francs. Ceux d'entre eux qui sont rangés et économes rapportent en France la plus grosse part de cette somme; mais la plupart d'entre eux la dépensent follement. Il est tel de ces matelots qui revient au pays avec 6 ou 8 francs d'économie, et après six mois de navigation. Le métier de pêcheur aux bancs est donc rude et peu lucratif; pourtant ceux qui l'ont pratiqué n'y renoncent jamais. Leurs enfants et leurs petits-enfants s'y dévouent également. Aussi n'y a-t-il pas en France de meilleurs matelots. Ils le savent au reste, et le disent avec un naïf orgueil. Il faut les voir à terre, quand ils marchent les mains dans leurs poches, tout gonflés du sentiment de leur importance. Leurs costumes atteignent les dernières limites du désordre pittoresque. Des bottes montant jusqu'à mi-cuisse, des chausses de toile ou de laine, des camisoles de toutes couleurs, des cravates immenses ou plutôt des pièces d'étoffe serrées autour du cou, des bonnets de laine, et, sortant de ces guenilles, de larges mains, des visages basanés et de longues barbes. Tel est l'aspect du pêcheur des bancs. Pour que rien ne manque à la ressemblance, prenez cet homme et roulez-le, avec son équipement, dans la graisse et dans l'huile de poisson. S'il n'était pas huileux et rance, ce ne serait pas un vrai pêcheur.

L'équipage du navire est donc rassemblé, les contrats signés, les provisions faites. Le jour du départ était jadis fixé par un arrêté du ministre de la marine : 1er mars pour les navires qui se rendaient au Grand-Banc, 1er avril pour ceux qui allaient dans les mers d'Islande, 1er mai pour ceux qui pêchaient sur la côte de Terre-Neuve, où la banquise de glace est plus lente à se fondre. Aujourd'hui, les départs sont libres. Les capitaines peuvent partir quand bon leur semble, et ils profitent de cette liberté pour se hâter d'arriver les premiers, afin de retenir les meilleures grèves et les bons endroits. A Granville et dans quelques autres ports, l'usage a prévalu de partir tous ensemble à la même heure. Les matelots sont alors suivis jusque sur le quai d'embarquement par leurs familles. Un prêtre donne la bénédiction. Tous s'agenouillent à la fois, et, à un signal donné par un coup de canon, la flottille s'avance au large, portée par le jusant de marée. Quand les dernières voiles ont disparu à l'horizon, les femmes avec leurs enfants rentrent tristement au logis. Combien d'entre elles en effet resteront veuves et chargées d'orphelins !

La traversée de France aux bancs est périlleuse, car, dans ces huit cents lieues de mer, on traverse une région parcourue par des glaces errantes et couvertes de brouillards. Le séjour sur les bancs est plus dangereux encore. Même en plein été, les brumes y sont parfois si épaisses qu'on n'y voit pas d'une extrémité à l'autre des navires, fort exposés à s'égarer ou à s'aborder. Pour prévenir les abordages, il est nécessaire que la cloche ou une corne résonne sans relâche, et encore les sinistres sont-ils fréquents. En 1846, sept bâtiments furent submergés par un même coup de vent. Corps et biens, tout périt. C'est surtout quand souffle le vent du pôle que le danger augmente. La pluie tombe alors et se convertit vite en neige. Pour peu que le froid continue, cette neige devient du *poudrin*. Le poudrin tombe par tourbillons, fin et dru comme du sable. Il s'introduit par les moindres ouvertures. Il suffit d'une fente à une porte, d'un carreau mal joint à une fenêtre pour qu'il pénètre dans une maison et s'accumule en tas. Le séjour sur les bancs n'est donc ni agréable ni sûr.

Tous les navires ont un droit égal à l'entier domaine des pêches ; pourtant une longue tradition a créé des habitudes dont on ne s'écarte guère. Ainsi Bayonne et Bordeaux n'arment que pour le Grand-Banc ; Saint-Servan, Saint-Malo, Granville, Fécamp et Dieppe expédient à la côte de Terre-Neuve et au Grand-Banc. Les autres ports ne fréquentent que Terre-Neuve. Quant aux stations particulières dans d'autres régions, liberté absolue. Il y a de bonnes et de mauvaises chances. Tel capitaine a rencontré un fond productif l'année précédente, qui est déçu dans ses espérances, quand il revient l'exploiter l'année suivante. Dans cette Californie maritime, on rencontre des placers abondants tout à côté de terrains improductifs.

Les procédés de pêche varient suivant les stations. Au Grand-Banc, comme le navire doit rester stationnaire pendant plusieurs semaines, il jette une ancre et détache des chaloupes, qui se mettent isolément en quête du poisson. Chacune de ces chaloupes laisse tomber deux lignes qui se fixent au fond par un grappin et supportent 5 à 6,000 hameçons. Le lendemain, on relève ces lignes et on porte le butin à bord. A Terre-Neuve, les navires restent au mouillage et envoient au large chaque matin des chaloupes faire la pêche d'après divers procédés, dont les plus usités sont la seine et la ligne à la main. La morue se presse parfois autour de la barque en troupes si serrées, qu'on peut la faucher, c'est-à-dire l'atteindre au moyen de lignes armées de crocs. Quels que soient les procédés, les résultats sont extraordinaires. Il semblerait, depuis les siècles que dure cette pêche, que la morue ait disparu ou du moins soit devenue rare ; mais sa fécondité est effrayante. N'a-t-on pas compté 9,340,000 œufs dans le ventre d'un seul animal ? Si le plus grand nombre de ces œufs n'était privé de la laite féconde du mâle ou détruit par divers accidents, la morue en peu d'années aurait comblé l'Océan. Par bonheur, il est impossible de trouver un animal plus stupide et moins défiant. Les morues se pressent autour de l'appât et attendent leur tour, pour ainsi dire, afin d'être enlevées. Elles luttent presque entre elles pour se donner à l'homme, car on a remarqué que les plus grosses étaient toujours prises au début de la saison.

La saison de la pêche dure du 1er avril au 1er octobre. Elle se divise en trois périodes d'après le poisson employé en guise d'appât. Dans la première, d'avril à mai, on se sert du *hareng*, qui paraît à cette époque en quantités innombrables sur les bancs. Quand passe le *capelan*, de juin à juillet, commence la seconde saison. Le capelan est un petit poisson qui descend des mers du Nord, poursuivi par des morues, lesquelles sont à leur tour chassées par de plus grosses espèces. Les capelans se répandent en masses tellement épaisses dans toutes les mers voisines de Terre-Neuve, que parfois le flot les rejette et les accumule sur les grèves. C'est le grand moment de la pêche. Les morues, affriandées et comme enivrées, se précipitent sur ces bandes de capelans et dévorent avec gloutonnerie l'appât que leur lancent les matelots. La troisième période, qui dure d'avril à octobre, est celle de l'*encornet*. Le produit des deux premières périodes, après une préparation préalable en mer, est transporté à Saint-Pierre et Miquelon, où la dessiccation se termine sur les grèves bien aérées des îles. Le produit de la troisième, celle de l'encornet, entassé sur le navire, forme ce qu'on appelle la morue verte, qui est rapportée en France, partie pour une consommation immédiate, partie pour être séchée et réexportée.

Après être sortie de l'eau, la morue subit diverses préparations. On commence par la *décoller*, c'est-à-dire par lui couper la tête. Puis on l'*habille*, c'est-à-dire qu'on l'ouvre, qu'on la vide et qu'on la fend en deux. D'autres mains la saupoudrent de sel et l'empilent en tas. Cette opération du salage se fait de diverses façons. Tantôt on se contente de couvrir au hasard le poisson de pelletées de sel, tantôt on applique le sel en plus petites quantités, mais avec plus de soin, principalement le long de l'épine dorsale. Le labeur est alors incessant. Il dure tant que dure le poisson. Jour et nuit, quelque temps qu'il fasse, le matelot est sur le pont, presque toujours mouillé jusqu'aux os, couvert d'huile et de sang, respirant une odeur infecte, entouré de débris immondes et travaillant sans relâche. Aussi bien il ne recule jamais devant la besogne. L'esprit de corps le veut ainsi. Associé aux profits et aux pertes, il travaille pour lui-même et ne se plaint jamais de la fatigue. Il réserve ses doléances pour la nourriture ou le commandement.

Ainsi se comportent les pêcheurs sur les bancs. A Terre-Neuve et aux îles, le labeur est moins rude. Le navire en effet reste toujours en communication avec la côte, ou bien au mouillage dans un bon port, ou bien près d'une grève choisie par le capitaine. En ce cas, chaque matin les chaloupes se détachent du navire, mais n'y rapportent pas leur butin. Elles le déposent sur la grève, où des travailleurs spéciaux lui font subir les opérations que nous connaissons déjà. Ces travailleurs sont de simples ouvriers, engagés pour un temps déterminé. On les nomme des *graviers*, du mot grève prononcé à la normande. On les affuble du sobriquet de *peltats*, à cause de leur pacifique étendage de peaux de morues. Leurs fonctions se bornent à recevoir le poisson, que leur apportent les pêcheurs, à le décoller, à l'ouvrir, à mettre à part les foies pour en extraire l'huile, à étendre les chairs entre deux couches de sel, enfin à les dessécher sur les grèves.

Les deux endroits où s'opère la dessiccation se nomment les *chauffauts* et les *vigneaux*. Un chauffaut, ou échafaud, est une cabane de bois sur pilotis, moitié dans l'eau, moitié sur terre, ouverte à tous les vents. Une partie du plancher est à claire-voie, et c'est dans cette partie que sont rangés les établis, où l'on décolle la morue. Les chauffauts répandent une odeur infecte, car l'atmosphère y est constamment chargée de vapeurs ammoniacales, et, comme les graviers sont peu délicats, ils ne songent guère à se débarrasser des débris de poisson, à moitié pourris, qui, peu à peu, s'accumulent autour de leurs ateliers. On pourrait fabriquer avec ces détritus un engrais aussi fertilisateur que le guano. On commence à bâtir des usines pour recueillir cet engrais animal. A l'entrée du détroit de Belle-Isle, il en existe une qui fournit chaque année 8 à 10,000 tonnes d'engrais. Si l'on ramassait, au lieu de les jeter à la mer, les 750,000 tonneaux de poisson, qu'il serait difficile de convertir en engrais, on récolterait au moins la moitié de ce que produisent en guano les îles Chinchas. Il faut voir les graviers, le couteau à la main, taillant, dépeçant, arrachant, et prenant de grandes précautions pour ne pas se piquer, car la moindre lésion deviendrait tout de suite fort grave. Quant aux vigneaux, ce sont de longues tables de branchages mobiles, qu'on peut incliner dans tous les sens et sur lesquelles on étend les morues.

La morue ainsi préparée sert surtout à l'alimentation. Par goût, par raison ou par mortification, nous avons tous mangé et nous mangerons encore de la morue. Pour se rendre un

compte exact de l'importance de cet utile aliment, il faut
songer aux capitaux mis en circulation par cette pêche : nourriture et salaire des équipages, matériaux pour la construction
et l'armement des navires, sel pour la conservation des morues,
transactions qui se rattachent à ce commerce. On a le droit
de l'affirmer, la morue entretient une partie de l'activité du
littoral français. Cette pêche en effet occupe annuellement
près de 600 navires, jaugeant 80,000 tonneaux. La production
totale varie entre 35 et 40 millions de kilogrammes, d'une
valeur de 14 à 16 millions de francs. En 1872, le mouvement
commercial s'est élevé à la somme de 20,337,000 francs. Nous
sommes pourtant dans des conditions bien défavorables pour
réussir dans cette branche de production. A vrai dire, nos
pêcheurs ne peuvent plus se soutenir qu'à force de primes. La
loi du 22 juillet 1851, prorogée à diverses reprises, accorde
une allocation de 50 francs par homme, une de 12 à 20 francs
par quintal métrique de morue exportée, et une de 20 par
quintal de rogue : près de 4 millions par an de primes d'encouragement. C'est pourtant nous qui fournissons encore de
morues non pas seulement les ports français, mais l'Italie, la
Grèce, le Levant et l'Algérie. L'Espagne et le Portugal ne nous
échappent pas. Sur la côte occidentale d'Afrique, nous fournissons le Sénégal, et, dans la mer des Indes, les Mascareignes. Le
marché des Antilles nous est ouvert. La morue pénètre même,
sous pavillon français, jusqu'en Chili et au Pérou. On raconte
qu'un jour Colbert avait à sa table un enseigne de vaisseau
qui se plaignait du trop grand nombre des jours d'abstinence
prescrits par l'Église catholique. « Cette observation, répondit
le ministre, est fort déplacée dans la bouche d'un officier de
marine, car vous paraissez ignorer que, sans les jours maigres,
tomberaient les pêcheries, séminaires naturels de nos matelots. »

Ce n'est point là le seul usage de la morue. Elle donne à
l'homme d'autres produits utiles. Les œufs, que l'on désigne
sous le nom particulier de *rogue*, servent aux pêcheurs normands et bretons d'appât pour la pêche de la sardine. Les
huiles extraites du foie ont acquis pour le traitement de diverses
maladies une vogue que ne justifie pas toujours la pureté des
produits. Voici comment on fabrique cette huile. On construit

un *cageot*, sorte de cône renversé en planches, qui peut avoir deux à trois mètres de côté. Le fond est à claire-voie, et domine une large cuve enfoncée en terre. C'est dans le cageot qu'on verse les foies pour les faire fermenter. L'huile découle de la claire-voie dans la cuve, où on la recueille ensuite pour l'enfermer dans des barils. On distingue trois sortes d'huiles de foie, la blanche, la blonde et la brune. Les deux dernières, obtenues par fermentation dans le cageot, sont très inférieures comme qualité et comme prix. L'huile blanche est préparée avec des foies frais, chauffés à la vapeur dans des cuves à double fond.

Après la chair salée, la rogue et le foie, nous mentionnerons encore la *drache*, qui est au foie et à l'huile ce que le marc est au raisin et au vin. La morue sert aussi dans les îles de monnaie de compte, les cinquante kilos étant estimés vingt francs. Le commerce s'accommode de cette vieille habitude, que répudie l'économie politique. Si jamais on frappe une monnaie aux îles de Saint-Pierre et Miquelon, elle devra porter l'empreinte de ce poisson, qui les a enrichies.

Le dernier, mais non pas le moindre des avantages de cette pêche, c'est qu'elle forme une race de matelots incomparables. Dans tous les ports de pêche, dès l'âge de douze ans, l'enfant monte à bord des navires en qualité de mousse. A seize ans, il passe novice. A vingt ans, on l'enrôle sur les bâtiments de l'État, où il acquiert les qualités qui lui manquaient encore, le sentiment de la discipline et du devoir. Après trois ans de service public, il se marie, puis s'engage de nouveau. Vers l'âge de trente ans, c'est un des hommes les mieux trempés de la société, également propre à toutes les navigations, unissant la fougue au sang-froid, sachant attaquer et résister. Il est rude, parfois brutal, mais toujours serviable et compatissant. Quand souffle la tempête, ou qu'un de ses camarades est en danger, il oubliera, pour voler à son secours, toutes les jalousies de langue, de race et de province. Aussi bien le gouvernement apprécie si complètement les services de ces vigoureux pêcheurs, qu'il leur assure, en cas d'infirmité ou de vieillesse, une petite pension mensuelle. Jamais récompense ne fut si bien méritée. Depuis que la perte de ses meilleures colonies a enlevé à la France les éléments principaux de sa navigation, on ne saurait imaginer un meilleur moyen de conserver et de renouveler incessamment une des sources de notre prospérité nationale.

Telle est la pêche de la morue, soit au Grand-Banc, soit aux îles Saint-Pierre et Miquelon. Ces deux postes sont comme le point d'appui de toutes les expéditions au Grand-Banc, qui viennent y faire leurs provisions d'appâts, renouveler leurs vivres, réparer leurs avaries, et déposer le produit des deux premières pêches. C'est encore à Saint-Pierre que viennent emmagasiner leurs récoltes les navires qui fréquentent Terre-Neuve, et à qui tout établissement sédentaire sur l'île est interdit. C'est enfin de là que partent, pendant huit ou neuf mois de l'année, des navires pour les colonies françaises et les divers marchés américains. Saint-Pierre est donc le complément nécessaire de tout notre système de pêches. Sa rade est sûre : elle peut contenir jusqu'à quarante grands bâtiments. Dans son port, ou *barrachois,* mouillent à l'aise plus de cent navires de commerce. Au fort de l'été, il n'est pas rare d'y voir entassés et pressés bord à bord plus de trois cents navires. Une division navale, composée de trois ou quatre bâtiments, se rend chaque année dans ces parages pour protéger les pêcheurs, veiller à l'exécution des règlements, et prévenir tout conflit avec les voisins et rivaux. Saint-Pierre sert de quartier général à cette petite escadre. C'est aussi le centre de l'administration coloniale. Nos divisions navales des Antilles, attirées par la salubrité du climat, viennent parfois y chercher un refuge contre les fièvres tropicales. En dehors des fonctionnaires amenés à Saint-Pierre par les nécessités du service, il n'existe dans ces îles que deux classes d'habitants, les pêcheurs et les négociants. Dans la morte saison, les uns et les autres ne savent trop comment passer le temps. Mais, aux premières brises printanières, les pêcheurs disposent leurs agrès et les négociants leurs approvisionnements. Quand paraissent à l'horizon les premières voiles françaises, elles sont saluées par des cris de joie. Les rues se peuplent, les magasins se rouvrent, les cabarets retentissent de chants joyeux. Bientôt l'animation est à son comble. Plus de 10,000 matelots se pressent et se coudoient. Les négociants les attendent à la porte de leurs magasins et abusent de leur naïveté pour leur proposer et leur faire accepter des marchés extravagants. Les pêcheurs mordent à l'appât du marchand avec plus de facilité encore que la morue à leurs propres lignes, et se débarrassent avec une singulière facilité de cet argent, qu'ils n'ont gagné qu'avec tant de peine.

En résumé, pour donner à Saint-Pierre et Miquelon leur nom véritable, ce sont de grandes fabriques de morue, mais des fabriques qui assurent à l'alimentation publique de sérieuses ressources, au commerce et à l'Etat des matelots d'élite, à l'industrie des produits variés. On prétend que la grande pêche est aujourd'hui en décadence. Elle est au moins beaucoup trop négligée. Les Anglais et les Américains nous font une concurrence désastreuse. En 1865, les Etats-Unis avaient gagné à cette pêche 57,254,440 francs et les Anglais 54,185,000 francs. En 1876, les produits avaient presque doublé. Nous, au contraire, nous restons stationnaires. Or, en matière commerciale, qui n'avance pas recule. Cette décadence serait un véritable malheur pour la France, qui ne doit rester indifférente à rien de ce qui peut affermir la liberté de l'Océan et la prospérité nationale.

TROISIÈME PARTIE

L'ASIE FRANÇAISE

CHAPITRE PREMIER

HISTOIRE DE L'INDE FRANÇAISE

BIBLIOGRAPHIE

X... *Discours d'un fidèle sujet du roi touchant l'établissement d'une Compagnie française pour le commerce des Indes orientales.* 1664.
Charpentier. *Histoire de l'établissement de la Compagnie française pour le commerce des Indes orientales.* 1666.
Souchu de Rennefort. *Histoire des Indes orientales.* 1688.
De la Haye. *Journal du voyage des grandes Indes, contenant tout ce qui s'y est fait et passé par l'escadre de Sa Majesté.* 1698.
Dellon. *Nouvelle relation d'un voyage fait aux Indes orientales.* 1699.
Carré. *Voyage des Indes orientales.* 1699.
X... *The case of M. de La Bourdonnais.* 1748.
Roubaud. *Le politique indien.* 1768.
Robert Orme. *The history of the military transactions of the British nation in Indostan from 1745 to 1763.* 1763-1776.
Voltaire. *Fragments sur l'Inde.* 1773.
X... *Affaires de l'Inde de 1756 à 1783.* 1788.
Fantin-Desodoards. *Révolutions de l'Inde pendant le xviiie siècle, ou mémoires de Typoo-Zaeb.* 1796.
Michaud. *Histoire des progrès et de la chute de l'empire de Mysore.* 1801-1809.
La Bourdonnais. *Mémoires recueillis par son petit-fils.* 1827.
Chabrelie. *L'Inde française.* 1827-1835.
Barchou de Penhoen. *Histoire de la domination anglaise dans les Indes.* 1841.
De Saint-Priest. *La perte de l'Inde sous Louis XV* (Revue des Deux-Mondes. 1845).
De Lanoye. *L'Inde contemporaine.* 1858.
Roux. *Le bailli de Suffren dans l'Inde.* 1862.
Cartwright. *Dupleix et l'Inde française* (Revue britannique, 1862).
Lescure. *Précis historique sur les établissements français dans l'Inde.* 1864.
Bouan. *Voyage dans les Indes orientales.* 1866.

MALLESON. *History of the French in India from the founding of Pondichery in 1674, to its capture in 1761.* 1868.
GRANDIDIER. *Voyage dans l'Inde méridionale* (*Tour du monde*, 1869).
ESQUER. *Les castes dans l'Inde.* 1870.
Dr CHANOT. *Notes sur Mahé* (*Archives de médecine navale*, 1872).
O. SACHOT. *La France et l'empire des Indes.* 1875.
ALLEAUME. *Le Journal de voyage de Godcheu* (*Revue maritime et coloniale*, février 1875).
CHAROLAIS. *L'Inde française. Deux années sur la côte du Coromandel.* 1877.
CAPITAINE. *Mahé* (*Exploration*, novembre 1878).
CAPITAINE. *Yanaou* (*Exploration*, février 1879).

I. — L'Inde de 1503 à 1741.

La question coloniale a toujours été traitée en France avec une regrettable légèreté. Le gouvernement s'est, pendant plusieurs siècles, désintéressé de toute expédition d'outre-mer, et l'opinion publique n'a jamais prêté qu'une attention distraite aux découvertes et aux exploits de nos marins. L'Inde française a été l'objet particulier de notre indifférence systématique. Nous ignorons presque le nom des vaillants soldats et des habiles diplomates qui fondèrent notre puissance dans cette magnifique région. Nous ignorons absolument que nous avons jadis possédé cet empire, qui compte aujourd'hui plus de deux cents millions de sujets, et que les Anglais doivent leurs succès uniquement à la continuation de la politique française, qu'ils ont adoptée pour leur propre compte. Puisque notre bonne fortune nous présente en ce moment l'occasion inespérée de relever notre drapeau dans les mers orientales, et peut-être d'y créer un nouvel empire franco-indien, ne serait-il pas temps de remettre en pleine lumière Martin, Dumas, Dupleix, Bussy et tant d'autres pour lesquels n'a pas encore sonné l'heure de la justice, et de raconter, enfin, l'histoire de l'Inde française?

I

L'Inde a toujours exercé sur les Européens un invincible attrait. Sans remonter jusqu'à la conquête d'Alexandre, il est certain que les peuples occidentaux ont été de tout temps entraînés par une force mystérieuse vers ces régions heureuses, où la vie s'écoule si douce et si facile. A peine nos capitaines du moyen âge avaient-ils à leur disposition la boussole, cet admirable instrument de découvertes, qu'ils songèrent à retrouver le chemin de cette Inde, dont les richesses fabuleuses hantaient leur imagination. Vers l'Inde se dirigeaient les Portugais qui longeaient péniblement les côtes africaines. Vers l'Inde s'élançait Colomb, quand il rencontra sur son chemin l'Amérique ; il croyait si bien, lui et ses contemporains, avoir découvert le Cathay, le Cipangu et les autres pays qu'il cherchait, qu'il imposa le nom d'Inde et d'Indiens à un pays et à des habitants qui ne ressemblent en rien à l'Hindoustan ou aux Hindous. C'est encore vers l'Inde que Diaz et Gama traçaient une route nouvelle, quand ils découvraient le cap de Bonne-Espérance et doublaient l'Afrique. A leur suite, l'Europe entière se précipitait dans cette direction. L'Inde était reconnue, visitée, explorée de tous les côtés à la fois : ce n'étaient pas seulement des négociants qui venaient y fonder des comptoirs de commerce, c'étaient aussi des soldats et des marins qui s'y établissaient à poste fixe, et prenaient possession de l'immense contrée ouverte à leurs convoitises.

Au moment où parurent les Européens, l'Hindoustan appartenait aux descendants de Tamerlan, le conquérant mogol. Ils y avaient fondé, aux dépens des princes indigènes, une puissante dynastie qui atteignit son apogée avec Akbar le Grand. Il faut lire, dans les naïves relations de l'époque, les descriptions enthousiastes de la cour et des fêtes du Grand Mogol. C'est un amoncellement fantastique de richesses inouïes, un chatoiement perpétuel de diamants et d'émeraudes. Ici brille la *Montagne-de-Lumière*, ce fameux diamant de 180 karats qui orne aujourd'hui le diadème de la reine d'Angleterre. Là s'élève le trône du Paon, ainsi nommé de l'oiseau qui le surmontait, en or massif, semé de pierres précieuses, avec un énorme rubis à la poitrine. Plus loin, nous suivons le maître de l'Inde dans les trois palais mobiles, qu'il traînait à sa suite, et dont les pièces se démontaient, pour qu'il trouvât à chaque relais une somptueuse installation. Nous voyons défiler les chameaux qui transportent ses trésors, les chiens et les panthères dressées à chasser la gazelle, les éléphants de guerre ou de parade, sans parler d'un monde de serviteurs occupés à prévenir les désirs de ce demi-dieu.

Il est vrai que cette grandeur n'était qu'apparente : ce luxe cachait mal une profonde décadence. Les Hindous ne supportaient qu'avec peine la tyrannie du Grand Mogol. Indolents et mous, trop pusillanimes pour essayer de secouer un joug abhorré, ils n'attendaient que l'occasion de chasser ces conquérants, qu'ils n'avaient pas cessé de considérer comme des usurpateurs. Plus encore que la tyrannie du Grand Mogol, ils détestaient sa religion ; car ils étaient restés fidèles au vieux culte des brahmanes, tandis que Akbar et ses successeurs étaient de rigides musulmans. De plus, bon nombre de leurs anciens princes, tout en consentant à payer tribut aux envahisseurs, avaient gardé les privilèges de leur rang et entretenaient dans le cœur de leurs anciens sujets le désir de revendiquer la vieille indépendance. Aussi, soit par animosité nationale, soit par haine religieuse, régnait entre le Grand Mogol et les Hindous une profonde désaffection.

Tant que les successeurs d'Akbar furent énergiques et intelligents, les révoltes partielles furent comprimées, et les Hindous, maintenus par une main de fer, s'inclinèrent devant le fait accompli. Mais la décadence commença bientôt. Au dix-huitième siècle, en 1707, à la mort du Mogol Aureng-Zeb, elle fut irrémédiable. Un éminent historien, M. Macaulay, a comparé, non sans raison, les troubles qui marquèrent, pour l'Hindoustan, les premières années du dix-huitième siècle, à l'anarchie qui signala, en France, la mort de Charlemagne. Les deux empires mogol et carolingien entrent, en effet, dans une décomposition analogue. Au pouvoir central se substituent une foule de principautés locales. A l'unité impériale succède la féodalité. Les vice-rois, d'abord vassaux, fondent bientôt des dynasties indépendantes. Les peuples voisins profitent de cette faiblesse pour insulter les frontières de l'empire. Enhardis par l'impunité, les Persans et les Afghans, de même que chez nous les Northmans ou les Hongrois, ravagent les plus riches des provinces mogoles, et finissent pas imposer un tribut au fantôme impérial qui n'exerce plus à Delhi que les apparences du pouvoir. A vrai dire, l'Hindoustan, au dix-huitième siècle, est une proie offerte aux aventuriers du monde entier.

Il n'en fallait pas tant pour exciter la cupidité des Européens, qui, depuis deux siècles déjà, exploitaient la situation. Les Portugais avaient donné le signal. Grâce aux conquêtes d'Almeïda et surtout d'Albuquerque, ils s'établirent solidement sur la côte du Malabar et dominèrent dans l'océan Indien. Le Siam, le Japon, la Perse et la Chine contractèrent alliance avec eux. Mais cette prospérité ne dura pas. Les Portugais n'étaient pas assez nombreux pour la soutenir. D'ailleurs, au lieu de coloniser, ils se contentaient d'exploiter, c'est-à-dire que leur domination ne reposait pas sur des fondements solides.

Les Hollandais n'eurent, pour ainsi dire, qu'à paraître, au dix-septième siècle, pour se substituer aux Portugais, et remplacer leur prépondérance aux Indes par une domination autrement sérieuse, car elle était plus rationnelle. Les Portugais, en effet, n'avaient été que des négociants. Les Hollandais furent, en même temps, des maîtres. Les premiers n'avaient eu que des clients; les seconds eurent des sujets. Aussi les Portugais n'ont-ils conservé de leurs immenses possessions orientales que quelques villes, Goa, entre autres, tandis que les Hollandais règnent encore sur plus de vingt millions d'Orientaux.

La domination française fut plus lente à s'établir. Peut-être ne sera-t-il pas sans intérêt d'en suivre la marche et les progrès, depuis le jour où nos compatriotes parurent pour la première fois dans les mers de l'Inde, jusqu'à la nomination, comme gouverneur général, de l'illustre Dupleix, qui devait porter à son comble la puissance française en Hindoustan (1503-1741).

II

Dès les premières années du seizième siècle, sous le règne de Louis XII, nos compatriotes se dirigeaient vers l'Hindoustan. En 1503, un capitaine de Honfleur, Paulmier de Gonneville, jaloux des profits que retiraient les Portugais du commerce des épices de l'Inde, s'entendit avec quelques armateurs de sa cité natale et, de concert avec eux, équipa un navire dont on lui confia la direction. Afin d'assurer le succès de l'entreprise, il engagea deux pilotes portugais qui avaient déjà navigué dans ces parages. Les débuts du voyage furent heureux; mais, à peine l'*Espoir* avait-il gagné l'Atlantique, que la tempête l'assaillit et que le scorbut se déclara à bord. Gonneville, dont rien ne lassait la persévérance, aurait voulu lutter encore et continuer sa route ; mais il ne put doubler le cap de Bonne-Espérance et fut jeté sur la côte brésilienne. La première expédition française, dans la direction de l'Hindoustan, avait donc échoué.

Le signal était donné ; malgré l'insuccès de Gonneville, d'intrépides négociants renouvelèrent sa tentative. Leur persévérance était d'autant plus méritoire que le gouvernement ne les soutenait pas, et qu'ils avaient à lutter contres les jalousies mercantiles et même contre l'hostilité déclarée des Portugais. On ignore le nom de ces hardis marins. On sait seulement, par le témoignage non suspect de l'historien portugais Barros, que trois vaisseaux français naviguaient dans la mer des Indes, en 1527. Est-ce à dire que ces trois vaisseaux étaient les seuls qui eussent alors doublé le cap de Bonne-Espérance et eussent navigué dans l'océan Indien? Ce qui nous ferait supposer le contraire, c'est que nous devons tous nos renseignements, sur cette époque, au hasard qui les a conservés. L'indifférence de nos pères égalait presque la nôtre. En voici une preuve entre mille : Nous lisons, dans le Recueil des voyages de *Ramusio*, la relation fort intéressante du voyage entrepris, en 1529, par un capitaine dieppois, dans la direction de l'Hindoustan. On a longtemps ignoré le nom de ce capitaine. En 1838, M. Estancelin retrouva par hasard la relation originale du voyage, et on sait maintenant que ce capitaine se nommait Parmentier. Avec Gonneville, il faut donc le citer parmi les navigateurs français qui, dans les premières années du seizième siècle, allèrent chercher fortune en Hindoustan.

Aussi bien le grand nombre de ces expéditions est encore attesté par un très curieux bas-relief qui se trouve dans l'église Saint-Jacques de Dieppe. Le fameux armateur dieppois, Jean Ango, dont les navires parcouraient le monde alors connu, voulait laisser un monument de sa foi et en même temps une marque indélébile de l'immensité de ses relations. Dans une des chapelles de l'église Saint-Jacques, sur le mur qui la séparait de la nef principale, il fit sculpter une série de personnages, représentant les uns des Africains et des Brésiliens, les autres des Hindous, reconnaissables à leurs turbans et à leurs draperies. C'étaient les peuples que fréquentaient ses pilotes.

Or ce bas-relief est de l'année 1530, et les détails du costume et de la physionomie sont exécutés avec une précision qui démontre que le sculpteur chargé de ce travail connaissait le pays dont il représentait si fidèlement les types, ou peut-être même avait à sa disposition des modèles vivants. Les sculptures de Saint-Jacques prouvent donc que, dès la première moitié du seizième siècle, nos ancêtres connaissaient la route de l'Hindoustan et fréquentaient ces parages.

Nous serons moins affirmatif pour la seconde moitié du seizième siècle. La France traversait alors une crise dangereuse. Elle dépensait dans ses fureurs intestines le trop-plein d'activité et l'exubérance de forces qui débordaient en elle. Comme la Normandie et la Bretagne, d'où sortaient presque tous nos capitaines ou matelots, furent à cette époque le théâtre de luttes ardentes, nos entreprises commerciales furent toutes abandonnées et nos relations extérieures interrompues ou brisées. Il se peut que, malgré nos guerres civiles, quelques négociants, plus hardis que leurs confrères, aient cherché, pendant cette triste période de nos annales, à reprendre ces relations; mais ou bien le fait est ignoré, ou bien ce voyage ne fut qu'une exception.

Avec le règne réparateur de Henri IV recommencent les expéditions françaises dans l'Hindoustan. Le 1er juin 1604, le roi accordait à une *Société rouennaise* le privilège exclusif du commerce, pendant quinze années, dans cette région. Bien que les associés se fussent assuré le concours d'un certain Gérard Leroy, Flamand, qui avait déjà fait aux Indes plusieurs voyages pour le compte des Hollandais, ils ne parvinrent pas à s'entendre. D'ailleurs, la pénurie des fonds entravait tout effort sérieux, et cette première Compagnie échoua.

Une *seconde Compagnie* fut constituée en 1611; mais les mêmes causes produisirent les mêmes effets, et, pour la seconde fois, l'entreprise avorta.

En 1615, deux négociants de Rouen, plus audacieux ou plus riches, demandèrent au roi de leur transférer les privilèges de la seconde Compagnie et s'engagèrent à envoyer, l'année même, plusieurs navires en Hindoustan. La Compagnie protesta aussitôt contre cette atteinte portée à un privilège dont elle ne jouissait pas, mais qui, légalement, lui appartenait. Afin de concilier ces prétentions contradictoires, le roi se décida en faveur d'une association entre les parties opposées, et, par lettres patentes du 2 juillet 1615, constitua une *troisième Compagnie*. Cette Compagnie tint à honneur de justifier la faveur royale. Dès 1616, deux navires partaient, commandés par de Netz et de Beaulieu. En 1619, de Beaulieu retournait avec une seconde escadre, et, bien que contrariée par les Hollandais, les profits de cette double expédition indemnisaient largement les actionnaires de leurs avances. Malgré ce premier succès, les directeurs de la Compagnie ne tentèrent de nouveau la fortune qu'en 1635, et l'unique résultat de ce nouveau voyage fut de prendre une haute idée de Madagascar, qu'ils avaient trouvée sur leur chemin, et qui, jusqu'alors, avait été négligée par les Portugais et les Hollandais.

Le 24 juin 1642, quand expira le privilège de la Compagnie, Richelieu en créa une *quatrième*, qui essaya, mais en vain, avec de Pronis et de Flacourt, de coloniser Madagascar. On eût dit que la route de l'Hindoustan se fermait aux Français. Des quatre Compagnies successivement autorisées depuis le commencement du dix-septième siècle pour le commerce des Indes, aucune n'avait réussi. Les deux premières n'avaient même pas envoyé de navires hors de France ; la troisième s'était bornée à quelques envois ; la quatrième s'arrêtait à Madagascar. Nous étions encore à l'heure des tâtonnements et des hésitations. Heureusement, Colbert arrive au pouvoir, et, sous sa féconde impulsion, tout se renouvelle ou se transforme.

Colbert n'était resté ni aveugle ni indifférent aux avantages que les Portugais et les Hollandais avaient recueillis de leurs possessions indiennes. Comme il était alors généralement reçu qu'un privilège exclusif pouvait seul conduire à bonne fin des opérations délicates et compliquées, et que, d'un autre côté, le tout-puissant ministre désirait garder la haute main sur ces opérations, il résolut de créer une *cinquième Compagnie*, mais en intéressant la couronne à sa création. La Compagnie des Indes, telle fut son nom, fut donc instituée en 1664. On lui accorda tout de suite de grands privilèges : commerce exclusif pendant cinquante années, abolition des droits d'entrée et de sortie pour tout ce qui servirait à la construction ou à l'armement de ses vaisseaux, protection royale, escorte de ses convois, etc. De plus, comme les négociants ne pouvaient fournir les quinze millions qui devaient former le fonds de la nouvelle Société, Colbert fit l'avance d'un cinquième, et engagea les nobles, les magistrats et les citoyens de tout état à prendre part au reste. En effet, la nation se joignit avec empressement à la couronne dans une entreprise qui paraissait offrir de sérieuses garanties.

Les premiers actes de la Compagnie ne furent pourtant ni bien conçus ni heureux : elle échoua de nouveau à Madagascar. Le gouverneur de La Haye vit périr presque tous ses hommes, massacrés au fort Dauphin. C'est en 1665 seulement qu'on se décida à aborder directement l'Hindoustan. François Caron, d'origine française, mais Hollandais de naissance, possédait alors une grande réputation d'expérience pour les affaires orientales ; mais c'était un homme d'expédients plutôt qu'un politique à larges vues. Il croyait avoir à se plaindre des Hollandais, qui ne l'avaient pas traité selon ses mérites. Colbert lui proposa d'entrer au service de la France, et Caron, qui accepta, reçut le titre de gouverneur général du commerce français dans l'Hindoustan. On lui donna pour collègue le Persan Marcara, dont les connaissances spéciales promettaient de grands avantages. Caron débarqua à Surate, au commencement de 1668, et y fonda la première factorerie française. L'année suivante, Marcara obtenait le même succès à Mazulipatam. C'était un excellent début. Par malheur, les deux chefs ne purent s'entendre. Caron ne supportait pas l'idée que son collègue s'attribuât l'honneur exclusif de certaines opérations. Au lieu de le féliciter de son succès à Mazulipatam, il le desservit auprès de Colbert. Après une enquête sérieuse, Marcara fut complètement justifié ; mais il garda contre son supérieur hiérarchique un tel ressentiment qu'il renonça à servir la France. Dès cette époque, la jalousie entravait les efforts de nos compatriotes ; elle sera une des causes de l'insuccès final.

Débarrassé de son rival, Caron voulut au moins prouver qu'il était capable de concevoir et d'exécuter des projets grandioses. Persuadé qu'il fallait s'assurer la possession absolue de quelque territoire à l'abri des attaques des indigènes et des

Européens, il s'empara de San Tomé, sur la côte de Coromandel; mais il ne put jouir de son œuvre. Il s'était attiré de nombreux ennemis. Les uns jalousaient sa position, les autres détestaient son caractère, ceux-ci déclamaient contre ses projets. Les directeurs de la Compagnie, qui demandaient surtout des dividendes et se souciaient peu des résultats politiques, prêtèrent l'oreille à ces plaintes intéressées et prononcèrent le rappel de Caron. Les lettres de rappel étaient conçues en termes flatteurs. Caron, qui espérait revenir dans l'Hindoustan, obéit sans murmurer; mais il apprit en mer les intentions du gouvernement à son égard et se dirigea aussitôt sur Lisbonne. En entrant dans le port, son navire toucha sur un rocher et sombra. Caron périt dans la catastrophe. C'est le premier de nos gouverneurs de l'Inde qui ait péri de mort violente.

III

En quittant l'Asie, Caron y laissait le futur fondateur de notre puissance, François Martin. On sait peu de chose sur ce dernier avant 1672, si ce n'est qu'il avait débuté au service des Hollandais et les quitta de bonne heure pour passer au service de la France. Il était connu à Surate et à Mazulipatam comme un homme d'énergie et de discrétion, et allait justifier cette bonne opinion qu'on avait de sa valeur. Louis XIV était alors en pleine guerre de Hollande. Après avoir conquis les Provinces-Unies, il se voyait obligé de défendre ses propres frontières contre la coalition européenne. Les Hollandais cherchaient à se venger de la France, et, comme ils avaient encore la supériorité dans les mers orientales, ils voulurent enlever ou détruire les établissements de la Compagnie. Ils commencèrent par s'emparer de San Tomé, en 1674, malgré la belle résistance de Martin, qui s'était jeté dans la place; mais ils commirent la faute de permettre à la garnison française de sortir avec les honneurs de la guerre en prenant la direction qu'elle voudrait. Ils ne prévoyaient pas les conséquences de cet acte de courtoisie. Martin, quelques mois auparavant, avait acheté de Sheer Khan Lodi, gouverneur des possessions du roi de Bedjapoor dans le Carnatic, un terrain sur le littoral de Gingi, près de l'embouchure de la rivière du même nom et au nord du Coleroon. Il décida soixante des défenseurs de San Tomé à le suivre sur ce terrain, et y jeta les fondements d'une ville que les Hindous appelèrent d'abord *Poolchery*, nom qui se transforma bientôt en celui de *Pondichéry*, sous lequel les Européens l'ont toujours désignée. Pondichéry allait devenir et est encore la capitale de l'Inde française. Voici déjà deux siècles que Martin a fondé cette ville, destinée à tant de péripéties et de tragiques aventures : il en est peu qui soient restées plus françaises et plus attachées à la France.

Ce naissant établissement ne grandit pas sans de rudes épreuves. La prudence de Martin le rendit viable. Il se concilia d'abord les bonnes grâces des souverains indigènes du voisinage, auxquels il démontra que les colons français ne cherchaient qu'à garantir leurs intérêts commerciaux. Il eut même l'adresse de les intéresser à la conservation de Pondichéry en leur prêtant des sommes assez fortes, pour lesquelles il se contentait du taux, alors modéré, de dix-huit pour cent. Sans se préoccuper des guerres intestines qui ravageaient l'Hindoustan, il augmentait chaque jour le nombre des colons. Il attirait à lui les populations voisines et bâtissait maisons et magasins. Il obtenait même de Sheer Khan Lodi, en échange des sommes qu'il lui avait prêtées, le revenu des terres du district de Pondichéry et la cession de la ville elle-même. En 1689, il arrachait au représentant du Grand Mogol la permission de transformer en fortifications régulières les ouvrages de campagne qui entouraient la ville. Aussi Pondichéry, quinze ans après sa fondation, était déjà plus importante que Surate ou Mazulipatam. Il lui manquait encore le baptême de l'adversité : elle allait le recevoir.

La guerre venait d'éclater de nouveau en Europe. Les Hollandais avaient pris parti pour leur stathouder, devenu roi d'Angleterre sous le nom de Guillaume III, et s'étaient joints à la coalition contre la France. Ils voulurent profiter de cette occasion pour réparer la faute qu'ils avaient commise en 1674, quand ils avaient permis aux Français de se retirer librement de San Tomé. D'ailleurs la prospérité de Pondichéry les alarmait. Comme ils avaient des forces considérables dans les mers d'Orient, ils résolurent d'en faire usage en étouffant, à son berceau, le jeune établissement. A la fin d'août 1689, dix-neuf vaisseaux de ligne et un grand nombre de transports parurent en rade de Pondichéry. Quinze cents soldats et deux mille matelots européens les montaient, sans parler des auxiliaires indigènes. Pour résister à cette formidable attaque, Martin était littéralement sans ressource. Les directeurs de la Compagnie, égoïstes et sans intelligence, taxaient volontiers de folie ses projets politiques, et lui avaient nettement signifié qu'il ne comptât pas sur leur concours. Il n'avait à sa disposition que six canons, trente à quarante Européens et quatre cents soldats hindous. Il se prépara, néanmoins, à tenir tête à l'orage; mais, après douze jours d'une héroïque résistance, il se vit forcé de capituler (6 septembre 1689). Les Hollandais lui accordèrent les honneurs de la guerre, mais exigèrent que la garnison et son chef fussent transportés en Europe.

La première tentative de la France pour s'établir d'une manière permanente sur la côte du Coromandel venait d'échouer : mais n'est-il pas étonnant qu'une poignée d'hommes, ils étaient soixante, ait pu si rapidement créer une ville, s'y maintenir et se concilier l'affection des indigènes? Le caractère de Martin expliquera, sans doute, ce phénomène. C'était un vrai patriote, sans une arrière-pensée d'envie, et qui n'avait d'ambition que pour son œuvre. Tels sont les hommes qui fondent les empires.

Aussi bien l'accueil qu'il reçut en France, même après la capitulation, le dédommagea amplement. Le ministre et les directeurs le comblèrent de prévenances. Louis XIV lui conféra l'ordre de Saint-Lazare, et, tout en lui faisant décrire les merveilles d'un pays qu'il se repentait d'avoir trop négligé, lui promit de réparer son indifférence. En effet, un des articles de la paix de Ryswick (21 septembre 1697) porta qu'il y aurait restitution mutuelle des places fortes, soit en Europe, soit au dehors, et une clause spéciale stipula la restitution de Pondichéry dans son état actuel, sauf indemnité pour les fortifications qu'y auraient élevées les Hollandais. Ceux-ci en effet connaissaient la valeur de leur conquête. Ils avaient considérablement augmenté ses défenses, et voulaient en faire la citadelle européenne la plus redoutable de l'Orient. Ce fut pour eux un véritable crève-cœur que de rendre cette place; mais ils ne pouvaient, réduits à leurs propres forces, soutenir la lutte contre la France. Ils se résignèrent donc et abandonnèrent leur éphémère conquête.

Martin avait été à la peine : il fut à l'honneur. C'est lui qui eut la satisfaction de relever à Pondichéry le drapeau de la France. Louis XIV l'avait nommé commandant de la place et lui avait donné deux cents soldats, plusieurs canons, un grand approvisionnement de munitions de guerre et des ingénieurs. Martin se mit à l'œuvre avec ardeur. Il agrandit et consolida les fortifications, et dressa le plan d'une grande ville, qu'il s'occupa d'édifier sans retard. Un an à peine s'était écoulé, et déjà l'aspect de la cité s'était modifié à son avantage. De nombreux Hindous, attirés par la douceur et la loyauté de Martin, étaient venus s'y établir. En 1706, quand il mourut, Pondichéry comptait déjà 40,000 habitants. Depuis 1701, elle était devenue la capitale officielle de nos établissements dans l'Hindoustan.

Au commencement du XVIIIe siècle, tout semblait prendre une bonne tournure. Pondichéry grandissait, le commerce avec la métropole augmentait, l'influence française se répandait peu à peu dans l'intérieur de la péninsule, et nous avions comme une clientèle de petits souverains amis de notre pays. Mazulipatam devenait l'annexe de Pondichéry. Chandernagor, dans le Bengale, qui nous avait été cédé par Aureng-Zeb en 1688, prenait de l'importance, et fondait à son tour Cassimbazar et Balassor. Les Français étaient alors en grand renom parmi les indigènes. On aimait leurs prévenances; on se fiait à leur parole. Martin ne cessait de répéter à ses agents que la seule politique à suivre consistait à adopter les usages locaux, sans pourtant renoncer à la dignité nationale, et il avait si bien réussi à inspirer la confiance, que les progrès de Pondichéry ne causèrent jamais la moindre appréhension. Les canons qui garnissaient ses remparts étaient regardés comme un moyen de défense contre les Européens, et non comme une menace pour les puissances indigènes. Toutes les fois qu'un prince hindou visitait la ville, on le recevait avec empressement et on le priait de prolonger son séjour. Aussi les Français étaient-ils souvent choisis comme arbitres par ces princes. Cette entente cordiale était surtout l'œuvre de Martin, et pourtant les histoires de l'Inde française accordent à peine quelques lignes dédaigneuses au fondateur de Pondichéry. Telle est la justice distributive des jugements humains ! Si les successeurs de Martin n'avaient pas risqué et perdu ce qu'il avait créé avec tant de soin et de prudence, s'ils avaient fidèlement suivi sa politique, le succès aurait répondu à leurs efforts. Ils ne le firent pas, et la France expia leurs erreurs.

En 1706, lorsque mourut Martin, le moment semblait bien choisi pour étendre notre puissance. La guerre civile ravageait l'Hindoustan. A la mort du Grand Mogol Aureng-Zeb (1707), les princes indigènes avaient essayé de recouvrer leur indépendance, et, pour mieux la consolider, avaient cherché à s'assurer le concours des étrangers, surtout des Français, dont ils estimaient la loyauté. Les successeurs de Martin n'auraient eu, pour ainsi dire, qu'à prendre ce qu'on leur offrait ; mais ils ne furent jamais soutenus par les directeurs de la Compagnie. Ces banquiers et ces négociants se méprirent sur leurs véritables intérêts. Uniquement préoccupés de leurs dividendes, ils repoussèrent toute intervention politique. Ils auraient pu fonder un empire : ils préférèrent augmenter leurs bénéfices. L'opinion publique, il est vrai, se prononça contre ce méprisable égoïsme, et réclama l'action énergique du gouvernement. Par malheur, le gouvernement n'était pas mieux renseigné que la Compagnie. Au lieu de soutenir nos intérêts compromis en Orient par sa négligence, il s'avisa de les confier au célèbre aventurier Ecossais, dont la fertile imagination enfantait alors de si séduisants projets. Law, qui connaissait la fascination mystérieuse exercée sur les masses par les richesses orientales, conçut le hardi projet d'intéresser la France entière à l'exploitation de ces prétendues richesses. Il obtint de la couronne le droit de fondre les privilèges de l'ancienne Compagnie, créée par Colbert, avec ceux d'une nouvelle, dont il promettait monts et merveilles. Les actions, émises à 500 francs, atteignirent jusqu'à quarante fois leur valeur primitive, tant l'audacieux Ecossais inspirait de confiance ! L'heure de la désillusion sonna bientôt. Quand les actionnaires, au lieu de fantastiques dividendes, ne récoltèrent que des promesses, les actions baissèrent tout à coup. La panique s'en mêla. Ce fut un sauve-qui-peut général. La Compagnie des Indes faillit sombrer dans la débâcle. Par bonheur, pendant sa courte période de prospérité, les directeurs avaient eu la prévoyance d'envoyer à Pondichéry des approvisionnements considérables, grâce auxquels, quand la Compagnie se trouva de nouveau dénuée de ressources, nos établissements indiens purent se maintenir.

Les conséquences de la crise furent même moins désastreuses qu'on ne l'aurait supposé, à cause des qualités pratiques déployées sur place par les agents de la Compagnie. Parmi eux se distingua Dumas. Entré tout jeune au service de la Compagnie, il s'éleva, par degrés, jusqu'à la haute position de gouverneur général de nos possessions indiennes. Adroit, clairvoyant, jaloux de l'honneur national et connaissant à fond le caractère hindou, Dumas acquit une grande influence politique, surtout lors de l'invasion des Mahrattes. On nommait ainsi des bandes de pillards musulmans qui profitaient de la dissolution de l'empire mogol pour ravager à leur aise les provinces les plus riches de l'Hindoustan. En 1739, ils étaient entrés dans le Dekkan, avaient tué le vice-roi du Carnatic, Dost-Ali, et forcé les princes de sa famille à s'enfermer dans leurs forteresses. Deux d'entre eux, Sufder-Ali et Chunda-Sahib, demandèrent alors à Dumas la faveur d'envoyer à Pondichéry leurs femmes, leurs enfants et leurs trésors. Repousser cette demande, c'était s'aliéner la confiance des indigènes; l'accueillir, c'était provoquer le ressentiment des Mahrattes. Dumas n'hésita pas, et ouvrit aux princesses les portes de la forteresse française. Cet acte chevaleresque lui fit le plus grand honneur. Tous les Hindous qui fuyaient devant les Mahrattes coururent s'enfermer à Pondichéry, et y apportèrent avec leurs richesses leur reconnaissance et leur résolution de résister à outrance. En effet, quand les Mahrattes sommèrent Dumas de leur livrer ses protégés, celui-ci, qui se sentait soutenu, répondit avec noblesse par un refus absolu. C'était la première fois qu'on résistait en face au chef de ces hordes fanatiques, au cruel Ragoghi. De plus, tous ceux de ses officiers qu'il avait envoyés à Pondichéry ne tarissaient pas en descriptions enthousiastes de la puissance et des ressources de l'établissement français. Aussi le barbare était-il indécis. Il craignait presque de s'exposer à quelque grave échec sous les murs de la citadelle. Une circonstance fortuite acheva de le décider. Un officier mahratte avait reçu en présent, de Dumas, une caisse de liqueurs. Il en offrit quelques bouteilles à Ragoghi, qui lui-même en fit part à sa favorite. La liqueur dorée de Cognac donna tout à coup à la France un allié inattendu et irrésistible. La sultane en effet trouva le cordial tellement de son goût qu'elle en exigea d'autre. Prévenu à temps, Dumas s'empressa de satisfaire ce caprice féminin, et Ragoghi, charmé de la prévenance, ne menaça plus nos possessions.

L'avantage immédiat que la France retira de ce succès sur un ennemi jusqu'alors invaincu, et la profonde impression produite sur les indigènes par la fermeté de Dumas consolidèrent notre influence. Les princes hindous le traitèrent de héros. Le Grand Mogol lui conféra, à lui et à ses successeurs, le titre de nabab et le commandement de 4,500 hommes. Du jour au lendemain, Dumas acquérait ainsi le prestige de la légitimité, car il n'acceptait cette dignité que comme un témoignage de reconnaissance, et, sans avoir tiré l'épée, il faisait de la France une puissance indienne. Lorsque, fatigué de ses travaux incessants, il demanda et obtint, en 1741, la permission de rentrer en France, il avait donc le droit de se vanter d'avoir rehaussé la position de la Compagnie, et son successeur n'avait qu'à se conformer à sa politique, à la fois prudente et hardie, pour faire de Pondichéry la capitale de l'Hindoustan méridional.

Ce successeur fut Dupleix, le plus illustre et le plus méconnu de tous ceux de nos compatriotes qui, sans la déplorable incurie et les fautes répétées du gouvernement, auraient pu faire si grande la France d'outre-mer.

II. — Dupleix et La Bourdonnais.

L'histoire de la domination éphémère de la France dans l'Hindoustan est concentrée tout entière dans la noble carrière de Dupleix. Par une cruelle injustice du sort, ce grand citoyen non seulement fut, pendant sa vie, critiqué et attaqué par ses compatriotes, mais encore son nom est tombé dans un oubli immérité. Nous possédons pourtant aux archives nationales son énorme correspondance; la Société asiatique de Paris a hérité de la précieuse collection Ariel, qui est remplie de documents inédits relatifs à son administration; enfin sa propre famille a conservé bon nombre de ses papiers. Il semblerait donc, puisque les matériaux ne manquent pas, que quelque écrivain français aurait eu la noble pensée de rendre à la mémoire de Dupleix l'hommage qui lui était dû. Mais Dupleix n'a pas obtenu cette simple réparation, et c'est aux ouvrages de trois auteurs anglais, Robert Orme, Cartwright et Malleson, que nous sommes obligé de recourir pour esquisser à grands traits la vie si bien remplie de notre illustre compatriote.

I

Sans un document officiel conservé aux Archives de la marine à Paris, on ne connaîtrait ni la date exacte, ni même le lieu de la naissance de Dupleix. On sait aujourd'hui que François-Joseph Dupleix naquit le 1er janvier 1697, à Landrecies, dans le Hainaut. Son père était fermier général et, comme la plupart de ses collègues, s'occupait de spéculations commerciales. La fortune qu'il avait amassée ne diminuait ni son avarice, ni sa maussaderie de caractère, qui, dans la vie de famille, dégénérait en véritable tyrannie. Dupleix, au contraire, se montra de bonne heure généreux et prodigue, de plus fort peu disposé à supporter le despotisme paternel. De là, entre le père et le fils, de sérieux désaccords. Le vieux financier lui donna pourtant une excellente instruction; mais il recommanda à ses maîtres de lui présenter chaque chose au point de vue strictement matériel et commercial. Le jeune François-Joseph s'intéressa vivement aux sciences, surtout aux mathématiques et à l'art des constructions. En même temps, par un singulier contraste, tant cette mobile nature avait de ressort, il aimait passionnément la musique. Plus tard, même aux heures d'angoisse, il consacra toujours quelques instants à sa chère musique. Ces goûts artistiques révoltaient le vieux Dupleix, qui espéra les anéantir en envoyant de bonne heure son fils en Amérique et en Hindoustan; mais il ne rapporta de ses voyages qu'un redoublement d'amour pour les beautés de la nature, et une ample moisson de notions nouvelles. Le beau et l'utile, le sentiment et l'intérêt, ce qu'il devait à lui-même et ce qu'il devait à son éducation se confondaient ainsi en lui dans un harmonieux équilibre. A la fois artiste et négociant, rêveur et calculateur, Dupleix ressemblait à ces Athéniens d'autrefois, qui trouvaient le temps, sans négliger leurs affaires, d'admirer les chefs-d'œuvre de l'art et de la poésie. Ainsi s'expliquent les ardentes sympathies que valurent à notre éminent compatriote ces qualités diverses, si rarement réunies chez la même personne.

Le fermier général de Landrecies était un des directeurs de la Compagnie des Indes. Fidèle à son système de rigueur paternelle, il voulut se séparer définitivement de son fils, et, en 1720, le fit nommer membre du Conseil supérieur et commissaire des guerres à Pondichéry. Les titres étaient ronflants, mais les fonctions aussi modestes que peu rétribuées; le jeune fonctionnaire ne pouvait pas compter, pour améliorer cette position précaire, sur la générosité paternelle. On conserve une lettre dans laquelle le vieux financier, écrivant à un ami de s'occuper du trousseau du nouvel employé de la Compagnie, en détermine soigneusement chaque article, et recommande de ne pas acheter trop de linge fin, « pareille prodigalité étant tout à fait hors de saison à la mer. » Tels furent les humbles débuts d'un administrateur qui allait bientôt avoir à sa disposition plusieurs millions de revenus, et régner en maître absolu sur trente-cinq millions de sujets!

Quand Dupleix arriva dans l'Hindoustan, en 1721, la situation commerciale de la Compagnie n'était pas brillante. La banqueroute de Law, sans la ruiner, l'avait ébranlée. Au lieu de rompre avec la routine et de s'engager résolument dans une voie nouvelle, les directeurs de la Compagnie s'étaient jetés avec avidité dans une série de spéculations, qui leur assuraient des bénéfices immédiats, mais aux dépens de l'avenir. Ils avaient contracté l'habitude des faux calculs et des gains usuraires, qui compromettaient leur crédit. Les Hindous, qui les avaient d'abord accueillis avec sympathie, commençaient à ne plus voir dans nos négociants que d'avides colporteurs, et peu à peu se retiraient. Le vide se faisait autour de nos établissements. La situation politique était pire encore. A l'exception de Pondichéry, qui, grâce à Martin, était devenue une vraie capitale, nos autres possessions n'étaient que de simples factoreries, et beaucoup d'entre elles purement nominales. Au Bengale, nous avions Chandernagor et quelques entrepôts, Mazulipatam sur la côte d'Orissa ; mais nous avions été obligés de renoncer à Surate. De plus, nous étions directement menacés par les Mahrattes, brigands dangereux, qui se souciaient peu de l'honneur et de la gloire, mais se livraient au pillage avec une ardeur qui ressemblait parfois à de l'héroïsme. Ainsi que les Normands du moyen âge, dans notre France carolingienne, ils ravageaient successivement toutes les provinces qui reconnaissaient l'autorité du Grand Mogol. On les voyait fondre comme un tourbillon sur les riches plaines de l'Hindoustan, et, au terrible bruit de leurs timbales battant la charge, les populations effarées s'enfermaient dans les villes fortifiées. Nous avions à redouter encore la concurrence bien autrement dangereuse des Anglais. L'Angleterre n'avait dirigé que fort tard son activité vers les contrées de l'extrême Orient ; mais, dès qu'elle eut compris les avantages de ce commerce, elle s'y engagea avec ardeur. Nous n'avons pas à raconter ici la création et les progrès de la puissance anglaise dans l'Hindoustan. Il nous suffira de rappeler que la Compagnie anglaise des Indes orientales, fondée à Londres, en 1599, sous le règne d'Élisabeth, végéta pendant tout le dix-septième siècle et ne devint réellement importante qu'après la mort de Louis XIV. Les Anglais possédaient à cette époque Bombay sur la côte occidentale, Saint-David et Madras au sud-ouest et au nord de Pondichéry sur la côte de Coromandel, et quelques autres comptoirs moins importants. Ils n'étaient ni plus puissants ni mieux organisés que nos compatriotes, mais ils les jalousaient, ils surveillaient leurs progrès, ils excitaient sous main les défiances des indigènes ; en un mot, ils cherchaient à contrebalancer notre influence. Les hostilités pourtant n'étaient pas encore déclarées : c'était plutôt une rivalité commerciale qu'une rivalité politique.

Telle était la situation financière et politique de l'Inde française lorsque Dupleix débarqua à Pondichéry en 1721. Direction mesquine et maladroite, territoire exigu, menaces des Mahrattes et concurrence anglaise. Les premiers jours furent douloureux, mais il ne se découragea pas. Il se mit à étudier avec ardeur les merveilles du pays où il se trouvait, et aussi les intérêts de la Compagnie. Il n'eut pas de peine à faire comprendre au gouverneur général, Lenoir, que la Compagnie avait tort de borner ses entreprises à l'achat de quelques cargaisons, toujours payées avec des fonds venus d'Europe. Il l'engagea à ne pas négliger le commerce des côtes et de l'intérieur, ou, pour employer une expression technique, le *commerce d'Inde en Inde*. Lenoir, négociant fin et avisé, comprit tout de suite les avantages de la proposition de Dupleix, mais n'osa prendre sur lui d'outre-passer ses instructions; seulement, comme les règlements de la Compagnie ne défendaient pas à ses fonctionnaires de commercer pour leur propre compte, il autorisa son jeune subordonné à tenter l'aventure. Dupleix, en effet, ouvrit directement avec les indigènes des relations qui lui donnèrent bientôt une grande fortune. Il est vrai de dire que son père, cette fois clairvoyant, s'était associé à ses entreprises et lui avait envoyé des fonds considérables, en sorte que Dupleix, tout en faisant ses propres affaires, ne négligeait pas celles de la Compagnie. Bien au contraire, notre influence grandissait peu à peu; le nombre de nos vaisseaux augmentait, et les Compagnies rivales, ce qui était le meilleur indice de notre succès, frémissaient de jalousie.

La Compagnie aurait dû soutenir Dupleix; mais le Conseil supérieur était composé en partie de spéculateurs incapables de voir dans une affaire autre chose que des dividendes à partager. Ils ne comprirent pas les projets grandioses de leur subordonné, et, en 1726, prononcèrent sa destitution. Dupleix indigné refusa d'obéir. Il n'obtint que quatre ans plus tard la justice qui lui était due. Le 30 septembre 1730, la sentence de destitution fut rapportée, et, comme compensation, il fut nommé directeur à Chandernagor.

Chandernagor, sur l'Hougly, non loin de l'embouchure du Gange, avait été occupée par la France, en 1676, et fortifiée dès 1688. Ce poste était destiné à concentrer le commerce du Bengale et à devenir comme le premier anneau d'une chaîne qui s'étendrait peu à peu sur la plus riche région de l'Hindoustan. En effet, le drapeau français s'était montré à Cassimbazar, à Dacca, à Balassor et à Patna; mais les agents de la Compagnie, à peu près délaissés par la métropole, s'étaient habitués à un doux *farniente* et ne se préoccupaient plus que de vivre au jour le jour. Aussi Chandernagor était-elle en pleine décadence, et la situation misérable de cette factorerie s'était encore aggravée par les convulsions politiques dont le Bengale était alors le théâtre, quand Dupleix en fut nommé directeur. A vrai dire, tout était à refaire. Sans perdre son temps à de stériles démonstrations, Dupleix se mit résolument à l'œuvre et donna l'exemple du travail. Son père venait de mourir en lui laissant une grande fortune. Il en consacra tout de suite la majeure partie au commerce d'Inde en Inde, qui lui avait si bien réussi à Pondichéry. Il acheta et nolisa des navires, se procura des chargements, ouvrit des communications avec l'intérieur et attira les marchands indigènes. Animés par son exemple, les agents inférieurs secouèrent leur nonchalance. Dupleix avait pour tous de bonnes paroles et des secours effectifs. Aux uns il avançait de l'argent; il s'associait aux autres; il les encourageait tous. Chandernagor devint promptement un comptoir florissant. De 1731 à 1741, pendant les dix années de l'administration de Dupleix, plusieurs milliers de maisons furent bâties, et soixante-quatorze bâtiments appartenaient, quand il partit, aux négociants de Chandernagor. Ces vaisseaux portaient les marchandises du Bengale à Surate, à Yeddo dans le Japon, à Djedda et à Moka sur la mer Rouge. Ils ranimèrent le commerce, jadis actif, de Bassorah. Ils pénétrèrent même dans les ports encore fermés de la Chine. Dupleix ne négligea pas non plus le commerce continental. Il établit des relations avec les principales villes de l'intérieur, même avec le Thibet. Chandernagor, sous sa vigoureuse impulsion, devint en peu d'années le plus florissant des comptoirs européens du Bengale. Les directeurs de la Compagnie appréciaient vivement l'avantage d'avoir investi de leur confiance un homme qui n'hésitait pas à associer sa propre fortune à celle de l'établissement qu'il dirigeait, et, à plusieurs reprises, il lui témoignèrent leur satisfaction. Lorsque le conseil supérieur de Pondichéry, jaloux de ces progrès, prétendit exercer sur Chandernagor une autorité dictatoriale, Dupleix refusa d'obéir et en appela aux directeurs. Ceux-ci non seulement lui donnèrent raison, mais encore le nommèrent, en remplacement de Dumas, qui demandait son rappel, gouverneur général de l'Inde française.

Dupleix était arrivé dans l'Hindoustan en 1720. Vingt et un

ans plus tard, en 1741, il était le chef suprême et le représentant officiel des intérêts de la Compagnie. Sa carrière avait donc été rapide et brillante, puisque, à l'âge de quarante-quatre ans, il occupait une des plus hautes positions que pût rêver son ambition. De plus, il avait si activement travaillé à l'édifice de sa fortune, qu'il avait à peu près décuplé son héritage, et dans des opérations commerciales parfaitement légitimes. Aussi bien nul ne s'avisa jamais de l'accuser de corruption ou de péculat, même quand ses ennemis, conjurés pour sa perte, ne reculèrent pas devant la calomnie. Ce n'est pas un médiocre honneur, pour un homme qui mania des centaines de millions, que d'avoir imposé silence sur ce point à ses adversaires les plus déclarés. Dupleix prenait donc possession de sa nouvelle dignité avec la double autorité de fonctions honorablement remplies et de grandes richesses acquises au su de tous. Administrateur éminent et artisan de sa propre fortune, il inspirait une égale confiance. Essayons de montrer comment il la justifia.

II

L'empire du Grand Mogol était alors en pleine dissolution. Le shah de Perse venait de prendre et de piller Delhi, et d'imposer un tribut annuel de soixante et dix millions au successeur dégénéré de Tamerlan. Aussitôt, les provinces vassales s'étaient insurgées. Les Mahrattes avaient profité de la désorganisation générale pour piller indistinctement amis ou ennemis. Le Dekkan tout entier, et surtout la province de Carnatic, dans laquelle est enclavé Pondichéry, était ravagée par leurs hordes indisciplinées. La Compagnie anglaise profitait du désordre pour nous desservir auprès des indigènes, en leur persuadant que nous ne pensions qu'à les conquérir. Mais Dupleix ne redoutait ni les incursions des Mahrattes ni la concurrence anglaise. Il avait, sur la politique à suivre, des idées nettes et bien arrêtées, et il eut le mérite de s'y conformer rigoureusement. Le plan de Dupleix mérite d'autant plus notre attention que les Anglais l'ont adopté et n'ont eu qu'à s'en louer.

Dupleix pensait que les sociétés stationnaires de l'Orient

doivent être détruites ou absorbées par les sociétés toujours en progrès de l'Europe. Or, parmi les Européens, les Portugais ne comptaient plus, les Hollandais étaient en décadence. Restaient la France et l'Angleterre. Dupleix résolut de neutraliser l'Angleterre et de fonder un empire français dans l'Hindoustan. Comme il savait que les négociants pusillanimes qui composaient le conseil de la Compagnie étaient incapables de le comprendre, il ne chercha même pas à leur communiquer ses projets ; car il était évident qu'ils l'auraient impitoyablement sacrifié, s'ils avaient seulement soupçonné, pour employer le belle expression de M. Henri Martin, que le génie d'un Richelieu avait mûri dans un comptoir. Avec une audace que le succès pouvait seul excuser, il prit sur lui d'entreprendre ce qu'on lui aurait formellement interdit même de tenter, s'il avait fait étalage de ses grandioses conceptions. Il entendait ne point procéder par la conquête brutale, car il aurait mis contre lui tous les intérêts opposés, mais prétendait s'immiscer dans la hiérarchie politique de l'Inde, sous le double titre de feudataire du Grand Mogol et de chef d'une colonie indépendante. Il avait l'intention de devenir Hindou sans cesser de rester Français, et il espérait bien saisir ou faire naître, en se mêlant aux affaires indiennes, de nombreuses occasions d'agrandissement. Telle était la pensée dominante : les moyens à employer varieraient suivant les circonstances.

En inaugurant dans l'Inde le système de colonisation que devait suivre plus tard l'Angleterre, Dupleix déploya une prodigieuse activité et un véritable génie. Sans perdre un seul instant de vue son titre de citoyen français, et sans oublier qu'il était le représentant officiel de son pays, il trouva le moyen de jouer un rôle prépondérant dans la politique orientale. Il est vrai de dire que sa femme fut pour lui le plus dévoué et le plus utile des auxiliaires. Fille d'un Français et d'une Portugaise, mais née dans l'Hindoustan, elle joignait au charme fascinateur de l'Indienne la souplesse et la ténacité de sa double origine. Elle possédait tous les dialectes du pays et rendit à son mari, surtout dans les moments critiques, des services dont personne ne pouvait mieux s'acquitter. Elle est restée célèbre dans la légende sous le nom de *Joanna Begum,* la princesse Jeanne. Les premiers actes de Dupleix montrèrent qu'il voulait à la fois se maintenir comme gouverneur de Pondichéry et comme vassal du Grand Mogol. Il revêtit les insignes de la dignité de nabab, autrefois conférée à Dumas, et reçut en cette qualité les hommages des petits chefs du voisinage. Revenu à Pondichéry, il s'y entoura d'un grand luxe, car il n'ignorait pas combien les imaginations orientales sont accessibles au côté brillant et matériel des choses. En effet, les Hindous du Carnatic s'habituèrent à le considérer comme un des fonctionnaires du souverain résidant à Delhi. Dupleix voulait en même temps leur prouver qu'il était le chef d'une colonie indépendante. Persuadé que le meilleur moyen de le leur persuader était d'occuper une position à peu près inexpugnable, il fit travailler en toute hâte aux remparts de Pondichéry. Ces fortifications étaient en mauvais état ; elles n'existaient même pas du côté de la mer, et la Compagnie, qui jugeait de pareilles dépenses inutiles, avait défendu non seulement d'en élever de nouvelles, mais même de réparer les anciennes : Dupleix osa désobéir. Il se crut responsable devant son pays de la conservation d'une place de cette importance. Il fit réparer les anciens murs et construire des bastions et des forts du côté de la mer. Comme la Compagnie le laissait sans argent, il sut faire face à ces prodigieuses dépenses avec sa bourse et son crédit. Combien est-il de gouverneurs qui auraient ainsi engagé leur propre fortune au service de l'État?

Dupleix avait eu raison d'enfreindre les ordres absurdes de la Compagnie. Les remparts de Pondichéry assuraient sa retraite en cas d'insuccès. Ils lui permettaient en outre de tenter, sous le couvert du Grand Mogol, un établissement territorial. Ces précautions étaient d'autant plus nécessaires que la guerre menaçait, et que nos ennemis les Anglais essayeraient à la première occasion de ruiner une ville dont ils jalousaient la prospérité. Cette guerre ne tarda pas à éclater : ce fut la guerre de Succession d'Autriche (1740-1748).

Les directeurs de la Compagnie française apprirent avec terreur l'ouverture des hostilités, et crurent en prévenir le désastreux effet en proposant à la Compagnie anglaise de garder la neutralité. La Compagnie accepta, mais déclara qu'elle ne prenait aucun engagement pour la marine royale. Cette longanimité cachait un piège, car la marine royale française n'avait alors aucun vaisseau dans les mers d'Asie, tandis que les Anglais y possédaient une petite escadre, qui prit aussitôt la mer, enleva tous ceux de nos navires marchands qu'elle rencontra, et menaça Pondichéry. Les directeurs auraient dû s'engager énergiquement dans la lutte et le gouvernement envoyer dans ces parages des forces imposantes. Il n'en fut pas question. On ne prévint même pas Dupleix de ce qui se passait en Europe, en sorte qu'il se trouva bientôt réduit à une position presque désespérée. Ce fut dans ces circonstances critiques qu'il se montra ce qu'il était, un génie de premier ordre. Sa fermeté d'âme ne fut surpassée que par son habileté. Tout en soutenant le moral de ses compatriotes, il persuada aux Hindous que leur intérêt était de soutenir la France contre l'Angleterre. Il fit servir à sa protection le respect traditionnel qu'éprouvaient les Hindous pour la majesté mogole, et les amena à menacer les Anglais du sac immédiat de Madras, s'ils se risquaient à assiéger Pondichéry. Comme les multitudes qui composaient les armées asiatiques imposaient encore un certain respect aux Européens, et que, d'un autre côté, les boutiquiers du conseil supérieur de Madras n'étaient ni plus intelligents, ni animés de sentiments plus patriotiques que les directeurs de Paris, les Anglais acceptèrent l'avertissement et se tinrent immobiles. Pondichéry était sauvé par la diplomatie de son gouverneur et la protection très inattendue des nababs hindous. Dupleix ne se faisait pourtant aucune illusion. Il savait que la politique asiatique est variable. Il n'ignorait pas que les Anglais pouvaient se raviser d'un moment à l'autre, et que, en ce cas, sa situation serait de nouveau compromise. Aussi reçut-il, avec des transports de joie, la nouvelle que le pavillon français s'était enfin montré au large, et qu'une escadre arrivait à son secours sous le commandement d'un amiral, nommé Mahé de La Bourdonnais.

III

Le nom de La Bourdonnais est resté populaire. Son souvenir a été immortalisé par le poétique roman de *Paul et Virginie*,

Aux yeux de ceux qui se contentent des notions courantes, il passe non seulement pour un brave à toute épreuve et un administrateur éminent, mais aussi pour une victime des injustices de son collègue. On ne peut que souscrire à la première partie de cet éloge. Certes La Bourdonnais fut un de nos meilleurs amiraux, et fit preuve, à diverses reprises, d'une capacité administrative peu commune. Mais, loin d'être le type de l'honneur, il fut au contraire entaché de corruption et de fourberie. Les documents anglais le prouvent surabondamment.

La Bourdonnais naquit à Saint-Malo en 1699. Il était tout à fait le contemporain de Dupleix, né en 1697. A peine âgé de dix ans, il s'embarquait pour les mers du Sud, et, depuis, ne cessa de naviguer. En 1722, il entra au service de la Compagnie, et s'empara en 1726 de la ville indienne de Maihi, à laquelle il imposa le nom qu'elle porte aujourd'hui, et qui était le sien. En 1735, nommé gouverneur des îles de France et de Bourbon, il les administra avec le plus grand soin. A la première nouvelle de la guerre, comprenant d'instinct qu'il fallait à la France une flotte dans les mers indiennes, et que le gouvernement ne se déciderait jamais à défendre ces possessions lointaines, il conçut le projet extraordinaire d'improviser une escadre et de l'amener au secours de Dupleix. Tour à tour charpentier, mécanicien, forgeron, tisserand, il réussit à créer de toutes pièces, et rien qu'avec ses ressources, une flotte importante montée par des matelots exercés. On ne saurait trop admirer son incomparable énergie. Par malheur, ces qualités précieuses cachaient un honteux égoïsme. Tout seul, et maître absolu de ses hommes, il aurait sans doute rendu à sa patrie des services éclatants. Subordonné à un homme qu'il jalousait, il allait commettre fautes sur fautes. Tant qu'il ne fallut point partager l'autorité, il déploya l'indomptable ardeur de son caractère; mais, dès qu'il se crut amoindri par la présence d'un supérieur, l'amour-propre, ou plutôt l'envie, étreignit son cœur et obscurcit son intelligence.

Le 8 juillet 1746, l'escadre de La Bourdonnais jetait l'ancre devant Pondichéry, après avoir dispersé la flotte anglaise. Dupleix, qui avait admirablement accueilli son libérateur, le pria de couronner son triomphe en assiégeant Madras. Ce projet était depuis longtemps arrêté entre eux. Leur correspondance

officielle en fait foi, et, ne l'eût-il pas été, c'était l'occasion de
l'exécuter. Pourtant La Bourdonnais refusa. Il répondit à Dupleix que ses navires n'étaient pas assez forts pour attaquer
Madras, que le moment de l'année était mal choisi, et il allégua
d'autres prétextes aussi médiocres. Quelle est donc la cause
d'un pareil changement chez un homme qui avait jusque-là
donné de si admirables exemples de hardiesse et de résolution? La nature humaine est ainsi faite, que les hommes d'action, habitués à commander et à exécuter, ne cèdent qu'avec
une extrême répugnance à une autorité supérieure. La Bourdonnais ne voulait plus obéir à Dupleix, et il n'hésita pas à
sacrifier à sa jalousie les intérêts immédiats de la France. Dupleix, étonné d'une résistance dont il ne soupçonnait pas le
motif, essaya de prendre La Bourdonnais par la douceur. Il
répondit à ses aigres missives par des lettres flatteuses. Il poussa
la condescendance jusqu'à priver Pondichéry d'une partie de sa
garnison, qu'il embarqua sur le vaisseau de l'amiral. Voyant
enfin qu'il ne pouvait triompher de son mauvais vouloir, il
finit par lui intimer des ordres et le somma de partir.

La Bourdonnais se décida, tout en maugréant, à obéir. A
peine en campagne, il redevint lui-même. Il fit avancer ses
vaisseaux jusque sous les murs de Madras, et prit pour bombarder la ville des mesures si énergiques que le gouverneur
anglais, terrifié, demanda à se rendre, avant même que le feu
eût sérieusement commencé. Deux mille Français venaient
ainsi de s'emparer d'une grande ville défendue par de formidables remparts (15-21 septembre 1746). La Bourdonnais exigea
que les Anglais fussent tous prisonniers de guerre, et que tous
les biens meubles, soit de la Compagnie, soit des particuliers,
fussent livrés aux Français; mais il promit également de restituer la ville et les prisonniers moyennant une rançon de neuf
millions. Dupleix ne voulait à aucun prix restituer Madras, car
la possession de cette place assurait à tout jamais la puissance
française dans l'Hindoustan. Il refusa donc de reconnaître la
validité d'un acte contraire à ses ordres, et déclara qu'il ne
ratifiait pas la capitulation. Il écrivit en même temps à La
Bourdonnais pour le rappeler au sentiment du devoir et lui
démontrer ses torts politiques. L'amiral répondit à ces avances
par une explosion de fureur. Il se répandit en grossières in-

jures et se permit des licences pour lesquelles il aurait dû passer devant un conseil de guerre. Ainsi ne s'avisa-t-il pas, pour avoir le champ libre, d'embarquer sur son escadre le contingent de Pondichéry, qu'il menaça de transporter à l'île de France, si Dupleix ne revenait pas sur ses déterminations. Quand les commissaires du gouverneur arrivèrent à Madras pour lui signifier l'ultimatum de son supérieur hiérarchique, il les traita avec un insolent mépris et les fit arrêter. Il eut même l'audace, à l'aide de documents tronqués, de faire croire qu'il était investi de l'autorité suprême. Les Anglais, joyeux de cette querelle, cherchèrent à en tirer parti. Sur tous les points, ils donnèrent raison à La Bourdonnais. Ils allèrent même plus loin. Ils achetèrent sa connivence. Le fait est aujourd'hui prouvé. On a démontré, pièces en main, que La Bourdonnais s'était vendu, pour un million, aux membres du conseil de Madras. L'amour du lucre aurait donc fait un traître d'un homme éminent, et l'aurait poussé à méconnaître l'autorité suprême de Dupleix et à compromettre les intérêts de la France !

Pendant que se prolongeaient ces tristes débats, approchait l'époque de la mousson. On nomme ainsi un brusque changement de température qui bouleverse l'océan Indien et oblige les navires à rentrer dans leurs ports ou à prendre la haute mer. La Bourdonnais connaissait la mousson et savait que ses navires étaient fort exposés sur cette côte inhospitalière ; mais il s'obstina à rester devant Madras, soi-disant pour rendre la place aux Anglais. Dans la nuit du 13 au 14 octobre éclata l'ouragan. Des huit vaisseaux qui avaient jeté l'ancre, un mois auparavant, dans la rade de Madras, quatre furent perdus corps et biens, deux rendus tout à fait incapables de naviguer, et les deux derniers tellement endommagés qu'ils ne purent qu'à grand'peine reprendre la mer. Douze cents hommes avaient disparu. La flotte française avait soudain cessé d'exister. C'était le naufrage de la fortune de La Bourdonnais.

Il semble en effet que l'amiral, au désespoir de cette catastrophe, dont il était le principal auteur, n'ait plus eu d'autre pensée que de se retirer, sans plus s'inquiéter de ce qu'il laissait après lui. Pourtant il eut encore l'audace, malgré les ordres formels de Dupleix, de confirmer la capitulation de

Madras. Après une station de deux jours dans les eaux de Pondichéry, il partait pour l'île de France, où il arrivait le 15 décembre. Il avait manqué sa destinée, et son crime nous coûtait l'empire de l'Inde. Conquérant de Madras et maître de l'Océan, soutenu par Dupleix, encouragé par l'opinion, il aurait pu en effet prendre Calcutta et ruiner la puissance anglaise. Il ne sut pas se vaincre lui-même. Aussi bien la punition l'attendait. A peine arrivé à l'île de France, il y trouva un successeur installé. Il voulut retourner en Europe pour se justifier. En doublant le cap de Bonne-Espérance, il fut assailli par une tempête et obligé de se réfugier à la Martinique. Apprenant que la route était obstruée par des croiseurs anglais, et impatient d'arriver en France pour se disculper, il se rendit sous un nom supposé à Saint-Eustache, y convertit sa fortune en bijoux et prit passage sur un vaisseau hollandais. Le navire qu'il montait fut pris et conduit dans un port anglais. La Bourdonnais fut reconnu et déclaré prisonnier de guerre, mais on l'accueillit avec distinction. Il aurait pu rester à Londres, où la cour et le public le comblaient de prévenances; mais, en agissant ainsi, il reconnaissait implicitement les accusations lancées contre lui. En effet une instruction judiciaire avait été commencée. Il était prévenu d'avoir méconnu les ordres du roi, d'avoir fait des conventions secrètes avec l'ennemi, et d'avoir détourné les fonds de la Compagnie. La Bourdonnais demanda et obtint l'autorisation de se rendre en France pour se justifier.

A peine arrivé, on le conduisit à la Bastille. Telles étaient alors les lenteurs de la justice qu'il resta trois ans dans cette sombre prison, où on le traita avec une sévérité fort déplacée. On ne lui permit en effet ni de voir sa famille, ni de se servir de papier et d'encre. Il fut obligé d'écrire ses mémoires avec du vert-de-gris et du marc de café sur des mouchoirs blancs empesés avec du riz et séchés au feu. Ces rigueurs le posèrent en victime. Dès qu'il put se faire entendre, comme l'opinion publique s'était prononcée en sa faveur à cause de l'injuste traitement qu'il venait de subir, il n'eut pas de peine à se disculper. D'ailleurs l'accusation de trahison n'était pas soutenable; il n'avait qu'à rappeler ses états de service. L'accusation de désobéissance était plus sérieuse; mais il exhiba les instructions ministérielles qu'il avait reçues et qui manquaient en effet de précision. Restait l'accusation de péculat : mais on manquait de preuves. Seuls les directeurs de la Compagnie anglaise ou les membres du Conseil de Madras auraient pu démontrer sa culpabilité. Ils se gardèrent bien de le faire. La Bourdonnais fut donc acquitté ; mais sa santé était ruinée par la captivité, et la Compagnie lui disputait les débris de sa fortune. Il mourut ruiné par le chagrin le 10 novembre 1753. Son habile justification et le traitement immérité qu'il avait subi lui valurent le rôle sympathique de victime. La France entière le pleura, sans savoir la vraie cause de ses malheurs, et Dupleix passa pour un rival jaloux et égoïste. Les Anglais, dont l'intérêt était d'accréditer cette légende, ne cessèrent dans leurs ouvrages et par leurs actes de protester en faveur de La Bourdonnais, et, presque jusqu'à nos jours, la postérité a ratifié cet arrêt, sans même le discuter.

Ce fut un grand malheur pour la France que cette rivalité. Si ces deux hommes, si bien faits pour se compléter l'un l'autre, avaient combiné leur action au lieu de compromettre leur succès par de mesquines questions d'amour-propre, l'Hindoustan tout entier nous appartiendrait peut-être à l'heure actuelle. Dupleix eût été la tête, et La Bourdonnais le bras, mais il ne sut pas ou ne voulut pas sacrifier son égoïsme à l'intérêt général, et les Anglais restèrent maîtres du sol de l'Inde.

III. — Dupleix et Bussy.

I

A peine La Bourdonnais avait-il quitté la rade de Madras avec les débris de sa flotte battue par la tempête, que Dupleix arrivait dans la ville conquise pour en prendre possession. Son premier soin fut de rejeter, en qualité de gouverneur général, la convention de La Bourdonnais et de considérer Madras comme une ville à sa discrétion. Comme il avait l'intention bien arrêtée de chasser les Anglais de l'Hindoustan, ne devait-il pas, puisque sa bonne fortune lui livrait leur capitale, s'y établir à poste fixe ? A peine était-il installé dans cette récente conquête qu'on lui annonça l'arrivée d'une armée indienne, évaluée à 100,000 hommes, que le nabab du Dekkan dirigeait contre lui pour reprendre Madras. La circonstance était critique. Céder aux menaces de l'Indien, c'était compromettre la dignité de la France ; d'un autre côté, il était dangereux de résister, avec une poignée d'Européens, à cette énorme armée. Plus d'un, certes, aurait reculé ; mais Dupleix, depuis qu'il habitait l'Hindoustan, s'était rendu compte de bien des choses encore inconnues en Europe, et savait que la discipline l'emporterait sur le nombre. Il nourrissait à l'égard des Hindous les sentiments qui jadis animaient Cortez ou Pizarre à l'égard des Mexicains et des Péruviens. Il ordonna donc à un de ses meilleurs officiers, le Suisse Paradis, de courir au secours de Madras et de livrer bataille, s'il le fallait, aux troupes du nabab. Ce fut à San-Tomé que les 200 soldats de Paradis rencontrèrent les Hindous, appuyés d'une artillerie formidable et solidement postés en arrière d'une rivière. Paradis, sans hésiter, traverse la rivière, monte à l'assaut du retranchement et met en fuite ces masses stupéfaites. La bataille de San-Tomé donna aux Européens le secret de leur supériorité. Les princes hindous s'étaient jusqu'alors arrogé sur les colons certains droits, que ceux-ci n'essayaient même pas de leur contester. Les Français entre autres avaient toujours suivi à l'égard des indigènes une politique de paix et de conciliation. Cette bataille renversa les rôles, car elle annonçait la conquête du pays entier par une puissance européenne. Ainsi que l'écrit avec autant de bon sens que de justice le colonel anglais Malleson (p. 160), « la bataille qui produisit un si grand changement mérite qu'on s'en souvienne ; mais, en nous la rappelant, nous ne devons pas oublier, nous autres Anglais, de noter que tout le mérite en appartient uniquement et entièrement à cette grande nation, à laquelle nous disputâmes plus tard la suprématie dans l'Hindoustan et qui ne remporta pas la dernière victoire. »

La triple conséquence de ce coup de fortune fut d'inspirer aux indigènes une frayeur respectueuse de nos compatriotes, de nous confirmer dans la possession de Madras et de rejeter les Anglais au second plan. Ils auraient même été tout à fait expulsés de l'Hindoustan si Dupleix avait rencontré en France des directeurs assez intelligents pour soutenir sa politique et des ministres assez clairvoyants pour lui envoyer des renforts sérieux; mais les directeurs, marchands enrichis ou timides spéculateurs, taxaient volontiers de folie les projets grandioses de Dupleix, et, systématiquement, lui refusaient les secours d'hommes et d'argent qu'il réclamait; quant aux ministres, absorbés par la direction de la guerre en Europe, ils n'envoyaient aucun vaisseau de la marine royale dans les mers indiennes. Contrarié dans ses vues par les idées mesquines des directeurs de la Compagnie, et presque abandonné par la métropole, Dupleix, réduit à ses propres ressources, ne put réaliser ses projets. Il aurait voulu enlever aux Anglais la dernière de leurs possessions sur la côte de Coromandel, le fort Saint-David, et dirigea en effet contre cette citadelle les forces disponibles; mais elles étaient à la fois bien médiocres et animées du plus déplorable esprit. A deux reprises, Dupleix fut obligé de renoncer à son entreprise. Il recommençait le siège pour la troisième fois, et la place allait se rendre, quand il apprit que l'Angleterre, mieux avisée que la France, dirigeait contre lui des renforts imposants, destinés, dans la pensée de leur chef, l'amiral Boscawen, non seulement à délivrer Saint-David, mais encore à reprendre Madras et à nous chasser de Pondichéry.

Boscawen avait sous ses ordres plus de trente navires et 8000 hommes de débarquement, bien pourvus d'artillerie. Les Français ne pouvaient lutter en rase campagne. Ils levèrent le siège de Saint-David et se hâtèrent d'aller chercher un refuge derrière les remparts de Pondichéry. L'amiral anglais les y poursuivit, et, après s'être emparé des ouvrages extérieurs, ouvrit la tranchée devant la ville (30 août 1748). La situation de Dupleix était grave. La garnison était insuffisante et mal disposée. Paradis, le seul officier capable de diriger la défense, avait été tué dès la première sortie. Il n'y avait rien à espérer du côté de la France, et les Hindous, ébranlés dans leur confiance et gagnés par les avances intéressées de l'Angleterre, commençaient à se déclarer contre nous. Tout semblait perdu; mais Dupleix n'était jamais plus grand que dans l'adversité. Il s'improvisa général, ingénieur, artilleur, et sut conserver un calme et une sérénité qui devinrent contagieux. L'attention qu'il donnait aux mesures de défense, l'habileté avec laquelle il fortifiait les points trop faibles et réparait ceux que l'ennemi avait entamés, créèrent autour de lui une telle foi en sa capacité qu'elle se convertit en enthousiasme. Les Hindous de Pondichéry s'associèrent à ses efforts et devinrent d'utiles auxiliaires. Sa femme, la Johanna Begum, le seconda d'une manière admirable. Elle le mettait au courant de toutes les démarches des ennemis par les nombreux agents indigènes qu'elle entretenait jusque dans leur camp, elle bravait tous les dangers à ses côtés, et soutenait par ses propos officiers et soldats. Ces généreux efforts furent couronnés de succès. Boscawen dut reconnaître, après quarante-deux jours de tranchée ouverte, qu'il avait perdu ses meilleurs officiers et beaucoup de soldats, et que le feu de la place était toujours supérieur au sien. Comme les pluies de l'automne apportaient la maladie dans son camp, et que la mousson approchait avec son terrible cortège d'ouragans, il se résigna à lever le siège (16 octobre 1748).

L'effet moral de cette victoire fut immense, surtout chez les Asiatiques. Lorsque Dupleix leur annonça son triomphe en termes pompeux, qu'on lui reprocha plus tard, très à tort, puisqu'ils étaient destinés à frapper l'imagination des indigènes, on lui répondit de tous côtés par des félicitations. Les nababs et le Grand Mogol lui-même le complimentèrent. L'ascendant de Dupleix l'emportait. Il pouvait dès lors travailler, avec autant de génie que de persévérance, à conquérir un territoire qui le garantirait contre les chances d'une guerre maritime. Certes, s'il avait eu à sa disposition des forces suffisantes, le dernier des Anglais aurait alors été expulsé de l'Hindoustan.

D'eux-mêmes, après leur honteuse retraite, ils s'étaient enfermés au fort Saint-David et laissaient le champ libre à leur heureux rival. Le gouvernement français vint encore à leur aide en signant, sans avoir consulté Dupleix, la paix malencontreuse d'Aix-la-Chapelle. Louis XV ayant déclaré qu'il voulait faire la paix en roi et non en marchand, les plénipotentiaires admirent, pour l'Hindoustan, le *statu quo ante bellum* : condition qui entraînait pour Dupleix l'abandon de ce Madras, qu'il avait tant convoité et défendu avec tant d'obstination. Ce fut pour lui un amer désappointement, d'autant plus qu'il dut rendre cette ville améliorée de toutes façons et munie de solides défenses; mais son génie était trop souple pour ne pas résister à ce terrible mécompte. Sous le voile transparent de secours à porter à ses alliés hindous, il allait recommencer la guerre contre ses éternels ennemis, et déployer, dans cette nouvelle période de la lutte, une énergie extraordinaire et une variété infinie de ressources.

Dupleix poursuivait un double but : expulsion des Anglais et domination de la France. La paix l'empêchait d'attaquer les Anglais en face, mais il pouvait les combattre indirectement, en assurant la prépondérance à nos alliés sur les leurs et en rompant l'équilibre entre eux et nous par l'accroissement de notre influence et de notre territoire. Pour obtenir ce résultat, il fallait avant tout s'assurer des ressources financières; or Dupleix espérait qu'il le pourrait en restreignant les possessions territoriales à de simples domaines seigneuriaux, d'étendue médiocre, mais fertiles et susceptibles de rendre beaucoup sans entraîner les lourdes charges propres aux grandes colonies. Ce premier point obtenu, il comptait s'immiscer dans les querelles des princes hindous, en les réduisant à une sorte de vasselage. Enfin, comme il avait besoin d'une force armée, et que les renforts venus d'Europe étaient toujours insuffisants ou détestables, il imagina de lever des troupes indigènes, qui seraient armées et exercées à l'européenne, mais commandées exclusivement par des officiers européens. Territoires peu étendus mais susceptibles de parer aux dépenses courantes, suzeraineté de la France imposée aux princes indigènes, création de troupes hindoues exercées à l'européenne, tel fut le triple plan de Dupleix. Il se réservait en outre la haute direction des événements. Il allait, pendant les six dernières années de son séjour dans la péninsule, se conformer à cette politique à la fois audacieuse et prudente, pleine de ménagements et de coups de force, et, grâce à elle, remporter de prodigieux succès.

De 1749 à 1754, par son habileté et sa persévérance, Dupleix réussit à imposer la domination française, directement ou indirectement, à un grand tiers de l'Hindoustan quant à l'étendue, et à beaucoup plus du tiers quant à la population et à la richesse. Le Grand Mogol allait tomber sous notre dépendance, et l'Asie était à nous ! Si nous avions eu à Versailles Louis XIV ou

Colbert, ce magnifique empire nous appartiendrait encore ! mais les succès de Dupleix ne causaient aux gouvernants d'alors qu'inquiétude et embarras. Au lieu de le seconder, ils entravaient son action. Ils finirent même par le rappeler, comme hasardant la paix du monde !

Les limites de notre sujet nous défendent de suivre Dupleix dans ses négociations et ses campagnes. Aussi bien nous nous réservons de traiter un jour plus longuement, et ailleurs, ce magnifique sujet. Qu'il nous soit du moins permis, pour donner une idée de son audacieuse activité, de détacher deux épisodes qui nous feront pénétrer dans les secrets de sa politique franco-indienne. Il s'agit de la nomination de Mozuffer-Yung comme soubadhar du Dekkan, et de la campagne de Bussy contre les Mahrattes.

II

A la mort de Nizam el Molouck, soubadhar du Dekkan, son fils, Nasir-Yung, et son petit-fils, Mozuffer-Yung, se disputèrent sa succession. Les Anglais se déclarèrent en faveur du premier, et Dupleix se prononça pour le second. Nasir-Yung l'emporta tout d'abord ; il fit prisonnier son compétiteur et jura qu'il se vengerait des Français en les chassant de la péninsule. Par bonheur, Dupleix avait depuis quelque temps auprès de lui un officier de grand mérite, le marquis de Bussy, auquel il avait accordé sa confiance et qu'il traitait comme un fils. Bussy allait devenir son bras droit dans cette prodigieuse campagne, qui ressemble à un roman de cape et d'épée. Persuadé qu'il fallait frapper un grand coup pour ébranler le moral des Hindous, et comprenant qu'il ne pouvait lutter en rase campagne contre Nasir-Yung, Dupleix confia à Bussy la mission périlleuse de s'emparer par surprise, à la tête de quelques centaines d'hommes, de la formidable citadelle de Gingi. Bâtie entre trois montagnes couronnées de batteries, cette ville commandait le haut de la rivière du même nom, à l'embouchure de laquelle est située Pondichéry. Bussy fait sauter les portes de la ville, soutient jusqu'au soir dans les rues une lutte désespérée, et, à la faveur de la nuit, escalade les rochers surmontés de leurs canons. Quand, au lendemain, il examina sa conquête, il fut lui-même étonné de son succès (septembre 1750).

A cette nouvelle, Nasir-Yung marcha contre les Français. Arrêté par la saison des pluies, il négocia au lieu de combattre. Dupleix ne repoussait jamais, par principe, de semblables propositions; mais, pendant qu'il traitait, il organisait en secret un complot contre le soubadhar, et engageait ses principaux officiers à l'abandonner. Averti par les conspirateurs, le commandant de Gingi, La Touche, feignit d'ignorer les négociations entamées, et, dans la nuit du 15 décembre 1750, attaqua le camp hindou. Il n'avait sous ses ordres que 800 Français, 3000 cipayes et 10 canons. Nasir-Yung commandait à 100,000 fantassins, 40,000 cavaliers, 700 éléphants et 350 canons. C'était une héroïque folie, puisqu'on allait combattre dans la proportion de un contre quarante. Nos Français rencontrèrent plus de résistance qu'ils ne s'y attendaient de la part des Asiatiques. Ils réussirent à enfoncer la réserve commandée par Nasir-Yung. Une seconde bataille allait s'engager. Tout à coup, un drapeau blanc apparaît au-dessus d'un éléphant. C'était le signal convenu. Les Français font halte, et bientôt une rumeur immense leur apprend qu'une catastrophe vient de s'accomplir. Nasir-Yung avait insulté un des chefs conjurés, et celui-ci, d'un coup de carabine, l'avait jeté à bas de son éléphant. Sa tête était aussitôt coupée et promenée au haut d'une pique, au milieu d'assourdissants vivats pour Mozuffer-Yung. Ce fut comme un changement à vue magique. Une poignée d'Européens se trouvaient, en un clin d'œil, maîtres absolus du Carnatic et suzerains de tout l'Hindoustan jusqu'à la Nerbuddah. La grandeur des résultats dépassait toute prévision.

Le nouveau soubadhar, pour mieux constater la suprématie française, courut à Pondichéry. Il y fut traité avec les règles les plus minutieuses du cérémonial. Emu jusqu'aux larmes, le prince hindou témoigna publiquement sa reconnaissance envers un protecteur dont les désirs, disait-il, deviendraient sa loi. Sous une tente splendide, dressée sur la place publique de Pondichéry et décorée avec un luxe oriental, Mozuffer-Yung fut solennellement investi de la dignité de soubadhar, en présence d'une nombreuse assemblée de rajahs et de nababs. Plus que jamais convaincu de la nécessité de présenter aux Hindous ses pouvoirs comme légitimes, Dupleix, en qualité de nabab reconnu par le Grand Mogol, s'avança le premier, et présenta l'offrande accoutumée de vingt et une pièces d'or. Mozuffer-Yung courut à sa rencontre, et, le serrant dans ses bras, le fit asseoir à ses côtés; puis, quand eut défilé le long cortège des princes et des fonctionnaires admis à présenter leurs hommages et leurs présents, le nouveau soubadhar, au nom du Grand Mogol, proclama Dupleix nabab de toutes les provinces depuis le sud de la Kistnah jusqu'au cap Comorin, ce qui comprenait, avec le sud du Dekkan, un pays plus grand que la France. Les espérances les plus hardies devenaient une réalité. L'Hindoustan reconnaissait la supériorité européenne et s'inclinait devant la France.

Dupleix était trop habile pour exciter les soupçons et la jalousie. Pourvu qu'il l'exerçât, il tenait peu aux apparences du pouvoir. Son premier acte, comme nabab du Carnatic, fut de déléguer à un vieil ami de la France, Chunda-Sahib, les privilèges et les émoluments de sa dignité. Cet acte de désintéressement, bien que politique, produisit une vive impression et contribua, plus encore peut-être que les victoires de la France, à établir notre prépondérance. Les princes hindous, charmés de voir que Dupleix, au faîte de la puissance, se souvenait de ses amis et les récompensait de leur fidélité, se promirent de conserver cette précieuse alliance. Quand il sortit de la tente, Dupleix était le supérieur et le vrai maître du souverain auquel obéissait l'Hindoustan méridional.

Dans ce drame gigantesque, les péripéties se succèdent avec une étourdissante rapidité. Après les négociations, les combats. Un certain Ghazdiouzin avait arraché au simulacre d'empereur qui portait, à Delhi, le titre de Grand Mogol, une nomination de soubadhar du Dekkan. Il prétendait traiter en usurpateur notre protégé, Mozuffer-Yung, et, soutenu par les Mahrattes, lui avait enlevé la vieille capitale du Dekkan, Aureng-Abad, et le menaçait dans la possession de ses provinces méridionales. Dupleix, qui avait reconnu dans Bussy le seul homme capable de le comprendre et de le seconder, lui confia la tâche redoutable et la glorieuse mission de faire dans le centre de la péninsule ce qu'il faisait lui-même dans le midi. Il ne lui donna que 300 Français, 2000 cipayes et 10 canons. Bien qu'il dût, avec cette poignée d'hommes, s'enfoncer dans un pays à peine exploré, sans moyens assurés de communication, et sans autre allié qu'un prétendant dénué lui-même de toute protection efficace, Bussy accepta avec joie et entra tout de suite en campagne. A peine l'expédition avait-elle fait une soixantaine de lieues, qu'elle faillit échouer. Mozuffer-Yung, attaqué par des conspirateurs, périt en essayant de se défendre; avant que ses assassins aient eu le temps de se concerter, Bussy l'avait vengé et remplacé par un de ses oncles, Salabat-Yung. Un Français, qui n'avait sous ses ordres que trois cents de ses compatriotes, nommait ainsi le souverain de près de cinquante millions d'indigènes, et nul d'entre eux ne protestait ! Salabat-Yung arriva à Aureng-Abad et marqua sa reconnaissance à Bussy par d'éclatants témoignages. Fidèle aux instructions de Dupleix, ce dernier refusa pensions ou cessions de territoire. Il se contenta du rôle de protecteur. Ne paraître rien dans l'État et y être tout, n'avoir que le titre de commandant du contingent français, mais diriger en secret toutes les relations extérieures du gouvernement, telle fut sa politique. Il réussit si bien et si promptement à établir cette influence occulte, que Salabat-Yung se montra disposé à tous les sacrifices pour le retenir, lui et ses soldats, dans sa capitale.

Bussy ne trouva que trop tôt l'occasion de prouver à son protégé que son alliance était indispensable. Les Mahrattes redevenaient menaçants. De trois côtés à la fois, ils marchaient sur Aureng-Abad. Bussy résolut de les prévenir et envahit leur territoire, en annonçant partout son intention de ne signer la paix que dans leur capitale, à Pounah. Or, depuis plusieurs mois, il n'avait reçu aucun renfort, et les Mahrattes étaient, dans l'Hindoustan, la seule force militaire capable de résister aux Européens. C'était donc beaucoup risquer que de s'engager dans une pareille aventure. Par bonheur, les Hindous, ses alliés, avaient confiance en lui. Salabat-Yung lui-même avait secoué sa torpeur et pris le commandement nominal de l'armée. Les cavaliers mahrattes ne soutinrent pas les feux bien dirigés de notre artillerie. A trois reprises, ils essayèrent de lutter, mais ils furent toujours repoussés avec des pertes énormes, et durent laisser libre le chemin de la capitale. La plus terrible de ces trois défaites fut celle de Radjapore. Bussy profita d'une éclipse de lune qui absorbait l'attention des ennemis pour les attaquer à l'improviste. La surprise fut complète, et le général mahratte ne dut son salut qu'à la fuite.

Salabat-Yung voulait profiter de ces succès inespérés pour briser à tout jamais la puissance militaire des Mahrattes. Bussy, qui appréciait leur bravoure et craignait de les réduire au désespoir, fit comprendre au soubadhar que mieux valait ne pas les pousser à bout. Un traité fut donc signé. Salabat-Yung, maître incontesté du Dekkan, témoigna sa reconnaissance à Bussy en conférant à la Compagnie, comme fiefs militaires et pour garantie de la solde du corps auxiliaire qui fut beaucoup augmenté, l'investiture des cinq provinces ou circars de Condamir, Mustaphanagar, Ellora, Radja-Mundri et Tchicacoli. Par ce traité, les Français acquéraient sur la côte d'Orissa un véritable royaume, dont Mazulipatam devenait la capitale. Ce territoire, qui reçut le nom de circars du Nord, offrait une superficie de 17,000 milles géographiques et produisait un revenu annuel de dix à douze millions de francs. Ses forêts abondaient en bois de teck; une partie de la région était renommée pour ses manufactures d'étoffes et l'autre pour la culture du riz. A l'est, la mer le couvrait; à l'ouest, il était protégé par une chaîne de montagnes qui courait presque parallèlement à la côte et qui était couverte de forêts impénétrables, dans lesquelles n'existaient que trois ou quatre passages. Les Portugais, même au temps de leur plus grande prospérité, n'avaient jamais possédé de territoires plus étendus ou plus riches. Comme le Grand Mogol confirma cette cession, comme de plus nos compatriotes avaient battu les Mahrattes, et que le soubadhar du Dekkan était à leur dévotion, ils se trouvaient par le fait les maîtres incontestés de toute la péninsule hindoue.

Certes Bussy fut le principal auteur de ces succès, et nous ne voudrions pas atténuer son mérite, mais Dupleix ne cessa pas un instant de le conseiller. S'il fut le bras qui exécutait, Dupleix fut la tête qui pensait et surtout le cœur qui soutenait. Sans doute, il ne fut pas toujours également heureux dans ses opérations; mais, de près ou de loin, son influence grandissait tous les jours. Bien que quelques princes hindous n'acceptassent pas encore son hégémonie, bien que les Anglais luttassent avec énergie pour conserver leurs dernières possessions, l'élan était donné, et la conquête du pays entier semblait ne plus être qu'une question de temps. C'est à ce moment précis que Dupleix fut rappelé en France, victime de son propre génie, et plus encore de la décadence et de la démoralisation de son pays.

III

Pendant que Dupleix conquérait ainsi le tiers de l'Hindoustan et fondait pour des siècles, s'il eût été soutenu, la prépondérance française dans ces parages, que se passait-il en Europe? La Compagnie des Indes, le gouvernement, l'opinion publique elle-même, tout à la fois se déclarait contre Dupleix. On a peine à comprendre un pareil aveuglement. En voici peut-être les raisons : la Compagnie des Indes n'avait jamais goûté que médiocrement les projets grandioses de Dupleix. Grisés par le succès, les directeurs avaient, il est vrai, consenti à laisser le champ libre à leur hardi représentant, mais à condition de ne pas compromettre leurs dividendes : aussi n'avaient-ils envoyé à Dupleix que des instructions vagues et sans précision. Tant qu'il y eut au Conseil des hommes tels que Dumas, qui savaient rendre justice à la politique du gouverneur général, Dupleix put aller de l'avant; mais Dumas mourut, et la Compagnie tomba entre les mains de timides spéculateurs ou d'ennemis personnels de Dupleix. Nous citerons parmi ces derniers un triste personnage, Godeheu, qui machinait depuis quelques années tout un plan de trahison contre son ancien bienfaiteur. On peut constater par son propre aveu, dans son journal manuscrit conservé à la Bibliothèque nationale, les trésors de haine qu'il avait accumulés dans l'ombre contre lui. Si du moins le gouvernement avait eu le bon sens de se jeter à la traverse et de soutenir le héros qui augmentait si démesurément la puissance coloniale de la France! Mais Louis XV régnait alors et songeait peu à l'Hindoustan français. Quant à ses ministres, ils redoutaient toute complication extérieure qui troublerait le repos du maître. Ils ne voulaient à aucun prix de guerre avec l'Angleterre et étaient presque mécontents des victoires inouïes et des conquêtes surprenantes de Dupleix. Sans doute, ils n'osaient pas se prononcer ouvertement contre un homme dont les exploits rejaillissaient sur la France entière ; mais ils ne venaient pas à son aide et opposaient de pitoyables prétextes à ses réclamations patriotiques. Que dire enfin de l'opinion publique ? La fatale coïncidence du procès de La Bourdonnais tournait en partie les esprits contre Dupleix. L'ex-gouverneur de l'île de France avait réussi à se poser en victime pourchassée par un rival vindicatif, et les Parisiens, avec leur légèreté ordinaire, s'étaient prononcés en sa faveur. Aussi bien on peut juger, jusqu'à un certain point, de l'état des esprits par Voltaire, qui, dans son *Siècle de Louis XIV*, n'épouse pas, il est vrai, les préjugés courants, et rend justice à Dupleix, mais ne comprend pas ses conceptions grandioses. Dupleix avait donc à la fois contre lui les médiocrités jalouses de la Compagnie, les lâchetés officielles du gouvernement et les injustices de l'opinion publique. Il ne pouvait que succomber à cette triple coalition.

Les directeurs commencèrent par lui envoyer des remontrances dont il ne tint pas grand compte. Engagé dans de grandes aventures, il lui était difficile de traiter suivant toutes les règles de la hiérarchie administrative ces instructions, dictées moins par la prudence que par d'âpres et mercantiles convoitises. Peut-être eut-il le tort de ne pas assez dissimuler son dédain. Son excuse est dans sa situation exceptionnelle et dans le sentiment qu'il avait de sa supériorité. La Compagnie affecta une grande colère en apprenant que Dupleix n'avait pas exécuté ses instructions à la lettre, et résolut de le punir de son insoumission en l'arrachant au théâtre de ses exploits. Sur ces entrefaites, on apprit en France que le gouvernement anglais menaçait d'une rupture, si l'on n'arrêtait pas les progrès de Dupleix. Certes, une pareille menace aurait dû éclairer les moins clairvoyants des ministres et leur démontrer la nécessité de soutenir un homme jugé si dangereux par nos ennemis. La politique contraire prévalut. Louis XV voulait la paix à tout prix, et ses ministres ne rougirent pas de sacrifier à ce honteux égoïsme le grand citoyen qui fondait alors une France orientale. Ils firent savoir à la Compagnie des Indes qu'elle ferait bien de rappeler Dupleix. Les directeurs essayèrent alors de lui insinuer de demander son rappel. Dupleix refusa, à moins qu'on ne le remplaçât par Bussy, le seul homme capable de reprendre et d'achever son œuvre. Au lieu de Bussy, on lui donna pour successeur ce Godeheu, qu'il avait jadis comblé de ses bienfaits et qui ne l'en haïssait que davantage. Il était impossible de faire un pire choix !

Tourmentés par la crainte de voir Dupleix entrer en révolte ouverte contre une décision dont ils ne pouvaient se dissimuler l'iniquité, les directeurs avaient engagé Godeheu à cacher d'abord ses pouvoirs; mais ce triste personnage, à peine débarqué à Pondichéry, signifia brutalement à Dupleix son rappel et lui intima l'ordre de partir sans délai pour la France avec sa famille. Le coup était rude. Dupleix le reçut sans faiblir. Il poussa la générosité jusqu'à essayer d'éveiller quelques nobles sentiments dans le cœur de son indigne successeur. Il le supplia, au nom de la France, de continuer son œuvre. Ce dernier non seulement répondit à cet acte patriotique par des grossièretés voulues et répétées, mais encore, le 11 octobre 1754, il signa avec le gouverneur des possessions anglaises, Saunders, le plus ignominieux des traités. Les deux Compagnies s'interdisaient à jamais d'intervenir dans la politique intérieure de l'Hindoustan et renonçaient à toute possession territoriale autre que celles qui existaient avant la guerre du Carnatic. « On conviendra, écrit l'Anglais Mill, que peu de nations ont jamais fait à l'amour de la paix des sacrifices d'une importance relativement plus considérable. » — « Un semblable traité, écrit un autre Anglais, Malleson, était honteux au dernier degré. Godeheu sacrifia, avec connaissance de cause, les fondements d'un empire franco-indien à son craintif désir de la paix, excité par le misérable et indigne besoin de défaire tout ce qu'avait fait son prédécesseur. » Ainsi pensent nos ennemis, qui profitèrent de ce désastre national! N'avons-nous donc pas le droit d'écrire, nous autres Français, que jamais nation ne fut à ce point trahie par son gouvernement?

Le plus honteux fut le traitement qu'on fit subir à Dupleix. Lui et l'héroïque compagne de sa vie furent d'abord assez bien accueillis. A tous les relais de poste entre Lorient et Paris, la population s'attroupait avec des marques de respect et d'admiration. Elle semblait protester contre le rappel du héros de l'Hindoustan. Cet engouement dura peu. Bientôt Dupleix comprit qu'il se heurterait à un mauvais vouloir absolu. Il avait à diverses reprises avancé à la Compagnie, pour dépenses urgentes, une partie considérable de sa fortune. Comme ses comptes étaient en règle, il voulut, avant de quitter Pondichéry, que Godeheu lui fît une reconnaissance générale de ses créances. Ce dernier refusa. Dupleix demanda alors qu'une commission locale examinât la justesse de ses comptes. Godeheu refusa encore. A peine arrivé en France, bien persuadé qu'il n'était que la victime momentanée d'une intrigue, et sûr d'obtenir justice, Dupleix présenta de nouveau ses réclamations. La Compagnie refusa d'admettre ces créances, sous prétexte qu'elles n'avaient pas été au préalable vérifiées par le conseil de Pondichéry. Or cette omission était uniquement due au refus formel de Godeheu. Dupleix se trouvait donc frustré de sa fortune, et avec la complicité du gouvernement, car un ordre du roi, c'est-à-dire un impudent déni de justice, arrêta le procès qu'il intentait à la compagnie. Ce héros, ce conquérant qui avait commandé à des peuples et manié des millions, fut réduit à user ses dernières années à réclamer en vain ce qu'on lui devait. Pour éviter la prison, il lui fallut réclamer des arrêts de surséance contre ses propres créanciers. Trois mois avant sa mort, il écrivait ces lignes touchantes : « J'ai sacrifié ma jeunesse, ma fortune, ma vie pour enrichir ma nation en Asie. D'infortunés amis, de trop faibles parents consacrèrent leurs biens au succès de mes projets. Ils sont maintenant dans la misère et le besoin! Je me suis soumis à toutes les formes judiciaires ; j'ai demandé, comme le dernier des créanciers, ce qui m'est dû. Mes services sont traités de fable! Ma demande est dénoncée comme ridicule! Je suis traité comme l'être le plus vil du genre humain. Je suis dans la plus déplorable indigence. La petite propriété qui me restait vient d'être saisie. Je suis contraint de demander une sentence de délai pour éviter d'être traîné en prison. » Telles étaient les plaintes d'un homme qui avait tant fait pour la France! Le fondateur d'un empire était traité en aventurier.

Le 10 novembre 1764, à peine Dupleix avait-il rendu le dernier soupir, que son humble demeure était envahie par d'inexorables créanciers. Comme il faut aller jusqu'au bout dans cette lamentable histoire, nous constaterons avec regret qu'aucun des gouvernements qui se sont succédé en France n'a encore fait droit aux réclamations de Dupleix. Son dernier placet tomba par hasard entre les mains d'un professeur de philosophie au lycée Louis-le-Grand, qui le fit encadrer et le suspendit dans sa classe comme la meilleure des leçons sur la vanité des richesses et l'ingratitude humaine. Le nom de Dupleix n'existe même plus. Son dernier héritier est mort en 1866, presque indigent !

Les Anglais ont depuis longtemps rendu justice à Dupleix. Ils se sont déclarés ses successeurs ou plutôt ses continuateurs. Ils ont placé son buste à Calcutta, parmi ceux des hommes qui ont illustré l'Inde moderne. Dans leurs ouvrages, ils ont mis en relief cette noble figure; et cela pendant que Dupleix attend encore un monument dans cette patrie, qu'il avait dotée d'un monde. Au moins l'histoire a-t-elle protesté contre cette inexplicable méconnaissance des droits les plus légitimes en le proclamant un de nos plus grands citoyens. Son unique tort fut de rester aveugle aux défaillances et à la démoralisation de la France d'alors. Il vécut trop tard ou trop tôt. Sous Louis XIV, à une époque d'organisation sérieuse, ou en 1792, à une heure de grave danger et de suprême dévouement, quels services n'aurait-il pas rendus !

Aussi bien, après Dupleix, l'histoire de l'Inde française n'est plus qu'une triste énumération de fautes et de catastrophes. Godeheu avait été la cause de la décadence politique. Son successeur, Lally-Tollendal, allait précipiter la décadence militaire.

IV. — Lally-Tollendal.

Lally-Tollendal passe pour être le principal auteur de la ruine de la domination française en Hindoustan. Il a commis, en effet, de lourdes fautes ; mais l'opinion publique s'est peut-être acharnée à tort contre lui. D'ailleurs sa fin dramatique rachète ses erreurs. Il ne sera pas sans intérêt d'instruire de nouveau ce grand procès qui passionna nos ancêtres il y a près d'un siècle, et de résumer les débats en racontant rapidement la vie si remplie et si agitée de l'infortuné gouverneur de Pondichéry.

I

Le comte de Lally-Tollendal naquit à Romans, dans le Dauphiné, en janvier 1702. Sa famille était une des plus nobles d'Irlande; ses ancêtres portèrent même, jusqu'en 1541, le titre *chieftain*, c'est-à-dire chef de tribu. Ils émigrèrent de France à la suite des Stuarts et commandèrent, pour ainsi dire à titre héréditaire, les bandes irlandaises qui s'étaient associées à leur fortune. Le jeune Lally reçut une éducation essentiellement militaire. Pendant ses vacances, il rejoignait son père à l'armée et s'associait à ses dangers. Dès l'âge de huit ans, il assistait à ses côtés au siège de Girone, et à douze ans montait, comme capitaine, sa première garde de tranchée devant Barcelone. Lors de la guerre de Succession de Pologne, il se distingua au siège de Kehl et à celui de Philipsbourg, où il fut assez heureux pour sauver la vie à son père. Quand la guerre fut terminée, il imagina de reprendre à son compte un des projets favoris du cardinal Alberoni, et de tenter le rétablissement des Stuarts en intéressant à leur cause les cours du Nord. Le cardinal Fleury, qui dirigeait alors la politique extérieure de la France, fut mis au courant de ses projets et le chargea, pour la czarine Elisabeth, d'une mission secrète, dont Lally s'acquitta avec honneur. Seulement, comme les instructions du cardinal manquaient de précision et que la situation du négociateur, en se prolongeant, risquait de devenir fausse, Lally revint en France et, tout furieux de son insuccès, écrivit à Fleury que, grâce à lui, il était entré en Russie comme un lion et se regardait heureux d'en être sorti comme un renard. Activité un peu brouillonne et franchise brutale, ce sont deux traits de caractère que nous constatons déjà et qui vaudront plus tard à Lally de cruels mécomptes.

En 1741, la guerre éclata de nouveau : c'est la guerre de Succession d'Autriche. A Fontenoy, Lally contribua puissamment au gain de la bataille en dispersant à la baïonnette, avec sa brigade irlandaise, la terrible colonne anglaise qu'avaient ébranlée les canons de Richelieu. Louis XV le nomma brigadier sur le champ de bataille. Le nouveau général, toujours fidèle aux traditions de sa famille, partit après Fontenoy pour l'Écosse, dans l'espoir de rétablir sur le trône Charles-Édouard Stuart, et servit d'aide de camp à ce prince à la bataille de Falkirk. Sa tête fut mise à prix, mais il parvint à s'échapper, déguisé en matelot, et rentra dans les rangs de notre armée. Au siège de Berg-op-Zoom, il fut presque englouti par l'explosion d'une mine, et reçut une nouvelle blessure à celui de Maestricht. Louis XV, en le nommant maréchal de camp, récompensa ses brillants services.

Sa réputation était fondée. On le regardait comme celui des généraux de Louis XV qui donnait les plus belles espérances. On le consultait dans toutes les circonstances sérieuses, et le ministre de la guerre lui témoignait la plus entière confiance. C'est ainsi qu'en 1755, lorsque les Anglais capturèrent en pleine paix deux cent cinquante de nos navires et se jetèrent à l'improviste sur nos colonies, Lally se prononça pour une vigoureuse offensive. « Il y a trois partis à prendre, disait-il : reconduire Charles-Édouard Stuart en Angleterre, chasser les Anglais du Canada, les expulser de l'Hindoustan ; mais il faut penser vite et agir plus vite encore. » On n'exécuta pas ce sage conseil. On crut à Versailles pouvoir désarmer l'Angleterre à force de concessions, et ce fut seulement l'année suivante que le cabinet de Versailles, poussé à bout, se détermina à suivre les avis de Lally.

Comme de juste, on pensa tout de suite à lui pour le charger d'une de ces trois missions, et on lui confia la plus difficile. Nommé lieutenant général, grand-croix de Saint-Louis, commissaire du roi, syndic de la Compagnie des Indes et commandant général de tous les établissements français dans l'Inde orientale, Lally devait partir avec plusieurs milliers de soldats, et ses instructions lui prescrivaient de ruiner les établissements anglais, ce qui, du reste, lui convenait de tous points ; car il détestait les Anglais et comme émigré, et comme proscrit, et comme Irlandais, et poursuivait en eux, non pas seulement les ennemis de sa patrie d'adoption, mais encore ceux de sa race, de sa religion, de sa famille et de ses intérêts. « Toute ma politique est dans quatre mots, écrivait plus tard Lally : plus d'Anglais dans l'Hindoustan ! » Par malheur, cet ennemi des Anglais ne voyait dans l'Hindoustan que des Anglais à expulser, et il n'avait pas la moindre expérience de la politique indienne. Ce qui naguère avait fait la force de Dupleix, c'est qu'il avait rencontré, dans la guerre qu'il soutenait contre l'Angleterre, des auxiliaires dévoués et reconnaissants dans la personne des princes indiens, dont il avait constamment épousé les intérêts et ménagé les susceptibilités. Lally, au contraire, les dédaignait. Il affecta même à leur égard une indifférence presque de commande. Son système ressemblait à celui de La Bourdonnais, empiré par l'ignorance et l'entêtement : s'attacher exclusivement à détruire les établissements anglais, mépriser toute diplomatie et toute alliance indigène. Cette politique maladroite entraînera bientôt de funestes conséquences. Aussi bien le comte d'Argenson, un des ministres de Louis XV, s'était fortement opposé au choix de Lally comme gouverneur de l'Hindoustan, non pas qu'il doutât de sa capacité, car il était au contraire son ami, mais il craignait les emportements d'un caractère trop rigide et trop entier pour des questions aussi compliquées que les questions orientales. Il aurait préféré qu'on appelât Lally sur d'autres champs de bataille : que ne l'a-t-on écouté! on aurait de la sorte évité bien des malheurs!

Dans le principe, l'expédition devait se composer de trois mille hommes et de trois vaisseaux de guerre; comme on apprit que les Anglais envoyaient au Canada d'imposants renforts, il fallut distraire une partie de ses forces, et ce fut seulement le 2 mai 1757 que la petite escadre, singulièrement réduite, put quitter le port de Brest. Le commandant de l'escadre se nommait Aché. Il était mou, faible, sans talent. Le principal lieutenant de Lally, le chevalier de Soupire, était également indolent et incapable. L'un et l'autre étaient fort mal choisis pour seconder Lally. Nous n'en dirons pas autant des officiers inférieurs. On comptait parmi eux quelques-uns des plus grands noms de France : Estaing, Crillon, Conflans, Montmorency, Lafare, Breteuil et nombre d'autres du plus haut mérite, tous pleins d'ardeur et ne cherchant qu'à renouveler en Asie les exploits de leurs ancêtres. Par malheur, les soldats qu'ils commandaient étaient, comme toujours, le rebut de la nation : repris de justice, échappés de bagne, fort heureux d'éviter les châtiments qui les attendaient en France, et par cela même indisciplinés et pillards, propres à tous les crimes et à toutes les trahisons. Telle était la composition du corps expéditionnaire : un commandant en chef intelligent et animé de bonnes intentions, mais ignorant et obstiné ; des lieutenants incapables, de bons officiers et de déplorables soldats.

Grâce aux lenteurs et aux indécisions de l'amiral, l'escadre resta plus d'un an en route. Partie de Brest le 2 mai 1757, elle arrivait en rade de Pondichéry seulement le 28 avril 1758. Suivant l'expression fort juste d'un auteur anglais, il faudrait étudier cette tactique « pour la bien éviter ». Un incident fâcheux signala le débarquement de Lally et fut regardé par beaucoup de personnes et surtout par les marins comme un présage fatal. Parmi les pièces de la place qui saluèrent le commandant en chef, quelques-unes étaient chargées à boulet et allèrent frapper et endommager le *Comte de Provence*, que montait Lally. N'était-ce pas comme l'annonce des déceptions et de l'hostilité qu'il allait rencontrer sur la terre indienne ?

II

A peine débarqué, Lally voulut se renseigner sur la situation politique. On ne lui fournit que des indications vagues et sans précision. Le seul homme capable de l'éclairer, le marquis de Bussy, était alors dans le Dekkan, fort occupé à soutenir son protégé, Salabat-Yung, contre les Anglais et les Mahrattes. D'ailleurs, eût-il été à Pondichéry, que ses conseils n'auraient sans doute pas été goûtés. Lally arrivait, en effet, avec un parti pris à l'avance : les directeurs de la Compagnie, avant son départ de Brest, l'avaient engagé à se défier des anciens officiers de Dupleix ; ils les lui avaient même dépeints sous les couleurs les plus désavantageuses, et Bussy n'était pas excepté. Aussi Lally, avec son honnêteté native, était-il persuadé que tous les agents ou fonctionnaires qu'il rencontrerait n'étaient que des voleurs. On lui avait encore fait croire que les traités conclus avec les princes indigènes devaient être examinés et revus avec soin, parce qu'ils constituaient une source de profits usuraires pour les employés de la Compagnie. Lally s'imaginait donc très sincèrement que tous les Français établis dans l'Hindoustan étaient de vulgaires escrocs ; et, de parti pris, il négligea les sages avis que lui donnaient des hommes habitués au maniement des affaires indiennes et qui n'étaient certes pas plus immoraux que ceux que Lally ramenait avec lui d'Europe. Il s'exposait ainsi à de terribles mécomptes.

La situation politique méritait pourtant un examen attentif. Des trois points de l'Hindoustan sur lesquels s'étendait l'influence française, Bengale, Dekkan et côte du Coromandel, l'un d'entre eux, le Bengale, venait de nous échapper; dans le Dekkan, Bussy luttait péniblement, et sur la côte du Coromandel nous étions directement menacés par une flotte anglaise. Au Bengale, guidés par le fameux Clive, les Anglais remportaient succès sur succès. Ils avaient battu nos alliés les Mogols, réduit au vasselage le gouverneur de la province, et avaient confirmé leur triomphe par la prise de Chandernagor, la capitale de nos établissements dans cette partie de l'Hindoustan (14 mars 1757). Au moins le Dekkan et le Coromandel nous restaient-ils, et rien encore n'était perdu. Mais les fautes commises firent bientôt pencher la balance du côté des Anglais. La politique de Lally semblait donc tracée à l'avance : 1° rétablir l'influence française au Bengale; 2° maintenir à tout prix Bussy dans le Dekkan; 3° conserver la côte du Coromandel, et reprendre peu à peu et les places perdues et la position compromise. Mais Lally ne se doutait seulement pas de la gravité des événements; il pensait pouvoir reprendre Chandernagor au premier jour et expulser par conséquent les Anglais du Bengale.

Il se comporta d'abord avec une rare vigueur. Il agit à la fois par terre et par mer. Pendant que l'amiral Aché se portait à la rencontre de la flotte anglaise, il marchait en personne contre la forteresse de Cuddalore, qu'il prenait en passant, puis contre Saint-David, cette redoutable citadelle qui avait résisté à tous les efforts de Dupleix. Depuis longtemps, le siège de cette place était résolu; mais les agents de la Compagnie, depuis le rappel de Dupleix, avaient si peu de zèle et d'entrain, que non seulement ils n'avaient pas étudié le terrain pour reconnaître les routes les plus directes de Pondichéry à Saint-David, mais encore n'avaient songé ni aux approvisionnements ni aux charrois. Lally, furieux et indigné de cette incroyable apathie, crut voir au fond de tout cela un insigne mauvais vouloir et peut-être de la trahison. Comme il ne connaissait pas l'Hindoustan et ne se doutait seulement pas de la distinction des castes, faute de chevaux et de bœufs, il réquisitionna les Hindous et fit atteler pêle-mêle à ses chariots et à ses canons Kchatryas et Soudras, brahmanes et parias, c'est-à-dire qu'il foulait aux pieds les mœurs et les préjugés d'une race vindicative. Ce fut bien pis quand il bouleversa une pagode célèbre pour y chercher des trésors imaginaires. Quelques-uns des brahmanes étaient revenus errer autour de leur sanctuaire profané; il les prit pour des espions anglais et les fit attacher à la bouche des canons. Saisis d'horreur, les Hindous s'enfuirent dorénavant devant nos compatriotes, c'est-à-dire que, dès le début, Lally avait mis contre lui ses seuls alliés possibles.

Au moins réussit-il à s'emparer de Saint-David. Ce beau succès compensait la perte de Chandernagor. Il fallait en profiter pour achever la conquête de la région et l'expulsion des Anglais, qui ne serait définitive que lorsqu'ils auraient perdu Madras, leur véritable capitale. Telle était l'intention bien arrêtée de Lally. Il espérait par ce coup d'éclat asseoir la domination française sur la côte du Coromandel; seulement, pour réusir, il fallait agir vite, compter sur tous ceux qu'on emploierait et ne pas être arrêté par les difficultés matérielles. Or, pour agir vite, le concours de la flotte française était indispensable. Sous prétexte que ses instructions lui prescrivaient de croiser au large de Ceylan pour intercepter les bâtiments de commerce anglais qui s'aventuraient dans ces parages, Aché le refusa. Lally eut beau insister et lui démontrer la nécessité d'agir tout de suite contre Madras, ses arguments se brisèrent contre la résistance opiniâtre de son collègue. En second lieu, Lally se vit tout à coup abandonné par des subordonnés qu'il avait froissés par sa hauteur, et par les Hindous, qui étaient exaspérés contre lui. Enfin les ressources matérielles lui firent bientôt défaut. Comme les Hindous désertaient en masse, on ne pouvait plus se procurer de vivres que par la maraude. « J'attends dans la nuit, écrivait Lally au Conseil de Pondichéry, les bœufs qui traînent l'artillerie, afin de les faire tuer. J'ai envoyé à Trinquebar pour y acheter tous les chiens marrons et bœufs que l'on pourra rencontrer..... Voilà, à la lettre, l'horreur de la situation dans laquelle vous nous avez mis et le danger auquel vous exposez une armée que je ne serais point surpris de voir passer à l'ennemi pour chercher à manger. » Dans de pareilles conditions, toute tentative contre Madras aurait échoué; Lally, qui le comprit, revient à Pondichéry.

C'était un premier malheur, mais au moins Lally pouvait-il s'excuser. Une faute bien plus grave, et dont il fut seul responsable, fut de rappeler Bussy et par conséquent d'abandonner le Dekkan. Ce fut la dernière chance de la France qui s'évanouissait. Les Anglais accueillirent la nouvelle de cet acte de démence avec joie. Ils dirigèrent aussitôt des forces accablantes contre Mazulipatam. Bussy supplia en vain le gouverneur de le laisser retourner à la défense de sa conquête; Lally refusa. Les troupes indiennes, découragées par le rappel de leur chef, furent battues et rejetées dans Mazulipatam, qui se rendit. Avec Chandernagor, nous avions perdu le Bengale; la chute de Mazulipatam faisait disparaître le nom français du Dekkan, où il avait régné dix années, c'est-à-dire que peu à peu se resserrait autour de Pondichéry un cercle de fer et de feu, et que les Français, acculés à leurs dernières positions, voyaient approcher l'heure de la capitulation suprême.

Lally savait que Bussy, tout en maintenant le drapeau de la France au Dekkan, y avait fait une fortune énorme, et il le confondait trop volontiers avec les officiers ou les fonctionnaires de la Compagnie, qui ne voyaient dans l'Hindoustan qu'une mine à exploiter. Mais, s'il avait de Bussy cette opinion fâcheuse, bien différente fut l'impression de ses officiers, qui ne tardèrent pas à reconnaître l'habileté de Bussy, ses larges vues, sa connaissance profonde du pays et des Hindous. Tous les anciens employés de la Compagnie, qui souffraient des violences de Lally, ne purent s'empêcher d'établir entre lui et son subordonné une comparaison qui ne fut pas à son avantage; peu à peu, deux partis se formèrent : le premier, composé en grande partie des troupes royales, qui appuyait Lally; l'autre, des troupes de la Compagnie et des officiers amenés d'Europe par Lally, qui ne voulait écouter que Bussy. Cette funeste division fut une nouvelle cause de faiblesse à ajouter à toutes celles qui existaient déjà.

C'est à ce moment qu'un jésuite, le Père Lavaur, supérieur de la maison de Pondichéry, conseilla à Lally de réclamer au rajah de Tandjare une vieille créance oubliée depuis Dupleix, et de la réclamer à main armée; c'est-à-dire que nos soldats devenaient de grandes Compagnies, comme au temps de la guerre de Cent ans, et que Lally s'abaissait au rôle de *condottiere*. Cette funeste expédition acheva de nous aliéner les Indiens et ne nous procura que de faibles ressources.

Quelques succès dans le Carnatic firent encore illusion. La capitale de cette grande nababie, Arcate, se rendit à Lally; mais il n'attaqua pas à temps Chingleputt, ville dont la prise eût fait tomber Madras, et les Anglais eurent le loisir de s'y fortifier. Comme les caisses de la Compagnie étaient vides et que les particuliers ne les remplissaient plus, comme au temps de Dupleix, il fallut un an encore à Lally pour se préparer à l'expédition contre Madras. Il avait accumulé tant de haines contre lui par ses maladresses, que personne ne voulait concourir au succès de ses projets. Bussy lui-même ne demandait qu'à retourner dans le Dekkan et n'obéissait qu'à contre-cœur. Il nous faut reconnaître qu'à force de persévérance et d'énergie Lally réussit à renverser tous les obstacles. A défaut de tact et de jugement, on ne peut lui contester ces qualités. En décembre 1758, il entra enfin en campagne à la tête de 6700 Français et cipayes, et vint mettre le siège devant Madras, défendue par 4000 soldats réguliers et protégée au dehors par des camps volants de cavaliers indigènes, qui s'appuyaient sur cette même place de Chingleputt qu'il avait négligé de prendre. Il reconnut bientôt l'impossibilité d'accomplir quoi que ce soit d'important avec une armée désorganisée et désaffectionnée. Ses soldats abandonnaient le travail des tranchées pour piller; ses officiers ne songeaient qu'à garder les magasins qu'ils s'étaient appropriés, ou bien employaient les cipayes sous leurs ordres à transporter à Pondichéry les denrées et les marchandises qu'ils trouvaient à Madras. Ses lieutenants immédiats ne le secondaient pas davantage; Bussy lui-même montrait une hésitation regrettable. Les Anglais, au contraire, ne songeaient qu'à se défendre; leurs contingents indigènes restaient fidèles au drapeau, et une flotte imposante, celle de l'amiral Pococke, arrivait à leur aide. Cette flotte fut signalée le 16 février. Dès lors, il ne restait plus qu'à lever le siège : Lally s'y résigna, non sans des transports de fureur. Il enterra ses boulets, encloua ses canons, recommanda ses malades à la générosité anglaise et retourna à Pondichéry, sans être inquiété dans sa retraite. Ainsi échoua l'entreprise à laquelle il avait consacré toute son énergie. On a prétendu qu'il était le principal auteur de ce désastre, mais les défauts de son caractère n'excusent en rien ni ses soldats qui l'abandonnèrent, ni ses officiers qui ne le secondèrent pas, ni surtout les autorités de Pondichéry, qui ne prirent même pas le soin de pourvoir à ses approvisionnements. Dans leur haine contre Lally, ils avaient perdu tout sentiment de pudeur et de patriotisme; ils firent éclater une joie indécente en apprenant sa retraite. Il est difficile de se figurer un pareil abaissement des caractères, une telle méconnaissance des intérêts généraux.

L'issue de la lutte n'était plus douteuse. La perte de l'Hindoustan français était imminente. Les Anglais allaient se venger du siège de Madras en assiégeant à leur tour Pondichéry. Ils s'ouvrirent le chemin de la capitale française par la victoire de Vandavachi, remportée le 22 janvier 1860, et eurent la bonne fortune de faire prisonnier dans le combat le seul homme dont les conseils auraient pu sauver la ville menacée, Bussy. La situation était à l'avance désespérée. Sur quoi compter en effet? Sur les secours venus de la France? mais les Anglais avaient sur mer une telle supériorité, que tous les convois à destination de Pondichéry avaient été ou pris en route ou arrêtés devant la ville. D'ailleurs, notre gouvernement avait renoncé à défendre ses possessions d'outre-mer et ne songeait plus qu'à garantir en Europe ses propres frontières. Lally pouvait-il au moins se fier aux Français de l'Hindoustan? Il rencontrait, hélas! de l'égoïsme partout, et nulle part du patriotisme. Les soldats eux-mêmes n'obéissaient plus, sous prétexte que leur solde n'était pas payée. Chacun s'en prenait à Lally de la ruine menaçante, chacun traversait ses desseins et ne s'occupait plus qu'à sauver les épaves du prochain naufrage.

L'infortuné gouverneur revint alors, mais il était trop tard, au système de Dupleix et de Bussy, et s'efforça d'appeler contre les Anglais des alliés indigènes. Il traita avec Hyder-Ali, gouverneur du rajah de Mysore, qui devait plus tard s'illustrer par son opiniâtre résistance aux Anglais. Hyder envoya en effet une petite armée ravitailler Pondichéry; il remporta quelques succès; mais bientôt, découragé par des échecs d'ailleurs insignifiants et alarmé d'une diversion des Anglais dans le Mysore, il rappela ses troupes, et, comme il n'éprouvait pour Lally ni confiance ni sympathie, il s'éloigna pour ne plus revenir. Abandonné par la France, trahi par les siens, délaissé par les Hindous, Lally était donc réduit à ses seules ressources. Au moins essaya-t-il de prolonger la résistance et d'honorer par un dernier combat la chute de Pondichéry. Ce combat fut encore malheureux, et les Anglais, qui avaient coupé toutes les communications, commencèrent le siège régulier de la place.

Lally résolut de pousser la défense jusqu'à la dernière extrémité. Il défendit de prononcer le mot de capitulation, et prit une série de mesures violentes, mais nécessaires : création d'impôts extraordinaires, expulsion des bouches inutiles, armement de tous les hommes valides, etc. Il espérait pouvoir attendre ainsi la flotte d'Aché, qu'il avait envoyé prévenir à l'île de France. Le 24 décembre, on n'avait plus dans les magasins que pour huit jours de vivres. Tout à coup, le 31 décembre, éclata un de ces terribles ouragans si communs sur la côte du Coromandel. L'armée assiégeante fut très maltraitée. Batteries et redoutes détruites, munitions avariées, tentes emportées, la confusion était si grande, que, si la garnison avait tenté une sortie, elle n'aurait rencontré aucune résistance. Lally était malade. Au lieu d'exécuter ses ordres, on les critiquait, car on aimait mieux entraver un général détesté que s'opposer à l'ennemi. Aucune sortie ne fut tentée. Il est vrai de dire que cet ouragan rendit quelque espoir à la garnison. La flotte anglaise avait été fort endommagée. Aché pouvait arriver d'un moment à l'autre et disperser les assiégeants. On avait découvert des vivres qui permettaient d'attendre jusqu'au 13 janvier; mais peu à peu se dissipèrent les dernières illusions. Aché ne parut pas et ne devait jamais paraître. Le ministère ne s'était-il pas avisé, sur le simple bruit d'une attaque méditée par l'Angleterre contre l'île de France, de lui ordonner de rester à son poste? Certes, ce n'est pas ainsi qu'agissaient les Anglais. Huit jours après la tempête, toutes leurs batteries étaient armées de nouveau, et sept navires arrivaient de Ceylan et de Madras pour remplacer les naufragés. La défense était désormais impossible. Le 14 janvier 1761, les onze cents défenseurs de Pondichéry n'avaient plus que pour vingt-quatre heures de vivres : il fallut se rendre à discrétion.

Le 16 janvier, le général anglais Coote entrait à Pondichéry, non sans exprimer à Lally et à ses soldats toute son admiration pour leur belle résistance. « Personne, écrivait-il après sa victoire, n'a une plus haute opinion que moi de Lally. Il a lutté contre des obstacles que je croyais insurmontables et les a vaincus. Il n'a pas existé un autre homme dans l'Hindoustan qui eût pu maintenir sur pied pendant aussi longtemps une armée sans solde et qui ne recevait de secours de nulle part. » Au lieu de tant admirer son adversaire, Coote aurait mieux fait de le protéger. Il le laissa insulter par les agents de la Compagnie et ne défendit point contre des assassins soldés son secrétaire Dubois, qui essayait de le rejoindre avec de précieux documents. N'était-ce pas comme l'annonce du sort réservé à Lally dans sa propre patrie?

L'étendard français disparut de l'Hindoustan entier. Comme le remarque éloquemment M. Henri Martin, « il ne nous resta d'autre monument de notre lointain empire que ce legs mystérieux du monde primitif, ces livres sacrés de l'Inde et de la Perse qu'un jeune héros de la science, Anquetil Duperron, était allé chercher à travers mille périls, entre les mains jalouses qui les cachaient à l'Europe. Les conquêtes de la philosophie et de l'histoire devaient être plus durables que celles des armes et de la politique. »

III

Le sort des principaux acteurs de ce drame, dont le dénouement nous était si fatal, fut en général pitoyable. Les uns furent ruinés et les autres déshonorés. Quant à Lally, il paya de sa tête le crime de ne pas avoir réussi. Conformément à la capitulation de Pondichéry, il avait été embarqué pour l'Angleterre à bord d'un navire hollandais. Toutes les haines qu'il avait soulevées contre lui dans l'Hindoustan le précédèrent en Europe; on affecta de le considérer comme l'unique auteur de la catastrophe, et l'opinion publique se prononça contre lui avec fureur. Comme il s'était attiré la haine de tous les fripons, qu'il avait violemment réprimés, et de tous les honnêtes gens, indignés de ses maladresses ou dévoués à Bussy, ce fut comme un *tolle* général. Il aurait pu demeurer prisonnier en Angleterre, où il recevait un accueil empressé; mais il obtint de revenir en France pour se justifier et, à peine arrivé, récrimina contre ses accusateurs avec tout l'emportement de son caractère. Cette attaque inconsidérée eut pour unique résultat d'unir contre lui toutes les parties intéressées : Bussy, Aché, les conseillers de Pondichéry et jusqu'au jésuite Lavaur. Ce dernier, prétend-on, avait composé deux mémoires, dont le premier était le panégyrique et le second l'acte d'accusation de Lally. Il se proposait de faire usage de l'un ou de l'autre, suivant les circonstances. Il mourut sur ces entrefaites. On mit la main sur ses papiers; les ennemis de Lally firent disparaître l'écrit apologétique et remirent l'autre au procureur général; ce magistrat porta tout de suite au Parlement une accusation de concussion et de trahison contre l'ex-gouverneur.

Choiseul, le premier ministre, hésitait à sacrifier Lally; mais le bruit courut que le prévenu avait acheté, par des diamants d'un grand prix, la protection de sa sœur, la duchesse de Grammont; l'altière patricienne pressa Choiseul d'imposer silence à la calomnie en faisant arrêter Lally. L'ordre fut en effet donné en conseil, mais le ministre prévint sous main Lally. Ce dernier demeura inébranlable dans sa résolution d'avoir justice de ses accusateurs et, le 5 novembre 1762, se constitua prisonnier à la Bastille.

La procédure fut commencée au Châtelet seulement le 6 juillet 1763, et elle dura près de trois ans. En janvier 1764, Louis XV renvoya par lettres patentes à la grande Chambre assemblée du Parlement de Paris la connaissance de tous les délits qui auraient été commis aux Indes orientales. Lally était condamné à l'avance. On admit contre lui les témoignages les plus suspects et les charges les moins prouvées : ne compta-t-il pas parmi ses accusateurs jusqu'à ses propres valets! Trois fois il sollicita un avocat, qui trois fois lui fut refusé. Enfin, après deux ans de débats à huis clos, on fit le rapport. Lally demanda huit jours seulement pour présenter sa défense; ce délai fut repoussé. Le président Maupeou, prié d'abréger les séances, s'oublia jusqu'à dire, dans sa fureur sanguinaire, qu'il les doublerait au contraire, s'il le pouvait. Malgré les protestations de l'accusé et les nombreuses pièces qu'il demandait à produire pour établir son innocence, malgré le rapport du 30 avril 1766, qui le mettait hors de cause pour la partie civile, malgré l'éloquence de l'avocat général Séguier, le procureur général déposa, le 3 mai, des conclusions tendant à la peine de mort. En vain ce magistrat reçut-il une nouvelle requête de Lally, accompagnée de pièces importantes; il refusa d'ouvrir le paquet et écrivit au bas de ses conclusions : Vu les pièces, je persiste !

Le 5 mai 1766, Lally fut amené sur la sellette, et on procéda à un interrogatoire illusoire. Il découvrit sa poitrine et, par un beau mouvement d'éloquence, montrant les cicatrices qui la labouraient et ses cheveux blanchis avant l'âge : « Voilà donc, s'écria-t-il avec amertume, la récompense de cinquante-cinq ans de services ! » Le lendemain, 6 mai, l'arrêt fut rendu : Lally était condamné à être décapité, non pour concussion ou trahison, on n'avait pu le convaincre de pareils crimes, mais pour avoir méconnu les intérêts du roi, de l'État et de la Compagnie, et pour abus d'autorité, vexations et exactions. Sans doute, Lally avait abusé de son autorité; il avait opprimé les Indiens, il avait exagéré ses pouvoirs; mais jamais il n'avait trahi personne. Le véritable motif de sa condamnation fut qu'il fallait jeter une victime expiatoire à l'opinion publique : Lally fut cette victime.

A la première nouvelle de sa condamnation, Choiseul et Soubise demandèrent sa grâce à Louis XV au nom de l'armée. « C'est vous qui l'avez fait arrêter, leur répondit le roi; il est trop tard ! il est jugé. » Quand on lut à Lally l'arrêt qui le déshonorait : « Jamais je n'ai trahi les intérêts du roi, s'écria-t-il; c'est faux ! jamais ! » et, tirant un compas caché sous son habit, il s'enfonça le fer dans la poitrine. La blessure était grave, mais non mortelle; ses ennemis, craignant que leur victime échappât à la honte de l'échafaud, firent avancer son exécution de six heures. Le bourreau lui mit par ordre un bâillon et le jeta dans un ignoble tombereau. Il essayait de parler au moment de mourir et disait à l'abbé Aubry, qui lui rendait les derniers devoirs : « Répétez à mes juges que Dieu m'a fait la grâce de leur pardonner. Si je les revoyais, je n'en aurais peut-être plus le courage. »

Sept mois après l'exécution, Louis XV disait au duc de Noailles : « Ils l'ont assassiné! » et quatre ans plus tard, au président Maupeou : « Ce sera vous qui en répondrez et non pas moi. » La postérité n'a pas justifié ce pressentiment du roi ; c'est lui, lui seul, qui est l'auteur de cette injuste condamnation : il n'avait qu'un mot à dire, et Lally était sauvé.

Aussi bien cette mort odieuse et imméritée sauva de l'oubli la mémoire de Lally et fit en partie oublier ses fautes. Comme le disait avec finesse Voltaire, Lally était l'homme de France sur lequel tout le monde avait le droit de mettre la main, excepté le bourreau. Constatons à l'honneur de Voltaire qu'il consacra les dernières ardeurs de sa plume à la réhabilitation de cette victime de l'impéritie royale. Sur les réclamations réitérées de son fils, le marquis Trophime de Lally-Tollendal, encouragé par Voltaire et soutenu par l'opinion publique repentante, après douze ans de démarches inutiles, le roi Louis XVI cassa dans son conseil du 21 mai 1778, à l'unanimité des soixante-douze membres présents, la sentence du Parlement de Paris et renvoya l'affaire devant le Parlement de Rouen. Tel était l'esprit de solidarité qui liait alors entre eux les membres de tous les parlements, que les magistrats de Rouen confirmèrent la sentence de leurs collègues de Paris (23 août 1783) ; un nouvel arrêt du conseil intervint, et la cause fut déférée au Parlement de Dijon, qui maintint le jugement primitif ; il fallut quatre arrêts du conseil pour triompher de ces mesquines rancunes et réhabiliter la mémoire de Lally.

L'Hindoustan français n'en était pas moins définitivement perdu, et perdu par notre faute. Le gouvernement et la Compagnie avaient rivalisé entre eux à qui commettrait le plus de maladresses. On avait échoué avec des hommes tels que La Bourdonnais, Dupleix et Bussy! N'oublions pas néanmoins que ce sont nos compatriotes qui ont fondé aux Indes la puissance européenne, et que la plupart du temps nos heureux rivaux se sont contentés de nous imiter.

V. — Histoire de l'Inde française depuis 1761.

Pondichéry était tombé au pouvoir des Anglais en 1761. C'était la dernière place où flottait encore notre drapeau dans l'Hindoustan. La bonne fortune de nos ennemis, ou plutôt l'incapacité notoire de nos chefs, les déplorables divisions de nos compatriotes et l'abandon de la métropole étaient les véritables causes de ce désastre. L'opinion publique était alors si mal dirigée en France que la chute de Pondichéry y fut à peine remarquée. Il semblait que les ministres s'attendissent à ce déplorable événement, et que les Français s'y fussent à l'avance résignés. Au lieu de diriger vers l'Hindoustan d'imposants renforts, au lieu de recommencer la lutte contre l'Angleterre et de lui disputer à tout prix la prépondérance dans ce pays, dont la possession eût assuré pour de longs siècles notre prospérité, on ne sut que s'incliner devant le fait accompli. Lally-Tollendal fut la victime expiatoire. Lui mort, et de quelle mort! tout fut oublié. En 1763, lorsque fut signée la honteuse paix de Versailles, à la fin de la guerre de Sept-Ans, au lieu de revendiquer énergiquement à tout le moins le *statu quo ante bellum*, le cabinet se contenta de demander la restitution de Pondichéry et de ses annexes dans le sud du Dekkan, et encore les Anglais ne consentirent à les rendre que démantelés et sans défense. Nos possessions étaient donc presque dérisoires, notre commerce à peu près ruiné et notre influence détruite. L'Angleterre, qui avait au contraire mis à profit un temps précieux, s'était solidement enracinée dans le sol. A vrai dire, dès ce moment, tout espoir de renaissance politique fut perdu pour nous dans l'Hindoustan. Nous avions fini de jouer notre rôle sur ce théâtre de notre ancienne gloire. Les Anglais nous avaient remplacés, de même que nous avions succédé aux Hollandais, et ces derniers aux Portugais. Telle paraît être la loi de l'histoire : évolution et révolution!

La France devait pourtant, quelques années plus tard, reparaître, non sans éclat, dans les mers indiennes. Cette tentative de restauration fut, il est vrai, bien éphémère, mais elle mit en lumière un de nos plus célèbres hommes de mer, le bailli de Suffren, auquel n'ont manqué que les circonstances pour devenir l'émule et peut-être le successeur de Dupleix.

La guerre d'indépendance des États-Unis d'Amérique venait d'éclater. La France, l'Espagne et la Hollande, saisissant avec joie l'occasion de se venger de leurs humiliations passées, avaient promis leur concours aux colonies insurgées ; mais les alliés eurent le tort de ne pas comprendre que le meilleur moyen de défendre les États-Unis était d'attaquer les possessions anglaises de l'Hindoustan. Ils dispersèrent leurs forces sur toutes les mers et n'envoyèrent en Asie que des renforts insuffisants. Une occasion magnifique se présentait pourtant. Un simple officier dans l'armée du sultan de Mysore, d'un génie entreprenant, d'une audace et d'une persévérance à toute épreuve, venait de soulever une partie de l'Hindoustan contre la puissance anglaise. Il se nommait Hyder-Ali. Il avait conçu pour la France et pour Dupleix une admiration passionnée. Arrivé au pouvoir suprême après diverses révolutions de palais, il équipa un corps de troupes à la française, acheta des armes et des munitions, et engagea à son service des officiers instructeurs. Ses talents militaires, aidés de ces puissants moyens, lui permirent de guerroyer avec succès contre les Mahrattes et de conquérir successivement les royaumes de Mysore, de Canara, de Calicut, ainsi que la plus grande partie de la côte du Malabar. C'était une puissance nouvelle et formidable qui s'élevait ainsi en face des établissements anglais. Ceux-ci essayèrent de le gagner à leurs intérêts. Sur son refus, ils poussèrent contre lui les Mahrattes, auxquels ils fournirent de sérieux contingents. Hyder-Ali leur déclara aussitôt la guerre, ravagea le Carnatic, arriva à deux reprises jusque sous les murs de Madras, et se crut à la veille de réaliser les projets de Lally, c'est-à-dire d'expulser les Anglais de la péninsule.

L'attaque d'Hyder-Ali coïncidait avec la déclaration de guerre des alliés à l'Angleterre. Le simple bon sens indiquait la politique à suivre. Il fallait envoyer renforts sur renforts à Hyder-Ali, et reconquérir, grâce à lui, nos possessions perdues et oubliées. Les rares Français qui étaient restés dans l'Hindoustan après nos malheurs croyaient si bien à l'arrivée de secours immédiats, qu'ils prirent les devants, armèrent des cipayes, amassèrent des provisions et se disposèrent à marcher contre les Anglais, de concert avec Hyder-Ali. Mais la France se souciait vraiment bien peu de ses compatriotes de l'Hindoustan! Elle envoya quelques mauvais vaisseaux, quelques centaines de soldats choisis parmi les moins disciplinés, et des amiraux ou affaiblis par l'âge, ou incapables de prendre une détermination vigoureuse. Hyder-Ali, qui s'attendait à de sérieux renforts, ne cacha pas son mécontentement, et, désormais résolu à se passer de notre concours, agit à sa fantaisie. Ce furent les habitants de Pondichéry et des autres places où flottait encore notre pavillon qui furent punis de la faute grossière commise par le cabinet de Versailles. Les Anglais profitèrent du mauvais état de leurs fortifications et du petit nombre de leurs défenseurs pour s'emparer, presque sans résistance, de Pondichéry, Yanaon, Mahé et Chandernagor. En 1780, nous ne possédions plus un pouce de terrain dans l'Hindoustan, et notre allié Hyder-Ali se contentait de ravager systématiquement le pays. Certes, si le gouvernement français eût mieux compris ses intérêts, tout en encourageant les Américains par l'envoi de quelques troupes et de nombreux volontaires, il aurait dirigé ses escadres les plus nombreuses en Orient et, sans nul doute, arraché l'Hindoustan à nos rivaux. Il n'en fit rien, et la conséquence immédiate de cette faute fut la perte de tous nos postes et la croyance désormais enracinée au cœur des populations fatalistes et impressionnables de l'Hindoustan que la France était décidément inférieure à l'Angleterre.

L'excès de notre humiliation amena une réaction salutaire. Louis XVI et ses ministres comprirent enfin la lourde bévue qu'ils avaient commise, et résolurent d'envoyer en Asie des renforts sérieux, commandés par le bailli de Suffren. La famille de Suffren tenait depuis longtemps un rang distingué dans la noblesse de Provence. Pierre Suffren, en sa qualité de cadet, fut destiné à la marine et à l'ordre de Malte. Avant qu'il eût vingt ans, il avait assisté à deux combats sur mer et s'était fait remarquer par sa froide intrépidité. Dans la guerre de Sept-Ans, il se signala à l'attaque de Port-Mahon et à la bataille de Lagos; mais son avancement fut tardif. Il s'était fait de nombreux ennemis par sa dureté et la mordante ironie de sa conversation. On ne méconnaissait ni sa capacité ni son courage; mais on hésitait, à cause de son caractère, à lui confier un commandement. Né en 1726, il ne devint capitaine qu'en 1772 et chef d'escadre qu'en 1779. Deux ans plus tard, le ministre de la marine, Castries, fit taire ses répugnances et lui confia la conduite d'une escadre destinée à préserver le Cap, alors colonie hollandaise, à ravitailler les îles de France et Bourbon, et à reprendre nos postes indiens.

Suffren était parti avec cinq vaisseaux et deux frégates. Le 16 avril 1781, en approchant de la baie de la Praya, dans les îles du Cap-Vert, il reconnut la flotte anglaise de Johnston, qui lui était de beaucoup supérieure en force. Il l'attaqua néanmoins et jeta le désordre dans le convoi. Les courants le forcèrent à cesser le combat. Il dut se retirer, mais après avoir désemparé plusieurs vaisseaux ennemis, et continua sa marche, sans être inquiété, jusqu'au Cap, qu'il mit en quinze jours à l'abri de toute agression. Ce fut le grand résultat de cette bataille de la Praya. En effet, quand l'escadre anglaise, après avoir péniblement réparé ses avaries, se présenta à son tour devant le Cap, la ville était à l'abri de toute surprise.

Suffren avait ainsi accompli la première partie de ses instructions : il s'acquitta avec une égale facilité de la seconde, qui consistait à ravitailler nos îles africaines. Il trouva même dans ces îles quelques vaisseaux qui n'osaient pas, à cause de leur isolement, s'aventurer sur des mers couvertes de croiseurs anglais, et les réunit à sa flotte : puis il donna l'ordre d'appareiller pour Madras, espérant qu'il arriverait à temps pour surprendre la garnison anglaise et frapper ainsi, dès le début de la campagne, un coup retentissant. Il écrivit en même temps à Hyder-Ali, pour lui donner avis de son arrivée sur la côte du Coromandel. Son attaque avait été prévue. Le 14 janvier 1782, quand il arriva en vue de Madras, il trouva l'amiral anglais Hughes en position devant la place, soutenu par les forts et les batteries de la citadelle. Il n'osa l'attaquer et se dirigea sur Pondichéry. Hughes se mit aussitôt à sa poursuite. Suffren profita de cette imprudence. Le 17 février, à la hauteur de Madras, s'engagea une furieuse bataille. Les deux flottes étaient d'égale force, mais Suffren déploya tant de hardiesse qu'il contraignit son adversaire à regagner ses positions. Mieux secondé par son état-major, il aurait peut-être remporté une victoire complète; mais plusieurs de ses capitaines ne l'aimaient pas et refusèrent de le seconder. Néanmoins nous étions maîtres de la mer, et Suffren profita de ce premier succès pour reprendre Pondichéry, débarquer ses troupes et entrer en relation avec Hyder-Ali. Ce dernier, découragé par notre longue inaction, était à la veille de signer la paix avec l'Angleterre. Apprenant l'arrivée de Suffren, il rompit brusquement les négociations et rentra en campagne. Un corps auxiliaire français lui fut envoyé. Quant à Suffren, il se réserva d'inquiéter les Anglais par ses diversions et promit à son allié hindou de le seconder vigoureusement.

Le 23 mars 1782, la flotte française quittait le mouillage de Porto-Novo, à la recherche des Anglais, qu'elle rencontra le 10 avril. Deux jours plus tard, le 12, s'engagea une nouvelle bataille navale. On la nomme d'ordinaire bataille du Provédien, à cause d'un petit écueil qui servit aux Anglais pour s'abriter. Cette fois encore, les forces étaient égales ; mais toute notre arrière-garde feignit de ne pas comprendre les signaux de l'amiral et ne prit qu'une part insignifiante à la lutte, en sorte que les Anglais eurent toute la journée l'avantage du nombre. Ils furent pourtant vaincus, et, sans une tempête qui sépara les deux flottes, il est probable que Suffren aurait pris ou coulé la plus grande partie de leurs vaisseaux. Aussi bien, pour rendre sa victoire incontestable, il présenta de nouveau la bataille à l'amiral Hughes ; mais ce dernier la refusa et ne sortit de son refuge du Provédien pour rallier Madras que lorsque le dernier vaisseau français eut disparu de l'horizon. Certes les résultats matériels de cette affaire étaient médiocres, mais l'effet moral en fut immense. Nos marins montrèrent désormais plus de hardiesse dans leurs attaques ; le prestige de l'Angleterre fut abaissé, et celui de la France grandit dans l'estime des Hindous, nos alliés.

Par malheur, notre escadre, maltraitée par ces brillants faits d'armes, se trouvait dans une pénurie extrême. Equipages, argent, vivres, munitions, tout manquait à bord de nos navires, et il fallait de toute nécessité les ravitailler pour recommencer la lutte. Suffren fut donc obligé de suspendre les hostilités, et, pendant trois mois, s'efforça de combler les vides et de réparer les avaries. Au mois de juillet, quand il jugea que la flotte était de nouveau en état de prendre la mer, il fit voile vers Negapatam, ancienne possession hollandaise dont les Anglais s'étaient emparé au début des hostilités et qu'il voulait leur reprendre. Hughes, qui connaissait l'importance de la place et qui, de son côté, avait profité de ces trois mois de répit pour réparer ses pertes, marcha aussitôt au secours de la ville. Le 6 juillet, en vue de Negapatam, s'engagea une troisième bataille. Cette fois, le feu fut terrible et les pertes effroyables; mais presque tous les vaisseaux anglais furent désemparés et, sans même attendre l'ordre de leur amiral, allèrent directement au mouillage devant Negapatam, c'est-à-dire qu'ils abandonnèrent le champ de bataille et s'avouèrent ainsi vaincus. En effet, Suffren resta en panne, et, comme il aperçut les Anglais immobiles, il s'éloigna à son tour.

Quelques jours plus tard, le 26 juillet, il avait à Gondelour une entrevue avec Hyder-Ali, qui témoignait le plus vif désir de le voir et de le féliciter de ses victoires. « Les Anglais ont enfin trouvé leur maître, aimait à dire le sultan. Voilà l'homme qui m'aidera à les exterminer. Je veux qu'avant deux ans il n'en reste plus un seul dans l'Hindoustan. Suffren, de son côté, éprouvait une vive sympathie pour son allié : aussi, à l'entrevue de Gondelour, se témoignèrent-ils des égards réciproques et se firent-ils part de leurs plans de campagne et de leurs projets d'avenir. Ils ne se séparèrent qu'après avoir combiné leurs opérations et s'être donné rendez-vous sous les murs de Madras. Pendant que le sultan se dirigeait en effet contre la ville anglaise, Suffren, pour opérer une utile diversion, cherchait à s'emparer de Trinquemale, dans l'île de Ceylan, dont la rade immense pouvait abriter des flottes entières et qui serait entre nos mains comme le point de départ de futures conquêtes. L'amiral mouilla en vue des forts, descendit à terre sans rencontrer d'obstacle, fit élever des batteries, construire des retranchements et, en cinq jours, força la place à capituler. C'était un avantage inespéré. Hughes connaissait si bien l'importance de Trinquemale qu'il accourut à son secours avec toute la flotte anglaise. Il ne croyait pas que la place se rendrait si vite et espérait surprendre son adversaire entre les feux de la citadelle et ceux de sa flotte; mais il arriva trois jours trop tard, le 2 septembre 1782.

A peine la flotte anglaise était-elle signalée que Suffren ordonnait le rembarquement et le branle-bas de combat;

mais le désordre se mit dans son escadre, par suite de l'inégalité de marche des navires, de l'incendie qui éclata à bord d'un de ses vaisseaux, et surtout de la mauvaise volonté de quelques-uns de nos capitaines qui restèrent inactifs. Exposé aux feux croisés de six vaisseaux anglais, la position de l'amiral devint critique. Tous ses mâts s'abattirent à la fois, entraînant la grande enseigne et le guidon de commandement dans leur chute. Averti par les hurrahs des Anglais, Suffren bondit sur la dunette. « Des pavillons, s'écrie-t-il! des pavillons blancs! Qu'on en couvre le vaisseau! » A ces cris de rage, les matelots enthousiasmés redoublent d'ardeur, mais les munitions commencent à manquer, et les canonniers sont obligés de tirer à poudre pour ne pas laisser apercevoir à l'ennemi leur horrible détresse. Heureusement la nuit arrivait, et la flotte anglaise commençait à se lasser de la lutte. Nos capitaines, honteux de leur conduite, et redoutant les conséquences de leur lâche abandon, se décidèrent à venir au secours de l'amiral. Cette simple démonstration suffit pour déterminer Hughes à ordonner la retraite. Suffren restait donc maître du champ de bataille, et, pour la quatrième fois, les Anglais avaient fui devant lui.

Sur ces entrefaites arriva un renfort de troupes françaises. Le gouvernement avait enfin compris que c'était dans l'Hindoustan qu'il devait frapper l'Angleterre. Une expédition sérieuse fut décidée. Comme il fallait un grand général pour conduire une aussi vaste entreprise, on songea à Bussy, le compagnon de gloire de Dupleix. Par malheur, Bussy n'était plus que l'ombre de lui-même, un vieillard goutteux, affaibli par la longue jouissance de ses immenses trésors. D'autre part, le ministère commit la faute de diviser l'expédition en quatre convois faiblement escortés, avec l'espoir qu'ils échapperaient plus aisément à la vigilance anglaise; mais trois d'entre eux furent pris ou dispersés au passage, et Bussy, qui commandait le quatrième, ne put débarquer qu'un faible corps de troupes, au lieu d'une armée véritable (10 mars 1783). Suffren, qui était allé passer l'hiver à Achem, sur la côte de Sumatra, s'empressa de venir se mettre aux ordres de Bussy et de concerter avec lui une attaque contre Madras. Bussy s'était laissé acculer dans une dangereuse situation, à Gondelour. Les Anglais, profitant de leur supériorité numérique, le tenaient assiégé dans ses lignes, et l'armée française, dépourvue d'eau, de vivres, de munitions, était à la veille de capituler. Suffren comprit la nécessité d'opérer une diversion immédiate. Bien que son escadre fût inférieure à celle de l'Angleterre par le nombre et le matériel, comme il croyait pouvoir compter sur ses équipages, et qu'il n'avait plus cette fois à redouter les sentiments hostiles d'une partie de ses capitaines, il résolut de débloquer à tout prix Gondelour. L'escadre anglaise ne l'attendit même pas, et, d'elle-même, leva le blocus. Suffren prit sa place dans la rade, embarqua une partie des soldats de Bussy pour combler les vides de ses équipages et présenta la bataille aux Anglais. Trois jours se passèrent en manœuvres. Ce fut seulement le 20 juin que s'engagea l'action. De part et d'autre, on combattit avec acharnement, mais sans résultat. Suffren voulait recommencer le lendemain, et il pensait que telle était l'intention des ennemis, mais ils disparurent sans l'attendre. C'était la cinquième fois, depuis l'arrivée de Suffren, que les Anglais nous cédaient ainsi le champ de bataille.

L'amiral s'apprêtait à profiter de ce beau succès pour courir à Madras, que Bussy assiégerait par terre, quand une frégate parlementaire vint lui apporter la nouvelle d'un armistice. Quelques jours plus tard, la paix était signée à Versailles, et Suffren recevait l'ordre de rentrer en France. Le roi, pour lui témoigner par avance toute sa satisfaction, l'élevait au grade de lieutenant général. Suffren arriva le 26 mars 1784 à Toulon. La renommée de ses exploits l'avait précédé. Jamais général ne reçut un accueil aussi empressé. A chaque ville qu'il traversait, c'étaient des transports d'enthousiasme. La nation comprenait que Suffren avait été le véritable héros de la guerre et tenait à lui témoigner sa reconnaissance. Quand il se présenta à Versailles, les gardes du corps, dont il traversa la salle, l'escortèrent jusqu'à la chambre du roi. Louis XVI l'entretint longuement et lui prodigua les marques d'estime. Il le nomma chevalier de ses ordres, et créa en sa faveur une quatrième charge de vice-amiral, l'ordonnance portant que, érigée uniquement pour Suffren, elle serait supprimée après son décès. Marie-Antoinette voulut le présenter elle-même au Dauphin, et, comme l'enfant royal répétait mal son nom : « Mon fils, lui dit-elle, apprenez de bonne heure à entendre prononcer et à prononcer vous-même le nom des héros défenseurs de leur pays. » Le comte de Provence, le futur Louis XVIII, l'embrassa avec effusion devant toute la cour, et il n'y eut pas jusqu'au jeune duc d'Angoulême qui, voyant entrer l'amiral chez sa mère, la comtesse d'Artois, s'avança à sa rencontre en disant : « Je lisais l'histoire des hommes illustres ; je quitte mon livre avec plaisir, puisque j'en vois un. »

Suffren ne jouit pas longtemps de sa gloire. En octobre 1787, on apprit sa mort avec douleur. On a cru longtemps qu'il avait succombé à une attaque d'apoplexie ; on sait aujourd'hui qu'il fut tué en duel par l'oncle de deux jeunes officiers de marine qui avaient gravement manqué à la discipline et dont il ne voulait pas accorder la grâce. Cette mort imprévue fut un grand malheur pour la France. Suffren nous a manqué à l'heure de nos désastres. Après lui, la fortune de la France disparut dans les mers orientales. Nous n'avons plus, pour achever l'histoire de l'Inde française, qu'à enregistrer une série lamentable de fautes, de désastres et d'humiliations !

Le cabinet de Versailles signa la paix, en 1783, avec une regrettable précipitation. Ce fut un premier malheur ! Au lieu de profiter des victoires de Suffren pour exiger la restitution de nos anciennes possessions et de nouveaux territoires, il se contenta de réclamer nos comptoirs ; au lieu de donner à notre allié, le roi de Mysore, une situation indépendante, et d'assurer l'avenir de ce royaume en lui envoyant des soldats et quelques officiers, il l'abandonna à ses propres ressources. Les Anglais, qui s'attendaient à de tout autres prétentions et y étaient presque résignés, s'empressèrent d'accéder à ces modestes demandes, et la paix fut signée sur ces bases, c'est-à-dire que la France renonça à tout le profit des victoires de Suffren et s'interdit de redevenir quelque jour puissance prépondérante dans l'Hindoustan. Cette fois encore, les préoccupations mercantiles l'emportèrent sur les projets politiques. On aurait pu fonder un empire : on se contenta d'ouvrir des comptoirs de commerce. Tel n'était pas le rôle qu'avaient rêvé pour la France Martin, Dumas, Dupleix, Bussy et Suffren ! Comme ils connaissaient mieux leurs intérêts, ces égoïstes calculateurs de Londres, qui n'eurent rien de plus pressé que de se conformer aux leçons que nous leur avions données à nos dépens, et réussirent, à force de persévérance et d'audace, à fonder un empire, qui dépasse aujourd'hui deux cents millions de sujets!

La conséquence de cet abandon ou plutôt de cette méconnaissance de notre politique coloniale fut qu'au premier signal de guerre avec l'Angleterre nos misérables possessions de l'Hindoustan furent tout de suite et presque sans résistance occupées par l'ennemi : une première fois en 1793, lors de la première coalition; une seconde fois en 1804, après la paix d'Amiens. Napoléon Ier conçut, à diverses reprises, le dessein de reprendre la grande politique de Dupleix et de Bussy. On sait qu'il entreprit l'expédition d'Egypte surtout pour s'emparer du chemin de l'Hindoustan. Il avait entamé des négociations avec les Arabes, les Persans et les Afghans, et comptait les entraîner avec lui contre les territoires anglais. Tippoo-Saheb, le fils et le successeur d'Hyder-Ali, fut son allié et son correspondant : mais ces grands projets ne furent jamais réalisés. L'Hindoustan était trop éloigné, nos flottes trop inférieures aux formidables escadres de l'Angleterre, et d'ailleurs la politique impériale embrassait trop de pays pour que ce projet de conquête fût jamais autre chose qu'une gigantesque chimère. Napoléon Ier y tenait pourtant. Il est curieux et intéressant de retrouver dans sa *Correspondance* les traces de cette préoccupation. Tantôt il combine avec le czar Paul Ier le plan d'une campagne qui, des bords de la Seine et de la Néva, conduira jusque dans le bassin de l'Indus une armée franco-russe. Tantôt son ambassadeur en Perse, le général Gardane, est chargé par lui d'étudier les voies et moyens pour conduire un corps expéditionnaire à travers l'Asie antérieure. Aussi bien les hommes lui manquaient. Un seul aurait fait exception, si les circonstances l'avaient favorisé, le général Decaen, nommé gouverneur général de nos établissements dans la mer des Indes; mais l'Empereur l'abandonna à ses propres ressources, et, après plusieurs années d'une héroïque résistance, Decaen dut renoncer à la lutte.

Aux traités de 1814 et de 1815, l'Angleterre, désormais maîtresse incontestée de l'Hindoustan, consentit à nous rendre nos anciens comptoirs. Elle avait tellement le sentiment de sa supériorité qu'elle nous laissa ces humbles possessions comme la marque indélébile de ses victoires. Afin de mettre le comble à notre humiliation, elle stipula expressément dans le traité que jamais nos villes françaises ne seraient fortifiées, et, de plus, qu'elles n'auraient pour garnison que les hommes nécessaires à la police. Cet article fut exécuté en toute rigueur. Quelques années plus tard, un de nos gouverneurs s'étant avisé de creuser un fossé près de Chandernagor pour l'écoulement des eaux malsaines, on affecta de prendre ce travail pour un commencement de fortification, et une compagnie de sapeurs anglais partit de Calcutta pour combler ce misérable fossé. Il fallut même boire la coupe jusqu'à la lie et payer à ces soldats leurs journées de travail. Tel fut le résultat des fautes commises par nos gouvernements et de la déplorable indifférence avec laquelle on a toujours traité en France la question coloniale ; aussi pourrons-nous affirmer, sans crainte d'être démenti, que, de tous les malheurs qui ont accablé depuis un siècle notre infortunée patrie, il n'en est peut-être pas un dont les conséquences aient été plus regrettables que la perte de l'Inde française.

VI. — Etablissements français de l'Inde.

Nous ne possédons plus aujourd'hui dans l'Hindoustan que cinq territoires : Pondichéry, Karikal, Yanaon, Mahé et Chandernagor, plus huit loges ou comptoirs à Mazulipatam, Calicut, Surate, Balassor, Daca, Cassinbazar, Patna et Jougdia.

La superficie du territoire de *Pondichéry* est de 29,069 hectares. Elle est répartie en trois districts, *Pondichéry*, *Bahour* et *Villenour*, lesquels comptent deux cent trente-quatre aldées ou villages secondaires. La population s'élève au chiffre approximatif de 180 000 âmes. Huit cours d'eau sillonnent ce territoire : les plus importants sont la *Gingi* et l'*Ariancoupan*, navigables sur une étendue de 25 kilomètres, mais dont le cours est fort affaibli par des canaux de dérivation et d'irrigation. Pondichéry est séparé en deux parties par un canal : la ville blanche à l'est, sur les bords de la mer, bien percée et bien bâtie, qui comprend les principaux édifices et sert de résidence aux Européens et aux plus riches Hindous ; la ville noire à l'ouest, avec ses rues étroites et ses cases en pisé, où grouille une population active, intelligente, passablement honnête, mais sale et peu séduisante d'aspect. Pondichéry n'a qu'une rade foraine, mais c'est la meilleure de la côte du Coromandel. On communique assez difficilement avec la terre au moyen de bateaux à fond plat et sans membrure. Tout récemment, on a construit un pont-débarcadère. Pondichéry est une ville très patriotique. On y aime sincèrement la France. On l'aime d'autant plus qu'on en est plus éloigné, et peut-être en proportion des sacrifices qu'on a faits pour la métropole. En 1870, quand il fut un moment question de céder à la Prusse nos colonies de l'océan Indien, ce fut à Pondichéry comme une explosion farouche de colère nationale. Nous possédons encore notre belle capitale indienne, et, s'il plaît à Dieu, nous la conserverons longtemps encore.

A vingt-six lieues au sud de Pondichéry, et toujours sur la côte du Coromandel, près de l'embouchure du *Cavéry*, se trouve *Karikal*. Ce territoire, d'une superficie de 13,515 hectares, est subdivisé en cinq districts, renfermant ensemble cent neuf aldées, et peuplé par 61 000 âmes. Les petits navires seuls peuvent prendre charge à Karikal, à cause des alluvions apportées par le fleuve et qui en obstruent le cours. Le sol de ce district est très fertile.

Yanaon est le troisième territoire qui appartienne à la France. Cette ville est située sur la côte d'*Orissa*, à l'embouchure du *Godavéry*. C'est le seul territoire qui rappelle l'antique domination de la France dans ces fameuses provinces des *Circars* acquises jadis par Bussy. Les dépendances de Yanaon couvrent une superficie de 1429 hectares. C'est une longue bande de terrain de plusieurs kilomètres sur une longueur qui varie de 350 à 3000 mètres. La population de Yanaon est de 7000 âmes. Malgré l'exiguïté de sa population, le commerce est assez actif. Il a néanmoins beaucoup perdu de son importance depuis que que le cyclone du 16 novembre 1839 a renversé la ville, noyé 6000 habitants, et infecté la région de miasmes délétères.

Chandernagor vient ensuite. Cette fois, nous quittons le rivage de la mer pour pénétrer dans le Bengale, à 7 lieues au nord de Calcutta. Chandernagor, bâtie sur la rive droite de l'*Hougly*, un des bras du Gange, à 35 lieues de son embouchure, s'élève au fond d'une belle anse formée par le fleuve. La ville est grande; ses rues sont larges et bien alignées, ses maisons construites avec élégance. La plus grande largeur de

notre territoire est de 1877 mètres, et la plus grande longueur
5187. La superficie totale est de 940 hectares. Ces chiffres misérables démontrent l'excès de notre impuissance. 28,512 Français ou Hindous dépendent encore de Chandernagor, qui, sans
nul doute, jouerait en ce moment le rôle de sa voisine Calcutta,
si la fortune avait mieux secondé nos efforts. C'est donc à ce
coin de terre, à cette agglomération de huttes basses et sales,
que se borne notre empire dans le Bengale! Il y a quelques
années, une occasion inespérée se présenta de tirer parti des
avantages que présente la ville par sa belle position, ses côtes
pittoresques et son climat relativement salubre. On traçait
alors le chemin de fer de Calcutta à Delhi. Une Compagnie anglaise se forma à Calcutta pour faire de notre colonie comme
la ville de plaisance de la capitale indienne. On devait y construire des villas, un théâtre, une salle de jeux, en un mot y
attirer les Européens, et, comme compensation, on demandait
au gouvernement français la cession des terrains nécessaires à
la gare et à la voie. Il fallait accepter les yeux fermés, mais
l'administration suscita mille difficultés et éleva des prétentions exagérées. Aussitôt la Compagnie fit passer sa ligne en
dehors de notre territoire, de sorte que le chemin de fer évite
soigneusement notre colonie et qu'il faut aller chercher la
gare à plusieurs kilomètres de la ville. Chandernagor est devenue une véritable nécropole.

Le cinquième et dernier territoire occupé par la France se
trouve sur la côte opposée, la côte de *Malabar*. C'est la ville
de *Mahé*, dont le territoire a une superficie de 5909 hectares et
une population de 8000 âmes. Mahé est située sur la rive
gauche et près de l'embouchure d'une petite rivière qui porte
son nom et qui est navigable pour des bateaux de 60 à
70 tonneaux jusqu'à une distance de 10 kilomètres. L'entrée
de cette rivière est barrée par des rochers qu'on ne peut franchir qu'à marée haute. A proprement parler, Mahé n'est pas
une ville : c'est un jardin touffu où l'on a construit des maisons. On dirait un nid de feuillage. Les maisons européennes
n'ont qu'un étage; elles sont ombragées par des bananiers et
des lataniers. Quant aux cases des indigènes, ce sont de petites
huttes en paille, où grouille une nombreuse famille rongée de
vermine. Quatre aldées, *Pandakel*, *Chambaro*, *Palour* et *Cha-*

lakara dépendent de Mahé. Elles sont séparées de la ville, mais reliées entre elles par plusieurs routes bien entretenues.

En résumé, cinq villes, présentant une superficie d'environ 56,000 hectares et une population de 330 à 350,000 âmes : c'est bien peu pour nous, qui avons possédé le tiers de l'Hindoustan et donné des ordres à 35 millions de sujets hindous !

Nous ne parlerons que pour mémoire de nos huit autres établissements. On les appelle des loges, parce que nous avons le droit d'y établir des comptoirs ou loges pour la vente des marchandises. Voici d'abord *Surate,* dans le golfe de *Cambaye,* le premier point sur lequel nous nous soyons établis. Nous y possédons encore une factorerie occupée par un gardien. Les jardins et les constructions qui en dépendent sont loués pour la misérable somme de 2000 francs. Viennent ensuite *Calicut,* sur la côte du *Malabar, Mazulipatam* et son aldée de *Francepett,* entre Pondichéry et Yanaon, *Cassinbazar, Jougdia, Dacca, Balassor* et *Patna,* dans le *Bengale.* A l'exception de Calicut et de Mazulipatam, qu'abrite encore le pavillon français, la plupart de ces loges sont louées à l'administration anglaise pour de modiques sommes, qui figurent au budget local de l'établissement le plus voisin dont elles dépendent.

A notre ancienne domination se rattachent encore les droits non abolis d'établir des factoreries à *Mascate* dans l'*Oman,* et à *Moka* dans l'*Yémen.*

Pondichéry, Yanaon et Karikal jouissent du même climat, qui est généralement salubre. De janvier à octobre règne la saison sèche. Le reste du temps appartient à l'hivernage. Les pluies sont fort rares. Chandernagor, à cause du grand nombre des bois et des étangs qui l'environnent, possède un climat fort doux, mais son territoire est de temps à autre ravagé par des cyclones. Ceux de 1854 et de 1869 ont détruit une partie de la ville. Mahé a un excellent climat. La température y est plus fraîche et plus régulière que dans nos autres établissements.

Nous sommes donc favorisés sous ce rapport : aussi la population s'accroît-elle régulièrement, d'après des proportions connues. Elle se compose de trois éléments principaux : *Européens* et *descendants d'Européens, Hindous, Topas.* Les Hindous se divisent, d'après leur religion, en deux classes, ayant chacune son langage, ses mœurs, sa religion et ses coutumes : les Hindous proprement dits et les musulmans. Les premiers se subdivisent en une foule de castes qui varient dans chacun de nos établissements, mais dans lesquelles on retrouve toujours les quatre castes principales, *Brahmanes* ou prêtres, *Kchatryas* ou guerriers, *Vaicyas* ou agriculteurs, *Soudras* ou esclaves. Ils sont en général petits et faibles, mais agiles dans leurs mouvements. Leurs cheveux sont noirs et touffus, rudes au toucher. Les musulmans, au contraire, sont plus forts et plus grands. Les traits mâles de leur visage, leur taille élevée, leur barbe noire et bien fournie rappellent la race arabe. Ils ont sur les Hindous une réelle supériorité morale et physique. Quant aux Topas, qu'on appelle encore gens à chapeau, ce sont les descendants des Européens et des femmes indigènes. Ils sont d'une couleur de peau moins foncée que celle des Hindous. Le sang qui coule dans leurs veines les rattache à la population européenne, dont ils ont pris l'habillement. Les Européens dans nos établissements s'adonnent généralement au commerce, les Topas à quelque industrie de ville ou à la domesticité, les indigènes hindous ou musulmans à l'exploitation de la terre, à la filature du coton, au tissage et à la teinture en bleu des toiles de coton.

L'agriculture est soumise à une foule d'usages locaux, que le gouvernement français, héritier des princes hindous, a eu raison de respecter, mais en partant de ce principe que la condition des travailleurs devait constamment s'améliorer. Les travailleurs ou *coolies* sont en effet bien plus heureux sur notre territoire que dans les possessions anglaises, et nous sommes obligés de recevoir dans nos villes un grand nombre de cultivateurs indigènes, qui, pressés par la misère, viennent nous demander un asile et des secours. Les principales cultures agricoles sont : le riz, qui sert de base à l'alimentation ; l'indigo, dont la culture a été introduite dans le sud il y a cent ans à peine, et qui donne d'excellents produits servant à la teinture des guinées ou toiles bleues; le cocotier, dont on récolte les fibres, la sève qui donne l'areck, l'huile, les fruits et le bois. Parmi les cultures secondaires, nous citerons le bétel, le tabac, la canne à sucre, le coton, quelques plantes oléagineuses et des arbres fruitiers. Le bétel est d'une consommation générale.

Tous les indigènes en mâchent les feuilles saupoudrées de chaux et d'areck.

La principale industrie est celle de la filature, du tissage et de la teinture des étoffes de coton, nommées *guinées,* qu'on exporte en grande quantité pour l'Afrique. Le tissage des natifs, réduit par la concurrence des machines à circonscrire ses produits, et frappé de la même décadence que dans tout l'Hindoustan, se borne à fabriquer quelques mousselines ou des tissus grossiers à l'usage des basses classes. Pondichéry est le centre de cette fabrication. Karikal a bien des industries analogues, mais d'une importance moindre : elle fabrique surtout des petits navires et des petites embarcations réputées dans l'océan Indien pour leur légèreté. Chandernagor, Mahé et Yanaon sont en pleine décadence comme villes industrielles. Comme elles ont à tirer les matières premières du territoire anglais, et que les droits de sortie sont très élevés, cette quasi-prohibition explique la stagnation actuelle des affaires.

Nos colonies de l'Hindoustan se soutiennent donc : réduites à leur rôle agricole ou industriel, elles ne présenteraient qu'un intérêt médiocre. Par bonheur, elles sont devenues des foyers permanents de recrutement et d'émigration de travailleurs hindous, à destination des autres colonies, surtout de la Réunion et même de la Guyane. De plus, Pondichéry a été choisie comme une des stations de la ligne maritime que suivent nos paquebots pour relier Marseille au Japon et à la Chine par Suez. De là un rôle nouveau et une nouvelle perspective de prospérité commerciale.

Il est néanmoins à craindre que notre rôle politique soit à jamais terminé dans la péninsule indienne. De plus en plus, nos villes ressembleront à ce que sont, dans la même région, les cités portugaises, c'est-à-dire qu'elles n'auront qu'une importance historique et purement rétrospective. On raconte qu'en 1815 un des plénipotentiaires anglais du Congrès, lord Castelreagh, proposa à la France de lui rendre l'île de France en échange de nos comptoirs de l'Hindoustan. Nos négociateurs n'acceptèrent pas cette proposition. En tenant compte des légitimes susceptibilités du patriotisme et de l'amour propre national, et à ne considérer que nos intérêts commerciaux et politiques, mieux eût valu pourtant recouvrer cette belle île, qui assurait notre prépondérance dans le bassin méridional de l'océan Indien et préparait l'annexion de Madagascar. Attachons-nous donc, puisque nous les possédons encore, à ces humbles débris de notre fortune passée, et envoyons un fraternel salut à ces villes, qui seraient devenues des capitales, si nous avions écouté nos Dupleix, nos Bussy et nos Suffren.

CHAPITRE II

LA COCHINCHINE FRANÇAISE

BIBLIOGRAPHIE

M. Barbié du Bocage a publié en 1866, dans la *Revue maritime et coloniale*, une *Bibliographie annamite* de 470 numéros : 1-257, ouvrages spéciaux ; 258-284, documents renfermés dans les recueils et les collections de voyages ; 285-409, manuscrits ; 410-470, cartes. Aucun travail analogue n'a été entrepris depuis cette époque.

Taberd. *Tabula geographica imperii Annamitici.* 1838.

X.... *La Cochinchine en* 1859 (*Tour du monde*, 1860).

Bineteau. *La Cochinchine française* (*Bulletin de la Société de géographie de Paris*, 1862).

L. Pallu. *Conquête de la Cochinchine* (*Revue des Deux-Mondes*, 1862).

L. de Grammont. *Onze mois de sous-préfecture en Basse Cochinchine.* 1863.

Aubaret. *Histoire et description de la Basse Cochinchine.* 1863.

Bonnard. *Exploration du grand fleuve de Kambodge* (*Revue maritime et coloniale*, 1863).

Bineteau. *Notes sur les usages des populations indigènes de la Cochinchine française* (*Société de géographie*, novembre 1863).

Diard. *Renseignements sur les ressources naturelles de la Cochinchine et sur les cultures que le pays comporte* (*Annales du commerce extérieur*, 1863).

Petrus Truong Vinh Ky. *Notice sur le royaume khmer ou de Cambodge* (*Société de géographie*, 1863).

L. Pallu. *Histoire de l'expédition de Cochinchine, en* 1861. 1864.

L. de Grammont. *Notice sur la Basse Cochinchine* (*Société de géographie*, 1864).

Bineteau. *La Cochinchine française* (*Société de géographie*, 1864).

Jaeger. *Productions et cultures de la Basse Cochinchine* (*Annales maritimes et coloniales*, 1864).

G. Francis. *La Cochinchine en* 1864. 1864.

Richaud. *Essai de topographie médicale de la Cochinchine française* (*Archives de médecine navale*, 1864).

X...*Le commerce de Saïgon en 1862 (Annales maritimes et coloniales,* 1865).
X.... *La Cochinchine française en 1865 (Revue maritime et coloniale,* 1865).
Viaud. *L'île de Poulo-Condor.* 1865.
Aubaret. *Code annamite.* 1865.
Spowner. *Renseignements topographiques, statistiques et commerciaux sur le Cambodge (Annales du commerce extérieur,* 1865).
X.... *Lettres sur le Cambodge (Revue maritime et coloniale,* 1865).
Taillefer. *La Cochinchine Ce qu'elle est. Ce qu'elle sera. Deux ans de séjour dans ce pays* (1863-1865). 1865.
De Coincy. *Quelques mots sur la Cochinchine en 1866.* 1866.
E. du Hailly. *Souvenirs d'une campagne dans l'extrême Orient (Revue des Deux-Mondes,* 1866).
E. du Hailly. *Les débuts d'une colonie (Annales maritimes et coloniales,* 1866).
Legrand de La Liraye. *Notes historiques sur la nation annamite.* 1866.
Jouan. *Coup d'œil sur la flore de la Basse Cochinchine.* 1866.
Richard. *Saïgon et ses environs au commencement de 1866 (Revue maritime et coloniale,* 1866).
Richard. *Une tournée dans la province de Mytho (Revue maritime et coloniale,* 1867).
Richard. *Notes pour servir à l'ethnographie de la Cochinchine (Revue maritime et coloniale,* 1867).
Vial. *Rapport sur la situation de la colonie, ses institutions et ses finances.* 1867.
Duchesne de Bellecourt. *Les établissements de la France dans le bassin du Mékong (Revue des Deux-Mondes,* mars 1867).
Aubaret. *Grammaire annamite.* 1867.
Des Varannes. *La Cochinchine française depuis l'annexion des provinces du Sud (Revue des Deux-Mondes,* 1868).
J. Siegfried. *Rapport sur la Cochinchine française.* 1868.
Jouan. *Histoire naturelle de la Basse Cochinchine et de l'île de Paulo-Condor (Revue des cours scientifiques,* juin 1868).
J. Siegfried. *Seize mois autour du monde.* 1869.
Lemire. *La Cochinchine française et le royaume de Cambodge.* 1869.
La Grandière. *Les ports de l'extrême Orient. Débuts de l'occupation française en Cochinchine.* 1869.
Ginelle. *La Cochinchine géographique et médicale.* Paris, 1869.
F. Garnier. *Note sur l'exploration du cours de Cambodge par une commission scientifique française (Société de géographie,* 1869).
F. Garnier. *Épisode du voyage d'exploration dans l'Indo-Chine (Société de géographie,* 1869).
F. Garnier. *Voyage d'exploration en Indo-Chine (Annales maritimes et coloniales,* 1869).
De Carné. *Exploration du Mékong (Revue des Deux-Mondes,* 1869).
De Carné. *Le royaume de Cambodge et le protectorat français (Revue des Deux-Mondes,* 1869).
Bourchel. *Essai sur les mœurs et les institutions du peuple annamite.* 1869.
Wyts. *Iles françaises du golfe de Siam (Annales hydrographiques,* 1869).
Aurillac. *La Cochinchine.* 1870.
Jameau. *Manuel pratique de la langue cambodgienne.* 1870.
Thorel. *Notes médicales du voyage d'exploration du Mékong et de la Cochinchine.* 1870.
Dariès. *La Cochinchine française. Son organisation (Revue maritime et coloniale,* 1871).

Wyts. *Prise de possession des provinces de Winhlong, Hatien et Chaudoc* (Revue maritime et coloniale, 1871).
X.... *La Cochinchine en 1871* (Revue des Deux-Mondes, 1872).
X... *La Cochinchine jugée à l'étranger* (Revue maritime et coloniale, nov. 1872).
Crémazy. *Le commerce de la France dans l'extrême Orient* (Revue maritime et coloniale, 1872).
Vial. *L'instruction publique en Cochinchine* (Revue maritime et coloniale, mars 1872).
F. Garnier. *Chronique royale du Cambodge* (Journal asiatique, 1872).
Brossard de Corbigny. *De Saïgon à Bangkok* (Revue maritime et coloniale, juin 1872).
X.... *La Cochinchine en 1873* (Revue maritime et coloniale, octobre 1873).
Salnave. *La Cochinchine française.* 1873.
Guenard. *Essai de topographie médicale de la Basse Cochinchine.* 1873.
Vial. *Les premières années de la Cochinchine.* 1874.
Bouillevaux. *L'Annam et le Cambodge.* 1874.
Marcel. *Le Cambodge et les intérêts français dans l'extrême Orient* (Économiste français, 1874).
Aymonnier. *Dictionnaire franco-cambodgien.* 1874.
Ducos de La Haille. *Le cours du Hong-Kiang ou Tongking* (Société de géographie, nov. 1874).
De Villeneuve. *Les affaires du Tongking et le traité français* (Correspondant, 1874).
Romanet du Caillaud. *La France au Tongking* (Correspondant, 1874).
Moudières. *Renseignements ethnographiques sur la Cochinchine* (Société d'anthropologie, janvier 1875).
Morice. *L'anthropologie de l'Indo-Chine* (Société d'anthropologie, 1875).
Harmand. *Aperçu pathologique sur la Cochinchine.* 1875.
Delaporte. *Le Cambodge et les régions inexplorées de l'Indo-Chine centrale* (Société de géographie, février 1875).
Comte de Croizier. *L'art kmèr.* 1875.
Aymonnier. *Notice sur le Cambodge.* 1875.
De Villemereuil. *Doudart de La Grée* (Explorateur, 1875).
Harmand. *Souvenirs du Tongking* (Société de géographie, mars 1875).
Luro. *Cours d'administration annamite.* 1875.
Morice. *Voyage en Cochinchine* (Tour du monde, 1876; Globus, 1876).
Héraud. *Annuaire des marées de la Basse Cochinchine.* 1876.
Tirant. *La Cochinchine française* (Société de géographie de Lyon, 1876).
Petrus Truong Vinh Ky. *Petit cours de géographie et petite histoire de la Basse Cochinchine.* 1876.
Aymonnier. *Géographie du Cambodge.* 1876.
Harmand. *Voyage au Cambodge* (Société de géographie, 1876).
Tournafond. *Les missions catholiques d'Annam* (Explorateur, 1876).
Philastre. *Code annamite.* 1876.
Gros. *L'Annam* (Explorateur, 1876).
Ch. Meyniard. *L'exploration française du fleuve Rouge au Tongking* (Revue scientifique, 1876.)
Fontpertuis. *L'ouverture du Tongking au commerce* (Économiste français,

Fontpertuis. *Les ressources naturelles du Tongking* (Économiste français, 1876).
Cordier. *Les voies commerciales du Tongking* (Explorateur, 1876).
Dupuis. *La route commerciale française du golfe de Tongking à la Chine par le fleuve Rouge* (Explorateur, 1876).

Mourouzier. *L'Annam et le Tongking méridional*. 1876.
Harmand. *Le Laos et le Cambodge siamois* (Société de géographie, 1872).
Harmand. *De Bassac à Attopen* (Société de géographie, sept. 1877).
Harmand. *Les îles de Poulo-Condor. Le haut Donnaï et ses habitants*. 1877.
Romanet du Caillaud. *Conquête du delta du Tongking* (Tour du monde, 1877).
L. Feer. *Études cambodgiennes* (Journal de la Société asiatique, 1877).
Delaporte. *Mission archéologique aux ruines des Kmérs* (Revue des Deux-Mondes, sept. 1877).
X.... *Notes géographiques sur l'Annam* (Missions catholiques, nov. 1877).
Dutreuil de Rhins. *Notes sur l'Annam* (Société de géographie, avril 1877).
X.... *La Cochinchine française en 1878 par le Comité agricole et industriel de la Cochinchine*. 1878.
Bionne. *La Cochinchine* (Exploration, avril 1878).
Palasne de Champeaux. *Saïgon et Cholon*. (Exploration, nov. 1878 et janvier 1879).
Harmand. *De Bassac à Hué* (Société de géographie, janv. 1879).
Dutreuil de Rhins. *Le royaume d'Annam et les Annamites*. 1879.
Harmand. *Le Laos* (Tour du monde, juillet 1879).

I. — Géographie historique.

La Cochinchine française est, après l'Algérie, la plus importante de nos colonies. Par son admirable position géographique, par les ressources pour ainsi dire inépuisables de son sol et les qualités de ses habitants, elle semble appelée à un magnifique avenir. Nous avons déjà perdu par nos fautes ou notre indifférence de belles possessions, où nous avons été supplantés par des rivaux plus audacieux ou plutôt plus persévérants. Puisque notre bonne fortune nous a conduits dans une région où nous pouvons rapidement et sûrement retrouver ce que nous avons perdu, espérons que les malheurs du passé seront le garant de l'avenir, et qu'on ne tournera plus en dérision nos entreprises coloniales, en alléguant que nous ne nous établissons dans un pays nouveau que pour en *essuyer les murs*.

On appelle *Cochinchine* la partie orientale de la péninsule indo-chinoise, celle que baignent les eaux du Pacifique. La Cochinchine faisait jadis partie de l'empire d'*Annam*, un des quatre états qui se partagent l'Indo-Chine. Des six provinces qui la composaient, les trois premières furent annexées à la France en 1862 et les trois dernières en 1867, à la suite de guerres et de négociations dont voici l'histoire résumée :

L'empire d'Annam n'a longtemps été qu'une dépendance de la Chine ; il ne s'est affranchi de sa domination qu'au commencement du xvᵉ siècle. Ce fut N'guyen-Tien, l'ancêtre des rois actuels, qui opéra cette révolution en 1428. Le pays alors habité par les Annamites n'était autre que le Tongking de nos jours; il s'étendait dans le sud jusqu'à la chaîne de montagnes située au nord de Hué. Vers le milieu du xvıᵉ siècle, les Annamites conquirent la contrée à laquelle Hué sert de capitale. Au xvıIᵉ et au xvIIIᵉ siècle, ils s'emparèrent de la Cochinchine et soumirent le Cambodge à leur protectorat. Peu à peu ils devenaient redoutables et menaçaient de s'étendre sur la presqu'île indo-chinoise tout entière. Le Siam, la Birmanie, la Chine elle-même respectaient leur autonomie.

C'est à la fin du xvIIIᵉ siècle que la France entra directement en relations avec l'empire d'Annam. Elle n'y avait été jusque-là représentée que par ses missionnaires et ses martyrs. Depuis quelques années, plusieurs prétendants se disputaient le trône, et la guerre civile était comme en permanence. L'héritier légitime, Gya-long, chassé du trône, eut alors la pensée de recourir à la France, dont il avait entendu vanter la puissance par un de nos compatriotes, le missionnaire Georges Pigneau de Béhaine, nommé par le Saint-Siège en 1770 évêque d'Adran. Mgr de Béhaine, qui espérait à la fois convertir au catholicisme le prince dépossédé et l'attacher à la France par les liens de la reconnaissance, lui proposa de partir lui-même, avec son fils aîné, pour négocier cette alliance. Louis XVI régnait alors. Ce souverain s'occupait activement de la question coloniale. Non seulement il donnait tous ses soins à réorganiser la marine et à augmenter nos possessions d'outre-mer, mais encore il s'intéressait directement aux expéditions et aux navigations contemporaines : parfois même il en traçait le plan. Aussi accueillit-il avec empressement le prince impérial d'Annam et l'évêque d'Adran. Il comprenait les avantages commerciaux et politiques que procurerait à la France une station ou un établissement dans les mers orientales. Peut-être même songeait-il, dès la première heure, à refaire en Indo-Chine cet empire franço-indien qui avait échappé à son grand-père Louis XV. Les négociations furent donc menées avec rapidité, et, le 18 avril 1787, un traité d'alliance offensive et défensive était signé à Versailles entre la France et l'Annam. Ce traité concédait à notre pays certains avantages territoriaux. Nous acquérions en toute souveraineté la baie de *Tourane* et ses dépendances, ainsi que l'île de *Poulo-Condor*. De plus, nos vaisseaux étaient admis sans payer de droits d'entrée, à l'exclusion des autres marines européennes, et nos négociants avaient le droit de libre circulation. Enfin la religion chrétienne était autorisée. De son côté, le roi de France s'engageait à seconder l'empereur dans tous ses efforts pour rentrer en possession de son trône et lui promettait un secours effectif de dix frégates, 1450 fantassins, 200 artilleurs et des canons en quantité suffisante. Il était également stipulé que les deux souverains se soutiendraient réciproquement, en cas de guerre, dans les mers de l'extrême Orient.

Ce traité, qui pouvait modifier à notre profit la politique européenne dans ces lointaines régions, ne fut jamais exécuté. La Révolution en fit une lettre morte. Pourtant l'escadre française promise partit avec l'évêque d'Adran. Le gouverneur de Pondichéry, de Conway, devait commander l'expédition ; mais, influencé par une femme suspecte, dont l'évêque n'avait pas ménagé la vanité, il fit échouer l'entreprise. Mgr de Béhaine, sans se décourager, fréta à Pondichéry deux navires de commerce, qu'il chargea de munitions de guerre, et s'y embarqua avec quelques officiers français et un certain nombre de volontaires de la colonie. L'histoire a conservé les noms de quelques-uns d'entre eux : Dayot, Ollivier, Vannier, Le Brun, Chaigneau, etc. L'arrivée des Français eut un immense retentissement dans tout l'Annam. La renommée, du reste fondée sur le mérite réel de nos compatriotes, donna une force nouvelle au parti de l'empereur. Gya-long put organiser une armée et une flotte. Des régiments furent dressés à la discipline et aux manœuvres européennes, des navires de guerre construits, et plusieurs citadelles élevées. Quand nos officiers lui eurent ainsi donné le moyen de rentrer en campagne, Gya-long prit Saïgong, brûla la flotte ennemie dans le havre de Qui-nhon, conquit Hué en 1796 et le Tongking en 1802. Peu à peu, l'empire d'Annam se reconstitua. Gya-long récompensa les services de ses auxiliaires français en les élevant à la dignité de mandarin, et en les comblant d'honneurs et de richesses. L'évêque d'Adran resta son ami et son confident jusqu'à sa mort, qui eut lieu en 1799. Bien que la reconnaissance ne soit pas la vertu favorite des Annamites, Gya-long parut le regretter sincèrement. On lui fit des funérailles magnifiques, on l'enterra dans un jardin qu'il avait cultivé lui-même, et on lui éleva un monument qui subsiste encore, près de Saïgong. Ce mausolée a été préservé par la mémoire qu'il consacrait, et cela même au plus fort de nos guerres contre l'empereur Tu-duc.

Malgré les services incontestables à lui rendus par ceux de nos compatriotes qui l'aidèrent à conquérir et à reconstituer son royaume, malgré le traité qui le liait à la France, Gya-long n'avait pas la mémoire du cœur. En 1818, une frégate française, la *Cybèle*, fut envoyée à Tourane par Louis XVIII, sous les ordres du comte de Kergariou, pour essayer de nouer de nouvelles relations avec Gya-long. Ce prince reçut avec honneur notre envoyé, mais ne parut pas se souvenir du traité de 1787, et sembla même mécontent de ces allusions à un engagement lointain. Il avait autrefois usé de la France; mais, comme il n'en avait plus besoin, il ne tenait plus à se lier avec elle. Quelques mois plus tard, le 25 janvier 1820, il mourait, en laissant la réputation d'un des meilleurs souverains de l'Annam.

Son fils et successeur Mingh-mang régna de 1820 à 1841. Il était fort intelligent, énergique, poète à ses heures, mais défiant et perfide. Comme il craignait l'esprit envahisseur des Européens, il chercha d'abord à les éloigner, puis finit par leur interdire, sous peine de mort, l'entrée de l'Annam. Chaigneaux et Vannier, les deux seuls officiers qui avaient survécu parmi les anciens compagnons de Monseigneur d'Adran, se voyant systématiquement mis de côté, et exclus des fonctions auxquelles ils avaient droit, revinrent en France en 1825. Débarrassé de leur présence, Mingh-mang leva le masque et se déclara ouvertement persécuteur des chrétiens. Dès 1833, un de nos missionnaires, Mgr Gagelin, mourait étranglé; en 1837 périssait l'abbé Cornay, en 1838 les abbés Jaccard et Boué. Quelques missionnaires espagnols, les Pères Delgado, Henarès et Fernandez, partageaient le sort de nos compatriotes. Un grand nombre d'Annamites, clercs ou laïques, mouraient également pour la défense de la foi, après avoir souffert les plus atroces tortures. L'Eglise Annamite recevait ainsi son baptême sanglant et faisait preuve d'une vitalité et d'un courage dignes des premiers siècles chrétiens.

Thientri, fils et successeur de Mingh-mang, régna de 1841 à

1847. Il n'aimait pas les Européens plus que son père, mais craignait de se compromettre; aussi, en 1843, rendit-il la liberté à cinq missionnaires français, captifs à Hué, grâce à l'intervention du capitaine Lévêque, et, en 1845, à Mgr Lefebre, évêque d'Isauropolis, sur les réclamations de l'amiral Cécile; mais, en 1847, il se montra moins facile et opposa aux demandes de MM. Lapierre et Rigault de Genouilly un refus absolu. Il essaya même de les surprendre traîtreusement dans la baie de Tourane. Nos officiers étaient sur leurs gardes. Une bataille s'engagea, et la flotte annamite fut détruite. Ce fut notre première intervention dans l'Annam. L'empereur Thientri, pour se venger, publia un nouvel édit, qui condamnait à mort tous les Européens. On revêtait, paraît-il, des mannequins de l'uniforme français, et ils étaient fusillés sans pitié. L'empereur, dans sa rage, allait jusqu'à briser tous les objets de provenance française qu'il avait dans son palais.

Son fils et successeur, Tu-duc, continua les traditions paternelles. Il détestait les Européens, et la persécution contre les chrétiens recommença avec autant de violence que sous le règne de Mingh-mang. En 1851 Schœffer, et en 1852 Bonnard, deux missionnaires, étaient décapités. Les têtes de leurs collègues étaient mises à prix pour la somme de 3,000 francs, et les Annamites qui leur donnaient asile subissaient la peine capitale. Le gouvernement français finit par s'inquiéter de ces persécutions et résolut d'intervenir. En 1856, il envoya M. de Montigny à la cour de Hué pour y présenter nos réclamations. On a prétendu que l'Empereur Napoléon III cherchait alors un prétexte pour entrer hardiment dans les voies de la colonisation et qu'il songeait à s'emparer de Madagascar, de la Cochinchine et même de la Corée. Trop heureux notre pays si telles eussent été les intentions de l'Empereur! Certes mieux aurait valu tourner les forces et l'énergie de la France vers ces contrées splendides que se heurter à l'ingratitude italienne ou à la brutalité allemande! L'Empereur se contenta d'envoyer un seul vaisseau, le *Catinat*, dans la baie de Tourane. Après avoir subi des avanies de toute nature, le commandant de ce navire fut obligé, pour soutenir l'honneur du drapeau, de descendre à terre avec une compagnie de marins. Il prit les forts qui dominent Tourane, noya les poudres qui y étaient en dépôt et encloua soixante pièces de canon ; mais il ne pouvait se maintenir sur les positions conquises, et dut revenir en France. En 1856 comme en 1847, notre intervention n'avait été qu'un coup de force, destiné à prouver aux Annamites que nous leur étions supérieurs en courage, en discipline et en instruments de guerre, mais qui n'amenait aucun résultat sérieux, puisque nous étions forcés d'abandonner nos conquêtes. Aussi les Annamites ne nous redoutaient pas. « Vous aboyez comme des chiens, disaient-ils, et vous fuyez comme des chèvres. »

La conséquence immédiate de cette nouvelle retraite de la France fut un redoublement de persécutions contre les chrétiens. Deux évêques, Mgrs Diaz et Garcia San Pedro, furent décapités, et un grand nombre de chrétiens indigènes, prêtres ou laïques, tombèrent victimes de la haine du gouvernement annamite. Tant de sang versé réclamait vengeance. La France et l'Espagne résolurent cette fois d'unir leurs efforts. Le patriotisme, l'humanité, la religion, et plus encore les vues commerciales et colonisatrices déterminèrent Napoléon III et la reine Isabelle à entreprendre une expédition sérieuse. Un ministre de la royauté de 1830 écrivait dans les instructions officielles d'une de nos entreprises maritimes : « Il ne convient pas que la France soit absente d'une si grande partie du monde où déjà les autres nations de l'Europe ont pris pied. Il ne faut pas que, en cas d'avanies, nos bâtiments ne puissent se réparer que dans la colonie portugaise de Macao, dans le port anglais de Hongkong, ou dans l'arsenal espagnol de Tavite. » Le ministre prévoyant ne réclamait pour la France qu'un port de refuge. Les circonstances ont voulu que nous ayons mis la main sur un véritable empire. Ce n'est certes pas nous qui nous en plaindrons.

Les forces franco-espagnoles, sous le commandement suprême de l'amiral Rigault de Genouilly, se disposèrent à attaquer l'Annam. Tourane tomba de nouveau entre nos mains le 1er septembre 1858 ; mais le commandant français ne crut pas devoir marcher immédiatement contre la capitale Hué. C'eût été pourtant le moyen de terminer promptement la campagne, surtout avec des Asiatiques. Il préféra se maintenir à Tourane, et, toutes les fois que les Annamites essayèrent de le débusquer de cette position, il leur infligea de sanglants désastres. Tourane n'était pourtant pas une position bien avantageuse, même au point de vue commercial : sans doute elle commandait la capitale et surveillait toute la côte, mais le pays était insalubre et les communications difficiles. Il existait, au sud, une autre position plus avantageuse, *Saïgon*, bâtie sur un des bras du delta que projette le Mékong, avant de se jeter à la mer. L'amiral Rigault de Genouilly s'en empara (17 février 1859) et y établit une forte garnison. On lui conseillait également d'envahir le Tongking et de profiter des germes de mécontentement qui existaient dans cette province contre la dynastie régnante, mais il n'avait que peu de forces à sa disposition, et de graves événements se préparaient en Asie : non seulement il renonça à toute intervention dans le Tongking, mais encore évacua Tourane, où les fièvres décimaient nos troupes, et concentra toutes les forces françaises à Saïgon.

Ces hésitations et cette évacuation enhardirent les Annamites, qui, d'ailleurs, étaient persuadés que les barbares de l'Occident, légers de caractère, sans esprit de suite et sans consistance, découragés par l'insalubrité du climat et par la maladie, finiraient par retourner en Europe. L'empereur Tu-duc eut grand soin de représenter à ses sujets l'évacuation de Tourane comme un grand succès remporté par ses troupes, et leur annonça qu'il ne restait plus qu'à jeter à la mer une poignée d'aventuriers. En même temps, et pour donner à la lutte un caractère religieux, il redoubla de rigueur contre les chrétiens, qu'il affectait de représenter comme des traîtres et des espions. Les événements faillirent lui donner raison. On était alors en 1861. D'accord avec l'Angleterre, la France soutenait contre le gigantesque empire chinois une lutte formidable, et non seulement n'avait envoyé aucun renfort à la petite armée qui opérait alors contre l'Annam, mais encore lui avait enlevé tous les contingents disponibles. Nos forces étaient réduites à sept cents hommes environ, et sans nul espoir d'être augmentées avant la fin de la guerre chinoise. L'empereur Tu-duc, qui connaissait et leur petit nombre et leur détresse, résolut d'en profiter pour les exterminer, et lança contre Saïgon son meilleur général, N'guyen, et sa plus nombreuse armée. La situation devenait critique. Les Annamites de Saïgon, bien qu'ils affectassent la neutralité la plus absolue, songeaient à ménager la colère de leur futur vainqueur et se disposaient à nous trahir. Les Chinois et les autres Asiatiques arrivés depuis peu dans cette ville pour y jouir de la sécurité que la protection de notre drapeau assurait au commerce, ne nous connaissaient pas assez pour nous accorder leurs sympathies, et, s'ils ne nous trahissaient pas encore, au moins étaient-ils tout disposés à la défection. Par bonheur, les sept cents marins ou soldats qui composaient la garnison de Saïgon étaient des braves, et leur commandant, le capitaine Dariès, les animait de son ardeur. Tous étaient déterminés à pousser la résistance jusqu'à ses dernières limites et à mourir plutôt que de se rendre.

Saïgon est bâtie sur le *Donnaï*, un des bras du Mékong, ou plutôt fleuve à part, qui prend sa source dans le nord, mais est rattaché au Mékong par de nombreux canaux. Ces canaux, dont les uns sont naturels et les autres creusés par la main de l'homme, portent le nom spécial d'*arroyos*. Les deux plus importants sont celui de l'*Avalanche* au nord, et l'*arroyo Chinois* au sud. C'est dans l'espace compris entre ces deux arroyos et un des coudes du Donnaï que se trouve Saïgon. En 1791, le colonel Ollivier, un des compagnons de l'évêque d'Adran, avait fortifié Saïgon, et, en 1837, les Annamites avaient encore augmenté ces fortifications en construisant une citadelle; mais elles parurent insuffisantes à nos soldats, qui occupèrent, en avant de la place, une ligne défensive, dite des *pagodes*, parce que ces temples furent convertis en redoutes. Cette ligne, marquée à l'ouest par la pagode des Mares et à l'est par la pagode des Clochetons, s'étendait de la citadelle de Saïgon au village de Caï-maï, parallèlement à l'arroyo de l'Avalanche. Contre cette ligne devaient se briser tous les efforts des Annamites.

Bien que la région qui s'étend autour de Saïgon se développe en une immense plaine sans accident de terrain, formée comme elle l'est par les alluvions de tous les cours d'eau indochinois, il est peu de pays aussi difficile pour les manœuvres d'une armée. Cela tient au peu de consistance du sol, et surtout au grand nombre des arroyos. « Quand on les voit pour la première fois, qu'on essaye de rompre leurs bordures d'épines et de fange, qu'on se sent disparaître dans la vase, qu'on est déchiré au visage, réduit à l'impuissance par des herbes molles et fortes qui s'enroulent et se nouent d'elles-mêmes, on se demande comment on pourra déjouer les attaques et la surprise d'un ennemi qui brave tous ces obstacles. » Aussi, pour triompher de pareils obstacles, et pour résister en outre à un soleil torride, à des exhalaisons malsaines et à l'éloignement du pays natal, était-il besoin d'hommes fortement trempés.

Les Annamites étaient en effet de redoutables ennemis. Ils ne ressemblent pas aux autres Asiatiques. Ils ont du ressort et de l'énergie. Ils ont sur le courage et sur la manière dont il se transmet une abominable superstition. Un de leurs chefs, réputé pour sa bravoure, est-il tué, ils lui ouvrent la poitrine, lui arrachent le cœur et le dévorent tout palpitant; alors ils vont en avant, rien ne les arrête plus. D'ailleurs les leçons que nous leurs avons données depuis un siècle et l'enseignement de nos officiers avaient porté leurs fruits. Ils étaient bien armés, bien commandés, habitués à la discipline, et très suffisamment exercés. Depuis que bon nombre d'entre eux sont devenus nos sujets, ils ont fait preuve de qualités militaires incontestables. Ainsi s'expliquent l'acharnement de la lutte et les dangers très réels que coururent nos soldats. Le lieutenant de Tu-duc, N'guyen, savait qu'il lui serait fort difficile de s'emparer par un coup de main de Saïgon. Il résolut de nous bloquer. Il ordonna d'immenses travaux de fortification dans la vaste plaine qui s'étend au nord de Saïgon et qu'on appelle la *plaine des Tombeaux*. Dans le petit village de *Ki-hoâ*, il improvisa un vaste camp retranché, défendu par de formidables batteries, et s'empara de toutes les routes. Du grand corps de Ki-hoâ partaient comme autant de bras, qui étouffaient et réduisaient à l'impuissance la garnison de Saïgon. Il était fort difficile à nos hommes de dépasser la ligne des pagodes, car ils tombaient aussitôt dans une embuscade. Leur patience s'usait dans cette lutte contre un ennemi invisible. S'ils avaient essayé d'aborder de front les lignes de Ki-hoâ, ils se seraient heurtés contre des obstacles accumulés. Les Annamites n'avaient-ils pas imaginé de se servir des tiges et des touffes épineuses du bambou, pour enfoncer des pieux pointus dans des trous à loup, pour faire des chevaux de frise et des barrières, et pour couronner toute l'enceinte d'un buisson épineux.

Pendant plusieurs mois, les hostilités se bornèrent à des surprises et à des escarmouches. Nos hommes étaient incapables de tenter une attaque des lignes de Ki-hoâ, et on eût dit que les Annamites, avant de se lancer contre Saïgon, voulaient mettre de leur côté toutes les chances de réussite. Pendant une nuit pluvieuse et obscure, ils se décidèrent à attaquer le *fort des Clochetons,* mais essuyèrent des pertes énormes. D'autres attaques n'eurent pas plus de succès. Nos pauvres soldats étaient néanmoins en trop petit nombre ; ils étaient trop harassés de fatigue, et auraient fini par succomber, si l'heureux succès de la guerre entreprise contre la Chine n'eût enfin permis de leur amener des renforts considérables. Cette petite garnison de Saïgon, isolée, presque abandonnée, a bien mérité de la patrie : c'est à elle que nous devons la conservation de la Cochinchine, et que nous devrons peut-être notre futur empire d'Orient.

L'amiral Charner, le commandant en chef des forces françaises dans les mers orientales, arriva à Saïgon le 2 février 1861. Il amenait avec lui près de 3000 hommes, rompus à toutes les fatigues, éprouvés et affinés par la laborieuse campagne de Chine, dignes de combattre aux côtés des braves de Saïgon. Les officiers surtout se faisaient remarquer par un ensemble de qualités rarement réunies dans un corps expéditionnaire. Depuis plusieurs années, ils n'avaient pas revu la France. Sensibles à la gloire, à l'honneur d'augmenter leur réputation, ils formaient une admirable réunion militaire. Un chef pouvait s'appuyer avec confiance sur de tels hommes.

Le jour même où l'amiral Charner débarquait à Saïgon, il recevait le capitaine Dariès et le colonel espagnol Guttierez, qui, depuis un an, dirigeaient la défense de la place, leur prodiguait les éloges qu'ils méritaient, et s'entendait avec eux pour prendre résolument l'offensive et disperser l'armée Annamite. Voici le plan qu'on adopta : Pendant que la flotte, sur la droite, remontera le Donnaï en culbutant les obstacles accumulés par l'ennemi, détruira les barrages, réduira les forts, et dominera le cours supérieur du fleuve, au centre la ligne des pagodes, munie d'une puissante artillerie, maintiendra l'ennemi dans l'impuissance, et, à gauche, le corps expéditionnaire, partant de Caï-maï, qui devient sa base d'opérations, prendra à revers les lignes de Ki-hoâ et, se rapprochant du Donnaï et de la flotte, fermera presque complètement l'étau qui doit écraser l'ennemi. Dès lors, l'armée Annamite n'aura plus d'autre alternative que d'accepter une lutte décisive ou d'être en un seul coup écrasée et dispersée. Le plan était habile. Il fut exécuté avec énergie et nous assura la victoire.

Le 24 février 1861, à quatre heures du matin, le mouvement se dessina. Pendant que l'artillerie de la ligne des pagodes, renforcée par les grosses pièces de marine que les matelots avaient hissées à grand'peine jusque sur les parapets, ouvrait le feu et inquiétait l'ennemi, l'amiral Page, chargé du commandement de la flotte, remontait le Donnaï, en réduisant au silence les batteries ennemies; l'amiral Charner partait de Caï-maï et commençait une audacieuse marche de flanc, contre Ki-hoâ. A mille mètres environ de l'ennemi, nos pièces rayées entrèrent en ligne contre les redoutes annamites. Pendant ce combat d'artillerie, les troupes à pied prolongèrent le revers de l'ennemi, et sur le soir, vinrent camper sur sa ligne de retraite. C'était un premier succès.

Le lendemain 25, s'engagea la bataille décisive. Trois colonnes d'assaut furent formées. Comme la plaine ne présentait aucun abri, il fallut s'avancer à découvert. L'artillerie annamite, bien dirigée, nous fit d'abord éprouver des pertes cruelles. De plus, quand nous approchâmes des remparts, comme les Annamites avaient creusé jusqu'à cinq lignes de trous à loup, dissimulés par de légers clayonnages, et sur lesquels l'herbe avait poussé, plusieurs de nos soldats y tombèrent et se blessèrent sur les fers de lance qui les garnissaient. Malgré ces obstacles, ils pénétrèrent de trois côtés à la fois dans les lignes et réussirent à s'y maintenir. 150 canons, 2000 fusils, beaucoup de vieilles armes et des munitions tombèrent entre nos mains; mais nous fîmes peu de prisonniers, car nous étions dépourvus de cavalerie, et l'ennemi se retirait en bon ordre. On a prétendu que, si nous avions eu à notre disposition seulement quelques escadrons de cavalerie, l'armée Annamite tout entière tombait entre nos mains, mais les Annamites ne se laissent jamais acculer, et, pour parler comme un de leurs généraux, ils disparaissent comme des rats.

Le succès n'en était pas moins éclatant. Les imposantes fortifications de Ki-hoâ nous appartenaient, Saïgon était dégagé, la province tout entière reconnaissait notre autorité, et les deux villes voisines, Bien-hoa et Mytho, étaient directement menacées. Enfin l'armée Annamite, désorganisée, à demi rompue, perdait la confiance qui l'avait jusqu'alors animée.

L'amiral Charner résolut de profiter de cette victoire pour s'emparer de *Mytho*, principal centre commercial de la Basse Cochinchine, dont la possession devait assurer ses derrières et donner à la France un pays d'une prodigieuse fertilité. Mytho est sur le grand bras du Mékong, au débouché de plusieurs routes ou canaux que les Annamites avaient coupés par des batteries ou comblés par de grosses jonques remplies de pierres et de vase. Pour s'avancer jusqu'au cœur de la place, il fallait triompher de ces obstacles accumulés, et cela dans un pays malsain et à travers une population hostile. L'amiral Charner chargea le commandant Bourdais de déblayer le terrain. Ce dernier s'acquitta de sa difficile mission avec une rare intrépidité. Il s'ouvrit un chemin à travers les arroyos, et approchait de Mytho, quand il fut emporté par un boulet. Ses soldats le vengèrent en s'emparant de la place (12 avril 1861).

La double victoire de Ki-hoâ et de Mytho eut un retentissement extraordinaire dans toute l'Asie. Les Annamites en furent comme frappés de stupeur. Ils avaient tellement vanté leurs succès que leur défaite n'en paraissait que plus désastreuse. Des bandes de brigands s'étaient répandues dans les deux provinces conquises, qui semblaient menacées d'une véritable dissolution sociale. L'amiral pensa qu'il fallait momentanément borner la conquête, à moins de ruiner le territoire conquis. D'ailleurs l'épuisement des troupes, décimées par le choléra et la fièvre, et la saison de l'hivernage, qui transforme pendant six mois le pays en marécage, lui imposaient la nécessité de s'arrêter. Il suspendit donc les opérations de guerre et organisa le territoire des deux provinces conquises. Quelques semaines après, il retournait en France, après avoir transmis ses pouvoirs à l'amiral Bonnard.

Les Annamites n'avaient pas encore renoncé à la lutte. Pendant la saison des pluies, ils se réorganisèrent à *Bien-hoá*, au nord de Saïgon, et parurent disposés à reprendre les hostilités. Le nouveau commandant en chef accepta le défi, et, le 15 décembre 1861, rentra en campagne; quelques jours plus tard, le camp retranché, les batteries et les barrages étaient enlevés ou détruits. Les Annamites abandonnaient la citadelle de Bien-hoâ, qui tombait en notre pouvoir avec un matériel de guerre considérable, et une troisième province était annexée. Le général N'guyen se résigna à l'évacuer, mais en laissant de son passage un terrible souvenir. Comme il se défiait des chrétiens indigènes et de leurs sympathies pour la France, il avait parqué tous ceux de la province dans des enclos entourés de matières combustibles auxquelles il fit mettre le feu. Plusieurs centaines d'infortunés furent ainsi brûlés vifs. Quelques jours plus tard, nos soldats recueillaient encore des femmes et des enfants qui avaient pu s'échapper des mains de leurs barbares compatriotes. Cette atroce exécution fut pour nous plus utile qu'une victoire. Non seulement tous les chrétiens se rallièrent franchement à nous, mais encore tous les indifférents, et ils étaient nombreux, se prononcèrent contre ces impitoyables rigueurs et devinrent nos partisans. Un courant favorable d'opinion s'établit en notre faveur, et les habitants des trois provinces conquises s'habituèrent avec plaisir à la pensée de rester soumis à la France.

Depuis quelque temps, en effet, des négociations étaient ouvertes. L'empereur Tu-duc, confondu dans son orgueil par ces défaites répétées, commençait à comprendre que la résistance était difficile, et que mieux valait pour lui traiter sérieusement. Le 5 juin 1862 fut conclue entre ses ambassadeurs et l'amiral Bonnard une convention par laquelle étaient cédées à la France en toute propriété les trois provinces de *Saïgon, Bienhod* et *Mytho*, ainsi que l'île de *Poulo-Condor*, et une indemnité de guerre de vingt millions était stipulée en faveur des alliés.

A ne considérer que les apparences, ce traité [1] était pour nous fort avantageux, puisqu'il nous assurait la possession d'un territoire fertile. En réalité, ce n'était qu'une trêve passagère.

---

1. Avant la ratification du traité, il nous avait fallu réprimer quelques insurrections, entre autres celle que fomentait, à Gocong, un agent secret de Tu-duc, le mandarin Quan-dinh. (Février 1861-1864).

Nous n'avions en effet conquis que la moitié de la Cochinchine. Les trois provinces de Ha-tien, Chaudoc et Vin-long restaient en dehors de notre action [1], et, comme le traité de 1862 réservait le libre passage sur nos possessions pour les agents, les préfets et les barques annamites, notre territoire ne formait, à vrai dire, qu'une enclave dans l'empire d'Annam. Des bandits ou des rebelles pouvaient nous attaquer presque impunément, assurés de trouver en quelques heures un asile chez leurs compatriotes, grâce aux arroyos qui relient entre eux les bras du Mékong et que nous ne possédions pas encore. La cour de Hué semblait rester fidèle aux clauses du traité ; elle payait même assez exactement aux échéances convenues l'indemnité de guerre ; mais elle travaillait sourdement à notre expulsion. Les mandarins encourageaient la résistance à nos ordres et semaient partout des doutes sur la prolongation de notre occupation. Notre attitude, il est vrai, les encourageait peut-être à répandre ces bruits, car il fut un moment question à Paris de garder Saïgon comme un simple comptoir commercial et de rétrocéder aux Annamites la plus grande partie de leurs anciens territoires. Le conseil des ministres se serait même prononcé dans ce sens, et notre consul à Bangkok partit, en janvier 1864, muni des pleins pouvoirs du ministre des affaires étrangères pour négocier avec la cour de Hué la rétrocession des trois provinces. Par bonheur, un de nos ministres, aussi bien servi par son patriotisme que par ses connaissances spéciales, l'honorable M. Duruy, réussit à persuader l'Empereur de la nécessité de conserver la Cochinchine. Napoléon III, auquel répugnait cet abandon, lança aussitôt un contre-ordre, qui arriva le 21 juillet au soir devant Hué, la veille du jour fixé pour l'entrevue entre notre plénipotentiaire et l'empereur Tu-duc. La Cochinchine restait terre française.

---

1. *Proclamation de l'amiral La Grandière* : « Les trois provinces de la Basse-Cochinchine qui sont restées soumises à la domination annamite, n'ont cessé d'être le refuge de tous les mécontents, de tous les agitateurs, de tous les ennemis de notre autorité. J'ai été plusieurs fois dans la nécessité d'appeler l'attention des représentants du gouvernement annamite sur les embarras qu'ils me créaient, sur la voie dangereuse dans laquelle ils s'engageaient en accordant une tolérance coupable et peut-être des encouragements tacites à ces incorrigibles fauteurs de désordre. Mes représentations n'ont amené que des réponses évasives que j'ai dû considérer comme un aveu d'impuissance ou comme un refus de me satisfaire. »

Le successeur de Bonnard, l'amiral La Grandière, par sa ferme attitude, assura l'avenir compromis de la colonie. Ce fut lui qui, pour mettre un terme aux perpétuelles insurrections qui désolaient le pays, obtint l'autorisation de s'emparer des trois provinces de l'ouest. Il venait d'imposer au roi de Cambodge le protectorat de la France et avait de la sorte couvert notre frontière du nord ; mais à l'ouest nous prêtions encore le flanc. L'amiral, qui avait résolu de neutraliser la funeste influence des mandarins de ces trois povinces, fit savoir à leur chef suprême, au mandarin Fan-tan-giang, qu'il interviendrait à la première occasion. Cette occasion se présenta bientôt. Au commencement de la saison des pluies, à peu près vers la fin du mois d'avril, les travaux agricoles sont d'ordinaire suspendus en Cochinchine, et les agitateurs peuvent facilement trouver des recrues dans cette masse d'hommes inoccupés. En effet, au mois de mai 1867, à date fixe et pour ainsi dire prévue, éclata une insurrection générale. Nos troupes étaient toutes disposées à entrer en campagne. Elles avaient hâte d'assurer à la colonie des jours prospères, en mettant un terme à ces dévastations périodiques, qui annulaient les forces productives de ce beau pays : aussi reçurent-elles avec empressement le signal du départ.

L'expédition fut menée avec vigueur. Le 19 juin 1867, nos canonnières paraissaient devant *Vin-long* et investissaient la place. « Les habitants, plus curieux qu'effrayés, étaient groupés sur les rives du fleuve. Aucune résistance ne fut faite à notre entrée dans la citadelle restée ouverte. Bientôt après, le gouverneur Fan-tan-giang, accompagné de mandarins militaires et civils, sortit de la place et vint à bord de l'*Ondine*, où flottait le pavillon du vice-amiral La Grandière. Si petit que fût le cadre, l'entrevue empruntait aux circonstances une certaine solennité, car Fan-tan-giang nous apportait la soumission d'une population de plus de 500,000 âmes. Dans une allocution courte et digne, il recommanda les provinces à la clémence du vainqueur, et, après avoir fait ses réserves pour les propriétés particulières de l'État, revint à terre pour que toute l'administration et les armes nous fussent remises sans lutte et sans tromperie. »

Le 21, nous prenions *Chaudoc*, et le 24 *Hatien*, chefs-lieux des deux autres provinces. En moins d'une semaine, les principaux marchés, les villages et les centres importants étaient occupés sans difficulté. L'annexion se fit sans tirer un coup de fusil, et le gros de nos troupes regagna Saïgon, laissant des garnisons aux points stratégiques. Les habitants ne bougèrent pas ; ils s'accoutumèrent tout de suite à notre domination, car nous leur apportions, comme cadeau de bienvenue, l'abolition des douanes intérieures et de plusieurs impôts iniques. Aussi bien la plupart d'entre eux étaient fort heureux d'être débarrassés de la tyrannie annamite. La guerre et les brigandages, dont la région était le théâtre depuis quelques années, commençaient à leur peser. Ils espéraient que l'administration française, tout en maintenant la paix publique, assurerait leur sécurité. Ils se résignèrent donc à leur nouveau sort. Fan-tan-giang, l'ex-gouverneur, n'aurait pas mieux demandé que de suivre leur exemple, mais il ne voulut pas avoir l'air d'avoir vendu son pays. Pour que sa mémoire restât sans tache aux yeux de ses concitoyens et de son empereur, il résolut de périr et se laissa mourir de faim. Arrivé à la dernière limite de l'épuisement, il fit venir les siens, leur recommanda de considérer la France comme leur vraie patrie et s'éteignit. D'après une autre version, il se serait empoisonné. Cette mort simple et digne termina noblement une carrière honorable. Fan-tan-giang avait énergiquement lutté contre nous, et son dernier acte fut un sacrifice pour sauver son honneur et l'existence de plusieurs milliers de ses concitoyens.

L'annexion des trois provinces de Hatien, Chaudoc et Vinlong doublait l'étendue de notre territoire et lui donnait ses véritables frontières naturelles. Ainsi que l'écrivait le journal de la colonie, le *Courrier de Saïgon* : « Cette conquête pacifique nous fait atteindre nos frontières naturelles, nous établit dans une forte position destinée à dominer le golfe de Siam, nous constitue dans les meilleures conditions de défense, et nous permet de nous livrer, sans crainte d'être inquiétés par des voisins turbulents, à toutes les améliorations nécessaires pour développer les richesses et faire fructifier les germes de fécondité inépuisables de son sol : nous ne serons plus troublés dans cette tâche, dont la réussite n'est pas douteuse et promet avant peu à la France la possession paisible et fructueuse de l'une des plus belles colonies du monde. » C'est en effet de cette époque seulement que la Cochinchine française a conquis sa véritable situation dans le monde de l'extrême Orient. Ce n'est pas seulement pour nous agrandir que nous avons annexé ces trois provinces, c'est plus encore pour conquérir un gage de sécurité et occuper le foyer d'insurrections incessantes fomentées contre notre autorité et nos droits : conditions excellentes pour l'avenir et la prospérité de la jeune colonie. Telle est pourtant l'indifférence française en matière coloniale que cette annexion, faite en quelques jours, sans perte d'hommes ni dépenses sérieuses, a passé presque inaperçue. Nous sommes pourtant les maîtres d'un territoire qui représente le huitième de la superficie totale de la France, et dont la fécondité rappelle celle des deltas que forment les grands fleuves à leur embouchure. Près de deux millions de sujets reconnaissent notre autorité. La colonie contribue déjà, pour sa bonne part, au payement de nos impôts, et même donne un excédant de recettes au budget général. L'avenir est là, il n'y a pas à en douter ! Mieux vaudrait renoncer absolument à toute idée d'annexion européenne, non sans avoir réglé nos comptes avec qui de droit, et transporter notre champ d'action dans l'extrême Orient. Puissent nos souhaits se réaliser quelque jour !

II. — Géographie physique

La Cochinchine française a pour limites, au nord le Cambodge et l'Annam, au sud la mer de Chine, à l'ouest le golfe de Siam. Elle a une superficie de 56243 kilomètres carrés. A proprement parler, elle constitue le delta du *Mékong* ou *Cambodge*, le plus grand fleuve de l'Indo-Chine, qui, avant de se jeter à la mer, mêle ses eaux à celles d'un grand nombre de petits fleuves dont le cours est parallèle au sien et qui unissent leurs bras dans un inextricable lacis de canaux naturels ou artificiels. Voici les principaux de ces cours d'eau : 1º le *Donnaï* ou rivière de Bien-hoa; 2º la rivière de *Saïgon*; 3º le *grand Vaïco*; 4º le *petit Vaïco*. Ces quatre cours d'eau, que peuvent remonter les plus grands navires jusqu'à 80 milles de leur embouchure, ne sont que les artères principales. Une multitude de canaux, naturels ou artificiels, les *arroyos* [1], relient ces artères entre elles et remplacent avec avantage les voies de transport terrestre. Vient ensuite le Mékong proprement dit. Il a déjà parcouru plus de 3200 kilomètres, quand il arrive dans le Cambodge, où il se divise en deux grands bras qui enferment un delta large de 120 kilomètres. Les deux bras communiquent entre eux. Celui de l'est confond ses eaux avec celles du Donnaï, du Saïgon et des deux Vaïco; celui de l'ouest est uni par le grand canal de Ha-tien au golfe de Siam. Il se jette à la mer par onze embouchures, dont deux seulement navigables. Les autres sont bouchées par les dépôts de vase qu'entraîne le courant. Il est difficile de trouver un système hydrographique mieux combiné. On dirait six grandes routes parallèles, reliées entre elles par de nombreux tronçons perpendiculaires. La Hollande en Europe, l'Egypte en Afrique, la Louisiane en Amérique peuvent donner une idée de ce prodigieux enchevêtrement de cours d'eau, qui constitue la richesse et l'importance de la région.

La Cochinchine française est donc une vaste plaine parcourue par les bras du Mékong. Le sol peut se diviser en terres basses et terres hautes. Les terres basses comprennent des rizières, des forêts de palétuviers et des plaines immenses, où croissent à perte de vue des herbes et des joncs, mais qui sont susceptibles d'une culture facile. Les terres hautes, qui commencent au-dessous de Saïgon et s'étendent jusqu'aux limites septentrionales de la province de Bien-hoa, et aussi à l'extrémité occidentale de la province de Ha-tien, se partagent en terres cultivées, en terrains non cultivés, mais qui pourraient l'être aisément, et en forêts. Ce sont les dernières ramifications de la chaîne qui descend du Thibet, traverse le Yunnam et sépare l'Annam du Mékong. Elles forment divers systèmes de collines, d'une médiocre altitude, très boisées, au milieu desquelles se détachent quelques pics d'une hauteur plus imposante (*Son-lu*, 300 m.; *Chua-sang*, 600 m.; *Ba-dinh*, 600 m.; *Nuiçam*, 400 m.).

1. Du HAILLY, *Souvenirs d'une campagne dans l'extrême Orient*. « Les arroyos sont la vie de la Cochinchine. Ils tripleront la fécondité du sol le jour où, par des travaux qu'indique la nature des lieux, nous en aurons fait, comme en Lombardie, des instruments d'irrigation pour les mois de la saison sèche. »

La Cochinchine tout entière peut donc et doit être exploitée par la main de l'homme. De plus, comme elle occupe une admirable position géographique, en face des plus grandes îles de la Malaisie, sur la route de la Chine et du Japon, à égale distance de Hong-Kong et de Singapour, dans cette Méditerranée orientale où s'agitent les intérêts commerciaux de deux cents millions de producteurs et de consommateurs, elle semble appelée à un magnifique avenir commercial.

La côte, depuis le cap *Baké* jusqu'au cap *Camao*, suit la direction du sud-ouest. Elle est marquée par le cap *Saint-Jacques*. Les apports du Mékong ont constitué une grande presqu'île couverte de palétuviers, très malsaine, et qui augmente incessamment ; cette presqu'île comprend la plus grande partie de la province d'Ha-tien. A partir du cap Camao, la côte se relève brusquement dans la direction du nord, puis s'infléchit vers le nord-ouest jusqu'à la frontière. Elle est alors baignée par le golfe de Siam.

A la côte se rattachent les *îlots des Deux-Frères* et l'*île Poulo-Condor*, qui se divise *en grande* et en *petite Condor*. Un isthme étroit réunit les deux parties de l'île. Son sol est volcanique. Elle a une superficie de 6013 hectares. Le groupe de *Phuquoc*, les *îles des Pirates* et l'archipel de *Poulo-Dama* sont baignés par le golfe de Siam.

Dans la mer de Chine, la côte est sûre, et les navires qui viennent du nord peuvent l'attaquer sans danger. Dans le golfe de Siam, au contraire, les navires doivent se défier des nombreuses barres des fleuves, qui se prolongent en mer à des distances considérables, en formant des bancs à fleur d'eau.

Le climat de la Cochinchine est chaud, humide, peu sain, débilitant, surtout pour des Européens. La température varie entre 20 et 30°, sauf dans la saison sèche, où le thermomètre monte pendant le jour à 35° et descend la nuit jusqu'à 17°. L'année est partagée inégalement en deux saisons. De décembre à la fin d'avril, pas une goutte de pluie ne vient rafraîchir l'atmosphère embrasée. La végétation est alors comme arrêtée. Les arbres languissent, les plaines n'offrent qu'une succession de savanes jaunâtres; aux premières pluies, tout change. La terre se couvre subitement d'un tapis d'herbe verte; le feuillage des arbres se ravive, et le pays prend un air riant. Ces brusques alternatives nuisent à la santé générale. Les fièvres paludéennes, produites par les exhalaisons délétères de toutes ces eaux, dont beaucoup sont stagnantes, sont à redouter. Après quelques semaines de séjour, les Européens ont tous un teint légèrement jaunâtre, les joues amaigries et des yeux très vifs. De plus, quand ils causent ensemble, surtout à table, le diapason des conversations monte constamment, et souvent les entretiens dégénèrent en disputes. Cela tient au climat. L'Européen, en Cochinchine, contracte facilement des maladies de foie, de même que les indigènes sont sujets aux maladies de poitrine, à cause de leur négligence à se couvrir pendant la fraîcheur des nuits.

De la géographie physique, passons à la géographie économique, et énumérons les principales productions de notre colonie.

III. — Géographie économique.

Les animaux féroces ne sont pas nombreux. De loin en loin, quelque *tigre* échappé des jungles de l'intérieur jette l'épouvante dans les villages; mais on organise une battue, et il est vite tué. Les *crocodiles* seraient plus dangereux, car ils sont très nombreux; mais les Annamites, très friands de leur chair, leur font une chasse active. A Cholen, non loin de Saïgon, existe un parc, sans doute unique au monde, un parc à crocodiles. Il est formé par une barrière de longs et lourds pieux sur la berge de la rivière. Dans ce bassin, qu'inondent régulièrement les grandes marées, grouillent quelques centaines de crocodiles. Veut-on sacrifier un de ces monstres, on jette autour de son cou un nœud coulant, et on le tire au dehors après avoir soulevé deux pieux. On amarre ensuite la queue le long du corps, on attache ses pattes sur son dos avec du rotin, et telle est la solidité de ces liens végétaux que, malgré sa force prodigieuse, le redoutable saurien se laisse tuer sans même essayer de se venger. Sa chair, un peu coriace et imprégnée d'une forte odeur de musc, n'est pas désagréable.

Il est d'autres animaux autrement redoutables; en première

ligne, les *moustiques*, qui font aux nouveaux débarqués une guerre inexpiable et rendraient le pays complètement inhabitable, s'ils n'avaient pour ennemis acharnés un autre insecte, fort laid mais très utile, qu'on a décoré du nom peu mélodieux de *margouilla*. Ces margouillas hantent les maisons, où ils sont fort respectés. Ils ressemblent à de grosses araignées. Ils sont toujours occupés à poursuivre les moustiques, dont ils font d'effroyables consommations. Un autre ennemi de l'homme en Cochinchine est le *cancrelat*, insecte immonde, qui dévore ou souille ce qu'il rencontre; mais, par bonheur, il a un redoutable adversaire, un grand lézard, nommé le *gecko*. On dirait une salamandre terrestre. Sur sa peau, d'un gris bleuâtre, s'élèvent une quantité de petits tubercules sortant du milieu d'une tache orangée. Grâce aux lamelles dont le dessous de ses pattes est garni et qui agissent comme des ventouses, il peut marcher, au mépris des lois de la pesanteur, sur les surfaces les plus lisses. Son cri est d'une sonorité étrange. La première fois qu'on l'entend, on est presque effrayé. Il est très casanier de nature et ne s'écarte jamais beaucoup du gîte qu'il s'est choisi. Sans sa laideur et son cri, qui finit par gêner, ce serait un véritable allié de l'homme.

En Cochinchine, il faut encore lutter contre les araignées, les scorpions et les fourmis, et cette fois lutter sans alliés. Le monde des *arachnides* est d'une richesse exubérante : énormes *faucheux* courant sur leurs échasses dans les jardins, *araignées-loups* qui sautent au soleil, *épeires dorées* qui tissent des toiles assez résistantes pour prendre de gros insectes, et *mygales* aussi grosses que leurs congénères d'Amérique. Les *scorpions* sont d'une fécondité redoutable, surtout le scorpion noir, dont la taille atteint quinze centimètres. Quant aux *fourmis*, elles constituent un véritable fléau. Les unes, comme la grosse fourmi rouge, habitent les arbres, surtout les manguiers. Il faut bien prendre garde de les irriter ou même de les déranger, car elles se vengent par de cuisantes piqûres. Les autres, les fourmis de feu, habitent les maisons. Elles font la police des demeures en dévorant toutes les bribes de victuailles qu'elles peuvent atteindre; mais on est obligé, pour préserver les meubles, de tremper leurs pieds dans des vases remplis d'eau mélangée d'acide phénique. Quand, par malheur, ces hôtes incommodes se sont établis dans un lit, il n'y a plus qu'à fuir ou qu'à passer la nuit blanche. Une troisième espèce, moins commune, mais plus terrible encore, les *coukïen bouhot* des indigènes, possèdent un dard aussi perçant que celui de la guêpe.

Parmi nos ennemis, nous citerons encore l'innombrable variété des reptiles. Les plus curieux, ou du moins les moins connus, sont les serpents d'eau, l'*herpeton tentaculé* ou *serpent à barbe*, qui est à moitié herbivore, et l'*homalopsis*, qui se promène avec toute sa famille et dépeuple les étangs. Citons encore le *varanus nebulosus*, qui atteint jusqu'à deux mètres de long et mugit avec furie, comme le ferait un bœuf; le *bungarus annularis*, énorme serpent à larges bandes circulaires alternativement noires et jaunes, et le *python réticulé*, qui présente la singulière particularité de donner asile dans ses tubes digestifs à de véritables légions de parasites.

Parmi les animaux rares ou étrangers qui vivent en Cochinchine, il nous faut encore signaler l'*ours malayanus* ou *des cocotiers*, qui n'est pas bien féroce, puisqu'on l'apprivoise, mais qui professe à l'égard de toutes les matières grasses et sucrées un amour désordonné; la *cigogne marabout*, qu'on apprivoise au point de s'en faire accompagner dans la rue, comme par un chien, et enfin le *concatiata*, ou poisson de combat. Sa longueur est d'environ cinq centimètres; son corps au repos est d'un gris foncé assez terne; mais, quand il est excité, ses couleurs étincellent. Son caractère est fort irascible. Les Annamites ont tourné à leur amusement ses instincts belliqueux. A peine deux d'entre eux se sont-ils aperçus qu'ils vont chercher de l'air à la surface de l'eau, gonflent leurs nageoires et exécutent en tordant leur corps des mouvements très rapides; puis ils s'abordent en cherchant à se mordre, ou bien se rangent bord à bord et se frappent de violents coups de queue. Quand l'un des adversaires s'est reconnu inférieur, il détend ses nageoires et ne cherche plus qu'à échapper aux terribles dents du vainqueur.

Si nous passons aux animaux domestiques, nous distinguerons le buffle, employé au labour et à la traction; le bœuf, beaucoup plus rare; le cheval, qui est petit, mais vigoureux; le porc, les volailles, etc. Les vers à soie sont élevés par tous les indigènes. Les cocons sont petits, de couleur jaune et ont une apparence grossière. Ils donnent chacun environ quatre décigrammes de fil. La série des opérations qui constituent l'élevage du ver à soie et la production des cocons et de la graine s'accomplit en une période de 45 à 50 jours. Les œufs ne se gardent que dix jours et éclosent au bout de ce temps. Les vers peuvent se reproduire toute l'année ; mais la production est moins abondante à la fin de la saison sèche, à cause du manque de feuilles.

Le poisson de rivière peuple en quantités énormes les fleuves cochinchinois, et les indigènes en font une consommation considérable. Le droit de pêche appartient à l'Etat, qui s'en dessaisit chaque année au bénéfice d'entrepreneurs privilégiés. Il en est de même pour le poisson de mer, qui chaque jour est transporté frais dans les marchés de l'intérieur par des barques d'une rapidité toute particulière.

Après les animaux, les végétaux. Le plus important de tous est le *riz*, ce blé des Asiatiques. Il pousse admirablement dans les plaines basses et inondées qui forment le delta du Mékong. L'étendue de terrain cultivé en riz dans les six provinces est environ de 300,000 hectares. Cette quantité de rizières fournit, année moyenne, 500,000 tonneaux de riz, qui représentent une valeur totale d'environ cent millions de francs. D'après M. Taillefer (ouv. cité), on pourrait augmenter la production du riz, en introduisant dans le pays des machines pour élever l'eau. « La Cochinchine peut produire cent fois plus de riz qu'il n'en faut à nos consommations. Si elle arrivait à produire quinze, vingt millions d'hectolitres, elle les vendrait facilement, parce qu'elle est environnée par 400 millions d'Asiatiques qui en vivent, et parce que son riz est recherché partout. » Le riz se cultive surtout dans les terrains bas et humides que l'on nomme *Thaodien* : ce sont les rizières proprement dites. Les terrains élevés se nomment *Sondien ;* mais ce riz de montagne est peu répandu et d'un rapport médiocre. Dans les Thaodien, le riz se sème au préalable dans de petits espaces réservés appelés *luama*. Au bout de trente ou quarante jours, quand les jeunes pousses ont atteint une certaine hauteur, on les arrache avec précaution et on fait de petites gerbes qu'on repique dans la terre boueuse de la rizière, en laissant entre chaque gerbe un espace suffisant pour lui permettre de se développer. Le temps des semailles commence vers la fin d'août et finit en septembre. Dans les pays où il y a deux récoltes, les premières semailles se font en février, et les secondes en juillet. Quand le riz est mûr, on fait écouler l'eau qui reste dans la rizière, puis on le fauche. Il est ensuite battu et vanné. Lorsqu'on veut le décortiquer, on le fait passer à la meule, et, pour enlever la dernière pellicule, on le bat avec un fléau cylindrique, formant levier, sur lequel pèsent deux personnes. La substitution des moyens mécaniques à ce mode primitif de récolte et de décortication a déjà accru le rendement des terres dans de notables proportions. Le meilleur riz rapporte cent pour un, disent les Annamites. On en distingue deux espèces principales, le *riz gras ou gélatineux* et le *riz ordinaire*, et environ deux cents variétés. Cette culture est une source presque inépuisable de prospérité pour notre jeune colonie.

Le *coton* réussit également en Cochinchine, où il rencontre un terrain très favorable. Sa qualité est bonne : c'est l'espèce courte soie qu'on emploie de préférence. Les indigènes jusqu'à présent n'en ont cultivé que pour leur consommation, mais cette culture est pleine d'avenir.

Il en est de même pour la canne à sucre, dont on distingue cinq variétés : la *rouge*, la *blanche*, la *verte*, la *rouge et blanche* et l'*éléphant*. Cette dernière atteint une longueur de trois mètres et un diamètre de 20 à 25 centimètres. Son suc est fort doux. Le *tabac* est d'excellente qualité, au dire de beaucoup d'Européens, mais trop chargé de nicotine. On a renoncé aux graines indigènes et planté des graines de la Havane, de Manille et de Sumatra. Ces essais ont parfaitement réussi. On cultive trois espèces de maïs : le *jaune*, le *blanc*, le *rouge et blanc*. Parmi les légumineuses cultivées, on distingue les *fèves*, les *haricots* et l'*arachide*. Les indigènes l'emploient quand elle est fraîche, soit pour composer des gâteaux, soit surtout pour faire de l'huile. Cette huile est recueillie en telle quantité qu'on ne peut employer la récolte dans l'espace d'un an ; aussi deviendra-t-elle et est-elle déjà un important objet de commerce. Outre l'arachide, la Cochinchine produit encore beaucoup de plantes oléagineuses, surtout du sésame. Elle possède également beaucoup de plantes textiles : sans parler du *chanvre*, on y fabrique encore des cordes et du gros fil avec des *joncs*, des *bambous*, du *rotin* et l'*écorce du cocotier*. Les principaux fruits sont ceux du cocotier, la mangue, le mangoustan, le jacq, la banane, l'ananas, le citron, l'orange, la mandarine, la grenade, etc. Parmi les épices, on remarque le *bétel*, le *poivre*, la *cannelle*, le *gingembre*, la *noix d'arec* et le *thé*. Le bétel et l'arec jouent un grand rôle dans l'existence des Annamites. Ils prennent une feuille de poivrier bétel, un morceau de noix d'arec et de la chaux de coquillage, blanche pour les pauvres, rose pour les riches. La chaux est étendue sur la feuille qui enveloppe la noix, et on n'a plus qu'à mâcher. Cette habitude a peut-être quelques côtés utiles, comme de diminuer la soif et de purifier l'haleine, mais elle présente le grand inconvénient de pourrir les dents et de les carier, de les déchausser, de colorer la muqueuse de la bouche en rouge vif, et de condamner à un crachotement continuel qui répugne.

Il existe encore dans l'Annam, beaucoup de plantes médicinales, qui sont généralement exportées en Chine, puis revendues aux Annamites sous le nom de médecines du Nord : noix vomique, assa-fœtida, benjoin, chiendent, mélisse, souchet, armoise, croton, rue, acanthe, etc. Parlons enfin des forêts, et nous connaîtrons toutes les richesses végétales du pays. Il en existait autrefois de magnifiques dans toute la région. Le détestable usage d'incendier les herbes à la fin de la saison sèche a contribué à détruire les forêts et à les empêcher de se reproduire. Il faut avancer aujourd'hui assez loin dans l'intérieur pour rencontrer des bois dignes de ce nom. Leur exploitation, facilitée par les nombreux cours d'eau qui les sillonnent, produit un grand nombre d'industries, bûcherons, scieurs de long, menuisiers, etc. Plus de quarante espèces différentes peuvent être employées à la teinture : d'autres sont réservées aux constructions navales, d'autres enfin à l'ébénisterie ou au charpentage. Par malheur, le séjour de ces forêts est meurtrier. Les fièvres pernicieuses y règnent toute l'année. Le voyageur qui se laisserait tenter par la fraîcheur des eaux ressentirait les frissons du terrible mal qu'on désigne sous le nom de fièvre des bois. Ce sont les sauvages Moïs qui seuls exploitent les forêts cochinchinoises.

Le règne minéral est maigrement représenté, sauf pour la

tourbe, qui se rencontre à peu près partout. Nous signalerons encore un minerai de fer assez abondant, la *limonite* ou fer des marais, c'est un mélange d'argile et de fer, qui, taillé en moellons, durcit à l'air et est employé pour les constructions. Quant aux marais salants, ils sont disposés comme en Europe et se composent d'un canal ou réservoir communiquant avec la mer au moyen d'une écluse, du marais proprement dit, divisé en une multitude de compartiments que séparent de petites chaussées, destinés à multiplier les surfaces pour augmenter l'évaporation et recevoir des eaux de plus en plus concentrées. Sous l'influence du soleil, le sel ne tarde pas à se cristalliser. Il est alors mis en tas et porté au magasin, pour être ensuite embarqué sur les jonques.

Telles sont les principales richesses naturelles de la Cochinchine. Elles sont abondantes, variées et susceptibles d'une augmentation indéfinie. L'annexion de la Cochinchine a donc été pour nous une heureuse affaire, et, si nous savons en profiter, peut-être trouverons-nous bientôt dans ce pays la compensation de nos pertes. Au lendemain de nos désastres, en 1871, un officier de marine écrivait dans la *Revue des Deux-Mondes* : « Si le résultat répond aux espérances que tout porte à concevoir, la culture nouvelle gagnera rapidement du terrain. Les plantations de café et de poivre, les productions, telles que l'indigo et les matières textiles, qui n'exigent pas, comme la culture et la manipulation de la canne, une première mise de fonds considérable, offrent un large champ à l'initiative des cultivateurs et aux établissements plus restreints... N'est-il pas permis d'espérer qu'un jour, comme les Indes hollandaises, la Cochinchine doit arriver à subvenir dans une large mesure aux besoins de la métropole? »

Du sol, passons aux indigènes, et traçons le portrait physique et moral de nos nouveaux compatriotes.

IV. — Géographie politique.

Bien que les Annamites aient la peau plus foncée que les Chinois, il est difficile de les classer dans la race noire. Ils appartiennent à cette grande race jaune qui occupe les deux tiers de l'Asie. Leur couleur est celle de la cannelle claire. Chez les personnes exposées au soleil, le hâle donne à la peau une teinte rougeâtre qui se rapproche de celle du cuivre rouge.

Les Annamites sont petits. Nous sommes très grands à côté d'eux. Leur force est inférieure à la nôtre. Soit hygiène mal entendue, soit faiblesse native, aucun d'eux ne résisterait à un Européen. Il n'y a que deux points sur lesquels ils soient nos maîtres : la possibilité de ramer dix heures de suite, et l'impunité avec laquelle ils bravent le soleil. Leurs membres sont bien proportionnés. Leur poitrine est large, leurs mains sèches et longues, leurs pieds plats et à orteils très écartés. Comme ces pieds ne sont jamais torturés par des chaussures, les orteils s'épanouissent librement et sans jamais se chevaucher. Aussi sont-ils plus mobiles que les nôtres. Avec leur pied, les Annamites tiennent l'étrier, le gouvernail; ils ramassent à terre des objets même petits, qu'ils élèvent ensuite à la hauteur de leur main, par exemple des pièces de vingt centimes. On a même voulu faire de cette mobilité des orteils comme un signe de race, mais il paraît qu'on avait exagéré ce détail de conformation physique.

Les Annamites ont le visage plat, le nez épaté, écrasé à la racine. La coquille de l'oreille est développée et s'écarte de la tête, les sourcils sont mal dessinés et peu fournis. Les yeux sont noirs, un peu petits, à fleur de tête et, la plupart du temps, obliques. Le front est découvert et bombé, les pommettes saillantes, le menton souvent fuyant et rapproché de la lèvre inférieure. La bouche n'est ni grande ni petite. Les dents sont droites, larges et verticales, mais l'usage du bétel leur donne parfois une direction oblique. Les Annamites, en résumé, ne réalisent précisément pas le type idéal de la beauté, tel que nous aimons à nous le représenter en Europe.

Leur démarche est caractéristique. Hommes et femmes marchent les pieds très écartés en dehors, ce qui leur donne un déhanchement fort disgracieux. Quelques attitudes qui leur sont spéciales méritent d'être signalées. Les enfants sont portés par les mères, non pas sur les bras comme chez nous, ou dans un sac attaché derrière le dos, mais posés à cheval sur la hanche maternelle et soutenus par un bras. Leur attitude de repos serait très fatigante pour nous. Ils ne s'assoient pas : ils s'accroupissent, la pointe du pied appuyée sur le sol et le torse reposant sur les talons. Ils peuvent rester longtemps dans cette position, qui nous paraîtrait bien gênante. Le long des routes il n'est pas rare de les rencontrer pliés ainsi et ruminant leur bétel. On remarque encore que, pour grimper aux arbres, ils embrassent l'arbre avec la paume des mains et la plante des pieds, le corps détaché, comme les singes ou les chats. Enfin le baiser leur est inconnu. Les mères annamites, qui cependant aiment leurs enfants, les respirent, pour ainsi dire, quand elles veulent les caresser, et les flairent en les rapprochant de leur nez.

On laisse les petits Annamites végéter à peu près comme des plantes. Jusqu'à l'âge de douze ou quinze ans, garçons et fillettes, très court vêtus, courent ensemble dans les rues et les jardins, se roulant dans la poussière et barbotant dans les ruisseaux, où ils se couvrent de vase. Quand ils commencent à travailler, les uns gardent les nombreux troupeaux de buffles qu'on rencontre dans la campagne, les autres cultivent les rizières. A Saïgon, on les emploie à des travaux de terrassement. Ceux qui vivent sur l'eau deviennent naturellement mariniers, pêcheurs, et même constructeurs de navires. On a remarqué que les Annamites des deux sexes se développaient lentement. Un jeune homme de vingt ans paraît n'en n'avoir que quinze, et des jeunes filles du même âge ont encore l'air de fillettes. Les femmes sont d'une fécondité remarquable. Les cases fourmillent d'enfants familiers et curieux, dont l'air intelligent disparaît à mesure qu'ils avancent en âge. La longévité n'est guère moindre en Cochinchine qu'en Europe. On cite des centenaires, et les octogénaires sont nombreux.

Les maladies auxquelles sont surtout exposés les Annamites sont une sorte de lèpre, les maladies d'yeux, les fièvres paludéennes, la variole et le choléra. On s'étonne que leur genre de vie ne soit pas plus nuisible, car leur manière de vivre est la plus insuffisante et la plus antihygiénique qu'on puisse rêver : de l'eau non filtrée ou à peine corrigée avec un peu d'alun, plus rarement du thé, du riz relevé par du piment, des concombres, du poisson plus ou moins frais, des légumes et des fruits. Ils mangent aussi des poules, mais ils n'apprécient leurs œufs que pourris ou couvés. Le porc est une des rares viandes, dont ils mangent parfois; mais, comme ces animaux sont mal nourris, leur chair est plutôt dangereuse que réconfortante. Meurt-il un animal quelconque, les Européens ont beau prendre des précautions pour enfouir son cadavre; les Annamites l'ont bientôt découvert, déterré et dépecé.

Si du moins la propreté suppléait à l'insuffisance de l'alimentation ! mais elle leur est inconnue. Ils ne quittent leurs vêtements que lorsqu'ils tombent en lambeaux. Ils ne prennent aucun soin pour entretenir leurs maisons, qui, bâties presque toutes sur pilotis, à moitié dans l'eau, à moitié dans la boue, sont fort malsaines. Les prescriptions de propreté générale, qui sont si bien entrées dans nos mœurs européennes, ne sont même pas soupçonnées par les Annamites. Ce sont les oiseaux de proie et les chiens errants qui sont chargés de nettoyer la voie publique. Quant aux matières spéciales, fort recherchées par une certaine industrie très recommandée par l'hygiène publique, comme cette industrie n'existe pas en Cochinchine, ce sont des animaux domestiques qui se chargent de ces fonctions municipales, en absorbant les ordures déposées autour des cases.

Il reste donc encore beaucoup à faire ; mais, depuis notre occupation, de grands progrès ont déjà été accomplis, car l'Annamite est très perfectible. Ceci nous amène à parler de son caractère et de ses qualités, bonnes ou mauvaises.

Les Annamites ont tous les vices appartenant aux races que l'esclavage, l'ignorance et la paresse ont faites pauvres, peu curieuses et craintives ; mais de ces vices se dégagent certaines qualités, qui permettent d'espérer beaucoup. Ainsi les Annamites sont gais, ils ont une puissante aptitude à apprendre et à comprendre, et même un certain orgueil de race. Sans être braves, ils ne reculent pas devant le danger. Bien qu'ils n'affrontent pas volontiers la mort sur les champs de bataille, jamais on ne les voit trembler quand ils sont malades, ni même quand ils subissent une condamnation. Leur courage passif, dirigé et soutenu par le patriotisme, deviendra peut-être un courage actif, c'est-à-dire ce noble sentiment qui nous fait, par devoir et par honneur, braver la mort en face de l'ennemi.

Les Annamites ont d'autres qualités : ils sont très polis, même obséquieux. Ils sont hospitaliers. Lorsqu'on entre dans une case, le chef de la famille offre au visiteur la place d'honneur, lui présente le bétel ou la cigarette et le feu. Pour peu que l'étranger manifeste le désir de passer la nuit sous son toit, il lui cédera la chambre la mieux meublée, ou, s'il n'y a qu'une chambre, ira chercher un asile chez le voisin. Les Annamites sont encore très dévoués à leurs parents et à leurs enfants. Ils possèdent à un très haut degré l'esprit des institutions municipales, et montrent à l'occasion un courage réel et un dévouement absolu, quand il s'agit de défendre leurs propriétés ou celles de leurs voisins contre les pirates ou contre les rebelles.

Voici le revers de la médaille : nous les connaissons déjà sales et gloutons. Ils sont de plus très colères ; les femmes surtout ont un penchant décidé pour la dispute. On les entend dans les cases s'injurier et s'apostropher entre elles. Ces disputes se terminent souvent par des rixes dont les cheveux font les moindres frais. Malgré leur docilité et leur douceur apparentes, nos nouveaux sujets sont parfois cruels jusqu'à la férocité. Très inconstants, ils commencent avec ardeur, mais se rebutent bientôt, et quittent volontiers leur profession, sauf à la reprendre avec la même aisance. Ils sont ingrats. Ils sont très enclins au vol. Le jeu est une de leurs passions favorites. Ils jouent tout ce qu'ils possèdent, leurs vêtements, leurs cases, leurs femmes et jusqu'à leur propre liberté. Cette malheureuse passion, dont les femmes ne sont pas exemptes, entraîne les désordres les plus graves, des rixes et parfois des meurtres. Ils sont très débauchés et fort menteurs. La vérité n'est que rarement respectée par eux, car ils commettent sans scrupule les mensonges les plus impudents. Conscience, loyauté, bonne foi sont pour eux des mots vides de sens; mais l'imposture et la fourberie sont très en honneur. Ils disent d'eux-mêmes qu'ils sont plus rusés que le renard, et ils ont raison.

Est-ce à dire que les Annamites soient une race pervertie et condamnée? Nullement: on aurait grand tort de ne pas essayer de les ramener au bien. Ces défauts ils les doivent surtout à l'esclavage, dont ils souffraient depuis des siècles. On leur avait enlevé toute dignité, tout respect d'eux-mêmes. On leur avait enseigné à se préoccuper uniquement de leurs besoins matériels, mais cette race a du ressort. Il n'y a pas vingt ans que nous possédons la Cochinchine, et, grâce à nos missionnaires et à nos instituteurs, de remarquables progrès se sont déjà accomplis. La régénération d'un peuple commence toujours par l'éducation, et voici que de nouvelles générations s'élèvent, qui apprennent avec avidité, qui s'imprègnent pour ainsi dire de la science et de la civilisation européennes, et nous gardent de la reconnaissance pour les services rendus. Jusqu'à notre arrivée, l'instruction était nulle, car le grand instituteur était le bâton [1]. Notre administration a sévèrement interdit la bastonnade. Ce fut un premier progrès. Un second progrès fut la substitution, dans l'écriture, des caractères latins aux caractères chinois [2]. Les caractères latins sont peu nombreux et très précis, tandis que les caractères chinois varient à l'infini. On en compte peut-être 80000, en sorte que le savant chinois est celui qui sait écrire. Cette simplification a été fort bien accueillie en Cochinchine, et tous les enfants aujourd'hui lisent et écrivent avec nos caractères.

La conséquence immédiate de ces progrès dans l'instruction est que les Annamites se rapprochent de nous et cherchent à nous imiter. Ils n'y ont pas encore réussi, et peut-être n'est-ce pas à souhaiter, mais n'est-ce pas un indice très satisfaisant et la preuve des sympathies que nous avons rencontrées, que cet empressement à copier nos institutions, nos modes et jusqu'à notre langage ? Les Annamites ont tout de suite compris que leurs intérêts les rapprochaient de nous, et ils ont vite oublié leur ancienne dynastie pour devenir nos sujets. Ce sont là d'heureuses dispositions, qu'il faut avoir grand soin d'entretenir.

La religion des Annamites est le bouddhisme, mais un boud-

---

1. Richard, ouv. cit. : « L'éducation annamite est au bout du rotin. Avant notre arrivée dans le pays, les grands mandarins l'employaient envers les petits mandarins, ceux-ci envers leurs subalternes. L'homme l'employait et l'emploie encore envers sa femme et ses enfants, et la mère en fait souvent usage dans ses moments de colère. »

2. *Situation de l'empire*, janvier 1865 : « L'introduction des caractères latins sera pour notre établissement d'une grande portée. Elle aura pour conséquence de dispenser les indigènes de l'obligation où ils étaient d'avoir recours à un autre idiome que le leur, pour écrire leurs conventions ou exprimer leurs pensées, et de substituer peu à peu, pour nous, un langage facile à apprendre à celui qui existait seul pour les actes de l'autorité. Elle nous affranchira ainsi des interprètes et des anciens lettrés. » Ces vœux ont été exaucés. — Taillefer, *La Cochinchine, ce qu'elle est, ce qu'elle sera.* « Cette introduction en Asie des caractères romains a pour moi la même importance que l'introduction de l'imprimerie en Europe. »

dhisme qui ressemble à s'y méprendre au paganisme, car il consiste surtout en cérémonies extérieures, en sacrifices à de grotesques divinités et en consultations de sorcellerie. L'enterrement est l'affaire capitale. Le défunt a d'ordinaire son cercueil préparé d'avance : c'est une caisse massive, en bois plus ou moins précieux, selon la richesse de la famille. Après la mort d'un personnage important, un prêtre est appelé pour découvrir un lieu favorable à la sépulture, car on ne peut être enterré indistinctement partout. Les parents et amis sont convoqués afin de prier pour le mort, et surtout pour faire de bons repas. Quand arrive l'heure de se lamenter, on pleure avec conviction ; mais bientôt le masque tombe, et tous de rire, de boire et de manger autour du cercueil, sans plus se soucier de l'âme du défunt. Le deuil est long et rigoureux. On le porte en blanc. Toute personne qui a perdu son père ou sa mère ne peut exercer d'emploi public pendant trois ans.

Quoique les Annamites aiment beaucoup le plaisir, ils ont cependant peu de fêtes solennelles. La plupart d'entre eux ne célèbrent que les premiers jours de l'année. A ce moment, personne ne travaille ; les marchés sont vides, et il faut se procurer des vivres longtemps à l'avance. Le mariage fournit aussi l'occasion de réjouissances. Quand un jeune homme a choisi sa femme, il la demande d'abord à ses propres parents. Ceux-ci s'adressent alors aux parents de la jeune fille, qui accueillent presque toujours avec empressement une semblable proposition, vu le grand nombre d'enfants qu'ils ont sur les bras. On convient alors de la somme à verser par le mari, somme reversible sur la tête des enfants en cas de séparation ou d'inconduite de la part de la femme. Le futur fait en outre des cadeaux, qui consistent en pièces d'étoffes et en bijoux, et qui sont proportionnés à sa fortune. De leur côté, les parents de la jeune fille offrent au futur la boîte à cigarettes et à bétel, le pot à tabac et à bétel, et divers ustensiles nécessaires aux jeunes époux. Après ces préliminaires viennent les fiançailles, cérémonie qui consiste à engager sa parole en mâchant ensemble du bétel. Puis on choisit le jour du mariage. Les notables, invités par les deux familles, se réunissent sous la présidence du maire. Le jeune homme exprime le désir d'épouser sa fiancée et prie l'assemblée d'être favorable à ses vœux. Le maire demande à la jeune fille si elle y consent, et, sur sa réponse affirmative, le fiancé remplit de thé ou d'eau-de-vie de petites tasses qu'il offre à chacun des notables. Ceux qui consentent au mariage acceptent ce qui leur est offert; les autres refusent. Si la majorité est favorable, on signe l'acte. Aussitôt commence le festin. On consomme du riz, du poisson frais et pourri, des œufs couvés, des crevettes mortes, du chien, et on arrose le tout de thé, de vin de riz et d'eau-de-vie de riz. Les familles aisées se procurent pour la circonstance des saucisses de viande de chien et une queue de crocodile. Le mari donne le signal de la retraite en emmenant sa jeune épouse, et tout le monde se retire en titubant plus ou moins [1].

Que dire de leurs institutions? Les Annamites, comme tous les Orientaux, se sont toujours volontiers inclinés devant le plus fort. Ils ont subi toutes les tyrannies; mais, s'ils n'ont jamais eu de libertés politiques, la vie municipale a toujours été fortement organisée chez eux. Chaque village est gouverné par un *ong-xa*, dont les fonctions répondent à celles de nos maires. Certains notables, les *ong-huongs*, constituent une sorte de conseil municipal. Tous les habitants du village sont partagés en deux catégories, les inscrits, propriétaires qui payent la capitation, et les non-inscrits, qui en sont exempts. Aux premiers sont dévolus certains avantages, mais ils subissent les charges les plus lourdes et sont sujets à la milice. Les autres au contraire, comme les prolétaires de l'ancienne Rome, n'ont aucune obligation légale. Les vagabonds, les endettés et les paresseux forment une partie considérable de cette seconde catégorie. Cette seconde classe est d'autant plus nombreuse que les habitations semblent à peine tenir au sol. Quelques roseaux plantés en terre, un peu de limon séché au soleil, pour toit quelques feuilles de palmier, voilà la maison de l'indigène; quelques heures suffisent à la construire. La

---

[1]. Le mariage n'est pas toujours traité si sérieusement. D'après Richard (ouv. cit.), « Quand un homme marié a eu des relations coupables avec une jeune fille, il doit l'épouser et abandonner sa femme, qui alors retourne chez ses parents, emmenant un buffle comme indemnité. Si c'est la femme qui est coupable, elle devient de droit l'épouse de son complice, qui doit en outre indemniser l'ex-mari en lui donnant une paire de buffles ou l'équivalent. Si le premier mari continue d'avoir des relations avec son ancienne femme, celle-ci redevient son épouse, et l'indemnité retourne à celui qui l'avait donnée d'abord. »

destruction ou l'abandon d'un pareil édifice ne laissent que de médiocres regrets. Aussi comprend-on la facilité avec laquelle se déplaçaient jadis les Annamites. C'était pour eux l'unique moyen d'échapper à une administration tyrannique ou tracassière.

Les impôts se payent partie en nature, partie en argent. Les maires des villages les versent entre les mains du gouverneur de chaque province. Ces impôts étaient jadis répartis arbitrairement. Aussi, quoique les charges soient aujourd'hui plus lourdes, paraît-il, que sous l'ancienne domination, les Annamites les supportent avec moins de peine, parce qu'elles sont régulières [1]. La plus lourde de ces charges était jadis la corvée. Chaque village devait par an quarante-huit jours de corvée; mais les mandarins en réclamaient bien davantage. Le gouvernement français les fait en ce moment racheter.

Tels sont nos nouveaux sujets. Ils ont du bon et du mauvais. Ce sont de grands enfants qui s'initient à la civilisation. Notre tâche est tracée à l'avance. N'est-ce pas notre devoir de les diriger, de les instruire, de les moraliser ? En Cochinchine, comme au Sénégal ou en Algérie, comme partout où nous nous trouvons en présence de sociétés primitives ou corrompues, nos auxiliaires les plus utiles seront les missionnaires et les instituteurs. La religion et la science, quelle force résiste à ces deux leviers? Sachons les manier, et nous aurons accompli une œuvre utile et patriotique.

V. — Géographie administrative.

La Cochinchine est gouvernée par un fonctionnaire, d'ordinaire un amiral, qui représente le chef de l'État. Il est dépositaire de son autorité, nomme les agents et les fonctionnaires coloniaux, fixe les taxes locales et détermine l'assiette et la perception des impôts. Il est assisté d'un *conseil privé*, composé du commandant des troupes, du commandant de la marine,

---

1. TAILLEFER, ouv. cit. : « Sous l'empereur Tu-duc, les mandarins appliquaient et levaient l'impôt. Ils étaient tous prévaricateurs. Sous notre gouvernement, il n'y a qu'un impôt, qui est modéré : il n'est payé qu'une fois, c'est bien entendu. Les Annamites en sont surpris et reconnaissants. »

du préfet, du directeur de l'intérieur, du procureur général, et de deux conseillers choisis parmi les notables habitants.

La justice est rendue, pour les Européens, par une cour d'appel siégeant à Saïgon et se constituant au besoin en cour criminelle, par un tribunal de première instance et par des juges de paix ; pour les indigènes, par les tribunaux qui fonctionnaient à l'époque de la conquête, et d'après le Code annamite ; mais tous les appels sont déférés à la justice française.

Le culte catholique possédait en 1877 30 paroisses, 150 chrétientés, 160 églises ou chapelles, et 45000 chrétiens. Le culte bouddhique s'exerce librement. Les autres religions sont tolérées.

Le service de l'instruction publique n'a été organisé que le 17 novembre 1877. Jusqu'à présent il n'existe qu'un seul collège indigène et sept écoles primaires, plus quelques établissements libres subventionnés par le gouvernement.

Au point de vue administratif, la Cochinchine, depuis le 5 janvier 1876, est divisée en quatre circonscriptions, *Saïgon*, *Mytho*, *Vinh-long* et *Bassac*. Chaque circonscription comprend un certain nombre d'arrondissements dirigés par trois inspecteurs français et un inspecteur des affaires indigènes. Chaque arrondissement se divise en cantons et chaque canton en villages. Une excellente mesure adoptée par l'amiral Pothuau (10 février 1873) assure le service de ces diverses administrations, en créant un corps de fonctionnaires civils spécialement chargés de l'inspection des divers services indigènes. Afin de leur donner les connaissances nécessaires à l'exercice de ces fonctions multiples, on a fondé à Saïgon un collège d'administrateurs stagiaires. Ce décret nous donnera ce qui nous a toujours manqué, un personnel d'administrateurs civils, spéciaux, compétents, et fixés à perpétuité dans la même colonie.

La circonscription de *Saïgon* comprend les arrondissements de *Saïgon*, *Tayniuh*, *Thudaumot*, *Bienhoa* et *Baria*, 53 cantons et 587 villages. La ville de Saïgon est la seule importante. Elle avait été à moitié détruite par la conquête. Le plan [1] de la nouvelle ville fut largement dessiné. On écrêta le plateau qui la dominait, on combla les marais qui l'enterraient, on traça

---

1. Le plan et la description de Saïgon ont été donnés par l'*Exploration* (nov. 1878).

des rues larges et spacieuses (Catinat, Nationale, Bonnard, La Grandière). Ce travail immense fut l'œuvre de quelques années. Déjà de somptueux édifices ont été bâtis : le palais du gouvernement, la cathédrale, les casernes, etc. Saïgon est aujourd'hui une des plus belles villes de l'extrême Orient. Elle compte 65 à 70,000 habitants, et sa population augmente chaque jour. Les autres chefs-lieux d'arrondissement ne sont que de gros villages.

La circonscription de *Mytho* comprend les arrondissements de *Mytho, Tanaan, Gocong* et *Cholon*, 41 cantons et 569 villages. Mytho, résidence des administrateurs, est, après Saïgon, le point le plus important de la basse Cochinchine; c'est l'entrepôt naturel du commerce du Cambodge, et un poste militaire de premier ordre. La ville la plus remarquable est Cholon[1]. Bâtie en 1778 par des Chinois émigrés, elle ne tarda pas, grâce à la ténacité de ses habitants, à devenir le centre commercial le plus important du pays. Notre occupation fut la bienvenue, car elle donnait à tous la sauvegarde de l'égalité devant la loi. Aussi la ville a-t-elle rapidement prospéré. Elle a un développement de quais de plusieurs kilomètres de longueur, bordés de maisons d'un bel aspect. L'intérieur de la ville est moins brillant; pourtant elle est régulièrement percée et bien tenue, car la police française a plié le Chinois à nos habitudes.

La circonscription de *Vinhlong* comprend les arrondissements de *Vinh-long, Bentré, Travinh* et *Sadec*, 57 cantons et 574 villages. Les seules villes qui paraissent appelées à un certain avenir sont Vinh-long, qui commande les quatre bras du fleuve, et Sadec, le plus important des marchés de l'ouest.

La circonscription de *Bassac* comprend les arrondissements de *Chaudoc, Hatien, Longxuyen Rachgiá, Cautho* et *Soctrang*, 51 cantons et 526 villages. Chaudoc surveille le Cambodge. C'est un grand marché et une position militaire de premier ordre. Hatien est un joli port, au fond d'une lagune séparée de la mer par une ligne d'écueils infranchissable pour les gros navires. Cette ville fait un commerce de cabotage avec le Siam.

---

1. La description de Cholon a été donnée par l'*Exploration* (janvier 1879).

La population se répartit ainsi :

Européens	1,074
Chinois	36,539
Tagals	55
Malais	9,408
Hindous	602
Annamites	1,500,000
Cambodgiens	100,000
Sauvages	10,000
Population flottante	20,220
Total	1,677,898

Les Européens habitent exclusivement Saïgon. Peu d'entre eux sont fixés à l'intérieur. Les Chinois sont répandus dans toute la colonie, dont ils ont accaparé le petit commerce et une partie du grand. Les Tagals sont les restes des troupes espagnoles restées dans le pays. Ils se livrent à la chasse des fauves. Les Malais sont concentrés à Chaudoc, où ils font la banque, et les Hindous à Saïgon, où ils exercent de petits métiers. Les Cambodgiens se sont attachés à nous, depuis que nous les avons fixés au sol en les déclarant propriétaires. Les sauvages (*Moïs*, *Chams*, *Stiengs*) peuplent les forêts et ne payent aucun impôt.

Le peuple annamite se mélange facilement avec les Chinois. La race métisse, plus blanche, plus élégante de formes que la race annamite, est fort intelligente et très active. L'avenir lui appartient. Il y a aussi des métis français; mais il faut peu compter sur eux pour peupler notre colonie dans l'avenir.

La population annamite augmente-t-elle? Le fait est probable, car l'énorme extension de l'agriculture, l'accroissement proportionnel du commerce d'échange, l'introduction d'un certain bien-être et d'un peu d'hygiène ont sans doute changé les conditions d'existence dans une proportion que nous ne pourrons apprécier que dans quelques années.

CHAPITRE III

VOYAGES D'EXPLORATION EN INDO-CHINE

La France ne s'est pas contentée d'occuper la Cochinchine; elle a encore exploré l'intérieur de la presqu'île indo-chinoise. Cette expédition, entreprise de 1866 à 1868, sous le commandement de Doudart de La Grée et Francis Garnier, a eu de très importantes conséquences. Un juge éminent en pareille matière, l'ancien président de la Société de géographie de Londres, R. Murchison, disait que cette exploration avait été la plus heureuse et la plus importante du xixe siècle. « Aucun voyage, ajoutait-il, depuis bien des années, ne s'est accompli sur une aussi grande étendue de pays absolument nouveaux, l'expédition française ayant frayé la route sur un sol vierge depuis l'embouchure du Mékong jusqu'au Yang-tseu-Kiang en Chine. » Cette justice, que les étrangers n'hésitent pas à rendre à nos compatriotes, ayons le courage de la rendre à notre tour, et n'hésitons pas à proclamer bien haut qu'ils ont fait une œuvre utile et méritoire.

A peine installés en Cochinchine, nous avions songé à nouer des relations avec les peuples voisins. Mouhot [1], parti de

---

1. Mouhot voyageait surtout en naturaliste; mais il savait aussi voir et décrire ce qu'une contrée peu visitée offre de curieux à l'observateur. Arrivé dans le pays vers la fin de 1858, il employa trois années à le parcourir. De Bangkok, ses courses rayonnèrent dans deux directions principales, au sud-est et à l'est dans le Cambodge et le pays des Stiengs, au nord dans le Laos. Son attention se partageait entre ses collections d'histoire naturelle, les sites du pays, le type des populations et les relevés topographiques. Le *Tour du monde* (1863) a publié la relation de son voyage. Le *Journal de la Société de géographie de Londres* a aussi imprimé quelques-unes de ses lettres (vol. XXXII).

Bangkok dans le *Siam* en 1861 et mort dans le *Laos*, avait décrit une partie de cette contrée. Le commandant Doudart de La Grée, notre représentant auprès du roi de Cambodge, étudiait avec soin les ruines d'*Angcor-Wat*. Plusieurs de nos officiers s'étaient demandé quelles étaient les populations qui avaient laissé des traces si grandioses de leur séjour. Quelques-uns d'entre eux avaient également recherché si le grand fleuve qui parcourt la péninsule du nord au sud ne pouvait servir de voie de transport aux riches produits de la Chine et du Japon. Ces divers problèmes ethnographiques, archéologiques et économiques étaient pour ainsi dire à l'ordre du jour, lorsque le ministre de la marine, un des esprits les plus pratiques qui aient jamais régi cet important ministère, Chasseloup-Laubat, résolut d'en provoquer la solution. Comprenant que l'exploration de ces contrées inconnues ouvrirait pour notre colonie comme une ère d'activité nouvelle, il créa une commission de six membres, qu'il investit de la charge difficile de reconnaître l'énorme étendue de pays qui s'étend entre la Cochinchine et la Chine, et de relier notre colonie à cet immense empire.

Doudart de La Grée, capitaine de frégate, était désigné pour commander en chef l'expédition. Il avait pour lieutenant Francis Garnier, lieutenant de vaisseau. Venaient ensuite Delaporte, enseigne de vaisseau, Joubert et Thorel, médecins auxiliaires de la marine, et le vicomte de Carné, attaché au ministère des affaires étrangères. De ces héroïques jeunes hommes, trois ont déjà succombé : Doudart de La Grée mourut en Chine le 12 mars 1868, de Carné succomba aux étreintes d'un mal inconnu en 1871, Garnier tomba dans un guet-apens en 1874 et mourut assassiné par des révoltés annamites, après avoir accompli des exploits qui rappellent ceux des Cortez et des Pizarre. Des trois survivants, M. Delaporte, à qui nous devons la création d'un musée unique au monde, celui des monuments khmers, à Compiègne, a failli mourir. Les deux autres, MM. Thorel et Joubert, sans doute en leur qualité de médecins du corps expéditionnaire, continuent à se bien porter.

A peine l'expédition était-elle achevée que les membres qui survivaient se mirent à l'œuvre pour donner, chacun selon sa spécialité, le résultat de leurs nombreuses et savantes observations. La guerre de 1870 a forcément interrompu leurs travaux, et ce fut seulement en 1873 que la publication officielle vit le jour. C'est un monument précieux, mais qui, par l'élévation de son prix, n'est accessible qu'à un petit nombre de lecteurs. M. de Carné avait publié dans la *Revue des Deux-Mondes*, dès 1869, ses souvenirs personnels, qu'on a depuis réunis en volume. MM. Garnier et Delaporte ont donné dans le *Tour du Monde* un résumé de leurs voyages, accompagné de splendides gravures qui en doublent le prix. Enfin quelques journaux, parmi lesquels nous citerons, dans l'*Explorateur*, l'intéressante analyse de M. le capitaine de Villemereuil, ont apprécié à divers points de vue l'exploration de l'Indo-Chine. C'est en utilisant ces ouvrages que nous présenterons un résumé de cette importante expédition.

Le commandant Doudart de La Grée était tout à fait digne des fonctions délicates dont l'avaient investi la confiance du gouvernement et le choix du ministre : à la fois savant et chercheur, homme de conseil et d'exécution, les membres de la Commission l'estimaient et l'aimaient. On lui avait confié la direction générale du voyage, le règlement des dépenses et la répartition des cadeaux ; à Francis Garnier étaient réservées les observations astronomiques et météorologiques ; à M. Delaporte les levés topographiques, les vues et les dessins ; à de Carné les mœurs et usages des tribus, les produits et les moyens d'échange ; au docteur Joubert les études géologiques, minéralogiques et métallurgiques ; au docteur Thorel les observations d'histoire naturelle. On adjoignit aux membres de la Commission trois interprètes, quatre soldats ou matelots français, et neuf Annamites. Les approvisionnements étaient répartis en 140 colis.

Le 5 juin 1866, quand les préparatifs furent achevés, la commission s'éloigna de Saïgon, et, par le dédale des arroyos, gagna d'abord le Cambodge, où elle compléta son organisation et les provisions d'échange. On y acheta, entre autres marchandises, beaucoup de fil de laiton, denrée fort estimée dans le Laos. Doudart de La Grée, qui avait longtemps résidé au Cambodge et connaissait à fond les ruines merveilleuses d'*Angcor-Wat*, tenait à y conduire ses collègues. La Commission s'y rendit par le lac *Tonly-sap*. Sous la conduite d'un guide aussi expérimenté, les voyageurs purent apprécier l'exactitude de ce qu'on leur racontait. La réalité dépassa même leur attente, et leur admiration fut sans bornes.

Le 1ᵉʳ juillet 1866, ils quittèrent Angcor et se rendirent à Pnom-penh, où le commandant les présenta au roi. Sa Majesté Cambodgienne les reçut à merveille et, pour mieux les honorer, fit manœuvrer devant eux l'escadron de ses danseuses. Il ne voulait même plus les laisser partir, tant il avait de confiance et d'amitié pour leur chef; mais il était trop tard pour remettre un voyage annoncé solennellement en France. Le commandant résista à ces offres amicales et obtint son audience de congé.

Le 7 du même mois, la Commission remontait le Mékong sur une canonnière dont l'hélice refoulait avec peine le courant. Les difficultés de la navigation l'obligèrent même à abandonner cette canonnière à Cratieh, dernier point qu'avaient jusqu'alors reconnu les ingénieurs français. Ce fut un moment de vive émotion pour nos explorateurs. Ils entraient dans l'inconnu. Montés non plus sur de solides vaisseaux européens, mais sur de frêles pirogues conduites par des indigènes, au milieu de populations barbares et défiantes, en butte aux soupçons des principicules dont ils traversaient les territoires, exposés aux intempéries du climat et aux souffrances quotidiennes d'une installation toujours provisoire, certes, s'ils n'avaient eu leur énergie et leur patriotisme, s'ils n'avaient été convaincus de l'importance de la mission qu'ils remplissaient, si surtout ils n'avaient eu le bon sens de faire litière des froissements d'amour-propre ou des rivalités inévitables entre hommes d'un égal mérite, l'expédition aurait échoué : mais ils avaient foi dans leur œuvre, ils avaient confiance en l'avenir, ils s'estimaient ou s'aimaient entre eux. Aussi devaient-ils réussir, et réussirent-ils!

Ne pouvant suivre nos voyageurs à chacune de leurs étapes, mais désireux de donner quelque idée des pays parcourus et des dangers subis, nous détacherons trois épisodes entre mille : le séjour à *Luang-Prabang*, l'excursion dans le *Yunnam*, et le retour par le *Yang-tseu-kiang*.

Luang-Prabang est la capitale du Laos. Le Laos est une principauté longtemps indépendante, dont les habitants ont gardé le souvenir le plus vif de leur antique liberté. Entourés par de puissants voisins, ils ont subi toutes les exigences de plusieurs conquêtes. Chinois au nord, Annamites à l'est, Siamois au sud et à l'ouest, les ont tour à tour assujettis. Les Siamois l'ont définitivement emporté, et le Laos est aujourd'hui compté parmi les provinces siamoises : seulement on lui laisse une ombre d'indépendance. Il a ses rois, ses institutions et presque toutes les apparences de l'autonomie. Le prince qui règne à Luang-Prabang peut même, jusqu'à un certain point, se considérer comme maître absolu dans ses domaines. Sa situation peut se comparer à celle de ces rajahs que l'Angleterre maintient sur leurs trônes en leur imposant un tribut et un contingent militaire. Comme l'empereur du Siam n'ignore pas que son vassal de Luang-Prabang pourrait lui échapper un jour ou l'autre, il aime mieux le rattacher à lui par les bienfaits que par l'oppression. Aussi bien la région montagneuse qu'il faut traverser pour atteindre Luang-Prabang et la grande énergie de la population mettent le Laos dans des conditions exceptionnelles de résistance au Siam.

Doudart de La Grée, en se présentant à Luang-Prabang, avait l'intention de faire comprendre à son souverain que nous pourrions, un jour ou l'autre, nous substituer aux droits exercés sur sa principauté par la cour de Bangkok. Il espérait lui démontrer que, pour mieux résister aux prétentions des pays voisins, il devait s'appuyer sur la France ; car, trop éloigné de nous pour avoir à redouter une sujétion directe, il pouvait remplacer la tutelle gênante du Siam par la protection efficace de la France. Par malheur, ce souverain ne connaissait pas la France. Tous les Asiatiques s'imaginent volontiers que les Européens s'entendent entre eux. Ce naïf souverain savait que les Anglais, depuis quelques années, agitaient la Birmanie. Il prit les membres de la Commission pour des Anglais qui voulaient renouveler dans sa principauté les intrigues qui leur avaient réussi en Birmanie. De plus, nos compatriotes se présentaient à lui avec un passeport et des lettres d'introduction émanant du roi de Siam, et cela seul suffisait pour le mettre en défiance. Aussi les pourparlers pour la réception solennelle durèrent toute une journée. Le commandant de La Grée savait à l'occasion prendre un ton digne et élevé. De plus, l'intérêt évident qu'il y avait à se ménager des inconnus ne permit pas au roi de décliner leur demande. La cérémonie fut minutieusement réglée et le programme s'accomplit de point en point; mais l'accueil fut glacial. Aux compliments et aux questions de de La Grée, le roi répondit par des monosyllabes, qu'un interprète traduisait ensuite en phrases vides de sens. Quant aux mandarins ils ne parlaient que des dangers de la route et conseillaient à la Commission de ne pas pousser plus loin le voyage. On se heurtait évidemment contre une mauvaise volonté systématique ou contre une indifférence absolue. Comme le commandant et ses lieutenants étaient harassés par le voyage et qu'ils avaient besoin de réparer leurs forces et de renouveler leurs provisions, ils se décidèrent, malgré les mauvaises dispositions de la petite cour, à résider quelque temps dans la capitale, et comptèrent sur le temps et la patience pour établir des rapports plus intimes.

D'après l'ordre du roi, on construisit à nos compatriotes, sur une colline qui dominait la ville, et dans une splendide position, quelques abris temporaires, plus que suffisants sous ce beau ciel. Leur premier soin fut de remplir un pieux devoir vis-à-vis du Français qui les avait précédés dans le Laos, l'infortuné Mouhot, mort à Luang-Prabang. Le roi, prévenu de leur désir, s'empressa de leur fournir toutes les facilités désirables pour lui élever un monument funéraire, car le culte des morts est trop pratiqué dans toute l'Indo-Chine pour que cette demande ne fût pas accueillie avec déférence. Un mausolée fut donc construit à l'endroit même où était mort notre compatriote. Les membres de la Commission s'occupèrent ensuite de compléter leurs notes et leurs renseignements. M. Delaporte dessinait les paysages et les monuments qu'il rencontrait. M. Thorel avait repris sa boîte de naturaliste. M. Joubert cherchait les gisements métalliques qu'on lui avait signalés. De Carné étudiait sur place les mœurs et les usages. Garnier se préoccupait des voies commerciales. De La Grée s'efforçait de ramener la cour à des sentiments plus amicaux à l'égard de la France. Il réussit pleinement. Un cousin du roi se prononça le premier en notre faveur, et, comme il avait grande influence, son exemple fut décisif. La mère du roi, charmée par une paire de lunettes avec monture en écaille, fut également une utile alliée. Le roi lui-même oublia ses premières défiances, et, pour donner à de La Grée un témoignage de son bon vouloir, il lui remit un passeport, valable pour le Laos tout entier, par lequel il enjoignait à tous les chefs reconnaissant son autorité de se mettre à la disposition des membres de la Commission. Il s'humanisa même, pensant que nos officiers étaient passés maîtres en toutes sciences, jusqu'à leur envoyer un coucou détraqué, avec prière instante de le raccommoder, besogne dont le docteur Joubert s'acquitta à merveille. Aussi M. Delaporte put-il lever à son aise le plan de la ville, et ses collègues allèrent-ils plusieurs fois, sans éprouver la moindre gêne, au marché public, pour y étudier les types et les costumes et se rendre compte des productions. On les invitait de temps à autre à des fêtes domestiques. Dans la salle du bal, une vingtaine de jeunes filles entremêlaient avec art, sur de vastes plateaux laqués, des fruits et des confiseries. Des jeunes gens masqués faisaient soudainement irruption au milieu d'elles, choisissaient une compagne, et ne se démasquaient qu'après avoir pris place à ses pieds. Il est vrai que le beau sexe laotien est affligé d'une infirmité qui le dépare, le goitre. Quelques-uns de ces choquants appendices atteignent avec l'âge des dimensions énormes. Nos compatriotes assistaient également aux fêtes religieuses et suivaient avec intérêt les cérémonies variées du culte bouddhique. Les prêtres bouddhistes sont fort tolérants. Non seulement ils permettent aux étrangers de prendre part aux pratiques de leur religion, mais encore ils les y invitent. C'est ainsi que la Commission française put étudier de très près la curieuse organisation du culte, se procurer des ornements et des ustensiles sacrés, et suivre les processions pittoresques qui marquent le renouvellement des saisons. Rien de curieux comme la description de ces fêtes. On voit avec eux les jeunes gens, couronnés de fleurs, qui se promènent en chantant, ou forment des théories qui ne manquent ni de grâce ni d'originalité. Ailleurs, ce sont de graves matrones qui escortent, en poussant des cris discordants, des mets variés figurant soit une pagode, soit une barque, tandis que les bonzes les reçoivent gravement, en nasillant des prières monotones.

Plus le séjour des Français se prolongeait, plus la population se montrait empressée à leur égard. Les princesses de la famille royale ne dédaignaient pas de venir s'asseoir à la résidence, pour regarder travailler nos officiers et surtout pour obtenir d'eux quelques légers cadeaux. Les parfums et le savon étaient fort recherchés, car les belles Laotiennes, convaincues que le savon était la cause de la blancheur du teint de nos compatriotes, s'imaginaient naïvement, si le savon ne leur manquait pas, qu'elles perdraient leur nuance cuivrée. Une des jeunes princesses se faisait remarquer par son assiduité et son indiscrétion parfois gênantes. Un de nos officiers lui demanda un jour si ces visites répétées ne provoqueraient pas les soupçons de son fiancé. « A votre âge, répondit la candide enfant, quel danger peut-il y avoir? Vous êtes trop respectable pour porter ombrage à l'amoureux le plus jaloux. » On les prenait en effet pour des vieillards, à cause de la longueur de leur barbe, car cet ornement ne pousse que fort tard chez tous les peuples de race jaune.

Le temps se passait. Les lettres et les instructions attendues n'arrivaient pas. Il fallait se résoudre à repartir. Comme il est fort difficile de trouver des porteurs dans la région inconnue où l'on s'enfonçait, chacun de nos officiers ne conserva plus qu'une seule caisse pour ses effets personnels. De plus, on renonça à emporter les collections botaniques et géologiques déjà recueillies. On abandonna également les minutes des cartes, les ébauches de travaux, les livres et les instruments qui n'étaient pas indispensables. On les confia à la garde du roi, qui aurait la liberté de disposer de tout ce qui fut jugé devoir être inutile, dès qu'il saurait les Français parvenus au Yunnam. Cet engagement fut rempli avec une si scrupuleuse fidélité, que ce souverain renvoya même les objets qu'il avait le droit de s'approprier. Il y joignit les provisions et les instruments expédiés de France, qui, par un jeu cruel de la fortune, arrivèrent à Luang-Prabang quelques jours seulement après le départ des explorateurs.

A peine la décision de nos compatriotes fut-elle connue, que ce fut comme un redoublement de visites. Les fonctionnaires laotiens réclamaient d'eux un souvenir et se disputaient leurs hardes. Le moindre bouton d'uniforme, le plus mince galon les transportait d'aise. Jamais ils ne refusaient à nos officiers le plaisir de les voir s'affubler de pantalons ou de redingotes invraisemblables. Avec le roi et les mandarins, on échangea des cadeaux plus sérieux ; puis, quand les provisions furent renouvelées, le commandant de La Grée fit ses adieux définitifs, et de nouveau on s'enfonça dans l'inconnu. Luang-Prabang fut pour nos compatriotes un séjour de paix et de bonheur. Ailleurs, ils coururent de sérieux dangers, surtout dans le Yunnam, et faillirent payer de la vie leur dévouement à la science et à la patrie.

Le *Yunnam* est la plus méridionale des provinces dont se compose le vaste empire chinois. Il est situé dans l'angle formé par le Yang-tseu-kiang et le Mékong, lorsque, à leur sortie commune du Thibet, l'un de ces fleuves se dirige brusquement vers l'est et l'autre vers le sud. Cette contrée, au moment où y arriva la Commission française, était déchirée depuis douze années par la guerre civile. Deux religions, le mahométisme et le bouddhisme, s'y trouvaient en présence, et, comme il est de l'essence même de la première de ces religions de ne souffrir à côté d'elle aucun culte rival, tous les mahométans s'étaient révoltés contre le gouvernement de Pékin. Chassés de *Yunnam*, la capitale de la province, dont ils s'étaient emparés un instant par surprise, ils s'étaient fortifiés à *Taly*, seconde ville du pays, sur les bords d'un lac qui se déverse dans le Mékong, et y avaient installé un gouvernement indépendant. Loin d'être tenus en échec par les troupes impériales, ils faisaient chaque jour des progrès et manifestaient hautement l'intention de conquérir le Yunnam. Ils avaient déclaré aux Chinois une véritable guerre d'extermination, favorisée par la famine et le choléra. Des cadavres sans sépulture gisaient dans les champs, et la détresse était telle, certains jours de marche, que la Commission, pour toute nourriture, était réduite à des haricots, dont on n'obtenait la cuisson qu'en les broyant.

Malgré la guerre civile, la maladie et la famine, nos officiers s'étaient trop avancés pour reculer. De plus, le Yunnam était pour eux, et par conséquent pour les Européens, une *terra incognita*, où ils trouveraient peut-être la clef des problèmes géographiques dont ils cherchaient la solution. Enfin cette province passait pour recéler dans son sein des richesses minéralogiques dont il n'était pas indifférent de constater la présence. La Commission pouvait, à son choix, se diriger sur Yunnam, la capitale chinoise, ou sur Taly, la capitale insurgée. Puisqu'on avait des passeports chinois, mieux valait s'adresser d'abord au gouvernement chinois. On chercherait plus tard, suivant les circonstances, à pénétrer à Taly. Ce plan était sage, et il fut exécuté.

La Commission fut très bien accueillie par les fonctionnaires chinois. L'hospitalité s'exerçait avec l'étiquette et le cérémonial adoptés dans tout le Céleste Empire; mais nos compatriotes ne pouvaient y répondre que par une dignité toute personnelle, car leur triste équipage ne répondait guère à l'opinion que se fait d'un haut dignitaire le peuple le plus formaliste du monde, le plus habitué à ne juger la valeur des gens que par les signes extérieurs. La curiosité importune des populations, qui n'avaient jamais vu d'Européens, dépassa toute mesure. Un jour, dans la ville de Tong-hay, la pagode, où étaient logés nos officiers, fut envahie par la foule. Il fallut recourir aux grands moyens. Des soldats chinois repoussèrent les envahisseurs et les Annamites de l'escorte se montrèrent avec leur fusil à sabre-baïonnette. La forme étrange, l'aspect étincelant de cette arme inconnue, et l'air résolu de ceux qui la maniaient firent une salutaire impression, et nos compatriotes purent goûter en paix le repos dont ils avaient si besoin.

Plus ils avançaient vers la capitale, plus augmentait cette curiosité. Une escorte armée les accompagnait à cheval, tandis qu'ils marchaient à pied, l'état de leurs finances ne leur permettant pas de se donner le luxe de montures. Les bagages, portés à dos d'homme, tenaient le milieu de la colonne. Nos officiers s'échelonnaient pour veiller à l'ordre, ou se groupaient suivant leurs affinités. Le commandant marchait en tête ou à l'arrière. Il paraissait rechercher la compagnie du docteur Joubert, devenu le confident de ses pensées. Sur leur passage, les membres de la Commission rencontrèrent des sources de richesses importantes et des exploitations métallurgiques qui, bien que primitives, étaient lucratives. Ils trouvèrent du thé excellent, du riz en abondance et des forêts gigantesques. Il n'en fallait pas tant pour démontrer l'intérêt de premier ordre que nous aurions à détourner vers notre Cochinchine ces richesses encore inexploitées !

La Commission arriva enfin à Yunnam. C'est une place forte et un centre populeux. Malgré l'absence du haut commerce et la désertion des petits marchands, qui s'attendaient à une attaque des musulmans, elle présentait d'abondantes ressources. Le commandant civil reçut nos compatriotes avec bienveillance, mais les engagea à ne pas prolonger leur séjour. Le commandant militaire, Matajen, grossier soldat, mais loyal et intrépide, fut d'abord tout juste poli. Nos officiers luttèrent de hauteur avec lui et finirent par lui imposer du respect et gagner son amitié. Non seulement il les invita à prendre ses repas chez lui, mais encore il mit sa bourse à leur disposition. Le commandant accepta une somme de 6,000 francs, dont il avait grand besoin, contre l'engagement, scrupuleusement tenu, de le rembourser par une égale valeur d'armes qui lui seraient expédiées du premier port où il serait possible de se les procurer. Les membres de la Commission trouvèrent aussi à Yunnam des Français, que cette rencontre combla de joie : c'étaient deux prêtres des Missions étrangères, les PP. Fenouil et Protteau, qui les accueillirent les larmes aux yeux et furent pour eux d'une tendresse et d'un dévouement fraternels. Leur mission n'avait pas réussi. Malgré leurs efforts et leurs vertus évangéliques, ils n'avaient converti qu'un petit nombre de Chinois, et encore ne les supportait-on qu'en vertu des traités conclus avec la France. Le P. Fenouil devint tout de suite l'ami des membres de la Commission. Prenant très au sérieux la qualité de mandarin, que lui attribuaient les derniers traités, il ne se présentait jamais en public que dans un état conforme à sa dignité. Dès le premier jour, il s'était déclaré pour les Chinois contre les musulmans; il avait même créé une fabrique de poudre; aussi était-il en butte aux attaques des musulmans, qui venaient de faire sauter sa fabrique. Il avait été plusieurs fois empoisonné, et ne dormait plus que d'un œil. Certes le P. Fenouil aurait mieux fait de se renfermer strictement dans l'exercice de ses devoirs apostoliques, mais il avait cru que son intervention profiterait à la France et à la religion. Aussi lui pardonnerons-nous volontiers ses erreurs politiques.

Le séjour de nos compatriotes à Yunnam leur fit grand bien. Ils se remirent peu à peu de leurs fatigues. Seul, le commandant de l'expédition fut obligé de s'avouer vaincu par le mal et de s'aliter. Il avait longtemps lutté contre le sentiment de sa responsabilité et des préoccupations matérielles et morales de tout genre. La curiosité irritante des Chinois acheva de l'exaspérer. Ne reçut-il pas un jour une députation de notables, qui lui demandèrent gravement s'il n'avait pas un œil à l'occiput? De La Grée essaya de lutter contre le mal. Il aurait voulu compléter son exploration de la province en visitant Taly, la capitale des révoltés. La souffrance l'obligea à renoncer pour lui-même à ce projet; mais il se détermina à envoyer dans cette direction, sous la direction de Garnier, une mission composée de MM. Delaporte, Thorel, de Carné, avec cinq hommes d'escorte. Il leur donna les ressources nécessaires pour voyager à cheval, et, dans ses instructions, prévit jusqu'aux moindres difficultés. Il ne devait plus revoir les officiers qu'il expédiait ainsi bien à contre-cœur, et sans lui, dans la direction de Taly.

Ce n'était pas une médiocre entreprise que d'aller à Taly même braver la puissance musulmane : mais Garnier et ses amis avaient passé par bien d'autres épreuves. Ils marchèrent droit devant eux, sans s'inquiéter de l'opposition des petits fonctionnaires qui songeaient à les arrêter, ou voulaient, par excès de zèle, entraver leur route, et ils arrivèrent ainsi, à travers un pays horriblement dévasté, jusque sur le territoire musulman. Un missionnaire français, le P. Leguilcher, les y attendait. Depuis la révolte, il n'avait pas mis les pieds à Taly et cachait le plus possible sa présence dans le pays. Nos officiers, en quittant Yunnam, avaient eu la précaution de demander un passeport à un vieil uléma musulman, le laopapa, savant ridicule, infatué de son importance, mais auquel le prestige d'un pèlerinage à la Mecque donnait sur ses coreligionnaires une influence indiscutable, et que la cour de Pékin ménageait, pour ne pas s'aliéner les musulmans restés fidèles. Le passeport du laopapa parut au Père Leguilcher une recommandation suffisante. Pensant que le sultan de Taly recevrait honorablement des étrangers dont la mission scientifique et commerciale ne pouvait lui porter ombrage, il se détermina à courir avec ses compatriotes les chances d'une réception favorable et se joignit à la Commission.

A peine nos officiers avaient-ils pénétré dans cette ville redoutée, qu'une rixe sanglante s'engagea. L'interposition de deux mandarins et l'attitude résolue des Annamites de l'escorte arrêtèrent les démonstrations hostiles de la foule, et les Français parvinrent, sans autre accident, à la résidence qui leur avait été assignée. Leur arrivée jetait la cour de Taly dans la stupéfaction. Comme on n'y avait jamais entendu parler de la France, et qu'on ne croyait pas aux mobiles de curiosité par eux allégués, on affectait de les prendre pour des espions. Le sultan se décida pourtant à les recevoir. Le cérémonial fut même réglé à l'avance. Garnier eut grand soin de stipuler qu'il ne s'inclinerait qu'une fois devant le sultan, au lieu de faire trois génuflexions, parce que tel était l'usage de sa nation. On consentit à ces exigences, mais à condition qu'aucun des membres de la Commission ne serait armé.

L'intention de Garnier était de laisser ses collègues prendre quelques jours de repos à Taly et de reconnaître le pays, surtout le cours du Yang-tseu-Kiang, avec le P. Leguilcher. Dès le lendemain matin, on envoya chercher le missionnaire de la part du sultan. Il ne revint que quelques heures plus tard, les traits bouleversés. Les Français passaient décidément pour des espions. Pendant l'entrevue, le Père avait à peine dit quelques mots. Accablé de questions dont on n'attendait pas la réponse, hué par la foule, il avait pris le parti de ne rien dire, sauf pour démentir le nom d'Anglais qu'il entendait autour de lui. Est-ce à l'entourage militaire du sultan qu'il fallait attribuer ce brusque changement? Un mobile désintéressé devait, en effet, trouver incrédules ces chefs de bandits : mais on savait, d'autre part, que nos compatriotes étaient en relations officielles avec la Chine, et tout pouvoir né d'une révolte est enclin au soupçon et facilement cruel. Cette brusque réaction pouvait s'accentuer davantage. Il était à craindre que la foule ne se montrât hostile, ou que quelque mandarin trop zélé ne profitât des mauvaises dispositions du sultan pour satisfaire ses secrets désirs, sans le compromettre. Aussi Garnier résolut-il de partir dès le lendemain. Pendant toute l'après-midi, de nombreux fonctionnaires se présentèrent, moitié par curiosité, moitié par surveillance. Garnier, qui avait recommandé, par prudence, de ne pas dessiner et de ne prendre aucune note, fit témoigner au sultan ses regrets de la méprise qu'il commettait et renfermer les cadeaux à lui destinés. Le lendemain, au point du jour, il arma ses huit compagnons, y compris le Père

Leguilcher, leur fit jurer de se défendre jusqu'à la dernière extrémité, et sortit de Taly. Ils firent trente-deux kilomètres d'une seule traite, sans être poursuivis, et arrivèrent à la ville de Chanquan, qui barrait la route. Le gouverneur leur fit savoir qu'il avait ordre de les retenir. Garnier fit semblant de prendre pour une offre courtoise cette séquestration déguisée, et, prétendant qu'il ne voulait plus recevoir l'hospitalité du sultan, traversa la ville au pas de course et se mit en sûreté. A peine avaient-ils franchi ce redoutable obstacle que le gouverneur fit appeler le P. Leguilcher, en lui offrant un prix énorme du revolver que Garnier voulait donner au sultan, et en lui enjoignant d'attendre de nouveaux ordres. Garnier répondit qu'il donnait des armes, mais n'en vendait pas, et qu'il voulait, pour sa route, conserver pleine et entière sa liberté d'action.

Le surlendemain, la petite troupe arrivait en vue d'une forteresse musulmane dont le commandant avait reçu contre elle les ordres les plus sévères. Il avait exigé la visite du Père Leguilcher. Ce dernier se rendit à son invitation, mais en lui faisant savoir qu'on viendrait le chercher au bout de dix minutes. Cette assurance bouleversait des hommes pour lesquels pareil langage était une nouveauté effrayante. Ils le relâchèrent presque aussitôt et laissèrent le chemin libre.

Ainsi se termina cette rapide excursion à Taly. Malgré son insuccès final, elle ne fut pas inutile. Les membres de la Commission avaient trouvé le temps d'étudier le pays parcouru. Le lac sur les bords duquel est bâti Taly fut par eux dessiné en partie. On sait que, situé à une altitude de plus de deux mille mètres, il mesure environ 36 kilomètres de longueur sur une largeur moyenne de 9 à 10 kilomètres. Il se déverse au sud par une petite rivière dans le Mékong. Il est très poissonneux. Les pêcheurs ont domestiqué des oiseaux qui plongent et reparaissent incessamment avec un poisson au bec. Au fur et à mesure, les pêcheurs reçoivent cette proie facile, et, de temps à autre, abandonnent à leurs auxiliaires ailés quelque mince débri de leur butin. La région paraît assez fertile, mais elle était horriblement ravagée par la guerre. L'âpreté et la persévérance commerciale des indigènes ne se ralentissaient pourtant pas. Les échanges continuaient au milieu même de la lutte. Il est vrai de dire que la masse de la population ne suit pas le gouvernement dans ses conflits politiques. Elle s'en désintéresse autant que possible, ce qui éternise les rébellions. La production métallique était jadis fort importante. Le cuivre diminuait; mais on trouvait encore des gisements d'or, de mercure, de fer, de plomb et de zinc. La guerre civile a tout ruiné. Maintenant que l'ordre est rétabli, et que les rebelles sont battus, comme les Européens peuvent entrer dans le pays sans y exposer leur vie, le Yunnam deviendra certainement un marché agricole et industriel de premier ordre, et nos compatriotes auront le mérite incontestable d'avoir été les premiers à le signaler.

Une déplorable nouvelle attendait à leur retour Garnier et ses amis. Le commandant de La Grée venait de mourir entre les bras du docteur Joubert. C'était un malheur irréparable et qui compromettait les résultats les plus féconds et les plus glorieux de l'œuvre commune. Les hommes de l'escorte, qui se rappelaient avec quel patient dévouement de La Grée avait travaillé à subvenir à leurs besoins et à diminuer leurs fatigues, s'offrirent à porter eux-mêmes jusqu'à Saïgon le corps de leur ancien chef. La situation précaire du pays et l'absence de tout chrétien qui protégerait le tombeau contre une profanation faisaient en effet craindre au nouveau chef de l'expédition, à Francis Garnier, qu'il n'en restât plus de vestige au bout de quelques années. Il résolut donc d'exhumer le corps et de le faire porter à dos d'homme jusqu'au Yang-tseu-Kiang, par eau ensuite jusqu'à Saïgon.

Le 7 avril 1868, la Commission française quitta *Tong-tchouan*, et arriva le 26 à *Sou-tchéou-fou*, sur le grand fleuve qui devait la porter jusqu'au Pacifique. Sur les quatorze personnes qui la composaient alors, sept étaient malades. On était à bout non pas de courage, mais de force et de ressources. Malgré le piteux état de nos compatriotes, les autorités chinoises se montrèrent constamment bienveillantes; mais la curiosité de la population était souvent gênante. A Sou-tchéou-fou, les candidats au baccalauréat militaire, qui se trouvaient dans la ville pour y passer leur examen, voulurent forcer la consigne et examiner de près ces terribles Européens, avec lesquels ils auraient peut-être à se mesurer un jour. L'un d'entre eux se signala par son audace et s'oublia jusqu'à menacer Garnier.

Ce dernier le fit prendre par ses Annamites et fustiger. Les camarades de l'exécuté jurèrent de le venger et essayèrent de faire tomber les Français dans un guet-apens; mais le sabre-baïonnette des Annamites eut bientôt dégagé la rue et les abords de la pagode, où résidait la Commission.

A *Tchong-kiu-fou*, grande ville de 300,000 âmes, les dispositions de la foule prirent un caractère tout à fait hostile. On jeta des pierres sur la jonque qui contenait le cercueil de de La Grée. Les Annamites saisirent un des délinquants et le mirent à fond de cale. La foule fit mine de vouloir délivrer le prisonnier. Garnier courut à la barque et conduisit lui-même le coupable jusqu'au tribunal, en le prévenant qu'à la moindre tentative d'évasion il lui cassait la tête. L'insulte était fort grave, surtout à cause du culte particulier qui s'adresse en Chine à la mémoire des morts; mais le magistrat chinois, tout imbu des préjugés de sa nation contre les Européens, laissa échapper le coupable.

Les membres de la Commission arrivèrent enfin à Sanghaï le 12 juin, et à Saïgon le 29. De grands honneurs furent rendus au cercueil du commandant de La Grée. Un petit monument lui fut érigé dans le cimetière de notre capitale asiatique.

En résumé, depuis Cratieh, dernier point reconnu sur le Mékong, jusqu'à Sanghaï, la Commission avait parcouru 9960 kilomètres, dont 5870 en barque et 3990 à pied. Le chemin relevé pour la première fois a été de 6720 kilomètres. Les positions relevées astronomiquement sont au nombre de 58, dont 50 absolument nouvelles. Un journal météorologique a été tenu très exactement, avec une moyenne de quatre observations par jour. Au point de vue de l'histoire et de l'archéologie, les recherches de de La Grée sur les ruines cambodgiennes constituent l'une des parties les plus neuves des travaux de la Commission. Au point de vue de la philologie, on a réuni les éléments d'un vocabulaire de 26 dialectes. Le Dr Joubert a signalé un grand nombre de gisements précieux. Le Dr Thorel a reconstitué, à peu près sans lacune, tout le règne végétal de l'Indo-Chine, et enrichi la science de 1500 espèces nouvelles. Enfin les dessins de M. Delaporte complètent la masse des renseignements apportés par les membres de la Commission.

Honneur donc à ces six vaillants Français! Ils ont singulièrement agrandi notre domaine intellectuel, et l'expédition tout entière n'a pas coûté tout à fait 35,000 francs! Quand donc commencerons-nous à comprendre en France que le meilleur moyen de regagner ce que nous avons perdu est de songer surtout aux questions d'économie politique, et à la question coloniale en particulier?

CHAPITRE IV

LES PAYS PROTÉGÉS

I. — Le Cambodge.

En dehors des provinces cochinchinoises qui nous appartiennent directement, deux autres contrées sont soumises à notre protectorat dans la péninsule indo-chinoise, l'Annam et le Cambodge.

Le nom de *Cambodge* vient de *Kampouchéa*, dont les Portugais avaient fait Cambodia, et que nous avons traduit par Cambodge. Ce mot est employé dans les anciens manuscrits, et de temps à autre il figure dans les actes officiels ; mais ce n'est pas plus le nom du pays que Grèce ou Allemagne ne désignent réellement la Hellade ou le Deutschland. Les indigènes appellent leur pays *Sroc Khmer* (province khmer) ou *Nocor Khmer* (royaume khmer). Nous nous conformerons à l'usage reçu, et nous continuerons à donner à cette contrée le nom de Cambodge.

Malgré les ouvrages spéciaux [1] traduits ou composés par des hommes compétents, tels que Mgr Pallegoix, M. Aubaret, Doudart de La Grée et Garnier, l'histoire du Cambodge est encore assez mal connue et ne présente même qu'un intérêt assez médiocre, à cause de son peu de précision. Cet empire fut jadis important, riche et très avancé dans la civilisation, comme le prouvent les monuments d'Angcor. Il paraîtrait

---

1. Voir la Bibliographie en tête du chapitre II.

que les anciens Cambodgiens possédaient autrefois toute l'Indo-Chine, et même que leur puissance s'étendait jusqu'à Sumatra : on n'a de données à peu près certaines qu'à partir du xiiie siècle de notre ère. A cette époque, le Cambodge occupait encore un bon tiers de la péninsule. Une série de guerres malheureuses entreprises contre ses voisins, les Siamois et les Annamites, a singulièrement réduit ce territoire. Le Cambodge actuel n'est pas plus étendu que cinq à six de nos départements français. Il est divisé en cinquante provinces, mais dont quelques-unes sont si petites qu'elles ne correspondent même pas à un de nos cantons. Ses limites sont au sud la Cochinchine française, à l'ouest le golfe de Siam, au nord l'empire de Siam, et à l'est des tribus sauvages, dont les unes reconnaissent l'autorité du roi de Cambodge, et les autres la repoussent.

Il est difficile de fixer le chiffre de la population indigène. Pourtant on fait au Cambodge, tous les trois ans, un recensement destiné à fixer pour chaque Cambodgien la durée du service qu'il doit à l'État ; mais les femmes et les enfants échappent à ce recensement, et on ne peut donner par conséquent que des chiffres approximatifs sur la population totale. D'après Marcel (*Economiste français*, août 1874), elle serait de 888,239 âmes. Comme on trouve de vastes espaces déserts, et que les habitations sont partout peu nombreuses, sauf au bord des rivières, il serait imprudent de croire que le Cambodge renferme actuellement plus d'un million d'âmes.

Voici comment la France a réussi à faire accepter son protectorat. Dès le xviie siècle, le Cambodge s'était reconnu le tributaire de l'Annam ; mais peu à peu l'empereur du Siam s'était substitué à son collègue annamite, et, profitant avec habileté des querelles de Tu-duc avec la France, il avait fini par imposer sa suzeraineté absolue au monarque cambodgien. L'amiral de La Grandière, jaloux d'augmenter l'influence française, essaya de démontrer au roi Norodom que le protectorat soit de l'Annam, soit du Siam, n'était qu'une sujétion déguisée, et qu'il valait mieux recourir à l'alliance de la France, directement intéressée à maintenir l'indépendance du Cambodge entre ses deux puissants voisins. La négociation fut habilement conduite par le commandant de La Grée, et, le 11 août 1863, Norodom acceptait notre protectorat. Comme gage de sa bonne volonté, il nous cédait, pour y fonder un dépôt de charbon, l'importante position des *Quatre Bras*, sur le grand fleuve du Mékong. Dès ce moment, la bonne harmonie n'a jamais été troublée. La France a gagné à ce traité d'assurer ses frontières du nord et d'étendre son influence dans l'intérieur de la péninsule. Le Cambodge y a gagné la paix, la tranquillité, et la certitude d'être soutenu par la France en cas de guerre contre ses voisins. Il est probable que l'alliance se maintiendra, puisqu'elle convient également aux parties contractantes.

Le Cambodge est en général un pays de plaines; cependant vers l'ouest, en se rapprochant du golfe de Siam, on trouve un massif montagneux assez considérable. Il a deux ports de mer, *Compong Som* et *Campot*. Plusieurs îles sont échelonnées le long de la côte. Il est arrosé par le Mékong et par un affluent très important, qui sort du grand lac *Touli-sap* (30 lieues de longueur sur 10 à 12 de largeur moyenne). Ce lac, dans la saison des pluies, présente un volume d'eau énorme. Pendant la saison sèche au contraire les bords sont à découvert à une certaine distance. La rivière ou plutôt le canal qui le fait communiquer avec le grand fleuve présente un phénomène extraordinaire. Tantôt il roule ses eaux vers le lac, qui devient alors comme un déversoir du Mékong; tantôt, quand les eaux sont basses, le courant reprend sa direction vers la mer de Chine.

Le climat du Cambodge est à peu près le même que celui de notre Cochinchine, c'est-à-dire qu'il est peu salubre : néanmoins, à cause de l'élévation plus grande au-dessus du niveau de la mer, la terre étant moins humide pendant l'été, les vapeurs paludéennes sont plus rares, et, par conséquent, la température générale meilleure. Les productions [1] sont également les mêmes : riz, bétel, bananier, etc. Comme la vie est facile et que le moindre travail suffit pour se procurer le

1. Spowner, *Renseignements sur le Cambodge*. « Comparées à l'étendue du Cambodge, ces productions sont insignifiantes. Deux grands obstacles se présentent à l'exploitation : pour l'agriculture, le manque de bras; pour le commerce, le manque de ports accessibles et la difficulté des relations par voie fluviale. Du côté de Siam, toute relation est impossible, car ses produits ne peuvent supporter les frais énormes d'un voyage par terre à travers des forêts. »

nécessaire, les Cambodgiens se sont endormis dans la mollesse. Peu à peu, les forêts envahissent la contrée. Moins intelligents, ou plutôt moins actifs que les Annamites, les Cambodgiens ont toute la nonchalance que les Hollandais ont signalée dans les naturels des îles de la Sonde. Néanmoins, depuis l'arrivée des Français, quelques progrès se sont accomplis. Rien n'est contagieux comme l'exemple. Le roi Norodom s'efforce en toute circonstance d'inspirer à ses apathiques sujets le désir de s'initier à la civilisation européenne, et, peu à peu, un bien-être relatif s'établit. Le Cambodge est donc en voie de progrès, et ce progrès continuera sans doute autant que notre influence [1].

C'est dans les forêts de l'intérieur du Cambodge que se trouvent des ruines merveilleuses, dont les splendides débris retrouvés et décrits par nos compatriotes attestent un degré inouï de puissance et un prodigieux développement de civilisation. Dès 1601, le Père Ribadeneyra écrivait dans son *Histoire des îles de l'Archipel* : « Il y a au Cambodge les ruines d'une antique cité que quelques-uns disent avoir été construite par les Romains ou Alexandre le Grand. C'est une chose merveilleuse qu'aucun des indigènes ne puisse vivre dans ces ruines, qui sont le repaire des bêtes sauvages. Ces gentils tiennent pour tradition que cette ville dut être reconstruite par une nation étrangère. » En 1606, Christovam de Jaque, écrivant la relation de ses voyages en Indo-Chine, racontait à son tour qu'on avait découvert au Cambodge une ville splendide, tout en ruines, des inscriptions, que les indigènes ne pouvaient plus déchiffrer. Il la nommait *Angoz*. Mercator, dans son atlas de 1613, lui donne le nom de *Lancor*. En 1672, un missionnaire français, le Père Chevreul, en parle de nouveau sous le nom d'*Angcor*, et remarque qu'elle est fréquentée par des pèlerins et des docteurs bouddhistes. Puis le silence s'établit de nouveau, et cette fois il dure deux siècles. On avait même si complètement perdu de vue le Cambodge, qu'il ne figure pas dans la grande compilation de l'*Univers illustré*, entreprise en 1838 par MM. Didot et Cie. Ce fut un voyageur

---

[1]. D'après Spowner (ouv. cit.) : « Pour rendre le Cambodge riche, populeux et cultivé, comme un si beau pays mérite de l'être, on sera probablement obligé d'y introduire quelques colonies de ces infatigables travailleurs, les Chinois. »

français, le regretté Mouhot, qui en 1860 révéla une seconde fois ces ruines à l'attention de l'Europe savante. La relation de son voyage figurait en 1863 dans le *Tour du monde*. Après lui, de La Grée commença la première étude approfondie, appuyée de plans exacts et de renseignements de toute nature, qui ait été tentée sur cette matière ; enfin, en 1873, M. Delaporte, le courageux et intelligent auxiliaire du commandant de La Grée, visita dans la région non pas seulement Angcor, mais près de cinquante monuments, dont une quinzaine complètement inconnus. Avec les spécimens de statuaire, les bas-reliefs et les fragments d'architecture qu'il réunit, il forma une collection sans pareille, qui constitue aujourd'hui le *Musée khmer de Compiègne*.

Une longue chaussée conduit au temple d'Angcor. Elle est ornée de dragons fantastiques et bordée à droite et à gauche par un lac. Le temple servait jadis de résidence aux rois khmers, si puissants autrefois que, d'après la tradition, ils comptaient cent vingt rois tributaires et avaient une armée de cinq millions de soldats. Les ruines qui subsistent sont le fruit d'un travail tellement prodigieux qu'à leur aspect on est saisi de la plus profonde admiration. Par malheur, l'action du temps, les invasions des barbares, peut-être aussi les tremblements de terre ont bouleversé la plupart de ces somptueux monuments, et l'œuvre de destruction continue : aussi faut-il quelque temps pour se reconnaître dans ce dédale inextricable d'escaliers et de galeries sans fin, d'aspect uniforme et d'énormes dimensions.

L'enceinte affecte la forme rectangulaire et mesure 3550 mètres sur ses quatre faces réunies. L'entrée principale est à l'ouest. Elle se compose d'une galerie formée extérieurement par une double rangée de colonnes et intérieurement par un mur plein. Au centre de cette galerie s'élève une arche triomphale à triple ouverture. Le monument lui-même se compose de trois rectangles concentriques, formés par des galeries et étagés les uns au-dessus des autres. Le premier, le rectangle extérieur, a 750 mètres de développement, et tout autour de sa paroi intérieure règne un bas-relief ininterrompu représentant des combats mythologiques et des scènes religieuses. Le second rectangle est flanqué de tours aux quatre angles, et le mur qui l'entoure est une double colonnade extérieure. Le troisième rectangle est également flanqué de quatre tours. Au centre, à l'intersection des galeries médianes, s'élève une tour qui, bien que découronnée par le temps, atteint encore, au niveau de la chaussée, la hauteur de 56 mètres. Tel est ce majestueux ensemble : trois étages de colonnes s'emboîtant pour ainsi dire les unes dans les autres, et huit tours étagées surmontées par une neuvième tour centrale. Il est difficile de rêver une combinaison à la fois plus simple et plus majestueuse.

Ceci est pour l'ensemble de la construction; mais il faut encore remarquer deux sanctuaires le long de la chaussée, deux édicules construits dans la cour qui sépare le premier rectangle du second, et qui forment à eux seuls un ensemble complet, enfin et surtout les innombrables inscriptions et bas-reliefs qui décorent toutes les parties de l'édifice. Les caractères de ces inscriptions se rapprochent en général de l'écriture cambodgienne actuelle, et les bonzes en déchiffrent le plus grand nombre; mais les plus anciens, ceux qui, par conséquent, offriraient le plus grand intérêt, restent pour eux comme une lettre morte. Quant aux sculptures, ces longues pages de pierre retracent les combats du roi des singes contre le roi des anges, ou bien les délices du paradis et les supplices de l'enfer bouddhique, retracés avec une naïveté crue qui ne laisse pas d'être choquante. C'est surtout l'étage supérieur qui mérite une étude approfondie. Les deux premiers ne semblent construits que pour le faire mieux valoir. La décoration est plus riche, la pierre fouillée avec plus de soin, et les bas-reliefs mieux finis. Le plus singulier, c'est que telle partie du monument est restée inachevée. La pierre attend encore le ciseau. L'artiste est-il mort au milieu de son travail, et personne n'a-t-il été capable de lui succéder? ou bien le prince qui avait ordonné la construction a-t-il été forcé de l'interrompre? Il semble que ce soit là le sort de tous les grands monuments : Angcor est tombé en ruines avant d'avoir jamais été achevé.

Ce majestueux édifice n'a jamais servi d'habitation. Il n'a pas en effet de parties logeables. Peut-être existait-il jadis des logements en bois dans les cours intérieures ou sur les terrasses qui entourent l'édifice. Peut-être aussi fermait-on avec des nattes les intervalles des colonnes dans les galeries, et celles-ci servaient-elles à loger les prêtres et les pèlerins : mais ces traces d'habitation humaine ont disparu. Tout ce qui dans le temple était bois, plafond ou lambris a été détruit, brûlé ou volé.

C'est un devoir pour la France, puisque le Cambodge est soumis à notre protectorat, sinon de revendiquer la possession de ces ruines, au moins d'en assurer la conservation. Rien ne serait moins difficile dans un pays où la corvée et la réquisition sont dans les habitudes de la population et où il s'agit de préserver un sanctuaire religieux, car le temple d'Angcor est, comme on l'a dit, le Saint-Pierre du bouddhisme.

II. — L'Annam.

Le second Etat de la péninsule soumis au protectorat de la France est l'empire d'*Annam*. Voici comment notre ancien ennemi Tu-duc est devenu notre client.

Un de nos compatriotes, M. Dupuis, négociant actif, très au courant de toutes les questions commerciales qui se traitent dans l'extrême Orient, cherchait depuis longtemps le moyen de détourner au profit de la France l'immense courant des affaires chinoises. Il avait suivi d'un œil attentif l'expédition du Mékong, car il avait cru, comme le supposaient également tous les fonctionnaires de la colonie, que ce fleuve était la future artère du commerce de la péninsule; mais les difficultés de la navigation, les méandres de son cours, les nombreux pays qu'il traverse, en ajoutant aux obstacles matériels des difficultés douanières, tout se réunissait pour démontrer que le commerce de la vallée du Mékong alimenterait peut-être notre colonie cochinchinoise, mais ne serait jamais considérable. Il n'en était pas de même pour un autre fleuve, le Tongking, qui prend naissance en Chine, dans le Yunnam, entre les vallées du Mékong et du Yang-tseu-Kiang, qui est navigable sur presque tout son cours, file à la mer en ligne droite, et présente en outre l'immense avantage de l'unité de domination sur ses rives. Francis Garnier avait déjà pressenti l'importance de cette route, et affirmé que nous n'aurions pour ainsi dire qu'à vouloir pour ouvrir à nos produits une région encore inexploitée par les Européens, et pour en recevoir directement les précieuses matières premières qu'elle renfermait. M. Dupuis tira parti des indications de Garnier. Avec une résolution qui fait honneur à son esprit d'initiative, il entreprit à ses frais deux voyages, en 1868 et en 1869-1870, qui lui démontrèrent la possibilité de remonter le fleuve. En 1872, malgré l'opposition du gouvernement annamite, il achetait trois vapeurs et une jonque, et arrivait jusqu'au Yunnam, après avoir fait d'excellentes affaires et préparé le terrain pour des entreprises ultérieures. M. Dupuis aurait voulu établir tout de suite un service de bateaux à vapeur de Hong-kong et de Saïgon au Yunnam par le Tongking. Les Anglais, toujours à l'affût des opérations profitables, lui proposèrent immédiatement les fonds nécessaires. M. Dupuis, avec un patriotisme qui l'honore, refusa leurs offres et voulut que l'entreprise restât française.

C'est à ce moment, c'est-à-dire en 1873, que F. Garnier, qui avait enfin obtenu l'autorisation officielle d'explorer à son tour la région du Tongking, débarqua à *Kécho* avec une centaine d'hommes, et qu'à la période de l'initiative privée, représentée par M. Dupuis, succéda celle de l'intervention officielle.

La province de Kécho était gouvernée, au nom de l'empereur d'Annam, par notre ancien adversaire de Ki-hoâ, le maréchal N'guyen assisté par les deux fils de Fan-tan-giang, le gouverneur de Ving-long, dont nous avions causé la mort. Ces trois mandarins nourrissaient contre nous une haine aveugle et ne cherchaient que l'occasion de nous nuire. Non seulement ils avaient, dans la mesure de leurs forces, entravé les opérations de M. Dupuis, mais encore ils avaient à deux reprises essayé de l'empoisonner, et tenté de mettre le feu à son magasin à poudre. Lorsque Garnier eut annoncé que son intention était de profiter des indications de M. Dupuis pour ouvrir avec les peuples du Tongking des relations commerciales, le vieux N'guyen refusa de reconnaître ses pouvoirs. Il déclara même qu'il agirait à sa guise. En effet, il lança des proclamations où il dénaturait la mission de Garnier, et donna l'ordre de concentrer les troupes. Garnier aurait voulu ne pas brusquer la situation, mais sa position devint bientôt critique. Tous les moyens semblaient légitimes aux mandarins annamites pour se débarrasser de lui. Plusieurs fois ils essayèrent d'empoisonner l'eau qui servait aux usages domestiques des Français. De plus, Garnier n'avait sous ses ordres que 150 hommes environ, et, bien qu'il pût compter sur le concours des Chinois au service de M. Dupuis, il était comme noyé dans les flots de la population ennemie. Après avoir épuisé tous les moyens compatibles avec l'honneur, il résolut de prendre l'offensive et adressa un ultimatum à N'guyen, avec sommation d'y répondre sous trois jours. Appuyé sur la redoutable forteresse de Kécho, entouré d'une véritable armée, et depuis longtemps installé dans le pays, dont il connaissait les ressources, N'guyen ne croyait même pas à la possibilité d'une attaque de notre part; aussi ne daigna-t-il pas répondre aux sommations de Garnier. Quelle ne fut pas sa surprise lorsque, le 20 novembre 1873, la petite troupe franco-chinoise se présenta devant la citadelle et en commença l'attaque. Elle fut si vigoureusement menée qu'en moins de trente-cinq minutes nous étions maîtres de la place. 1500 soldats tombaient entre nos mains, ainsi que la plupart des mandarins, y compris N'guyen, qui mourut quelques jours après des suites d'une blessure reçue dans le combat.

La prise de Kécho était un beau fait d'armes, qui rappelait les exploits des *conquistadores* espagnols du XVIe siècle, alors qu'un Cortez ou un Pizarre conquéraient des empires avec une poignée d'aventuriers; mais ce n'était que le début des hostilités. Les mandarins des provinces voisines, effrayés par notre voisinage, se mirent aussitôt sur la défensive, et, aux portes même de Kécho, les lettrés cherchèrent à soulever le peuple contre les Français. En même temps, des bandes de brigands profitèrent du désarroi général pour piller à leur aise. Garnier fit face à toutes les difficultés. Il appelle à lui tous les honnêtes gens intéressés à extirper le brigandage, leur distribue les armes trouvées dans la citadelle, et, grâce à eux, rétablit en quelques jours la tranquillité compromise. Il remplace les mandarins hostiles à la France et chasse de leurs sièges tous ceux qui lui résistent. Le 25 novembre, *Hung-yen* est enlevé sans coup férir; le 5 décembre, un aspirant de marine, escorté de 6 matelots, M. Hautefeuille, prend *Nimb-bruh;* MM. Balny et de Trentiniau, avec 15 soldats, s'emparent de *Haïdzuong*, et Garnier entre de vive force dans *Nam-Dinh*, ville importante et très fortifiée. En vingt jours, moins de 150 Français avaient conquis tout le delta du Tongking, et plusieurs milliers de volontaires, organisés et commandés par eux, suffisaient pour maintenir l'ordre dans ce territoire, peuplé de plusieurs millions d'habitants.

Ces succès prodigieux avaient enfin tiré de sa torpeur la cour de Hué. L'empereur Tu-duc, qui connaissait la mission de Garnier et l'avait même autorisée, ne savait à quel parti s'arrêter. Il détestait les Français et leur souhaitait tout le mal possible; mais, d'un autre côté, il n'était pas fâché d'utiliser leur intelligence et leur activité pour consolider sa domination sur des provinces insoumises et pour créer des relations commerciales dont il profiterait un jour ou l'autre. Avec la duplicité qui constitue la diplomatie orientale, il encourageait dans leur résistance les mandarins tongkinois et, en même temps, prodiguait à Garnier les protestations de sa reconnaissance. Il se réservait d'agir suivant les circonstances. Au moment même où il envoyait au représentant de la France deux ambassadeurs chargés de régler tous les différends, il excitait sous main le gouverneur de Sontay, Hoang-Keoïen, à reprendre Kécho. Ce dernier ramassait 7 à 8000 Chinois, anciens rebelles qui venaient de vendre leur soumission au gouvernement annamite, et, à leur tête, marchait contre Kécho. Le 21 décembre, Garnier était en conférence avec les ambassadeurs de Tu-duc, quand on vint l'avertir que Hoang-Koeïen attaquait la citadelle avec ses brigands; aussitôt il saisit un revolver et court au point attaqué. En quelques instants l'ennemi est repoussé et mis en fuite. Par malheur, emporté par sa bravoure, Garnier veut poursuivre ses avantages et fait une sortie avec une quinzaine d'hommes. Arrivé à une distance d'environ deux kilomètres de la citadelle, il allait gravir une digue pour observer la position de l'ennemi, quand il tomba dans un fossé d'écoulement qu'il n'avait pas aperçu. Aussitôt il fut assailli par des Chinois cachés dans un fourré et percé de coups de lance. Deux de ses hommes furent tués à ses côtés, et, quand arriva le reste de l'escorte, le malheur était consommé. Garnier était mort, et les Chinois fuyaient en emportant sa tête.

Cette funeste sortie coûtait à la France un de ses enfants les plus distingués. Garnier avait tout pour lui : intelligence, dévouement, patriotisme, désintéressement. Il était de ceux qui savent commander et obéir, concevoir et écouter. Il a vécu en héros. Il est mort en héros.

La mort de Garnier produisit une émotion profonde parmi les Français ; mais ils se remirent bientôt de leur douloureuse stupeur. Un enseigne de vaisseau, M. Esmez, prit tout de suite le commandement intérimaire. Des patrouilles commandées par d'énergiques officiers parcoururent les provinces insurgées et maintinrent l'ordre. Les brigands furent refoulés ; aussi les ambassadeurs de Tu-duc, comprenant que les Français avaient décidément le dessus, reprirent les négociations interrompues par l'attaque déloyale du 21 décembre. Le commandant intérimaire profita habilement du désarroi général pour leur imposer un traité par lequel le Tongking était ouvert à notre commerce, et les garnisons françaises maintenues dans les citadelles conquises jusqu'à la ratification de la paix définitive.

Quelques jours plus tard débarquait à Hué un ambassadeur de la France, M. Philastre, chargé de négocier cette paix. Son attitude fut trop humble. On eût dit un humble solliciteur plutôt qu'un envoyé politique. D'ailleurs il arrivait avec des idées préconçues et était à l'avance déterminé à toutes les concessions. Ne déclarait-il pas publiquement que Garnier était un aventurier qui avait outrepassé ses pouvoirs? N'ordonnait-il pas à M. Esmez de procéder sans retard à l'évacuation des citadelles autres que celle de Kécho. Ce dernier lui fit remarquer que la retraite précipitée de nos soldats détruirait le prestige des armes françaises et serait peut-être l'occasion de graves désordres, car les nouveaux mandarins avaient encore besoin de l'appui moral de nos soldats. Les réclamations furent inutiles : il fallut obéir. La conséquence immédiate de cette évacuation maladroite fut un massacre général des chrétiens indigènes, qu'on accusait d'être les partisans de la France. Pendant plus de huit jours des bandes de brigands parcoururent le pays, pillant, incendiant et massacrant. Aucun de ceux qui avaient pris parti pour la France ne fut épargné. Les administrateurs nommés par Garnier furent égorgés avec leurs familles. Pendant ce temps, M. Philastre laissait faire. Il répondait aux missionnaires que ce n'étaient là que d'inévitables représailles et ordonnait à nos soldats frémissants une immobilité dont ils avaient honte. La fatalité s'acharne vraiment après nos colonies! Le début est toujours admirable. Des chefs énergiques et entreprenants font respecter et aimer notre pays; mais des fautes politiques étranges, des maladresses inavouables sont bientôt commises, et tout est perdu!

M. Philastre mit le comble à sa déplorable politique en signant, le 6 février 1874, une convention nouvelle, d'après laquelle les troupes françaises se retiraient du Tongking, et M. Dupuis, un certain Dupuis, comme il s'exprimait sur le compte de cet honorable négociant, était abandonné à ses propres ressources, — le tout sur une vague promesse d'autorisation de négocier dans le Tongking!

Quelle fut la conséquence immédiate de ces prodigieuses concessions? Les Orientaux croient au fait accompli et ne se soucient que médiocrement de la force morale. Ils avaient cru à la France, tant que la France avait vigoureusement agi, avec des hommes tels que Garnier ou Esmez; mais, du jour où ils virent nos troupes se retirer sans garantie, du jour où ils assistèrent au massacre des populations chrétiennes, et que ces massacres demeurèrent impunis, au respect succéda presque le mépris. Quant au gouvernement annamite, qui aurait accepté, sans même les discuter, toutes nos conditions, alors que nous possédions comme gage les forteresses du Tongking, il ne consentit qu'après de longues hésitations à signer un traité définitif : c'est le traité du 15 mars 1874, signé à Saïgon par l'amiral Dupré et les ambassadeurs de Tu-duc, et ratifié le 4 août 1874 par l'Assemblé nationale. En voici les principaux articles :

Art. 2. La France prend l'Annam sous sa protection. « Elle s'engage à lui donner gratuitement et sur sa demande l'appui nécessaire pour maintenir dans ses Etats l'ordre et la tranquillité, pour le défendre de toute attaque, et pour détruire la piraterie qui désole les côtes du royaume. » L'empereur d'Annam devenait par conséquent notre client, au même titre que le roi de Cambodge, c'est-à-dire que, légalement, nous pouvions intervenir dans l'empire, et y préparer notre domination future, en adoptant à l'égard de son chef la politique qui a fondé la grandeur anglaise dans l'Hindoustan : protection convertie peu à peu en sujétion.

Art. 3 et 4. Nous fournissons à l'empereur 5 vaisseaux à vapeur, 100 canons, des fusils et des munitions. De plus, nous mettons à sa disposition des instructeurs militaires et marins, des ingénieurs, des chefs d'atelier, des comptables et des professeurs. Ces nombreux auxiliaires seront nos alliés les plus dévoués et ne pourront que contribuer à augmenter notre influence. Il est certes difficile de prévoir l'avenir; mais n'est-ce pas comme une loi historique que tout Etat placé dans les conditions où se trouve aujourd'hui l'Annam vis-à-vis de la France est fatalement condamné à être absorbé ou conquis ? L'annexion de l'Annam semble ne plus être qu'une question de temps, d'opportunité et de convenance.

Art. 5. L'empereur consent à abandonner définitivement à la France les six provinces cochinchinoises; mais (art. 6) il lui sera fait remise de tout ce qui reste dû de l'ancienne indemnité de guerre.

Art. 9. L'exercice de la religion chrétienne est autorisé, et l'empereur prend sous sa protection spéciale les évêques et missionnaires. En restant ainsi fidèle à sa politique traditionnelle, la France agit dans son intérêt et dans celui de la civilisation, car il est certain que tous les chrétiens d'Orient s'habituent à nous considérer comme leurs protecteurs et deviennent tous nos clients, et d'un autre côté la supériorité du christianisme sur les cultes abâtardis et corrompus de l'Orient est si grande qu'à chaque progrès du christianisme correspond un progrès dans la civilisation.

Art. 11 et 12. Les ports de Tinhaï, Minhaï et Hanoï sont ouverts au commerce. « Les sujets, français ou annamites, de la France, et les étrangers en général, pourront, en respectant les lois du pays, s'établir, posséder et se livrer librement à toutes opérations commerciales et industrielles dans les villes ci-dessus désignées. Ils pourront de même naviguer et commercer entre la mer et la province de Yunnam par la voie du Tongking, moyennant des droits fixés. » C'est là le point essentiel. La Chine représente à elle seule près du tiers des habitants du globe, et cette immense agglomération humaine est jusqu'à présent restée en dehors des relations générales. Si nous avons à notre disposition une voie naturelle magnifique, qui s'enfonce jusqu'au cœur de cet empire et nous met en relations directes avec des contrées jusqu'alors à peu près vierges de tout contact européen, n'est-il pas évident que nous aurons produit à notre profit une révolution économique? Cette voie naturelle existe : c'est le Tongking, et nous avons le droit de l'exploiter, c'est-à-dire d'ouvrir à notre industrie nationale des débouchés incomparables. L'expédition du Mékong a trouvé des draps de provenance russe dans le Yunnam. Pourquoi ne pas y envoyer des cotonnades françaises? M. Dupuis a déjà démontré que nous ne rencontrerions sur cette nouvelle voie aucun obstacle sérieux. Les riverains semblent nous attendre. Ils ne demandent qu'à voir s'ouvrir devant eux une voie commerciale, qui décuplera la valeur de leurs produits métalliques ou forestiers. Nous n'avons donc plus qu'à utiliser ce que la nature et les traités ont mis entre nos mains, qu'à redonner l'impulsion et la vie à ces intelligentes populations annamites et chinoises, et, grâce à elles, à envahir pacifiquement la Chine intérieure. Ce sont là nos Indes futures. Ne les laissons plus échapper. Nous avons, il y a plus d'un siècle, compromis notre domination asiatique en sacrifiant Dupleix. Ne sacrifions pas aujourd'hui l'œuvre ébauchée par Garnier et Dupuis. C'est peut-être l'unique moyen de relever notre industrie, écrasée par de lourdes charges, et notre commerce, en partie ruiné par la guerre.

Il se peut que l'opinion publique n'ait pas encore saisi tous les avantages de ce traité. Il se peut que certains esprits à courte vue en aient regretté les conséquences. Nous ne pourrons que nous en féliciter. C'est pour nous une bonne fortune inespérée. Aussi bien les étrangers le savent, car il paraîtrait que les Anglais s'occupent très fort de nos progrès dans cette direction et que les Allemands regrettent de ne pas nous avoir demandé la Cochinchine au traité de 1871. Sans nous préoccuper des jalousies anglaises ou des convoitises allemandes, marchons résolument à notre but. Il est certain que notre colonie s'est développée rapidement, malgré les tâtonnements d'une politique indécise au début. Ses deux annexes du Cambodge et de l'Annam augmentent encore son importance. Prenons donc bon courage. Nous avons entre les mains un merveilleux instrument de fortune et de restauration nationale. Sachons nous en servir, et le dernier mot ne sera pas dit sur les destinées et la grandeur de notre pays.

QUATRIÈME PARTIE

OCÉANIE FRANÇAISE

BIBLIOGRAPHIE

I. — Polynésie française.

Rienzi. *L'Océanie.* 1836.
Vincendon-Dumoulin. *Voyage au pôle Sud et dans l'Océanie.* 1842.
Lutteroth. *O'Taïti. Histoire et conquêtes.* 1843.
Dumoutier. *Histoire des îles Marquises en 1842.* 1843.
Lefils. *Description des îles Marquises.* 1843.
X... *Les îles Marquises.* 1843.
P. Mathias G .. *Lettres sur les îles Marquises.* 1843.
Jouan. *Archipel des Marquises* (Revue coloniale, 1858).
Gaussin. *Cosmogonie tahitienne* (Tour du monde, 1860).
Cuzent. *O'Taïti. Considérations géologiques, météorologiques et botaniques sur l'île.* 1860.
X. . *Annuaire des établissements français de l'Océanie.* 1864.
Arfousset. *Tahiti et les îles adjacentes. Voyage et séjour dans ces îles (1862-1865).* 1867.
Garnier. *Excursion autour de l'île de Tahiti* (Société de géographie, 1868).
Cuzent. *Voyage aux îles Gambier.* 1872.
X... *Renseignements sur quelques îles de l'archipel des Tuamotu* (Annales hydrographiques, 1874).
Durand. *Les missions catholiques françaises.* 1874.
Mariot. *Note sur Taïti et les Tuamotu* (Revue maritime et coloniale, avril 1875).
Jacquemart. *Les îles Gambier* (Annales hydrographiques, 1875).
Pailhès. *Souvenirs du Pacifique* (Tour du monde, 1875).
X... *Renseignements sur quelques points des îles Marquises, sur diverses îles des Tuamotu, sur les Gambier et sur l'île Méhétia* (Annales hydrographiques, 1876).
X... *Les îles Marquises. Ressources naturelles, population, colonisation* (Economiste français, 1877).
Eyriaud des Vergnes. *L'archipel des îles Marquises* (Revue maritime et coloniale, 1877).
Blin. *Notes des voyages. Taïti. Missions océaniques.* 1877.
X... *Les îles Tuamotu* (Exploration, juillet 1872).

II. — Nouvelle-Calédonie.

De Rochas. *La Nouvelle-Calédonie et ses habitants. Productions. Mœurs. Cannibalisme.* 1862.
Vieillard et Deplanche. *Essai sur la Nouvelle-Calédonie* (Revue maritime et coloniale, 1862).
Vieillard. *Plantes utiles de la Nouvelle-Calédonie.* 1862.
Bourgarel. *Des races de l'Océanie française* (Mémoires de la Société d'anthropologie de Paris).
Chambeyron et Marchant. *Exploration de la Nouvelle-Calédonie* (Nouvelles annales des voyages, fév. 1863).
Martial Housez. *La Nouvelle-Calédonie* (Revue de l'Orient, octobre 1863).
Guillain. *Excursion faite en 1863 le long de la côte orientale de la Nouvelle-Calédonie* (Nouvelles annales des voyages, novembre 1864).
Guillain. *Notes sur la Nouvelle-Calédonie* (Revue maritime et coloniale, octobre 1864).
Bourgey. *Une exploration dans l'intérieur de la Nouvelle-Calédonie* (Nouvelles annales des voyages, novembre 1865).
X... *La Nouvelle-Calédonie* (Revue maritime et coloniale, fév. et mars 1866).
X... *Notice historique sur les progrès de la colonisation française dans la Nouvelle-Calédonie depuis la prise de possession en 1853 jusqu'à nos jours* (Annales des voyages, mars 1867).
X... *Les progrès de la Nouvelle-Calédonie* (L'Économiste français, fév. 1867).
Garnier. *Excursion dans la partie sud-ouest de la Nouvelle-Calédonie* (Revue maritime et coloniale, avril 1867).
Garnier. *Voyage à la Nouvelle-Calédonie* (Tour du monde, 1867).
X... *Note sur la transportation à la Guyane française et à la Nouvelle-Calédonie* (Revue maritime et coloniale, septembre-octobre 1867).
Bourgey. *Voyage à travers la Nouvelle-Calédonie de Kanala à Nouméa* (Annales des voyages, décembre 1867).
Garnier. *Essai sur la géologie et les ressources minérales de la Nouvelle-Calédonie* (Annales des mines). 1868.
Garnier. *Note sur la Nouvelle-Calédonie* (Société de géographie, mai 1868).
De La Hautière. *Souvenirs de la Nouvelle-Calédonie.* 1868.
Chambeyron et Banaré. *Instructions nautiques sur la Nouvelle-Calédonie.* 1869.
Garnier. *Traces du passage de La Pérouse à la Nouvelle-Calédonie* (Société de géographie, 1869).
H. de La Hautière. *Souvenirs de la Nouvelle-Calédonie.* 1869.
Bourgey. *Notice ethnologique sur la Nouvelle-Calédonie et ses dépendances.* 1871.
X... *Notes d'un colon sur la Nouvelle-Calédonie* (Société de géographie, février 1872).
Parquet. *Topographie de la Nouvelle-Calédonie septentrionale* (Revue maritime et coloniale, août 1872).
Balansa. *La Nouvelle-Calédonie* (Société de géographie, fév. et mars 1873).
Balansa. *Ascension du mont Humboldt* (Société botanique de France, 1873).
Patouillet. *Trois ans en Nouvelle-Calédonie.* 1873.
G. Marcel. *La Nouvelle-Calédonie* (Journal des Economistes, 1873).
X... *La Nouvelle-Calédonie* (Economiste français, août 1873).
Bout. *Note sur les mines à la Nouvelle-Calédonie* (Revue maritime et coloniale, novembre 1873).

Sebert. *Notice sur les bois de la Nouvelle-Calédonie, leur nature, leur exploitation, leurs propriétés mécaniques et industrielles* (Revue maritime et coloniale, 1874).

Chambeyron. *Note relative à la Nouvelle-Calédonie* (Société de géographie, juin 1875).

Germain. *La Nouvelle-Calédonie au point de vue de l'acclimatation.* 1875.

Lèques. *La Nouvelle-Calédonie* (Explorateur, 1876).

Hanoteau. *Constitution géologique et ressources minérales de la Nouvelle-Calédonie* (Société de géographie, décembre 1876).

Chambeyron. *Le grand récif au nord de la Nouvelle-Calédonie* (Société de géographie, décembre 1876).

Montrozier. *Notes d'histoire naturelle sur les îles Huon et Surprise* (Société de géographie, décembre 1876).

X... *Constitution géologique de la Nouvelle-Calédonie* (Revue maritime et coloniale, 1877).

Blin. *Notes de voyages. La Nouvelle-Calédonie.* 1877.

X... *Annuaire de la Nouvelle-Calédonie.* 1878.

P. Cave. *La France en Calédonie* (Exploration, 1878).

Nos établissements français d'Océanie sont d'une petitesse humiliante en comparaison des vastes domaines que se sont taillés trois autres nations européennes, plus empressées ou mieux dirigées. La Hollande étend sa domination sur l'immense archipel des îles de la Sonde, et plus de vingt millions de sujets reconnaissent sa suprématie. L'Espagne vient au second rang, avec les Philippines, les Mariannes, les Carolines et ses sept millions de sujets. L'Angleterre n'occupe encore que la troisième place, mais elle est de beaucoup la première comme étendue superficielle, car l'Australie, la Nouvelle-Zélande et plusieurs archipels de moindre grandeur représentent une énorme étendue de terrain et n'attendent, pour jouer leur rôle dans l'économie sociale du globe, que des colons, qui ne leur manqueront pas. Auprès de ces trois puissances, la France ne possède vraiment que bien peu de pays. Notre pavillon ne flotte en effet que sur les îles *Taïti, Tuamotu, Gambier, Marquises* et *Nouvelle-Calédonie*. L'occupation la plus ancienne, celle de Taïti, ne remonte qu'à 1843, et la plus récente, celle des Tuamotu, à 1859. Nous sommes donc arrivés bien tard dans ces lointains parages, où s'élaborent mystérieusement des mondes nouveaux. Nos colonies océaniennes ont pourtant leur fonction et leur utilité. Les unes et les autres préparent un champ d'action aux missionnaires, aux colons et aux négociants. Ce sont en outre des stations navales, qui peuvent servir de refuges à nos marins. Lorsque sera percé l'isthme américain, ces archipels océaniens serviront d'étapes aux paquebots qui uniront dans l'avenir l'Amérique à l'Asie et à l'Australie. Ils peuvent encore être choisis comme lieux de déportation pour nos condamnés. Enfin quelques-uns d'entre eux ont une étendue assez considérable et des richesses naturelles assez grandes pour qu'on les mette en culture. Les possessions françaises d'Océanie ne sont donc pas à dédaigner.

On peut les diviser en quatre groupes distincts, que nous étudierons successivement :

1° Taïti et ses dépendances, ou les îles du Protectorat ;
2° Les Tuamotu et Gambier ;
3° Les Marquises ;
4° L'archipel Néo-Calédonien.

1° Les îles du Protectorat.

Nous sommes censés n'exercer qu'un droit de protection sur Taïti et ses dépendances, bien qu'en fait nous possédions et gouvernions cet archipel, tout en laissant aux indigènes les franchises désirables : aussi a-t-il reçu la dénomination officielle, que nous lui conserverons, d'*îles du Protectorat*.

Les îles du Protectorat sont divisées en deux groupes : *Taïti*, ou l'archipel géorgien, qui comprend les cinq îles de *Taïti*, *Moorea, Mahitia, Tabuemann* et *Tetiaraa ;* l'archipel des *Tubuaï*, qui comprend les quatre îles de *Tubuaï, Raevavae, Rurutu* et *Rinsatara*, les deux dernières encore indépendantes. Les premiers explorateurs des Taïti, Wallis, Bougainville et Cook, en firent des descriptions enthousiastes. Bougainville surtout se signala par la chaleur communicative de son récit. Il faut lire ces pages émues où circule un ardent amour de la nature et comme une admiration passionnée des paysages enchanteurs et des mœurs naïves des insulaires. Sa description de la *Nouvelle Cythère* fit une vive impression sur l'esprit de nos pères. Cette peinture de l'innocence et du bonheur des sauvages n'était-elle pas comme une protestation contre les mœurs d'un siècle corrompu ? En 1797, des missionnaires de la Société des Missions de Londres vinrent s'établir avec leurs familles dans ce paradis terrestre, si vanté par leurs compatriotes. Vingt ans après, ils avaient converti toute la population des îles.

Grâce à eux, un chef de tribu, Pomaré I, réussit à se faire proclamer roi des îles Taïtiennes. Son fils Pomaré II et son petit-fils Pomaré III régnèrent paisiblement. Ils avaient une sorte de gouvernement parlementaire, avec un ministère responsable et des Chambres, qui fonctionnait régulièrement. Séduits par les apparences, quelques navigateurs européens proclamèrent que les Taïtiens jouissaient d'un gouvernement modèle; mais ils ne connaissaient pas le véritable état social du pays. Ils ne parlaient ni des castes ni de l'immonde association des *arioï*. Les Taïtiens étaient en effet divisés en trois castes, celle des *arii*, personnages sacrés, doués de vertus miraculeuses, à tel point que la nourriture qu'ils avaient touchée devenait un poison mortel pour tous ceux qui n'étaient pas du même rang; celle des *raatira*, tyrannisés par les arii, mais qui du moins avaient le droit d'être propriétaires; celle des *manahune*, ou gens du peuple, sur lesquels retombait tout le poids de cette société. Quant aux *arioï*, c'étaient des initiés qui ne songeaient qu'au plaisir : manger, dormir, danser, leur vie était une orgie perpétuelle. Ils juraient de ne pas avoir d'enfants et les étouffaient à mesure qu'ils naissaient. Malgré les éloges exagérés que leur décernèrent certains voyageurs, les Taïtiens ne réalisaient donc pas l'idéal des vertus politiques et sociales.

Il est vrai de reconnaître que l'influence des missionnaires anglais fit peu à peu disparaître ces immondes pratiques et rapprocha les Taïtiens de la véritable civilisation. Un des souverains de Taïti fut pour beaucoup dans cette rapide transformation des mœurs. Ce fut une femme, la sœur de Pomaré III, Pomaré IV, née en 1813, et qui régna depuis 1825. Les Anglais songeaient à profiter de sa jeunesse et de sa reconnaissance pour les bons soins que lui avaient prodigués leurs missionnaires pour annexer Taïti à leurs domaines. A diverses reprises, ces missionnaires, qui deviennent volontiers des agents politiques, avaient insinué à la reine de demander le protectorat de l'Angleterre; mais ils n'avaient pas réussi à la convaincre. Un consul français, M. Mœrenhout, fut plus heureux. Il eut l'art de persuader à Pomaré et à ses principaux conseillers que le protectorat de la France assurerait leur indépendance. En effet, la reine profita de l'arrivée à Papeïti d'une escadre française, commandée par l'amiral Dupetit-

Thouars, pour déclarer, le 9 septembre 1842, qu'elle reconnaissait la suzeraineté de la France. L'amiral s'empressa d'accepter, sauf ratification du gouvernement.

Alors éclata l'affaire Pritchard, qui eut un si singulier retentissement. Pritchard était un missionnaire anglais installé à Taïti. Investi depuis peu de la dignité de consul, il avait jugé à propos de joindre à ses deux premiers titres celui de pharmacien. Le succès de la négociation entamée par M. Mœrenhout l'avait irrité. L'arrivée de l'amiral Dupetit-Thouars acheva de l'exaspérer. Il commença à prêcher une véritable croisade contre les Français et fut secondé par le commodore anglais Toup, qui enjoignit aux résidents de son pays de ne pas se soumettre aux règlements provisoires établis par Dupetit-Thouars et fit hisser un nouveau pavillon sur la demeure royale de Pomaré IV, comme pour insulter au pavillon du protectorat. A cette nouvelle, l'amiral se rendit à Taïti et pria la reine de remplacer immédiatement son nouveau pavillon par l'ancien. Pomaré IV refusa. Dupetit-Thouars annonce que le pavillon français est seul reconnu et prend possession de l'archipel au nom de la France. Pritchard, de son côté, amène le pavillon anglais qui flottait sur sa demeure et engage la reine à se réfugier à bord d'un navire anglais. La situation était grave. Approuverait-on en France la conduite de notre amiral, c'était peut-être un cas de guerre contre l'Angleterre. Le désavouerait-on, on s'exposait aux reproches de l'opposition, et, de plus, l'honneur de la marine française était compromis. Louis-Philippe régnait alors : il aimait la paix par tempérament et par politique. Quand il sut que l'Angleterre avait été fort irritée par notre prise de possession, il ne songea plus qu'à ne pas mécontenter ses alliés, et, sans se soucier de la fâcheuse impression que produirait en France ce désaveu, déclara qu'il n'y avait aucune raison pour déroger au traité primitif et par conséquent que Pomaré IV gardait sa souveraineté.

Sur ces entrefaites, les intrigues de Pritchard avaient amené un dénouement inattendu. Pritchard avait réussi à organiser dans l'archipel une famine factice. Il avait conseillé aux insulaires de cacher leurs troupeaux dans les montagnes, et à la reine de chercher un refuge à bord de la goëlette anglaise *le*

Basilic. De plus, des bandes armées parcouraient le pays. Quelques insurgés pris les armes à la main avouèrent qu'ils avaient agi d'après les conseils de Pritchard. L'amiral fit alors arrêter et emprisonner le consul. Les matelots chargés de l'arrestation l'opérèrent avec plus de brusquerie qu'il n'aurait convenu et eurent le tort d'éventrer les bocaux du missionnaire-pharmacien-consul et de ne pas respecter son mobilier. A peine l'arrestation de Pritchard fut-elle connue en Angleterre, qu'il y eut dans tout le pays comme un débordement inouï d'injures et de réclamations contre la conduite de nos agents. M. de Jarnac, notre chargé d'affaires à Londres, écrivit même à M. Guizot, alors ministre des affaires étrangères, qu'on était à la veille d'une rupture. Que faire? Céder encore ou résister? En cédant, on flattait l'orgueil anglais et on évitait une guerre; mais aussi quelle blessure pour notre amour-propre et quelle arme entre les mains de l'opposition! En résistant, on caressait les préjugés français, mais on s'exposait à une guerre redoutable. Jamais le roi et ses ministres n'avaient été plus embarrassés. Par bonheur, le gouvernement anglais ne se souciait nullement de rompre avec la France. Il fit savoir qu'il se contenterait d'une indemnité pécuniaire et de quelques explications diplomatiques. Louis-Philippe accepta avec empressement le mezzo termine et répondit qu'il accorderait l'indemnité. Restait à la faire voter par les Chambres. Or le compte présenté par Pritchard était un véritable compte d'apothicaire. L'opposition avait donc beau jeu pour discuter article par article la note présentée par le consul, lésé dans ses produits pharmaceutiques. Un violent débat s'engagea à la Chambre des députés. On affecta de voir dans cette concession un acte de timidité, et la politique du cabinet n'obtint que huit voix de majorité. L'épithète de *Pritchardiste* fut appliquée à tous ceux qui avaient voté cette indemnité.

Pendant qu'à Paris se discutait la question taïtienne, à Taïti même elle se dénouait brusquement par la force. Les insurgés étaient entrés en campagne. A Mahaena, quelques centaines d'entre eux s'étaient installés dans un poste redoutable. Il fallut pour les en déloger un siège en règle. Quelques mois plus tard, à Fatahua, on frappa un nouveau coup. Notre double victoire produisit un tel effet sur les insulaires qu'ils vinrent tous, les uns après les autres, faire leur soumission. Pomaré IV elle-même se décida à rentrer dans sa capitale en jurant fidélité à la France. Depuis cette époque, la tranquillité n'a pas été troublée. Le peuple taïtien a compris ses véritables intérêts et s'est sincèrement attaché à nous. La reine s'est habituée à sa vassalité et contentée des honneurs de la souveraineté, que d'ailleurs on ne lui ménage pas. En un mot, l'archipel est soumis, et peu à peu notre influence s'étend sur les îles voisines. Dès 1844 les îles Gambier, et en 1847 deux des îles Tubuaï se sont rangées volontairement sous notre protectorat; en 1859, les Tuamotu ont accepté notre suprématie. Ces conquêtes pacifiques ont été acceptées par tout le monde. L'Angleterre elle-même les a reconnues, et nous sommes aujourd'hui les maîtres incontestés de toute cette région du Pacifique. Nous n'avons plus d'autres ennemis que nous-mêmes, ou du moins nos administrateurs, qui, par leur manie de réglementation, ont failli compromettre l'avenir de la colonie. Ils avaient éloigné les pêcheurs et les navires de commerce par des formalités et des taxes vexatoires. N'exigeaient-ils pas des permis de séjour, et ne forçaient-ils pas les étrangers débarqués à Papeïti à rentrer en ville à une certaine heure! On conduisait l'île comme un couvent ou plutôt comme une caserne. En 1861, on a reconnu le danger de ces mesures arbitaires. Droits de navigation, tonnage, expédition, permis de séjour et certificat, tout a été supprimé d'un seul coup; mais le port de Papeïti était discrédité, et bien des années se passeront encore avant que les négociants étrangers ou français aient oublié ces procédés abusifs.

Taïti est néanmoins en voie de progrès. On a fait dans cette île quelques essais de colonisation sérieuse. Une commission municipale a été instituée, ainsi qu'un comité d'agriculture et de nombreuses écoles. On a même fondé une caisse agricole, qui fait fonctions de caisse de dépôt et d'épargne, et sert d'intermédiaire aux colons pour l'achat des terres aux indigènes. Il n'y avait en 1865 que 199 hectares mis en culture. On en comptait 1017 l'année suivante, et 2162 en 1867. Si la progression a continué, et tout semble l'indiquer, Taïti deviendra bientôt l'une des îles les plus florissantes de la Polynésie.

Descendons maintenant dans ces îles. Etudions leur constitution physique, leurs ressources et leurs populations.

L'île de *Taïti* se divise en deux parties inégales bien distinctes, *Taïti* proprement dit et la presqu'île de *Taïarapu*, reliées entre elles par un isthme de 2200 mètres de largeur. Chacune de ces parties est à peu près circulaire. De hautes montagnes, produit d'un soulèvement volcanique, en occupent le centre. Les pics les plus élevés sont dans Taïarapu le *Niu* (1,324 m.), et dans Taïti l'*Aorai* (2,400 m.), l'*Orehana* (2,236 m.) et le magnifique sommet du *Diadème*, qui, de loin, avec ses pics déchiquetés, ressemble à une gigantesque couronne. De nombreuses rivières s'échappent de ces montagnes et bondissent en torrents répandant à flots sous ce beau ciel une fraîcheur délicieuse. Les plus importants de ces cours d'eau sont le *Punaruu* et le *Papenoo*. Au centre de l'île, à 430 mètres au-dessus du niveau de la mer, on trouve le lac *Waïpiri*, sans issue apparente vers la mer, et qui sans doute est un cratère éteint. L'île est entourée par une ceinture de récifs qui s'ouvrent à intervalles irréguliers pour former des ports excellents. Le plus sûr et le plus grand est celui de *Papeïti*, chef-lieu de l'île et capitale du protectorat. Le sol de Taïti, pierreux et dur au sommet des montagnes, argileux sur les plateaux intermédiaires, présente dans les vallées et sur les bords de la mer une épaisse couche de terre végétale. C'est surtout sur la côte ouest que s'étend cette couche d'humus. Sur la côte est au contraire, c'est à peine si une plage étroite a pu se former çà et là entre la mer et le pied des montagnes. Cette bande de terrain, propre à toutes les productions tropicales, peut fournir à l'agriculture une superficie d'environ 25,000 hectares. A part l'étroite ceinture horizontale qui contourne l'île et la bouche des vallées principales, tout l'intérieur est un chaos de montagnes et de pics dont les pentes ont une inclinaison si exagérée et une végétation si touffue qu'elles sont à peu près inabordables.

L'île *Moorea*, vue de Taïti, est splendide. Les pics bizarrement découpés qui en occupent la partie centrale sont fort curieux. Un des plus aigus est perforé de part en part, juste au-dessus de son point culminant. C'est un ancien héros qui, d'après la légende, a percé le rocher de sa lance. Moorea a d'excellents ports, entre autres celui de *Teavara*. Rien de particulier sur la géographie physique des trois dernières îles taïtiennes ; Tetiaroa, Mahitia et Tabuemann sont des îlots sans importance.

Comme toutes les contrées tropicales, les îles du Protectorat ont deux saisons : l'une sèche, d'avril à décembre, qui est la belle saison, et l'autre pluvieuse, de décembre à avril : c'est l'hivernage. La température moyenne est de 20 à 23° centigrades au-dessus de zéro. Peu ou pas d'ouragans, mais de violents coups de vent et des ras de marée dont les navires, quand ils approchent des îles, doivent se défier. En somme, le climat est fort salubre dans ces archipels ; et la population européenne s'y acclimate facilement.

La faune des îles est peu riche. Elle ne présente aucun mammifère particulier. Les animaux domestiques d'Europe y ont été récemment introduits, et leur nombre augmente sensiblement. Peu ou point d'oiseaux. L'étranger qui parcourt les vallées ombreuses de l'île est même étonné du silence complet qui règne dans les masses épaisses de végétation qu'il traverse. Quelques phaétons, de petites perruches et des martins-pêcheurs sont les seuls habitants ailés de l'intérieur. Sur la plage, on rencontre quelques hérons et des chevaliers, et dans les bas-fonds marécageux des canards et des sarcelles. Le cent-pieds et le scorpion sont les seuls animaux dangereux. Les bois recèlent aussi des hôtes fort incommodes, cochons sauvages, moustiques et guêpes. Les huîtres perlières sont nombreuses, et on commence à les exploiter avec une prévoyance et des précautions qui ont manqué jusqu'à présent. Les parcs sont établis sur des bancs de coraux, où n'existe qu'un léger courant. On tapisse le fond de sujets ayant la grosseur d'une pièce de cinq francs. Un an après, les huîtres sont de la grosseur d'une assiette à dessert. En trois ans, elles deviennent marchandes ; c'est dans celles de cinq ans que se trouvent les perles du plus bel orient.

Taïti et les îles voisines se prêtent à toutes les cultures tropicales : jusqu'ici toutefois, l'agriculture n'a pas atteint le degré de perfectionnement auquel elle semble appelée. Un préjugé trop répandu existe sur la petite quantité des terres que les archipels polynésiens offrent à la culture, car Taïti elle seule est plus étendue de 6,000 hectares que la Martinique, et ses nombreuses dépendances lui assurent des développements considérables. La base de la nourriture des insulaires est formée d'aliments végétaux. Elle se compose du *fei* ou bananier, du *taro*, de l'*igname* et du *maiore* ou fruit de l'arbre à pain. Comme cultures industrielles nous signalerons cinq matières textiles qui sont peut-être appelées à un grand développement : 1° la *bourre du coco*, qu'on avait jusqu'à présent brûlée, faute de débouchés ; 2° la *fibre des tiges et des racines du pandanus*, dont on fait des sacs à sucre et à café, et qu'on emploie même pour la fabrication des pâtes à papier ; 3° l'*urtica œstuans*, recherchée pour la confection des filets de pêche ; 4° l'*hibiscus terrestris* ; 5° le *jute*, qui a envahi depuis quelques années tous les chemins de l'île.

Il existe deux arbres dans l'archipel dont la prodigieuse multiplication a vivement frappé nos économistes : ce sont le *goyavier* et l'*oranger*. Le goyavier n'a été introduit qu'en 1815, mais il pousse avec une étonnante vigueur, et il constitue déjà des bois touffus. Il couvre les montagnes jusqu'à la hauteur de 600 mètres. Dans les vallées, il atteint presque la taille d'un arbre. Sa rapide croissance et sa propagation par les animaux qui se nourrissent de ses fruits commencent à en faire un véritable fléau. L'oranger, introduit par Cook en 1774, a rencontré un terrain si propice et un climat si heureux qu'il pousse aujourd'hui partout et sans culture. Les oranges taïtiennes sont fort estimées. On les expédie jusqu'en Californie ; à Taïti, on les achète vingt-cinq francs le mille, et on les revend deux cent cinquante francs à San Francisco. Les Taïtiens préparent avec leurs oranges une boisson fermentée, le vin d'orange, dont la préparation est sévèrement interdite par l'autorité française, à cause des scènes de débauche et de violence dont elle est l'occasion ou le prétexte.

Parmi les produits végétaux des îles, nous citerons encore le *taunanu* et le *miro* ou bois de rose, l'un et l'autre de première qualité, le *tiairi* ou bancoulier, l'*arbre à pain*, le *cocotier*, le *bois de fer* et le *sandal*. En résumé, bien que riche et puissante, la végétation est peu variée, mais les essences utiles et les fruits savoureux s'acclimatent facilement.

Ces diverses productions suffisent largement aux besoins de la population et alimentent un commerce d'échanges qui ne peut que grandir avec le temps, au fur et à mesure qu'augmenteront les débouchés.

Après Taïti, étudions les Taïtiens. Ils font partie de la grande famille océanienne, qui se distingue par une teinte cuivrée, par la beauté des formes, par une taille au-dessus de la moyenne, et une expression de visage assez douce, à moins qu'ils ne se donnent par le tatouage une laideur factice. Ils se disent issus de la famille *Mahori* ou *Mahoi*, et, en effet, se reconnaissent entre eux à la première vue et aux premières paroles. Quelle est leur patrie originaire? On a cru longtemps que les vents alizés, qui soufflent de l'est, les avaient jetés d'Amérique sur l'archipel, mais les traditions indigènes s'accordent à représenter l'ouest comme le berceau de leur race, et il est bien plus probable qu'ils ont obéi aux vents d'ouest, qui règnent dans ces mers par séries de trois à quinze jours.

La population taïtienne a été estimée très diversement par les navigateurs qui ont visité cet archipel. Cook la portait en 1774 à 240,000 âmes; le missionnaire Wilson en 1797 ne comptait plus que 16,000 individus; en 1829, un nouveau recensement donna 9,969 habitants, et le plus récent, celui de 1862, qui paraît opéré dans des conditions toutes spéciales d'exactitude, a produit le chiffre de 10,347. Où donc est la vérité? Le chiffre de Cook est évidemment exagéré. A l'arrivée des bâtiments anglais, les Taïtiens se transportaient à leur suite sur tous les rivages, afin de jouir plus longtemps d'un spectacle si nouveau pour eux, et l'amiral a pris pour la population d'un simple district les habitants de l'île presque tout entière. On a prétendu que la fréquence des infanticides, des guerres et des épidémies avait diminué la population dans des proportions considérables; mais les infanticides n'ont jamais été qu'une exception; les guerres n'ont pas dû être fort meurtrières, puisqu'on ne se battait que de loin, et que le parti vaincu trouvait son salut dans une prompte fuite. Restaient, il est vrai, les épidémies, et il est certain que la dyssenterie et les maladies de poitrine ont fait de nombreuses victimes. A Taïti, comme partout où la race européenne s'est trouvée en contact avec des races indigènes plus faibles, l'apparition des blancs leur a été mortelle. Néanmoins l'équilibre commence à se rétablir : les guerres ont cessé; à l'infanticide et aux désordres de tout genre a succédé l'influence moralisatrice du christianisme. Les épidémies sont plus étudiées ou mieux soignées. Au prochain recensement, il est probable que le chiffre de 10,347 Taïtiens sera dépassé.

Ces Polynésiens ont de tout temps frappé les navigateurs par leur grâce et leur amabilité. Au temps de Cook et de Bougainville, cette amabilité descendait jusqu'aux dernières complaisances, et l'île ne méritait que trop le nom de Nouvelle-Cythère. Les mœurs se sont de nos jours en partie réformées, mais ce nid de verdure et de parfum cache toujours de séduisantes sirènes, au langage cadencé, aux manières enchanteresses, ne vivant que pour le plaisir. Elles portent des robes montantes aux vives couleurs, semblables à des peignoirs, qui flottent librement autour d'elles. Leurs noires tresses sont ornées de fleurs, ou de gracieux panaches dont elles aiment à s'ombrager. Les hommes se ceignent les flancs et les jambes d'une pièce de cotonnade nommée le *pareu*, et portent sur leur torse une chemise de confection européenne dont les pans flottent à l'air. Ce sont ces vigoureux et beaux athlètes dont Cook, Lesson ou Dumont d'Urville ont si bien tracé le portrait.

Le paganisme a presque entièrement disparu des îles du Protectorat, et sans violence ni persécution. Protestants et catholiques se partagent les consciences. Les catholiques ont pour eux les faveurs administratives et les protestants l'autorité du fait accompli et le droit de premier occupant; mais une égale tolérance règne entre les ministres des deux communions, qui, depuis que la question politique est tranchée, n'ont plus entre eux d'autre rivalité que celle du bien.

Le gouvernement est partagé entre la royauté indigène et le Protectorat français, qui résident tous deux à Papeïti. Le Protectorat français s'est réservé les relations extérieures et partage avec la royauté les relations intérieures; mais, par la force des choses, la France exerce la réalité du pouvoir, dont le souverain indigène ne conserve que les apparences. Les divers Etats du Protectorat forment une assemblée constituée par les trois éléments suivants : 1° députés élus pour trois ans par le suffrage universel; 2° chefs de district; 3° juges. L'assemblée est convoquée par une ordonnance de la reine et du commissaire français. Le territoire est partagé en districts, et la population groupée en villages. Chaque insulaire est tenu de posséder une case propre et salubre.

Les conséquences de ces institutions politiques et sociales sont manifestes sur l'état intellectuel de cette société. A vrai dire, les Taïtiens sont plus civilisés que beaucoup d'Européens, et on ne continue à les appeler sauvages qu'en vertu d'une convention. Ils ont adopté nos usages et nos coutumes : ils adorent notre Dieu, ils balbutient notre langue; ce sont les Français de la Polynésie. N'est-ce pas notre droit et notre devoir de pousser la ressemblance jusqu'à ses dernières limites, et de créer dans ces lointains parages une véritable France océanienne?

2° Les Tuamotu et Gambier.

Les îles *Tuamotu* et *Gambier* sont situées à l'est de Taïti. On les divise en deux groupes, les Tuamotu au nord-ouest et les Gambier au sud-est. Les Tuamotu ont longtemps porté le nom de *Pomotu*, ce qui veut dire en polynésien les îles soumises; mais les insulaires, quand ils ont accepté le protectorat de la France, ont protesté contre cette dénomination, qui leur rappelait d'odieux souvenirs de servitude, et demandé à donner à leur archipel le nom de Tuamotu, qui veut dire îles lointaines. Le gouvernement s'est empressé d'accéder à cette demande, et désormais la dénomination de Pomotu n'a plus de raison d'être. Parfois encore, on appelle ces îles *Basses* ou *Dangereuses*. Cette qualification leur conviendrait mieux, car elles s'élèvent très peu au-dessus du niveau de la mer, et de plus sont protégées par une muraille de dangereux récifs. Quant aux îles *Gambier*, elles furent ainsi nommées par le capitaine anglais Wilson, qui les visita en 1797 et leur donna le nom de Gambier, en l'honneur de l'amiral, fervent protecteur des missions de Londres, qui avait organisé l'expédition. On les appelle encore îles Mangarewa, du nom de la principale du groupe.

Les Tuamotu sont au nombre de 79. Voici leurs noms : *Matahiva, Makatea, Tikahau, Rairoa, Arutua, Kaukura, Niau, Oahe, Apotaki, Manihi, Toau, Fakarava, Anaa, Aratika, Faaite, Kauehi, Takapoto, Hereheretue, Takaroa, Raraka, Tahanea, Taiaro, Tikei, Motutunga, Katiu, Tepoto, Tuanake, Hiti, Makemo,*

Haraiki, Anuanuraro, Marutea, Taenga, Reitoru, Nukutipipi, Nihiru, Rikueru, Tekokoto, Raroia, Marukau, Ravahere, Takume, Nengonengo, Rekareka, Tauere, Tetopoto, Manuhangi, Napuka, Angatau, Hao, Aamann, Paroa, Tematangi, Pinaki, Fakahina, Pukararo, Pukarunga, Akiaki, Vanavana, Vairaatea, Pukapuka, Vahitaï, Nukutavake, Ahunui, Vahitai, Tatatoroa, Tureia, Tetakotepoto, Anaaiti, Morane, Pukaruka, Tenararo, Maturevavao, Nomia, Natupe, Tenarunga, Maria, Merutea et *Timoe*. La plus importante est Anaa. Viennent ensuite Rairoo, Fakarava, Raroia, Hao et Vairaatea. Les autres ne sont que des îlots sans importance ; plusieurs d'entre elles sont même inhabitées. Elles s'étendent sur une longueur de 2000 kilomètres et une largeur de 1,200. Les Gambier sont au nombre de six. Cinq d'entre elles : *Mangarewa, Aukena, Okamaru, Akakawitaï* et *Tarawaï*, forment comme un cercle qui circonscrit un lagon intérieur de 18,000 hectares. La sixième, l'île *Crescent*, est en dehors du groupe.

Ces deux archipels appartenaient jadis à un continent que les feux souterrains submergèrent en partie sous les eaux. Les îles, qu'épargna le cataclysme, étaient sans doute les sommets des montagnes de cette terre disparue. Aucune d'elles n'est importante comme superficie. On dirait des cratères dont la crête émerge seule au-dessus des eaux, mais qui sont battus des deux côtés par les flots de la mer : en effet, elles présentent d'ordinaire une forme circulaire et entourent un lagon intérieur. Escarpées et inabordables du côté de la mer, elles n'offrent aucun mouillage, tandis qu'elles s'abaissent en pente douce du côté du lagon, ce qui semblerait indiquer un affaissement dans cette direction. De temps à autre se dresse encore une haute cime, comme par exemple le mont *Duff* à Mangarewa ; mais ces derniers vestiges de l'ancien continent s'effondrent peu à peu et disparaîtront un jour ou l'autre. Presque toutes ces îles sont protégées au large par un récif madréporique qui forme comme une digue continue. De temps à autre, ces murailles de corail offrent des passes praticables pour les navires de toute grandeur. D'autres donnent accès seulement à de petits navires. Plusieurs îles n'ont pas de passes même pour les embarcations, qu'on est alors obligé de porter sur le récif afin de les faire pénétrer dans le lagon intérieur, opération toujours difficile à cause de la violence des vagues. Ces récifs extérieurs se reconnaissent de loin à la blanche nappe d'écume qui bouillonne dans les brisants. La nuit le roulement sinistre de la vague les annonce. D'impétueux courants y précipitent les navires. Dans ces parages difficiles, on ne peut avancer qu'avec la plus grande précaution et la sonde à la main.

Les Tuamotu et les Gambier sont infertiles. Les seuls arbres qui s'y développent en toute liberté sont les *cocotiers* et les *pandanus*, qui, par leur végétation active et touffue, constituent d'impénétrables fourrés. Les cocotiers ont un redoutable ennemi, un crabe terrestre, muni de fortes pinces, et très friand de noix. Ces noix servent de base à la nourriture des insulaires. Ils en extraient de l'huile, mais par des procédés très primitifs, en râpant les noix avec des lames de fer dentelées, puis en pressant avec la main les pulpes, qui ont, au préalable, fermenté deux ou trois semaines dans des réservoirs spéciaux. Les tourteaux sont utilisés pour la nourriture du bétail ou de petits chiens comestibles : on les convertit encore en engrais.

Avec l'huile de coco et la pêche, la seule industrie de l'archipel est celle de la *nacre* et des *perles*. Sur les rochers qui entourent l'archipel vivent et se développent de nombreuses huîtres perlières; on les nomme des *pintadines;* leurs coquilles produisent une belle nacre fort estimée. Les insulaires vont les chercher en plongeant jusqu'à vingt et trente mètres sous l'eau. Comme elles adhèrent fortement au roc ou sont enfoncées dans le sable, plusieurs plongeons sont nécessaires pour les détacher. On les pêche de janvier à avril. On a soin d'exploiter les bancs les uns après les autres, pour laisser aux coquilles le temps de grossir. Sept années sont nécessaires pour atteindre leur entier développement. Les perles obtenues se divisent en quatre catégories : la première comprend les perles régulières et sans tache, la seconde les perles rouges et blanches, la troisième les perles baroques, avec taches, et la quatrième les chicots de perles.

Les Tuamotu et les Gambier n'ont, à vrai dire, pas d'histoire. Les Tuamotu dépendaient autrefois de Taïti, et ont reconnu notre protectorat, quand nous l'avons imposé à la reine Pomaré. En 1836, des missionnaires de Picpus avaient débarqué dans l'archipel, alors peuplé d'anthropophages. Après bien des difficultés, ils réussirent à convertir les insulaires au catholicisme, malgré les efforts des Mormons, accourus pour les rendre à la barbarie. Ces néophytes ont la foi du centenier. Parfois ils traversent à la nage les détroits qui séparent les îles pour venir entendre la messe. Les Gambier, découvertes en 1797 par Wilson et visitées en 1826 par Beechey, passaient pour nourrir une population féroce et inhospitalière, toujours disposée à attaquer et à piller les navires. Ce fut un capitaine chilien, Mauruc, qui les initia à la civilisation. Il les constitua en royaume indépendant. Il leur donna même un drapeau national, que trouva Dumont d'Urville en 1838, quand il visita l'archipel; mais cette tentative avorta. En 1834 débarquaient à Mangarewa les futurs maîtres de l'île, les Pères de Picpus, Carret, Murphy et Laval. Bien accueillis par les insulaires, qui poussèrent les devoirs de l'hospitalité jusqu'à leur offrir des compagnes, que ces Révérends eurent de la peine à refuser, ils réussirent à se rendre indispensables, d'abord en soignant et en guérissant quelques malades, puis en prouvant aux insulaires, par leur enseignement, la supériorité du catholicisme sur les coutumes sanguinaires et les superstitions, qui avaient jusqu'alors formé comme le fond de leur culte national. Le roi des îles se convertit le premier. Ses sujets imitèrent l'exemple de cet autre Clovis. Dès lors, les Pères de Picpus exercèrent une autorité qui peu à peu se convertit en tyrannie politique et surtout en exploitation commerciale. Ils eurent la prudence de conseiller aux insulaires de demander le protectorat de la France. L'amiral Dupetit-Thouars envoya en effet en 1843 la frégate *la Charte*, commandée par le capitaine Penaud, prendre possession de l'archipel. Le 12 décembre 1844, son successeur, l'amiral Buat, déléguait le Père Lianon comme son représentant dans l'archipel, et, dès ce moment, les Pères de Picpus ajoutèrent à l'autorité morale dont ils jouissaient déjà le titre de délégué officiel de la France.

Il paraîtrait que leur domination n'a pas été exempte d'arbitraire. A diverses reprises, des plaintes se sont élevées, non pas de la part des insulaires, qui obéissent aveuglément, mais de la part des résidents européens, qui s'indignaient de les voir traités en esclaves et exploités à outrance. La question fut même portée à la tribune. S'ils ont rencontré des détracteurs, les maîtres ecclésiastiques de l'archipel ont également trouvé des partisans. Rien encore n'a été résolu. Un fait seulement se dégage, et il est lamentable, la rapide disparition des insulaires. Faut-il l'attribuer à la phthisie, qui les décime, aux travaux excessifs qu'on leur impose, ou bien encore à l'abus des vœux de célibat imposés par les Pères ? Il est bien difficile, à pareille distance, et avec si peu de renseignements, de démêler le vrai du faux : toujours est-il qu'on ne compte plus aujourd'hui dans les îles Gambier que 2,000 à 2,500 âmes. La population des Tuamotu est plus considérable : on l'évalue à 8000.

3° Les îles Marquises.

L'archipel des *Marquises* est situé à 250 lieues au nord-est de Taïti. Il se compose de onze îles distribuées en deux groupes éloignés l'un de l'autre de vingt-cinq lieues. Le groupe sud-est ou du vent est plus spécialement désigné sous le nom de *Marquises de Mendoza*, ou simplement de Marquises ; ce fut l'Espagnol Mendana qui leur donna ce nom, en l'honneur de la vice-reine du Pérou, quand il les découvrit en 1595. Il comprend les cinq îles de *Tanata, Hivaoa, Fatuhuku, Fatuhiva* et *Motane*. Le groupe nord-ouest, ou de la *Révolution*, ou de *Washington*, comprend les six îles de *Nukuhiva, Hapu, Hanka, Hatutu, Eiao, Motuiti*. Comme ces îles ont été visitées par tous les navigateurs de différentes nations envoyés en voyages d'exploration depuis un siècle, Cook, Ingraham, Marchand, Porter, Krusenstern, Dumont d'Urville, etc., elles ont souvent changé de nom, chacun de ces explorateurs se croyant le droit et le devoir de leur imposer une dénomination nouvelle. La France en a pris définitivement possession en juin 1842, presque au moment où elle s'établissait à Taïti, et dès lors les appellations géographiques se sont fixées. Les insulaires, qui tenaient à leur indépendance, nous ont d'abord résisté, mais ils reconnurent bientôt leur impuissance et s'habituèrent à notre domination. Quelques hommes de police et cinq ou six résidents français suffisent aujourd'hui à maintenir cette population, dont on avait exagéré la sauvagerie.

Vues du large, les Marquises ressemblent à des cônes abrupts, tombant à pic dans la mer, d'une hauteur moyenne de 3 à 400 mètres. Au-dessus de cette première ligne de falaises, presque droites, s'élèvent, dans un confus entassement, des pics mamelonnés, séparés par de profondes vallées. Le plus élevé de ces pics, celui de *Nukuhiva*, atteint 1,178 mètres de hauteur. Tout le pays fut jadis bouleversé par des volcans; on dirait que les îles ont été brusquement fendues et séparées par une force irrésistible. Tout démontre l'action des feux souterrains, les falaises presque droites, l'identité des roches, la forme générale des montagnes et jusqu'à la couleur du terrain. Le sol est si tourmenté et tellement raviné qu'il est à peu près impossible d'établir des communications par terre d'une vallée à l'autre : c'est la mer qui sert de route.

Le climat de l'archipel est sain. La température moyenne est de 28° pendant le jour et de 20° pendant la nuit. Le vent du large, qui souffle tant que brille le soleil, et la brise de terre, qui s'élève dès que commence la nuit, maintiennent cette égalité de température. Les saisons sont peu tranchées. Les pluies tombent pourtant de préférence de juin à septembre.

Le sol des îles est fertile. L'arbre à pain, qui constitue le fond de la nourriture des insulaires, s'y développe en liberté. Sur les flancs des montagnes poussent d'épaisses forêts de *hau*, qui donne un bois jaune et rouge, de *mio* ou bois de rose, de *toa* ou bois de feu. Plus près de la mer, on trouve le cocotier, le bancoulier, le santal et le *temanu*, qui sert pour l'ébénisterie. L'oranger, introduit depuis peu, semble devoir réussir. Parmi les arbrisseaux, nous citerons le goyavier et le mimosa, l'un et l'autre trop envahissants, le rocouyer, le bananier, l'ananas, la patate, le tabac, le basilic et le coton. Les essais de culture du coton, encouragés par le gouvernement, n'ont donné que des résultats peu satisfaisants.

Les animaux les plus répandus sont les porcs et les moutons. Les bœufs, introduits par les missionnaires, vivent presque à l'état sauvage. Les chèvres, que l'Américain Porter essaya d'acclimater en 1813, se sont fort multipliées. Les oiseaux sont rares, comme dans toutes les îles polynésiennes; mais on en trouve néanmoins, des paille-en-queue, des frégates, et surtout de la volaille. Les insectes ne sont pas nuisibles, à l'exception du *nono* ou moustique, fort désagréable pour les nouveaux débarqués. Les poissons sont très variés et nombreux. Les insulaires poursuivent avec acharnement sur leurs rivages les requins et les marsouins, dont ils recherchent les dents pour en faire des colliers ou d'autres ornements.

Les Marquisans sont de beaux hommes, grands, bien faits ; leur peau tire sur le brun clair ; elle disparaissait jadis sous les dessins compliqués du tatouage ; mais, peu à peu, à notre contact, les vêtements européens remplacent ces ornements barbares. Les Marquisans n'ont pas encore renoncé au langouti qui leur ceint les reins, mais ils se couvrent d'une chemise, sauf quand ils travaillent. On a remarqué qu'ils n'avaient jamais d'embonpoint, que leurs jambes étaient un peu arquées en dedans, et que leurs pieds étaient larges. Cela tient aux marches fréquentes qu'ils sont obligés de faire, pieds nus, sur des crêtes étroites. Leurs femmes sont jolies plutôt que belles. Elles ont le teint clair et les extrémités délicates. Elles portent leurs cheveux ondés. Le tatouage qu'elles dessinent au coin des lèvres leur donne un air mutin et provocant. Ces Polynésiens appartiennent donc à une belle race. Quand ils ont revêtu leur grand costume, avec leur tatouage et leurs ornements variés, ils ont une physionomie très originale. Ces ornements se composent du *pava*, sorte d'aigrette blanche, du *keihohio*, collier en dents de marsouins, du *tua*, aigrette droite fabriquée avec les plumes du paille-en-queue, du *tavaha* ou éventail semi-circulaire, de boucles d'oreilles et de bracelets.

Les Marquisans sont doux et indolents. Ils exercent avec générosité les devoirs de l'hospitalité. Chaque étranger peut entrer dans leurs cases, s'asseoir sur leurs nattes, prendre part au repas de la famille, et même faire ses provisions de poisson ou de *popoï*, pâte fermentée du fruit de l'arbre à pain, et les Marquisans le laisseront libre ; à peine, s'ils lui demanderont son nom. Il est vrai que ces mœurs patriarcales tendent à disparaître, depuis qu'ils ont appris les avantages du commerce. Taciturnes et peu communicatifs, ils se contentent de regarder en souriant les Européens. Ce sourire, pour beaucoup d'entre eux, est devenu habituel. Peut-être s'en servent-ils pour dissimuler leurs sentiments. Intelligents et adroits, pleins de patience, ils savent fabriquer avec les bois de leur île des sculptures et des ornementations compliquées. Jadis, ils se servaient d'instruments en pierre ; mais ils ont vite appris l'usage du fer. Ils ont une aptitude spéciale pour les travaux de charpentage. Leurs baleinières, construites à l'imitation des nôtres, sont excellentes. On commence à les rechercher dans toute la Polynésie. Les Marquisans sont de grands enfants qui n'éprouvent pas des besoins, mais plutôt des désirs, et qui veulent à tout prix satisfaire ces désirs. Les négociants européens abusent de cette ingénuité pour leur vendre à des prix exorbitants des malles, des parapluies, du savon, des allumettes, des vêtements hors d'usage et mille autres superfluités.

Les Marquisans reconnaissent l'autorité du chef de la tribu. Ces chefs étaient jadis fort nombreux. La nature du pays, séparé en vallées fort isolées, favorisait la multiplicité de ces dominations locales. Ces chefs étaient héréditaires ; les femmes étaient aptes à succéder. Les insulaires finirent néanmoins par reconnaître l'autorité de chefs supérieurs. A l'heure actuelle, il n'en existe plus que trois dans l'archipel, à Hapu, à Tanata et à Nukuhiva. Dans cette île, le pouvoir est exercé par la reine Vaekehu, grande amie de la France. Les chefs ne diffèrent de leurs sujets que par quelques ornements. Leurs pouvoirs ne sont librement exercés qu'en cas de guerre, ou lorsqu'ils organisent des fêtes religieuses. Depuis l'occupation française, ils sont devenus nos agents. Quelques-uns d'entre eux ont accepté, sans la moindre répugnance, les fonctions de *mutoï* ou gendarme indigène. Aussi bien l'ordre le plus parfait règne depuis longtemps dans l'archipel. Le résident français rend-il quelque ordonnance nouvelle, de simples affiches appliquées sur les arbres de la plage ou des avis portés aux chefs par les *mutoïs* suffisent pour prévenir les intéressés. Il n'y a jamais ni protestations ni résistance. Le vrai maître de l'archipel est le résident français, d'ordinaire un lieutenant de vaisseau, qui réunit les attributions les plus diverses, puisqu'il est à la fois ordonnateur des dépenses, commissaire de l'inscription maritime, consul, juge de paix, ingénieur, commandant de la force armée et officier de l'état civil. Ces dernières fonctions ne sont pas fort aisées à remplir, à cause de la singulière constitution de la famille. L'enfant qui naît n'appartient pas en effet à son père et à sa mère. C'est une tierce personne qui l'adopte ou qui l'achète, et qui devient son père légal. L'enfant vient-il au monde, il tète sa mère cinq ou six mois, puis on le sèvre et on le remet à sa famille légale. La vraie mère verse bien quelques larmes ; mais elle se console vite en mangeant le cochon qu'elle a reçu en échange du fruit de ses entrailles. Quant à l'enfant, il fait si bien partie de sa famille d'adoption, qu'il oublie tout à fait sa famille naturelle, indifférence qui du reste devient vite réciproque. De là mille difficultés pour établir normalement les registres de l'état civil.

La propriété n'est pas établie plus régulièrement que la famille. En effet, tout le monde est propriétaire et personne ne l'est. En droit, telle ou telle vallée appartient à un chef, qui en concède des parcelles, mais jamais à titre définitif. Les possesseurs du sol peuvent légalement en être expulsés. En fait, ils sont assurés de rester sur le sol qu'ils ont fécondé, car les chefs, propriétaires légaux, toutes les fois qu'il leur prend fantaisie de transmettre ou d'aliéner leurs droits, ont grand soin de stipuler que les anciens habitants resteront sur la terre où ils avaient l'habitude de vivre, et cette convention est toujours scrupuleusement observée. Il est vrai de reconnaître que la législation française commence à être adoptée par les insulaires, et qu'à ce régime mal assis de propriété collective sera substitué quelque jour le seul régime équitable, celui de la propriété individuelle.

Il nous faudra signaler des progrès identiques pour la religion. Les Marquisans étaient païens. Ils commencent à se convertir au catholicisme. Ils croyaient à des puissances néfastes, à Tupa, le père des dieux, qui ne sait que punir ou détruire, à Tiki, l'inventeur du tatouage, aux revenants et aux sorciers. Ils croyaient surtout aux *tabous*, c'est-à-dire à certaines interdictions, qu'ils ne pouvaient violer sans sacrilège. De ces tabous, les uns étaient économiques, quand il s'agissait d'empêcher la destruction trop rapide par exemple de l'arbre à pain ou des chèvres, ou des poissons de telle ou telle plage ; les autres étaient fondés sur la superstition : ainsi les femmes, à l'époque de la menstruation, étaient considérées comme impures ; il était défendu de couper les cheveux d'un enfant ou de toucher le dessus de sa tête ; enfin d'autres tabous étaient portés par respect sur les cases des médecins, des embaumeurs, des artistes en ornements, sur les sépultures provisoires, et sur les endroits consacrés aux festins anthropophagiques. Les Marquisans en effet étaient et sont encore anthropophages. Ils ne mangeaient, il est vrai, que les prisonniers de guerre, et encore les combattants et les prêtres seuls prenaient-ils part à ces abominables repas. De plus, aucun Européen n'a jamais été victime de cette coutume barbare. Toujours est-il qu'elle subsistait, mais elle a diminué sensiblement depuis la prise de possession de la France et devient plus rare d'année en année. L'administration la combat par tous les moyens moraux et matériels en son pouvoir.

Le plus efficace de ces moyens a été l'introduction et la propagation du catholicisme. C'est en 1838 que les premiers missionnaires s'établirent dans la baie de *Vaitahu*, dans l'île *Tanata*. Forcés d'évacuer cette position à deux reprises, en 1849 et en 1855, ils ne renoncèrent pas à la partie, et recueillirent enfin les fruits de leur constance. A *Vaitahu*, à *Taiohae* et *Hatiheu* dans Nukuhiva, à *Hakakau* dans Hapu, à *Puaman*, dans Hivaoa, ils ont fondé des établissements prospères. 3,000 Marquisans sont aujourd'hui convertis au catholicisme, c'est-à-dire que la moitié de la population a renoncé à ses impures doctrines pour adopter notre culte et par conséquent se rapprocher de nos institutions et de notre civilisation. Aussi bien il n'est que temps de faire de ces Polynésiens des Français, car leur nombre décroît d'une façon inquiétante. Du temps de Mendana, de véritables armées se portaient au-devant des Espagnols. Au XVIIIe siècle, la population de l'archipel était évaluée à 80,000 âmes. Porter, en 1813, conduisait au combat 5,000 guerriers alliés. En 1855, le recensement officiel ne donnait plus que le chiffre de 11,900 âmes, et celui de 1872 le chiffre de 6,045! On a voulu attribuer cette décroissance à des causes multiples : aux guerres intestines, mais elles ont cessé ; à la famine, mais il n'y en a pas eu dans l'archipel depuis 1820 ; aux maladies vénériennes, mais elles se guérissent facilement dans l'archipel. Ne vaudrait-il pas mieux expliquer ce lamentable anéantissement d'une race par l'abus des boissons fermentées, qui engendrent si facilement la phthisie, et surtout par cette loi inéluctable de la concurrence vitale, qu'on est bien obligé d'admettre, à moins de se heurter de parti pris contre la réalité? Jusqu'à présent, ce n'est pas l'élément étranger qui a comblé les vides. A peine compte-t-on quelques Européens dans l'archipel; mais ce sont des déclassés, sans nationalité, paresseux et ivrognes, parasites des chefs, dont la présence est dangereuse plutôt qu'utile. En 1850, Nukuhiva avait été désignée comme lieu de déportation politique. Jusqu'en 1854, elle fut affectée aux insurgés de Lyon. La population française atteignit alors le chiffre de 500 âmes; mais, après l'amnistie, l'établissement ne fut plus conservé que pour maintenir l'honneur du pavillon. Dans ces dernières années, quelques Chinois s'établirent dans l'archipel. Ils s'y plurent et y furent les bienvenus; mais ce sont des hôtes dangereux, et peut-être n'est-il que temps de faire appel à des colons sérieux et honnêtes, disposés à adopter les Marquises comme leur véritable patrie.

L'aire commerciale des Marquises est aujourd'hui bornée à un trafic local et à un cabotage d'île en île sur pirogue ; mais, lorsque sera percé l'isthme de Panama, l'archipel deviendra un point de relâche important, car les navires trouveront de sûrs abris dans de nombreux mouillages qui deviendront aisément des ports. Si donc les Marquises constituent, pour le moment, la plus modeste de nos possessions, nul ne peut encore prévoir l'avenir qui leur est réservé.

4° L'archipel néo-calédonien.

A. — *Géographie historique.*

La Nouvelle-Calédonie n'appartient à la France que depuis 1853. De douloureux et sinistres évènements ont tout à coup appelé l'attention sur cette lointaine province de notre domaine colonial. Ainsi qu'il arrive d'ordinaire dans notre pays, toutes les fois qu'une question politique est en jeu, la Nouvelle-Calédonie a rencontré des détracteurs passionnés et des admirateurs forcenés. A entendre les uns, c'était un pays maudit et désolé. D'après les autres, c'était un véritable Eden. La polémique a été d'autant plus vive que, sauf d'honorables exceptions, on ne connaissait pas le pays dont on discutait avec tant de chaleur les mérites ou les inconvénients. Essayons de substituer quelques notions précises à des allégations erronées.

On appelle *Nouvelle-Calédonie* un archipel océanien situé à peu près aux antipodes de la France, à l'est de l'Australie, au nord de la Nouvelle-Zélande, à l'ouest et au sud des Nouvelles-Hébrides et des Salomon.

Le premier navigateur qui ait fait connaître cette île est l'illustre Cook. Il la rencontra en 1774, dans son second voyage autour du monde, et, comme il trouva entre les montagnes qui la parcourent et celles de l'Ecosse une certaine ressemblance, il lui donna le nom ancien de l'Ecosse, Caledonia, la baptisant ainsi d'un nom peu en harmonie avec le climat et la végétation des tropiques. Depuis 1774, les principaux faits historiques se rattachant à l'île sont les suivants : en 1788, la visite que dut y faire notre infortuné Lapérouse après avoir quitté Botany-Bay. On n'a pas, il est vrai, trouvé de traces de son passage dans l'île, mais on sait qu'il se perdit non loin de là, à Vanikoroo. En 1792, exploration tentée par d'Entrecasteaux et Huon de Kermadec à la recherche de Lapérouse. La Nouvelle-Calédonie fut alors visitée et en partie reconnue. Beautemps-Beaupré, géographe de l'expédition, en dressa la première carte. Le naturaliste Labillardière en décrivit les productions. L'un et l'autre dépeignaient la Nouvelle-Calédonie comme un pays enchanteur. Les mœurs douces et polies des habitants étaient, à les en croire, une preuve nouvelle des théories de Rousseau sur la supériorité de l'état de nature. Les Canaques ont singulièrement démenti cette description fantaisiste. De 1792 à 1827, l'île ne fut plus visitée que par des négociants anglais, qui venaient prendre à la côte de précieux chargements de bois de santal. En 1827, Dumont d'Urville fit à la Nouvelle-Calédonie d'importants travaux hydrographiques et reconnut notamment les îles Loyalty. Quatre des plus grands navigateurs modernes ont donc été comme les parrains de notre colonie. Par une singulière coïncidence, tous les quatre sont morts misérablement : Cook assassiné par des sauvages, Lapérouse noyé ou assassiné, Entrecasteaux enlevé au milieu même de son voyage par une affreuse maladie, et Dumont d'Urville dans un accident de chemin de fer. Si nous vivions à l'époque où l'on croyait encore au Fatum, nous dirions volontiers que le génie de l'archipel se défendait ainsi contre les envahisseurs européens!

En 1843, le *Bucéphale*, commandé par Jurien de La Gravière, déposa à Balade, un des ports de l'île, cinq missionnaires français, qui se nommaient les Pères Viard, Rougeyron et Douaire ; les deux autres étaient des frères laïques. Ils commencèrent tout de suite leur prédication. Les indigènes se montrèrent plus que rebelles à leur enseignement. On avait recommandé aux missionnaires de ne baptiser les adultes que lorsqu'ils étaient en danger de mort : aussitôt les indigènes attribuèrent au baptême la mort de leurs compatriotes. Il fallut à plusieurs reprises intervenir en faveur de nos compatriotes. En 1845, arrivée du *Rhin*, commandant Bérard ; en 1846, de la *Seine*, commandant Le Conte ; en 1847, de la *Brillante*, commandant du Bouzet. Mais, si les efforts de nos missionnaires demeurèrent à peu près stériles en matière spirituelle, ils nous rendirent le service de préparer les voies en faisant connaître et respecter le nom de la France et en jetant les germes de la civilisation parmi les misérables peuplades qui forment la population de l'archipel. En 1851, les Néo-Calédoniens s'étant jetés sur une des chaloupes de l'*Alcmène*, dont ils massacrèrent l'équipage, le gouvernement français résolut de venger les victimes de cette odieuse agression et de profiter du prétexte pour s'emparer d'une station navale de premier ordre. Le 25 septembre 1853, le contre-amiral Febvrier-Despointes, commandant l'escadre du Pacifique, arriva à *Balade*, et, sans opposition de la part des indigènes, prit immédiatement possession, au nom de la France, de la Nouvelle-Calédonie et de ses dépendances. Le 29 du même mois, l'amiral se rendit à l'*île des Pins*, dont les naturels, éclairés par nos missionnaires, s'empressèrent de faire leur soumission : ce qu'ils avaient refusé quelques semaines auparavant.

Les Français s'établirent d'abord à Balade, au nord-est de l'île ; mais la position était mauvaise ; le port ne présentait aucune sécurité et le pays aucune ressource. En 1855, le successeur de Febvrier-Despointes, Tardy de Montravel, transporta le siège de la colonie sur la côte occidentale, à *Nouméa*. C'était un point facile à défendre et un port sûr. Qu'on imagine une presqu'île montueuse, dont l'extrémité, profondément échancrée, contourne une baie dont l'ouverture est presque fermée par une île. Les navires sont à l'abri dans le port, et quelques batteries sur la presqu'île suffisent à défendre la place. Un riche

Anglais, Paddon, qui s'était fait, avant notre arrivée, comme le souverain de la Nouvelle-Calédonie, avait si bien compris les avantages de cette situation, qu'il y avait transporté le siège principal de son commerce et le centre de ses opérations. Aussi ne fut-il que médiocrement enchanté lorsque Tardy de Montravel arriva avec la petite garnison française et les fonctionnaires qui devaient administrer avec lui notre possession. On se soucia peu de sa mauvaise volonté, et la nouvelle capitale grandit rapidement. C'est aujourd'hui une véritable ville, qui compte déjà plusieurs milliers d'habitants. Nouméa n'est pourtant pas la capitale définitive de l'île. Il lui manque une des conditions essentielles à l'existence d'une capitale, l'eau potable. La seule eau que l'on boive à Nouméa est l'eau de pluie récoltée sur les toits des maisons et dans les citernes. Aussi, lorsqu'il n'a pas plu depuis quelques semaines, boit-on de l'eau en décomposition, et, sous ce climat brûlant, où de larges ablutions sont de nécessité hygiénique, on est forcé de n'user l'eau qu'avec parcimonie. Du jour où la population aura dépassé certaines limites, il faudra, de toute nécessité, transférer la capitale sur le bord d'un de ces fleuves qui ont créé et fécondent encore les grandes plaines de l'île [1].

Jusqu'à l'arrivée des déportés en 1871 et 1872, les principaux événements dont l'île fut le théâtre sont d'une grande monotonie. Ce sont des révoltes des indigènes, et des promenades militaires, agrémentées de temps à autre par des exécutions sommaires. Il se passe en effet, dans l'archipel néo-calédonien, ce que l'historien est obligé de constater toutes les fois qu'une race inférieure se trouve en présence d'une race supérieure : si la première n'est pas absorbée, elle sera détruite par la seconde. C'est une loi naturelle. La philosophie contemporaine lui a donné le nom de loi de la concurrence vitale. Nous n'avons pas à apprécier ici la moralité du fait, mais à l'enregistrer. Il est certain que les Néo-Calédoniens ont souvent eu le droit pour eux, mais ils n'avaient pas la force. Quoique nous soyons, dans notre façon d'agir à leur égard, bien autrement humains que les Anglais par exemple, qui détruisent systématiquement les Australiens, il n'en est pas moins vrai que le simple voisi-

[1]. Le 2 janvier 1877, inauguration d'une conduite d'eau à Nouméa, qui permet aux navires de ne plus aller faire leurs provisions d'eau à la baie du Prony.

nage de l'Européen, pas même son hostilité, a trop souvent suffi pour détruire plusieurs générations indigènes. Aussi comprend-on, sans les excuser, les haines féroces et les désespoirs extravagants qui parfois s'emparent de ces malheureux. Nous l'avons maintes fois appris à nos dépens, surtout lors de l'insurrection de 1878. Assassinats, exécutions et vengeances, telle est l'histoire de notre colonie de 1853 à 1879. Nous ne pouvons entrer ici dans le détail de ces luttes presque journalières. Les Néo-Calédoniens n'ont pas encore rencontré leur Abd-el-Khader. Aucun d'entre eux n'a combattu pour sa nationalité expirante, de façon à intéresser à ses exploits même ses ennemis [1]. Aussi bien les indigènes ont vite compris, car ils sont intelligents, l'inutilité de la résistance, et la plupart d'entre eux se sont franchement ralliés à la France.

Le dernier épisode qui ait marqué l'histoire de notre colonie est celui de la transportation des prisonniers de guerre faits à Paris en mai 1871 par l'armée de Versailles.

B. — *Géographie physique.*

Après l'histoire, la géographie physique.

L'archipel néo-calédonien se compose de deux chaînes exactement parallèles, séparées par un canal très profond, d'une vingtaine de lieues de large. Ces deux chaînes furent créées par la même convulsion géologique, mais elles présentent entre elles de notables différences. La première chaîne, qui porte le nom générique d'*îles Loyalty*, est constituée, du nord-ouest au sud-est, par cinq anneaux. Le premier est formé par les *récifs de l'Astrolabe*, découverts par d'Entrecasteaux, mais fort peu visités, à cause de la difficulté des approches; le second est l'île d'*Uvéa*, plateau de corail circulaire, irrégulier, dont les bords ont jusqu'à dix-huit mètres d'élévation; le troisième anneau est l'île *Lifu*, à l'intérieur de laquelle on compte jusqu'à trois étages successifs de coraux, atteignant une éléva-

---

1. De 1855 à 1859, l'état de guerre est permanent. De 1859 à 1869, la colonisation devient possible sur les côtes sud et est. De 1862 à 1865, notre autorité est acceptée sur la côte ouest et aux Loyalty. De 1868 à 1870, elle s'établit fortement dans les cantons du nord. En 1876, soumission des montagnards du centre. En 1878, révolte générale et répression.

tion de 90 mètres ; le quatrième est l'île de *Maré* ou *Marea*, qui offre un phénomène extraordinaire : elle se compose de cinq étages de coraux, dont le plus élevé se termine par une excroissance de forme arrondie, qui attire l'attention par sa position culminante. Cette roche est peut-être un aérolithe gigantesque qui a pris racine, pour ainsi dire, dans le corail, et s'est soudé avec lui. Le cinquième anneau est le récif *Pétrie*. La seconde chaîne, ou *Nouvelle-Calédonie* proprement dite, se compose d'un récif gigantesque, entourant une île étroite et longue, prolongée au sud et au nord. A l'extrémité nord, les deux branches du récif s'écartent et se continuent dans la même direction en formant un immense lac maritime, ou, pour employer l'expression technique, un lagon terminé par l'île *Huon*. Cet espace est assez grand pour contenir une île aussi considérable que la Nouvelle-Calédonie ; mais il est inconnu. Entrecasteaux a longé les récifs extérieurs ; Dumont d'Urville a signalé l'île Huon ; mais personne n'a osé s'aventurer à l'intérieur. Les indigènes affirment que, de temps à autre, ils entrevoient comme des lueurs d'incendie ; mais tous ceux d'entre eux qui se sont risqués à la découverte ne sont jamais revenus, ce qui indiquerait une mer dangereuse ou des insulaires féroces. Un de nos meilleurs officiers de marine, le commandant Chambeyron, croit avoir aperçu dans cette direction la silhouette d'une haute tour ; mais il peut avoir été abusé par un phénomène de réfraction. Il y a donc là un mystère irritant pour la curiosité scientifique. Peut-être sera-t-il bientôt expliqué par un de nos vaillants marins. A l'extrémité méridionale de la Nouvelle-Calédonie, et séparée d'elle par le canal de la *Havannah*, se dresse l'*île des Pins*. Abstraction faite des récifs et des îlots, dont le nom importe peu, nous aurons de la sorte la nomenclature complète des îles qui constituent l'Archipel : cinq dans la première chaîne ou chaîne des Loyalty, Astrolabe, Uvéa, Lifu, Maréa et Pétrie ; trois dans la seconde, Huon, Nouvelle-Calédonie, île des Pins.

Comment se sont formées toutes ces îles ? Le phénomène est curieux. Prenons une de ces îles, Lifu, pour exemple. Un basfond existait jadis dans la mer ; sur ce bas-fond, des milliards d'animalcules, les madrépores ou coraux, avaient construit leurs demeures. Peu à peu, un récif se forma, qui affectait la forme circulaire. Des coquillages, des algues, du sable, de petits morceaux de bois et mille autres matières s'amoncelèrent au sommet du récif. Par suite d'une de ces convulsions intérieures dont on trouve tant d'exemples dans l'histoire de la terre, le récif se souleva un beau jour d'une quinzaine de mètres environ, et forma aussitôt une vaste île, plus ou moins circulaire, ayant à son centre un lac communiquant encore par des passes avec la mer environnante. Un second soulèvement se manifeste; les mêmes phénomènes se reproduisent; mais le lac intérieur diminue, parce qu'il ne contient plus que les eaux qui sont encore au niveau de la mer. Au troisième, au quatrième soulèvement, on aura une île présentant à sa circonférence, à l'exception des points correspondant aux anciennes passes, un bourrelet plus ou moins élevé, sur les côtes duquel de larges sillons parallèles indiqueront les hauteurs successives de chaque soulèvement. Telle est Lifu; telles sont les autres îles de l'Archipel; c'est-à-dire que deux forces différentes se trouvent en présence : l'action continue des animalcules, qui ne cessent pas d'entasser des matériaux, et l'action souterraine des forces inconnues, qui, de temps à autre, soulèvent au-dessus de la mer ces continents improvisés par les madrépores. L'île des Pins est aujourd'hui entourée d'une chaîne de récifs qui n'est pas encore très élevée. Entre ces récifs et l'île s'étend une sorte de lac. Supposons un soulèvement : L'île s'exhaussera; la chaîne des récifs augmentera de hauteur et de largeur, et le lac diminuera d'autant. Au second et au troisième soulèvement, le récif aura rejoint l'île, et le lac aura disparu.

Que si nous appliquons cette théorie à l'Archipel tout entier, il est plus que probable que ces îles, aujourd'hui séparées les unes des autres, se rapprocheront quelque jour et ne formeront plus qu'une seule et unique terre. Tous ces récifs, qui parsèment aujourd'hui l'Océan, seront convertis en collines et rattachés à la nouvelle terre. Un véritable continent, presque aussi étendu que l'Australie, couvrira toute cette partie de l'océan Pacifique, en vertu du travail incessant d'un zoophyte, à peine perceptible à l'œil nu, et aussi de l'action souterraine des forces naturelles.

De toutes ces îles, la plus grande est celle qui nous intéresse le plus directement. La Nouvelle-Calédonie affecte une forme allongée du nord-est au sud-est. Elle est très montagneuse. On l'a souvent comparée à la Corse ; mais, comme jusqu'ici on ne s'est presque pas aventuré dans l'intérieur, on ne connaît que très imparfaitement la distribution des vallées et des montagnes. Le plus important de ces massifs a été nommé massif de *Humboldt*. Une chaîne escarpée s'étend de *Yenghen* à *Balade*, dont les sommets, vus du large, présentent une succession magnifique de profils admirables. De ces montagnes découlent un assez grand nombre de fleuves et de ruisseaux ; mais au sud de l'île, sans doute à cause de la nature du terrain, ces cours d'eau s'infiltrent dans le sol et y disparaissent en partie. Ainsi, dans le massif de Humboldt, on entend l'eau courir sous le sol et s'y précipiter en cascades, mais sans rencontrer d'issues. Un des fleuves qui sortent du Humboldt, la *Toutouta*, a deux lits : un souterrain, qui est toujours rempli, et un lit à sec, qui lui sert de déversoir seulement à l'époque des grandes eaux. De plus, elle s'écoule par une magnifique cascade, à la hauteur de 1,200 mètres. D'où peut provenir, à cette hauteur, un tel volume d'eau ? Dans le nord de l'île, au contraire, les ruisseaux sont extrêmement nombreux. On en rencontre jusqu'à trois ou quatre sur une seule grève, et ils présentent ce fait particulier que, parfois, deux d'entre eux tombent à la mer à cinquante pas l'un de l'autre, en donnant l'un de l'eau presque tiède, l'autre de l'eau glaciale. Au centre de la petite île de *Jenhingen*, îlot sablonneux assis sur un récif et couvert de cocotiers, est un puits creusé dans le sable et donnant une excellente eau douce. Les insulaires affirment que chaque année, à la chute des feuilles, ils trouvent au fond de ce puits les feuilles d'un arbre qui ne croît qu'à une très grande hauteur sur les sommets de la grande île. Elles seraient donc apportées dans ce puits par des canaux souterrains. Ils prétendent encore que, sur le grand récif, jaillit une source d'eau douce, mais ils n'ont pas encore voulu y conduire de Français. Le plus connu de ces cours d'eau est le *Diahot*, qui, dans son cours d'environ 60 kilomètres, traverse une vallée très fertile.

Des montagnes et des fleuves, passons aux rivages. La Nouvelle-Calédonie compte parmi ses principaux caps les caps *Colnett*, *Tuo*, *Begat*, *Dumoulin*, *Puareti*, sur la côte orientale ; *Goulvain*, *Deverd* et *Tonnerre*, sur la côte occidentale. Nous citerons, parmi les ports : *Balade*, qui n'offre qu'un abri peu sûr, à cause de l'éloignement des récifs madréporiques, *Poebo, Jenhingen, la Bayonnaise, Kanala, Yate*, sur la côte orientale; la baie du *Prony* [1], celle de *Bulavi* et la magnifique rade de *Port-de-France* ou plutôt de *Nouméa*, sur la côte occidentale.

La Nouvelle-Calédonie est placée dans la zone torride. La température de l'île devrait donc être brûlante; mais la mer qui l'entoure lui apporte chaque jour des brises rafraîchissantes. De plus, l'île entière est couverte de hautes montagnes qui arrêtent les nuages et les résolvent en pluie. Il en résulte que la quantité d'eau qui tombe chaque année dans l'île est fort considérable, puisqu'elle dépasse un mètre, et que cette masse d'eau pluviale entretient une fraîcheur salutaire. Aussi le climat est-il très salubre. Peu ou point de chaleurs excessives. En janvier et en février, époque des plus grandes chaleurs, le thermomètre ne dépasse guère 32°. La moyenne actuelle est de 20 à 24°. Aussi, à toute heure du jour, l'Européen aussi bien que l'indigène peuvent se livrer sans danger à leurs travaux.

L'égalité de la température ne suffirait pas pour expliquer cette salubrité de la Nouvelle-Calédonie. D'après certains auteurs, elle serait due à la présence d'un arbre, le *niaouli*. Ce niaouli abonde dans les plaines, et se montre souvent sur les collines et même sur le flanc des plus hautes montagnes. Comme on le rencontre rarement en bouquets serrés, il n'est jamais un obstacle au défrichement. Au contraire il sert au colon, qui a besoin de bois pour construire sa maison et ses barrières. Ainsi qu'il arrive pour les essences dominantes, il tue sans pitié les autres arbres qui essayent de croître dans son voisinage. Il est d'un aspect triste. Son tronc tordu paraît de loin d'un blanc sale et comme déguenillé. Ses branches sont rares et sans symétrie. Ses feuilles, presque microscopiques, sont d'un vert sombre. Ses fleurs ont une odeur repoussante. Le seul animal qui parfois repose sur ses branches est le hideux vampire; mais son bois est excellent pour les pilotis et autres constructions immergées, car il se conserve fort longtemps dans l'eau sans se pourrir. De plus, le

---

1. Description intéressante de la baie du Prony dans le *Journal des Débats* du 4 février 1879.

tronc de cet arbre est recouvert d'une écorce blanchâtre, formée d'une grande quantité de feuilles superposées, minces et transparentes. Cette écorce, imprégnée d'une substance blanchâtre qui la rend imperméable à l'eau, se détache par grandes plaques. On peut en tapisser les parois intérieures des maisons. On l'utilise encore pour la fabrication du papier. Quand on la distille, on obtient une huile volatile, analogue à l'huile de cachepu, fort recherchée en médecine. Le principal avantage du niaouli est qu'il absorbe par ses feuilles et ses branches les miasmes paludéens et le mauvais air, et qu'il assainit toutes les contrées sur lesquelles il s'étend. Si l'on réussissait à l'acclimater en France, il rendrait, sans nul doute, des services aussi réels qu'en Océanie, car nous ne possédons, même à l'heure actuelle, que trop de terrains improductifs et malsains, que l'on pourrait exploiter et habiter s'ils étaient plantés en niaoulis. Mais telle est notre ignorance en matière coloniale, que nous ne calomnierons pas un grand nombre de nos administrateurs en avançant ici qu'ils ne connaissent même pas le nom du niaouli calédonien.

Le climat de l'île est donc excellent. Aussi bien on le sait tellement en Océanie, que souvent d'Australie ou de Malaisie on y envoie, pour essayer de s'y guérir, les phthisiques. Le seul fléau à déplorer, ce sont les coups de vent périodiques, ou, pour leur donner leur vrai nom, les *cyclones*. Un ciel nuageux, quelques grains et la chute du baromètre sont les indices assurés de leur approche. Les navires vont alors mouiller dans les plus petits replis de la côte, ou jettent de nouvelles ancres; mais la force de la tempête est telle que, même dans la rade si abritée de Nouméa, on a vu de gros vaisseaux chasser sur leurs ancres. A terre, les maisons sont renversées et les toitures emportées. Longtemps après la tourmente, on trouve parfois, au milieu des herbes et à des distances considérables, des plaques de zinc arrachées par le vent. Aujourd'hui, dès qu'un cyclone est annoncé, on prend la singulière précaution de consolider les maisons au moyen de longues cordes qui passent par-dessus la toiture et sont fixées solidement, par leurs deux extrémités, à des pieux enfoncés en terre. Les cordes se tendent fortement sous l'action de l'eau de pluie et exercent une énorme pression. De plus, on cloue intérieurement les portes et les fenêtres, car le vent les ferait sauter en s'engouffrant au-dessous du toit. Pendant ces orages redoutables, qui durent parfois trois jours, la végétation a beaucoup à souffrir. Les feuilles jonchent la terre, et celles qui ont résisté sont jaunies ou noircies. On attribue cette altération à l'eau de mer transportée par ces furieuses rafales et recouvrant les végétaux de dépôts salins. Comme les racines elles-mêmes sont attaquées, peut-être faut-il chercher une autre cause, par exemple la grande évaporation de la sève sous l'influence du vent.

Pour achever la description physique de notre colonie océanienne, il ne nous reste qu'à parler de ses productions.

C. — *Géographie économique.*

Il n'existe, à vrai dire, aucun animal féroce dans l'Archipel, à l'exception pourtant des requins, beaucoup trop nombreux dans le voisinage des récifs, mais qui n'attaquent l'homme que rarement, sans doute à cause de l'abondance de nourriture animale qu'ils trouvent sur les récifs. Les moustiques sont plus redoutables, à cause de leur grand nombre; mais on les éloigne par des moustiquaires, ou, si l'on couche en plein air, en brûlant des herbes. Les sauterelles sont également dangereuses, mais leur apparition est accidentelle. Quand elles s'abattent sur quelque localité, un souffle de mort semble avoir flétri la campagne. L'insecte le plus désagréable est le *cancrelat*, qui ressemble beaucoup au cafard de France; mais il est plus gros et plus hardi, surtout pendant la saison chaude. Parfois, il prend son vol rapide et bruyant dans l'intérieur des maisons et tombe lourdement sur les meubles ou sur les personnes, laissant des traces peu odorantes de son passage.

Les animaux européens se sont tout de suite acclimatés à la Nouvelle-Calédonie. Les essais des missionnaires et des colons ont réussi. Bêtes à cornes, moutons, chevaux, ânes prospèrent à merveille. Un colon, M. Martin, ayant placé sur l'île Ducos 400 brebis ou béliers, sans autres gardiens qu'un pâtre européen et deux indigènes, retrouva, deux ans plus tard, un troupeau de 1,800 têtes. Nos volatiles de basse-cour se sont également fort bien acclimatés, sauf les pigeons, mais uniquement parce que l'administration les a proscrits. Les indigènes n'ont point paru, jusqu'à présent, comprendre les avantages de l'élève des animaux domestiques. Ils n'estiment que le cochon ; mais, comme ils le laissent à peu près complètement libre, il retourne volontiers à l'état sauvage.

Les animaux particuliers à la Nouvelle-Calédonie sont l'*holothurie*, le *notou*, le *kagou* et la *roussette*. L'holothurie, plus connue sous le nom de *trépang*, ou de cornichon et concombre de mer, est un mollusque fort recherché des gourmets chinois. Elle ressemble à un gros ver disgracieux dont la longueur varie de quelques centimètres à un mètre. On pêche les holothuries à marée basse sur les récifs qui entourent l'île. Afin de les conserver, on les jette vivantes dans une chaudière d'eau de mer bouillante, où on les remue constamment avec une longue perche en bois. Après cette immersion meurtrière, on les fend, dans le sens de la longueur, pour les vider, et, au moyen de deux baguettes de bois disposées en croix, on empêche les parties séparées de se réunir. Ainsi préparées, on les place sur un feu modéré, de façon à les dessécher sans les flamber. La tonne d'holothuries vaut jusqu'à 2500 francs, et, transportée en Chine, le prix est plus que doublé. En moyenne, chaque holothurie vaut vingt centimes. C'est une pêche lucrative.

Le notou est une sorte de pigeon, presque aussi gros qu'un dindon, d'une magnifique couleur bronze florentin. Sa voix ressemble au mugissement d'un bœuf. Sa chair est friande. On le chasse en posant sur un arbre élevé des nœuds coulants arrangés avec art, dont une extrémité pend à terre à portée de la main du chasseur. Dès que le notou s'engage dans un de ces nœuds, le chasseur n'a plus qu'à tirer la corde, et le malheureux volatile est étouffé contre l'arbre.

Le kagou est un bel oiseau gris cendré ou roux, de 30 à 40 centimètres de hauteur. Son corps, de la grosseur de celui d'une poule, est plus effilé. Ses jambes rouges sont armées de pattes solides et d'ongles très forts. Une huppe blanche orne sa tête. Ses ailes forment en se déployant comme un éventail. Les kagous vivent ordinairement par couples et sont fort attachés l'un à l'autre. On a vu des mâles défendre leur femelle même contre des chiens. Ils trouvent une abondante nourriture sur le sol, où ils recherchent les petits vers. Quand un arbre est tombé, ils s'installent sur son tronc pour en extraire de grosses larves.

Les kagous s'apprivoisent facilement. Dès qu'un homme muni d'une pioche sort dans la campagne, le kagou le suit pas à pas, espérant qu'il travaillera pour son profit. Il serait par conséquent aisé d'utiliser son appétit pour les insectes, en l'habituant à chercher dans les maisons ou dans les champs les mille petits ennemis qui les infestent et les ravagent.

La roussette est le seul mammifère que produise l'île. Son corps a 25 centimètres de longueur; sa tête est grosse, ses oreilles courtes, recouvertes de longs poils au sommet. Son museau pointu est armé de dents formidables. Les yeux sont noirs, vifs et intelligents. Elle a des ailes, sortes de membranes noires, garnies de petits os et terminées par une griffe solide qui sert à l'animal à s'accrocher aux branches. La femelle ne produit à la fois qu'un petit, qui se tient collé au ventre de sa mère. La roussette vit dans les montagnes et au milieu de l'obscurité des hautes forêts. Elle ne s'aventure en plaine que pour dévorer la graine du niaouli. Sa chair est brune et rappelle le goût du lapin. De son poil les Néo-Calédoniens font des cordons, qu'ils réunissent de façon à composer un gland volumineux, que les femmes suspendent à leurs colliers.

Pour nous rendre compte des productions végétales, il faut ne pas oublier qu'il existe dans l'île deux régions géologiques distinctes. La première, qui s'étend sur d'immenses espaces, est due à une formation éruptive. Elle est peu fertile. A l'exception des myrtacées et des conifères, elle ne produit presque rien. Les pâturages et les cultures essentielles à la vie y font absolument défaut, à tel point qu'en juin 1871 un éleveur, qui voulait aller, par l'intérieur, seulement de Yate à Nouméa, vit périr tout son bétail, qu'il ne put nourrir, faute de prairies. Toute cette région est donc improductive, sauf en forêts. La seconde région, composée de terrains sédimentaires, est au contraire excellente. Les forêts poussent sur les montagnes; les plaines et les vallées sont fertiles; les pâturages, parsemés de niaoulis, s'étendent au loin. Le tout est de savoir choisir. Un colon veut-il s'établir à la Nouvelle-Calédonie? qu'il néglige les terrains primitifs et ne s'installe que sur un terrain sédimentaire, ou sinon il s'exposera à de terribles mécomptes.

Aucune des plantes néo-calédoniennes n'est indigène. L'homme, en abordant dans l'île, les apporta toutes avec lui.

C'étaient les graminées de la zone tropicale, qui, peu à peu, s'emparèrent du terrain. On en a, jusqu'à présent, observé soixante-quatre, dont trois principales : l'*audropogon allionii* est la plus commune. Elle rend assez difficile l'élève des moutons, à cause de ses graines, qui, en mai et en juin, pénètrent par leur callus acéré dans la peau des moutons et leur causent des maladies souvent mortelles. L'*audropogon cinctus* est recherché avec avidité par le bétail, et l'*imperata kœnigii* se plaît dans les bas-fonds humides.

L'avenir de la Nouvelle-Calédonie réside surtout dans les cultures, dont l'extension est d'autant plus désirable que les terres arables sont peu abondantes. Quoique l'île soit située à la limite de la zone torride, la plupart des cultures tropicales peuvent y prospérer. La canne à sucre y pousse vigoureusement. Quelques caféiers ont donné de bons résultats, mais on craint pour eux les cyclones. Le coton n'a pas rendu tout ce qu'on en espérait. Bon nombre d'autres plantes industrielles ont été introduites, qui sans doute enrichiront bientôt nos colons, la *musa textilis* et l'*urtica textilis* comme plantes textiles, le *tinghala* comme plante oléagineuse, et diverses plantes tinctoriales. Citons encore le *quinquina*, qu'on a planté dans les forêts au nord de la Conception et qui se trouve dans un état satisfaisant.

La Nouvelle-Calédonie produit donc tout ce qui lui est nécessaire et commence à donner le superflu, c'est-à-dire que, par son climat, sa salubrité, sa position et ses richesses végétales, elle est appelée à jouer un grand rôle dans le Pacifique. Malheureusement, la rareté de la main-d'œuvre arrêtera quelque temps encore l'essor de la colonisation. Les Néo-Calédoniens ne pourront jamais être assujettis à un travail régulier. Les coolies hindous ont élevé des prétentions inadmissibles. Les autres Océaniens ne se soucient pas d'émigrer, et les Européens ne travaillent qu'avec répugnance. C'est là l'obstacle. Pour le moment, la culture végétale demande le moins de bras ; la culture forestière est seule en honneur. Voici les principales essences de nos forêts néo-calédoniennes. Nous connaissons déjà le niaouli. Vient ensuite le *santal,* mais il commence à se faire rare. Les Anglais le recherchent depuis longtemps pour l'exporter en Chine, où il est fort apprécié. Aussi les chefs néo-calédoniens, peu soucieux de l'avenir, ont-ils fait des coupes sombres dans leurs précieuses forêts. Lorsque la France prit possession de l'île, le santal avait presque disparu. Comme il se vend jusqu'à deux francs le kilo, on a essayé de le reproduire. Par bonheur, il croît avec facilité et dans des endroits dont on ne saurait tirer parti même comme lieu de pâturage. De plus, il pousse aussi rapidement que le chêne en France, de sorte qu'un semis de santal vaudrait la peine d'être entrepris. Ce serait une spéculation assurée.

Les noix oléagineuses du *bancoulier* commencent à être recherchées. Leur abondance sur certains points offre des ressources que ne doit pas dédaigner le colon dans la période pénible des débuts. Nous en dirons autant du *cocotier*, très abondant dans le nord de l'île; mais on n'en tire pas tout le profit qu'il est en état de donner. La fabrication de l'huile est des plus défectueuses, et la cueillette des cocos se fait souvent à contre-temps, lorsqu'ils sont encore en voie de germination.

Citons encore parmi les essences forestières, dont on utilise les produits, le *kaori* ou pin à colonne, qui acquiert parfois des proportions gigantesques. On en voit qui s'élancent jusqu'à 40 mètres de hauteur sur un diamètre à peu près constant de 1 m. 30 : le bois de fer (*Casuarina nodosa*), dont l'abondante chevelure soupire à la plus légère brise qui l'effleure; le palétuvier, qui borde le rivage de la mer et dont les racines divergentes retiennent au milieu d'elles tous les débris et élèvent peu à peu le niveau du sol; son bois sert au chauffage; il contient beaucoup de tan; ses fruits sont comestibles, quoique peu savoureux; le bois de rose (*thespesia populnea*) et le *blackburnia primata*, si recherchés dans l'ébénisterie, etc. L'île, sous ce rapport, n'a donc rien à envier aux régions les plus favorisées.

L'Archipel paraît fort riche en produits minéraux. La pierre à bâtir, la chaux hydratée, le spath, les coraux, qui donnent une chaux excellente, et les schistes ardoisiers, se rencontrent partout. Il en est de même pour le *fer*, sans lequel il n'y a pas d'industrie possible, et pour la *houille*, sans laquelle les machines demeurent inutiles. On n'a jusqu'à présent tiré aucun profit des gisements de fer; ils seront pourtant très recherchés un jour, car ils contiennent jusqu'à deux pour cent de chrome, qui passe dans la fonte ou dans l'acier. Ils reviendraient à bon compte, car on les trouve en petits blocs séparés, formant de grands amas sur les plages. On les ramasserait aussi facilement que des galets. Il serait facile de les expédier en Australie comme chargement de retour. Quant à la houille, on n'a encore constaté que des affleurements. Dans le district du Karigou, on a commencé à extraire une sorte d'anthracite, très reconnaissable à son aspect d'une dureté métallique, sa pesanteur spécifique, et la difficulté de sa combustion.

L'*or* a été signalé en 1863 dans la vallée du Diahot, et, depuis, sur plusieurs autres points, mais pas encore en quantité suffisante pour rémunérer le travail de ceux qui le recherchent. Son existence est néanmoins incontestable, et notre colonie, devenant une terre aurifère, est peut-être appelée à se développer quelque jour aussi rapidement que la Californie ou l'Australie. Les gisements aurifères peuvent en effet donner tout à coup des résultats inattendus. Le *Moniteur* de la colonie (11 octobre 1871) n'annonçait-il pas qu'on avait trouvé deux énormes lingots d'une valeur de 17,000 francs, et ne savons-nous pas que, dans toute la partie septentrionale de l'île, sur une superficie d'environ 250 hectares, et dans un pays magnifique arrosé par le Diahot, les terrains ressemblent aux meilleurs terrains aurifères d'Australie? Aussi bien, à défaut de l'or, le *cuivre* paraît très abondant dans la vallée du Diahot. Le point le plus intéressant de la région est occupé par la Compagnie française de Balade. Les travaux faits à la surface ont mis à découvert de riches dépôts de minerais de cuivre composé. Ils semblent appartenir à un filon qui aurait métallisé les schistes à son contact. Bien que les travaux soient encore imparfaits, ils suffisent pour attester l'existence d'une formation cuprifère riche et étendue. Le *nickel* est également très abondant, surtout dans le massif du Humboldt. Rien que dans le district de Thio, cinquante mines ont déjà été concédées. On parle encore de la découverte récente de mines d'*antimoine* sur la concession Féraud. Or on sait que, partout où s'installe une population minière, le pays se transforme. Les huttes se groupent et deviennent des villages. Ces villages se convertissent en villes, comme par enchantement. Peu à peu, la famille devient régulière et la propriété se constitue. L'or n'est que l'accessoire, car les besoins des mineurs sollicitent aussitôt un essor d'activité qui n'était pas entré dans les prévisions premières. Sans être trop confiant dans l'avenir, n'est-il pas permis d'espérer, si la production de l'or et des autres métaux augmente en Nouvelle-Calédonie, que notre colonie grandira comme ont grandi jusqu'à présent toutes les contrées aurifères ?

Telles sont les principales richesses de l'Archipel. Il est difficile de trouver un pays qui, par sa forme, sa position, sa constitution géologique et ses ressources, se prête davantage à une expérience décisive de nos aptitudes coloniales. Voyons donc à l'œuvre nos compatriotes, et, en même temps qu'eux, étudions les indigènes, qui travaillent à leurs côtés.

D. — *Géographie politique.*

Dans l'archipel néo-calédonien vivent ensemble deux races : les noirs, représentés par les indigènes, et les blancs, représentés par les colons européens. Nous les étudierons successivement.

Les Néo-Calédoniens proprement dits ne sont pas précisément autochtones, c'est-à-dire nés sur le sol même qu'ils occupent. A une époque qu'il est impossible de préciser, mais qui est relativement récente, les ancêtres de ceux qui vivent aujourd'hui ont été poussés par la tempête ou par quelque autre cause restée inconnue sur les rivages de la grande île. Séduits par son doux climat et sa fertilité, ils y demeurèrent. Peu à peu, leur nombre augmenta et, de siècle en siècle, devint assez considérable pour que l'île tout entière et les îles voisines aient été occupées par leurs descendants. Quelle était l'origine, quel était le degré de civilisation de ces premiers occupants? Ce sont des questions qui resteront longtemps et peut-être toujours insolubles. L'ethnographie est une science encore trop nouvelle pour que ses résultats puissent être affirmés. D'ailleurs les savants qui s'en occupent sont loin d'être d'accord. Ne vaut-il donc pas mieux laisser de côté la question des origines, et, sans se préoccuper davantage de leurs ancêtres, étudier les Néo-Calédoniens actuels?

Les Néo-Calédoniens, ou, pour leur donner le nom sous lequel ils se désignent eux-mêmes, les *Canaques*, ont la peau d'un noir de fumée, les cheveux noirs, laineux et crépus, la barbe de même couleur et bien fournie, le nez large, épaté, profondément déprimé entre les orbites. Lèvres grosses et renversées, mâchoire proéminente, dents bien alignées et d'une parfaite blancheur, pommettes saillantes et front haut : tels sont les traits distinctifs de leur physionomie. La taille moyenne est à peu près la même que la nôtre. Le tronc et les membres sont bien proportionnés. Les Canaques ne sont donc pas laids. Plusieurs d'entre eux possèdent même une régularité de traits qui serait trouvée belle en tout pays. Ce qui contribue à leur donner une fière prestance, c'est que jamais l'embonpoint ne vulgarise leurs formes, et que leurs muscles, quand ils atteignent l'âge viril, ressortent en saillies vigoureuses.

Les Néo-Calédoniennes au contraire sont franchement laides, et telle est la disproportion qui existe sous ce rapport entre les deux sexes qu'on se demande presque si les indigènes n'ont pas en quelque sorte raison de considérer leurs compagnes comme très au-dessous d'eux. Avec leur tête rasée et le lobule de l'oreille horriblement percé et perforé, elles sont, même jeunes, peu séduisantes. La nature ne leur accorde qu'un moment de fraîcheur, lorsqu'elles deviennent nubiles ; mais elles se flétrissent rapidement. Vouées à de rudes labeurs et à de mauvais traitements, elles ont une vieillesse précoce. Leur peau se ride. Les cicatrices dont elles se couvrent à chaque deuil de famille les rendent repoussantes, et la maternité les achève.

Le costume des Canaques est rudimentaire. Un morceau de calicot dont ils s'entourent les reins le constitue, et encore ne le revêtent-ils que dans les grandes occasions, pour leurs visites à des Européens ou leurs solennités. Le reste du temps, ils portent le costume qu'improvisèrent nos premiers parents, quand ils furent expulsés du paradis : une ceinture de feuillages.

Il est vrai qu'à notre contact ces mœurs primitives se modifient. La partie de notre habillement qui les séduit le plus est cet affreux couvre-chef, inventé, dit-on, par Bolivar. Rien de plus grotesque que de voir un Canaque, paradant à Nouméa, vêtu de son langouti de calicot, et majestueusement coiffé d'un chapeau noir. L'unique vêtement des femmes consiste en un *tapa*, sorte de ceinture en fils de pandanus qui retombent, comme une frange, autour de leurs reins. Le seul ornement que la coquetterie leur suggère est une couronne de feuillage, ou bien une fleur voyante dans les cheveux. Quelques-unes portent des colliers de jade vert ou des bracelets de coquillages. En temps de pluie, hommes et femmes ont inventé pour se couvrir un manteau économique, très singulier, mais que nous ferions peut-être bien d'importer en France, au moins dans nos campagnes. C'est une natte de paille, parfaitement tressée à l'intérieur, mais formant à l'extérieur, par l'entrelacement des bouts de paille qui dépassent, comme une toiture de chaume.

Tels sont les Canaques à l'extérieur. Etudions-les maintenant dans leur intérieur, et passons en revue leur religion, leur gouvernement et leurs usages.

La religion des Canaques est difficile à définir. C'est un ensemble de superstitions ridicules. Bien qu'ils n'aient pas l'idée d'un Dieu unique et créateur, ils admettent une divinité, *Nenengut*, l'âme du monde, qui gouverne tout et produit tous les phénomènes qu'on ne saurait expliquer. De plus, ils croient à la vie future. Ils supposent que chacun, après la mort, conservera la position qu'il avait sur la terre, mais singulièrement améliorée, attendu qu'ils seront dans un lieu où la nourriture est des plus abondantes, la pêche toujours heureuse, les femmes toujours belles et souriantes. Pendant la nuit, pensent-ils, les morts reviennent parfois sur terre, afin de tourmenter et de battre leurs ennemis. Aussi les Canaques ne veulent-ils jamais sortir quand la nuit est tombée. En dehors de cette double croyance à une divinité supérieure et à l'existence d'une vie future, les Canaques adorent encore une foule d'êtres surnaturels, auxquels ils prêtent divers attributs. Les uns accordent une pêche abondante, les autres les vents et la pluie; mais en général ce sont de mauvais génies, qui exigent des sacrifices en échange de leurs services. De là une foule de superstitions parfois singulières. Celle du *tabou* leur est commune avec beaucoup de peuples des îles océaniennes. Le tabou consiste à rendre un objet sacré, inviolable même, en le marquant d'une signe cabalistique. Il leur arrivera encore de rejeter à la mer un certain nombre de poissons, parce que ces poissons sont des génies, qui se vengeraient si on les faisait cuire. Jamais ils n'entreprendront rien d'important avant de s'être concilié les bonnes dispositions de ces divinités secondaires. Entre eux et ces divinités, les intermédiaires sont les prêtres ou prieurs, d'ordinaire des vieillards. Leurs fonctions sont héréditaires. On les comble de présents pour que leurs conjurations soient favorablement accueillies. Si elles ne l'étaient pas, ces prétendus sorciers en seraient quittes pour répondre que la tribu ennemie a offert aux génies de plus beaux présents, et cette naïve réponse calme toutes les défiances. La religion néo-calédonienne n'est donc qu'un ramassis de superstitions et de coutumes. Aussi le catholicisme a-t-il fait de grands progrès dans l'île. Nos missionnaires furent assez malheureux au début; mais aujourd'hui plus de la moitié des insulaires sont convertis. Les habitants des îles Loyalty se sont même fait remarquer par la ferveur de leur zèle. Ces néophytes ne savent comment exprimer leur reconnaissance aux missionnaires qui, tout en les arrachant à leurs erreurs, les ont initiés à la civilisation.

Les institutions politiques des Canaques sont aussi primitives que leur religion. La Nouvelle-Calédonie est divisée en un certain nombre de tribus, réparties irrégulièrement sur le sol et administrées chacune par un chef indépendant. On dirait notre féodalité du moyen âge. Chaque tribu ou plutôt chaque état obéit à des lois particulières. Le pouvoir du chef est absolu, bien que tempéré dans les circonstances graves par le conseil des Anciens. Il a droit de vie et de mort. Sa personne est inviolable et sacrée. Le plus grand respect lui est dû. Il ne possède presque rien en propre, mais il a droit sur tout. Sa case est bâtie et ses plantations cultivées par des corvées qu'il ordonne. Le pouvoir est héréditaire, à l'exclusion des femmes. Si le chef n'a pas d'héritier, il choisit dans la tribu un fils d'adoption, et, s'il n'a pas fait encore ce choix quand il meurt, son frère cadet ou quelque autre parent lui succède. Les chefs s'allient entre eux et forment des ligues offensives et défensives, qui souvent font dégénérer une simple querelle en guerre générale. Rien de plus simple que leur habitation : c'est une cabane de forme conique, qui ressemble à une ruche gigantesque, où l'on pénétrerait par une ouverture basse et étroite. Dans son intérieur, garni de nattes, quelques pierres circonscrivent un espace où brûlent des tisons fumeux. De longues banderoles d'écorce suspendues à des poutres composent l'ameublement. La vie publique n'est pas restreinte à cet étroit espace. Une allée de cocotiers ou d'araucarias, qui aboutit le plus souvent à la demeure du chef, est le lieu où se traitent généralement les affaires importantes. C'est le forum de la cité. Des banderoles, attachées à de longues perches, le signalent de loin. Ces mœurs pittoresques disparaissent, car la plupart des chefs ont accepté le protectorat français. Sans doute ils conservent encore une sorte de suprématie sur leurs compatriotes et continuent à administrer les affaires locales; mais ce ne sont plus, en quelque sorte, que des maires héréditaires, et bientôt viendra le jour où ils n'auront même plus le privilège de l'hérédité.

Les mœurs des Canaques, depuis la découverte de l'île par Cook en 1774, ne paraissent pas s'être beaucoup modifiées. Presque tout ce que l'illustre navigateur en rapportait est encore exact. Les villages sont tels qu'il les a dépeints, composés de quelques cabanes groupées sans ordre au milieu d'un massif de cocotiers. Ces cabanes affectent la forme conique. Elles sont surmontées de coquillages, surtout de conques marines, et quelquefois du crâne des ennemis pris et tués à la guerre. Elles ont une seule ouverture, basse ou étroite. Le soir, on les remplit de fumée, pour chasser les moustiques, puis on bouche l'unique ouverture, et on s'endort sur des nattes, pendant que la fumée plus légère flotte au-dessus des têtes. Elles sont ordinairement doublées à l'intérieur avec l'écorce lisse et imperméable du niaouli, et, à l'extérieur, recouvertes de chaume.

Chaque famille a sa case. Il est vrai que la famille est fort bien constituée chez les Canaques. Le pouvoir suprême est concentré entre les mains du père, qui a droit de vie et de mort sur tous les siens, principalement sur les femmes. Cook parlait déjà avec admiration de la retenue de ces insulaires. Tels il les a connus, tels sont-ils restés. L'adultère est rare et sévèrement puni; la jalousie du mari est d'ailleurs le meilleur garant de la fidélité de l'épouse. Les unions consanguines sont interdites. Le divorce est autorisé, et, dans ce cas, la femme, même enceinte, peut épouser un autre individu. La polygamie est permise, mais seulement aux chefs et aux riches qui peuvent se passer cette fantaisie. Aussi bien le côté faible de cette société est la place infime occupée par la femme. Tous les travaux les plus rebutants lui sont dévolus. A elle les mauvais traitements. Pour elle les privations et les coups! Aussi a-t-on constaté chez ces malheureuses une infériorité notoire. Leur fécondité n'est jamais remarquable. Celles qui, dans le cours de leur existence, ont quatre ou cinq enfants, sont très rares. L'allaitement dure longtemps, trois ans en moyenne, et parfois cinq ou six ans : ce qui est nécessité en partie par la pénurie des ressources alimentaires. Aussi les mères sont-elles rapidement épuisées. Les hommes vieillissent moins vite; mais peu d'entre eux parcourent une longue carrière. La durée moyenne de la vie est moindre chez eux que chez les peuples civilisés.

Ainsi que tous les sauvages, les Canaques ont le sens de la vue et celui de l'ouïe d'une exquise finesse. Ils sont agiles et semblent taillés pour la course. A un moment donné, ils déploieront une force considérable, mais cet effort est de peu de durée. Peut-être expliquerait-on l'infériorité dynamique des indigènes par leur alimentation. Ils absorbent en effet surtout des matières sucrées et féculentes et fort peu de matières azotées. Leur nourriture est donc peu convenable à l'entretien des forces. Les voyageurs du dernier siècle racontaient que les Canaques étaient friands de terre et en mangeaient beaucoup. Le fait est vrai, mais a été fort exagéré. Cette terre est un silicate magnésien verdâtre, qu'on trouve près de Balade. Elle a un arrière-goût de cuivre. Les femmes seules, ou les enfants par esprit d'imitation, mangent un peu de cette terre dans certains cas de maladie ; mais ils n'en absorbent jamais plus gros qu'une noisette. A défaut de terre, les Canaques engloutissent des quantités prodigieuses de légumes. Quand par hasard ils travaillent chez nos colons, ils ne peuvent s'habituer à leur régime. Des Canaques, mis à la ration de nos matelots, non seulement dévoraient cette ration, mais encore, dans l'intervalle des repas, mangeaient des racines ou des vers. La dilatation de leur estomac tient à ce que leur nourriture, étant exclusivement végétale, doit être d'autant plus considérable qu'elle est moins nutritive, et surtout à leur voracité toute primitive. Aussi bien on a remarqué que, guidés par l'instinct, les Calédoniens étaient friands de chair. Ils semblent comprendre qu'ils puisent dans cet aliment les forces que ne peut leur fournir leur nourriture quotidienne. Ils ne se contentent malheureusement pas de la chair des animaux, et la plupart d'entre eux ont encore conservé de hideuses habitudes de cannibalisme.

Le cannibalisme est-il l'effet d'un penchant vicieux, ou bien une sorte d'instinct dépravé pousse-t-il à se nourrir de la chair de leurs semblables des sauvages, isolés dans une île privée d'animaux, et sans arme suffisante pour s'en procurer? Certes, nous ne voudrions pas excuser cette horrible coutume; mais peut-être nous sera-t-il permis, sinon de plaider les circonstances atténuantes, au moins de faire remarquer que l'anthropophagie a dû être et est encore une des maladies de l'enfance de la première humanité. Quoi qu'il en soit, le cannibalisme existe et, malgré tous nos efforts, ne semble pas à la veille d'être extirpé. M. Garnier, l'auteur d'une intéressante description de la Nouvelle-Calédonie, avait à son service un matelot canaque qui connaissait le goût de la chair humaine. « Pourquoi mangez-vous vos ennemis? lui demanda M. Garnier. — Parce que c'est beau et bon, aussi bon que le bœuf ou le porc. » Et il finit par dire à son maître, qui essayait de lui faire comprendre que cette odieuse nourriture répugnait à l'homme civilisé : « Vous avez beaucoup de viande, et, quand vous faites la guerre, vous ne dévorez pas les cadavres de vos ennemis : nous, nous les mangeons, parce que nous avons faim. » Ce naïf matelot ajoutait qu'on mangeait encore les condamnés, et aussi les enfants mal conformés, ou ceux qui surchargeaient une famille trop nombreuse. En ce cas, le père et la mère lavaient l'enfant avec soin, l'étouffaient et le faisaient cuire en terre, à la mode ordinaire, avec des ignames et des patates. « Cela faisait beaucoup de bien à la mère, » ajoutait le matelot. S'il en est ainsi, le berger qui apprendra aux Canaques l'élève des troupeaux travaillera plus à leur perfectionnement que tous les moralistes du monde, et tout colon qui leur facilitera les moyens de manger du bœuf et du mouton aura bien mérité de l'humanité.

Jadis le cannibalisme s'étalait au grand jour. Les prisonniers étaient immolés dans une cérémonie solennelle, nommée le *pilou-pilou*. Plusieurs centaines de guerriers se réunissaient pendant la nuit et formaient un cercle. Peu à peu commençait une sourde mélodie. Les Canaques s'agitaient en cadence, brandissant leurs armes. Les femmes, autour du cercle, battaient des tambours et heurtaient l'une contre l'autre des plaques de bois, pendant que les enfants couraient en agitant des torches. Le bruit augmentait ; les cris gutturaux devenaient des hurlements. La danse se convertissait en sauts et en bonds. Une sorte de vertige s'emparait des assistants, et c'est alors, au centre du cercle, qu'étaient déchirées et dévorées les malheureuses victimes. Les artistes familiers avec les visions terribles de Dante pourraient seuls reproduire une pareille réalité.

Les pilou-pilous n'ont pas disparu de nos jours ; mais ce ne sont plus que des danses sauvages, car on les surveille avec attention. La France a sévèrement interdit ces scènes abominables ; mais, de temps à autre, dans quelque forêt écartée, ces hideuses saturnales s'accomplissent encore. Les Canaques ne renonceront pas facilement à une coutume aussi invétérée. M. Garnier en fut un jour le témoin involontaire. Une tribu alliée venait de battre ses ennemis et de faire quelques prisonniers. Un pilou-pilou fut organisé. Au milieu de la fête, les principaux chefs disparaissent. M. Garnier, qui se doute de leurs intentions, part à leur recherche, mais il arrive trop tard. « Une douzaine d'hommes étaient assis près d'un grand feu ; le trou dans lequel on avait fait cuire les membres des prisonniers, détachés à coups de hache, était là ; une joie farouche se peignait sur le visage de tous ces démons : ils mangeaient à deux mains. En face de moi se trouvait un vieux chef, qui ne paraissait pas jouir de l'appétit de ses compagnons. Au lieu d'un fémur, il se contentait de grignoter une tête. Il en avait enlevé toutes les parties charnues, le nez et les joues ; restaient les yeux, qui, à demi ouverts, semblaient être encore en vie. Le vieux chef prit un bout de bois pointu et l'enfonça successivement dans les deux prunelles ; puis il passa à la cervelle, et, comme il ne pouvait l'extraire entièrement, il mit l'arrière de cette tête dans le feu, à l'endroit où il était le plus violent, de façon que par cette chaleur intense la cervelle pût se séparer de son enveloppe intérieure. Le procédé réussit parfaitement, et, en quelques minutes, le cannibale fit sortir par les diverses petites ouvertures du crâne le reste de son contenu. »

A notre contact, le cannibalisme, sans disparaître encore, est tout au moins fort atténué. Peut-être ne doit-il disparaître complètement qu'avec les Canaques eux-mêmes. Aussi bien cette race diminue avec une déplorable rapidité. Durant la saison des pluies, ils sont soudainement atteints d'une forte bronchite. Ils se serrent alors les reins avec une liane vigoureusement serrée et se retirent dans leurs misérables cases, au milieu des moustiques et de la fumée. L'appétit disparaît, ils maigrissent, leur peau devient blafarde. Leurs médecins ne savent opérer que des saignées et des frictions. Parfois ils ordonnent des infusions ; mais l'estomac ne fonctionne plus, et les malades meurent. « Ce sont les blancs qui ont introduit ces maladies de poitrine, » aiment-ils à répéter, et ils ont raison. Ce sont nos habitudes, ce sont nos besoins factices qui tuent les Canaques. L'eau-de-vie, qui a déjà fait tant de victimes dans l'Amérique du Nord, dépeuple en ce moment l'Océanie. Le tabac surtout leur est mortel, et ils l'aiment avec passion. L'enfant court à peine qu'il fume un tabac grossier dans une pipe énorme. Il n'est pas un Canaque qui ignore la fâcheuse influence du tabac dans le développement des maladies indigènes, et tous continuent à fumer. Le tabac est pour eux ce que l'opium est aux Chinois ; et il serait vraiment à souhaiter que le gouvernement ne permît la vente du tabac aux Canaques qu'après examen, et surtout qu'il leur interdît de fumer avant d'avoir atteint l'âge de puberté.

Viennent ensuite des affections spéciales, des virus morbides, dont nous possédons des antidotes éprouvés, que ne supporte pas la constitution de ces pauvres sauvages. On place encore au nombre des causes homicides les travaux auxquels les Canaques sont plus ou moins soumis au contact des Français. On a dit également que les vêtements que nous leur donnons les habituent à être couverts, et qu'ils contractent des phthisies, dont ils meurent, parce qu'ils ne peuvent pas les renouveler. On pourrait aussi parler de la tristesse produite sur eux par l'invasion des blancs, dont ils sont forcés de reconnaître en toute chose la supériorité. Enfin et surtout nous devons nous incliner devant cette loi mystérieuse de la nature, en vertu de laquelle les races supérieures remplacent fatalement et partout les races inférieures. Les Canaques, au temps de Cook, étaient plus de 200,000. Ils sont à peine 50,000 aujourd'hui ! Combien en restera-t-il dans un siècle, si cette triste progression dans la mortalité continue? Il n'est que temps d'arrêter cette effrayante dépopulation. Nous y parviendrons peut-être en moralisant et en instruisant ces indigènes. Il n'y a pas de plus beau rôle à jouer, et la France, en agissant ainsi, se conformerait à ses nobles et séculaires traditions d'humanité et de protection accordée à la faiblesse.

Si les Canaques diminuent, les colons, volontaires ou forcés, augmentent au contraire de nombre. Les colons volontaires sont encore peu nombreux, car nous n'aimons pas à nous éloigner de la France, où la vie est si douce, le climat si tempéré, les mœurs si bienveillantes. Tous ceux de nos compatriotes qui ont eu le courage de s'arracher à ces molles séductions n'ont eu qu'à se féliciter de leur détermination. Non seulement ils se sont facilement habitués à leur nouvelle résidence, mais encore la plupart d'entre eux y ont fait fortune. Nous avons eu le plaisir d'entendre l'un d'eux, M. Lèques, décrire à grands traits le charme de la vie dans ces solitudes qui se peuplent, dans ces terrains incultes qui se défrichent, au milieu de ces indigènes, dont les mœurs forment encore avec les nôtres un si étrange contraste. Peu à peu, autour des fermes rustiques se groupent les cases des Canaques, et les hameaux deviennent des villages. Quelques étrangers, surtout des Anglais et des Américains, ont profité de la protection de notre pavillon pour s'établir dans l'Archipel et gagner rapidement une immense fortune. L'un d'entre eux, l'Anglais Paddon, s'était, avant notre arrivée, si bien installé dans l'île, qu'il en avait fait comme un petit royaume à lui appartenant. Il nous vit arriver avec un amer dépit. Il essaya même de substituer son influence à la nôtre, et peut-être ne fut pas étranger à quelques-unes des révoltes qui signalèrent les premiers jours de l'occupation. Au lieu de le suivre dans cette voie dangereuse, l'Angleterre resta tranquille. Elle venait de nous enlever la Nouvelle-Zélande, dont un capitaine français avait pourtant pris possession quelques années auparavant, et craignait, en essayant de nous enlever la Nouvelle-Calédonie, de lasser notre patience. Nous n'avons eu depuis à redouter aucune concurrence étrangère; il nous a été plus difficile de lutter contre notre apathie systématique.

En 1853, l'Archipel a été officiellement occupé. Dix ans plus tard, malgré les offres et les encouragements du gouvernement, la population européenne était encore bien faible. En dehors des soldats et des fonctionnaires, elle n'atteignait pas un millier d'hommes, résolus et énergiques assurément, et très capables de devenir la souche d'une race forte et vigoureuse ; mais n'est-ce pas bien peu, surtout quand on songe à l'étendue du pays à coloniser et aux richesses que recèlent les flancs de l'île? Ce fut alors, en 1863, que le gouvernement songea à renouveler à la Nouvelle-Calédonie la tentative qui n'avait que médiocrement réussi à la Guyane, c'est-à-dire à y envoyer en qualité de colons les condamnés aux travaux forcés. Le régime du bagne serait adouci pour certains détails ; mais la peine n'en demeurerait pas moins fort rigoureuse. Chaque condamné pourrait recevoir une concession de terrain qui deviendrait définitive après sa libération. Le gouvernement espérait ainsi donner aux transportés des habitudes de travail, et constituer peu à peu une population civile. Afin de rendre l'acclimatation plus prompte, il n'envoya pas à la Nouvelle-Calédonie des hommes maladifs ou âgés de plus de quarante-cinq ans. En 1870, près de deux mille transportés peuplaient la nouvelle colonie pénitentiaire. Internés à leur arrivée dans l'île du Bouzet, en face de Nouméa, on les dispersait, après un certain temps d'épreuve, sur divers points de la colonie. Tous ceux qui se montraient indociles, indisciplinés et incorrigibles, étaient internés à part et soumis à un régime d'une extrême sévérité. C'est à Kanala, loin de tout contact avec leurs camarades, qu'ils furent relégués. Quant aux autres, et ils constituent la majorité des transportés, ce sont des hommes faibles, accessibles à toutes les impressions, de véritables enfants qui ont besoin de tuteurs. Souvent ils n'ont failli que dans une heure d'entraînement et sont sincères dans leur désir de réhabilitation. Il est bon de les relever à leurs propres yeux par tous les moyens. Aussi a-t-on substitué au costume du bagne un uniforme, qui n'est autre que celui des agriculteurs dans la région tropicale. On leur accorde, à titre de récompense, l'exercice de certains droits civils. Ceux qui se sont rendus dignes d'indulgence par leur bonne conduite sont admis dans les ateliers de l'État. Quelques-uns sont même placés en liberté provisoire chez l'habitant. Il en est même qui deviennent propriétaires. C'est une sage mesure de précaution prise par l'administration, non pas seulement parce que la propriété attachera le transporté à sa nouvelle patrie quand il sera libéré, mais surtout parce qu'il lui serait à peu près impossible de se créer ailleurs des ressources. Le libéré voudrait-il en effet rentrer en France? En vertu du préjugé qui continue son châtiment, il sera repoussé des ateliers. Veut-il rester dans la colonie et travailler pour le compte d'autrui? Les planteurs sont encore peu nombreux ; ils vivent isolés et hésitent à admettre dans leur familiarité d'anciens condamnés. Tout libéré repentant n'a donc qu'une chose à faire : obtenir une concession de terrain, et travailler pour son propre compte. L'administration lui vient en aide. Tout célibataire recevra deux hectares de terrain, quatre s'il est marié, six s'il a plus de deux enfants. On lui prêtera des instruments, on lui fournira les éléments de sa basse-cour et de son troupeau, on lui continuera même pendant quelque temps sa ration de vivres. Plusieurs libérés ont compris les avantages de cette vie nouvelle. Ils se sont réunis en groupes plus ou moins nombreux, et, comme il leur est permis de faire venir leurs femmes ou de se marier, quelques villages se sont formés. Le principal agent de réhabilitation a encore été la vie de famille. L'État l'a si bien compris qu'il s'est constitué en agence matrimoniale. Un grand nombre de mariages entre libérés a déjà été conclu sous ses auspices; et, bien que le passé des conjoints laissât beaucoup à désirer, presque tous ont été heureux. Plus d'une femme condamnée pour infanticide est devenue bonne mère de famille. On cite même un couple fort amoureux, dont le mari avait été l'assassin de sa première femme, et la femme de son premier mari !

Au point de vue social, l'œuvre tentée par la France est de tous points excellente. Travail, propriété, famille, ce sont là en effet les éléments constitutifs de toute régénération. Au point de vue des intérêts coloniaux de notre pays, cette œuvre est-elle également utile? Nous n'oserions l'affirmer. L'émigration libre peut seule faire prospérer une colonie.

Telle était la situation de l'Archipel, lorsque de funestes événements, qui sont encore présents à toutes les mémoires, augmentèrent dans des proportions considérables la population des transportés. Après les déplorables scènes qui signalèrent le sinistre mois de mai 1871, plusieurs milliers d'insurgés, pris les armes à la main, furent condamnés à la transportation temporaire ou perpétuelle. On a beaucoup parlé des rigueurs et même des sévices dont furent et seraient encore victimes ces transportés calédoniens. Il se peut que quelques surveillants aient exagéré la sévérité de leur mandat; mais, en général, les transportés ont été convenablement traités. La surveillance à leur égard a même été souvent bien lâche, bien peu étroite, puisque bon nombre d'entre eux ont réussi à s'échapper. Nous avons encore en ce moment, dans l'Archipel, même après les nombreuses grâces accordées, plusieurs centaines de transportés politiques. Ceux que l'on a condamnés à la déportation dans une enceinte fortifiée ont été renfermés dans la *presqu'île Ducos*, à quatre kilomètres de Nouméa. Les autres sont cantonnés dans l'île des *Pins* et à *Maréa*. Tous ceux d'entre eux qui, par leur bonne conduite et leur sincère repentir, ont mérité l'indulgence de l'administration, ont été répartis dans l'île. S'ils manifestent l'intention de devenir des colons sérieux et d'oublier, dans une vie de travail, leurs folles chimères, on leur accorde des concessions de terrain. Telle est la situation actuelle. L'avenir nous dira si elle doit se modifier et comment s'opéreront ces modifications.

En résumé, 45 à 50,000 indigènes, qui se laissent gagner à la civilisation, et, sauf de rares exceptions, acceptent notre suprématie, quelques centaines de colons libres, un millier de soldats et de fonctionnaires, près de 3,000 condamnés, tels sont les éléments disparates dont se compose aujourd'hui la population de l'archipel néo-calédonien. Comme la colonisation ne date que d'hier, il est difficile de prévoir ce qu'elle deviendra. Les meilleurs agents de la future prospérité de l'île ne paraissent pas devoir être les vaincus de la guerre civile. Nos vrais auxiliaires seront les travailleurs libres, ceux qui voudront retrouver au loin et sous la protection de notre drapeau leur foyer souillé par la conquête étrangère, ou bien encore ceux qui, librement et honnêtement, porteront dans cette France nouvelle notre génie national. Si ce grand mouvement d'expansion coloniale renaissait, certes le dernier mot ne serait pas dit sur la grandeur de la race française en ce monde!

TABLE DES MATIÈRES

INTRODUCTION

LA COLONISATION FRANÇAISE

Importance de la colonisation, 1. — Intérêt de cette étude, 2. — Est-il vrai que la France n'ait pas le génie colonisateur? 3. — Est-il vrai que la colonisation soit pernicieuse? 5. — De la nécessité de la colonisation, surtout pour la France, 6. — Les premières colonies françaises, 8. — Les tâtonnements du xvie siècle, 9. — Les succès au xviie siècle, 11. — La décadence au xviiie siècle, 14. — Reprise de la colonisation au xixe siècle, 15.

PREMIÈRE PARTIE

L'AFRIQUE FRANÇAISE

CHAPITRE Ier. — Le Sénégal, 17-62.
Bibliographie, 17.
I. *Géographie historique.* — Les Normands au Sénégal, 19. — Les Compagnies, trois périodes à distinguer : le Sénégal, comptoir d'échange de 1664 à 1815, 20. — Le Sénégal, colonie agricole de 1815 à 1854, reprise sérieuse de la colonisation depuis 1854, 21. — Les coutumes et les vexations, 22. — Al Hadji et Faidherbe, 23. — Siège de Médine, 26. — Les traités et les missions, 30.
II. *Géographie physique.* — Limites de la colonie, 32. — Les montagnes, 33. — Le Sénégal, ses cascades, 34. — Sa barre, 35. — Ses affluents, 36. — Autres fleuves, 36. — La côte, 37. — Le climat, 38.
III. *Géographie économique.* — Le commerce des esclaves, 39. — La gomme, 40. — L'arachide, 41. — Les végétaux, 42. — Les gisements aurifères, 44. — Animaux féroces et dangereux, 46. — L'autruche, les poissons, 47.
IV. *Géographie politique.* — Race noire, 48. — Les cinq tribus principales, 49. — Leurs mœurs, 50. — Race maure, 51. — Race blanche, 52. — Saint-Louis, 53. — Postes du Sénégal, 54. — Gorée, Rufisque, Dakar, 55. — La population, 56. — Les trois arrondissements, 56. — Nos trois ennemis : l'ignorance des populations, 57. — Le fanatisme religieux, 57. — Les fautes administratives, 59. — Avenir de la colonie, 60.

CHAPITRE II. — Les établissements français de la Guinée, 63-94.

Bibliographie, 63.
I. *Comptoirs de Guinée.* — Description du pays, 64. — Premiers établissements des Dieppois au xive siècle, 66. — Abandon de nos comptoirs, 68. — Polémique contemporaine à propos de ces comptoirs, 69. — Assinie, Grand-Bassam et Dabou, 76.
II. *Le Gabon.* — Histoire du Gabon, 78. — La rade du Gabon, 79. — L'Ogowaï, 80. — Le climat, 81. — Les animaux domestiques et féroces, 82. — Les insectes, 83. — Productions végétales, 84. — Les bois, 85. — Les Gabonnais, 86. — Leurs mœurs, 86. — Leur religion, 86. — Les chefs, 88. — Les Gabonnaises, 89. — Les Boulous, 90. — Les Bakalais, 91. — Les Pahouins, 91. — Avenir de la colonie, 93.

CHAPITRE III. — La Réunion, 95-113.

Bibliographie, 95.
Histoire de Bourbon, 95. — Pronis et Flacourt, 96. — La Bourdonnais, 97. — Poivre, 97. — Bourbon prend le nom de la Réunion, 98. — Description physique, 99. — Les volcans, 99. — Les phénomènes volcaniques, 101. — Les cours d'eau, 102. — La Réunion vue de la mer, 102. — Climat, 103. — Les ras de marée et les cyclones, 104. — Le café et la canne à sucre, 105. — Les Européens, 107. — Les petits créoles, 108. — Les noirs et l'émancipation, 108. — Les coolies hindous, 110. — Les Chinois, 111. — Les Malais, 111. — Les travailleurs africains, 111. — Géographie administrative, 112.

CHAPITRE IV. — Madagascar et ses dépendances, 114-128.

Bibliographie, 114.
I. *L'île de Madagascar.* — Prise de possession par la France, 114. — Rigault, Pronis, Flacourt, 115. — Delabaye, 117. — Tentatives avortées de Mandane, Beniowsky et Gourbeyre, 117. — Les projets de Napoléon III, 119. — Les droits de la France sur Madagascar, 120.
II. *Sainte-Marie de Madagascar.* — Description physique, 122. — Climat, 122. Albrand, 123. — Utilité de cette possession, 124.
III. *Mayotte.* — Acquisition de Mayotte, 124. — Description physique, 125. — Les productions, 126.
IV. *Nossi-bé.* — Description physique et productions, 126. — Utilité de ces établissements, 128.

CHAPITRE V. — Obock, 129-132.

Bibliographie, 129.
Acquisition d'Obock, 129. — Importance de ce port, 131. — Avenir probable de cette colonie, 131.

DEUXIÈME PARTIE

L'AMÉRIQUE FRANÇAISE

CHAPITRE Ier. — La Guyane française, 133-170.

Bibliographie, 133.
I. *Histoire de la Guyane française.* — Découverte du pays, 134. — L'Eldorado, 135. — La Ravardière, 136. — Fondation de Cayenne, 136. — Les

Compagnies, 136. — Le Kourou, 137. — La déportation et Sinnamary, 139. — Les bagnes à la Guyane, 140.
II. *Géographie physique.* — Insalubrité du climat, 141. — Absence de bons ports, isolement géographique, 143. — Excellence du système hydrographique, 144. — Les savanes, 146. — Les hautes terres, 147. — Les basses terres, 147.
III. *Géographie économique.* — Animaux nuisibles, 148. — Le bétail, 151. — Manioc et riz, 152. — Les six cultures industrielles, 153. — Forêts, 155. — Les mines d'or, 156.
IV. *Géographie politique.* — Les Galibis, 159. — Religion, 161. — Famille, 161. Mœurs, 162. — Les nègres, 163. — L'émancipation, 164. — Les Bosh ou Bonis, 165. — Les blancs, 165. — Transportation et transportés, 167. — Les pénitenciers, 168.

CHAPITRE II. — LES ANTILLES FRANÇAISES, 171-205.

BIBLIOGRAPHIE, 171.
I. *Géographie historique.* — Belain d'Esnambuc à Saint-Christophe, 172. — A la Martinique, 174. — Établissements de Poincy, du Parquet, l'Olive, 174. — Les Antilles administrées par des particuliers, 175. — Colbert et la Compagnie des Indes occidentales, 176. — Abus et vexations, 177. — Guerre de Hollande, 178. — Dissolution de la Compagnie, 179. — Le Code noir, 180. — Guerres au XVIIe et au XVIIIe siècle, 180. — Victor Hugues et les pirates, 183. — Traités de 1815, 186.
II. *Géographie physique.* — Répartition des îles, 186. — Saint-Martin, 187. — Saint-Barthélemy, 187. — La Guadeloupe, 188. — Ses dépendances, 189. — La Martinique, 190. — Constitution géologique des Antilles, 191. — Climat, 192. — Ras de marée et tremblements de terre, 193.
III. *Géographie économique.* — Le soufre, 194. — Importance des forêts, 195. — Cultures tropicales, 196. — Animaux nuisibles, 197. — Régime économique des Antilles, 198.
IV. *Géographie politique.* — Les Caraïbes, 199. — Les blancs, les nègres, les gens de couleur, 200. — La question du travail, 201. — Population, 202. — Réformes à opérer, 203.

CHAPITRE III. — SAINT-PIERRE ET MIQUELON, 206-220.

BIBLIOGRAPHIE, 206.
Les Français dans l'Amérique du Nord, 206. — Saint-Pierre, 207. — Miquelon, 208. — Les bancs, 208. — Les pêcheurs basques, bretons, normands et flamands, 210. — Les Acadiens, 211. — Pêche de la morue, 212. — Les trois périodes du hareng, du capelan et de l'encornet, 215. — Préparation de la morue salée, 215. — Commerce de la morue, 216. — La rogue, 217. — L'huile de foie, 217. — La drache, 218. — Importance économique et politique de Saint-Pierre et Miquelon, 218.

TROISIÈME PARTIE

L'ASIE FRANÇAISE

CHAPITRE Ier. — L'INDE FRANÇAISE, 221-295.

BIBLIOGRAPHIE, 221.
I. *L'Inde de 1503 à 1741.* — Attrait exercé par l'Inde sur les Européens, 222. — Décadence de l'empire du Grand Mogol, 223. — Arrivée des Français

dans l'Hindoustan, 225. — Les cinq Compagnies des Indes orientales, 227. — Caron et Marcara, 229. — Martin, 230. — Fondation de Pondichéry, 231. — Prise de Pondichéry par les Hollandais, 231. — Progrès de l'influence française, 233. — Law, 234. — Dumas, 235.

II. *Dupleix et La Bourdonnais.* — Premières années de Dupleix, 236. — Importance de Chandernagor, 240. — Les projets de Dupleix, 244. — Importance de Pondichéry, 244. — La Bourdonnais, 245. — Prise de Madras, 246. — Rivalité de Dupleix et La Bourdonnais, 248. — Fin misérable de La Bourdonnais, 249.

III. *Dupleix et de Bussy.* — Bataille de San Tomé, 251. — Siège de Pondichéry, 252. — Les succès de Dupleix, 253. — Bussy et la guerre du Carnatic, 255. — Apogée de la puissance française, 257. — Conquête des Circars, 258. — Rappel de Dupleix, 260. — Son procès, 262. — Sa mort, 264.

IV. *Lally-Tollendal.* — Ses premières armes, 265. — Expédition dans l'Hindoustan, 266. — Prise de Saint-David, 270. — Perte de Chandernagor, 271. — Perte des Circars, 271. — Siège de Madras, 272. — Prise de Pondichéry, 273. — Procès et mort de Lally, 275.

V. *L'Inde française depuis 1761.* — Honteuse paix de Paris, 279. — Hyder-Ali, 280. — Suffren, 281. — Batailles de la Praya, 282. — De Madras, 282. — De Provédien, 283. — De Trinquemale, 284. — De Gondelour, 286. — Paix de Versailles, 287. — L'Inde depuis 1782, 288.

VI. *Établissements français de l'Inde.* — Pondichéry, 289. — Karikal, 290. — Yanaon, 290. — Chandernagor, 290. — Mahé, 291. — Les Loges, 292. — Climat, 292. — Population, 292. — Production, 293. — Industrie, 294. — Avenir de ces possessions, 294.

CHAPITRE II. — La Cochinchine française, 296-336.

Bibliographie, 296.

I. *Description de la Cochinchine. Géographie historique.* — Importance de cette colonie, 299. — Relations de la France et de l'Annam, 300. — Traité de Versailles, 300. — Mission de la *Cybèle*, 302. — Règne de Mingh-Mang, 302. — Affaire de Tourane, 302. — Règne de Tu-duc, 303. — Prise de Tourane et de Saïgon, 304. — Siège de Saïgon, 306. — Bataille de Kihoâ, 308. — Prise de Mytho, 310. — De Bienhoâ, 311. — Traité de 1862, 311. — Annexion de trois nouvelles provinces, 312.

II. *Géographie physique.* — Hydrographie de la Cochinchine, 315. — Montagnes, 316. — Côtes, 316. — Climat, 316.

III. *Géographie économique.* — Animaux féroces et dangereux, 318. — Animaux domestiques, 320. — Le riz, 321. — Productions végétales, 322. — Forêts, 323. — Productions minérales, 323.

IV. *Géographie politique.* — Les Annamites, 324. — Mœurs, 325. — Caractère, 326. — Religion, 329. — Institutions, 331.

V. *Géographie administrative.* — Administration, 332. — Les quatre circonscriptions, 333. — Population, 335.

CHAPITRE III. — Voyages d'exploration en Indo-Chine, 337-351.

Mission de Doudart de La Grée, 337. — Séjour à Luang-Prabang, 338. — Excursion dans le Yunnam, 344. — Résultats de la mission, 351.

CHAPITRE IV. — Les pays protégés, 353-363.

Le Cambodge, 353. — Description physique, 355. — Les ruines d'Angcor, 356. — L'Annam, 359. — Exploration de M. Dupuis, 359. — Garnier et la conquête du Tong-King, 360. — Mort de Garnier, 362. — Traité Philastre, 363.

QUATRIÈME PARTIE

L'OCÉANIE FRANÇAISE

Bibliographie, 367.

I. *Les îles du Protectorat.* — Les Taïti et les Tubuaï, 370. — Mœurs anciennes des Taïtiens, 374. — La reine Pomaré et l'affaire Pritchard, 374. — Description de Taïti, 375. — Moorea, 375. — Productions de l'Archipel, 376. — La population, 378.
II. *Les Tuamotu et Gambier.* — Énumération des îles, 380. — Formation géologique de l'Archipel, 381. — Productions, 382. — Histoire, 382.
III. *Les îles Marquises.* — Prise de possession des Marquises, 384. — Climat, 385. — Productions, 385. — Mœurs, 386. — Institutions, 387. — Population, 389. — Avenir commercial et politique, 390.
IV. *Nouvelle-Calédonie.* — Découverte de l'Archipel, 391. — Prise de possession, 392. — Histoire, 393. — *Géographie physique.* — Les deux chaînes parallèles, 394. — Formation volcanique, 395. — Formation madréporique, 396. — Montagnes et fleuves, 396. — Climat, 398. — *Géographie économique.* — Les animaux, 400. — Productions végétales, 402. — Productions minérales, 404. — L'or et le nickel, 405. — *Géographie politique.* — Les Canaques, 406. — Mœurs, 407. — Religion, 408. — Institutions, 409. — Cannibalisme, 412. — Les pilou-pilous, 412. — Dépopulation, 414. — Les colons européens, 415. — Les transportés et les déportés, 415. — Avenir de la colonie, 418.

Table des matières 419

FIN DE LA TABLE DES MATIÈRES

CATALOGUE

DE

LIVRES DE FONDS

OUVRAGES HISTORIQUES

ET PHILOSOPHIQUES

TABLE DES MATIÈRES

	Pages.		Pages.
COLLECTION HISTORIQUE DES GRANDS PHILOSOPHES	2	OUVRAGES DIVERS NE SE TROUVANT PAS DANS LES BIBLIOTHÈQUES	14
Philosophie ancienne	2	ENQUÊTE PARLEMENTAIRE SUR LES ACTES DU GOUVERNEMENT DE LA DÉFENSE NATIONALE	20
Philosophie moderne	2		
Philosophie écossaise	3		
Philosophie allemande	3	ENQUÊTE PARLEMENTAIRE SUR L'INSURRECTION DU 18 MARS	21
Philosophie allemande contemporaine	4		
Philosophie anglaise contemporaine	5	ŒUVRES D'EDGAR QUINET	22
		BIBLIOTHÈQUE UTILE	23
BIBLIOTHÈQUE DE PHILOSOPHIE CONTEMPORAINE	6	REVUE POLITIQUE ET LITTÉRAIRE	26
		REVUE SCIENTIFIQUE	27
BIBLIOTHÈQUE D'HISTOIRE CONTEMPORAINE	10	REVUE PHILOSOPHIQUE	30
		REVUE HISTORIQUE	30
BIBLIOTHÈQUE SCIENTIFIQUE INTERNATIONALE	12	TABLE ALPHABÉTIQUE DES AUTEURS	31

PARIS

LIBRAIRIE GERMER BAILLIÈRE ET Cie

108, BOULEVARD SAINT-GERMAIN, 108

Au coin de la rue Hautefeuille.

JUIN 1879

COLLECTION HISTORIQUE DES GRANDS PHILOSOPHES

PHILOSOPHIE ANCIENNE

ARISTOTE (Œuvres d'), traduction de M. BARTHÉLEMY SAINT-HILAIRE.
— **Psychologie** (Opuscules) traduite en français et accompagnée de notes. 1 vol. in-8.............. 10 fr.
— **Rhétorique** traduite en français et accompagnée de notes. 1870, 2 vol. in-8.............. 16 fr.
— **Politique**, 1868, 1 v. in-8. 10 fr.
— **Traité du ciel**, 1866 ; traduit en français pour la première fois. 1 fort vol. grand in-8........... 10 fr.
— **Météorologie**, avec le petit traité apocryphe : *Du Monde*, 1863. 1 fort vol. grand in-8........... 10 fr.
— **La métaphysique d'Aristote**. 3 vol. in-8 1879......... 30 fr.
— **Poétique**, 1858. 1 vol. in-8. 5 fr.
— **Traité de la production et de la destruction des choses**, trad. en français et accomp. de notes perpétuelles, 1866. 1 v. gr. in-8. 10 fr.
— **De la logique d'Aristote**, par M. BARTHÉLEMY SAINT-HILAIRE. 2 volumes in-8............ 10 fr.
— **Psychologie**, Traité de l'âme, 1 vol. in-8.......... (*Épuisé.*)
— **Physique**, ou leçons sur les principes généraux de la nature. 2 forts vol. in-8............ (*Épuisé.*)
— **Morale**, 1856. 3 vol. grand in-8. (*Épuisé.*)
— **La logique**, 4 vol. in-8. (*Épuisé.*)

SOCRATE. **La philosophie de Socrate**, par M. Alf. FOUILLÉE. 2 vol. in-8................ 16 fr.
PLATON. **La philosophie de Platon**, par M. Alfred FOUILLÉE. 2 volumes in-8................ 16 fr.
— **Études sur la Dialectique dans Platon et dans Hegel**, par M. Paul JANET. 1 vol. in-8... 6 fr.
PLATON et ARISTOTE. **Essai sur le commencement de la science politique**, par VAN DER REST. 1 vol. in-8.............. 10 fr.
ÉPICURE. **La Morale d'Épicure et ses rapports avec les doctrines contemporaines**, par M. GUYAU. 1 vol. in-8.......... 6 fr. 50
ÉCOLE D'ALEXANDRIE. **Histoire critique de l'École d'Alexandrie**, par M. VACHEROT. 3 vol. in-8. 24 fr.
— **L'École d'Alexandrie**, par M. BARTHÉLEMY SAINT-HILAIRE. 1 v. in-8. 6 fr.
MARC-AURÈLE. **Pensées de Marc-Aurèle**, traduites et annotées par M. BARTHÉLEMY SAINT-HILAIRE. 1 vol. in-18.............. 4 fr. 50
RITTER. **Histoire de la philosophie ancienne**, trad. par TISSOT. 4 vol. in-8................ 30 fr.
FABRE (Joseph). **Histoire de la philosophie, antiquité et moyen âge**. 1 vol. in-18........ 3 50

PHILOSOPHIE MODERNE

LEIBNIZ. **Œuvres philosophiques**, avec introduction et notes par M. Paul JANET. 2 vol. in-8. 16 fr.
— **La métaphysique de Leibniz et la critique de Kant**. Histoire et théorie de leurs rapports, par D. NOLEN. 1 vol. in-8.. 6 fr.
— **Leibniz et Pierre le Grand**, par FOUCHER DE CAREIL. 1 vol. in-8. 1874................. 2 fr.
— **Lettres et opuscules de Leibniz**, par FOUCHER DE CAREIL, 1 vol. in-8.............. 3 fr. 50
— **Leibniz, Descartes et Spinoza**, par FOUCHER DE CAREIL. 1 v. in-8. 4 fr.
— **Leibniz et les deux Sophie**, par FOUCHER DE CAREIL. 1 v. in-8. 2 fr.
SPINOZA. **Dieu, l'homme et la béatitude**, traduit pour la première fois en français, et précédé d'une introduction par M. P. JANET. 1 vol. in-18.............. 2 fr. 50
LOCKE. **Sa vie et ses œuvres**, par M. MARION. 1 vol. in-18. 2 fr. 50
MALEBRANCHE. **La philosophie de Malebranche**, par M. OLLÉ LAPRUNE. 2 vol. in-8...... 16 fr.
VOLTAIRE. **La philosophie de Voltaire**, par M. Ern. BERSOT. 1 vol. in-18................ 3 fr. 50
VOLTAIRE. **Les sciences au XVIIIe siècle**. Voltaire physicien, par M. Em. SAIGEY. 1 vol. in-8.. 5 fr.
BOSSUET. **Essai sur la philosophie de Bossuet**, par Nourrisson, 1 vol. in-8............. 4 fr.
RITTER. **Histoire de la philosophie moderne**, traduite par P. Challemel-Lacour. 3 vol. in-8. 20 fr.

FRANCK (Ad.). **La philosophie mystique en France** au XVIIIe siècle. 1 vol. in-18.... 2 fr. 50

DAMIRON. **Mémoires pour servir à l'histoire de la philosophie au XVIIIe siècle.** 3 vol. in-8. 15 fr.

MAINE DE BIRAN. **Essai sur sa philosophie**, suivi de fragments inédits, par Jules Gérard. 1 fort vol. in-8. 1876............. 10 fr.

BERKELEY. **Sa vie et ses œuvres**, par Penjon. 1 v. in-8 (1878). 7 fr. 50

PHILOSOPHIE ÉCOSSAISE

DUGALD STEWART. **Éléments de la philosophie de l'esprit humain**, traduits de l'anglais par L. Peisse. 3 vol. in-12........... 9 fr.

W. HAMILTON. **Fragments de philosophie**, traduits de l'anglais par L. Peisse. 1 vol. in-8.. 7 fr. 50
— **La philosophie de Hamilton**, par J. Stuart Mill. 1 v. in-8. 10 fr.

PHILOSOPHIE ALLEMANDE

KANT. **Critique de la raison pure**, trad. par M. Tissot. 2 v. in-8. 16 fr.
— Même ouvrage, traduction par M. Jules Barni. 2 vol. in-8, avec une introduction du traducteur, contenant l'analyse de cet ouvrage.... 16 fr.
— **Éclaircissements sur la critique de la raison pure**, trad. par J. Tissot. 1 volume in-8... 6 fr.
— **Examen de la critique de la raison pratique**, traduit par M. J. Barni. 1 vol. in-8..... (*Épuisé.*)
— **Principes métaphysiques du droit**, suivis du *projet de paix perpétuelle*, traduction par M. Tissot. 1 vol. in-8......... 8 fr.
— Même ouvrage, traduction par M. Jules Barni. 1 vol. in-8... 8 fr.
— **Principes métaphysiques de la morale**, augmentés des *fondements de la métaphysique des mœurs*, traduct. par M. Tissot. 1 v. in-8. 8 fr.
— Même ouvrage, traduction par M. Jules Barni avec une introduction analytique. 1 vol. in-8...... 8 fr.
— **La logique**, traduction par M. Tissot. 1 vol. in-8..... 4 fr.
— **Mélanges de logique**, traduction par M. Tissot. 1 vol. in-8.. 6 fr.
— **Prolégomènes à toute métaphysique future** qui se présentera comme science, traduction de M. Tissot. 1 vol. in-8... 6 fr.

KANT. **Anthropologie**, suivie de divers fragments relatifs aux rapports du physique et du moral de l'homme, et du commerce des esprits d'un monde à l'autre, traduction par M. Tissot. 1 vol. in-8..... 6 fr.

KANT. **La critique de Kant et la métaphysique de Leibniz.** Histoire et théorie de leurs rapports, par D. Nolen. 1 vol. in-8. 1875. 6 fr.

FICHTE. **Méthode pour arriver à la vie bienheureuse**, traduite par Francisque Bouillier. 1 vol. in-8............... 8 fr.
— **Destination du savant et de l'homme de lettres**, traduite par M. Nicolas. 1 vol. in-8.... 3 fr.
— **Doctrines de la science.** Principes fondamentaux de la science de la connaissance, traduits par Grimblot. 1 vol. in-8..... 9 fr.

SCHELLING. **Bruno** ou du principe divin, trad. par Cl. Husson. 1 vol. in-8............... 3 fr. 50
— **Écrits philosophiques** et morceaux propres à donner une idée de son système, trad. par Ch. Bénard. 1 vol. in-8......... 9 fr.

HEGEL. **Logique**, traduction par A. Véra. 2e édition. 2 volumes in-8................. 14 fr.

HEGEL. **Philosophie de la nature**, traduction par A. Véra. 3 volumes in-8................. 25 fr.
   Prix du tome II..... 8 fr. 50
   Prix du tome III..... 8 fr. 50
— **Philosophie de l'esprit**, traduction par A. Véra. 2 volumes in-8................. 18 fr.
— **Philosophie de la religion**, traduction par A. Véra. 2 vol. 20 fr.
— **Introduction à la philosophie de Hegel**, par A. Véra. 1 volume in-8................ 6 fr. 50

HEGEL. **Essais de philosophie hegelienne**, par A. VÉRA. 1 vol. 2 fr. 50
— **L'Hegelianisme et la philosophie**, par M. VÉRA. 1 volume in-18.............. 3 fr. 50
— **Antécédents de l'Hegelianisme dans la philosophie française**, par BEAUSSIRE. 1 vol. in-18............... 2 fr. 50
— **La dialectique dans Hegel et dans Platon**, par Paul JANET. 1 vol. in-8............. 6 fr.
— **La Poétique**, traduction par Ch. BÉNARD, précédée d'une préface et suivie d'un examen critique. Extraits de Schiller, Gœthe, Jean Paul, etc., et sur divers sujets relatifs à la poésie. 2 vol. in-8... 12 fr.
— **Esthétique**. 2 vol. in-8, traduite par M. BÉNARD............ 16 fr.

RICHTER (Jean-Paul). **Poétique** ou **Introduction à l'esthétique**, traduit de l'allemand par Alex. BUCHNER et Léon DUMONT. 2 vol. in-8. 15 fr.
HUMBOLDT (G. de). **Essai sur les limites de l'action de l'État**, traduit de l'allemand, et précédé d'une Étude sur la vie et les travaux de l'auteur, par M. CHRÉTIEN. 1 vol. in-18.......... 3 fr. 50
— **La philosophie individualiste**, étude sur G. de HUMBOLDT, par CHALLEMEL-LACOUR. 1 vol. 2 fr. 50
STAHL. **Le Vitalisme et l'Animisme de Stahl**, par Albert LEMOINE. 1 vol. in-18.... 2 fr. 50
LESSING. **Le Christianisme moderne**. Étude sur Lessing, par FONTANÈS. 1 vol. in-18.. 2 fr. 50

PHILOSOPHIE ALLEMANDE CONTEMPORAINE

L. BUCHNER. **Science et nature**, traduction de l'allemand, par Aug. DELONDRE 2 vol. in-18.... 5 fr.
— **Le Matérialisme contemporain**, par M. P. JANET. 3ᵉ édit. 1 vol. in-18........ 2 fr. 50
HARTMANN (E. de). **La Religion de l'avenir**. 1 vol. in-18.. 2 fr. 50
— **La philosophie de l'inconscient**, traduit par M. D. NOLEN. 2 vol. in-8. 1876...... 20 fr.
— **Darwinisme**, ce qu'il y a de vrai et de faux dans cette doctrine, traduit par M. G. GUÉROULT. 1 vol. in-18, 2ᵉ édit.......... 2 fr. 50
— **La philosophie allemande du XIXᵉ siècle dans ses représentants principaux**, traduit par M. D. NOLEN. 1 vol. in-8.
(*Sous presse.*)
— **La philosophie de M. de Hartmann**, par M. D. NOLEN. 1 vol. in-18............ (*Sous presse.*)
HÆCKEL. **Hæckel et la théorie de l'évolution en Allemagne**, par Léon DUMONT. 1 vol. in-18. 2 fr. 50
— **Les preuves du transformisme**, trad. par M. SOURY. 1 vol. in-18.............. 2 fr. 50
— **La psychologie cellulaire**, traduit par M. J. SOURY. 1 vol. in-12. 2 fr. 50

O. SCHMIDT. **Hartmann et les sciences naturelles**. 1 volume in-18............... 2 fr. 50
LANGE. **La philosophie de Lange**, par M. D. NOLEN. 1 vol. in-18.
(*Sous presse.*)
LOTZE (H.). **Principes généraux de psychologie physiologique**, trad. par M. PENJON. 1 vol. in-18. 2 fr. 50
STRAUSS. **L'ancienne et la nouvelle foi de Strauss**, par VÉRA. 1 vol. in-8............. 6 fr.
MOLESCHOTT. **La Circulation de la vie**, Lettres sur la physiologie, en réponse aux Lettres sur la chimie de Liebig, traduction de l'allemand par M. CAZELLES. 2 volumes in-18. Pap. vélin............ 10 fr.
SCHOPENHAUER. **Essai sur le libre arbitre**, traduit de l'allemand. 1 vol. in-18................ 2 fr. 50
— **Le fondement de la morale**, trad. de l'allemand par M. BOURDEAU, 1 vol. in-18......... 2 fr. 50
— **Philosophie de Schopenhauer**, par Th. RIBOT. 1 vol. in-18. 2 fr. 50
RIBOT (Th.). **La psychologie allemande contemporaine** (HERBART, BENEKE, LOTZE, FECHNER, WUNDT, etc.). 1 vol. in-8. 7 fr. 50

PHILOSOPHIE ANGLAISE CONTEMPORAINE

STUART MILL. **La philosophie de Hamilton.** 1 fort vol. in-8, trad. de l'anglais par E. CAZELLES.. 10 fr.

— **Mes Mémoires.** Histoire de ma vie et de mes idées, traduits de l'anglais par E. CAZELLES. 1 volume in-8.............. 5 fr.

— **Système de logique** déductive et inductive. Exposé des principes de la preuve et des méthodes de recherche scientifique, traduit de l'anglais par M. Louis PEISSE. 2 vol. in-8............ 20 fr.

— **Essais sur la Religion**, traduits de l'anglais, par E. CAZELLES. 1 vol. in-8.............. 5 fr.

— **Le positivisme anglais**, étude sur Stuart Mill, par H. TAINE. 1 volume in-18............ 2 fr. 50

HERBERT SPENCER. **Les premiers Principes.** 1 fort vol. in-8, trad. de l'anglais par M. CAZELLES... 10 fr.

— **Principes de psychologie**, traduits de l'anglais par MM. Th. RIBOT et ESPINAS. 2 vol. in-8.... 20 fr.

— **Principes de biologie**, traduits par M. CAZELLES. 2 forts volumes in-8, t. I. 10 fr.

— **Introduction à la Science sociale.** 1 v. in-8 cart. 3ᵉ éd. 6 fr.

— **Principes de sociologie.** 2 vol. in-8................ 20 fr.

— **Classification des Sciences.** 1 vol. in-18......... 2 fr. 50

— **De l'éducation.** 1 volume in-8................. 5 fr.

— **Essais sur le progrès**, traduit par M. BURDEAU. 1 vol. in-8. 7 fr. 50

— **Essais de politique**, traduit par M. BURDEAU. 1 vol.... 7 fr. 50

— **Essais scientifiques**, traduit par M. BURDEAU. 1 vol. 7 fr. 50

— **Introduction à la morale.** In-8................ 6 fr.

BAIN. **Des Sens et de l'Intelligence.** 1 vol. in-8, traduit de l'anglais par M. CAZELLES 10 fr.

— **La logique inductive et déductive**, traduite de l'anglais par M. COMPAYRÉ. 2 vol. in-8.. 20 fr.

BAIN **L'esprit et le corps.** 1 vol. in-8, cartonné, 2ᵉ édition.. 6 fr.

— **La science de l'éducation.** In-8................ 6 fr.

DARWIN. **Ch. Darwin et ses précurseurs français**, par M. de QUATREFAGES. 1 vol. in-8.. 5 fr.

— **Descendance et Darwinisme**, par Oscar SCHMIDT. 1 volume in-8, cart.............. 6 fr.

— **Le Darwinisme**, ce qu'il y a de vrai et de faux dans cette doctrine, par E. DE HARTMANN, trad. par G. GUÉROULT, 1 vol. in-18. 2 fr. 50

— **Le Darwinisme**, par ÉM. FERRIÈRE. 1 vol. in-18..... 4 fr. 50

— **Les récifs de corail**, leur structure et leur distribution. 1 volume in-8................. 8 fr.

CARLYLE. **L'idéalisme anglais**, étude sur Carlyle, par H. TAINE. 1 vol. in-18............ 2 fr. 50

BAGEHOT. **Lois scientifiques du développement des nations** dans leurs rapports avec les principes de la sélection naturelle et de l'hérédité. 1 vol. in-8, 2ᵉ édit. 6 fr.

RUSKIN (JOHN). **L'esthétique anglaise**, étude sur J. Ruskin, par MILSAND. 1 vol. in-18 ... 2 fr. 50

MATTHEW ARNOLD. **La crise religieuse**, traduit de l'anglais. 1 vol. in-8. 1876.......... 7 fr. 50

FLINT. **La philosophie de l'histoire en France et en Allemagne**, traduit de l'anglais par M. L. CARRAU. 2 vol. in-8. 15 fr.

RIBOT (Th.). **La psychologie anglaise contemporaine** (James Mill, Stuart Mill, Herbert Spencer, A. Bain, G. Lewes, S. Bailey, J.-D. Morell, J. Murphy), 1875. 1 vol. in-8, 2ᵉ édition....... 7 fr. 50

LIARD. **Les logiciens anglais contemporains** (Herschell, Whewell, Stuart Mill, G. Bentham, Hamilton, de Morgan, Beele, Stanley Jevons) 1 vol. in-18.......... 2 fr. 50

GUYAU. **La morale anglaise contemporaine.** Morale de l'utilité e de l'évolution. 1 vol. in-8. 7 fr. 50

BIBLIOTHÈQUE
DE
PHILOSOPHIE CONTEMPORAINE

Volumes in-18 à 2 fr. 50 c.

Cartonnés : 3 fr. ; reliés : 4 fr.

H. Taine.

LE POSITIVISME ANGLAIS, étude sur Stuart Mill.
L'IDÉALISME ANGLAIS, étude sur Carlyle.
PHILOSOPHIE DE L'ART, 3° édit.
PHILOSOPHIE DE L'ART EN ITALIE, 2° édition.
DE L'IDÉAL DANS L'ART, 2° édit.
PHILOSOPHIE DE L'ART DANS LES PAYS-BAS.
PHILOSOPHIE DE L'ART EN GRÈCE.

Paul Janet.

LE MATÉRIALISME CONTEMPORAIN. 2° édit.
LA CRISE PHILOSOPHIQUE. Taine, Renan, Vacherot, Littré.
LE CERVEAU ET LA PENSÉE.
PHILOSOPHIE DE LA RÉVOLUTION FRANÇAISE.
SAINT-SIMON ET LE SAINT-SIMONISME.
DIEU, L'HOMME ET LA BÉATITUDE (*Œuvre inédite de Spinoza*).

Odysse-Barot.

PHILOSOPHIE DE L'HISTOIRE.

Alaux.

PHILOSOPHIE DE M. COUSIN.

Ad. Franck.

PHILOSOPHIE DU DROIT PÉNAL.
PHILOSOPHIE DU DROIT ECCLÉSIASTIQUE.
LA PHILOSOPHIE MYSTIQUE EN FRANCE AU XVIII° SIÈCLE.

Charles de Rémusat.

PHILOSOPHIE RELIGIEUSE.

Charles Lévêque.

LE SPIRITUALISME DANS L'ART.
LA SCIENCE DE L'INVISIBLE. Étude de psychologie et de théodicée.

Émile Saisset.

L'AME ET LA VIE, suivi d'une étude sur l'Esthétique française.

CRITIQUE ET HISTOIRE DE LA PHILOSOPHIE (frag. et disc.).

Auguste Laugel.

LES PROBLÈMES DE LA NATURE.
LES PROBLÈMES DE LA VIE.
LES PROBLÈMES DE L'AME.
LA VOIX, L'OREILLE ET LA MUSIQUE.
L'OPTIQUE ET LES ARTS.

Challemel-Lacour.

LA PHILOSOPHIE INDIVIDUALISTE.

L. Büchner.

SCIENCE ET NATURE, trad. de l'allem. par Aug. Delondre. 2 vol.

Albert Lemoine.

LE VITALISME ET L'ANIMISME DE STAHL.
DE LA PHYSIONOMIE ET DE LA PAROLE.
L'HABITUDE ET L'INSTINCT.

Milsand.

L'ESTHÉTIQUE ANGLAISE, étude sur John Ruskin.

A. Véra.

ESSAIS DE PHILOSOPHIE HEGÉLIENNE.

Beaussire.

ANTÉCÉDENTS DE L'HEGELIANISME DANS LA PHILOS. FRANÇAISE.

Bost.

LE PROTESTANTISME LIBÉRAL.

Francisque Bouillier.

DE LA CONSCIENCE.

Ed. Auber.

PHILOSOPHIE DE LA MÉDECINE.

Leblais.

MATÉRIALISME ET SPIRITUALISME, précédé d'une Préface par M. E. Littré.

Ad. Garnier.

DE LA MORALE DANS L'ANTIQUITÉ, précédé d'une Introduction par M. Prévost-Paradol.

Schœbel.
PHILOSOPHIE DE LA RAISON PURE.

Tissandier.
DES SCIENCES OCCULTES ET DU SPIRITISME.

Ath. Coquerel fils.
ORIGINES ET TRANSFORMATIONS DU CHRISTIANISME.
LA CONSCIENCE ET LA FOI.
HISTOIRE DU CREDO.

Jules Levallois.
DÉISME ET CHRISTIANISME.

Camille Selden.
LA MUSIQUE EN ALLEMAGNE. Étude sur Mendelssohn.

Fontanès.
LE CHRISTIANISME MODERNE. Étude sur Lessing.

Stuart Mill.
AUGUSTE COMTE ET LA PHILOSOPHIE POSITIVE. 2ᵉ édition.

Mariano.
LA PHILOSOPHIE CONTEMPORAINE EN ITALIE.

Saigey.
LA PHYSIQUE MODERNE, 2ᵉ tirage.

E. Faivre.
DE LA VARIABILITÉ DES ESPÈCES.

Ernest Bersot.
LIBRE PHILOSOPHIE.

A. Réville.
HISTOIRE DU DOGME DE LA DIVINITÉ DE JÉSUS-CHRIST. 2ᵉ édition.

W. de Fonvielle.
L'ASTRONOMIE MODERNE.

C. Coignet.
LA MORALE INDÉPENDANTE.

E. Boutmy.
PHILOSOPHIE DE L'ARCHITECTURE EN GRÈCE.

Et. Vacherot.
LA SCIENCE ET LA CONSCIENCE.

Ém. de Laveleye.
DES FORMES DE GOUVERNEMENT.

Herbert Spencer.
CLASSIFICATION DES SCIENCES.

Gauckler.
LE BEAU ET SON HISTOIRE.

Max Müller.
LA SCIENCE DE LA RELIGION.

Léon Dumont.
HAECKEL ET LA THÉORIE DE L'ÉVOLUTION EN ALLEMAGNE.

Bertauld.
L'ORDRE SOCIAL ET L'ORDRE MORAL.
DE LA PHILOSOPHIE SOCIALE.

Th. Ribot.
PHILOSOPHIE DE SCHOPENHAUER.

Al. Herzen.
PHYSIOLOGIE DE LA VOLONTÉ.

Bentham et Grote.
LA RELIGION NATURELLE.

Hartmann.
LA RELIGION DE L'AVENIR. 2ᵉ édit.
LE DARWINISME.

H. Lotze.
PSYCHOLOGIE PHYSIOLOGIQUE.

Schopenhauer.
LE LIBRE ARBITRE.
LE FONDEMENT DE LA MORALE.

Liard.
LES LOGICIENS ANGLAIS.

Marion.
J. LOCKE.

O. Schmidt.
LES SCIENCES NATURELLES ET LA PHILOSOPHIE DE L'INCONSCIENT.

Haeckel.
LES PREUVES DU TRANSFORMISME.
LA PSYCHOLOGIE CELLULAIRE.

Pi Y. Margall.
LES NATIONALITÉS.

Barthélemy Saint-Hilaire.
DE LA MÉTAPHYSIQUE.

A. Espinas.
LA PHILOSOPHIE EXPÉRIMENTALE EN ITALIE.   (*Sous presse.*)

D. Nolen.
LA PHILOSOPHIE DE LANGE.
   (*Sous presse.*)
LA PHILOSOPHIE DE M. DE HARTMANN.   (*Sous presse.*)

P. Siciliani.
LA PSYCHOGÉNIE MODERNE.
   (*Sous presse.*)

Les volumes suivants de la collection in-18 sont épuisés; il en reste quelques exemplaires sur papier vélin, cartonnés, tranche supérieure dorée :

LETOURNEAU. **Physiologie des passions.** 1 vol.   5 fr.
MOLESCHOTT. **La circulation de la vie.** 2 vol.   10 fr.
BEAUQUIER. **Philosophie de la Musique**, 1 vol.   5 fr.

BIBLIOTHÈQUE DE PHILOSOPHIE CONTEMPORAINE

FORMAT IN-8

Volumes à 5 fr., 7 fr. 50 et 10 fr. Cart., 1 fr. en plus par vol.; reliure, 2 fr.

JULES BARNI.

La morale dans la démocratie. 1 vol. 5 fr.

AGASSIZ.

De l'espèce et des classifications, traduit de l'anglais par M. Vogeli. 1 vol. 5 fr.

STUART MILL.

La philosophie de Hamilton, traduit de l'anglais par M. Cazelles. 1 fort vol. 10 fr.

Mes mémoires. Histoire de ma vie et de mes idées, traduit de l'anglais par M. E. Cazelles. 1 vol. 5 fr.

Système de logique déductive et inductive. Exposé des principes de la preuve et des méthodes de recherche scientifique, traduit de l'anglais par M. Louis Peisse. 2 vol. 20 fr.

Essais sur la Religion, traduits de l'anglais par M. E. Cazelles. 1 vol. 5 fr.

DE QUATREFAGES.

Ch. Darwin et ses précurseurs français. 1 vol. 5 fr.

HERBERT SPENCER.

Les premiers principes. 1 fort vol. traduit de l'anglais par M. Cazelles. 10 fr.

Principes de psychologie, traduits de l'anglais par MM. Th. Ribot et Espinas. 2 vol. 20 fr.

Principes de biologie, traduits par M. Cazelles. 2 vol. in-8. 1877-1878. 20 fr.

Principes de sociologie. Tome Ier. 1 vol. in-8. 1878. 10 fr.

Essais sur le progrès, traduits de l'anglais par M. Burdeau. 1 vol. in-8. 1877. 7 fr. 50

Essais de politique. 1 vol. in-8, traduit par M. Burdeau. 1878. 7 fr. 50

Essais scientifiques. 1 vol. in-8, traduit par M. Burdeau. 1879. 7 fr. 50

De l'éducation physique, intellectuelle et morale. 1 volume in-8. 2e édition, 1879. 5 fr.

AUGUSTE LAUGEL.

Les problèmes (Problèmes de la nature, problèmes de la vie, problèmes de l'âme). 1 fort vol 1879. 7 fr. 50

ÉMILE SAIGEY.

Les sciences au XVIIIe siècle, la physique de Voltaire. 1 vol. 5 fr.

PAUL JANET.

Histoire de la science politique dans ses rapports avec la morale. 2e édition, 2 vol. 20 fr.

Les causes finales. 1 vol. in-8. 1876. 10 fr.

TH. RIBOT.

De l'hérédité. 1 vol. 10 fr.

La psychologie anglaise contemporaine (école expérimentale).
1 vol., 2ᵉ édition. 1875. 7 fr. 50

La psychologie allemande contemporaine (école expérimentale).
1 vol. in-8. 1879. 7 fr. 50

HENRI RITTER.

Histoire de la philosophie moderne, traduction française, précédée d'une introduction par M. P. Challemel-Lacour. 3 vol. 20 fr.

ALF. FOUILLÉE.

La liberté et le déterminisme. 1 vol. 7 fr. 50

DE LAVELEYE.

De la propriété et de ses formes primitives. 1 vol., 2ᵉ édit. 1877. 7 fr. 50

BAIN.

La logique inductive et déductive, traduit de l'anglais par M. Compayré. 2 vol. 20 fr.

Des sens et de l'intelligence. 1 vol. traduit de l'anglais par M. Cazelles. 10 fr.

Les émotions et la volonté. 1 fort vol. (*Sous presse.*)

MATTHEW ARNOLD.

La crise religieuse. 1 vol. in-8. 1876. 7 fr. 50

BARDOUX.

Les légistes et leur influence sur la société française. 1 vol. in-8. 1877. 5 fr.

HARTMANN (E. DE).

La philosophie de l'inconscient, traduit de l'allemand par M. D. Nolen, avec une préface de l'auteur écrite pour l'édition française. 2 vol. in-8. 1877. 20 fr.

La philosophie allemande du XIXᵉ siècle, dans ses principaux représentants, traduit de l'allemand par M. D. Nolen. 1 vol. in-8. (*Sous presse.*)

ESPINAS (ALF.).

Des sociétés animales. 1 vol. in-8, 2ᵉ éd., précédée d'une Introduction sur l'*Histoire de la sociologie*, 1878. 7 fr. 50

FLINT.

La philosophie de l'histoire en France, traduit de l'anglais par M. Ludovic Carrau. 1 vol. in-8. 1878. 7 fr. 50

La philosophie de l'histoire en Allemagne, traduit de l'anglais par M. Ludovic Carrau. 1 vol. in-8. 1878. 7 fr. 50

LIARD.

La science positive et la métaphysique. 1 v. in-8. 7 fr. 50

GUYAU.

Les moralistes anglais contemporains. 1 vol. in-8. 7 fr. 50

BIBLIOTHÈQUE
D'HISTOIRE CONTEMPORAINE

Vol. in-18 à 3 fr. 50.

Vol. in-8 à 5 et 7 fr. Cart. 1 fr. en plus par vol.; reliure 2 fr.

EUROPE

HISTOIRE DE L'EUROPE PENDANT LA RÉVOLUTION FRANÇAISE, par *H. de Sybel*. Traduit de l'allemand par Mlle Dosquet. 3 vol. in-8. . . 21 »
Chaque volume séparément . . . . 7 »

FRANCE

HISTOIRE DE LA RÉVOLUTION FRANÇAISE, par *Carlyle*. Traduit de l'anglais. 3 vol. in-18; chaque volume. 3 50
NAPOLÉON Ier ET SON HISTORIEN M. THIERS, par *Barni*. 1 vol. in-18. 3 50
HISTOIRE DE LA RESTAURATION, par *de Rochau*. 1 vol. in-18, traduit de l'allemand. 3 50
HISTOIRE DE DIX ANS, par *Louis Blanc*. 5 vol. in-8. . . . . 25 »
Chaque volume séparément . . . . 5 »
— 25 planches en taille-douce. Illustrations pour l'*Histoire de dix ans*. 6 »
HISTOIRE DE HUIT ANS (1840-1848), par *Elias Regnault*. 3 vol. in-8. . 15 »
Chaque volume séparément . . . . 5 »
— 14 planches en taille-douce. Illustrations pour l'*Histoire de huit ans*. 4 fr.
HISTOIRE DU SECOND EMPIRE (1848-1870), par *Taxile Delord*. 6 volumes in-8. . . . . 42 »
Chaque volume séparément . . . . 7 »
LA GUERRE DE 1870-1871, par *Boert*, d'après le colonel fédéral suisse Rustow. 1 vol. in-18. . . . . 3 50
LA FRANCE POLITIQUE ET SOCIALE, par *Aug. Laugel*. 1 volume in-8. 5 »
HISTOIRE DES COLONIES FRANÇAISES, par *P. Gaffarel*. 1 vol. in-8. . . 5 fr.
(*Sous presse.*)

ANGLETERRE

HISTOIRE GOUVERNEMENTALE DE L'ANGLETERRE, DEPUIS 1770 JUSQU'A 1830, par sir *G. Cornewal Lewis*, 1 vol. in-8, traduit de l'anglais . . . . . 7 fr.
HISTOIRE DE L'ANGLETERRE depuis la reine Anne jusqu'à nos jours, par *H. Reynald*. 1 vol. in-18. . . . . 3 50
LES QUATRE GEORGES, par *Tackeray*, trad. de l'anglais par Lefoyer. 1 vol. in-18. . . . . 3 50
LA CONSTITUTION ANGLAISE, par *W. Bagehot*, traduit de l'anglais. 1 vol. in-18. . . . . 3 50
LOMBART-STREET, le marché financier en Angleterre, par *W. Bagehot*. 1 vol. in-18. . . . . 3 50
LORD PALMERSTON ET LORD RUSSEL, par *Aug. Laugel*. 1 volume in-18 (1876) 3 50

ALLEMAGNE

LA PRUSSE CONTEMPORAINE ET SES INSTITUTIONS, par *K. Hillebrand*. 1 vol. in-18. . . . . 3 50
HISTOIRE DE LA PRUSSE, depuis la mort de Frédéric II jusqu'à la bataille de Sadowa, par *Eug. Véron*. 1 vol. in-18 . . . . 3 50
HISTOIRE DE L'ALLEMAGNE, depuis la bataille de Sadowa jusqu'à nos jours, par *Eug. Véron*. 1 vol. in-18. . . . . 3 50
L'ALLEMAGNE CONTEMPORAINE, par *Ed. Bourloton*. 1 vol. in-18. . . . 3 50

AUTRICHE-HONGRIE

Histoire de l'Autriche, depuis la mort de Marie-Thérèse jusqu'à nos jours, par *L. Asseline*. 1 volume in-18. . . . . 3 50

Histoire des Hongrois et de leur littérature politique de 1790 à 1815, par *Ed. Sayous*. 1 vol. in-18. . . . . 3 50

ESPAGNE

L'Espagne contemporaine, journal d'un voyageur, par *Louis Teste*. 1 vol. in-18. . . . . 3 50

Histoire de l'Espagne, depuis la mort de Charles III jusqu'à nos jours, par *H. Reynald*. 1 vol. in-18. . . . . 3 50

RUSSIE

La Russie contemporaine, par *Herbert Barry*, traduit de l'anglais. 1 vol. in-18. . . . . 3 50

Histoire contemporaine de la Russie, par M. *F. Brunetière*. 1 volume in-18. . . . . (*Sous presse.*) 3 50

SUISSE

La Suisse contemporaine, par *H. Dixon*. 1 vol. in-18, traduit de l'anglais. 3 50

Histoire du peuple suisse, par *Daendliker*, traduit de l'allemand par madame *Jules Favre*, et précédé d'une Introduction de M. *Jules Favre*. 1 vol. in-8. . . . . 5 fr.

ITALIE

Histoire de l'Italie, depuis 1815 jusqu'à nos jours, par *Elie Sorin*. 1 vol. in-8 . . . . (*Sous presse.*) 3 50

AMÉRIQUE

Histoire de l'Amérique du Sud, depuis sa conquête jusqu'à nos jours, par *Alf. Deberle*. 1 vol. in-18. . . . . 3 50

Histoire de l'Amérique du Nord (États-Unis, Canada, Mexique), par *Ad. Cohn*. 1 vol. in-18. . . . . (*Sous presse.*)

Les États-Unis pendant la guerre, 1861-1864. Souvenirs personnels, par *Aug. Laugel*. 1 vol. in-18. . . . . 3 50

Eug. Despois. Le Vandalisme révolutionnaire. Fondations littéraires, scientifiques et artistiques de la Convention. 1 vol. in-18. . . . . . 3 50

Victor Meunier. Science et Démocratie. 2 vol. in-18, chacun séparément 3 50

Jules Barni. Histoire des idées morales et politiques en France au XVIIIe siècle. 2 vol. in-18, chaque volume 3 50
— Napoléon Ier et son historien M. Thiers. 1 vol. in-18. . . 3 50
— Les Moralistes français au XVIIIe siècle. 1 vol. in-18. . . 3 50

Émile Montégut. Les Pays-Bas. Impressions de voyage et d'art. 1 vol. in-18. . . . . 3 50

Émile Beaussire. La Guerre étrangère et la guerre civile. 1 vol. in-18. . . . . 3 50

J. Clamageran. La France républicaine. 1 volume in-18. . . 3 50

E. Duvergier de Hauranne. La République conservatrice. 1 vol. in-18. . . . . 3 50

ÉDITIONS ÉTRANGÈRES

Éditions anglaises.

Auguste Laugel. The United States during the war. In-8. 7 shill. 6 p.
Albert Réville. History of the doctrine of the deity of Jesus-Christ. 3 sh. 6 p.
H. Taine. Italy (Naples et Rome). 7 sh. 6 p.
H. Taine. The Philosophy of art. 3 sh.

Paul Janet. The Materialism of present day. 1 vol. in-18, rel. 3 shill.

Éditions allemandes.

Jules Barni. Napoleon I. In-18. 3 m.
Paul Janet. Der Materialismus unserer Zeit. 1 vol. in-18. 3 m.
H. Taine. Philosophie der Kunst. 1 vol. in-18. 3 m.

BIBLIOTHÈQUE SCIENTIFIQUE
INTERNATIONALE

La *Bibliothèque scientifique internationale* n'est pas une entreprise de librairie ordinaire. C'est une œuvre dirigée par les auteurs mêmes, en vue des intérêts de la science, pour la populariser sous toutes ses formes, et faire connaître immédiatement dans le monde entier les idées originales, les directions nouvelles, les découvertes importantes qui se font chaque jour dans tous les pays. Chaque savant expose les idées qu'il a introduites dans la science et condense pour ainsi dire ses doctrines les plus originales.

On peut ainsi, sans quitter la France, assister et participer au mouvement des esprits en Angleterre, en Allemagne, en Amérique, en Italie, tout aussi bien que les savants mêmes de chacun de ces pays.

La *Bibliothèque scientifique internationale* ne comprend pas seulement des ouvrages consacrés aux sciences physiques et naturelles, elle aborde aussi les sciences morales, comme la philosophie, l'histoire, la politique et l'économie sociale, la haute législation, etc.; mais les livres traitant des sujets de ce genre se rattacheront encore aux sciences naturelles, en leur empruntant les méthodes d'observation et d'expérience qui les ont rendues si fécondes depuis deux siècles.

Cette collection paraît à la fois en français, en anglais, en allemand, en russe et en italien : à Paris, chez Germer Baillière et Cie ; à Londres, chez C. Kegan, Paul et Cie ; à New-York, chez Appleton ; à Leipzig, chez Brockhaus ; à Saint-Pétersbourg, chez Koropchevski et Goldsmith, et à Milan, chez Dumolard frères.

EN VENTE :

VOLUMES IN-8, CARTONNÉS A L'ANGLAISE, A 6 FRANCS

Les mêmes, en demi-reliure, veau. — 10 francs.

1. J. TYNDALL. **Les glaciers et les transformations de l'eau**, avec figures. 1 vol. in-8. 2ᵉ édition. 6 fr.
2. MAREY. **La machine animale**, locomotion terrestre et aérienne, avec de nombreuses fig. 1 vol. in-8. 2ᵉ édition. 6 fr.
3. BAGEHOT. **Lois scientifiques du développement des nations** dans leurs rapports avec les principes de la sélection naturelle et de l'hérédité. 1 vol. in-8. 3ᵉ édition. 6 fr.
4. BAIN. **L'esprit et le corps**. 1 vol. in-8. 3ᵉ édition. 6 fr.
5. PETTIGREW. **La locomotion chez les animaux**, marche, natation. 1 vol. in-8, avec figures. 6 fr.
6. HERBERT SPENCER. **La science sociale**. 1 v. in-8. 4ᵉ éd. 6 fr.
7. VAN BENEDEN. **Les commensaux et les parasites dans le règne animal**. 1 vol. in-8, avec figures. 2ᵉ édit. 6 fr.

8. O. SCHMIDT. **La descendance de l'homme et le darwinisme.** 1 vol. in-8, avec fig. 3e édition, 1878. 6 fr.
9. MAUDSLEY. **Le crime et la folie.** 1 vol. in-8. 3e édit. 6 fr.
10. BALFOUR STEWART. **La conservation de l'énergie,** suivie d'une étude sur la nature de la force, par *M. P. de Saint-Robert*, avec figures. 1 vol. in-8. 3e édition. 6 fr.
11. DRAPER. **Les conflits de la science et de la religion.** 1 vol. in-8. 6e édition, 1878. 6 fr.
12. SCHUTZENBERGER. **Les fermentations.** 1 vol. in-8, avec fig. 3e édition, 1878. 6 fr.
13. L. DUMONT. **Théorie scientifique de la sensibilité.** 1 vol. in-8. 2a édition. 6 fr.
14. WHITNEY. **La vie du langage.** 1 vol. in-8. 2e édit. 6 fr.
15. COOKE ET BERKELEY. **Les champignons.** 1 vol. in-8, avec figures. 3e édition. 6 fr.
16. BERNSTEIN. **Les sens.** 1 vol. in-8, avec 91 fig. 2e édit. 6 fr.
17. BERTHELOT. **La synthèse chimique.** 1 vol. in-8. 3e édition. 1879. 6 fr.
18. VOGEL. **La photographie et la chimie de la lumière,** avec 95 figures. 1 vol. in-8. 2e édition. 6 fr.
19. LUYS. **Le cerveau et ses fonctions,** avec figures. 1 vol. in-8. 4e édition. 6 fr.
20. STANLEY JEVONS. **La monnaie et le mécanisme de l'échange.** 1 vol. in-8. 2e édition. 6 fr.
21. FUCHS. **Les volcans.** 1 vol. in-8, avec figures dans le texte et une carte en couleur. 2e édition. 6 fr.
22. GÉNÉRAL BRIALMONT. **Les camps retranchés et leur rôle dans la défense des États,** avec fig. dans le texte et 2 planches hors texte. 6 fr.
23. DE QUATREFAGES. **L'espèce humaine.** 1 vol. in-8. 4e édition. 1878. 6 fr.
24. BLASERNA ET HELMOLTZ. **Le son et la musique,** et *les Causes physiologiques de l'harmonie musicale.* 1 vol. in-8, avec figures, 2e édit. 1879. 6 fr.
25. ROSENTHAL. **Les nerfs et les muscles.** 1 vol. in-8, avec 75 figures. 2e édition, 1878. 6 fr.
26. BRUCKE ET HELMHOLTZ. **Principes scientifiques des beaux-arts,** suivis de **l'Optique et la peinture,** avec 39 figures dans le texte. 1878. 6 fr.
27. WURTZ. **La théorie atomique.** 1 vol. in-8. 2e éd., 1879. 6 fr.
28-29. SECCHI (le Père). **Les étoiles.** 2 vol. in-8, avec 63 figures dans le texte et 17 pl. en noir et en couleurs tirées hors texte, 1879. 12 fr.
30. JOLY. **L'homme avant les métaux** 1 vol. in-8, avec fig. 1879. 6 fr.
31. A. BAIN. **La science de l'éducation** 1 vol. in-8. 6 fr.

OUVRAGES SUR LE POINT DE PARAITRE :

HERBERT SPENCER. **Introduction à la morale.**
THURSTON. **Histoire des machines à vapeur** (avec figures).
HARTMANN. **Les peuples de l'Afrique,** (avec figures),
E. CHANTRE. **L'âge de bronze** (avec figures).
HUXLEY. **L'écrevisse** (avec figures).

RÉCENTES PUBLICATIONS

HISTORIQUES ET PHILOSOPHIQUES
Qui ne se trouvent pas dans les Bibliothèques.

ALAUX. **La religion progressive.** 1869. 1 vol. in-18. 3 fr. 50
ARRÉAT. **Une éducation intellectuelle.** 1 vol. in-18. 2 fr. 50
AUDIFFRET-PASQUIER. **Discours devant les commissions de la réorganisation de l'armée et des marchés.** In-4. 2 fr. 50
BARNI. Voy. KANT, pages 3, 10, 11 et 22.
BARTHÉLEMY SAINT-HILAIRE. Voyez PHILOSOPHIE ANCIENNE, pages 2 et 7.
BAUTAIN. **La philosophie morale.** 2 vol. in-8. 12 fr.
BÉNARD (Ch.). **De la Philosophie dans l'éducation classique,** 1862. 1 fort vol. in-8. 6 fr.
BÉNARD (Ch.). Voyez SCHELLING, page 3 et HEGEL, pages 3 et 4.
BERTAULD (P.-A). **Introduction à la recherche des causes premières. — De la méthode.** Tome Ier. 1 vol. in-18. 3 fr. 50
BLANCHARD. **Les métamorphoses, les mœurs et les instincts des insectes,** par M. Émile BLANCHARD, de l'Institut, professeur au Muséum d'histoire naturelle. 1 magnifique volume in-8 jésus, avec 160 figures intercalées dans le texte et 40 grandes planches hors texte. 2e édition, 1877. Prix, broché. 25 fr.
Relié en demi-maroquin. 30 fr.
BLANQUI. **L'éternité par les astres,** hypothèse astronomique. 1872, in-8. 2 fr.
BORÉLY (J.). **Nouveau système électoral, représentation proportionnelle de la majorité et des minorités.** 1870, 1 vol. in-18 de XVIII-194 pages. 2 fr. 50
BOUCHARDAT. **Le travail,** son influence sur la santé (conférences faites aux ouvriers). 1863. 1 vol. in-18. 2 fr. 50
BOURBON DEL MONTE (François). **L'homme et les animaux,** essai de psychologie positive. 1 vol. in-8, avec 3 pl. hors texte. 5 fr.
BOURDET (Eug.). **Principe d'éducation positive,** nouvelle édition, entièrement refondue, précédée d'une préface de M. CH. ROBIN. 1 vol. in-18 (1877). 3 fr. 50
BOURDET (Eug.). **Vocabulaire des principaux termes de la philosophie positive,** avec notices biographiques appartenant au calendrier positiviste. 1 vol. in-18 (1875). 3 fr. 50
BOUTROUX. **De la contingence des lois de la nature.** In-8, 1874. 4 fr.
BROCHARD (V.). **De l'Erreur.** 1 vol. in-8, 1879. 3 fr. 50
CADET. **Hygiène, inhumation, crémation** ou incinération des corps. 1 vol. in-18, avec figures dans le texte. 2 fr.
CARETTE (le colonel). **Études sur les temps antéhistoriques.** Première étude : Le Langage. 1 vol. in-8, 1878. 8 fr.
CHASLES (PHILARÈTE). **Questions du temps et problèmes d'autrefois.** Pensées sur l'histoire, la vie sociale, la littérature. 1 vol. in-18, édition de luxe. 3 fr.
CLAVEL. **La morale positive.** 1873, 1 vol. in-18. 3 fr.
CLAVEL. **Les principes au XIXe siècle.** 1 v. in-18, 1877. 1 fr.

CONTA. **Théorie du fatalisme.** 1 vol. in-18, 1877. 4 fr.

COQUEREL (Charles). **Lettres d'un marin à sa famille.** 1870, 1 vol. in-18. 3 fr. 50

COQUEREL fils (Athanase). **Libres études** (religion, critique, histoire, beaux-arts). 1867, 1 vol. in-8. 5 fr.

COQUEREL fils (Athanase). **Pourquoi la France n'est-elle pas protestante?** Discours prononcé à Neuilly le 1er novembre 1866. 2e édition, in-8. 1 fr.

COQUEREL fils (Athanase). **La charité sans peur,** sermon en faveur des victimes des inondations, prêché à Paris le 18 novembre 1866. In-8. 75 c.

COQUEREL fils (Athanase). **Évangile et liberté,** discours d'ouverture des prédications protestantes libérales, prononcé le 8 avril 1868. In-8. 50 c.

COQUEREL fils (Athanase). **De l'éducation des filles,** réponse à Mgr l'évêque d'Orléans, discours prononcé le 3 mai 1868. In-8. 1 fr.

CORBON. **Le secret du peuple de Paris.** 1 vol. in-8. 5 fr.

CORMENIN (DE)- TIMON. **Pamphlets anciens et nouveaux.** Gouvernement de Louis-Philippe, République, Second Empire. 1 beau vol. in-8 cavalier. 7 fr. 50

Conférences de la Porte-Saint-Martin pendant le siége de Paris. Discours de MM. *Desmarets* et *de Pressensé.* — Discours de M. *Coquerel,* sur les moyens de faire durer la République. — Discours de M. *Le Berquier,* sur la Commune. — Discours de M. *E. Bersier,* sur la Commune. — Discours de M. *H. Cernuschi,* sur la Légion d'honneur. In-8. 1 fr. 25

Sir G. CORNEWALL LEWIS. **Quelle est la meilleure forme de gouvernement?** Ouvrage traduit de l'anglais, précédé d'une Étude sur la vie et les travaux de l'auteur, par M. Mervoyer, docteur ès lettres. 1867, 1 vol. in-8. 3 fr. 50

CORTAMBERT (Louis). **La religion du progrès.** 1874, 1 vol. in-18. 3 fr. 50

DAURIAC (Lionel). **Des notions de force et de matière dans les sciences de la nature.** 1 vol. in-8, 1878, 5 fr.

DAVY. **Les conventionnels de l'Eure.** Buzot, Duroy, Lindet, à travers l'histoire. 2 forts vol. in-8 (1876). 18 fr.

DELAVILLE. **Cours pratique d'arboriculture fruitière** pour la région du nord de la France, avec 269 fig. In-8. 6 fr.

DELBŒUF. **La psychologie comme science naturelle.** 1 vol. in-8, 1876. 2 fr. 50

DELEUZE. **Instruction pratique sur le magnétisme animal,** précédée d'une Notice sur la vie de l'auteur. 1853. 1 vol. in-12. 3 fr. 50

DESJARDINS. **Les jésuites et l'université devant le parlement de Paris** au XVIe siècle, 1 br. in-8 (1877). 1 fr. 25

DESTREM (J.). **Les déportations du Consulat.** 1 br. in-8. 1 fr. 50

DOLLFUS (Ch.). **De la nature humaine.** 1868, 1 v. in-8. 5 fr.

DOLLFUS (Ch.). **Lettres philosophiques.** 3e édition. 1869, 1 vol. in-18. 3 fr. 50

DOLLFUS (Ch.). **Considérations sur l'histoire.** Le monde antique. 1872, 1 vol. in-8. 7 fr. 50

DOLLFUS (Ch.). **L'âme dans les phénomènes de conscience.** 1 vol. in-18 (1876). 3 fr.

DUBOST (Antonin). **Des conditions de gouvernement en France**. 1 vol. in-8 (1875). 7 fr. 50

DUFAY. **Etudes sur la Destinée**. 1 vol. in-18, 1876. 3 fr.

DUMONT (Léon). **Le sentiment du gracieux**. 1 vol. in-8. 3 fr.

DUMONT (Léon). **Des causes du rire**. 1 vol. in-8. 2 fr.

DUMONT (Léon). Voyez pages 4, 7 et 12.

DU POTET. **Manuel de l'étudiant magnétiseur**. Nouvelle édition. 1868, 1 vol. in-18. 3 fr. 50

DU POTET. **Traité complet de magnétisme**, cours en douze leçons. 1879, 4ᵉ édition, 1 vol. in-8 de 634 pages. 8 fr.

DUPUY (Paul). **Études politiques**, 1874. 1 v. in-8. 3 fr. 50

DUVAL-JOUVE. **Traité de Logique**, 1855. 1 vol. in-8. 6 fr.

Éléments de science sociale. Religion physique, sexuelle et naturelle. 1 vol. in-18. 3ᵉ édit., 1877. 3 fr. 50

ÉLIPHAS LÉVI. **Dogme et rituel de la haute magie**. 1861, 2ᵉ édit., 2 vol. in-8, avec 24 fig. 18 fr.

ÉLIPHAS LÉVI. **Histoire de la magie**, 1860, 1 vol. in-8, avec 90 fig. 12 fr.

ÉLIPHAS LÉVI. **La science des esprits**, révélation du dogme secret des Kabbalistes, esprit occulte de l'Évangile, appréciation des doctrines et des phénomènes spirites. 1865, 1 v. in-8. 7 fr.

ÉLIPHAS LÉVI. **Clef des grands mystères**, suivant Hénoch, Abraham, Hermès Trismégiste et Salomon. 1861, 1 vol. in-8, avec 20 planches. 12 fr.

EVANS (John). **Les âges de la pierre**, 1 beau volume grand in-8, avec 467 fig. dans le texte, trad. par M. Ed. BARBIER. 1878. 15 fr. — En demi-reliure. 18 fr.

FABRE (Joseph). **Histoire de la philosophie**. Première partie : Antiquité et moyen âge. 1 v. in-12, 1877. 3 fr. 50
Deuxième partie : Renaissance et temps modernes. (*Sous presse.*)

FAU. **Anatomie des formes du corps humain**, à l'usage des peintres et des sculpteurs. 1866, 1 vol. in-8 et atlas de 25 planches. 2ᵉ édition. Prix, fig. noires. 20 fr.; fig. coloriées. 35 fr.

FAUCONNIER. **La question sociale**, in-18, 1878. 3 fr. 50

FAUCONNIER. **Protection et libre échange**, brochure in-8 (1879). 2 fr.

FOX (W.-J.). **Des idées religieuses**. In-12. 1876. 3 fr.

FERBUS (N.). **La science positive du bonheur**. 1 v. in-18. 3 fr.

FERRIER (David). **Les fonctions du cerveau**. 1 vol. in-8, traduit de l'anglais. 1878, avec fig. 10 fr.

FERRON (de). **Théorie du progrès**, 2 vol. in-18. 7 fr.

FERRIÈRE (EM.). **Le darwinisme**. 1872, 1 v. in-18. 4 fr. 50

FONCIN. **Essai sur le ministère de Turgot**. 1 vol. grand in-8 (1876). 8 fr.

FOUCHER DU CAREIL. Voyez LEIBNIZ, p. 2.

FOUILLÉE. Voyez p. 2 et 9.

FOX (W.-J.). **Des idées religieuses**. In-8, 1876. 3 fr.

FRÉDÉRIQ. **Hygiène populaire**. 1 vol. in-12, 1875. 4 fr.

GASTINEAU. **Voltaire en exil**. 1 vol. in-18. 3 fr.

GÉRARD (Jules). **Maine de Biran, essai sur sa philosophie**. 1 fort vol. in-8, 1876. 10 fr.

GOUET (AMÉDÉE). **Histoire nationale de France**, d'après d documents nouveaux.

Tome I. Gaulois et Francks. — Tome II. Temps féodaux. — Tome III. Tiers état. — Tome IV. Guerre des princes. — Tome V. Renaissance. — Tome VI. Réforme. — Tome VII. Guerres de religion. (*Sous presse.*) Prix de chaque vol. in-8.   5 fr.

GUICHARD (Victor). **La liberté de penser**, fin du pouvoir spirituel. 1 vol. in-18, 2ᵉ édition, 1878.   3 fr. 50

GUILLAUME (de Moissey). **Nouveau traité des sensations**. 2 vol. in-8 (1876).   15 fr.

HERZEN. **Œuvres complètes**. Tome Iᵉʳ. *Récits et nouvelles.* 1874, 1 vol. in-18.   3 fr. 50

HERZEN. **De l'autre Rive**. 4ᵉ édition, traduit du russe par M. Herzen fils. 1 vol. in-18.   3 fr. 50

HERZEN. **Lettres de France et d'Italie**. 1871, in-18.   3 fr. 50

ISSAURAT. **Moments perdus de Pierre-Jean**, observations, pensées, 1868, 1 vol. in-18.   3 fr.

ISSAURAT. **Les alarmes d'un père de famille**, suscitées, expliquées, justifiées et confirmées par lesdits faits et gestes de Mgr Dupanloup et autres. 1868, in-8.   1 fr.

JANET (Paul). Voyez pages 2, 4, 6, 9 et 11.

JOZON (Paul). **Des principes de l'écriture phonétique** et des moyens d'arriver à une orthographe rationnelle et à une écriture universelle. 1 vol. in-18. 1877.   3 fr. 50

LABORDE. **Les hommes et les actes de l'insurrection de Paris** devant la psychologie morbide. 1 vol. in-18.   2 fr. 50

LACHELIER. **Le fondement de l'induction**. 1 vol. in-8.   3 fr. 50

LACOMBE. **Mes droits**. 1869, 1 vol. in-12.   2 fr. 50

LAMBERT. **Hygiène de l'Égypte**. 1873, 1 vol. in-18.   2 fr. 50

LANGLOIS. **L'homme et la Révolution**. Huit études dédiées à P.-J. Proudhon. 1867. 2 vol. in-18.   7 fr.

LAUSSEDAT. **La Suisse**. Études médicales et sociales. 2ᵉ édit., 1875. 1 vol. in-18.   3 fr. 50

LAVELEYE (Em. de). **De l'avenir des peuples catholiques**. 1 brochure in-8. 21ᵉ édit. 1876.   25 c.

LAVELEYE (Em. de). Voy. pages 7 et 9.

LAVERGNE (Bernard). **L'ultramontanisme et l'État**. 1 vol. in-8 (1875).   1 fr. 50

LE BERQUIER. **Le barreau moderne**. 1871, in-18.   3 fr. 50

LEDRU (Alphonse). **Organisation, attributions et responsabilité des conseils de surveillance des sociétés en commandite par actions**. Grand in-8 (1876).   3 fr. 50

LEDRU (Alphonse). **Des publicains et des Sociétés vectigaliennes**. 1 vol. grand in-8 (1876).   3 fr.

LEDRU-ROLLIN. **Discours politiques et écrits divers**. 2 vol. in-8 cavalier (1879).   12 fr.

LEMER (Julien). **Dossier des Jésuites et des libertés de l'Église gallicane**. 1 vol. in-18 (1877).   3 fr. 50

LITTRÉ. **Conservation, révolution et positivisme**. 1 vol. in-12, 2ᵉ édition (1879).   5 fr.

LITTRÉ. **Fragments de philosophie**. 1 vol. in-8. 1876.   8 fr.

LITTRÉ. **Application de la philosophie positive au gouvernement des Sociétés**. In-8.   3 fr. 50

LITTRÉ. **Conservation, révolution et positivisme**. 1 vol. in-12. 2ᵉ édition. 1879.   5 fr.

LORAIN (P.). **L'assistance publique**. 1871, in-4 de 56 p.   1 fr.

LUBBOCK (sir John). **L'homme préhistorique**, étudié d'après les monuments et les costumes retrouvés dans les différents pays de l'Europe, suivi d'une Description comparée des mœurs des sauvages modernes, traduit de l'anglais par M. Ed. BARBIER, 526 figures intercalées dans le texte. 1876, 2ᵉ édition, considérablement augmentée, suivie d'une conférence de M. P. BROCA sur *les Troglodytes de la Vezère*. 1 beau vol. in-8, br. 15 fr.
   Cart. riche, doré sur tranche. 18 fr.

LUBBOCK (sir John). **Les origines de la civilisation**. État primitif de l'homme et mœurs des sauvages modernes. 1877, 1 vol. grand in-8 avec figures et planches hors texte. Traduit de l'anglais par M. Ed. BARBIER. 2ᵉ édition. 1877. 15 fr.
   Relié en demi-maroquin avec nerfs. 18 fr.

MAGY. **De la science et de la nature**, essai de philosophie première. 1 vol. in-8. 6 fr.

MARAIS (Aug.). **Garibaldi et l'armée des Vosges**. 1872, 1 vol. in-18. 1 fr. 50

MENIÈRE. **Cicéron médecin**, étude médico-littéraire. 1862, 1 vol. in-18. 4 fr. 50

MENIÈRE. **Les consultations de madame de Sévigné**, étude médico-littéraire. 1864, 1 vol. in-8. 3 fr.

MESMER. **Mémoires et aphorismes**, suivi des procédés de d'Eslon. Nouvelle édition, avec des notes, par J.-J.-A. RICARD. 1846, in-18. 2 fr. 50

MICHAUT (N.). **De l'imagination**. Études psychologiques. 1 vol. in-8 (1876). 5 fr.

MILSAND. **Les études classiques** et l'enseignement public. 1873, 1 vol. in-18. 3 fr. 50

MILSAND. **Le code et la liberté**. 1865, in-8. 2 fr.

MIRON. **De la séparation du temporel et du spirituel**. 1866, in-8. 3 fr. 50

MORIN. **Du magnétisme et des sciences occultes**. 1860, 1 vol. in-8. 6 fr.

MORIN (Frédéric). **Politique et philosophie**, précédé d'une introduction de M. JULES SIMON. 1 vol. in-18. 1876. 3 fr. 50

MUNARET. **Le médecin des villes et des campagnes**. 4ᵉ édition, 1862, 1 vol. grand in-18. 4 fr. 50

NOLEN (D.). **La critique de Kant et la métaphysique de Leibniz**, histoire et théorie de leurs rapports. 1 volume in-8 (1875). 6 fr.

NOURRISSON. **Essai sur la philosophie de Bossuet**. 1 vol. in-8. 4 fr.

OGER. **Les Bonaparte** et les frontières de la France. In-18. 50 c.

OGER **La République**. 1871, brochure in-8. 50 c.

OLLÉ-LAPRUNE. **La philosophie de Malebranche**. 2 vol. in-8. 16 fr.

PARIS (comte de). **Les associations ouvrières en Angleterre** (trades-unions). 1869, 1 vol. gr. in-8. 2 fr. 50
   Édition sur papier de Chine : Broché. 12 fr.
   — Reliure de luxe. 20 fr.

PELLETAN (Eugène). Voyez pages 22 et 25.

PENJON. **Berkeley**, sa vie et ses œuvres. In-8, 1878. 7 fr. 50

PEREZ (Bernard). **Les trois premières années de l'enfant**, étude de psychologie expérimentale. 1878, 1 vol. 3 fr. 50

PETROZ (P.). **L'art et la critique en France** depuis 1822.
1 vol. in-18. 1875. 3 fr. 50
POEY (André). **Le positivisme.** 1 fort vol. in-12 (1876). 4 fr. 50
PUISSANT (Adolphe). **Erreurs et préjugés populaires.** 1873,
1 vol. in-18. 3 fr. 50
Recrutement des armées de terre et de mer, loi de 1872.
1 vol. in-4. 12 fr.
Réorganisation des armées active et territoriale, lois de
1873-1875. 1 vol. in-4. 18 fr.
REYMOND (William). **Histoire de l'art.** 1874, 1 vol. in-8. 5 fr.
RIBOT (Paul). **Matérialisme et spiritualisme.** 1873, in-8. 6 fr.
SALETTA. **Principe de logique positive,** ou traité de scepticisme positif. 1 vol. gr. in-8. 3 fr. 50
SECRÉTAN. **Philosophie de la liberté,** l'histoire, l'idée.
3ᵉ édition, 1879, 2 vol. in-8. 10 fr.
SIEGFRIED (Jules). **La misère, son histoire, ses causes, ses remèdes.** 1 vol. grand in-18. 3ᵉ édition (1879). 2 fr. 50
SIÈREBOIS. **Autopsie de l'âme.** Identité du matérialisme et du vrai spiritualisme. 2ᵉ édit. 1873, 1 vol. in-18. 2 fr. 50
SIÈREBOIS. **La morale** fouillée dans ses fondements. Essai d'anthropodicée. 1867, 1 vol. in-8. 6 fr.
SIÈREBOIS. **Psychologie réaliste.** Étude sur les éléments réels de l'âme et de la pensée. 1 vol. in-18 (1876). 2 fr. 50
SMEE (A.). **Mon jardin,** géologie, botanique, histoire naturelle.
1876, 1 magnifique vol. gr. in-8, orné de 1300 fig. et 52 pl. hors texte, traduit de l'anglais par M. BARBIER. 1876. Broché. 15 fr.
  Cartonnage riche, doré sur tranches. 20 fr.
SOREL (ALBERT). **Le traité de Paris du 20 novembre 1815.**
1873, 1 vol. in-8. 4 fr. 50
THULIÉ. **La folie et la loi.** 1867, 2ᵉ édit., 1 vol. in-8. 3 fr. 50
THULIÉ. **La manie raisonnante du docteur Campagne.**
1870, broch. in-8 de 132 pages. 2 fr.
TIBERGHIEN. **Les commandements de l'humanité.** 1872,
1 vol. in-18. 3 fr.
TIBERGHIEN. **Enseignement et philosophie.** In-18. 4 fr.
TIBERGHIEN, **La science de l'âme.** 1 v. in-12, 3ᵉ édit. 1879. 6 fr.
TISSANDIER. **Etudes de Théodicée.** 1869, in-8 de 270 p. 4 fr.
TISSOT. **Principes de morale,** leur caractère rationnel et universel, leur application. Couronné par l'Institut. In-8. 6 fr.
TISSOT. Voyez KANT, page 3.
VACHEROT. Voyez p. 2 et 7.
VAN DER REST. **Platon et Aristote.** Essai sur les commencements de la science politique. 1 fort vol. in-8 (1876). 10 fr.
VÉRA. **Strauss. L'ancienne et la nouvelle foi.** In-8. 6 fr.
VÉRA. **Cavour et l'Église libre dans l'État libre.** 1874,
in-8. 3 fr. 50
VÉRA. **L'Hégélianisme et la philosophie.** In-18. 3 fr. 50
VÉRA. **Mélanges philosophiques.** 1 vol. in-8, 1862. 5 fr.
VÉRA. **Platonis, Aristotelis et Hegelii de medio termino doctrina.** 1 vol. in-8. 1845. 1 fr. 50
VILLIAUMÉ. **La politique moderne,** 1873, in-8. 6 fr.
VOITURON (P.). **Le libéralisme et les idées religieuses.**
1 vol, in-12. 4 fr.
WEBER. **Histoire de la philosophie européenne.** 1878,
1 vol. in-8. 2ᵉ édition. 10 fr.
YUNG (EUGÈNE). **Henri IV, écrivain.** 1 vol. in-8. 1855. 5 fr.
ZIMMERMANN. **De la solitude.** In-8. 3 fr. 50

ENQUÊTE PARLEMENTAIRE SUR LES ACTES DU GOUVERNEMENT
DE LA DÉFENSE NATIONALE

DÉPOSITIONS DES TÉMOINS :

TOME PREMIER. Dépositions de MM. Thiers, maréchal Mac-Mahon, maréchal Le Bœuf, Benedetti, duc de Gramont, de Talhouët, amiral Rigault de Genouilly, baron Jérôme David, général de Palikao, Jules Brame, Dréolle, etc.

TOME II. Dépositions de MM. de Chaudordy, Laurier, Cresson, Dréo, Ranc, Rampont, Steenackers, Fernique, Robert, Schneider, Buffet, Lebreton et Hébert, Bellangé, colonel Alavoine, Gervais, Bécherelle, Robin, Muller, Boutefoy, Meyer, Clément et Simonneau, Fontaine, Jacob, Lemaire, Petetin, Guyot-Montpayroux, général Soumain, de Legge, colonel Vabre, de Crisenoy, colonel Ibos, etc.

TOME III. Dépositions militaires de MM. de Freycinet, de Serres, le général Lefort, le général Ducrot, le général Vinoy, le lieutenant de vaisseau Farcy, le commandant Amet, l'amiral Pothuau, Jean Brunet, le général de Beaufort-d'Hautpoul, le général de Valdan, le général d'Aurelle de Paladines, le général Chanzy, le général Martin des Pallières, le général de Sonis, etc.

TOME IV. Dépositions de MM. le général Bordone, Mathieu, de Laborie, Luce-Villiard, Castillon, Debusschère, Darcy, Chenet, de La Taille, Baillehache, de Grancey, L'Hermite, Pradier, Middleton, Frédéric Morin, Thoyot, le maréchal Bazaine, le général Boyer, le maréchal Canrobert, etc. Annexe à la déposition de M. Testelin note de M. le colonel Denfert, note de la Commission, etc.

TOME V. Dépositions complémentaires et réclamations. — Rapports de la préfecture de police en 1870-1871. — Circulaires, proclamations et bulletins du Gouvernement de la Défense nationale. — Suspension du tribunal de la Rochelle ; rapport de M. de La Borderie ; dépositions.

ANNEXE AU TOME V. Deuxième déposition de M. Cresson. Événements de Nîmes, affaire d'Aïn Yagout. — Réclamations de MM. le général Bellot et Engelhart. — Note de la Commission d'enquête (1 fr.).

RAPPORTS :

TOME PREMIER. M. *Chaper*, les procès-verbaux des séances du Gouvernement de la Défense nationale. — M. *de Sugny*, les événements de Lyon sous le Gouv. de la Défense nat. — M. *de Rességuier*, les actes du Gouv. de la Défense nat. dans le sud-ouest de la France.

TOME II. M. *Saint-Marc Girardin*, la chute du second Empire. — M. *de Sugny*, les événements de Marseille sous le Gouv. de la Défense nat.

TOME III. M. *le comte Daru*, la politique du Gouvernement de la Défense nationale à Paris.

TOME IV. M. *Chaper*, de la Défense nat. au point de vue militaire à Paris.

TOME V. *Boreau-Lajanadic*, l'emprunt Morgan. — M. *de la Borderie*, le camp de Conlie et l'armée de Bretagne. — M. *de la Sicotière*, l'affaire de Dreux.

TOME VI. M. *de Rainneville*, les actes diplomatiques du Gouv. de la Défense nat. — M. *A. Lallié*, les postes et les télégraphes pendant la guerre. — M. *Delsol*. la ligne du Sud-Ouest. — M. *Perrot*, la défense en province. (1re *partie*.)

TOME VII. M. *Perrot*, les actes militaires du Gouv. la Défense nat. en province (2e *partie* : Expédition de l'Est).

TOME VIII. M. *de la Sicotière*, sur l'Algérie.

TOME IX. Algérie, dépositions des témoins. Table générale et analytique des dépositions des témoins avec renvoi aux rapports (10 fr.).

TOME X. M. *Boreau-Lajanadie*, le Gouvernement de la Défense nationale à Tours et à Bordeaux. (5 fr.).

PIÈCES JUSTIFICATIVES :

TOME PREMIER. Dépêches télégraphiques officielles, première partie.

TOME DEUXIÈME. Dépêches télégraphiques officielles, deuxième partie. — Pièces justificatives du rapport de M. Saint-Marc Girardin.

PRIX DE CHAQUE VOLUME. . . . . **15 fr.**
PRIX DE L'ENQUÊTE COMPLÈTE EN 18 VOLUMES. . . . **241 fr.**

Rapports sur les actes du Gouvernement de la Défense nationale, se vendant séparément :

DE RESSÉGUIER. — Toulouse sous le Gouv. de la Défense nat. In-4.	2 r. 50
SAINT-MARC GIRARDIN. — La chute du second Empire. In-4.	4 fr. 50
Pièces justificatives du rapport de M. Saint-Marc Girardin. 1 vol. in-4.	5 fr.
DE SUGNY. — Marseille sous le Gouv. de la Défense nat. In-4.	10 r.
DE SUGNY. — Lyon sous le Gouv. de la Défense nat. In-4.	7 r.
DARU. — La politique du Gouv. de la Défense nat. à Paris. In-4.	15 fr
CHAPER. — Le Gouv. de la Défense à Paris au point de vue militaire. In-4.	15 fr.
CHAPER. — Procès-verbaux des séances du Gouv. de la Défense nat. In-4.	5 fr.
BOREAU-LAJANADIE. — L'emprunt Morgan. In-4.	4 fr. 50
DE LA BORDERIE. — Le camp de Conlie et l'armée de Bretagne. In-4.	10 fr.
DE LA SICOTIÈRE. — L'affaire de Dreux. In-4.	2 fr. 50
DE LA SICOTIÈRE. — L'Algérie sous le Gouvernement de la Défense nationale. 2 vol. in-4.	22 fr.
DE RAINNEVILLE. Actes diplomatiques du Gouv. de la Défense nat. 1 vol. in-4.	3 fr. 50
LALLIÉ. Les postes et les télégraphes pendant la guerre. 1 vol. in-4.	1 fr. 50
DELSOL. La ligue du Sud-Ouest. 1 vol. in-4.	1 fr. 50
PERROT. Le Gouvernement de la Défense nationale en province. 2 vol. in-4.	25 fr.
BOREAU-LAJANADIE. Rapport sur les actes de la Délégation du Gouvernement de la Défense nationale à Tours et à Bordeaux. 1 vol. in 4.	5 fr.
Dépêches télégraphiques officielles. 2 vol. in-4.	25 fr.
Procès-verbaux de la Commune. 1 vol. in-4.	5 fr.
Table générale et analytique des dépositions des témoins. 1 vol. in-4.	3 fr. 50

LES ACTES DU GOUVERNEMENT

DE LA

DÉFENSE NATIONALE

(DU 4 SEPTEMBRE 1870 AU 8 FÉVRIER 1871)

ENQUÊTE PARLEMENTAIRE FAITE PAR L'ASSEMBLÉE NATIONALE
RAPPORTS DE LA COMMISSION ET DES SOUS-COMMISSIONS
TÉLÉGRAMMES
PIÈCES DIVERSES — DÉPOSITIONS DES TÉMOINS — PIÈCES JUSTIFICATIVES
TABLES ANALYTIQUE, GÉNÉRALE ET NOMINATIVE

7 forts volumes in-4. — Chaque volume séparément 16 fr.

L'ouvrage complet en 7 volumes : 112 fr.

Cette édition populaire réunit, en sept volumes avec une Table analytique par volume, tous les documents distribués à l'Assemblée nationale. — Une Table générale et nominative termine le 7º volume.

ENQUÊTE PARLEMENTAIRE

SUR

L'INSURRECTION DU 18 MARS

1° RAPPORTS. — 2° DÉPOSITIONS de MM. Thiers, maréchal Mac-Mahon, général Trochu, J. Favre, Ernest Picard, J. Ferry, général Le Flô, général Vinoy, colonel Lambert, colonel Gaillard, général Appert, Floquet, général Cremer, amiral Saisset, Schœlcher, amiral Pothuau, colonel Langlois, etc. — 3° PIÈCES JUSTIFICATIVES

1 vol. grand in-4°. — Prix : **16 fr.**

COLLECTION ELZÉVIRIENNE

MAZZINI. **Lettres de Joseph Mazzini** à Daniel Stern (1864-1872), avec une lettre autographiée. 3 fr. 50

MAX MULLER. **Amour allemand**, traduit de l'allemand. 1 vol. in-18. 3 fr. 50

CORLIEU (le D^r). **La mort des rois de France** depuis François Ier jusqu'à la Révolution française, études médicales et historiques. 1 vol. in-18. 3 fr. 50

CLAMAGERAN. **L'Algérie**, impressions de voyage. 1 vol. in-18. 3 fr. 50

STUART MILL (J.). **La République de 1848**, traduit de l'anglais, avec préface par M. Sadi Carnot, 1 vol. in-18 (1875). 3 fr. 50

RIBERT (Léonce). **Esprit de la Constitution** du 25 février 1875. 1 vol. in-18. 3 fr. 50

NOEL (E.). **Mémoires d'un imbécile**, précédé d'une préface de *M. Littré*. 1 vol. in-18, 3e édition (1879). 3 fr. 50

PELLETAN (Eug.). **Jaroussean, le Pasteur du désert.** 1 vol. in-18 (1877). Ouvrage couronné par l'Académie française. 3 fr. 50

PELLETAN (Eug.). **Élisée, voyage d'un homme à la recherche de lui-même**, 1 vol. in-18 (1877). 3 fr. 50

PELLETAN (Eug.). **Un roi philosophe, Frédéric le Grand.** 1 vol. in-18 (1878). 3 fr. 50

E. DUVERGIER DE HAURANNE (Mme). **Histoire populaire de la Révolution française.** 1 vol. in-18, 1879. 3 fr. 50

ŒUVRES
DE
EDGAR QUINET

Chaque volume se vend séparément.

Édition in-8........ 6 fr. | Édition in-18..... 3 fr. 50

I. — Génie des Religions. — De l'origine des Dieux. (Nouvelle édition.)
II. — Les Jésuites. — L'Ultramontanisme. — Introduction à la Philosophie de l'histoire de l'Humanité. (Nouvelle édition, avec préface inédite).
III. — Le Christianisme et la Révolution française. Examen de la Vie de Jésus-Christ, par Strauss. — Philosophie de l'histoire de France. (Nouvelle édition.)
IV. — Les Révolutions d'Italie. (Nouvelle édition.)
V. — Marnix de Sainte-Aldegonde. — La Grèce moderne et ses rapports avec l'Antiquité.
VI. — Les Romains. — Allemagne et Italie. — Mélanges.
VII. — Ashavérus. — Les Tablettes du Juif errant.
VIII. — Prométhée. — Les Esclaves.
IX. — Mes Vacances en Espagne. — De l'Histoire de la Poésie. — Des Epopées françaises inédites du XIIe siècle.
X. — Histoire de mes idées.
XI. — L'Enseignement du peuple. — La Révolution religieuse au XIXe siècle. — La Croisade romaine. — Le Panthéon. — Plébiscite et Concile. — Aux Paysans.

Viennent de paraître :

Correspondance. Lettres à sa mère. 2 vol. in-18.... 7 »
Les mêmes. 2 vol. in-8....................... 12 »
La révolution. 3 vol. in-18................... 10 50
La campagne de 1815. 1 vol. in-18............. 3 50
Merlin, l'enchanteur, avec une préface nouvelle, notes et commentaires, 1 vol. in-18. 7 fr.
Ou 2 vol. in-8. 12 fr.

BIBLIOTHÈQUE UTILE

LISTE DES OUVRAGES PAR ORDRE D'APPARITION

Le vol. de 190 p., br. 60 cent. — Cart. à l'ang. 1 fr.

I. — **Morand.** Introduction à l'étude des Sciences physiques.
II. — **Cruveilher.** Hygiène générale. 5ᵉ édition.
III. — **Corbon.** De l'enseignement professionnel. 2ᵉ édition.
IV. — **L. Pichat.** L'Art et les Artistes en France. 3ᵉ édition.
V. — **Buchez.** Les Mérovingiens. 3ᵉ édition.
VI. — **Buchez.** Les Carlovingiens.
VII. — **F. Morin.** La France au moyen âge. 3ᵉ édition.
VIII. — **Bastide.** Luttes religieuses des premiers siècles. 3ᵉ éd.
IX. — **Bastide.** Les guerres de la Réforme. 3ᵉ édition.
X. — **E. Pelletan.** Décadence de la monarchie française. 4ᵉ éd.
XI. — **L. Brothier.** Histoire de la Terre. 4ᵉ édition.
XII. — **Sanson.** Principaux faits de la Chimie. 3ᵉ édition.
XIII. — **Turck.** Médecine populaire. 4ᵉ édition.
XIV. — **Morin.** Résumé populaire du Code civil. 2ᵉ édition.
XV. — **Zaborowski.** L'homme préhistorique.
XVI. — **A. Ott.** L'Inde et la Chine.
XVII. — **Catalan.** Notions d'Astronomie. 2ᵉ édition.
XVIII. — **Cristal.** Les Délassements du Travail.
XIX. — **Victor Meunier.** Philosophie zoologique.
* XX. — **G. Jourdan.** La justice criminelle en France. 2ᵉ édition.
XXI. — **Ch. Rolland.** Histoire de la maison d'Autriche. 2ᵉ édit.
XXII. — **E. Despois.** Révolution d'Angleterre. 2ᵉ édition.
XXIII. — **B. Gastineau.** Génie de la Science et de l'Industrie.
XXIV. — **H. Leneveux.** Le Budget du foyer. Economie domestique.
XXV. — **L. Combes.** La Grèce ancienne.
XXVI. — **Fréd. Lock.** Histoire de la Restauration. 2ᵉ édition.
XXVII. — **L. Brothier.** Histoire populaire de la philosophie. 2ᵉ édition.
XXVIII. — **E. Margollé.** Les phénomènes de la Mer. 3ᵉ édition.
XXIX. — **L. Collas.** Histoire de l'Empire ottoman.
XXX. — **Zurcher.** Les Phénomènes de l'atmosphère. 3ᵉ édition.
XXXI. — **E. Raymond.** L'Espagne et le Portugal.
XXXII. — **Eugène Noël.** Voltaire et Rousseau. 2ᵉ édition
XXXIII. — **A. Ott.** L'Asie occidentale et l'Egypte.
XXXIV. — **Ch. Richard.** Origine et fin des Mondes. 3ᵉ édition.
XXXV. — **Enfantin.** La Vie éternelle. 2ᵉ édition.
XXXVI. — **L. Brothier.** Causeries sur la mécanique.
XXXVII. — **Alfred Doneaud.** Histoire de la Marine française.
XXXVIII. — **Fréd. Lock.** Jeanne d'Arc.
XXXIX. — **Carnot.** Révolution française. — Période de création (1789-1792).
XL. — **Carnot.** Révolution française. — Période de conservation (1792-1804).
XLI. — **Zurcher et Margollé.** Télescope et Microscope.
XLII. — **Blerzy.** Torrents, Fleuves et Canaux de la France.
XLIII. — **P. Secchi, Wolf, Briot et Delaunay.** Le Soleil, les Étoiles et les Comètes.
XLIV. — **Stanley Jevons.** L'Économie politique, trad. de l'anglais par H. Gravoz.
XLV. — **Em. Ferrière.** Le Darwinisme. 2ᵉ édit.
XLVI. — **H. Leneveux.** Paris municipal.
XLVII. — **Boillot.** Les Entretiens de Fontenelle sur la pluralité des mondes, mis au courant de la science.

XLVIII. — **E. Zevort**. Histoire de Louis-Philippe.
XLIX. — **Geikie**. Géographie physique, traduit de l'anglais par H. Gravez.
L. — **Zaborowski**. L'origine du langage.
LI. — **H. Blerzy**. Les colonies anglaises.
LII. — **Albert Lévy**. Histoire de l'air.

BIBLIOTHÈQUE UTILE
LISTE DES OUVRAGES PAR ORDRE DE MATIÈRES
Le vol. de 190 p., br. 60 cent. — Cart. à l'angl. 1 fr.

I. — HISTOIRE DE FRANCE

Buchez. Les Mérovingiens.
Buchez. Les Carlovingiens.
J. Bastide. Luttes religieuses des premiers siècles.
J. Bastide. Les Guerres de la Réforme.
F. Morin. La France au Moyen Age.
Fréd. Lock. Jeanne d'Arc.
Eug. Pelletan. Décadence de la monarchie française.
Carnot. La Révolution française, 2 vol.
Fréd. Lock. Histoire de la Restauration.
Alf. Donneaud. Histoire de la marine française.
E. Zevort. Histoire de Louis-Philippe.

II. — PAYS ETRANGERS.

E. Raymond. L'Espagne et le Portugal.
L. Collas. Histoire de l'empire ottoman.
L. Combes. La Grèce ancienne.
A. Ott. L'Asie occidentale et l'Egypte.
A. Ott. L'Inde et la Chine.
Ch. Rolland. Histoire de la maison d'Autriche.
Eug. Despois. Les Révolutions d'Angleterre.
H. Blerzy. Les colonies anglaises.

III. — PHILOSOPHIE.

Enfantin. La Vie éternelle.
Eug. Noël. Voltaire et Rousseau.
Léon Brothier. Histoire populaire de la philosophie.
Victor Meunier. La Philosophie zoologique.
Zaborowski. L'origine du langage.

IV. — DROIT.

Morin. La Loi civile en France.
G. Jourdan. La Justice criminelle en France.

V. — SCIENCES.

Benj. Gastineau. Le Génie de la science.
Zurcher et Margollé. Télescope et Microscope.
Zurcher. Les Phénomènes de l'atmosphère.
Morand. Introduction à l'étude des sciences physiques.
Cruveilhier. Hygiène générale.
Brothier. Causeries sur la mécanique.
Brothier. Histoire de la terre.
Sanson. Principaux faits de la chimie.
Turck. Médecine populaire.

Catalan. Notions d'astronomie (avec figures).
E. Margollé. Les Phénomènes de la mer.
Ch. Richard. Origines et Fins des mondes.
Zaborowski. L'Homme préhistorique.
H. Blerzy. Torrents, Fleuves et Canaux de la France.
P. Secchi, Wolf et Briot. Le Soleil, les Étoiles et les Comètes (avec figures).
Em. Ferrière. Le Darwinisme.
Boillot. Les Entretiens de Fontenelle sur la pluralité des mondes.
Geikie. Géographie physique (avec figures).
Albert Lévy. Histoire de l'air (avec figures).

VI. — ENSEIGNEMENT. — ÉCONOMIE POLITIQUE. — ARTS.

Corbon. L'Enseignement professionnel.
Cristal. Les Délassements du travail.
H. Leneveux. Le Budget du foyer.
H. Leneveux. Paris Municipal.
Laurent Pichat. L'Art et les Artistes en France.
Stanley Jevons. L'Economie politique.

BIBLIOTHÈQUE POPULAIRE

BARNI (Jules). **Napoléon Ier**. 1 vol. in-18. 1 fr.
BARNI (Jules). **Manuel républicain**. 1 vol. in-18. 1 fr.
MARAIS (Aug.). **Garibaldi et l'armée des Vosges**. 1 vol. in-18. 1 fr. 50
FRIBOURG (E.). **Le paupérisme parisien**, ses progrès depuis vingt-cinq ans. 1 fr. 25
LOURDAU (E.). **Le sénat et la magistrature** dans la démocratie. 1 vol. in-18 (1878). 3 fr. 50

ÉTUDES CONTEMPORAINES

BOUILLET (Ad.). **Les bourgeois gentilshommes. — L'armée d'Henri V**. 1 vol. in-18. 3 fr. 50
BOUILLET (Ad.). **Les bourgeois gentilshommes. — L'armée d'Henri V**. Types nouveaux et inédits. 1 vol. in-18. 2 fr. 50
BOUILLET (Ad.). **Les Bourgeois gentilshommes. — L'armée d'Henri V**. L'arrière-ban de l'ordre moral. 1 vol. in-18. 3 fr. 50
VALMONT (V.). **L'espion prussien**, roman anglais, traduit par M. J. Dubrisay. 1 vol. in-18. 3 fr. 50
BOURLOTON (Edg.) et ROBERT (Edmond). **La Commune et ses idées à travers l'histoire**. 1 vol. in-18. 3 fr. 50
CHASSERIAU (Jean). **Du principe autoritaire et du principe rationnel**. 1873. 1 vol. in-18. 3 fr. 50
NAQUET (Alfred). **La République radicale**. 1 vol. in-18. 3 fr. 50
ROBERT (Edmond). **Les domestiques** 1 vol. in-18 (1875). 2 fr. 50
LOURDAU. **Le sénat et la magistrature dans la démocratie française**. 1 vol. in-18 (1879). 3 fr. 50

REVUE
Politique et Littéraire
(Revue des cours littéraires, 2ᵉ série.)

REVUE
Scientifique
(Revue des cours scientifiques, 2ᵉ série.)

Directeurs : MM. Eug. YUNG et Ém. ALGLAVE

La septième année de la **Revue des Cours littéraires** et de la **Revue des Cours scientifiques**, terminée à la fin de juin 1871, clôt la première série de cette publication.

La deuxième série a commencé le 1ᵉʳ juillet 1871, et depuis cette époque chacune des années de la collection commence à cette date. Des modifications importantes ont été introduites dans ces deux publications.

REVUE POLITIQUE ET LITTÉRAIRE

La *Revue politique* continue à donner une place aussi large à la littérature, à l'histoire, à la philosophie, etc., mais elle a agrandi son cadre, afin de pouvoir aborder en même temps la politique et les questions sociales. En conséquence, elle a augmenté de moitié le nombre des colonnes de chaque numéro (48 colonnes au lieu de 32).

Chacun des numéros, paraissant le samedi, contient régulièrement :

Une *Semaine politique* et une *Causerie politique*, où sont appréciés, à un point de vue plus général que ne peuvent le faire les journaux quotidiens, les faits qui se produisent dans la politique intérieure de la France, discussions de l'Assemblée, etc.

Une *Causerie littéraire* où sont annoncés, analysés et jugés les ouvrages récemment parus : livres, brochures, pièces de théâtre importantes, etc.

Tous les mois la *Revue politique* publie un *Bulletin géographique* qui expose les découvertes les plus récentes et apprécie les ouvrages géographiques nouveaux de la France et de l'étranger. Nous n'avons pas besoin d'insister sur l'importance extrême qu'a prise la géographie depuis que les Allemands en ont fait un instrument de conquête et de domination.

De temps en temps une *Revue diplomatique* explique, au point de vue français, les événements importants survenus dans les autres pays.

On accusait avec raison les Français de ne pas observer avec assez d'attention ce qui se passe à l'étranger. La *Revue* remédie à ce défaut. Elle analyse et traduit les livres, articles, discours ou conférences qui ont pour auteurs les hommes les plus éminents des divers pays.

Comme au temps où ce recueil s'appelait *la Revue des cours littéraires* (1864-1870), il continue à publier les principales leçons du Collège de France, de la Sorbonne et des Facultés des départements.

Les ouvrages importants sont analysés, avec citations et extraits, dès le lendemain de leur apparition. En outre, la *Revue politique* publie des articles spéciaux sur toute question que recommandent à l'attention des lecteurs, soit un intérêt public, soit des recherches nouvelles.

Parmi les collaborateurs nous citerons :

Articles politiques. — MM. de Pressensé, Ch. Bigot, Anat. Dunoyer, Anatole Leroy-Beaulieu, Clamageran.

Diplomatie et pays étrangers. — MM. Van den Berg, Albert Sorel, Reynald, Léo Quesnel, Louis Leger, Jezierski.

Philosophie. — MM. Janet, Caro, Ch. Lévêque, Véra, Th. Ribot, E. Boutroux, Nolen, Huxley.

Morale. — MM. Ad. Franck, Laboulaye, Legouvé, Bluntschli.

Philologie et archéologie. — MM. Max Müller, Eugène Benoist, L. Havet, E. Ritter, Maspéro, George Smith.

Littérature ancienne. — MM. Egger, Havet, George Perrot, Gaston Boissier, Geffroy.

Littérature française. — MM. Ch. Nisard, Lenient, Édouard Fournier, Bersier, Gidel, Jules Claretie, Paul Albert.

Littérature étrangère. — MM. Mézières, Büchner, P. Stapfer.

Histoire. — MM. Alf. Maury, Littré, Alf. Rambaud, G. Monod.

Géographie, Economie politique. — MM. Levasseur, Himly, Vidal-Lablache, Gaidoz, Debidour, Alglave.

Instruction publique. — Madame C. Coignet, MM. Buisson, Em. Beaussire.

Beaux-arts. — MM. Gebhart, Justi, Schnaase, Vischer, Ch. Bigot.

Critique littéraire. — MM. Maxime Gaucher, Paul Albert.

Notes et impressions. — MM. Clément Caraguel et Louis Ulbach.

Ainsi la *Revue politique* embrasse tous les sujets. Elle consacre à chacun une place proportionnée à son importance. Elle est, pour ainsi dire, une image vivante, animée et fidèle de tout le mouvement contemporain.

REVUE SCIENTIFIQUE

Mettre la science à la portée de tous les gens éclairés sans l'abaisser ni la fausser, et, pour cela, exposer les grandes découvertes et les grandes théories scientifiques par leurs auteurs mêmes ;

Suivre le mouvement des idées philosophiques dans le monde savant de tous les pays ;

Tel est le double but que la *Revue scientifique* poursuit depuis dix ans avec un succès qui l'a placée au premier rang des publications scientifiques d'Europe et d'Amérique.

Pour réaliser ce programme, elle devait s'adresser d'abord aux Facultés françaises et aux Universités étrangères qui comptent dans leur sein presque tous les hommes de science éminents. Mais, depuis deux années déjà, elle a élargi son cadre afin d'y faire entrer de nouvelles matières.

En laissant toujours la première place à l'enseignement supérieur proprement dit, la *Revue scientifique* ne se restreint plus désormais aux leçons et aux conférences. Elle poursuit tous les développements de la science sur le terrain économique, industriel, militaire et politique.

Elle publie les principales leçons faites au Collége de France, au Muséum d'histoire naturelle de Paris, à la Sorbonne, à l'Institution royale de Londres, dans les Facultés de France, les universités d'Allemagne, d'Angleterre, d'Italie, de Suisse, d'Amérique, et les institutions libres de tous les pays.

Elle analyse les travaux des Sociétés savantes d'Europe et d'Amérique, des Académies des sciences de Paris, Vienne, Berlin, Munich, etc., des Sociétés royales de Londres et d'Édimbourg, des Sociétés d'anthropologie, de géographie, de chimie, de botanique, de géologie, d'astronomie, de médecine, etc.

Elle expose les travaux des grands congrès scientifiques, les Associations *française*, *britannique* et *américaine*, le Congrès des naturalistes allemands, la Société helvétique des sciences naturelles, les congrès internationaux d'anthropologie préhistorique, etc.

Enfin, elle publie des articles sur les grandes questions de philosophie naturelle, les rapports de la science avec la politique, l'industrie et l'économie sociale, l'organisation scientifique des divers pays, les sciences économiques et militaires, etc.

Parmi les collaborateurs nous citerons :

Astronomie, météorologie. — MM. Faye, Balfour-Stewart, Janssen, Normann Lockyer, Vogel, Laussedat, Thomson, Rayet, Briot, A. Herschel, etc.

Physique. — MM. Helmholtz, Tyndall, Desains, Mascart, Carpenter, Gladstone, Fernet, Bertin.

Chimie. — MM. Wurtz, Berthelot, H. Sainte-Claire Deville, Pasteur, Grimaux, Jungfleisch, Odling, Dumas, Troost, Peligot, Cahours, Friedel, Frankland.

Géologie. — MM. Hébert, Bleicher, Fouqué, Gaudry, Ramsay, Sterry-Hunt, Contejean, Zittel, Wallace, Lory, Lyell, Daubrée.

Zoologie. — MM. Agassiz, Darwin, Haeckel, Milne Edwards, Perrier, P. Bert, Van Beneden, Lacaze-Duthiers, Giard, A. Moreau, E. Blanchard.

Anthropologie. — MM. Broca, de Quatrefages, Darwin, de Mortillet, Virchow, Lubbock, K. Vogt.

Botanique. — MM. Baillon, Cornu, Faivre, Spring, Chatin, Van Tieghem, Duchartre.

Physiologie, anatomie. — MM. Chauveau, Charcot, Moleschott, Onimus, Ritter, Rosenthal, Wundt, Pouchet, Ch. Robin, Vulpian, Virchow, P. Bert, du Bois-Reymond, Helmholtz, Marey, Brücke.

Médecine. — MM. Chauffard, Chauveau, Cornil, Gubler, Le Fort, Verneuil, Broca, Liebreich, Lasègue, G. Sée, Bouley, Giraud-Teulon, Bouchardat, Lépine.

Sciences militaires. — MM. Laussedat, Le Fort, Abel, Jervois, Morin, Noble, Reed, Usquin, X***.

Philosophie scientifique. — MM. Alglave, Bagehot, Carpenter, Hartmann, Herbert Spencer, Lubbock, Tyndall, Gavarret, Ludwig, Ribot.

Prix d'abonnement :

Une seule Revue séparément	Six mois.	Un an.	Les deux Revues ensemble	Six mois.	Un an.
Paris	12^f	20^f	Paris	20^f	3
Départements.	15	25	Départements.	25	42
Étranger	18	30	Étranger	30	50

L'abonnement part du 1er juillet, du 1er octobre, du 1er janvier et du 1er avril de chaque année.

Chaque volume de la première série se vend : broché...... 15 fr.
relié........ 20 fr.
Chaque année de la 2e série, formant 2 vol., se vend : broché.. 20 fr.
relié.... 25 fr.

Port des volumes à la charge du destinataire.

Prix de la collection de la première série :

Prix de la collection complète de la *Revue des cours littéraires* ou de la *Revue des cours scientifiques* (1864-1870), 7 vol. in-4. 105 fr.
Prix de la collection complète des deux *Revues* prises en même temps, 14 vol. in-4..................................... 182 fr.

Prix de la collection complète des deux séries :

Revue des cours littéraires et *Revue politique et littéraire*, ou *Revue des cours scientifiques* et *Revue scientifique* (décembre 1863 — juillet 1879), 23 vol. in-4........................ 265 fr.
La *Revue des cours littéraires* et la *Revue politique et littéraire*, avec la *Revue des cours scientifiques* et la *Revue scientifique*, 46 volumes in-4 .... 470 fr.

REVUE PHILOSOPHIQUE
DE LA FRANCE ET DE L'ETRANGER
Paraissant tous les mois

Dirigée par TH. RIBOT
Agrégé de philosophie, Docteur ès lettres

(4° année, 1879.)

La REVUE PHILOSOPHIQUE paraît tous les mois, depuis le 1er janvier 1876, par livraisons de 6 à 7 feuilles grand in-8, et forme ainsi à la fin de chaque année deux forts volumes d'environ 680 pages chacun.

CHAQUE NUMÉRO DE LA *REVUE* CONTIENT :

1° Plusieurs articles de fond ; 2° des analyses et comptes rendus des nouveaux ouvrages philosophiques français et étrangers ; 3° un compte rendu aussi complet que possible des *publications périodiques* de l'étranger pour tout ce qui concerne la philosophie ; 4° des notes, documents, observations, pouvant servir de matériaux ou donner lieu à des vues nouvelles.

Prix d'abonnement :

Un an, pour Paris.........................	30 fr.
— pour les départements et l'étranger.......	33 fr.
La livraison	3 fr.

REVUE HISTORIQUE
Paraissant tous les deux mois

Dirigée par MM. GABRIEL MONOD et GUSTAVE FAGNIEZ

(4° année, 1879.)

La REVUE HISTORIQUE paraît tous les deux mois, depuis le 1er janvier 1876, par livraisons grand in-8 de 15 à 16 feuilles, de manière à former à la fin de l'année trois beaux volumes de 500 pages chacun.

CHAQUE LIVRAISON CONTIENT :

I. Plusieurs *articles de fond*, comprenant chacun, s'il est possible, un travail complet. II. Des *Mélanges et Variétés*, composés de documents inédits d'une étendue restreinte et de courtes notices sur des points d'histoire curieux ou mal connus. III. Un *Bulletin historique* de la France et de l'étranger, fournissant des renseignements aussi complets que possible sur tout ce qui touche aux études historiques. IV. Une *analyse des publications périodiques* de la France et de l'étranger, au point de vue des études historiques. V. Des *Comptes rendus critiques* des livres d'histoire nouveaux.

Prix d'abonnement :

Un an, pour Paris.........................	30 fr.
— pour les départements et l'étranger.......	33 fr.
La livraison..............................	6 fr.

TABLE ALPHABÉTIQUE DES AUTEURS

Agassiz. 8	Burdeau. 5, 8	Dufay. 7
Alaux. 6, 14	Cadet. 14	Dugald Stewart. 3
Alglave (Em.). 26	Carette. 14	Dumont (L.). 4, 7, 13, 16
Aristote. 2	Carlyle. 5, 10	Du Potet. 16
Arnold (Matthew). 5, 9	Carnot. 23, 24	Dupuy (Paul). 16
Arréat. 14	Carnot (Sadi). 22	Duval-Jouve. 16
Asseline (L.). 11	Carrau (L.). 5, 9	Duvergier de Hauranne
Auber (Ed.). 6	Catalan. 23, 25	(E.). 11
Audiffret-Pasquier(d'). 14	Cazelles. 4, 5, 8, 9	Duvergier de Hauranne
Bagehot. 5, 10, 12	Cernuschi. 15	(Mme E.). 22
Bain. 5, 9, 12, 13	Challemel-Lacour,2,4,6,9	Eliphas Lévi. 16
Balfour Stewart. 13	Chantre. 13	Enfantin. 23, 24
Barbier. 16, 19	Chaper. 21	Epicure. 2
Bardoux. 9	Chasles (Phil.). 14	Espinas. 5, 8, 9
Barni (J.). 3,8,9,11,14,25	Chasseriau (Jean). 25	Evans (John). 16
Barot (Odysse). 6	Chrétien. 4	Fabre (Joseph). 2, 16
Barry (Herbert). 11	Clamageran (J.). 11, 22	Fagniez. 30
Barth. St-Hilaire. 2, 7, 14	Clavel. 14	Faivre (E.). 7
Bastide. 23, 24	Cohn (Ad.). 11	Fau. 16
Bautain. 14	Coignet (C.). 7	Fauconnier. 16
Beaussire. 4, 6, 11	Collas (L.). 23, 24	Favre (Jules). 11
Bénard (Ch.). 3, 4, 14	Combes (L.). 23, 24	Ferbus (N.). 16
Beneden (Van). 13	Compayré. 5, 9	Ferrier (David). 16
Bentham. 7	Comte (Aug.). 5	Ferrière (E.). 5, 16, 23, 25
Berkeley. 3	Conta. 15	Ferron (de). 16
Bernstein. 13	Cooke. 13	Fichte. 3
Bersier. 15	Coquerel (Ch.). 15	Flint. 5, 9
Bersot. 2, 7	Coquerel fils (Ath.). 7, 15	Filias. 25
Bertauld. 7	Corbon. 15, 23, 25	Foncin. 16
Bertauld (F. A.). 14	Corlieu. 22	Fontanès. 4, 7
Berthelot. 13	Cormenin (de). 15	Fonvielle (W. de). 7
Blanc (Louis). 10	Cornewal Lewis. 10, 15	Foucher (de Careil). 2, 16
Blanchard. 14	Cortambert (Louis). 15	Fouillée. 2, 9, 16
Blanqui. 14	Cristal. 23, 25	Fox (W.-J.). 16
Blaserna. 13	Cruveilher. 23, 24	Franck. 3, 6
Blerzy. 23, 24, 25	Daendliker. 11	Frédériq. 16
Boert. 10	Damiron. 3	Fribourg. 10, 25
Boillot. 23, 25	Daru. 21	Fuchs. 13
Boreau-Lajanadie. 21	Darwin. 5	Gaffarel. 10
Borély. 14	Dauriac. 15	Garnier (Ad.). 6
Bossuet. 2	Davy. 15	Gastineau. 16, 23, 24
Bost. 6	Deberle (Alf.). 11	Gauckler. 7
Bouchardat. 14	Delaville. 15	Geikie. 24, 25
Bouillet (Ad.). 25	Delaunay. 23, 25	Gérard (Jules). 3, 16
Bouillier (Francisque) 3, 6	Delbœuf. 15	Gouet (Amédée). 16
Bourbon del Monte. 14	Deleuze. 15	Grimblot. 3
Bourdet (Eug.). 14	Delondre (Aug.). 4	Grote. 7
Bourloton (Ed.). 10, 25	Delord (Taxile). 10	Guéroult (G.). 4, 5
Boutmy (E.). 7	Delsol. 21	Guichard (V.). 16
Boutroux. 14	Desjardins. 15	Guillaume (de Moissey) 16
Brialmont (le général). 13	Desmarest. 15	Guyau. 2, 5, 9
Briot. 23, 25	Despois (Eug.). 11, 23, 24	Haeckel. 4
Brothier (L.). 23, 24	Destrem (J.). 15	Hamilton (W.). 3
Broca. 18	Dixon (H.). 11	Hartmann (E. de). 4,5,7,9
Brucke. 13	Dollfus (Ch.). 15	Hartmann. 13
Brunetière. 17	Doneaud (Alfred). 23, 24	Hegel. 2, 3, 4
Buchez. 23, 24	Dosquet (Mlle). 10	Helmholtz. 13
Buchner (Alex.). 4	Draper. 13	Herbert Spencer 5, 7, 8,
Buchner (L.). 4, 6	Dubost (Antonin). 16	12, 13

Herzen (Al.). 7, 16	Menière. 18	Saint-Robert (de). 13
Hillebrand (K.). 10	Mervoyer. 14	Saint-Simon. 6
Humbold (G. de). 4	Meunier (V.). 11, 23, 24	Saisset (Em.). 6
Husson. 3	Michaut (N.). 18	Saletta. 19
Huxley. 13	Milsand. 5, 6, 18	Sanson. 23, 24
Issaurat. 17	Miron. 18	Sayous (Ed.). 11
Janet (Paul). 2, 4, 6, 8, 11	Moleschott. 4, 7	Schelling. 3
Joly. 13	Monod (Gabriel). 30	Schmidt (Osc.). 4, 5, 7, 13
Jourdan (G.). 23, 24	Montégut. 11	Schœbel. 7
Jozon. 17	Morand. 23, 24	Schopenhauer. 4, 7
Kant. 2, 3	Morin (Fr.). 18, 23, 24	Schutzenberger. 13
Laborde. 17	Muller (Max). 7	Secchi (le P.). 12, 23, 25
La Borderie (de). 21	Munaret. 18	Selden (Camille). 7
Lachelier. 17	Naquet (Alfred). 25	Siciliani. 7
Lacombe. 17	Nicolas. 3	Siegfried (Jules). 19
Lallié. 21	Noël (E.). 22, 23, 24	Sièrebois. 19
Lambert. 17	Nolen (D.). 2, 3, 4, 7, 9, 18	Smee (Alf.). 19
Lange. 4	Nourrisson. 2, 18	Socrate. 2
Langlois. 17	Oger. 18	Sorel (Albert). 19
La Sicotière (de). 21	Ollé Laprune. 2, 18	Sorin (Elie). 11
Laugel (Aug.). 6, 8, 11	Ott (A.). 23, 24	Soury (J.). 4
Laussedat. 17	Paris (comte de). 18	Spinoza. 2, 6
Laveleye (E. de). 7, 9, 17	Peisse (Louis). 3, 5, 8	Stahl. 4
Lavergne (Bernard). 17	Pelletan (Eug.). 18, 22, 23, 24	Stanley Jevons. 13, 23, 25
Leblais. 6		Strauss. 4
Le Berquier. 15, 17	Penjon. 18	Stuart Mill. 3, 5, 6, 7, 8, 22
Ledru. 17	Perez (Bernard). 18	Sugny (de). 21
Leibniz. 2, 3	Perrot. 21	Sybel (H. de). 10
Lemer. 17	Petroz (P.). 19	Tackeray. 10
Lemoine (A.). 4, 6	Pettigrew. 12	Taine (H.). 5, 6, 11
Leneveux (H.). 23	Pichat (L.). 23, 25	Teste (L.). 11
Lessing. 4	Platon. 2	Thulié. 19
Létourneau. 7	Poey (André). 19	Thurston. 13
Levallois (J.). 7	Pressensé (de). 15	Tiberghien. 19
Lévêque (Ch.). 6	Puissant (Ad.). 19	Timon. 15
Lévi (Eliphas). 15	Quatrefages (de). 5, 8, 13	Tissandier. 7, 19
Lévy (A.). 24, 25	Quinet (Edgar). 22	Tissot. 2, 3, 19
Liard. 5, 7, 9	Rainneville (de). 21	Turck. 23, 24
Littré. 5, 17, 23	Raymond (E.). 23, 24	Tyndall (J.). 12
Lock (Fréd.). 23, 24	Regnault (Elias). 10	Vacherot. 2, 7, 19
Locke (J.). 2, 7	Rémusat (Ch. de). 6	Valmont (V.). 22
Lorain. 17, 18	Rességuier (de). 21	Van der Rest. 2, 19
Lotze (H.). 4, 7	Réville (A.). 7, 11	Véra. 3, 4, 6, 19
Lourdau. 25	Reymond (William). 19	Véron (Eug.). 10
Lubbock (sir John). 18	Reynald (H.). 10, 11	Villiaumé. 19
Luys. 13	Ribert (Léonce). 22	Vogel. 13
Magy. 18	Ribot (Th.) 4, 5, 7, 8, 9, 19, 30	Vogeli. 8
Maine de Biran. 3		Voituron. 19
Malebranche. 2	Richard (Ch.). 23, 25	Voltaire. 2
Marais. 25	Richter (J.-P.). 4	Weber. 19
Marc-Aurèle. 2	Ritter. 2, 9	Withney. 13
Marey. 12	Robert (Edmond). 25	Wolf. 23, 25
Margall (Piy.). 7	Rochau (de). 10	Wurtz. 13
Margollé. 23, 24, 25	Rolland (Ch.). 23, 24	Wyrouboff. 5, 17
Mariano. 7	Rosenthal. 13	Yung. 19, 26
Marion. 2, 7	Ruskin (John). 5	Zaborowski. 23, 24
Maudsley. 13	Rustow. 10	Zevort. 24
Max Muller. 22	Saigey (Em.). 2, 7, 8	Zimmermann. 19
Mazzini. 22	Saint-Marc Girar	Zurcher. 23, 24

www.ingramcontent.com/pod-product-compliance
Lightning Source LLC
Chambersburg PA
CBHW070209240426
43671CB00007B/601